索·恩 历史图书馆
004

酒精、专制和俄罗斯国家秘史

Alcohol, Autocracy, and the Secret History of the Russian State

伏特加政治

VODKA POLITICS

〔美〕马克·劳伦斯·希拉德　著

王 进　余杜烽　译

社会科学文献出版社

SOCIAL SCIENCES ACADEMIC PRESS (CHINA)

历史图书馆丛书序

　　自然科学尤其是人工智能技术的进步与哲学社会科学的发展水乳交融，共同深刻地改变着我们的思考和行动方式。碎片化阅读和深度阅读是始终共存又相得益彰的两种学习形态。在大众传媒极大地便利了实时资讯传播，提供了琳琅满目的个性化趣味的同时，我们也需要主动应对多元化的刺激，习得深度处理、记忆信息的技能，构建自身完整的知识体系。这正是我们坚守深度阅读阵地，推出历史图书馆丛书的初衷。

　　阅读权威、经典的好书有助于我们认识世界、认识自我，对思考人类命运和当下现实大有裨益。因此，收录进历史图书馆丛书的优秀作品主要以重大历史事件为研究对象，它们往往对一个国家或地区，乃至对全球产生了深远的影响，同时反映了一个较长历史时段的发展趋势。这些著作是研究者经年累月在一个领域深耕的成果，梳理了某个事件、领域或学科的脉络，是全景式、集大成的学术著作。它们涉及世界史、国别/区域史、考古研究、海外中国研究、文化史等，在研究和写作上各具魅力，在知识和观点上相互映照，未来也将接受学术发展与社会发展的不断考验。而除了历史事件，人对历史进程的走向也起着关键作用，个体因素往往是我们看待历史发展不可忽视的一点，因此重要历史人物将被收录在索·恩即将推出的人物档案馆丛书中。

在 21 世纪的今天，人类社会面临着全球性的疾病、战乱、环境恶化、资源限制等挑战。仍如狄更斯所说，"这是一个最好的时代，这是一个最坏的时代"，索·恩历史图书馆丛书愿与读者共读历史，共思当下，在日新月异的信息洪流中形成更审慎和周全的判断，既敏锐捕获新知，又不迷失于信息，透过不同视角看到更广阔的时代图景。

社会科学文献出版社

索·恩编辑部

献给我的妻子，珍妮弗。

纵使千言万语，百感交集，

也无法描述我的情感和感激，

只因有你的存在、你的奉献。

关于专有称谓的说明

在本书中，俄语称谓通常遵循音译法的英式标准（BGN/PCGN），部分改动是为了符合对公众历史人物进行英译的普遍译法（比如说，原本应是 Tsar Nikolai 和 Tsaritsa Ekaterine，现在却被译为 Tsar Nicholas 和 Tsarina Catherine）。为了便于发音，我选择将俄语的"ii"尾音变为"y"，同时消除俄语人名与地名的软音记号（因此 Maksim Gor'kii 改为 Maxim Gorky）。为了方便查询原始资料，本书在注释当中的参考文献并不做这些改动，尽量保留标准化的英译版本。

序　言

如果有一本以伏特加酒为主题介绍俄罗斯的书，俄罗斯读者会如何看待这本书呢？我曾经为《纽约时报》写过一篇类似主题的文章。当这篇文章在俄语博客圈里悄悄走红的时候，我很快就看到一条情理之中的反驳："伏特加酒？既然你写了这个，不要忘记还有北极熊和俄式三弦琴。"很显然，这条评论嘲讽的是那些轻信他人误导，戴着有色眼镜看待俄罗斯的人。伴随这条评论的是成堆的奚落和讥笑的段子。[1]

毫无疑问，讨论这类陈词滥调确实不是一件轻松的事情，特别是当这种贬抑之词牵涉一个国家的时候，这个话题必然会激起来自这个刻板印象所描述群体的激烈反应。对于身处这个群体之中的人来说，面对这种贬低的陈词滥调，最正常的做法就是降低其影响或者完全否认它。而对于那些怀有同情心的外部人士，他们通常都会礼貌地假装视而不见。很少有被贬低的当事人群体会选择接受这样显而易见的侮辱，他们通常都会对这一话题做出更加深入的调查和探讨。

很显然，要研究俄罗斯（包括其民族、文化、政治和历史），我们要面对的是一种被广泛传播且令人不安的刻板印象，这种形象在那些酗酒到无可救药的俄罗斯醉汉身上体现得淋漓尽致。即使那些无法在地图上找到俄罗斯的人也能很快将俄罗斯与酗酒这个词联系在一起。学习俄语的人在学会用俄语说"你好"之前早就会说"伏特加酒"了。

这种刻板印象并不局限于外国人：在新千年来临之际，全俄罗斯舆情研究中心（VTsIOM）就调研过在俄罗斯人民心里最能代表 20 世纪俄罗斯的主要标志：伏特加酒占据了榜首，击败了包括北极熊、俄式三弦琴、俄罗斯套娃，甚至还有 AK-47 步枪在内的所有对手。[2]当谈及俄罗斯未来面临的挑战时，只有大概 10% 的受访者提到了"国家安全""经济危机""人权问题"，大约 25%~30% 的受访者提到了"恐怖主义"与"犯罪问题"，大约 50% 到 60% 的受访者选择"酗酒和毒瘾"作为俄罗斯目前面临的最迫切挑战，这一比例年年如此。[3] 虽然大家都知道酗酒是一个主要的社会问题，但因为伏特加酒在俄罗斯历史和文化中的影响深远以至于连简单地承认它是俄罗斯独有的问题都好像是一种不礼貌的行为，更不用说对它进行全面的剖析和应对。俄罗斯人尚且如此，更何况身处局外的外国人了。

然而，虽然几乎所有发达国家在一个世纪前就解决了本国所谓的酗酒问题，但酒精问题仍然继续困扰着俄罗斯的高层领导者们。例如，在 2011 年下半年和 2012 年，莫斯科爆发了前所未有的民众抗议，差点就阻挠了弗拉基米尔·普京（Vladimir Putin）第三次荣登俄罗斯总统宝座。在此之前，他已经在德米特里·梅德韦杰夫（Dmitry Medvedev）手下当了四年的俄罗斯总理了。在重新就职之前，普京在俄罗斯杜马（俄罗斯联邦议会的下议院）的最后一次重要讲话里，强调了岌岌可危的人口和健康问题将是他在接下来的任期里最为紧迫的政治挑战。普京提道，"除去战争或者灾祸的影响，吸烟、酗酒和吸毒每年夺走了 50 万俄罗斯人民的生命，这简直是一个恐怖的数字"。除非普京自己患有健忘症，不然的话他在听到这些确实令人震惊的数字的时候本不应该感到任何意外：在其前两个执政期（2000~2008 年），他几乎用同样的话反复痛惜着伏特加酒所导致的可怕的死亡数字。[4]

自 1999 年普京开始在俄罗斯政坛获得关注以来，俄罗斯的各项社会指标在 1991 年苏联解体后遭受重创的社会秩序和经济倒退的基础上，获得了显著的改善。在 1998 年至 2008 年这十年里，俄罗斯经济增长率每年都可以达到大约 7%，直到遭遇全球经济危机的重创。虽然俄罗斯宏观经济指标呈现反弹趋势，但俄罗斯的人均预期寿命指标却更接近撒哈拉以南非洲的国家，一点也不像是一个后工业时代的欧洲国家。即使在今天，俄罗斯青年男性的平均寿命超过65岁的概率，甚至低于索马里和埃塞俄比亚这样饱受战乱之苦的国家。[5] 和这些极端地区不一样，危害俄罗斯的不是营养不良或者饥荒饥饿，更不是内战当中的流弹误伤：罪魁祸首显而易见，就是伏特加酒。俄罗斯人每年平均要喝下18升纯酒精，几乎是世界卫生组织所认定的最高安全饮用量的两倍之多。2009年，时任总统德米特里·梅德韦杰夫将酒精称为"国家灾难"，宣告发起抵抗伏特加酒的新一轮战斗。[6]

俄罗斯在文化层面对伏特加酒的沉迷是颇具悲剧性的，而且这种沉迷常常被归结为"对俄罗斯人灵魂的一种折磨"。但简单地将酗酒和自我毁灭行为归结为某种与生俱来的文化特性，看作是俄罗斯人在基因层面不可剥夺的部分，无疑是欲加之罪。俄罗斯的伏特加酒灾难并不是天灾，而是人祸。

/ xiii

正如我论述的，俄罗斯人长期以来对伏特加酒的沉迷，以及这种沉迷所带来的各种劫难，实际上是近代俄国专制政权制造出来的一种政治灾难。在近代俄国专制政权崛起之前，中世纪的罗斯人就已经饮用着谷物自然发酵而成的啤酒和麦芽酒，由蜂蜜自然发酵而成的蜂蜜酒，以及由面包自然发酵而成的格瓦斯酒。富人阶层则饮用着进口的葡萄汁和樱桃汁发酵出的各类红酒。他们饮用的酒水与欧洲大陆其他地区相差不大，而且饮用的数量和方式也差不多。然而，在引进改变原本依赖自然发酵做法的蒸馏法后，一切都发生了改变。借助蒸馏法生产的烈性酒和伏特加酒的酒精浓度和盈利能力是依靠大自然力量的自然发酵酒无法比拟的。从16世纪开始，莫斯科公国的大公和沙皇们就垄断了利润丰厚的伏特加酒贸易，并迅速将其发展为从其臣属子民身上榨取财富和资源的主要手段。

政府通过酒精控制社会大众并不是俄罗斯独有的做法：即使是在19世纪，蒸馏酒在对非洲殖民地进行"无产阶级贫困化"和在美国南北战争前奴役黑奴方面都获得了非常显著的效果。但酒精在俄国独裁的沙皇政体和苏联的国家治理手段中所发挥的作用要比在其他任何一个国家都要根深蒂固，而这也给今天和未来的俄罗斯联邦留下了难以处理的后遗症。[7]让民众沉溺于伏特加酒的做法在道德层面、社会层面和健康层面带来了各种各样的问题，但只要国力强盛，国库充盈，这些问题都可以被轻易地一带而过。至少在维护专制政权的稳定性这件事上，酗酒让民众走向酒馆而不是罢工抗议警戒线，反倒是一个额外的好处。总而言之，只要专制政权有存在的合理性，伏特加酒问题就有存在的合理性。它们就是一根绳上的蚂蚱，分不开。

这是否意味着伏特加酒在俄罗斯是万能的呢？当然不是，但它却可以影响很多事情。我并不想用一个简单的因果来分析俄罗斯历史：如果主张任何具有政治意义的事情都可以用酒精解释，这无疑是愚蠢至极的做法。与此相反，我所写的《伏特加政治》一书可以作为观察、理解俄罗斯错综复杂的政治发展历程的另一个视角。这就像是以一种酒后眼里出西施的看法看待俄罗斯历史：但这并不会扭曲我们的认知，借助伏特加政治的视角查阅俄罗斯历史实际上可以让我们更好地聚焦在关键点上。伏特加政治帮助我们更好地了解俄罗斯近现代历史上那些以喜怒无常著名的专制君主，以及他们统治臣民的方式。它凸显了在包括战争、政变和革命这些世界历史进程的关键时刻中发挥重要作用，却被忽视的动因。它填补了我们在解读俄罗斯社会文化与政治经济之间关系的空白。它赋予我们欣赏俄罗斯文学巨著的新视角，并以一种全新角度诠释了俄罗斯的国内动态。最后，它或许还能够帮助我们应对伏特加政治遗留问题给建设一个健康、繁荣、民主的俄罗斯未来所带来的巨大挑战。

今日的俄罗斯民众已经意识到酗酒这一巨大问题，不同政治派别的领导人也都不能不承认伏特加酒很可能是这个国家所面临的最棘手的挑战。认真分析俄罗斯的酒精问题帮助我们理解过去和应对未来，这要比回避一个过于敏感和令人难安的老套话题、出于礼貌拒绝参与讨论陈词滥调重要得多。实际上，不同派系和国籍的学者们早就已经开始这项卓有成效的研究工作了。

这本书不是关于伏特加酒的第一本传记，当然也不会是最后一本。俄罗斯人在国家历史中记录酒精的做法最早可以追溯到 1868 年伊凡·普雷若夫（Ivan Pryzhov）的《俄罗斯的酒馆史》（*Istoriya kabakov v Rossii*）。之后俄罗斯国内外很多关于酒精主题的通俗文学作品均认真调研了我们现在口中的伏特加酒的起源和词源，但很多分析都局限在表面。[8] 更有价值的是那些历史学家、政治学家、社会学家、人类学家、人口统计学家以及公共卫生专家将自己的学术生涯奉献给了俄罗斯酒精历史这一很小的专业研究领域并写出了很多重要文献，包括大卫·克里斯蒂安（David Christian）的《活水》（*Living Water*，1990），写的是废除农奴制之前的俄罗斯帝国；帕翠西娅·赫利西（Patricia Herlihy）的《酗酒帝国》（*Alcoholic Empire*，2002）描述的是帝国时代后期的俄国；凯特·特朗斯西尔（Kate Transchel）的《影响之下》（*Under the Influence*，2006）关注共产主义革命运动时期；弗拉德·特瑞米尔（Vlad Treml）的《苏联时代的酒精问题》（*Alcohol in the USSR*，1982）探讨的是第二次世界大战之后的一段时期；斯蒂芬·怀特（Stephen White）的《走向干涸的俄罗斯》（*Russia Goes Dry*，1996）回溯戈尔巴乔夫的禁酒运动；亚历山大·内蒙斯特索夫（Aleksandr Nemtsov）的《俄罗斯酒精问题的当代史》（*Contemporary History of Alcohol in Russia*，2011）梳理的是苏联和后苏联时期的各种历史影响。[9] 不同于那些粗略描述伏特加酒的社会历史作品，我的研究立足于更加严谨的学术研究以及很多来自俄罗斯、欧洲以及美国档案馆里从未被披露的原始史料，通过调查从伊凡雷帝统治时期到 2012 年俄罗斯大选之后的历史进程中伏特加酒是如何与俄罗斯政治紧密关联在一起的，描绘出一幅酒精在俄罗斯政治历程中的演化图。

　　我写这本书的目的既不是美化酒精，也不是恶意嘲讽俄罗斯的酗酒问题，更不是宣扬东方主义或者反俄罗斯情绪。这本书所讲述的是在俄罗斯历史进程中，酒精对政治事件的各类影响和催化作用（以及政治事件对酒精的反作用）。酒精在历史进程中发挥独特政治作用的现象并不是俄罗斯独有的。实际上，W. J. 罗拉鲍尔（W. J. Rorabaugh）颇具影响力的著作《酗酒共和国》（*Alcoholic Republic*，1979）以同样的新视角审视美国的早期历史：由于反对英国殖民者的革命行动都是发生在烟雾缭绕的酒馆里，当时的美国被很多人视为"醉鬼的国家"。早在1930年代早期，美国殖民地最成功的报纸《宾夕法尼亚周报》整理了一份多达220条描述醉酒的口头语，同时还刊载了各类关于外国政府如何处理猖獗的酗酒现象的报道，这些新闻报道的作者正是年轻的费城出版商人、未来美国的开国元勋本杰明·富兰克林（Benjamin Franklin）。实际上，美国多位开国元勋都与酒精有着或多或少的联系，他们或是红酒制造商，或是啤酒场场主，或是白酒酿造商。威士忌生产商乔治·华盛顿（George Washington）甚至成为这个新国家的标志性领导者。[10] 虽然每个国家都有应对酒精的历史，但或许在其他国家，酒精问题并不会持续到现在，更不会像俄罗斯这样与其民族文化、社会与政治有着错综复杂的关系。最后，我希望这本书能够将近二十年来推动我开展研究的，我对俄罗斯（包括它的人民、政治、历史与文化）的喜爱与迷恋传递给读者们。

　　尽管完成本书的时间看似很长，但实际上只用了三年的时间。撰写这本书让我在很长时间内不能陪伴我挚爱的妻子珍妮弗，以及我的孩子亚历山大、索菲亚和海莲娜。我很期待可以与家人一起打垒球、参加游泳课，以及骑车游玩，但所有这些都因为写书的工作而被搁置。我的父母戴勒和鲍拉·希拉德在我写作的时候始终愿意帮助我承担家务，我的两个兄弟丹和肯特始终准备提供睿智的建议和有力的支持。这本书和我的成就离不开家人的鼎力支持。

我同样感谢我在维拉诺瓦大学（特别是政治学系和俄罗斯研究系）的众多朋友、同事、行政人员和学生，他们不仅给我宝贵的反馈意见和倾情支持，而且为我的家庭提供了友善包容的环境。在与以下同事的讨论中我受益良多，他们是林尼·哈特奈特、阿德勒·林登梅尔、杰弗里·哈恩、马特·柯贝尔、克里斯汀娜·帕拉斯、马库斯·克雷泽、乔·洛亚神父、玛丽奥·沃尔尼克、鲍里斯·布里克、劳伦·米尔腾伯格、大卫·巴瑞特、库伦勒·沃勒瓦比、洛维尔·古斯塔夫森、杰克·约翰内斯、鲍勃·郎格兰、艾瑞克·洛马佐夫、叶卡捷琳娜·沃里克、叶卡捷琳娜·威尔逊、劳拉·布朗、玛瑞亚·图尤达、杰妮芙·迪克森、丹尼尔·马克、铃木森广，以及玛丽·博斯·西蒙斯。与此同时，在我受挫沮丧的时候，我的好朋友伊拉兹马斯和毛瑞·克斯汀始终耐心倾听我的抱怨。彼得·多诺修神父、凯尔·伊利斯神父、迈瑞尔·斯泰恩和塔拉斯·奥廷斯基为我提供了来自不同机构的支持。斯蒂芬·达贝斯、史沙威·帕拉居利和马克斯·麦克谷瑞提供了卓有成效的研究支持。我还要感谢维拉诺瓦大学打破常规提供了书中各种照片的授权。在维拉诺瓦大学，我要特别感谢斯蒂芬·舒尔茨，他不辞辛苦地阅读每一章和每一稿，指出本书在出版之前的许多遗漏疏忽之处。谨致谢意。

我很幸运结识了穆瑞·费斯巴赫，他在这本书当中扮演顾问、导师和朋友的多重角色。俄罗斯应该感谢你在过去五十年不倦的调查研究；我同样感谢你的指导和启发。

在本书的主要研究工作当中，我同样感谢以下不厌其烦地解答我的疑惑，以及为我提供友情支持的学者和朋友们，包括马克·斯泰恩伯格、马克·贝辛格、亚历山大·内蒙斯特索夫、尼古拉斯·艾伯斯达特、大卫·克里斯蒂安、杰米·斯维格特、理查·天普斯特、凯特·特朗斯西尔、罗宾·罗姆、马丁·麦克伊、大卫·李奥、大卫·

法黑伊、查尔斯·金、哈利·巴尔泽、斯科特·哥尔巴赫、朱迪·特维格、卡洛斯·勒夫、艾曼纽尔·艾凯伊彭、斯蒂夫·特鲁萨、荷伯·梅尔、安德烈·亚伯斯、安娜·巴列、多米特瑞·费多托夫、国会图书馆的托马斯·雅宾、莱顿大学"伯切巴克知识项目"的约斯·斯卡肯、伊利诺伊大学法学院的彼得·马格斯，以及克瑞斯特·艾伦赛德，正是他的帮助让我不用跨越大西洋去到莫斯科找寻史料档案。无论他们是否能看到，我都想感谢以下人士的支持与启发，包括弗莱德·特瑞米尔、杰米瑞·杜夫、克里夫·格迪、昆尼·恩斯特、丹尼尔·特瑞斯曼、克瑞斯·沃克、克林特·富勒、林顿·艾琳、布莱恩·瓦涅、托尼·达萃勒、马克·阿杜曼尼斯、安娜托利·卡林、希安·谷尔洛瑞、邓肯·雷德蒙斯、杰夫·威廉姆斯、蒂姆·斯瑞尔、戴夫·德伯勒、巴伯·斯尔夫、斯蒂夫·佩里，以及在 CPD、Fishbone 公司、Templeton Rye 公司以及 Mitchell & Ness 公司工作的善良的人们。特别感谢那些活跃于美国国内外慈善社区机构的人，虽然他们对那些弱势的、被边缘化的，以及被暴力侵害的人的救助通常没有获得认可，但他们始终如一地投身这一事业。同样的，我在俄罗斯的研究工作也得到了来自乔治亚和安德鲁·威廉姆斯，以及他们在"俄罗斯孤儿发展机遇基金会"（the Russian Orphan Opportunity Fund，ROOF）的慈善工作的帮助。我在波多利斯克与那些弱势孤儿的相处经历真真切切地改变了我的人生，这点我在后续章节中会清楚描述。由于在俄罗斯的孤儿救助机构中存在着许多伏特加政治的真正受害者，因此我决定将本书的部分利润捐赠给俄罗斯孤儿发展机遇基金。

还有一点需要说明：就像上一本书《卑劣观念的政治力量》一样，本书的出版要归功于牛津大学出版社为人和善、工作踏实的工作人员。这本书的编辑大卫·麦克布莱德先生从项目启动伊始就始终与我分享他的观点，帮助我坚定信心。我还想就此机会对匿名评审专家致以衷心感谢，你们不辞辛苦地审阅了书稿的每一行文字和每一条注释。正是由于你们的帮助，这本书的质量才获得了很大提升。

最后，作为一个写诸如俄罗斯酒精问题这一禁忌话题的外国人，我必须对自己的偏见和动机做出一些解释。我可以确信的是：有些读者根本不会正面思考我在书中提出的争议问题，而仅仅出于国家或民族立场就直接跳到各种站不住脚的结论。因此，需要解释清楚的是，我写这本书的根本目的在于提升我长期热爱和尊敬的俄罗斯人的健康感、幸福度和富裕感。1990 年代在莫斯科生活期间，我开始意识到局外人的视角让我可以更加全面地认识俄罗斯的酒精问题与政治文化，因此对这个研究课题越发着迷。

有些人肯定会错误地认为：我对俄罗斯政治和社会领域中的伏特加问题的批判，源自我个人对饮酒的反感。我必须承认的是，在俄罗斯和美国生活（同时也大量饮酒）期间，我个人的伏特加消耗量要远远超过普通的美国人，啤酒的饮用量要远超俄罗斯人的平均水平。同时，这本书最终将面对来自各方的批评意见，但它绝对不是清教徒式禁酒主义者的戒酒宣传物。

/ 第一章　导论

尼基塔·赫鲁晓夫（Nikita Khrushchev）这个人很奇怪，他总能让人放下戒备心：他身高五英尺三英寸（一米六一左右），而且身宽和身高几乎一样，他的脸看上去就像是用油灰做的。虽然只接受过4年正式教育，农民出身的他却以某种方式在苏联政坛中一路高升，出人意料地成为约瑟夫·斯大林的继任者。在赫鲁晓夫矮胖的身上体现了这样的矛盾：他时而精于盘算，时而目光短浅；时而遮遮掩掩，时而坦率直接；时而谦虚纯朴，时而浮夸自负；时而乐观积极，时而悲观绝望。

赫鲁晓夫1950年代早期登上权力的顶峰；在那之前，几个世纪以来统治俄罗斯的"政治委员"和皇帝们都是高高在上、冷酷无情且难以接近的。无论是在沙皇统治时期还是在共产党执政时期，俄罗斯的领导人似乎都有着无限的权力，而且都喜欢维持一种绝对正确的形象。相比之下，在1950年代和1960年代[1]，全世界都见证了赫鲁晓夫为人的弱点和瑕疵。从镇压东欧民众的反抗，再到在联合国大会上用鞋敲桌子，甚至是在古巴导弹危机中将世界推向核战争的边缘，赫鲁晓夫捅的娄子一个接着一个。因此也就不难理解，为什么苏联共产党中央政治局会在1964年迫使"太过于人性化"的赫鲁晓夫下台，转而支持冷酷严厉的列昂尼德·勃列日涅夫（Leonid Brezhnev），进而恢复俄罗斯统治者冷酷严峻、高高在上的传统形象。

在被自己所属的共产党踢下台后，"领取着特殊养老金"的赫鲁晓夫晚年在自己那位于莫斯科西边的夏日别墅里过着强制退休的生活。当赫鲁晓夫不是在修整花园的花草或设法避开守卫到附近的莫斯科河岸上漫步的时候（此时他往往是戴着标志性的软毡帽，腰带拉到快到腋下的位置），他就会自己口述回忆录，用一台老式磁带录音机记录着。作为一位离任后平静逝世的俄罗斯统治者，赫鲁晓夫为后人留下了极其宝贵的研究材料。数百小时长的卷带式四音轨磁带记录着从赫鲁晓夫那年迈肉厚的嘴巴中说出的长达 150 万字的自述，当中最迷人的部分讲述了酒精在斯大林核心集团的密谋中所扮演的重要角色，而讲述者则是少数能活着讲述这个故事的人物之一。[2]

人们一般是这么描述约瑟夫·斯大林的：他是一个残暴的统治者，在 1920 年代早期通过玩政治谋略和清洗政治对手，掌控了苏联大局，获得了绝对的权力；他还是一个多疑的统治者，制造了全国上下对他的个人崇拜，还通过恐吓、镇压和威胁等手段来统治苏联。

通过那些带着沙沙杂音的磁带里赫鲁晓夫用苍老嗓音讲述的内容，我们得以了解斯大林核心集团的日常运转流程；无论在繁荣时期还是在艰难时刻，核心集团里最紧急的政治决策都是在"伟大领袖"的餐桌旁做出的。在早些时候，1930 年代，斯大林表现得还是很"纯朴直率、平易近人"的。[3] 有问题吗？直接打电话给斯大林。或者，更好的是，直接去他的乡间别墅见他。在夏日微热的空气中，他会坐在外面的门厅：

> 他们会端上汤来，一份香浓的罗宋汤，还有一小玻璃瓶伏特加酒和一壶水；盛着伏特加酒的酒杯大小适中。你可以走进去然后问好，而他就会说："想要吃点什么吗？坐下来吧。""坐下来"的意思是拿起一个汤碗（盛着汤的锅就在旁边），给自己倒碗汤，想喝多少倒多少，然后坐下喝汤。如果你想要喝点什么，自己拿酒瓶，给自己倒一杯酒然后饮下。如果你还想要一杯，自己决定倒不倒就好。正如谚语所说，你的灵魂知道自己的肚量。如果你不想喝了，那就不用喝了。[4]

但这是早些时候的事情了。随着时间的推移，斯大林逐渐感受到压力。1932 年，在一次酒后的公开争吵后，他的第二任妻子神秘去世了，这使得斯大林在一段时间里陷于孤独之中。与纳粹德国之间的战争日益迫近，而很可能成真的战败前景使得斯大林更加忧郁和消沉。[5] 斯大林阴暗的一面开始展露出来。他喝酒越来越多。更糟的是，他开始以强迫别人饮酒为乐。赫鲁晓夫回忆道："那个时候，每次和斯大林一起吃饭，所有人都会喝很多酒，不管他们愿不愿意。很明显他是想要灌醉自己的良心，保持麻木的状态。至少看上去是这样的。他很少清醒着离开饭桌，而他更不允许那些与他亲近的人这样做。"[6]

随着斯大林那残暴成性的助手拉夫连季·贝利亚（Lavrenty Beria）被任命为内务人民委员部（People's Commissariat for Internal Affairs，克格勃的前身）负责人，那些曾经欢快的政治局晚餐就变成了一场讨好最高领导人的简短竞赛。斯大林一直怀疑有人想要谋杀他，所以就用酒精来搅乱核心集团里的平衡：他让最亲近的战友（或者说潜在的对手）饮酒过度以套出他们最真实的想法，让他们暴露自己的真正意图。只要这些人不能很好地克制自己，他们就会一直相互猜疑，也就无法协同合作推翻斯大林的统治。"斯大林喜欢这样做，"赫鲁晓夫回忆道，"他喜欢让我们处于相互敌对的状态，他会鼓励和强化（我们）内心深处的欲望。"[7]

1940 年代和 1950 年代——苏联从覆灭于纳粹德军的危机边缘，发展成为自负的世界超级大国——苏联高层政治圈子里的风气像是一个与魔鬼开派对的大学兄弟联谊会。不管是在克里姆林宫还是在斯大林的乡间别墅，所有的政治决策都离不开饮酒比赛和相互祝酒，从俄罗斯伏特加酒、克里米亚香槟酒，到亚美尼亚白兰地酒和格鲁吉亚葡萄酒。这些酒宴常常从深夜的晚餐开始，直到黎明才会结束。他们会在早上的时候（实际常常是午后不久）再回到自己的工作岗位；而在那之前，这些苏联领导人会摇晃着走出房子，上吐下泻，然后再由自己的卫兵扶着回家。南斯拉夫共产党员米洛万·吉拉斯（Milovan Djilas）在拜访克里姆林宫后这样思考道："正是这些酒席上的人所做的决策，决定着广阔的俄罗斯土地和新近所获得领土上的人的命运，而且在一定程度上也决定着人类的命运。而这些酒宴不仅没有启发那些精神领袖和'人类灵魂的工程师'做出什么伟大的决策，甚至很可能还埋葬了很多伟大的决策。"[8]

吉拉斯没有意识到的是，斯大林的中央政治局成员和苏联共产党的高级领导人几乎都不是自愿参加这些酒宴的。赫鲁晓夫带着粗哑的嗓音描述了核心集团成员是如何厌恶与斯大林会面——主要的原因就是这些狂欢闹饮的酒宴：

> 几乎每天晚上都会有电话响起："过来这边，我们一起用餐。"那些晚餐是漫长难熬的。我们直到黎明才能回家，但接着就得开始工作了。我会试着早上10点再到办公室，然后在午餐休息时间打个盹。如果你没睡而他又叫你去吃饭，你就很可能会在他的桌边打瞌睡，这样是很危险的。那些在斯大林桌边打瞌睡的人下场是很难堪的。[9]

就连外国客人也无法幸免。在1939年与纳粹德国签订《苏德互不侵犯条约》（Molotov-Ribbentrop Pact）并切分东欧地区后，在金碧辉煌的克里姆林宫里，斯大林以一席24道菜组成的国宴款待了纳粹德国外交部部长约阿希姆·冯·里宾特洛甫（Joachim von Ribbentrop）带领的代表团。对于当中许多人而言，这是他们所见识过的最难忘的一次宴席。[10] 在大家开始用餐前，苏联外交人民委员维亚切斯拉夫·莫洛托夫（Vyacheslav Molotov）就提议向两个代表团的每一个成员轮流祝酒——总共22人。斯大林与每位客人都交谈几句并互相干杯。在每个客人都感受到如此"敬意"后，已然微醉的德国人宽慰地叹了口气，终于开始用餐了。不过也就一会儿，已经醉得很明显的莫洛托夫呼吁："现在，让我们举杯致敬那些无法参加此次晚宴的代表团成员吧。"[11] 之后,这疯狂的祝酒就又开始了。

关于那个关键的晚上,里宾特洛甫回忆说,他们所喝的带有胡椒风味的伏特加酒"酒性烈到几乎让你无法呼吸"——然而不知为何,斯大林看上去沉着冷静,没有受到丝毫影响。微醉着的里宾特洛甫蹒跚地走向斯大林,表达他对"俄罗斯人酒量胜过我们德国人的敬佩"。这位伟大的领袖低声轻笑。斯大林将这位纳粹部长拉到一边,透露说自己的杯子里装的只是酒精浓度很低的克里米亚葡萄酒,这种酒的颜色和其余人喝的那种"可怕的伏特加酒"是一样的。[12]

或许对于这些外国高官而言,如果有什么该庆幸的地方,那就是他们不像中央政治局的成员那样,常常与斯大林碰面:纳粹代表团成员古斯塔夫·希尔格(Gustav Hilger)后来描述了当他拒绝被灌醉的时候,他和贝利亚之间发生的冲突。"你们在争吵什么?"斯大林打断了他们,随后又开玩笑地说,"好啦,如果你不想喝酒,没人可以强迫你。"

"即使是内务人民委员部的部长本人也不可以吗?"希尔格逼问道。

"在这张桌子上,"斯大林回复道,"即使是内务人民委员部部长的话语权也不会高于其他人。"

对于德国人来说,这些冲突凸显了苏联领导层的谦逊朴实和难以捉摸。回想起斯大林的脸色可以如此迅速地从笑容满面转变为凝重严肃,希尔格指出,斯大林有着"父亲般的慈爱,而他知道如何运用这种慈爱来战胜自己的对手并使他们放松警惕"。[13]毫无疑问,迫使其他人不断喝酒直到失去辨别是非的能力可以很有效地做到这一点。

无论是在战争初期宴请先前的轴心国盟友,还是在战争期间款待同盟国盟友,酒精都是高层外交活动中不可或缺的存在。1942年8月,在酩酊大醉的纳粹代表团离开斯大林的宫廷短短三年后,英国首相温斯顿·丘吉尔(Winston Churchill)率领英国代表团来访,他们也获得了同样的待遇。那时是第二次世界大战期间最黑暗的日子，而英国代表团的来访意图就是提升他们与新的苏联盟友的关系，这个盟友此时正承受着纳粹德国倾尽全力的闪电战的冲击。丘吉尔还带来了坏消息，在欧洲西部开辟第二战线以缓解苏联压力的计划无法那么快地实施。丘吉尔承认"餐前餐后喝酒，以及如果必要的话，用餐期间和两餐中间喝酒"是他的一种"神圣仪式"，并似乎做好了充分准备来应对克里姆林宫标准的狂欢酒宴。[14]

然而，苏联人拥有主场优势。"你无法想象一种比克里姆林宫酒宴更可怕的东西了，但你还是得忍受这些酒宴，"英国外交部常务次官亚历山大·卡多根（Alexander Cadogan）① 这样回忆道，"不幸的是，丘吉尔并没有默默地忍受它。"

顽强地熬过了第一次酒宴后，在离开苏联前，丘吉尔要求最后再见斯大林一面。在他计划离开的那天凌晨 1 点，卡多根被召唤到斯大林在克里姆林宫的私人官邸。在那里他看到，两位情绪高涨的领导人，由莫洛托夫陪伴着，尽情享用着各种各样的食物，包括一只烤乳猪，而他们已经喝下了数不尽的酒了。"斯大林让我喝的酒好像酒性非常烈：温斯顿那个时候已经在埋怨轻微的头痛了，他看上去很聪明地选择只喝相对温和无害、冒着泡的高加索红葡萄酒。"但是，据卡多根说，那晚一起狂饮锻造出的友谊巩固了伟大的联盟，使之最终击倒了具有无比破坏力的纳粹军队。[15]

1944 年 12 月，欧洲战场的战争即将结束，法国临时政府首脑夏尔·戴高乐（Charles de Gaulle）到访苏联，克里姆林宫的酒宴又重新迎来了高潮。即将到来的胜利所营造的欢庆气氛夹杂着人们对斯大林隐约的醉酒倾向的焦虑感。斯大林提议向他核心集团的成员祝酒一轮（据戴高乐所说，一共 30 人），这些祝酒一次比一次令人胆战心惊。

---

① 又译为贾德干。（本书脚注均为译者注。）

他向他的后勤部队指挥官安德烈·赫鲁廖夫（Andrei Khrulev）（赫鲁廖夫的妻子近期因为涉嫌密谋叛乱而被逮捕）致敬酒词："他最好卖足力气干，不然他会因此被绞死，这就是我们国家的规矩！"在这之后，大家欢快地碰起了酒杯，斯大林拥抱了赫鲁廖夫，可想而知这个拥抱有多尴尬。[16]

他向他的空军部队指挥官亚历山大·诺维科夫（Aleksandr Novikov）致敬酒词："很好的元帅，让我们向他敬酒吧。但如果他干不好他的工作，我们也会绞死他！"（两年后，诺维科夫就被剥夺军衔，被捕入狱，在经受了贝利亚的严刑拷打后被判监禁，在劳改营服刑 15 年[①]。）[17]

接着就是拉扎尔·卡冈诺维奇（Lazar Kaganovich），他不仅是赫鲁晓夫的导师，还是 1930 年代斯大林治下乌克兰发生的恐怖饥荒的幕后策划者，那场饥荒最终夺走了数以百万计的生命。在战前与里宾特洛甫的酒宴上，斯大林以向犹太人卡冈诺维奇祝酒为乐，这样可以让他的纳粹客人坐立不安。[18]但到战争结束之际，客人和祝酒都发生了改变。斯大林宣称："卡冈诺维奇是一个勇士。他知道如果火车没有准点到达的话——我们就会枪毙他！"

不知对此感到难堪的戴高乐是否知道卡冈诺维奇的亲兄弟——米哈伊尔，正是死于残忍多疑的斯大林之手！在得知他的兄弟已经引起了斯大林的猜忌后，拉扎尔只是冷淡地耸了耸肩，说了句"必须要做的事情，无论多大代价都要完成"。米哈伊尔在第二天的审问中被枪杀了。但那已经是战争开始前的事情了——跟其他所有人一样，现在拉扎尔能做的只有忍受这种带有威胁意味的祝酒词，假装这很幽默，然后顺从地与大家碰杯。[19]

任何目睹这一场面的普通人都会感到震惊，更别说像戴高乐这样

---

① 原文有误。诺维科夫 1946 年 4 月 23 日被捕，1952 年 2 月 24 日恢复自由。

的外国高官了。在注意到他的客人脸上流露出不悦后，斯大林将手放在戴高乐肩上，笑着说："人们说我是恶魔，但你看，我是拿这种评价来开玩笑的。或许我并没有人们说的那么糟糕。"[20]

至少在那天晚上，尼基塔·赫鲁晓夫躲过了斯大林的怒火。但情况并非每次都如此。在其他晚上，斯大林在清洁自己烟斗的时候，会用还冒着烟的烟斗来敲赫鲁晓夫的秃脑袋，然后命令这个年长矮胖、农民出身的"宫廷小丑"喝下一杯又一杯伏特加酒，然后再表演戈帕克舞（gapak），一种传统的乌克兰民间屈膝跳舞蹈；而这给赫鲁晓夫带来了剧烈的疼痛。克格勃的首领贝利亚偶尔会在赫鲁晓夫的大衣背面贴上"笨蛋"（prick）这个词，赫鲁晓夫常常等到人群里爆发出喧闹的笑声时才会注意到。其他人会在尼基塔的椅子上放熟番茄等他坐上去。赫鲁晓夫所受的教育使他成为一个自尊、温和的人，他变成一个酒徒——和其他所有同胞一样——只是为了取悦斯大林。有时候，他喝得酩酊大醉，得靠贝利亚扶他上床休息，而贝利亚则会赶在他躺上床之前往他床上撒尿。正如其传记作者后来所指出的："虽然这些酒宴很糟糕，但出席这些酒宴总好过没出席，饱受羞辱总好过丢掉性命。"[21]

赫鲁晓夫后来自己回忆道：

> 他几乎是强迫着我们喝酒！我们自己内部简短地讨论了如何更快地结束这些晚餐和酒宴。有时在晚餐或酒宴开始之前，人们会说："今天会是什么呢？会是一场饮酒比赛吗？"我们并不想参加这样的饮酒比赛，因为我们还得工作，但斯大林并不给我们这个机会……斯大林自己就只喝一杯科涅克白兰地酒，或者在酒宴开始前喝一杯伏特加酒然后开始喝葡萄酒……每个人都对此很反感，这让你打心里感到恶心；但在这件事上，斯大林的态度是很强硬的。[22]

因此也就难怪 1950 年代苏共中央政治局的几乎每个成员都酒量惊人。这并不是因为他们的 DNA 注定他们是酒鬼，更确切地说是因为他们是一个强制过度饮酒的政治体系的产物。斯大林那醉醺醺的核心集团，包括赫鲁晓夫、贝利亚、莫洛托夫、卡冈诺维奇、格奥尔基·马林科夫（Georgy Malenkov）和阿纳斯塔斯·米高扬（Anastas Mikoyan），他们所有人都是被迫在喝酒，这样做的目的是打破他们之间的平衡，防止他们密谋推翻这个多疑猜忌的总书记。"斯大林逼我们喝很多酒，"米高扬在他的自传中证实了这点，"他这么做很明显是为了麻痹我们的警戒心，让我们在失控状态下说漏嘴，然后他就可以知道谁在想些什么了。"[23]

斯大林的一位传记作者说，"强迫他这些刚毅的战友们失去自控能力成为他的一种消遣和统治方式"。[24] 他们当中性格最刚毅的一个是拉夫连季·贝利亚，这个残忍成性的秘密警察头子最臭名昭著的事迹就是坐在自己的黑色豪华轿车里，于莫斯科街头四处游荡挑选女性，被选中的女人（传言多达 200 人）会被送到贝利亚所住的地方，在那里他会给她们灌酒然后强奸她们。然而，当时局发生转变后，贝利亚却蔑视为了取悦别人而被迫饮酒的做法。但是曾经的他不仅自己饮酒，还出于奉承斯大林的目的强迫别人也一起饮酒。赫鲁晓夫那日渐陈旧的磁带描述了贝利亚所面临的困境。"我们必须喝醉，"贝利亚这么说道，"越快越好。我们越快喝醉，这个宴会就越快结束。无论如何，他是不会让我们清醒着离开的。"[25] 其他人和贝利亚一样，想方设法熬过——或者更好的是，逃过——斯大林这些令人厌恶的酒宴。

毫无意外的是，在 1940 年代后期，长期饮酒的影响终于在赫鲁晓夫身上显现出来，他开始饱受肾病折磨。虽然斯大林一开始也赞同医生让赫鲁晓夫戒酒的命令，但贝利亚插话说他也有肾病，不过他照样喝酒，一点儿问题也没有。"于是我的防护铠甲就被剥夺了（我因为肾脏不好所以不能喝酒）：不管怎样，喝酒吧！只要你还能走得动，只要你还活着，那就要喝酒！"[26]

其他人有着不同的应对策略。赫鲁晓夫的助手阿纳斯塔斯·米高扬习惯性地从这些夜晚的宴会上溜走去偷偷地打个盹——直到他也被贝利亚出卖了。斯大林会阴森地出现在他面前："想当那个比其他人都聪明的人是吗？我们来看看你稍后会不会为此感到后悔。"[27] 赫鲁晓夫还讲道，米高扬和贝利亚以及马林科夫一起，甚至说服了克里姆林宫的女招待将他们的酒换成同样颜色的果汁。更确切地说，那是在斯大林手下的中央政治局候补委员亚历山大·谢尔巴科夫（Aleksandr Shcherbakov）揭露他们之前。赫鲁晓夫回忆道：

> 发现他们试图欺骗自己之后，斯大林大发雷霆，他好好教训了贝利亚、马林科夫和米高扬。我们所有人都很生谢尔巴科夫的气，因为我们不想喝完所有的酒。我们喝酒只是为了让斯大林别再找我们麻烦了，但我们想尽量少喝，以免让酒搞垮我们的身体或使我们自己变成酒鬼。[28]

谢尔巴科夫这个谄媚奉承斯大林的酒鬼最终在纳粹投降两天后死于心脏病。年仅 44 岁的他死于 1945 年 5 月 10 日。虽然斯大林评价他是一个勇敢的人，但赫鲁晓夫和核心集团的其他成员"知道他是因为饮酒过量而死，而且他喝酒的目的是取悦斯大林，而不是因为他本身嗜好喝酒"。[29] 类似的例子还有安德烈·日丹诺夫（Andrei Zhdanov），他曾被认为是斯大林的准继承人。他去世时才 52 岁，此时距离谢尔巴科夫去世还不到 3 年。他直到最后都无视医生让他停止饮酒的频繁警告。他们所有人都很清楚这种状况会给他们的工作和身体健康带来严重后果。"人们的的确确变成酒鬼了，而且越多人变成酒鬼，斯大林从中获得的快感就越大。"[30]

斯大林和他的中央政治局同事行走在克里姆林宫广场上，1946 年

从左到右分别是阿纳斯塔斯·米高扬、尼基塔·赫鲁晓夫、约瑟夫·斯大林、格奥尔基·马林科夫、拉夫连季·贝利亚和维亚切斯拉夫·莫洛托夫。这张照片由撒玛利亚·格拉里（Samari Gurari）拍摄

　　虽然中央政治局的饮酒会议常常是在晚餐桌边开始的，却很少是在那里结束的。夏日天气暖和的时候，夜晚短暂，而白昼特别长，偏北方的太阳照射着，中央政治局那些漫长难熬的别墅晚餐常常会移到户外以享受新鲜的空气和乡间的宁静气氛。这时候，赫鲁晓夫和少将亚历山大·波斯克列贝舍夫（Aleksandr Poskrebyshev）总是热衷于将苏联副国防人民委员格里戈里·库利克（Grigory Kulik）推进附近的池塘里。笨拙的库利克是一个大家可以捉弄的对象，因为所有人都知道斯大林早就不把这个"总是半醉的享乐主义者"放在眼里了。第二次世界大战期间，他在列宁格勒前线的不当指挥使得纳粹军队彻底包围这个第二首都。[31] 库利克壮得像头牛一样，浑身湿透的他会生气地绕着整座别墅追赶赫鲁晓夫和波斯克列贝舍夫，直到他们两个躲进附近的某个灌木丛里。喝醉了的马屁精波斯克列贝舍夫（据斯大林女儿说，他也是这群人里喝酒后吐得最厉害的人）也常常被推进池塘里，以至于警卫都担心这位苏联领导人会被淹死，于是悄悄地把池塘的水排干了。"如果有人胆敢尝试把我推进池塘里，我就把他们剁成肉酱！"贝利亚这么威胁道。此时的斯大林只是微微一笑："你们就像小孩子一样！"据说，斯大林很喜欢这种幼稚行为。[32]

　　斯大林自封为全苏联最德高望重的人。就像之前的历代沙皇一样，"乔大叔"（斯大林）为自己树立了父亲般的形象。当然，只有当一个人有了孩子，他才可以成为父亲。就像对付他的核心集团成员一样，斯大林不仅使用酒精来保持苏联社会的软弱、分裂和失衡状态，还用它来让整个社会对国家产生依赖，就像孩子依赖父亲一样。[33]

　　那么，这就是尼基塔·赫鲁晓夫的见习期了。虽然他在顶替斯大林后从未在自己的核心集团内部上演同样的牵线木偶的戏码，但赫鲁晓夫曾经生活在一群心肠歹毒的人中间，这种经历直到他生命的最后几天还深刻地影响着他。

人们或许会说赫鲁晓夫是在抖搂"家丑"。但如果是你，你又能做什么呢？如果不愿家丑外扬，家里就不会干净。干净的亚麻布之所以干净洁白是因为被拿来与肮脏的亚麻布做比较。不仅如此，斯大林的家庭生活状况与我们的工作生活紧密交织着。很明显，当一个国家实际上是由一个人来管理的时候，这种事情几乎是不可避免的。这样一来，人们就很难将个人私事与公共事务区分开来。[34]

如果这些夜以继日的醉酒狂欢是在坐满农民的酒馆里或者在坐满城市工厂工人的酒吧里进行的话，这是一回事；但如果参与这些醉酒狂欢的是政府的最高层官员，而且这个政府还管理着一个名副其实的世界超级大国，那就完全是另一回事了。此外，如果这种将酒精当作工具的行为只是一个孤立事件，那么我们将其当作世界历史上一个微小却可怕的脚注并忽略它的存在，尚可原谅。然而，令人悲伤的事实是，斯大林对酒精的使用并非俄罗斯统治者中的首例——这反而是一段漫长有记载的历史的一部分。从罗曼诺夫皇朝的沙皇统治时期，到苏联时期，甚至到后苏联时代，理解人们对酒精的使用和滥用对于那些想要了解俄罗斯统治动力的人是至关重要的。

正如斯大林使用酒精来使他的下属处于一种担忧疑惑和分裂失衡的状态，苏联的其他领导人也同样延续着这样一个长年累月的传统：使用伏特加酒来控制这个社会，使得这个社会整日处于醉酒分裂（社会原子化）的状态，并且无力向权力发起冲击。[35] 共产主义者对于这点的了解尤甚于他人。卡尔·马克思和弗里德里希·恩格斯都清晰、直接地谴责酗酒行为，认为这是一种资本主义压迫下的产物。因此，弗拉基米尔·列宁和将布尔什维主义带到俄国的革命家一代都是滴酒不沾，以挣脱资本主义统治的枷锁。[36]

酒精可以用来使人民保持酩酊大醉、分割分裂和消沉温顺的状态仅仅是这个国家逐渐依赖于伏特加酒的原因之一；另一个原因在于酒精贸易可以带来惊人的利益。像伏特加酒这样的蒸馏酒不仅价格非常便宜，而且特别容易生产。因此，从政府的角度而言，为整个国家的酒鬼提供酒水可以带来附加利益，从而在真正大范围的层面上为国家创造收入。在北大西洋地区的许多国家，酒馆多是一个喧闹的避难所，人们借用酒馆来躲避政府当局的窥视；与此不同的是，传统的俄罗斯酒类贸易是由国家垄断的，因此酒馆和酒类批发商店都是国家的耳目。总体来看，国家机构功能的三个最重要方面是防范叛乱、保卫国家和开发社会资源。然而，在俄罗斯，这些传统功能被赋予了独特的形式，这三种功能的完全实现离不开酒精的参与。

伏特加酒参与政治活动已经有很悠久的历史了，而且，在早期的莫斯科大公国快速扩张的同时，伏特加酒无可比拟的盈利潜能便得到了开发，这并非巧合。从过去俄罗斯帝国的封建主义时代和资本主义时代再到其社会主义时代和如今的后社会主义时代，伏特加酒一直是国家财政的基石。在早期，俄国当局管理着地域广阔却人烟稀少的大片土地，政府将征收伏特加酒税的职能外包出去——将各地方酒类贸易的完全垄断权出售给出价最高的人。为了最大限度地利用这个关键可靠的收入来源，政府逐渐从税务外包体系所衍生出的体系性腐败中寻找其他的盈利途径——这种腐败问题同样困扰着今日的俄罗斯。在与税务外包员滥用权力的行为做斗争以及为国家财政寻求更多收入来源的过程中，国家尝试了各种各样的办法，从课税征税、许可经营到垄断贸易——国家用伏特加酒从贫穷辛劳的农民身上压榨出尽可能多的钱财。"随着时间的流逝，这个国家利用伏特加酒获得收入的方式也发生了改变，"1970年代苏联的反对派米哈伊尔·巴尔塔尔斯基（Mikhail Baitalsky）指出，"但伏特加酒贸易的主要特征并没有改变。"[37]

俄罗斯领导人——无论是否"伟人名人"——来来往往，一代又一代。俄罗斯这个国家在动荡、血腥和革命性的演变中被不断地新建和毁灭，而后又被重建出不同的面貌。但在整个循环中，伏特加酒的地位始终不变。在 18 世纪和 19 世纪沙皇俄国的顶峰时期，酒类贸易收入占到整个国家预算份额的三分之一——这足以支付欧洲大陆上规模最庞大之军队的战时开支和日常花销，还有足够的余额为皇室在圣彼得堡建造豪华的冬宫。[38] 即使是在 20 世纪末，在酒类贸易收入对于大多数欧洲国家的财政收入而言不过是锦上添花的时候，苏联每年仍然可以从伏特加酒贸易中获得大约 1700 亿卢布——而这占到苏联整个国家收入的四分之一以上。[39]

"国家的经济利益牢牢控制着伏特加酒的生产者，正如伏特加酒本身牢牢控制着其饮用者，"反对派巴尔塔尔斯基总结道，"这个国家从未像今天这样从酒精业务中获取如此巨额的收入。"[40] 确实，如果想要理解为何俄罗斯这个国家在至少 500 年里经久不衰，就绕不开酒精这个话题。

同样的，俄罗斯民间社会长期以来的贫弱状态也源于伏特加政治。贯穿 19 世纪和 20 世纪早期，遍及欧洲和北美洲的禁酒运动为草根运动（还有妇女参政运动和劳工运动）提供了一种联结的方式，而正是这种联结培养了一个更有活力的民间社会。但在俄罗斯却不是这样。贯穿俄罗斯的历史，无论是沙皇统治时期，还是苏联时期或者后苏联时期，任何想要遏制酒类流通的努力（这种做法会威胁到这个国家的关键支柱），无论是通过社会禁酒组织还是从公众健康角度出发的自上而下的政府动议，都至多是半心半意的尝试，而且更糟的是，这些努力都遭遇了强行阻挠。在这里也一样，伏特加政治既是起因，也是结果——使得这个与俄罗斯国家机构紧密相连的特殊动力一直延续。

维克多·叶罗菲耶夫（Viktor Erofeyev）是一位颇有造诣的作家，他也是斯大林的翻译员的儿子。为了迎接伏特加酒诞生 500 周年，他写了一篇关于伏特加酒的文章。他对伏特加酒所持的态度是既悔恨又颂扬，叶罗菲耶夫在文中将伏特加酒称为"俄罗斯人的上帝"。他这样写道，对于一个俄罗斯人而言，单单是提及这个名字就会激发各种情感——有些人感受到浪漫而其他人感受到慰藉——但最终没有一个人对这个名字是毫无感情的："我们所有人都被伏特加酒挟持着，这种受控制程度远胜于其他任何政治体系。它既可以威胁恐吓我们，也可以惩罚谴责我们；它要求人们做出一定的牺牲。它既是人们繁衍生殖的催化剂，也是根基。它决定了出生的是谁和谁将死去。简单地说，伏特加酒是俄罗斯人的上帝。"而且就像所有的神祇，伏特加酒被一种近乎神秘的魅力包裹着——这种"异教式的麻木感"夹杂着欲望和耻辱感，呼唤着那些孤独的灵魂。[41]

但是，受到饮酒影响的不仅仅是那些被伏特加酒吸引的个人。饮酒是一种社会性的活动，而其影响——从家庭暴力和醉酒驾驶到流氓行为和过早死亡——在本质上也是社会性的。因为这些社会影响会引起政府的关注，所以与酒精相关的一个完整周期——从生产和销售到饮用和影响——从根本上也是一个政治性议题。确实，正如叶罗菲耶夫所说："伏特加酒已经控制了相当一部分俄罗斯人的意愿和良心。如果你将俄罗斯人在伏特加酒上所花的时间加在一起，并汇聚人们在伏特加酒推动下所获得的动力——幻想和梦想，长达一周的酒宴，各种灾祸，可耻的宿醉，谋杀、自杀还有非正常死亡（俄罗斯人最喜欢的'消遣方式'包括被自己的呕吐物噎死和从窗口摔出去）——很明显，在俄罗斯的官方历史记录之外，还存在着另一个版本的历史。"[42]

这本书试图揭示这个版本的历史。

那么，它也就不仅仅是俄罗斯这个国家的秘密历史了。

/ 第二章　伏特加政治

　　伏特加政治所包括的不仅是操控酒类消费量的政策决策，还有酒精对政治发展的影响。伏特加酒是俄罗斯人社交生活中检验他人的试金石，伏特加政治也是俄罗斯这个国家的中心支柱。历史上，伏特加酒一直都是俄罗斯国家政权与民间社会间主要的沟通交流点；与此同时，伏特加酒不仅给饱受欺压和蹂躏的人民带去了慰藉，也导致了他们的贫穷和羸弱状态。此外，伏特加酒不仅仅是俄罗斯国家政权管理和控制个体民众的工具，也是民间社会借以躲避国家管控的途径。沙皇帝国的强权很大程度上是以伏特加酒为基础建立的，而当这个帝国在革命的烈火中覆灭时，在一定程度上，伏特加酒也是造成这一结果的原因。伏特加酒有助于使俄罗斯人民保持沉默顺从的状态，然而在俄罗斯的每一次政变中我们都能看到伏特加酒的身影，伏特加酒也推动了俄罗斯每一次革命的进展。人们举起盛满伏特加的酒杯庆祝国际和平，但伏特加酒也助推俄罗斯走向战争的边缘。伏特加酒有时会拯救俄罗斯免受外国侵略之苦，但在通常情况下，伏特加酒均促成了俄罗斯的军事失利。而且正如伏特加政治加速了沙俄帝国的消亡，一个世纪后，它也帮助毁灭了接替沙俄帝国的苏联。伏特加酒不仅带来了不可估量的收入，而且被当作流通货币使用。苏联解体之后，伏特加酒推动俄罗斯经济和社会出现了大规模的逆现代化发展，也导致了全世界和平时期一场前所未见的人口灾难。因此，从很多方面来看，伏特加政治对于理解过去动荡的俄国、现在的俄罗斯以及将来的俄罗斯，都是至关重要的。

　　今天的俄罗斯所面临的最大的政治挑战不是恐怖主义，或者核冲突，也不是正确应对不断变化的全球经济状况，而是应对数世纪的专制式伏特加政治所带来的公众健康危机和人口危机。最近几年俄罗斯男性平均预期寿命有所反弹，在 1990 年代，平均预期寿命曾跌落到

59 岁——这一水平与加纳不相上下。罪魁祸首毫无疑问正是伏特加酒。一项项研究认为，伏特加酒是最主要的祸因，远超心血管疾病、艾滋病与结核病，甚至是癌症。[1] 前总统德米特里·梅德韦杰夫 2009 年发起了一场反酗酒运动，当时作为总统的他哀叹道，平均起来，俄罗斯人每年能喝下令人"难以想象的" 18 升纯酒精，这大约是美国人的两倍，而且也比世界卫生组织所认定的健康饮酒量多出 10 升。实际上，这意味着一个正常的俄罗斯人每年要喝下 180 瓶伏特加酒——或者说每天要喝下半瓶……而这只是平均量。[2]

在苏联国力衰退的时期，米哈伊尔·戈尔巴乔夫撤回了深陷在阿富汗这个泥沼中的军队，他将这一长达数十年的军事占领行动比作苏联腹部的一个"流血伤口"：它没完没了地损耗着苏联最急需的资源。[3] 苏联人在阿富汗耗费了超过 10 年的时间，损失了大概 1.4 万名士兵。相比之下，当苏联解体后，每年有超过 40 万名俄罗斯人直接或间接地成为伏特加酒的受害者；此外，俄罗斯男性的平均预期寿命也在 1994 年暴跌至 57.6 岁。各种与健康相关的研究都认定，在 1990 年代，伏特加酒的"流行"所导致的过早死亡案例占俄罗斯此类死亡案例的一半以上。据这个国家最著名的健康专家所说，如果你是一个俄罗斯人，你的死亡有近四分之一（23.4%）的概率是与酒精相关的。难怪弗拉基米尔·普京一直将伏特加酒导致的人口危机称为"今天我们国家所面临的最严重的问题"。[4]

2009 年底，克里姆林宫终于注意到问题的存在，并拟订了一个宏伟的计划；克里姆林宫计划通过综合控酒措施来使俄罗斯人的酒精消耗量在 10 年内减半。[5] 与此同时，俄罗斯国内外的专家仍旧研究着这一人口危机所带来的众多消极影响：从持久拖累经济的增长和使国家无力征召一支精锐的常规军队，到导致社会混乱和潜在的政治分裂。[6] 俄罗斯人对酒精上瘾的后果确实是真实存在和亟待解决的，而且这确实是一个生死攸关的问题。然而，虽然政府这个新政策的出发点是好的，却注定会失败，因为它没有意识到俄罗斯这个社会对酒精的成瘾只是一个症状，真正的病源是这个国家沉溺于伏特加酒所带来的巨额收益这一事实，以及俄罗斯国家机构将伏特加酒当作一种工具的传统。[7]

从政体中能够找到俄罗斯全社会对酒精成瘾的根源，同样，我们也能找到这个国家一直无法采取有效措施来改变它的原因。几个世纪以来，一代代的俄罗斯专制统治者培育了这个社会对酒的依赖。这种做法已经深深地扎根于俄罗斯的文化中而且无法被轻易地——或者说快速地——改变。要使俄罗斯这个国家断掉对酒瓶的依赖，需要几代俄罗斯人坚持不懈的努力，以转变俄罗斯人对酗酒正当性的认知，改变俄罗斯人那极具危害性的饮酒习惯，以及彻底改造俄罗斯那组织混乱的医疗保健基础建设。然而，因为过往的专制政体缺乏由民主程序和保证公民自由所带来的合法性，所以克里姆林宫一直都受到各种压力，迫使它去实现即时性（而不是长期性）的结果——巩固其合法地位。因此，虽然俄罗斯一代代的专制统治者都提出过"速成的"戒酒计划，但每一次都在短短的几个月或者几年的时间里即宣告破产——这丝毫不令人感到意外。不幸的是，政府目前努力想要达成的目标——截至 2020 年之前，砍掉俄罗斯人一半以上的酒消费量——无论看上去多么高尚，似乎也将重蹈覆辙。[8]

酒精和俄罗斯的独裁政体

看起来可能很奇怪，为什么一本以俄罗斯酒精政治史为主题的书，开篇会是斯大林和他的核心集团的故事。斯大林的统治既不是俄罗斯政治与伏特加酒之间那漫长而有争议的关系史开启的标志，也不是俄罗斯人酗酒现象发展到顶峰时期的写照。但我们可以在 1920 年代到 1950 年代斯大林主导的苏联历史中，找到酒精与威权主义下高度现代化的政治活动相结合的产物，而这也很清晰地阐释了酒精在俄罗斯政治体系中所扮演的角色。

斯大林从他的革命战友和前任领导人弗拉基米尔·列宁（1917年俄国布尔什维克革命的领导人）那里继承了改造俄国的愿景。在1920年代那场极具破坏性的内战中，列宁被迫采用了恐怖的手段；他的精心策划为那场红色革命带来了胜利——那场内战最终成功摧毁了革命前的社会秩序，但列宁本人却多次患上中风，并在1924年英年早逝。正如列宁和布尔什维克党人所发现的，这场革命不仅是用一个统治阶层替换掉另一个统治阶层，还包括根据共产主义"高度现代化"的设计来彻底改造俄国的经济、社会和文化。强制性的集体化和机械化进程是为了对农业进行合理化改造，以服务于国家；速成的工业化和电气化进程是为了改造整体的经济活动，使之服从苏联领导层的命令。这些有形的改造也伴随着文化层面的无形改造：教育、扫盲、建筑和城市规划都接受了统一整顿，目的是创造一种"新的人类"。[9]按照原本的理想，列宁和斯大林所改造的新的苏联文化应该提倡谦逊、守时、干净和戒酒的理念——这些理念都远远不同于过去俄罗斯帝国时期那可憎的资本主义所催生的酗酒、肮脏的农民形象。

虽然约瑟夫·斯大林曾无情地清洗异党，草率地处决犯人，发动集体化运动并强制劳动，但苏联内外仍然有追捧他的人。[10]有人指出了斯大林的成就：在第二次世界大战中带领一支装备落后的军队击败强大无畏的纳粹军队，与此同时还将苏联这个偏居欧洲一隅、饱受战争蹂躏且落后于时代的农业国家转变为一个只有美国能与之匹敌的全球超级大国。无论是出于有意还是无意，这些辩护者都点出了斯大林在面对治国的关键难题时所扮演的角色：他让苏联这样一个复杂的社会易于接受政治领导。

耶鲁大学政治人类学家詹姆斯·C.斯科特在他的经典作品《国家的视角》（*Seeing like a State*）中将这种"易于接受性"解释为政府对人口的统筹安排以简化传统的国家职能——税收、征兵和防止叛

/ 016

乱。任何一个国家都有这些核心职能，而现代的单一民族国家的发展过程也可以被认为是一段开发社会资源（税收和征兵）和压制内部竞争对手的历史。[11] 因此，在接下来的章节中，会有很多故事来讲述，在俄罗斯的国家建设计划中，人们是如何使用酒精来支持国家的经济资源和政治资源开发，以及压制国内的反对声音的。

布尔什维克在列宁和斯大林的领导下推出了建设苏联的宏伟方案。斯大林的政权所创造的一切——从军队和政府建设到集体农庄和工业城镇——都是以宏大的规模展开的。[12] 然而，这样一个极度现代化的计划却一直受到阻挠，贫穷落后的俄罗斯乡村地区在经历数十年的战争和饥荒的破坏后早已满目疮痍，仍在慢慢恢复中。为了加快恢复进程，1920 年代，列宁在他的新经济政策（NEP）中对负荷过重的农民做出了妥协，但他坚定地拒绝对酒精让步，拒绝让酒精继续腐化新苏维埃人。自 1914 年罗曼诺夫皇朝最后一位沙皇尼古拉二世以战时措施的名义颁布禁酒令后，俄国全境一直实行着该禁令。当被问及是否会撤销该禁令时，列宁给出了否定的回答。他认为虽然国家很需要撤销该禁令所带来的收入，但如果恢复了对伏特加酒的垄断经营，将会导致俄国"退回到资本主义时代，而不是前进到共产主义时代"。[13]

随着苏联经济在新经济政策下慢慢恢复，非法私自蒸馏伏特加酒的人——或者说私酒（samogon）酿造者——也开始活跃起来，同样开始猖獗的还有醉酒和袭击行为，苏联工厂工人的旷工行为，甚至是共产党内部也出现了酗酒行为。这种酗酒的行为不仅有悖于新苏联人的设想，而且数十亿普特（1 普特约为 16.38 千克）的粮食就这么流入非法的自制蒸馏酒作坊，这是令人难以接受的经济损失——特别是对于苏联领导层而言；遍布全球的资本主义势力派出的帝国主义军队一直在密谋扑灭苏联人伟大的共产主义实验，如果苏联领导人还想击退他们的反扑，就需要有钢铁般的纪律。[14] 1923 年，革命鼓动者和苏联红军的缔造者列夫·托洛茨基（Leon Trotsky）断言苏联绝不会向酒精让步，而他在中央政治局的主要对手斯大林却在幕后策划，试图让步。随着斯大林完全巩固了自己的地位，成为苏联毋庸置疑的领导人，他在1925年终止了列宁禁酒的"高尚实验"，以增加国家财政的名义恢复了传统的对伏特加酒的垄断专营。一个国家的基础构造模块甚至可以超越最具革命性的政治变革的影响，而在俄罗斯，伏特加政治就是这样的一个基础构造模块。

伏特加酒国策

所有的国家都开采着社会资源，而且大多数国家都在行使这一职能的过程中使用了酒精。例如，现代美国的建国基础正是与酒相关的税收和关税。确实，通过《权利法案》后，美国的开国元勋们所处理的第一件事正是提高酒类贸易方面的收入。[15] 俄罗斯的伏特加政治与美国或欧洲其他地方的类似国策的不同之处，在于俄罗斯专制政体长年累月所留下的政治遗产。

"在欧洲文化中，"詹姆斯·C.斯科特指出，"酒吧、酒馆、酒店等形形色色的售酒场所被世俗当局和教会当作颠覆活动的聚集地。在这里，酒催发出一种带有自由气息的氛围，社会底层的人民下班后会在这里私下聚会。"[16] 确实，美国革命本身就孕育于英国13个殖民地阴冷潮湿的酒馆里——远离不列颠当局的监督和窥视。然而，在俄罗斯专制政体的案例里，酒类贸易整体都被国家控制，从生产到在地方沙皇酒馆里的销售，就连沙皇酒馆的老板都亲吻着东正教的十字架来向沙皇宣誓。[17] 因此，不仅巨额的酒类贸易收入最终被国家侵吞，企业颗粒无收，而且俄罗斯人也就此失去了在酒馆结社的自由和反对统治秩序的可能。在苏联统治时期，这一动态过程也因为一个家长式作风的领导层的存在而不断恶化；对于那些过度饮酒的公职人员和普通士兵，这个领导层常常采取公开的方式来惩罚，或者直接将其开除出政府部门。[18] 在当代俄罗斯，酒精也同样成为国家对付民众的另一件武器。简单来说，虽然各个国家的治国之道大体上都有相似之处，但就俄罗斯的伏特加酒而言，却有着许多独特的表现形式，其中不仅包括产出收入，还有压制反对声音和推动专制政体的发展。

重新回到斯科特的《国家的视角》，他试图分析为什么那些想要改善人们状况的计划本是好意，结果却出现严重的偏差。虽然他将之归咎于治国之道和极端现代主义的理念，但那只是问题的一方面：这样的人类悲剧的发生还需要一个武断的独裁专制国家和一个孱弱的民间社会，而这两者都已在俄罗斯漫长的历史上留下了深深的烙印。[19] 从尼可洛·马基雅维利（Niccolo Machiavelli）到米歇尔·福柯（Michel Foucault），政治哲学家们早已列举了国家可用以影响和支配社会的诸多工具。[20] 人们往往认为民主制度更为合法正统，也就因此很少依赖强制手段来防止人民叛乱；而独裁制度必须采用其他方法来保持社会民众对其统治的服从，避免社会内部的失衡以防止民众有能力挑战当权阶层的统治。我认为对俄罗斯这样一个具有饮用烈酒文化（而不是主张饮用诸如葡萄酒和啤酒等酒精浓度较低的酒）的国家而言，其建国历程已经创造出一种独特的与伏特加政治相关的动态机制，以及悲剧机制。

/ 018

虽然伏特加酒的地位一直遭到学者们的轻视或忽视，但对于理解俄罗斯的历史，即从早期莫斯科公国时期直到当代俄罗斯而言，它毫无疑问具有关键作用。因此，这本书按照时间顺序记载了俄罗斯人民与他们的统治者在酒瓶和共同利益上所发生的漫长且常常是具有争议的互动。几乎每一任领导人都面对过伏特加酒所带来的机遇和挑战，而且几乎每一个具有重要意义的历史事件都以某种方式受到伏特加酒的影响。在回顾了斯大林核心集团的故事后，我们将继续考察酒精在俄罗斯高层政治中所占据的位置，从伊凡雷帝（Ivan the Terrible）、彼得大帝（Peter the Great）和尼古拉二世（Nicholas Ⅱ）等沙皇统治时期，到鲍里斯·叶利钦（Boris Yeltsin）的后苏联时代（第三、第四、第十二、第十七和第十九章）。但这本书不只是一本关于酒瓶的政治传记——我将会探寻极具争议的伏特加酒起源之谜，它是如何在俄罗斯政坛和社会占据如此关键位置的，以及伏特加酒是如何与另一个遍及俄罗斯各处的社会弊端——腐败问题紧密联系起来的（第六、第八和第十五章）。关于伏特加酒在何种程度上成为国家统治的工具，我将会指出酒精议题已经成为反抗组织的一个热点话题：从戒酒的农民、革命党人，再到19世纪俄国的著名作家和一个世纪后苏联的"持不同政见者运动"（第九、第十、第十四、第十六和第十七章）。我将会论述伏特加酒是如何导致俄国在多场臭名昭著的战争中失利，以及很可能还引发了一场为人不齿的战争（第十一章）。我将会调查伏特加酒在俄罗斯漫长内乱史中的催化作用，从叶卡捷琳娜二世（Catherine Ⅱ）在1762年推翻彼得三世（Peter Ⅲ），到1991年强硬派试图罢免戈尔巴乔夫却最终失败的政变（第五和第十九章）。我将会论证伏特加政治——那些在误导下试图推行严厉的"禁酒令"的做法——加速了强大的沙俄帝国的覆灭和后来苏联的解体（第十三、第十七和第十八章）。在关于现代的部分，我将会厘清伏特加政治的遗留问题；这些问题在结合了1990年代后苏联时代过渡时期的经济危机后，引起了俄罗斯大规模的逆现代化倒退，以及世界历史上从未发生过的人口危机。在讨论完人口负增长和酗酒给克里姆林宫带来的巨大挑战后，我将会分析俄罗斯总统弗拉基米尔·普京和德米特里·梅德韦杰夫是如何尝试来应对这个"酒精问题"的，以及——如果有可能的话——他们现在和将来能做什么和应该做什么（第二十和第二十四章）。我希望本书的调查研究可以让读者意识到伏特加酒对于理解俄罗斯文化、历史和政治的重要性。

俄罗斯人对伏特加酒的嗜好既悲壮又悲痛；俄罗斯内外普遍认为这种对伏特加酒的嗜好是俄罗斯文化的鲜明特征，是这个民族一个近乎渗透到基因里的自然特质。但痛饮伏特加这样的烈酒无异于喝下同样是蒸馏产物的煤油或医疗酒精。从古时候起，居住在森林、针叶林和草原地带的斯拉夫人就开始喝发酵的麦芽酒、蜂蜜酒和格瓦斯酒。烈度较高的蒸馏酒伏特加出现的时间要晚得多，差不多跟现代专制国家统治出现的时间一样。无论是反动政治势力还是激进的自由分子或者中间派别，过去5个世纪俄罗斯的专制统治者唯一的相同点就是对伏特加政治的传承。伏特加酒为沙俄帝国宏大的对外扩张事业和后继者苏联的强劲国力奠定了财政基础，同时也让政治反对派和民众一直处于昏昏沉沉、离散分裂和温顺听话的状态。而当这些政治体系崩溃时，伏特加酒则会让情况变得更糟——难以想象地糟。

理解政体和酒精之间那持久的联系对于处理这二者的遗留问题是至关重要的。俄罗斯人对伏特加酒那众所周知的嗜好不仅是一种简单的社会或文化乱象，也预示着一种更深层次的问题——政治统治。由此可见，即使是在后苏联时代，虽然政府用心良苦、反复尝试，努力使俄罗斯结束对酒的依赖，但是，如果潜在的问题一直无法得到解决，那么这些努力将永远无法取得真正的成功。

伏特加酒的统治，抵制伏特加酒

伏特加政治是遍布俄罗斯各个专制政体的一个特点——它将国家意愿深深嵌入文化、社会和个人生活中。正常情况下，饮酒应该是一种解脱：让饮酒的人可以短暂地逃避现实生活的艰辛。但是，伏特加酒让俄罗斯民众一直处于麻木冷漠和离散分裂的状态中，这种影响俄罗斯国策的关键支柱也不断巩固了专制政体的地位。但如果一个人连饮酒都无法躲避国家的压迫，他又能做什么呢？一种办法是可以跟随列宁和早期的布尔什维克党人的脚步，他们深知伏特加酒是资产阶级统治的工具并且坚决放弃任何形式的饮酒，以保持对自己使命和目的的清醒认知。另一种更为肆无忌惮的做法是向当权者说出真话，揭露伏特加政治的动态机制，以让所有人都看清。

在这里，最强有力的例子仍旧来自斯大林主导下的统治时期。虽然在苏联漫长的冬季月份里，冷战的阴云还笼罩着克里姆林宫的宫墙，中央政治局的酒宴则常常迁移到电影放映室里，那里有斯大林收藏的来自国内外的电影，这些电影有的是用黄金交换来的，有的是作为战利品缴获的，而且数量还在不断增加。中央政治局委员会一起观看斯大林收藏的最新电影，直到第二天的黎明时分。[21] 有诸如弗谢沃洛德·普多夫金（Vsevolod Puidovkin）、格雷戈里·亚历山德罗夫（Grigory Aleksandrov）和谢尔盖·爱森斯坦（Sergei Eisenstein）这样的电影制作先驱的作品，早期的苏联电影可以媲美好莱坞，而斯大林热衷于观看这些电影，达到疯狂的地步。[22] 斯大林本人是苏联顶级的影评人，和他那些喝醉酒的随从一起组成官方审查机构，审查着整个国内电影行业制作的电影产品。在苏联，很多人的表演和导演生涯——甚至生命——就这样葬送在斯大林的深夜电影放映室里。

毫无疑问，俄罗斯对电影业的最大贡献就是带给全世界一位大师级的导演：谢尔盖·爱森斯坦。即便是在今天的好莱坞，爱森斯坦那一连串的经典电影，包括《战舰波将金号》（*The Battleship Potemkin*）、《亚历山大·涅夫斯基》（*Alexander Nevsky*）和《十月》（*October*），同样可以巩固其作为电影史上最具影响力的导演之一的地位。[23] 爱森斯坦在摄像机镜头运用、蒙太奇剪辑和电影剪辑上所做的开创性工作启发了世界各地一代又一代的电影制作人；大卫·林奇（David Lynch）甚至还模仿了爱森斯坦那奇怪的发型，将其应用在他的电影《橡皮头》（*Eraserhead*）的主要角色身上。[24]

在苏联与纳粹德国进行生死决战的最黑暗日子里，这位闻名世界的电影制作人向全世界展示了他的代表作——《伊凡雷帝》（*Ivan the Terrible*），这部电影是斯大林下令制作的。[25] 这部史诗电影记录了 16 世纪的沙皇伊凡四世的崛起，伊凡四世起誓将统一俄罗斯，使之强大，并捍卫它免受国内外敌人的侵袭。银幕上，伊凡雷帝是一个冷酷无情的领袖，他赢得了他的俄罗斯臣民的支持：他击溃了喀山汗国，征服了来自西边的波兰人和利沃尼亚人，这些被征服国家明显影射纳粹德国。这部电影是一次沙文主义式的政治宣传：呼唤着一个强硬派的领袖，举国的贡献牺牲，以及在第二次世界大战的恐怖阴云下保卫自己祖国的精神。在当时的苏联，最安全的政治话语就是奉承统治者，爱森斯坦正是这么做的。[26] 斯大林很喜欢这部电影，他承认在伊凡身上看到很多自己的影子。在这部电影里，伊凡雷帝的形象英勇果决，是"一位伟大而睿智的统治者，有着坚强的意志和个性"，是斯大林眼里领袖的典范。看到自己的艺术观念被绑架用来服务于国家利益，爱森斯坦内心十分纠结。实际上，爱森斯坦被任命为斯大林的电影解说员，拒不服从命令的他甚至还赢得了斯大林奖的一等奖，这个国家在文化成就上的最高奖项——苏联版本的奥斯卡奖。在颁奖典礼上，爱森斯坦因为突发轻微心脏病而瘫倒，这强化了他对自己会在50岁时过早死亡的预感。[27]

甚至在逝世前，固执的爱森斯坦还在抗争，抵制着这个国家无处不在的压迫和统治。在斯大林恐怖统治的巅峰时期，公开批评政治无异于葬送自己的职业生涯，然而爱森斯坦不愿背叛自己的原则。1943年，爱森斯坦决定在工作岗位上奋斗至死，他选择了唯一一种能保存他创造性理念的自杀方式。[28]《伊凡雷帝》描绘了专制统治并大获成功，而早已安排好拍摄的续集则体现了这种统治的悲剧性。爱森斯坦无所畏惧且充满激情地运用电影视角来向强权讲出真相，而他也的确这么做了，他向世人展示了斯大林身上伏特加政治的烙印。

第二次世界大战结束的时候，爱森斯坦已经完成了续集的制作——《伊凡雷帝第二部：贵族们的阴谋》（*Ivan the Terrible Part II The Boyars' Plot*）。在这部影片里，一群上层贵族——沙皇高级核心成员的卫兵们——密谋推翻沙皇的统治。多疑的沙皇举办了一场酒宴，揭穿了这次阴谋。酒宴上，喝醉酒的弗拉基米尔·斯塔里茨基（Vladimir Staritsky）——伊凡的堂弟，也是王位的主要竞争者——将贵族们试图谋杀伊凡的计划告诉了这位残忍的沙皇，在将自己推向死亡的同时也决定了那些密谋者的命运。

作为苏联最负盛名的电影制片厂——莫斯科电影制片厂（Mosfilm）的艺术总监，另一位导演米哈伊尔·罗姆（Mikhail Romm）有幸成为电影制作团队的一员并在电影制作快结束的时候看到了试映的版本。正是罗姆将中央政治局那可怕的评价透露给了爱森斯坦：

> 他问我们，"怎么了？有什么问题吗？你是什么意思？直接告诉我吧"。但没有人敢直接说出来，在伊凡雷帝身上可以看到很深的斯大林的影子，在马留塔·斯库拉托夫（Malyuta Skuratov，伊凡的秘密警察里的首席马屁精）身上可以看到贝利亚的影子，而在那些卫兵身上可以看到斯大林爪牙的影子。而且我们感觉到了很多东西却不能说出来。
>
> 但我们看到了爱森斯坦展露的勇敢，他眼角闪现的光芒，叛逆而质疑的微笑，我们知道他决定孤注一掷了。
>
> 这很糟糕。[29]

这位著名导演确实是孤注一掷了，他运用自己的电影艺术来突出专制政体的悲剧性。可以理解的是，其他的苏联导演内心是十分忧虑的。当有人提出《贵族们的阴谋》是一部大师之作而且会在西方风靡一时的时候，编剧弗谢沃洛德·维什涅夫斯基（Vsevolod Vishnevsky）则在回复中抨击道："那全世界都能看到这部'克里姆林宫的秘密'了。"

"或许爱森斯坦只是一时幼稚，或者——我不知道，"乌克兰剧作家和导演亚历山大·多夫任科（Aleksandr Dovzhenko）补充道，"但在这样一部电影里描述这样一个俄罗斯和克里姆林宫——将会煽动很多人极力反对我们。"[30] 描述伏特加政治的悲剧绝对是一种"禁忌"。

但爱森斯坦并没有屈服。"'禁忌'是一个谎言，"他这样向大家说道，"如果你是呕心沥血地做某件事情，那你想说什么就可以说什么。"爱森斯坦甚至还计划将他谴责专制政体的艺术作品在尽可能大的范围里展映。"我们得做很多次展映，给历史学家、作家和艺术家们观看，还要放映给大众看；成百上千的人同时观看这部电影，这样他们就能更好地理解这部电影了。"[31] 但如果想要做到这些，首先必须得到约瑟夫·斯大林本人的许可。

1946 年 3 月 2 日深夜，中央政治局成员观看了爱森斯坦的电影——跟往常一样。在观看结束后，斯大林大发雷霆："这不是电影，而是某种噩梦！"而拉夫连季·贝利亚则对这部爱森斯坦的代表作充满蔑视，将其称为"一个糟糕的侦探故事"。[32] 斯大林甚至还痛斥了放映员伊凡·波尔沙科夫（Ivan Bolshakov），他刚好还是国家电影委员会主席。斯大林借助《贵族们的阴谋》这部电影猛烈抨击整个苏联电影产业："战争期间我们没有时间处理这些事情，现在我们可以好好整顿一下这个产业了！"[33]

这部电影的描述是不是太露骨了？斯大林是不是反对这部电影向所有人展示的伊凡那残暴无情的性格和对人民的无情压迫？不是——斯大林认为只要电影讲清楚是什么导致他成为如此残暴的一个人，电影对伊凡的"残酷"的描写就是没有问题的。苏联共产党中央委员会的官方决议谴责这部电影将伊凡描述为一个"性格软弱且缺乏意志力的人，酷似哈姆雷特"——众所周知，这样的性格，以及关于谋杀与高层政治的悲剧都是斯大林所厌恶的。[34] 就这样，这部电影被彻底禁止放映，而斯大林也撤销了他早些时候给爱森斯坦的嘉奖——这对于作为艺术家的爱森斯坦来说，在某种意义上算是一次道德上的

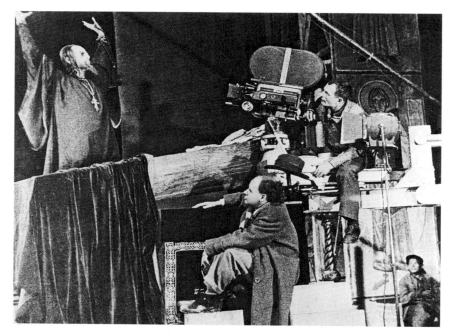

《伊凡雷帝》的拍摄过程

演员尼古拉·切尔卡索夫（Nikolai Cherkasov）（左边）是领衔主演。谢尔盖·爱森斯坦（坐着，中间）正在导演，而摄影师爱德华·蒂塞（Eduard Tisse）正在拍摄

胜利。

和其他作家和批评家一样，罗姆推断，这部电影之所以被禁，是因为里面对酒宴场面的描写；在这些场景里，爱森斯坦塑造了一个可畏且狡猾的独裁者——伊凡；他使用酒精来麻痹政治对手，使他们对自己的攻击措手不及。这抨击了对斯大林的个人崇拜，也直接影射着斯大林的伏特加政治。据罗姆所说，"观看电影的时候你可以感觉到电影里那些影射现实的可怕部分，几乎每个情节都有影射的潜台词"。[35]

有人将斯大林谴责这部电影的消息告诉爱森斯坦——不仅他的饭碗，就连他的生命都有危险了。出乎意料的是，爱森斯坦很镇定。他知道这部电影会得到什么样的反馈。虽然他被迫当众仪式性地承认他（根据中央委员会官方法令的措辞）"在描述历史事实时表现出了自己的无知"，但私下里他决定与斯大林斗争。这位大导演要求获得——也得到了——一次与斯大林私下会面的机会。

1947年2月24日晚上11点，爱森斯坦和尼古拉·切尔卡索夫——在银幕上扮演伊凡雷帝的演员——赶赴克里姆林宫与斯大林、维亚切斯拉夫·莫洛托夫，还有负责意识形态和文化管理的中央政治局委员、酒鬼——安德烈·日丹诺夫会面。这场深夜会面从晚上一直持续到第二天早上。这次谈话显然是一边倒的，斯大林和那些奉承他的人一边斥责着对方，一边给对方上了一堂历史课。向来圆滑的爱森斯坦这次却显得顽固不化了，这惹恼了斯大林。第二天，爱森斯坦愉快地向朋友评价了这次会面："我昨天去见了斯大林，我们都不喜欢对方。"[36]

在双方僵持的过程中，这位电影大师可以史无前例地接触到他在银幕上所描绘的"毒蛇巢穴"。会面过程中他做了大量的笔记。大体上，爱森斯坦觉得这次会面的结果是令人满意的：他被宽限用几年的时间来反思和准备改动《贵族们的阴谋》，以取悦斯大林；但这次直接会面只是让爱森斯坦更加确定他所展现的内容是正确的。"我们不会改动什么的，"他后来这么跟他的同事说，"那是一次有趣的会面，过些时候我会告诉你的……"[37]

或许是早逝的预感使他无所畏惧，爱森斯坦设想自己将在1948年离世——而在那一年，他将完成《贵族们的阴谋》。"什么重拍？"爱森斯坦反问他的朋友，"难道你没有意识到第一次拍摄的时候我就会死去吗？每次想起《伊凡雷帝》这部电影，我心里就痛一次。"[38]确实，在他对《贵族们的阴谋》做出任何改动前，爱森斯坦就离世了：1948年，在他叛逆地拍摄《伊凡雷帝第三部》时，突发心脏病离世——正如他所预见的——享年50岁。[39]

谁喝赢了谁？

1953年，斯大林在脑出血的痛苦中逝世，此时离爱森斯坦离世已经5年多了。斯大林死后，贝利亚就被立刻逮捕了，并被控犯有叛国罪和恐怖罪行。审判中指控贝利亚犯有的强奸罪和酒后性侵扰罪只是在他的累累罪行上多加了几项而已，这些审判最后以贝利亚被执行死刑而告终——贝利亚的死宣告了斯大林恐怖统治的结束。[40]现在继承斯大林遗产的是大腹便便的尼基塔·赫鲁晓夫。那些个人崇拜、政治清洗、强制集体化、饥荒灾难，还有斯大林时代的恐怖统治都将被撤销，取而代之的是改革，以及苏联社会、文化、经济和外交事务的全面正常化发展。

在斯大林逝世、贝利亚被判处死刑5年后，《伊凡雷帝第二部》这部电影终于登上了银幕。这部电影于1958年爱森斯坦逝世十周年时首映，并受到了来自国内外的赞誉。爱森斯坦在电影里对这位有着爱国热忱的皇帝最后变成一个多疑偏执、手足相残的杀人犯的描写终于重见天日，"恢复了它应有的地位"——很大程度上就像爱森斯坦的遗产一样。这部电影被认为是对过去和现在的统治悲剧的影射。[41]在农民出身的最高领导人尼基塔·赫鲁晓夫的统治下，苏联全国开始了去斯大林化的净化运动，而处理斯大林留下的伏特加政治烙印就是这个运动的一部分。

即使是在斯大林去世后，克里姆林宫的饮酒传统依旧延续着，虽然这些酒宴已不再弥漫着恐怖气息了。在赫鲁晓夫当权的 10 年间，他从未放弃过饮酒庆祝的机会。

到 1970 年代的时候，就连美国人都认识到伏特加酒是苏联高层的谈判策略并为之做好了准备。1972 年，理查德·尼克松和亨利·基辛格访问莫斯科以最终签订《反弹道导弹条约》（the Anti-Ballistic Missile Treaty）。列昂尼德·勃列日涅夫（他在斯大林时代的党内培育中养成了臭名昭著的酗酒恶习）趁着“基辛格已经筋疲力尽而尼克松早已酩酊大醉”之际要求对方做出更大的让步。还有一次，美国总统开玩笑说勃列日涅夫试图让自己的顾问在这次军备控制高层协商的整个过程中都喝得烂醉如泥。勃列日涅夫明显是“迎合着这个玩笑”，一直不断地往基辛格的杯子里倒伏特加酒。[42]

“最高层的外交活动并不是在愉悦的高层会面时混淆香槟酒和伏特加酒，”墨守成规的苏联驻美国大使阿纳托利·多勃雷宁（Anatoly Dobrynin）主张道，“而是在不破坏重要战略伙伴关系的前提下保有各自的看法。”很明显，醉酒的勃列日涅夫在这方面做得很失败。[43]

多勃雷宁描述了当苏联人拜访尼克松位于加利福尼亚州的寓所时，这种高层的饮酒传统如何产生了事与愿违的后果。在深夜舞会期间一次走廊邂逅中，多勃雷宁陷入了“他外交生涯中最奇特的处境”。勃列日涅夫喝了太多的威士忌酒并醉倒了，多勃雷宁和尼克松不得不将这位醉倒的总书记扶上床。在那之前，勃列日涅夫埋怨他那些唠叨的中央政治局同事，而多勃雷宁则不安地为美国总统翻译着勃列日涅夫所说的话。

"阿纳托利，我昨天是不是说太多了？"勃列日涅夫后来问道。

勃列日涅夫确实说太多了，但多勃雷宁向他保证有些内容并没有被翻译出来。

"做得好，"勃列日涅夫回复道，"那该死的威士忌酒，我喝不惯它。我并不知道我喝那些酒就会醉。"[44]

这些内幕故事是很有趣的，但我在这里讲述这些故事可不仅仅是为了让读者偷窥一下高层次的外交活动。我这么做的第一个原因是，我想指出，沉着的多勃雷宁与酗酒的勃列日涅夫之间的紧张关系预示着苏联领导层内部和苏联社会关于是否实行禁酒的明显分歧。第二个原因在于，这些内幕故事说明了酒精是如何与最高级别的政治权力交织缠绕起来的。弗拉基米尔·列宁精辟地将政治事务的核心问题总结为"kto kovo？"，字面意思就是"谁和谁？"，人们常常将其解读为"谁战胜了谁？"或者"谁让谁认输了？"，而在外交上，更恰当的说法应该是"谁喝赢了谁？"。最后一个原因是，这些内幕故事可以帮助我们更好地了解战后的苏联政治。第二次世界大战结束后，苏联本就居高不下的酒精饮用量飙升到了俄罗斯历史上（或者说全世界历史上）前所未有的高度——这一不可动摇的遗产是斯大林恢复传统政体时留下来的。[45]

不管是过去的苏维埃社会主义共和国联盟还是今天的俄罗斯联邦，你在这个国家待得越久，就越能体会到伏特加酒对于俄罗斯社会和文化的重要性。同样，你观察的越多，就越能发现在俄罗斯闻名悠久的历史上到处都有伏特加政治的影子。是时候抛开关于俄罗斯酗酒问题的那些陈词滥调，真正关注其背后的根源了。俄罗斯人酗酒的习惯并不是由天生的基因密码所决定的，而是像斯大林核心集团成员一样，受害于一个一直培育社会性酗酒恶习的体系，而这个体系还从这一恶习中获益。

只有揭露了俄罗斯伏特加政治的遗留问题，我们才能理解并应对众多俄罗斯社会、政治和经济问题背后的主要促成因素。这本书揭露了伏特加政治的动态机制，以及在健康、收入和公众利益等方面俄罗斯国家与社会之间的紧张关系，这一关系贯穿了沙俄帝国主义时期、苏联统治时期，甚至还延续至后苏联时代。通过这本书，我也期许着俄罗斯能有一个更加光明的未来。

/ 第三章　带来痛苦的烈性酒：伊凡雷帝和莫斯科公国宫廷的酒精

谢尔盖·爱森斯坦是创作历史史诗的大师。几乎他所有的电影——从《战舰波将金号》和《十月》到《亚历山大·涅夫斯基》，以及他原计划完成的"伊凡雷帝三部曲"——都描绘着俄罗斯漫长发展历史中的关键事件和领袖。对于像爱森斯坦这种"讲故事的人"来说，幸运的是俄罗斯的历史中充满了伟大的胜利和难以形容的悲剧、英雄勇士和反派恶人，性格各异的历史人物和庄重威严的统治者。如果爱森斯坦能活过 50 岁，他或许不仅可以记载下伊凡雷帝的事迹，还会勾勒出俄罗斯过往历史中其他所谓的"伟大领袖"，例如彼得大帝和叶卡捷琳娜大帝的丰功伟绩。而在这整个记录的过程中，他可能会强调酒精如何渗透在俄罗斯帝国时期所有的宫廷阴谋中，以及伏特加政治如何渗透进俄罗斯国家机构的历史根基中。

随着俄罗斯从一个孤立的公国成长为一个地域广阔、多民族多文化并存的跨大陆帝国，每一个称职的沙皇都会发现，在增强国家实力方面，酒精是一个便利且必要的工具。彼得大帝不仅强行使俄罗斯脱离中世纪的状态，成为现代化欧洲的一分子，他还在自己的宫廷里完善了伏特加政治的权谋。叶卡捷琳娜大帝使俄罗斯成为欧洲大陆的一个大国和文化中心，但其实她能登上皇位也要归功于伏特加政治。然而，在很久之前，当俄罗斯尚未成为世界强国时，它还只是莫斯科河岸边一个偏远的王国。罗曼诺夫皇朝统治时期的俄罗斯经历了一段并不平稳的发展，而自始至终，伏特加政治都参与其中。

远在 1547 年伊凡雷帝加冕登基，或者 1517 年马丁·路德将他的《九十五条论纲》（Ninety-Five Theses）钉在维滕贝格诸圣堂的大门上，甚至在 1492 年克里斯托弗·哥伦布出发去寻找通往东印度的新航道之前，莫斯科公国的大公们就开始征服附近的其他公国，通过高效的行政机构来强化他们的统治。莫斯科公国的领土从伏尔加河平原一直向东延伸至乌拉尔山脉，向北延伸至北极地区。在西面，莫斯科公国与立陶宛开战。在南边，他们反抗金帐汗国（the Golden Horde）的统治，赶走了数世纪以来一直要求斯拉夫人臣服纳贡的蒙古侵略者。莫斯科公国发展成了一个令诸国敬畏的大国，而莫斯科公国的大公则沿用了标志性的拜占庭式双头鹰——一个头朝向亚洲，另一个头朝向欧洲。与此同时，他们也宣称自己是罗马帝国遗产的继承者。[1]

早期俄罗斯国家的经济资源可以支撑其做出如此大胆和战略性的行动。15世纪对于莫斯科的统治精英而言是一个繁荣时期。这座城市的中央城堡——或者说克里姆林宫——原本用古老的木头和石灰岩堆砌的旧城墙被用砖块砌建的新城墙所代替，新城墙保护着崭新发光的大教堂和皇宫。这些建筑都是由文艺复兴时期最好的建筑师设计建造的。与挣扎在宫墙外的贫困农民相比，克里姆林宫里的人过着富有的生活——这种生活表现出一种"野蛮人式的豪华"，而这种"豪华生活"与东正教仪式之间的差别令外国宾客们感到无所适从。[2]

16世纪早期，奥匈帝国男爵西吉斯蒙德·冯·赫伯斯坦（Sigismund von Herberstein）作为神圣罗马帝国的特使曾两次留宿克里姆林宫。他所留下的大量记录于1557年出版，这是在外国人的视角下，最早的关于莫斯科公国最后一位大公——瓦西里三世（Vasily Ⅲ）治下俄罗斯宫廷的描述。赫伯斯坦这个奥地利人一到莫斯科就受到传统的俄罗斯式招待："你会和我们一起享用面包和盐。"一起享用面包和盐的礼节深深植根于传统的俄罗斯词语，"khlebosolny"这个词在俄罗斯语里就代表"热情好客"的意思。[3]

克里姆林宫的卫兵们引导着赫伯斯坦穿过一个砖砌的礼堂，悬挂的火炬点亮整个礼堂，礼堂里到处挂着精美的壁毯。随后他们走进了一个宴会厅，在那里他见到了坐在瑰丽王座上的大公，两边是一排排的贵族：有的戴高毛帽穿长袍，有的穿着白缎制成的衣服，每个人身旁都放着一把银制短柄斧。宴会厅中间是一席华丽精美的晚宴，盘子都是纯金制成的，而上菜的仆从都穿着珍珠宝石装饰的厚袍。这场盛宴提供烤鹅、白葡萄酒和希腊葡萄酒。在宴席开始之前，瓦西里大公先举起了自己的酒杯，宴会厅里的喃喃低语沉寂下来，他用洪亮的声音说道："你们是从一个伟大的国家来到另一个伟大的国家；你们经历了一段漫长的旅程，在受到如此青睐之后，在看到我们期许的目光之后，希望你们也可以永远平安幸福。举杯畅饮吧，敞开肚子享用美食吧，然后好好休息一番，你们最后将会回到你们的国王身边。"[4]

哈布斯堡皇室代表团成员还不适应自己所处的新环境，也还不习惯这种拜占庭式的文化实践；他们全身心地参与到宴会中，但还是感到很奇怪，他们杯中的酒并不是欧洲传统的发酵酒：不是葡萄酒，俄罗斯人在君士坦丁堡陷落时从生活在东罗马帝国的希腊人那里学会了制作葡萄酒的技艺；也不是用发酵蜂蜜制成的斯堪的纳维亚蜂蜜酒，这种蜂蜜酒的制作技艺经由诺夫哥罗德和 10 世纪的波罗的海贸易传播到莫斯科；更不是欧洲的啤酒和麦芽酒，这些酒已经成为莫斯科公国酒鬼们最主要的饮料。这些酒也不是典型的俄罗斯格瓦斯酒，后者是用发酵的黑麦面包制成的，俄罗斯人的祖先，东斯拉夫人几乎是自 1 世纪基督纪元开始的时候，就已经在饮用这种酒了。[5]

然而，他们酒杯中闪闪发光的是生命之水（aqua vitae）——蒸馏酒。[6]这并不完全是现代人所饮用的伏特加酒——俄罗斯语里"少量的水"的意思，这种烈度更高的蒸馏酒早在 15 世纪的时候就出现在莫斯科公国了，王室的炼金术士们把它当作一种医疗仙药使用。这种新酒灌醉人的效力也同样影响着酒宴当天的俄罗斯领袖。

当赫伯斯坦这样的外国目击者适应了莫斯科公国宫廷的习俗、富饶和奢侈后，他们很快就发现了某些迹象，它们能证明酒精在宫廷阴谋中占据着重要地位。确实，就连 16 世纪最早的一本俄罗斯语词典手稿中也载有"Gimi drenki okovitin"（让我喝生命之水）这样一个源自英语的短语。由于本国人关于中世纪俄罗斯的文献记录少之又少，因此对于理解早期俄罗斯的历史概况，特别是酒精在其中所扮演的角色，这种外国人视角下的记载是极其宝贵的。[7]

赫伯斯坦关于 1550 年代那场在莫斯科公国宫廷持续整晚的狂饮宴会的记载，与后来到斯大林宫廷的其他外国宾客（包括冯·里宾特洛甫、丘吉尔、戴高乐和米洛万·吉拉斯）的震惊遥相呼应。在烛光下，赫伯斯坦开始拿起鹅毛笔在羊皮纸上整理回忆。

> 为什么灌醉别人在这里会是一种荣誉和尊重的标志；一个人如果没有被灌酒而醉倒在桌子底下，他会觉得没有受到足够的尊重。莫斯科公国的人确实很擅长鼓励和说服别人饮酒。如果其他说辞都行不通，就会有一个人站起来提议大家为大公的健康举杯，这时候所有在场的人都必须举杯并喝完杯中的酒。在此之后，他们就会试图让大家为皇帝陛下或其他人的健康举杯。这次的祝酒有很多的客套话。提议举杯的人站在房间中央，他秃着头，说出他对大公或者其他领主的祝福——祝他们幸福、胜利和健康——并且祝愿，饮完酒后，大公的敌人血管里流动的血液就跟杯中的酒一样一滴不剩。当喝完自己杯中的酒后，他会将杯子倒放在自己的头上，并祝愿大公身体健康。其他情况下，祝酒的人会站在一个显眼的位置，倒上好几杯酒，将它们分给其他人用于祝酒。每个人都会走到房间中央，喝完自己杯中的酒，然后用酒杯轻敲自己的头。[8]

赫伯斯坦和后来到访的一代代外国高官一样，觉得这种做法很古怪。和之后的外国宾客类似，赫伯斯坦也承认他厌恶这样过度饮酒，因此极力让自己摆脱这种难受的习俗，大多数时候他"都假装喝醉了或者说我困到喝不下了，我也喝过了"。[9]

/ 029

赫伯斯坦惊讶于他的接待者瓦西里三世的富有和权威，但这位大公的地位却并非像他的体态所暗示的那样牢固。虽然王室是莫斯科公国的政治和精神核心，但其他王侯贵族的家庭同样有着雄伟壮观的庄园，他们的经济和军事实力也不容小觑。而且东正教教会的影响力也很广泛，常常不受国家法规的监管。因为国家内部存在着这样的敌对势力，所以大公很倚重他的宫廷重臣们，正如他们依附大公那样。中世纪后期的公国既强大又脆弱——而瓦西里深知这一点。在他在位的最后一年里，大公为很多忠于他的贵族和他刚出生的儿子授予军衔，这样做的目的是削弱反对他的贵族的实力，因为如果大公的两个兄弟之一夺取了王位，这些贵族可以从中获益。[10]

在 1533 年寒冷的 12 月里，瓦西里在长期卧病在床后逝世了，将莫斯科公国的权势留给了他年仅三岁的儿子伊凡。在一个集体式"贵族统治"时代，各竞争集团激烈地争权夺势，阴谋丛生。舒伊斯基家族（Shuiskys）、格林斯基家族（Glinskys）、贝尔斯基家族（Belskys）、斯塔里茨基家族（Staritskys），甚至就连教会势力都参与到这场凶残无情的权力争斗中，敲诈勒索、折磨谋杀等手段无所不用；他们争相影响着年幼的伊凡，想要夺取摄政权。如果其中一个集团的领袖被割掉舌头或者活生生被野狗吞食，总会有他的兄弟、叔伯、儿子或侄子来为他复仇。想要同时除掉所有集团的领袖是不可能的。[11]

"我们的贵族随心所欲地统治这个国家，因为没有人可以反抗他们的强权"，伊凡后来回忆道，在这样一个没有父亲的环境里成长，"我学会了我身边那些人的狡诈作风；我学会像他们一样诡诈狡猾"。[12]

因此毫无意外，这个后来成为伊凡"雷帝"的男孩完全没有任何道德观念和准则。当不停争斗的贵族们代替伊凡做出政治决策的时候，这位年幼的王子在得意地折磨着小鸟，将小狗从高耸的皇宫城墙上推下，任由它在城墙下的皇宫道路上摔成一团。[13]

伊凡年少的时候就开始沉溺于杀戮，他带着贵族们组成的仆从一起追猎熊和狼，这些贵族仆从跟伊凡一样出身富裕高贵的家庭。在杀戮结束、酒足饭饱之后，捕猎者一行人常常将眼光投向另一种不同的游戏：拿当地的农民取乐。这群醉醺醺、嗜血成性的少年袭击了毫无防备的村民：殴打农民，强奸他们的女儿。年轻的伊凡在这种放纵的暴力与奸淫中沉迷——酒水、汗水和血水交织——就像他那个凶残的父亲一样，但伊凡从未忘记他的皇室身份，他是上帝指派到地球的仆人。"当他喝醉了酒或者与女人上床，那是上帝通过他的身体在享受酒色的乐趣。"[14]

1547 年，16 岁的伊凡正式加冕登基；但他并没有接受传统的莫斯科大公的称号，他成为第一个选择沙皇——全俄国的最高统治者——这个称号的人。[15]年轻的沙皇宣布，为了迎娶他深爱的安娜斯塔西娅（Anastasia）——一个出身低级贵族家庭的姑娘，他会放弃酗酒享乐。宫廷里的人都熟知沙皇堕落的过去，所以在听到沙皇这么说的时候，毫无疑问都集体松了口气，感到解脱。然而，短短几年之后，安娜斯塔西娅就离奇地患病离世了。正如爱森斯坦在那部为他赢得斯大林奖的《伊凡雷帝》里所描述的，沙皇怀疑他的新娘是在一场宫廷阴谋中被毒死的，而这只能进一步加重他的多疑症。而且就像斯大林对他妻子的突然死亡所做出的反应一样，忧伤的沙皇自暴自弃，深陷于孤独绝望中，整日酗酒。他很快又过起了以前那种生活，奸淫取乐，还会对他人实施难以想象的虐待和折磨。这位无所不能的沙皇疯狂报复着他所怀疑的贵族阶层以及任何胆敢惹恼他的人，就算是喜怒无常的上帝也一样会遭殃；安娜斯塔西娅的死激发出伊凡童年时所有的动物本能。[16]

日益强大和多疑的伊凡一边率领军队攻城略地，扩大俄国版图，一边沉湎酒色，享受慢条斯理地折磨宫廷里那些潜在的对手。他还很喜欢独自做祷告。"他看着血液喷射而出，听着骨头断裂的响声和流着口水的嘴巴不断呻吟，伤口的脓液、排泄物、汗水和烧焦的血肉的气味混合在一起，这些恶心的气味对于伊凡来说就像是一顿大餐一样，"法国著名历史学家亨利·特罗亚（Henri Troyat）这样写道，"他是如此享受杀戮以至于他坚信在这种给他带来荣誉感和狂喜的时刻里，上帝是与他同在的……对于他而言，向上帝祷告和折磨对手不过是表现他虔诚信仰的两种方式。"[17]

伊凡的密友安德烈·米哈伊洛维奇·库尔布斯基亲王（Prince Andrei Mikhailovich Kurbsky）英勇地率领军队冲锋，攻克了伏尔加河沿岸的喀山汗国，镇压了东边的乌德穆尔特地区（Udmurtia）的叛乱。他竭尽所能为俄国开疆拓土，也很聪明地避免了落得跟其他人一样的下场——被残酷成性的沙皇慢慢肢解取乐。在率领伊凡的军队在多尔帕特（Dorpat，今天的爱沙尼亚）取得了对利沃尼亚人的胜利后，伊凡手下的这位将军叛变逃到了附近的波兰王国。在波兰人的庇护下，这位俄罗斯历史上的首位政治难民不仅给沙皇写了一封措辞尖刻的信，还在 1573 年写下了俄罗斯第一部历史专著——《莫斯科大公史》（*History of the Grand Prince of Moscow*），书中充满了他对伊凡四世的斥责和批评。[18] 就像尼基塔·赫鲁晓夫为我们提供了克里姆林宫酒宴的内部视角那样，库尔布斯基也这么做了，不过要比赫鲁晓夫早 400 年：

他们一开始是频繁地暴饮暴食，然后发展出各种肮脏下流的行为。而在这之后他们又做了什么呢？用大酒杯向魔鬼祝酒，确实如此，而且酒杯里装的都是酒劲非常大的烈酒……如果一杯喝完他们没有昏倒，或者更精确地说，没有开始发狂的话，他们就接着给自己倒上第二杯和第三杯酒。对于那些不愿喝酒或者不愿犯下如此不道德的罪行的人，他们就会半斥责半严令地让他喝酒，一边对着沙皇大喊："看啊，这里有个人，这个人（说出他的名字）不想在您的宴会上跟大家一起享受快乐，就好像他是在指责和嘲笑您跟我们都是酒鬼一样，虚伪地假装自己是正人君子！"[19]

就像在赫鲁晓夫的回忆中苏共中央政治局委员被迫灌醉自己一样，伊凡雷帝宫廷里的人也被迫喝到酩酊大醉。"而且这些人还说了比这更残忍恶毒的话，"库尔布斯基接着写道，"他们辱骂着许多不喝酒的谦谦君子，斥责着他们良好的生活作风和习惯；他们还羞辱这些人，将那些可憎的大酒杯里的酒倒在这些人身上，他们自己也不想喝醉，或者说很可能喝不下。他们还会用死亡和各种折磨威胁这些人，就像他们晚些时候用同样的理由摧毁许多人一样。"[20]这一过程与赫鲁晓夫描述的苏共中央政治局委员如何变成酒鬼的相似之处，可以说是再明显不过了。

就像斯大林的心腹们被灌满酒以取悦这位领袖，然后被他们的随从背回家一样，伊凡酒桌旁的宾客们也有着同样的经历。"在沙皇的命令下，人们不得不喝完所有的酒，这使得一些人陷入了一种类似昏迷的麻木状态，"特罗亚这样写道，"在他们的肚子里混合着蜂蜜酒和莱茵葡萄酒、法国葡萄酒、马姆齐葡萄酒、格瓦斯酒和伏特加酒。而当他们从桌边站起来回家的时候，伊凡常常会派人送更多的酒和美食到他们家里，象征着他们的友谊，让他们当场喝下，当着送来的官员的面喝完。"[21]这两位统治者不仅都意识到酒精可以帮助他们很有效地管理这个烂醉如泥的国家，而且他们也很小心翼翼地不让别人用酒精来对付他们——下属们常常被迫喝完统治者杯中的酒以检测是否有毒。[22]

就像赫鲁晓夫、贝利亚、米高扬和其他斯大林统治时期的苏共中央政治局委员们边呕吐边反对一样，伊凡统治下的很多贵族也同样反抗着这种酗酒的越轨行为。那些拒绝这样做的人就被人公开或私下斥责为沙皇的敌人。[23] 想想伊凡身边的重臣——米哈伊尔·列普宁亲王（Prince Mikhaylo Repnin）的下场，他曾小声抱怨过伊凡的酗酒习惯与上帝选定的俄国领袖这一身份不相称，听到他这句话的沙皇怀恨在心。随后的一个周日，在教会晚祷期间，伊凡的卫兵找到了正在庄严祷告的列普宁，就在圣坛旁粗暴地将他砍死。[24]

不像斯大林那样带有威胁性质的祝酒，伊凡常常是迅速而直接地处理掉那些批评他的人。还有一次，莫肯·米特科夫（Mochan Mitkov），帝国的一个贵族，因为受够了被强迫喝下一轮又一轮的酒，终于忍不住破口大骂。怒气冲冲的米特科夫摇了摇手指，当面斥责着"该死的"（okayannyi）沙皇。勃然大怒的沙皇从王座上站了起来，拿起他放在身旁的金属头拐杖冲向米特科夫。伊凡雷帝用拐杖作为标枪，直接刺死了他，宴会厅的地板上洒满了鲜血。恢复冷静后的沙皇安静地走回自己的座位，他的亲信则将被开了膛的米特科夫拖了出去以彻底杀死他。[25]

亲眼见证了如此可怕的场面之后，循规蹈矩的军事指挥官库尔布斯基聪明地逃命自救。因此，400 年后，爱森斯坦在他那部严厉控告斯大林独裁统治的电影《伊凡雷帝第二部：贵族们的阴谋》中以库尔布斯基的叛逃开场是再合适不过了。在爱森斯坦和赫鲁晓夫出现数世纪前，库尔布斯基是第一个点出伏特加政治的人。

就算在不使用暴力手段的前提下，伊凡仍然发现酗酒是勒索和胁迫下属的一个绝佳工具。当喝醉的贵族们享用盛宴、放声高歌、说着诽谤猥亵语言的时候，伊凡常常命令抄写员记下他们所说的话。第二天早上，伊凡就会拿着抄写员记录的话质问那些平日里口若悬河、现在宿醉刚醒的马屁精们。[26]

爱森斯坦几乎算不上唯一一强调了斯大林和伊凡雷帝之间"致命相似之处"的人。他们两个人都将恐怖手段作为一种保卫国家安全和实施行政管理的工具；两个人都有着多疑猜忌、嗜血残虐的性格；而且必须点出的是，两个人都将酒精置于他们的治国之道和私人生活的中心位置。[27]1925 年，斯大林恢复了俄罗斯帝国时期对伏特加酒的垄断经营，这样做的目的是给苏联这个国家增加额外的收入；他这样做其实是在跟随 1553 年伊凡垄断 kabak——或者说沙皇酒馆——经营的脚步。伊凡或许是第一个开发了酒类贸易巨大潜力的人。正如英国人贾尔斯·弗莱彻（Giles Fletcher）在 1591 年所写下的，每年这些饮酒屋的租金都"构成了帝国财政收入的很大一部分"，这些饮酒屋都收到国家的命令，每间每年要上缴几千卢布。[28]然而，统治者对酒精最有效的使用是让敌人保持酩酊大醉、猜疑分裂的状态。

跟与斯大林相处一样，拒绝饮酒是一种对伊凡的冒犯，足以引起他的愤怒，而且结局常常是，拒绝饮酒的贵族甚至其家人都会以令人毛骨悚然的惨状死去。为了取代众多落得如此下场的贵族，伊凡提拔了很多出身不那么高贵的势利小人，这些人不但不敢惹恼沙皇，反而助长着他的淫荡堕落。阿列克谢·巴斯曼诺夫（Alexei Basmanov）、伊凡的儿子、瓦西里·格里亚兹诺伊（Vasily Gryaznoi）和马留塔·斯库拉托夫（Malyuta Skuratov）这些人集体阿谀奉承着伊凡，还跟他一样热衷于折磨他人——这些人成了伊凡最亲近的顾问和最可靠的酒友。[29]伊凡和这些堕落的酒鬼臭味相投、狼狈为奸，追求着更为极端的酗酒、残忍和堕落的生活。

1564 年，伊凡突然莫名其妙地离开莫斯科，带着他那群贪婪嗜酒的随从们在国土上毫无目的地游荡。在经历了一段漫长的旅程后，他们到达了弗拉基米尔北面的一个叫作亚历山德罗夫斯卡亚 - 斯洛博达（Aleksandrovskaya Sloboda）的小地方，在那里，伊凡下令建造一个非官方的首都——他希望新首都的堡垒、护城河和高墙能给他带来安全庇护。任何人进出这里都需要伊凡的许可。在这个新的"宫廷"里，伊凡创建了一个新的内部圈子——特辖军（orpichniki），由像斯库拉托夫、巴斯曼诺夫，以及其他以忠诚、残忍和酒量为沙皇所知的人领导。这支队伍最终暴增至超过 6000 人，这让特辖军得以凌驾于法律之上：他们的任务就是搜捕和除掉伊凡的敌人。只有特辖军才敢直面沙皇锐利的目光，也只有在特辖军陪伴下，伊凡才完全安心。[30] 特辖军亲吻了十字架并宣誓不会和莫斯科公国的旧时贵族——即便是他们的亲人——一起"用餐饮酒"，他们还洗劫了莫斯科东北面的金环地区。贵族们或被处死，或跟他们的家人一起被流放；庄稼、森林和整个村庄都被付之一炬；农民和孩子们受到折磨，女人则在他们酒后的狂欢中被强奸杀害。领导整个特辖军的是嗜血成性的斯库拉托夫，他甚至还亲手勒死了俄国东正教会的领袖、大主教菲利普二世。这也就难怪，爱森斯坦的《贵族们的阴谋》里面斯库拉托夫的形象会被认为是在影射斯大林手下嗜酒的刽子手和克格勃领袖——拉夫连季·贝利亚。

在亚历山德罗夫斯卡亚 - 斯洛博达的堡垒里，沙皇——与他年幼的儿子和继承人王子伊凡一起——指挥着这些屠杀行为。平日里的下午，一开始是公开的斩首，接下来的私密环节则是借助痛苦的酷刑折磨他人。晚上在他们开始另一场饮酒晚宴之前，伊凡、王子和他们手下的那群恶棍就会接受（被吓坏了的）神父的祝福。伊凡雷帝很高兴他最年长的儿子与自己有着这么多相似之处。他们一起饮酒，互换情人，享受着同样的爱好：鞭笞折磨那些受过良好教育的人，将滚烫的葡萄酒倒在大使们身上，还有放纵野熊袭击毫无防备的僧侣，而所有这一切都只是为了取乐。[31]

虽然伊凡的非官方首都的高墙保护他免受外面的伤害，但这些高墙却不能保护他免受自己酒后恐惧症的困扰。随着他嗜血本性的发展和他那个任性刚愎的儿子伊凡的成长——考虑到他死后儿子会得到的一切——伊凡雷帝发现了一个新的敌人。1581 年，伊凡雷帝已经完全说服自己：他的儿子正在密谋背叛他。在随后两人的搏斗中，伊凡雷帝用他那带尖头的拐杖猛击他的儿子。沙皇在惊恐中回过神来，却发现他的尖头杖已经刺穿了他儿子的太阳穴，血液正喷涌而出。惊醒的沙皇突然意识到他刚刚杀死了自己的儿子和王位继承人，他将王子的头抱在怀中。年轻的伊凡在垂死之际恢复了意识，据说他亲吻了父亲的手，轻声低语道："我将作为你忠诚的儿子和你最恭顺的臣民死去。"[32]

莫斯科市区世界闻名的特列季亚科夫画廊里悬挂着伊里亚·列宾（Ilya Repin）的著名画作《伊凡雷帝杀子》（*Ivan the Terrible and His Son Ivan*），这幅画描绘了令人敬畏的沙皇抱着王子那血迹斑斑尸体的场景。此刻，这个曾给他的臣民带去那么多恐惧之人的眼中也充满了畏惧，他所害怕的不仅仅是儿子的离世——据说——还有未来和王朝的终结。当伊凡雷帝最终迎来无法避免的死亡时，此时继承王位的会是他那个多病"低能"的儿子费奥多尔（Fyodor）；伊凡雷帝一直忽略他的这个儿子，认为他"不是当统治者的料"。[33]而当费奥多尔逝世却没有留下一名男性继承人后，延续了数个世纪的留里克王朝血统随之终结，俄国进入第一个"动乱时期"——在这个时期里发生了波兰人入侵、国内战争、经济混乱、农民起义和王位被篡位者或冒名顶替者霸占。[34]当然我们不能确定伊凡雷帝是否预见了国家将会分崩离析，但随后发生的事情突出了一个强有力的领导人的重要性，这样的一个领导人是维系早期俄罗斯国家政治和经济体系的关键所在。随着伊凡的离世，这样的一个领导人也不复存在了。[35]虽然专制政体本身受到了破坏，但酒精在专制政体中所占据的关键位置却延续下来。

1584 年 3 月，疲倦、发狂的沙皇——暴饮暴食使他体形臃肿，而多年的酗酒则使他看上去比实际老得多——倒在他住所的一个象棋棋盘旁。人们当即大声呼喊着：医生让人拿来生命之水伏特加酒以抢救他，而其他人则让人拿来万寿菊和玫瑰水。然而这一切皆属徒劳：这位可怕的酗酒施虐狂早已死去。[36]

就像历任莫斯科公国的大公一样，伊凡雷帝的遗体被安葬在克里

/ **034**

/ **035**

伊里亚·列宾的《伊凡雷帝杀子》

帆布油画，创作于 1885 年。现存于莫斯科国立特列季亚科夫画廊（State Tretyakov Gallery, Moscow）

姆林宫的天使长主教座堂（the Cathedral of the Archangel）。然而伊凡的陵墓却不像之前的统治者那样零散分布在公共圣殿里，而是被藏在了大圣障（the grand iconostasis）之后，避开了公众的视线；在这样一个隐蔽处，伊凡雷帝就躺在他的儿子伊凡和费奥多尔旁边。然而，或许最能概括伊凡的一生及其统治功绩的墓志铭并不是写在他的陵墓上，而是写在安德烈·库尔布斯基的书里。库尔布斯基曾是伊凡密友，后来又批评反对他。书里这样写道："他并没有强迫人们给神祇献祭，而是命令人们和他一起成为魔鬼，强迫清醒戒酒的人沉溺于酗酒之中，而所有的邪恶都是从这种酗酒的状态中衍生出来的。"[37]

/ 第四章　彼得大帝：现代化进程和酗酒问题

在伊凡大帝逝世后不久，留里克王朝也迎来自身的终结。在随后的一百年里，俄国的专制独裁体系陷入混乱，在这一过程中，一个新的皇室家族——罗曼诺夫家族（the Romanovs）——慢慢诞生了。罗曼诺夫家族起初接连几任皇帝都是软弱无能之辈，他们并没有给俄国带来什么重大的改变。直到 17 世纪晚期，彼得大帝以强有力的手腕推动俄国那延续自中世纪的文化传统以及拜占庭式的政治经济体系走上现代化的道路；他使俄国变为欧洲大陆上的一个军事强国和一个真正的多民族帝国。虽然后世的许多人称赞彼得大帝为俄国带来了进步和现代化，但在他的改革中，有一个传统却被保留下来：酒精仍在俄国政治中占据着关键位置。在很大程度上，不同于后世人眼中的"俄国现代化之父"形象，彼得大帝与伊凡大帝以及众多俄国的中世纪皇帝有着很多相似之处。

彼得大帝的父亲，沙皇阿列克谢·米哈伊洛维奇·罗曼诺夫（Tsar Alexei Mikhailovich Romanov）治下的 30 余年（1645~1676年）充满了动乱。他主要的成就就是镇压全国各地的叛乱，包括1648 年的一系列酒馆暴乱。即使像他这样一个性情平和且信仰虔诚的统治者，也会借助酒精让臣民完全听命于他。英国宫廷医生塞缪尔·柯林斯（Dr. Samuel Collins）这样写道：虽然沙皇本人很少喝酒，他却很喜欢让本国的贵族们"纵情地享受美酒"。"对于一个喝不惯烈酒的人来说，阿列克谢沙皇亲手递出的一杯三倍到四倍烈度的酒就足以让他醉倒。"[1] 而那些没有参加晨更祷告的贵族则会经历粗野的"酒精施洗"——他们会先被浸入冷水中，然后再被拉起来逼着连喝三口伏特加酒。虽然神职人员憎恶这样的做法，但他们不但从未公开表示过反对，反而尽可能地轮流灌醉那些外国访客和大使。[2]

阿列克谢沙皇原本幸福的家庭生活随着他深爱的妻子的去世而变

得支离破碎。在生下他们的第十三个孩子的几周后，玛利亚（Maria）皇后撒手人寰。沙皇深陷痛苦之中，常常逃离幽冷寂寥的皇宫，到与他亲近的朋友家中喝酒享乐。在他的顾问阿尔塔蒙·马特维耶夫（Artamon Matveyev）的家中，或许是出于酒精的影响，阿列克谢沙皇迷上了身材姣好的娜塔莉亚·纳雷什金娜（Natalia Naryshkina）——她是马特维耶夫家宴上为沙皇倒酒上菜的女仆。[3] 沙皇在 1671 年迎娶纳雷什金娜，她在第二年为沙皇诞下一子。举行皇子庆生大典时，克里姆林宫外的军官都获赐美酒佳果，而在宫内，沙皇亲自为贵族和大臣们倒酒，一起预祝年幼的彼得·阿列克谢耶维奇·罗曼诺夫（Peter Alexeyevich Romanov）身体健康。[4] 作为炼金术士物品清单上必不可缺的一部分，伏特加酒被视为健康灵药，沙皇不仅自己经常饮用，还经常让他的妻子和孩子们一起服用。[5]

因为有两个兄长——费奥多尔和伊凡（Ivan），年幼的彼得继承俄国皇位的机会微乎其微。当 47 岁的沙皇阿列克谢因为小病恶化导致心脏和肾脏衰竭而逝世后，聪颖却身患残疾的费奥多尔便加冕成为沙皇费奥多尔二世。[6] 而当他于 20 岁去世且没有留下继承人的时候，阿列克谢沙皇两任妻子的家族开始了对皇权的争夺，俄国再次陷入混乱。这场宫廷内斗的结果，很大程度上是由不希望彼得继位的射击军（streltsy）所决定的。

在决定性的 1682 年莫斯科起义（Moscow Uprising of 1682）中，反对派散播着纳雷什金派为了让彼得即位而勒死阿列克谢长子伊凡的谣言，这在首都激起一系列混乱。醉酒的农民在莫斯科烧杀抢掠，他们加入射击军的队伍，一起冲进了克里姆林宫，大肆屠杀诸多权贵，包括彼得母亲之前的监护人阿尔塔蒙·马特维耶夫以及彼得的两个舅舅。彼得惊恐地目睹了他们被残暴杀害的过程。暴动的射击军囚禁争权夺利的两派，并控制整个俄国政府长达数天。

当时的丹麦驻莫斯科大使布特南·冯·罗森布什（Butenant von

Rosenbusch）回忆了射击军在听到他窝藏逃犯的谣言后如何洗劫了他的住所。他被押往皇宫为自己申辩，一路上看到的都是暴动的场景。这位外交官朝押解他的人呐喊："上帝为证，我是清白的。""我问心无愧，我相信到了皇宫，你们马上就会放我走的。如果你们能跟我一起回家，我可以请你们喝白兰地酒（伏特加酒）和啤酒，想喝多少都行。不过因为街上到处都是你们的人，而且他们都不认识我，你们一定要确保他们不会伤害我。"[7]

押解他的射击军同意了，这位惊恐万分的大使用一次精明的酒宴交易为自己换来了一个 50 人的护卫队，他们带着他穿过暴动的人群去了克里姆林宫。一进克里姆林宫的大门，冯·罗森布什突然停下了脚步。他看到一群射击军拖着一个伤痕累累、衣不蔽体的人从他身边经过，那正是他被控告窝藏的逃犯。紧接着他被押到一个人头攒动的皇宫广场上，那里站着皇太后娜塔莉亚·纳雷什金娜和阿列克谢另一位妻子所生的女儿索菲亚公主。皇太后很快下令释放他并让人送他回家。

在回家的路上，由于听到有关酒宴的传言，这个丹麦人的护卫很快增加到 287 人。这位大使信守了承诺，让他们饱饮而归。但被权力和伏特加酒冲昏头脑的射击军随即又向他们的"囚犯"索要金钱。"要么满足我们的要求，要么我们将血洗这座房子。难道你不知道我们握有生杀大权吗？任何人看到我们都会吓破胆的，没有人能拿我们怎样。"[8]

即使是皇族也对暴动的射击军敬畏三分，他们像这个大使一样，尽可能地满足射击军的所有要求。为了戳破沙皇长子被勒死的谣言，皇室向人们展示了安然无恙的伊凡五世（Ivan V）。他们授予守卫部队"皇宫卫队"的荣誉称号。到最后，平均每天有两个团的射击军在皇宫的庭院和走廊上开怀畅饮。索菲亚公主亲自为他们递酒，她称赞着他们对皇室的忠诚，以满足这些粗暴军人的自负感。在向公主敬酒后，醉醺醺的反叛军宣誓效忠于她。在一场伏特加酒的盛宴中，起义不知不觉地平息了。而关于酒在俄罗斯政治发展中的影响力，人们也学到了重要一课。[9]

双方很快就恢复秩序达成一致：身心均有残疾的伊凡五世和他同父异母的弟弟、10 岁的彼得将同时加冕为沙皇，而索菲亚公主将摄政。然而，随着彼得逐渐长大，索菲亚却不愿轻易放弃手中的权力。1682 年起义 7 年后，当彼得还跟忠诚于他的俄国军队驻扎在谢尔盖耶夫镇（Sergeyev Posad）的三圣大修道院（Troitsk Monastery）时，索菲亚再次求助于射击军。1689 年，在一次为射击军专设的酒宴上，索菲亚羸弱的哥哥伊凡五世不停地给军官、贵族和士兵们倒伏特加酒，索菲亚公主则热切地寻求他们的支持，以反对她同父异母的兄弟彼得。[10]然而她的努力是徒劳的，所有的贵族、剩余的射击军，甚至伊凡都选择支持彼得。索菲亚被逮捕并被送到了新圣女修道院（Novodevichy）。性情温和的伊凡一生从未对权力争夺感兴趣，他于 1696 年去世，这使彼得成为唯一的沙皇。两年后，随着另一起试图使索菲亚复权的射击军叛乱被挫败，索菲亚被令正式发愿成为修女，而这一次，在修道院里将有 100 名全副武装的卫士时时看管着她。年轻的沙皇彼得随后审问和宣判了数百名射击军，这一场景或多或少让人回忆起伊凡雷帝时的往事。彼得决心永久杜绝叛乱的可能性，他随即解散了射击军。大量有嫌疑的叛乱共谋者在沙皇的命令下被折磨、烙印、绞死、砍头或施以轮刑，很多时候沙皇都是亲眼看着这些刑罚的执行。[11] 在俄国，"大帝"和"雷帝"之间，或许只有一字之差。

如果史上所有的俄罗斯统治者聚集在一起比赛喝酒，毫无疑问彼得大帝将会笑到最后。据现存史料记载，无论是在工作上还是饮酒上，彼得大帝都有着惊人的禀赋。据说他每天要喝 30~40 杯酒，还能清醒主导全面性的国内改革并领导俄国成为欧洲大陆上一个不容轻视的军事强国。根据传说，彼得大帝年少的时候，早餐要喝 1 品脱的伏特加酒和 1 瓶雪莉酒，然后出门玩乐前还要再喝大概 8 瓶。[12] 当然，这么惊人的饮酒量受到后人或多或少的质疑，因为这个数字远远超过了足以致死的酒精量。不过，可以确定的是，即使以俄罗斯人的标准来衡量，彼得大帝的酒量也是很大的。

在他从姐姐索菲亚手中夺过俄国的全部控制权后，年轻的彼得已经拥有了一队由贵族公子、密友和顾问组成的随从。彼得童年的大部分时间都住在莫斯科东北方向的普列奥布拉任斯基村（Novo-Preobrazhenskoe），他的随从们都是从那个时候就开始追随他。像很多孩子一样，少年彼得经常和朋友们一起玩军事游戏。在他们的军事演习中，彼得和他的贵族少年随从们用真正的士兵代替了玩具人偶。随着彼得长大，他的"少年军"也逐渐成形，他的普列奥布拉任斯基兵团（Prebrazhensky guards）和谢苗诺夫斯基兵团（Semenovsky guards）成为俄罗斯帝国军队首批也是最成功的兵团。[13]

因为父亲在他年仅 3 岁的时候就去世了，而他的母亲又忙于在皇族内战中争权，所以养育年幼彼得的工作被交给了他的家庭教师尼基塔·佐托夫（Nikita Zotov）和他的监护人鲍里斯·戈利岑亲王（Prince Boris Golitsyn）。戈利岑常常带着彼得到被称为"德国区"的地方玩耍。那里是来自西欧移民的聚居区，位于莫斯科的东郊。在那个到处是酒鬼和妓女的地方，年少的"联合沙皇"（co-star）学会了喝酒。[14]

无论是在德国区的酒馆里，还是在普列奥布拉任斯基村的军营里，或是在克里姆林宫里，彼得都能很快跟那些和他一样英勇刚毅的人成为朋友，并不计资历地指定他们担任重要职位。保罗·亚古任斯基（Paul Yaguzhinsky）是莫斯科路德会教堂风琴手的儿子，他在德国区遇到了彼得。年轻的沙皇对他的活泼性格、工作态度和酒量印象深刻。彼得任命他为俄国的第一任总检察长。亚古任斯基天生的幽默感使他成为"全俄国唯一一个敢在沙皇大发雷霆的时候直面他而不会被吓破胆的人"。[15]

费多尔·阿普拉克辛（Fyodor Apraksin）是谢苗诺夫斯基兵团中的一员。他是彼得任命的海军部门的新负责人；对于俄国争取海上霸权的野心，这个职位的人选至关重要。奇怪的是，他大字不识一个，也不懂外语，甚至没有坐船出过海。不过，作为彼得的酒友，据说他曾经在三天内喝下了180杯酒。这个数字貌似有过分吹嘘之嫌，但他常常在外国大使面前以此自夸。[16]

而在普列奥布拉任斯基兵团中脱颖而出的是亚历山大·达尼洛维奇·缅什科夫（Aleksandr Danilovich Menshikov）。缅什科夫身材矮小，还是半个文盲。他是一个忠诚的全才，充满活力，而且有着和沙皇一样的幽默感和惊人酒量。他很快获得了彼得的喜爱。有传言称，沙皇和他这个"铁哥们"的关系远超朋友界限。普列奥布拉任斯基兵团的团长暗示他们两个人有着一段"近乎罪恶的关系"。此外，1698年，有一位商人因为失口说出缅什科夫像"男妓"一样爬上了彼得的床而被逮捕。[17] 不管这段传说中的"关系"是真是假，缅什科夫确实成了彼得的心腹和知己。

而在德国区，彼得遇到了人缘很好的瑞士雇佣兵弗朗索瓦·莱福特（François "Franz" Lefort），人们都叫他弗朗茨，他或许是促成彼得大帝爱酒的最主要因素。莱福特坦率无私的外向性格和享有盛名的酒量让沙皇很快喜欢上了他。彼得为莱福特还清了欠债，并在政治上提拔了他，甚至还在德国区为他建了一座豪宅。白天处理完宫廷政务后，彼得晚上会参加莱福特的私人聚会。在这里他"尽情享受着缭绕的烟雾和啤酒，一边满饮烈酒，一边搂抱着娇笑的少女"。1692年，已经成婚的沙皇向莱福特的一个情妇安娜·蒙斯（Anna Mons）大献殷勤。她是一个德国酒商的女儿。"这位随和的美女很快赢得了彼得的心：她饮酒和讲笑话的本事不输于彼得。"在接下来的11年里，她成了沙皇的情妇。[18]

　　莱福特为彼得所做的不仅仅是提供美酒和美女，他还为彼得组织了 1697~1698 年出访西欧的庞大使团。这个庞大的外交使团由 250 名俄国大使、官员和沙皇随从组成。彼得大帝化名彼得·米哈伊洛夫（Peter Mikhailov）混入。在他们周游欧洲的过程中，莱福特遇到了德国数学家和哲学家戈特弗里德·威廉·冯·莱布尼茨（Gottfried Wilhem von Leibniz）。莱布尼茨对莱福特印象深刻："他无论喝多少酒都不会醉倒，而且可以一直保持理智的思维……没有人可以比得上他……他可以一直吸烟、喝酒直到日上三竿。"[19]

　　历史学者一直在强调彼得对欧洲的印象有多么深远的影响：从丹麦造船厂学到的造船技术和从英国海军将领那里学到的航海技术影响了俄国对海上霸权的追求；对欧洲科学技术、风俗习惯和政府结构的了解促使彼得推动俄国的欧化改革。然而，他们却很少提及彼得的随从给欧洲留下的印象，而这些印象大多是关于在各种旅馆、酒馆和宾馆大吃大喝，从不付钱。英国的卡马森侯爵（the marquis of Caemarthen）、海军上将佩里格林·奥斯本（Peregrine Osborne）是彼得新结交的酒友，他授予奥斯本在俄国贩卖烟草的专权。当地的贵族很惊讶地看到年轻的沙皇"早上要喝 1 品脱的雪莉酒和 1 瓶白兰地，然后喝 8 瓶干白葡萄酒再去剧院"。[20]

　　1697 年，英国国王威廉三世在和彼得第一次见面时为了讨好彼得，送给这位年轻的沙皇一艘漂亮的皇家游艇。然而他们的友谊却在临别的一次酒宴上终结。彼得最爱的宠物猴（它一直坐在他椅子背后）突然变得躁动起来而且攻击了威廉三世。但威廉三世很快发现，他的俄国客人在临走之前还给他留下了更多不愉快的"惊喜"：不久后他就收到了来自那些为喧闹的俄国客人提供住所的贵族们开来的账单。一位政府调查员记录了沾满污渍的亚麻床单、破损的家具窗户和被撕裂的窗帘和油画，并表示，"从损坏的估价来看，彼得和他的侍从有着极其混乱的生活习惯"。住所的主人发现他们所珍爱的花园，包括一片宝贵的冬青树篱，被俄国人糟蹋之后，大发雷霆。那片树篱高 9 英尺、宽 5 英尺、长 400 英尺，被俄国人用独轮车糟蹋得千疮百孔。一个 19 世纪的作家认真思考并想象着当时的场景："我可以听到醉酒的彼得大笑着，和他的缅兹科夫（原文笔误）亲王，野蛮地驾着独轮车碾过 5 英尺厚的冬青树篱。"[21]

回到莫斯科之后，彼得晚上很少待在克里姆林宫，更多的是与莱福特一起用餐。因为莱福特的住所太小，不足以继续承办沙皇的宴会，所以沙皇下令扩建莱福特的住所：为他建了一座宏伟的房子，有着巨大的酒窖以及一个足以容纳 1500 位酒客的宴会厅。就像斯大林为自己建了一栋别墅，伊凡雷帝为自己在亚力山德罗夫斯卡亚 - 斯洛博达建了城堡，彼得大帝也为自己建造了非官方"首都"和私人的影子宫廷，可以不受克里姆林宫传统制度的限制。[22]

这群由王公重臣、随从护卫和外国野心家组成的酒友群，逐渐发展成为彼得的"疯玩疯饮疯笑集会"（All-Mad, All-Drunken, All-Jesting Assembly）。这是对讲究传统礼节的俄国宫廷的公开讽刺。确实，彼得那吵闹的"欢乐集会"（the Jolly Company）主要是由外国人和出身卑微的人组成，这些人原本永远不可能被允许进入传统的宫廷。[23]而现在，不管是在普列奥布拉任斯基村的皇家宅院，还是在莱福特位于德国区的会所，或是莫斯科的皇家住所以及后来的圣彼得堡，这一"欢乐集会"一直与彼得形影不离，喝酒、聚餐和淫乐。彼得的这种做法让俄国的保守势力感到惧怕。[24]

一般而言，模拟宫廷（mock court）的酒宴一般在中午开始，然后持续好几天。天性亲和的彼得很喜欢让他的朋友们纵情饮酒；谁但凡喝吐了，他的酒量就会受到沙皇的质疑，紧接着就会失宠。彼得的祝酒很快就开始了——一开始是伏特加酒，然后是一轮轮的烈酒和英国啤酒。酒宴上的酒种类很多，以至于"所有的客人在汤端上来之前

/ 042

就已经喝醉了"。[25] 在酒精的影响下，客人们开始抛开身份的拘束，浮夸地演讲，不停地敬酒，而每次都伴随着喧闹人群在干杯和击拳时发出的轰鸣声。最厉害的酒客可以一整晚都喝酒玩闹，而喝醉的人躺满了整个房间，直到重新醒来继续饮酒吃肉。

在他新的反传统宫廷里，沙皇彼得开创了一套化装舞会的行为规范，极大地讽刺了传统宫廷的仪式头衔。行为规范的离谱程度体现在，如果缅什科夫忘记在跳舞前取下佩剑，彼得会亲自体罚他这位亲爱的"铁哥们"。但最可怕的惩罚是"雄鹰的惩罚"（the Great Eagle）——受罚者必须当场喝下 1.5 升伏特加酒，一般盛在精美的双柄高脚杯里。到访的高官贵妇往往会惊恐地看到贵族们喝下"雄鹰的惩罚"后马上醉倒，然后由他们同样醉醺醺的仆从扶着回家。[26]

从一起饮酒的兄弟会再到秘密宫廷，彼得根据他的随从们在普列奥布拉任斯基兵团的工作给他们起了昵称，而后又转变成"官方的"称谓。在彼得年幼时的一次演习游戏中，仆从伊凡·布图尔林（Ivan Buturlin）率领着"敌军"攻打游戏中的堡垒普莱斯堡。堡垒的守卫工作由费奥多尔·罗莫达诺夫斯基（Fyodor Romodanovsky）负责，他是一个可怕残暴的酒鬼，后来成为彼得最信任的追随者。游戏的结果是，彼得授予布图尔林"波兰皇帝"的称号，罗莫达诺夫斯基则被称为"普莱斯堡之王"以及后来的"恺撒亲王"。这些称号甚至被沿用到官方的通信中，在彼得写给罗莫达诺夫斯基的信中，他称呼罗莫达诺夫斯基为"陛下"或"我的国王"，而他则经常署名"你永远的奴仆，彼得"。[27]

彼得甚至还对俄国极具权势的东正教会进行了嘲讽，他创造了"醉笑小丑和蠢人的宗教会议"（All-Joking, All-Drunken Synod of Fools and Jesters），并选定他年事已高的家庭教师佐托夫为"教宗陛下"和酒神教的教宗，并让他坐在一桶伏特加酒上，主持酒神教的聚会。[28] 而在他的私人宫廷里，彼得为这个教会制定了仪式和典礼，第一条戒律就是"应当以大量的荣誉式饮酒来崇拜酒神巴克斯（Bacchus）"，实际的意思就是"所有高脚杯里的酒都应当被马上喝完，所有成员每天都应该保持醉酒的状态，不许在清醒的状态下上床睡觉"。[29]

这一团体有着自己的"圣书"，一本镂空并装着几瓶伏特加酒的《圣经》。为了讽刺罗马的红衣主教团，彼得的"红衣主教们"都被单独分开，并被逼着一直喝酒，直到他们可以回答"教宗"佐托夫所问的关于他们各自家庭的一堆滑稽问题。彼得很热切地听着他们的下流回答，而且记下了"那些他也许可以用来惩罚的话"。[30] 连着给红衣主教们灌了三天三夜的酒后，会议的大门才打开，允许他们离去。"教宗陛下"佐托夫和其他宿醉的主教已经说不清楚话了，他们被扶上雪车送回了家，其中有些人则再也没有出现过。不少人死于酒精中毒，还需要由人将其背到教堂，以便埋葬。而为他们守夜的人甚至还继续喝着酒。

醉酒的教会会议（the Drunken Synod）甚至还对婚姻的神圣性进行了嘲讽，它为彼得的"皇家矮人"亚基姆·沃尔科夫（Yakim Volkov）精心安排了一场婚礼。彼得一直对身材矮小的人有着很深的感情，而沃尔科夫则一直陪伴在身高六英尺七英寸的沙皇身边，陪着他参加喝酒比赛和军事侵略。彼得让"恺撒亲王"罗莫达诺夫斯基为沃尔科夫的婚礼邀请或者说命令俄国各地的"侏儒"（以更通用的词来说就是矮人）到圣彼得堡出席婚礼仪式。在大喜之日，大约有70个矮人，都按照彼得的命令，穿着欧式服装，组成了结婚队伍。伟岸的沙皇则亲自在一对新人交换婚戒的时候为新娘扶着凤冠。在婚宴上，矮人们围坐在宴会厅中间的小型餐桌旁，这样身高正常的客人可以从两侧看到他们。一位矮人元帅为他们上菜，而小型大炮发射出的礼炮则为婚宴助兴。虽然这样的场景会让作为现代人的我们感到不适，但在彼得的那个时代，他的国家和外国高官都很享受矮人们的欢乐舞蹈，即便有人因为醉酒而跟跟跄跄或者跌倒。[31]

这个矮人婚礼就像醉酒的教会会议一样，进一步模糊了彼得生活中正经和戏谑部分之间的界限，因为同样的一批人参与了这两种生活。确实，正如主教公会从属于世俗的国家权力机构，醉酒的教会会议也一样从属于醉酒的宫廷会议。无论在什么样的情况下，大家都醉得迷迷糊糊，往往分不清这种嘲讽式的玩乐何时结束，以及何时开展"真正的"政府工作。[32]例如，1706 年 3 月彼得在圣彼得堡给他的密友缅什科夫写了一封官方信件，他欢乐集会上的朋友在信中写了如下这段话："狗狗利兹卡附上它的爪印，皇家矮人亚基姆·沃尔科夫想说他已经被准许喝 3 天酒，而沙皇自己署名'副主教彼得（Archdeacon Peter）'。"[33]

然而，即使一直纵情饮酒，不知为何彼得总能清醒地从狂欢中醒来，在新的一天里继续领导他的国家前进，或许是朝着新的一顿酒宴前进。

然而，鲜有人喝酒能跟得上彼得。即使是彼得在欢乐集会里最好的朋友们，也常常会在面对一轮又一轮酒宴的时候打退堂鼓。在一次酒宴上，人们喝着匈牙利烈酒，缅什科夫被发现在喝烈性较小的莱茵白葡萄酒，以避免太快醉倒。作为针对违反规则的惩罚，彼得让他最好的朋友接受"雄鹰的惩罚"，喝下整整两瓶更烈的酒，喝完之后缅什科夫就醉得神志不清，得让人扶着回家。他的妻子和家人看到后忍不住哭了出来。[34]

而在节日期间，从忏悔节的嘉年华到圣诞节和新年的酒宴，有80~200 名欢乐集会成员将他们吵闹的聚会带到了街道上。他们骚扰着毫无戒心的莫斯科和圣彼得堡的贵族们。12~20 人一组坐着雪橇车行驶在被白雪覆盖的街道上，或唱着圣诞颂歌，或唱着不着调的圣诞歌曲。在喝醉的时候，如果任何成员或者被灌醉的主人们和无辜的旁观者忘记了沙皇的规定，他们就得接受一顿鞭打或者"雄鹰的惩罚"。[35] 彼得甚至还为招待他的主人们写下了这样的规则：

> 有时我们会醉到走不动了，这意味着我们无法在特定的一天里拜访所有我们承诺要去的房子；但房子的主人或许会因为要做的准备工作倾尽家产。因此我们在此郑重宣告，任何人都不得准备食物，违者将接受"雄鹰的惩罚"。如果我们不得不屈尊在谁家中用餐，我们会提前知会。我们亲手签署此项法令并盖上国玺作为最终确认。[36]

没有人确切知道这位俄国的"伟大"领袖为何会有如此古怪的行为。同时代的学者认为这主要归因于他的成长过程。19世纪的学者认为，这是由于彼得需要在他的新都城圣彼得堡取悦国民。今天的一些历史学家将其看作一种男性睾丸素驱动下的逆文化浪潮，主要是索菲亚的女性摄政被推翻的反弹效应。与此同时，也有人主张如此官方化的放荡行为对于削弱中世纪文化传统的影响力和引领俄国融入"现代欧洲"而言是必要的。[37] 而当放在伏特加酒政治文化和独裁国家体制的背景下理解，并交叉参考俄国的现代和古代历史的时候，彼得的狂饮欢宴行为看上去就不那么反常了，而更像是独裁统治的一个持久要素。

的确，瑞典高官约翰·冯·斯特隆伯格（John von Strahlenberg）曾经见证了彼得的欢乐集会，包括私下的秘密宫廷和宫廷成员的公开游览。他这样描述：

> 因此，这些人让许多不喝酒的俄国人养成了酗酒的习惯，而有些人，几乎在他们养成同样的习惯前，就因为那样的经历而在当晚死去。彼得大帝让莫斯科的居民处于同样的恐惧之下，以至于他们不敢公开表达对沙皇或其所爱之事的反对。而如果有人被

举报这么做了（公开反对），被举报人将受到最严厉的惩罚，而举报人则会获得奖励。[38]

彼得看上去异常古怪的行为却符合俄国的传统，这种传统是借助酒精来搅动社会和彼得的核心集团，借助他们的醉酒状态来获得所需的信息。即使是在酒宴上，彼得也可以从他的同伴那里获得秘密信息，他会将这些信息暗暗记在心里或他的笔记本上。历史记载和第一手资料都一致表明，"彼得除掉了所有以这种方式暴露秘密的人"。[39]

同样，喝酒也是彼得外交政策中的一项工具。1703 年，在与瑞典争夺波罗的海一个据点的大北方战争期间，彼得开始在涅瓦河流入波罗的海的入海三角洲处建造他的新首都——圣彼得堡。[40]然而，决定性的军事胜利直到 6 年后才到来，在波尔塔瓦（今乌克兰境内）战役中，彼得的现代化军队终结了瑞典人在东欧扩张领土的野心。惨败后，被征服的瑞典人向他们眼中的"沙皇"投降。瑞典人所不知道的是，他们派出的官方代表团并没有见到彼得，他们见到的是醉酒的"恺撒亲王"罗莫达诺夫斯基，他旁边还安静地站着一个身材十分高大的官员。[41]

就满足彼得扩张领土的野心而言，伏特加酒有时甚至比军队更有用。面对一直蚕食其领土的俄国人，库尔兰公爵弗雷德里克·威廉·凯特勒（Friedrich Wilhelm Kettler）同意迎娶彼得的侄女安娜·伊凡诺夫娜（Anna Ivanovna）。因为她的父亲、曾经的联合沙皇伊凡五世早早就逝世了，彼得便代替新娘父亲的角色。在 1711 年寒冷的 1 月，彼得为两位新人举办了一场盛大的婚礼，婚礼的盛大程度只有前一年冬天"皇家矮人"沃尔科夫的婚礼可以与之媲美，而在那次婚礼上，安娜和弗雷德里克还很不情愿地作为荣誉宾客出席了。婚礼之后的庆祝仪式甚至更加离奇：人们为新婚夫妇隆重地端上了一个巨型馅饼，馅饼里跳出两个穿着最时髦法国时装的女矮人，她们朗读了诗歌，哼唱了小步舞曲。[42]并不习惯这种酒后荒谬行为的公爵觉得很不舒服，他喝了很多酒，不仅仅是喝醉，还喝到丢了性命。带着这个消息，彼得宣布他将以其侄女的名义监管库尔兰地区，随后又将公爵领地纳入俄国的版图。"确实，彼得很好地利用了酗酒的习俗，而这个习俗断送了库尔兰公爵的性命。这种习俗也为大多数俄国外交官所用，以推广他们的外交目标。基于俄国利益，彼得强迫他的客人们喝白兰地酒（或伏特加酒），以便从他的贵族和外国大使口中获得秘密信息，或者摧毁他们。"[43]

其他国家的外交官也无法逃过彼得的伏特加酒外交策略：彼得常常让他们喝伏特加酒，直到他们在酒醉状态中泄露国家机密，或者就这样醉死。丹麦大使朱斯特·尤尔（Just Juel）讲述了沙皇及其手下如何强迫他船上的高官们接受"雄鹰的惩罚"。为躲过沙皇的手下，醉酒的尤尔爬上了船的前桅并躲在帆里。被发现之后，彼得亲自爬上了高耸的船前桅，口袋里装着几瓶酒并高喊着"雄鹰的惩罚"，强迫尤尔在前桅上喝下赎罪式的五轮酒。另外一次，尤尔假装生病以逃避一次致命的连续 3 天的庆祝胜利仪式。他被这位至高无上的君主亲自从床上叫醒；身心俱疲的丹麦人还穿着睡衣和拖鞋就被护送到了宴会上。再后来，在多次冲撞沙皇复杂的规则却无果后，尤尔尝试了另一种方法：通过求饶以避免被利用。他哭着跪下求饶，"沙皇也马上笑着跪下了。他说他可以跟我一起跪着。由于我们都不愿先起来，因此我们保持着那个姿势，直到一起喝下了 6 大杯还是 7 大杯酒，然后我半醉地站了起来"。[44]尤尔讲述道："对于外国使者而言，这些酒会是一种可怕的折磨：要么参与其中然后搞坏自己的身体，要么逃避它们然后受到沙皇的冷遇。"[45]

无论是丹麦人还是法国人，他们都很快学到了这宝贵的经验。1721 年 3 月，法国大使在写给巴黎的官报中描述了彼得的"宏伟聚会"：在会上，假"教宗"佐托夫领头喝酒，"他唯一的特长就是喝酒和吸烟"。因为感到身体不适，所以这位新大使起来准备离开，却发现出口被全副武装的守卫把守着，他们要确保没有人可以在清醒的状态下离开。这位大使很生气，"我这一生中从未经历过如此糟糕的事情"。[46]

其他的外国代表，比如来自荷尔斯泰因的宫廷大臣弗雷德里克·威廉·冯·贝格霍尔茨（Friedrich Wilhelm von Bergholz），则对这种酗酒行为感到非常吃惊，以至于他真的在自传的每一页里都描述了沙皇的这种聚会。在聚会上，沙皇强迫公爵、外国高官，甚至还有宫廷里的女士一起大量饮酒。在意识到无法摆脱之后，贝格霍尔茨像其他人一样想出常见的办法来保持清醒：一边慢慢地喝，一边让仆从们往他的酒里面加水。[47]虽然要躲掉这种聚会很容易，但通常只有在酒精的影响下，人们才能看到彼得身上残忍的一面。

普鲁士大使 M. 普林茨（M. Printz）这样形容射击军叛乱结束后的一次晚宴：沙皇让人把 20 个犯人带进宴会厅，然后他一共喝了 20 轮酒，每一轮的过程中，他一边高兴地下令砍掉一个罪犯的头，一边建议大使像他一样干掉一杯酒。当沙皇那些"文明点"的欧洲朋友们，例如弗朗索瓦·莱福特，都请求不参加如此残忍的宴会时，沙皇坚定地回复：没有什么比犯人的血更适合作为神的祭祀物了。[48]

正如斯大林有贝利亚，伊凡雷帝有斯库拉托夫，正是"恺撒亲王"罗莫达诺夫斯基激发了彼得残忍兽性的一面。当着彼得和他的醉酒的大法官的面，许多犯人，不管是有罪的还是无辜的，都没有经过审判就被折磨、绞死或砍头。他们往往将最残忍的刑罚留给那些被指控在喝酒后诋毁沙皇的贵族和平民。许多平民仅仅因为谣言或者传闻就被逮捕。彼得常常被问到为什么某个可怜的人必须经受这样的折磨，而他的回答则是："他不可能是无罪的，不然他就不会被关起来。"[49]

毫不意外的是，当罗莫达诺夫斯基在彼得身边的时候，彼得的

/ 047

残忍达到了极致。罗莫达诺夫斯基在自己家里养了一只熊。传说他锻炼那只熊去做一个有趣的把戏：它会给任何想要拜访它主人的来客一大杯撒满胡椒粉的伏特加酒。那些可以无所畏惧喝下这杯难喝的酒的人就会被允许从熊身边走过，而那些表现出畏惧的人则会被熊暴打一顿。这样反文明和酗酒的暴行让一代代历史学家感到迷惑："在如此残忍的改革家的领导下，以及在像罗莫达诺夫斯基这样的人的支持下，会开创出什么样的文明？彼得真的意识到过'虽然他希望改变他人，却无法改变自己'吗？"[50]

彼得现代化改革的任务列表真的令人印象深刻。他引入欧洲上层贵族的生活习俗，废除了中世纪延续至今的蓄须做法。他禁止了包办婚姻并引入了儒略历。他制定了新的税法，收缴税金用于建造新首都圣彼得堡和维护其守卫部队。他废除了原先的波雅尔（boyar）贵族等级，并建立了新的基于品格和功劳的贵族等级；他甚至还建立了强制性教育体系，这是建立良好的国家官僚机构的必要一步。[51]然而，相比于其他的成就，彼得一直牵挂的是继任者的事情。这主要归因于他一直难以忘记小时候的射击军起义和那次几乎让他丢了性命的皇室内斗。

在他小时候，彼得的母亲安排他迎娶了欧多克亚·洛普金娜（Evdokiya Lopukhina），一位权贵的女儿。这是一桩不幸福的婚姻。他们的三个孩子中，只有皇子阿列克谢·彼得罗维奇（Alexei Petrovich）自婴儿时期存活下来。彼得将洛普金娜驱逐到一个修道院以便迎娶他的情人叶卡捷琳娜，欧多克亚则培养阿列克谢对彼得及其改革的厌恶，让他们两人具有了号召保守反动势力的力量。阿列克谢经常假装生病或者喝醉以躲避他的父亲，这引起了沙皇的怀疑。[52]当皇子突然逃离父亲的宫廷流亡到欧洲以求安全时，他的行为似乎坐实了关于父子不和及宫廷阴谋的谣言。

1715年，正当沙皇家庭处于如此紧张的关系中时，沙皇和他的第二任妻子叶卡捷琳娜迎来了"幼子"彼得·彼得罗维奇（Peter Petrovich）。另一个潜在皇位继承人出生的消息迎来了典型的彼得式庆祝：军队收到了礼物和伏特加，并以礼炮声向这个消息致敬。彼得大帝、缅什科夫和阿普拉克辛为国民摆放了一桶桶免费的伏特加酒和啤酒，国民喝起酒来就像非人类一样。在彼得灯红酒绿的宫廷里，摆放着大型馅饼，从中跳出赤裸的矮人，他们跳着舞来逗乐群臣。女矮人围着男客人的桌子跳舞，男矮人则围着女客人的桌子跳。神圣罗马帝国的领事奥托·普莱尔（Otto Pleyer）说："彼得大帝和他的臣属对孩子的出生所表现出的兴奋是无法描述的，他们喝酒直至醉倒，醒来又继续喝。任何一个清醒的人都假扮醉汉，混在真正喝醉的人当中，房子里的所有桌子上都摆满了食物。沙皇称这个皇子是真正的皇储。"[53]

当放荡的皇子阿列克谢结束在欧洲的自我放逐回到俄国后，愤怒的彼得对他那可恶的逃跑展开了正式的"调查"。由他父亲亲自下令，阿列克谢饱受折磨并把他最亲近的朋友们交代了出来，沙皇对他们实施轮刑，将他们钉死在车轮上。之后阿列克谢公开宣布放弃皇位继承权，将其留给彼得大帝"真正的"皇储——彼得·彼得罗维奇。阿列克谢被控叛国罪并因此被处死，他被反复鞭笞并最终死在了彼得保罗要塞的岛上。儿子的死亡对沙皇打击很大，但至少他确保了皇位继承的安全。直到3岁的皇位继承人彼得·彼得罗维奇死于意外，阿列克谢的死才敲响了另一个动乱时期的警钟。[54]

罗曼诺夫皇族的血脉即将断裂，日益羸弱的彼得颁发了一部新的皇位继承法，允许皇室权力由指定之人继承，而不仅仅是依靠血脉继承。1724年的一个夏天，一次膀胱感染让沙皇卧病不起，病中的他让他亲爱的妻子——一个曾经的拉脱维亚农民——加冕为叶卡捷琳娜女皇。彼得在位初期曾经和伊凡一起作为联合沙皇，现在和他的妻子一起统治应该是一个完美的结局。在身体稍微恢复之后，彼得甚至还重新回到了他的最后一次醉酒会议上。那时，他喝下了大量的酒，使得他腐坏的膀胱加速恶化，也加快了他的死亡。[55]1725年2月6日晚上，久卧病床的沙皇终于决定了谁将继承他的帝国和皇位。他让人拿来他的候选人名单，却只能潦草写下"我将所有留给……"之后，鹅毛笔就从他手中掉落。伟大的沙皇就此陷入昏迷，再也没有醒来。

　　随着彼得大帝的死去，俄国兜了个圈又回到原地。正如50年前他父亲阿列克谢沙皇的去世导致了多年的混乱、宫廷阴谋和皇族争斗，彼得没有留下男性继承人就去世同样意味着俄国的领导权再次取决于谁能最终获得朝臣的忠诚。与100多年前的伊凡雷帝一样，彼得大帝参与害死了自己的儿子、皇位的继承人。而且，每一次皇位更替，俄国似乎都要面临一段动乱时期。

/ 第五章　俄国女皇：权力、阴谋和伏特加酒

在涅瓦河三角洲的低洼湿地上，彼得大帝建造了自己的欧式首都：圣彼得堡；这或许是他最引以为豪的遗产。那时，俄国及其首都的繁荣在某种程度上要归功于彼得所推行的强有力改革和国家垄断酒类生产销售所提供的牢固财政基础。而到了18世纪末，这座城市的居民为了致敬彼得大帝，向全世界展示了一个高大骑士的青铜雕塑：彼得化身英雄，骑着一匹骏马，左手威严地向前举起，似乎在指引着俄国前进的方向。在这个标志性纪念像的底座上，用俄语和拉丁语铭刻着："致彼得大帝，叶卡捷琳娜二世赠，1782年"——这是一位"大帝"送给另一位"大帝"的礼物。

叶卡捷琳娜大帝引领着俄国在欧洲开疆拓土：在南面，她占领了摩尔多瓦（今罗马尼亚境内）、乌克兰、克里米亚，直到黑海沿岸；在北面，她将波罗的海诸国纳入自己的版图，而且瓜分了波兰。她是一个开明的独裁者，一直资助着艺术和教育事业的发展。叶卡捷琳娜自己一直保持着与欧洲的学者和哲学家通信的习惯，她的笔友众多，包括伏尔泰和狄德罗。她和他们畅聊自由民主的启蒙运动价值观，却不允许这些价值观在自己国内存在。尽管取得了这么多成就，叶卡捷琳娜仍然需要借助一个像青铜骑士那样宏伟的标志物来巩固自己在罗曼诺夫皇朝伟大的统治者名单上的地位。这或许是因为，虽然她被加冕为叶卡捷琳娜二世——"女皇和所有俄国人的统治者"，但她身体里却没有一滴俄国人的血液，她也不是以一种合法的方式获得皇位的。她是通过一次宫廷政变获得权力的。跟每一个在18世纪加冕的女皇一样，这位女沙皇所面对的，是俄国这样一个父系社会和由男性继承皇位的传统的无形压力。正如她之前的女性先驱，叶卡捷琳娜很依赖伏特加酒这种政治文化来强化自己的统治。

失望的伊丽莎白女皇

18 世纪最具影响的两个俄国人甚至都不是纯正的俄罗斯人。索菲亚·奥古丝塔·弗蕾德丽卡（Sophia Augusta Frederica，后来的叶卡捷琳娜二世或叶卡捷琳娜大帝）出生于波罗的海沿岸城市斯德丁（今波兰什切青）。她是一位普鲁士公主的女儿，从小就接受法国式的教育。后来，借助狡猾的手段和不错的运气，索菲亚登上俄国皇位，史称叶卡捷琳娜大帝（Catherine the Great）。索菲亚出生前不久，在德国的港口城市基尔，荷尔斯泰因 - 戈托普家族（Holstein-Gottorp）迎来了彼得（后来的彼得三世）的出生。按照父系家谱，彼得是瑞典国王查理十二世（Charles Ⅻ）的孙子（侄孙）；按照母系家谱，他是查理十二世在北方战争中的敌人——彼得大帝的孙辈。凭借这样的血统，这位年轻的荷尔斯泰因家族的小伙子成为瑞典和俄国两个皇位的潜在继承人。

天性愚钝的彼得在血统上的优势被其他方面的劣势抵消了，他几乎一无是处。因为年幼就失去双亲，教育彼得的工作被托付给了一个酗酒且愚昧的宫廷教师，他经常羞辱和体罚胆怯的彼得。1742 年，彼得 14 岁的时候，他的姑母，刚刚加冕俄国女沙皇的伊丽莎白·彼得罗芙娜（Elizabeth Petrovna）将她的侄子召唤到圣彼得堡并选定他为俄国王位继承人。伊丽莎白原本期待看到一位机敏、有教养的贵族少年，却很惊恐地发现她所指定的继承人是一个酗酒无知、幼稚易躁的人；这样的继承人令整个俄国皇室感到头疼。据俄罗斯历史学家瓦西里·克柳切夫斯基（Vasily Klyuchevsky）记载，彼得"以幼稚的眼光看待严肃的事情，却以一种成年人才有的认真对待很孩子气的东西。他就像一个自以为成年的孩子；而实际上，他只是一个心智从未成熟的成年人"。[1]

为了强化与普鲁士的联盟，女沙皇伊丽莎白安排彼得迎娶出色的波美拉尼亚公主索菲娅·奥古丝塔·弗蕾德丽卡。1744 年，这位公主来到俄国。索菲亚良好的教养和端正的行为使她具有彼得所不具备的特质。她努力讨好着女沙皇——她一丝不苟地学习着俄语，并热情地从信仰路德教转向信仰东正教，而不像彼得那样坚持原有的信仰。索菲亚甚至还选择以一个俄语名字叶卡捷琳娜·阿列克谢耶芙娜（Ekaterina Alekseyevna）受洗。

幽怨的彼得并没有跟女皇一样喜欢他的新妻子。他们的婚礼在1745 年 8 月 21 日举行，随后则是一场持续 10 天的盛大庆典。庆典上，皇室在公民广场上免费为人们提供烤肉，还有酒做的喷泉，这样平民百姓也可以参与庆祝。而他们的婚姻则很快因为彼此间的距离感和缺少爱情的维系而变得冷淡。他们花了整整 9 年才完成婚姻的最后仪式——圆房，但这也不过是迫于延续皇室香火压力的结果，而不是出于彼此相爱。与此同时，在女沙皇的鼓励下，他们各自都找了情人；女沙皇希望通过这种方式，让他们逐渐熟悉，并最终感动对方。[2]

叶卡捷琳娜的回忆录描述了一个真实的彼得。据她所写，10 岁的彼得已经开始喝酒了。在她前往俄国的许多年前，这位年轻的公主已经在一次家庭聚会上遇见过彼得（毕竟，他们是远房表亲）。她听人们说彼得天性倔强急躁，而且就算是看护他的人也无法阻止他酗酒。[3]

即使是婚后，彼得也没有减少酗酒的丑行，但现在宫廷里的所有人都可以见证他的丑态。彼得着迷于所有带有普鲁士痕迹的东西，他不断地吸烟喝酒，相信这会让他成为 "一个真正的男子汉"。据叶卡捷琳娜所说，他在一次皇家宴会上 "醉到不知道他在说或者做什么，他咕噜着什么东西，而且他的行为是如此令人不快，以致我都哭了出来，因为我得尽量掩护他这种本该被谴责的人"。[4]

而当彼得厌倦了成年人的世界之后，他会回到他和叶卡捷琳娜在奥拉宁鲍姆的皇家宫殿，放纵自己沉溺于玩乐和饮酒。彼得常常会和酒仆一起通宵饮酒。而在其他时间，他则回到自己的房间自斟自饮，一边还玩他的玩具。在回忆录里，叶卡捷琳娜谈道，有一次她撞见彼得正在执行军队式的处决，处决对象是一只刚刚吃掉他两个纸制玩偶的老鼠。叶卡捷琳娜觉得这种做法很滑稽，并笑了起来。彼得则以一种冷漠的眼光盯着她。叶卡捷琳娜就是无法理解，为什么这种事情对于彼得而言很严肃。[5]

彼得蔑视着妻子的傲慢表现，与此同时，他开始看向其他女性，其他会欣赏他这种粗野做法而不是对此感到尴尬的女性。他看上了伯爵夫人伊丽莎白·沃龙佐娃（Elizabeth Vorontsova）。伊丽莎白是一个肤色土黄、见识肤浅的女人，她不爱干净且缺乏礼貌，双目斜视而且浑身都是天花疤痕。她那酗酒习惯、满口的粗话和率性的生活作风使彼得着迷——而彼得挑选伴侣的口味也让整个皇室觉得奇怪。据叶卡捷琳娜回忆，有一天晚上：

> 彼得公爵爬上床来的时候我刚刚睡着。他喝醉了，不知道自己在做什么，他尝试跟我聊聊他情人那些众所周知的性格特长。我假装睡得很熟，想让他快点闭嘴，但他却提高音量想叫醒我，我假装没反应，他用力打了我两三下，咒骂我睡得太死，然后才转过身去睡觉。那晚我哭了很久，想到他的情人，他对我的拳打脚踢，以及我目前这沉闷恶心的处境。[6]

叶卡捷琳娜厌恶这位未来的沙皇，但她长期的命运已经与他紧紧相连。然而，短期内，她的未来还取决于在位的伊丽莎白女皇；叶卡捷琳娜努力在伊丽莎白和彼得之间周旋，让双方都对自己满意。1758年12月，她结束了孕期并迎来了她和彼得的第一个孩子，叶卡捷琳娜让人同时叫来彼得和伊丽莎白。彼得最先到达。彼得的穿着表露了他对所有带有德国痕迹东西的喜爱：他穿着精美的荷尔斯泰因家族军官的制服，装饰着马刺和肩带，还有佩剑。他大声表达出自己的来意，他要认真保护身处忧虑之中的叶卡捷琳娜不受其敌人的伤害。"人们可能会认为他在开玩笑，但他不一定是在说笑，"叶卡捷琳娜写道，"他说的这些话可能会导致严重的后果。我很快就发现他喝醉了。我建议他上床睡觉以免女皇来的时候会同时被两件她最不喜欢的事情困扰，即看到他喝醉的同时，又穿着荷尔斯泰因家族的制服，我知道她讨厌这些。"[7] 确实，伊丽莎白女皇对彼得行为的容忍度并没有比叶卡捷琳娜更高。女皇每次跟他在一起的时间都不会超过 15 分钟，而且她一想到可恶的彼得将会领导俄国，就会很厌恶；她常常哭着说："我的侄子是一个怪物，他被恶魔上身了。"[8]

想要一直得到女皇的宠爱并不容易，因为女皇和她的侄子一样是个难相处、报复心重的粗俗之人。一位 19 世纪的编年史家拒绝描述伊丽莎白的"荒淫无度"，认为这些记录会"玷污史书"。[9] 伊丽莎白一生都在应付各种酒宴以巴结一个又一个宫廷派系，这使得她筋疲力尽。她饱受幻觉症、惊厥症和恐惧时发作的癫痫的折磨，这让她只能在酒精和性爱中寻求慰藉。确实，法国国王路易十五派来的变性间谍德翁骑士（Chevalier d'Eon）① 提到了伊丽莎白女皇对烈酒的特殊喜好；德翁骑士通过假扮成女皇的情人而得到进入宫廷的许可。每晚喝完酒回到房间后，她常常穿着盛装就睡过去了。那些饱受她责骂的仆人必须剪掉她的束腰之后才能扶着她上床睡觉。[10]

日渐衰弱的女皇早上醒来的时候偶尔会看到彼得和叶卡捷琳娜陪在她床边。她幻想着他们和她的敌人一起阴谋推翻她的统治。在她临终之时，圣彼得堡到处流传着关于谁将继位的谣言。是令人厌恶的彼得，还是德国人叶卡捷琳娜？或者是叶卡捷琳娜未成年的儿子保罗？

---

① 夏尔·德·博蒙（Charles de Beaumont，1728~1810），又被称作"德翁骑士"，法国外交官、间谍，以其传奇的间谍身份和富有争议的性别著名。

最终，1762年，在女皇52岁，和他父亲一样的年纪时，她终于屈服于死神的魔爪之下。

> 伊丽莎白女皇的身体在慢慢地恢复，但她康复的任何希望总是随着她的再一次饮酒而破灭。她对酒的渴望是如此强烈，以至于如果有任何人想要让她停止饮用这些她认为"可以促进健康的饮料"的话，她都会开始发狂，而这给她带来更多痛苦。然后人们只能继续递给她这些致命的酒，然后她一直不断地饮酒，逐渐喝到嗜睡，再到昏迷，直至死亡。[11]

彼得嘲讽着女皇葬礼的严肃氛围：他像一个醉酒的小丑，一边伸着舌头，一边突然大笑起来，不停打断牧师的讲话。他的这种做法进一步激发了他未来臣民对他的仇恨。从那一刻起，"他的每一句话，每一个动作都促成了他最终的毁灭"。[12]

虽然人们曾希望，在坐稳皇位后，他的言行举止能变得更庄严一点，但成为沙皇的彼得三世只是进一步拉大了他与朝廷和民众的距离。在伊丽莎白女皇时期，俄国军队与奥地利、瑞典和法国的军队一起，在七年战争中击溃了普鲁士。随着俄国人占领了最后一个普鲁士港口科尔贝格（Kolberg，今波兰的科沃布热格），胜利本已唾手可得。普鲁士国王腓特烈二世（Friedrich Ⅱ）被彻底击败，为此发狂的他计划放弃王位甚至还打算自杀。然而奇迹出现了，伊丽莎白女皇逝世，皇位被交到疯狂迷恋普鲁士的彼得手上。这位年轻的沙皇所下的第一道命令就让人难以接受：他命令沙俄在战争中转换阵营——将占领的科尔贝格及其他领土交还普鲁士，并且帮助他喜爱的普鲁士抵御奥地利人的进攻，而几天前，奥地利还是沙俄的盟友。[13] 在圣彼得堡，新沙皇下令重新粉刷他的宫墙，用普鲁士风格的黑鹰标记装饰，他甚至还戴上了一只刻有普鲁士国王腓特烈二世名字的戒指，有时，他还会热情地亲吻这只戒指。当普鲁士大使到访的时候，他发现沙皇醉到无法站立。"让我们为你的国王和我们主人的健康而干杯……我希望他不会不理我。你可以向他保证，只要他下令，我会率领我的整个帝国为他而战！"[14] 一位贵族见证了彼得的醉态和卖国行为；据这位贵族所说，彼得的臣民为这种奇耻大辱而心痛不已。[15]

　　在私人生活上，彼得公开与他的情人寻欢作乐，这种做法对叶卡捷琳娜而言无疑是一种嘲讽。那个令人讨厌的伊丽莎白·沃龙佐娃骂起人来就像一个粗野军人，她用那斜视的双眼打量着别人，一边骂粗话一边吐口水。彼得还将叶卡捷琳娜驱逐到冬宫最远端的一个房间里，以进一步羞辱她。讽刺的是，这次驱逐给了叶卡捷琳娜所需要的行动自由和隐秘地点，她因此得以策划一次宫廷政变。甚至在伊丽莎白去世前，那些在政府和军队中握有权力的亲朋好友和情人就敦促她谋取皇位。因为新任沙皇近乎要将俄国出卖给其外国敌人，叶卡捷琳娜便加快了夺权的步伐。彼得每冒犯一个贵族，叶卡捷琳娜便多获得一位盟友。在政变当晚，叶卡捷琳娜已经可以指挥超过 40 位军官和 1 万多名守卫。法国大使布里德耶男爵（Baron de Bretuil）这样写道："皇后目前所处的境地非常严峻，她所受到的羞辱是如此明显。以我对她的勇气及刚烈个性的了解，我可以想象她迟早会被逼到无路可退。我知道她有一些朋友正努力安抚她。但如果她提出要求，又有谁会不顾一切去帮她呢。"[16] 一场戏剧性权力争斗的演员已经到场，巨幕也已拉开，但一切又会往什么方向发展呢？

叶卡捷琳娜通往权力之路

　　当叶卡捷琳娜的革命到来之时，一切都结束得很快。然而令人惊讶的是，这么关键的行动却没有进行预先的协调、宣传或制订详细的行动计划。事实上，策划者决定让叶卡捷琳娜登上权力顶峰的剧本在俄国的历史上早已反复上演过：一个著名的人物站出来聚集军队并准备一大堆伏特加酒。[17] 在 1682 年的射击军叛乱中，他们最后就得到了皇室的盛宴款待和取之不尽的美酒，还有索菲亚公主亲自为他们倒酒。那时，叛乱的莫斯科射击军拥入了克里姆林宫，杀死了一批贵族和彼得大帝的亲戚们，10 岁的彼得在那一次叛乱中被吓得半死。（这次拥护叶卡捷琳娜的叛乱本身就是 1648 年莫斯科起义的一个倒影，那时，人们对腐败和高涨的盐税和伏特加酒税感到愤慨，进而引发由射击军带头的醉酒混混们在城里烧杀抢掠，砍死或肢解了许多著名贵族子弟。克里姆林宫举行了持续三天酒池肉林般的狂欢，他们才被安抚下来。）[18] 军队为了回报索菲亚公主的款待而支持她的摄政地位，让她成为第一个统治俄罗斯帝国的女人。其他女性想要获得皇位也会遵循相似的夺权之路，而且都会用伏特加酒来招揽精英阶层、军官及士兵。

尤其是在 1725 年，彼得大帝未能在死前指定一位继承者。在他逝世后几小时内，彼得大帝的心腹缅什科夫就率领着普列奥布拉任斯基兵团，并准备了大量的伏特加酒（用以收买人心）来支持彼得的妻子叶卡捷琳娜获得继承权；军队敬重叶卡捷琳娜一世的许多特质，其中最突出的就是她可以像一个"男人"一样喝下一杯杯伏特加酒。有了军队的支持，叶卡捷琳娜一世成功地宣布自己成为俄国的主人。虽然是一个寡妇，但叶卡捷琳娜一世从相互竞争的贵族家族里选出了一群情人；为了取悦他们，她常常像个水手一样喝酒，然后醉倒在情人的怀里。[19] 如此这般狂饮作乐，让叶卡捷琳娜在两年后的 1727 年就丢了性命，这一点儿也不奇怪。她将皇位留给了彼得二世。但彼得二世很快便在 14 岁的婚礼当天因天花而去世。

随着 1730 年彼得二世的逝世，俄国最高枢密院策划着将彼得大帝鲜为人知的侄女安娜·伊万诺娃（Anna Ivanovna）作为一个有名无实的傀儡扶上皇位。但他们低估了安娜。她就像一个男人一样喧闹，爱玩枪。上位后，她延续了女皇的传统，通过为底层贵族和皇家卫队提供大量的伏特加酒来巩固威信。[20] 当安娜通过酒和军队的支持稳固地位后，就不再听命于那些对她指手画脚的人，并开始了各式各样纵情酒色的行为。在她长达 10 年的统治期间，安娜常常做出一些奇怪举动，让人们想起她"伟大的"叔叔彼得：有一次，受人尊敬的老贵族米哈伊尔·戈利岑从女皇身边走过，她命令他迎娶一个丑陋的卡尔梅克族女人，而且还在他们"蜜月"的时候，特意在冰冻的涅瓦河上建了一个冰宫，让他们一起躺在一张冰床上。但那是另一个故事了。[21]

就连女皇伊丽莎白·彼得罗芙娜（Elizabeth Pretrovna）也学到了这一课。当安娜在 1740 年逝世后，她将皇位留给了 3 个月大的伊凡，史称伊凡六世。伊丽莎白竭力讨好普列奥布拉任斯基兵团。她盛情款待兵团的将军们，并给他们讲述她父亲彼得大帝的故事，陪着他们一轮轮地喝酒，还与他们调情。1741 年 11 月 21 日的晚上，她带着大量的酒拜访了兵团，那晚她穿着一件银色的胸甲，手里挥舞着一个银制十字架。她率领着醉酒的部队朝冬宫进发，并将还是孩子的伊凡六世、他的父母和支持者囚禁起来；就这样，她通过一场不流血的政变登上了皇位。在她统治期间，她延续了俄国的重要传统：通过给反叛者灌酒以从他们口中套出信息。[22]

诚然，伏特加酒在每一次俄国的叛乱中都起了重要作用。唯一的问题是：从小就在德国成长的叶卡捷琳娜是否会沿用这一传统？

从德国公主到俄国女皇

彼得三世轻易地决定放弃俄国军队浴血打下的普鲁士土地。就算这样的决定没有让他成为俄国宫廷的敌人，他仅仅为了宣扬荷尔斯泰因 - 戈托普家族（彼得三世的家族）的名声而决定向丹麦宣战也让他树敌众多。整个圣彼得堡的人，尤其是军队，都激动万分，他们对彼得三世这个决定表示不满。沙皇在郊外别墅橘树宫（位于圣彼得堡罗蒙诺索夫小镇）听到了人们对他的公开谴责，但他很轻易地忽略了这些斥责。[23] 与此同时，在那与世隔绝的冬宫房子里，叶卡捷琳娜不断扩充着其身居高位的支持者，包括主管外交的阿列克谢·别斯图热夫-留明（Alexei Bestuzhev-Ryumin）、叶卡捷琳娜·达什科娃王妃（Princess Ekaterina Dashkova，因为丈夫的关系，她和守卫们有着很亲密的联系）、慷慨的哥萨克酋长基里尔·拉祖莫夫斯基（Kirill Razumovsky，30 年前他的父亲曾经帮助伊丽莎白·彼得罗芙娜登上皇位），以及一帮普列奥布拉任斯基兵团的年轻军官和其他守卫部队。这帮人的核心人物是叶卡捷琳娜的秘密情人、英俊勇敢的炮兵军官格里戈里·奥尔洛夫（Grigory Orlov）和他的兄弟阿列克谢。奥尔洛夫兄弟是军队的灵魂人物：他们在圣彼得堡市郊组织喝酒比赛和赤手拳击比赛，年轻的守卫将他们当作偶像。[24] 一场政变的舞台已经搭好了。

如果说伏特加酒是俄国阴谋家们首选的工具，那么在这次政变中，它还为革命提供了借口。1762 年 6 月 21 日晚上，在首都的一个酒馆内，一个参与政变的人，守卫队队长彼得·帕谢克（Peter Passek）喝醉了。他公开嘲讽沙皇并暗示了一次潜在的夺权行动。他随即被捕了。人们很快听说了这件事，而密谋的人害怕帕谢克会在严刑逼供下供出他们。[25]

阿列克谢·奥尔洛夫在半夜接走了叶卡捷琳娜。他闯进她的房间，决绝地告诉她："帕谢克已经被抓了，我们必须离开这里。"

到了 6 月 22 日早上 7 点，仍心存疑虑的叶卡捷琳娜已经站在普列奥布拉任斯基兵团面前。据历史学家所说，"她本不需要担心：士兵们充满了斗志。而且，他们已经被允诺将会得到许多伏特加酒"。不一会儿，拉祖莫夫斯基和奥尔洛夫兄弟就宣布叶卡捷琳娜女皇为俄国唯一和绝对的统治者，而兵团也宣称将效忠于她。在骚动声中，叶卡捷琳娜低声下令：关闭首都的城门，派人监视酒馆，封锁前往橘树

/ 056

宫的道路，不许任何人通过，以免沙皇听到叛变的消息。[26]

那天下午，彼得和他的情妇伊丽莎白·沃龙佐娃以及他的德国随从离开橘树宫前往彼得大帝夏宫。在这座彼得大帝的海边别墅，一个密使告诉沙皇，叶卡捷琳娜已经在首都登基为帝了。他的大臣们力劝彼得像英雄一样发兵圣彼得堡。但沙皇却哭了起来，他试着喝下一杯杯勃艮第红酒来安抚自己的情绪。彼得三世在恐慌和无奈之间徘徊，他先写了一份声明谴责叶卡捷琳娜，然后才听从大臣们的意见坐船前往喀琅施塔得（Kronstadt）的海军基地，在那里集合海军，准备反击。喝醉的沙皇路都走不稳，眼泪不受控制地往下流。他得依靠搀扶才能登上帆船，带着伊丽莎白·沃龙佐娃以及她那些叽叽喳喳的朋友们一起出发。[27]

6月23日凌晨1点，沙皇和他的情妇以及大臣们抵达了喀琅施塔得，却发现那里的军队早已宣布效忠于叶卡捷琳娜女皇。海军士兵们无礼地告知沙皇，如果他的船不立即离开，他们就会开火将他的帆船击沉。开船离开海军基地后，沙皇在船舱里一边喝着酒，一边当着他情妇们的面大哭。看到这可悲的场面，彼得三世自己的陆军元帅布尔夏德·明尼希（Burchard Münnich）忍不住笑了起来。这群人退回到橘树宫，在那里，幼稚的彼得趴在床上，为失去他的帝国而痛哭。[28]

与此同时，叛军们还以为怀恨在心的彼得会立刻反击，并为之做着准备。在逃跑过程中，叶卡捷琳娜和那些疲劳的叛变策划者在一个破旧的旅馆里躲了一晚，静静等待着他们的命运。一些又累又渴的卫兵闯进了一个酒窖，不一会儿就喝下了几加仑匈牙利酒。紧接着，他们中间发生了骚动，士兵中开始传播普鲁士人将要绑架叶卡捷琳娜的谣言。为了防止发生暴乱，帕谢克上尉（他仅被关了12小时而且没有泄露任何秘密）半夜叫醒了叶卡捷琳娜。直到筋疲力尽且衣冠不整的女皇出现在他们面前时，军队的骚动才停止。达什科娃王妃意识到他们需要开始警戒。她说服军队把酒桶重新送回酒窖，然后派人去取一些泉水来代替酒："我把我身上所有的钱都给了他们，然后将我的口袋翻出来让他们明白，我是真的没有钱了。我还向他们保证，到城里后，他们可以随意享用所有酒窖里的酒，皇室会为他们埋单。他们很快接受了我的说法并按照我说的去做。"[29]

黎明时分，他们已经知道不会有什么袭击了。沙皇彼得三世彻底失势了，女皇已经获得了胜利。圣彼得堡的所有人都为此欢呼，他们将叶卡捷琳娜的胜利视为俄国重新回到理智统治者手中的标志。此外，达什科娃王妃很好地信守了她对自己那些尽忠职守的守卫者和首都那些支持者的承诺。据俄罗斯历史学家瓦西里·克罗契夫斯基记载：

> 这场革命就这样结束了。这是我们所知的革命中最轻松、最微妙的一场，革命中没有任何人流血，这是一场真正意义上的"女性革命"。然而，这场革命却耗费了大量的酒：6月30日，即叶卡捷琳娜进入首都当天，但凡售酒的地方都向军队开放。在一场疯狂的庆祝中，士兵和他们的妻子拿出伏特加酒、啤酒、蜂蜜酒和香槟，并倒进盆、桶或者任何其他能拿到的容器里。士兵和其他人"在女皇登基的大喜之日肆意拿走彼得堡酒商们的酒"，而如何赔偿酒商们的议题三年后还在参议院讨论着。[30]

意识到自己的惨败后，彼得三世随即退位，并退隐至他作为公爵时拥有的住所——罗普沙宫（Ropsha）。他只要求女沙皇为他提供他最爱的勃艮第酒、烟斗和烟草，还有他最爱的黑奴纳齐苏斯（Narcissus）。[31] 政治上，笨拙的彼得三世已无法再给叶卡捷琳娜造成任何威胁，但只要他还在世一天，女皇的反对者们就可以聚集起来，支持他夺回皇位的合法要求。在叶卡捷琳娜不知情的情况下，她的支持者们明目张胆地策划着如何干掉彼得。

奥尔洛夫兄弟说服一位宫廷药剂师在一瓶彼得最爱的勃艮第酒中下毒。1762 年 7 月 17 日，阿列克谢·奥尔洛夫和他的手下出发去罗普沙宫拜访彼得三世。他们发现半裸的彼得正用一支粉笔画着一座堡垒，他们高兴地宣布他将很快获得自由。为了庆祝这个消息，兴奋的沙皇和前来暗杀他的人一起喝起了伏特加酒。此时，彼得让人拿来他最喜欢的勃艮第酒。叶卡捷琳娜的同谋者们冷静地看着，脆弱的彼得有所发觉并站起来大喊："有人要毒死我！"但他并没有死。窘迫并有点疑惑的策划者们接着试图用枕头闷死彼得，这样就不会有挣扎的迹象。但这同样没有成功。最后，这群人绑住了尖叫的前沙皇，把一块大餐巾布做成套索，勒死了彼得大帝的孙子。[32]

在听闻可恨的沙皇去世的消息后，俄国人民同情他那不幸的命运。沃尔特·凯利（Walter Kelly）认为，"他们回忆起了他那些友善的特征还有他那可悲的跌宕命运，却忘记了他的缺点和任性。海军士兵当着身边的守卫的面，指责他们为了白兰地和啤酒出卖了主人"。[33]

接下来叶卡捷琳娜大帝治下的 34 年标志着俄国军事优势的重新确立，以及俄国文化的复兴。这位开明的女皇支持着她第二故乡的文化和制造业的发展。她将俄国的伏特加酒作为礼物送给欧洲的君主、哲学家和杰出人物，从腓特烈大帝（Friederick the Great）和伏尔泰（Voltaire），到卡尔·林奈（Karl Linnaeus）、伊曼努尔·康德（Immanuel Kant）、约翰·沃尔夫冈·冯·歌德（Johann Wolfgang von Goethe）。这位俄国最伟大也是最后的一位女皇并不像彼得大帝那样开创了酒神节，她甚至为贵族们制定了节欲和戒酒的律条，但人们却很难忽视，醉酒和纵欲在她登上权力宝座的路上所发挥的关键作用。在之前其他俄国女皇的夺权之路上，这种作用已有所体现。[34]

1796 年，叶卡捷琳娜死于中风，将皇位留给了她的儿子保罗。

保罗十分鄙视他的"父亲"和他那不体面的结局，而且他还以一种极具恶意的方式表达自己的鄙视。他让人把已经下葬35年的彼得三世的棺材挖出来并在叶卡捷琳娜的葬礼上当众打开。在皇帝的命令下，尚在人世的叛乱策划者，包括阿列克谢·奥尔洛夫，作为"哀悼者之首"站在最前面和最中间。伟大的女皇那已经毫无生气的身体，就被放在她所憎恶的丈夫已经腐化的肉体旁边。在这场持续了3小时的"哀景"之后，恶毒的保罗让人将他们相邻而葬，墓碑上刻着"生时分离，死后重聚"。[35] 讽刺的是，短短4年后，保罗也遭遇了跟彼得三世一样的命运——他死在一群酗酒的宫廷阴谋家的手上，饱受凌辱并最终被勒死。[36]

事实上，在俄国漫长的历史中，每一次政变都会出现实施者喝得酩酊大醉的情况。而且人们常常有目的地使用酒精，以获得军队的支持。这种做法在女性夺权的情况下尤为明显。为了克服因为非男性血统而无法合法继承皇位的问题，俄国的女性统治者，从摄政王索菲亚到伊丽莎白以及两任叶卡捷琳娜女沙皇，全都转向使用伏特加酒来巩固人们对其统治的支持。

这为俄国未来的宫廷阴谋树立了一个危险的先例，但使用酒精来激发人们的支持是非常有效的。成功的例子除了那群由被解职的将军组成的醉酒暴徒——他们在1801年杀死保罗并将沙皇亚历山大一世送上皇位，还有另外一群贵族阴谋集团。当亚历山大一世在1825年意外死去的时候，他们率领宫廷守卫兵团一起拒绝效忠尼古拉一世。人们称他们"十二月党人"。这群自由主义者希望发动一场宫廷政变，目的是在俄国推行西式民主制度。为了从日益壮大的醉酒暴徒手中重新夺回对其新首都的控制，尼古拉下令忠于他的军队击溃叛军的部队；"十二月党人"的首脑们被逮捕、审判并绞死。虽然这场阴谋没有成功，但上层已经机警地意识到了酒精在下层社会引发革命的潜力。有一种传统的看法认为，圣彼得堡的居民"是警察们最可怕的敌人"，"还有白兰地酒，如果在政府出现危机或者政局不稳的时候，自由地派发白兰地酒给民众，将会把他们变成革命煽动者的工具，他们会服从煽动者的命令并为其拼命"。[37]

甚至在当代人的记忆中，苏联高层政治的阴谋也常常夹杂着伏特加酒的阵阵香气。根纳季·亚纳耶夫（Gennady Yanayev）和瓦连京·巴甫洛夫（Valentin Pavlov）是两个强硬派，他们试图在1991年罢黜米哈伊尔·戈尔巴乔夫，并担任临时成立的国家紧急状态委员会的领导人。即便是像他们这样的阴谋者，在经历那次磨难的时候也是处于醉酒的恍惚状态。[38] 人们或许会好奇，假如这两个人遵循俄罗斯帝国时期反叛者的剧本，使用伏特加酒来赢得军队的支持而不是推动他们自己的毁灭，俄罗斯历史甚至是世界历史会有什么样的改变。我们只能想象，在1991年8月那段紧张时期，如果苏联军队醉到毫不犹豫地将枪指向同胞并开火，将会发生什么。

如果你仔细注意附近酒类商店的伏特加酒柜，你会在上层的架子上找到各式各样、一瓶瓶微微闪光的酒，这些瓶身大小和形状各异的酒产自世界各地。今天，伏特加酒是世界上最受欢迎的酒，也是一种名副其实的全球性商品。如果你的眼光从所谓的顶层的进口专卖伏特加的柜架往下扫，你会看到一些便宜的国产酒，它们的塑料瓶身常常纹饰着俄罗斯风格的标记，标记上一般都带有一位俄国企业家的名字，这位企业家在十月革命期间逃到西方并开设了自己的商店。[1]

毫无疑问，伏特加酒是一种最能代表俄罗斯文化的产品。但伏特加酒是什么呢？它从何而来，为什么俄罗斯人似乎对它有着一种特殊的喜爱？

2006 年，我去俄罗斯寻找答案——如果你带着这样的问题到今天的俄罗斯，你绝对会跟我去同一个地方：位于莫斯科东北面的伊兹麦洛夫斯基公园（Izmailovsky Park）的伏特加酒历史博物馆。在动荡的 1990 年代，伊兹麦洛夫斯基公园还是一个吵闹的纪念品集市和露天跳蚤市场。今天，叫卖纪念品的小贩那原本摇晃的货摊已用多彩多样的固定板加固，矗立在市场上的是一座明亮夺目的伏特加酒博物馆。这座博物馆既有迪士尼建筑的风格，又有克里姆林宫式的装饰。很多年前我参观过这个博物馆——那时候它还没被搬迁到莫斯科的伊兹麦洛夫斯基公园，而是位于圣彼得堡的青铜骑士雕像下，为雕像的阴影所遮盖。我强烈建议你在观赏完博物馆的工艺品后，在他们重建的 19 世纪的小酒馆里一口气喝下一份伏特加酒样品。那里的酒馆窗户上垂挂着镀金的装饰物，而木桌子都用又长又坚固的深褐色红木板固定着。

一进入这个复制品小酒馆，我就受到了友善的女主人的欢迎。在婉拒了按照她所推荐的例行路线游玩之后，我反而直接问了她两个问题："伏特加酒最早产自哪里"和"伏特加酒的起源可以追溯到什么时候"。

很明显她对我问问题的率直风格猝不及防，犹豫了一会儿才跑到一个柜台后面，拿出一本已经被翻旧了的平装书。我对这本书是再熟悉不过了：《伏特加酒的历史》（*History of Vodka*），作者是威廉·瓦西列维奇·波赫列布金（Vilyam Vasilevich Pokhlebkin）。这本书是记录俄罗斯伏特加酒历史的"圣经"。讲解员称，杰出的历史学家波赫列布金无可争议地证明了，我们今天所知道的伏特加酒最早是在 1448 年到 1478 年的某个时段，在克里姆林宫内酿造的。[2] 我得承认这个时候我只是假装感兴趣地在听。虽然我很失望，但还是礼貌地对女主人抽时间回答我的问题表示感谢，随后，我没有饮用免费的样品酒就离开了。

威廉·波赫列布金神秘的一生和死亡

威廉·波赫列布金是俄罗斯一个独特的文化偶像。首先，他的名字就很特别。他的父亲，瓦西里·米哈伊洛夫（Vasily Mikhailov）是一位激进的共产主义革命家。瓦西里·米哈伊洛夫参与地下革命时所用的假名波赫列布金会让人们想起一道传统的俄罗斯农家炖菜。当波赫列布金家第一个男孩出生的时候，他们没有选择像伊凡、弗拉基米尔和鲍里斯这些常用的名字，反而将孩子命名为"Vilyam"（威廉），这个名字包含了伟大的布尔什维克领袖弗拉基米尔·伊里奇·列宁（Vladimir Ilyich Lenin）名字的首字母。

第二次世界大战结束，威廉·波赫列布金从苏联红军退役后，就到苏联科学院的历史研究所负责烹饪历史的调查研究。他写了一本关于茶的历史书，很受欢迎，这本书还在有着饮茶传统的国家的文学界引起了轰动。仅仅依靠有限的财力，他在波多利斯克（位于莫斯科正南方的一个冷清的工业城市）一个平凡的公寓里建了一个具有相当规模的稀有手稿图书库。

在充满压抑的1960年代和1970年代，在列昂尼德·勃列日涅夫的统治下，研究烹饪历史的波赫列布金遭到苏联学术界的排斥。他的代表作是一部介绍数千个来自全球各地的菜谱及其起源的作品集。这本书遭到当局的审查：因为菜谱中许多最基础的原料在苏联很多地区都很难找到，这样的菜谱将会引发人们对苏联体系自身缺陷的关注，而当局对这种关注自然是非常不乐意的。因此，他被标记为"异见人士"，并且很快就丢掉了工作（也找不到其他工作）。[3]

根据《伏特加酒的历史》的序言所述，波赫列布金接下来的命运朝着奇怪的方向发展。或许是带着与在格但斯克船厂发起的团结工会运动一样的反苏联情绪，波兰的共产党政府在1978年公开就"伏特加酒"这个名字的商业专用权将苏联告上了法庭，宣称伏特加酒起源于波兰，而不是俄罗斯。或许波兰人并没有读过《苏联大百科全书》标准本里关于伏特加酒的条目，那一个段落里很清楚地写着伏特加酒"最早是14世纪晚期在俄罗斯酿造的"。[4]这个问题难道还需要继续争论吗？

对于俄罗斯人而言，这无异于背后被捅了一刀——华沙条约组织中的社会主义盟国不仅威胁到苏联人获益颇丰的伏特加酒国际贸易，还给俄罗斯的伏特加酒这一文化遗产造成了巨大打击。

波赫列布金宣称，由于缺乏现存的文献记录，几乎不可能令人信服地"确认"伏特加酒的起源。不同于1494~1495年的苏格兰财政部卷轴确定威士忌酒起源于苏格兰的说法，或者1516年的德国啤酒纯净法，即《1516年纯净法》确定了啤酒酿造的"方法"[5]，无论是苏联还是波兰都无法在自己的档案文件中找出哪怕一页证明材料来解决争议。据波赫列布金所说，苏联负责商品进出口事务的管理部门，即苏联国营水果进出口联合公司（Soyuzplodoimport）首先寻求的是一个高等科学研究所的帮助，该组织（官方记载）隶属于苏联食品管理部中的中央蒸馏部门发酵司。但研究所也不能确切地证明伏特加酒起源于俄罗斯。近期出版的一部俄罗斯小说中记载了这样一个关键情节：灰心的当局随即转而求助于波赫列布金，唯一可以在国际法庭上证明苏联对伏特加酒"商标"的合法所有权并捍卫国家荣誉的人。[6]

据波赫列布金所说，他的工作是成功的！ 1982 年，基于他那"证明"了波兰人生产伏特加酒的时间晚于俄罗斯人几十年的研究结果，国际法庭做出了有利于苏联的判决。这个判决允许诸如苏联红牌伏特加酒（Stolichnaya）等产品继续沿用其引以为傲的宣传语（虽然有点冗长）："只有产自俄罗斯的伏特加酒才是正宗的俄罗斯伏特加酒。"[7]自 1972 年与百事可乐的易货贸易起，美国商店就开始销售俄罗斯伏特加酒了。

正如随后的俄罗斯作家们所写，"波赫列布金是独自一人完成了所有的论证工作，构筑了详尽的证据体系，并以此说服了国际法庭的专家们"，这使他那影响深远的成就更加令人印象深刻。[8]波赫列布金宣称他并不是为了公开出版才开展自己的研究，而他的研究成果直到 1991 年苏联解体之后才得以出版。《伏特加酒的历史》以民间智慧支持着俄罗斯最受欢迎的酗酒陋习，它只会增加波赫列布金的知名度。该书有这样一项主张：如果没有在下午 3 点前或午夜后喝酒，这样的人就不配被称为波赫列布金口中的"敬业的酒徒"。[9]

私下里，波赫列布金是一个古怪的禁欲主义者：虽然他收藏了一堆引人注目的历史手稿和异国茶叶，但他却不肯购置哪怕是最便宜的电视或电话，仅仅依靠写信和电报跟外界保持联系。在他生命的最后几年里，波赫列布金变成了一个偏执的隐士：因为害怕被人尾随或者其他更糟的事情，他很少打开他位于波多利斯克的公寓的大门，并给自己的房子加上了无数把锁。他在那个三居室的房子里住了 30 年，从未给陌生人开过门，包括各种检查员、修理工人和水管工。

威廉·瓦西列维奇·波赫列布金最后一次出现在公众视野里是在2000年3月26日：在这一天，一个与他有着同样首字母名字的男人，弗拉基米尔·弗拉基米罗维奇·普京第一次当选俄罗斯总统。

与出版商在莫斯科会面之后，波赫列布金坐上了返程的通勤列车。很明显，他从在车站时就开始被追踪，直到在家中被暴徒袭击并血腥杀害。他被人用一把长柄螺丝刀捅了11下；几周后，他的尸体才被出版商发现。出版商鲍里斯·帕斯捷尔纳克（Boris Pasternak）是世界著名作家、《日瓦戈医生》的作者的孙子；帕斯捷尔纳克发现这位一向可靠、守时的作家突然停止回复信件。他察觉到不对劲，于是就要求警察冲进波赫列布金的房子里，这才发现了这场惨剧。[10]

根据警察的调查，波赫列布金公寓里最宝贵的财物，即他那众多罕见的手稿收藏，都安然无恙。此外，根据验尸结果，波赫列布金血管里的酒精含量相当于一整瓶伏特加酒。这点非常可疑，虽然伏特加酒是波赫列布金的研究对象，但他向来都是滴酒不沾的。[11]

波赫列布金的血腥谋杀案至今还是疑案。人们对真正的幕后凶手及其杀人动机的猜测一直没停止过：有些人甚至断言他是被一个一心复仇的波兰人所杀，以报复他为苏联保住了"伏特加酒"的品牌。[12]据2005年的调查纪录片《厨师之死：威廉·波赫列布金》（*Death of a Culinarian: Vilyam Pokhlebkin*）的制作人说，波赫列布金在所谓的伏特加酒战争中战胜了波兰，为俄罗斯节省了数以百万计甚至数以千万计的美元，这使他在俄罗斯历史中占据了一席之地。越来越为人所知的不只是波赫列布金的悲剧故事，还有他的传奇成就。[13]

重新评价波赫列布金

在波赫列布金死亡三周年纪念日当天，《莫斯科晚报》上发表的一篇文章这样写道："波赫列布金的名字是具有魔力的，他是一个传奇。""许多人相信'波赫列布金'是一整个研究机构的假名，因为一个人不可能有这么丰富的知识储备。"而且，人们对他的赞词远不止于此，如果出现另一场关于俄罗斯食品饮料领域方面的争论，"只需要宣称波赫列布金这样写过，他的'权威定论'就足以结束任何争议"。[14]

很明显，威廉·波赫列布金是伏特加酒历史领域不容置疑的权威。在过去 20 年里，许多畅销书和数以百计的文章和网页以俄语、英语还有其他世界通用语言，几乎一字不差地依照原文重新介绍了他的研究和发现，以及《伏特加酒的历史》一书里关于他的故事和逸事的记载。[15]

然而，真正的问题就在于波赫列布金的说法是大错特错的，而且他那饱受赞扬的《伏特加酒的历史》中的很多部分完全都是捏造胡扯。

酒类历史学家大卫·克里斯蒂安（David Christian）这样写道："如果要读这本书（波赫列布金所著的《伏特加酒的历史》），你要在旁边放一瓶很烈的伏特加酒，以灌醉你大脑里比较思辨的那部分。"1994 年，克里斯蒂安在权威学术期刊《斯拉夫评论》（*Slavic Review*）上发表了一篇关于波赫列布金的评论；他对波赫列布金进行了尖锐的批评，毫不留情。"这本书集合了许多难以理解的事实、不切实际的妄想、虚假的数据、反资本主义的论证方法和斯大林式的势利语气；大脑没有被灌醉的剩余部分应该尽情享受这些而不需要担心这些胡扯的内容是否能够很好地组合到一起。"[16]

克里斯蒂安很冷静地记录了波赫列布金书中的许多错误和令人误解的结论，包括从波赫列布金声称没有语源学词典提及过"伏特加酒"这个词的说法，到波赫列布金认为啤酒和蜂蜜酒不像伏特加酒那样曾经被征税的观点。除此之外，我发现了更多波赫列布金所犯的事实性错误，包括他草率地将伊凡雷帝开创酒馆的年份（1553 年）写成了 1533 年，再到更加实质性的错误，如在书里讨论 1420 年代一

历史学家威廉·波赫列布金（1923~2000）

拍摄于 1984 年 10 月 2 日。俄罗斯新闻社 / 普里霍季科（Prihodko）
拍摄

位并不存在的统治者"失明者"瓦西里三世（Vasily Ⅲ Temnyi/the Blind）。或许他所说的是莫斯科大公瓦西里三世；但正如我们在第三章谈到的，瓦西里的统治是在 16 世纪初期，这比波赫列布金所说的时间晚了近一百年！不管是考虑到草率的事实调查还是某些情况下的翻译错误，这本书明显的史实错误就使人们不由得地质疑波赫列布金的权威性和传奇性。而他的这些错误说法却被当作毋庸置疑的事实广泛传播，这使得这个问题更加严重。[17]

考虑到这些，大卫·克里斯蒂安如此粗暴地对待这位俄罗斯餐饮界权威的做法忽然又让人感觉合乎情理；特别是当波赫列布金"权威地"断言说，伏特加酒第一次出现是在 1478 年的莫斯科，而现存的稀少且含糊的证据远无法确定如此精确的时间点。克里斯蒂安写道："更令人沮丧的是，波赫列布金常常都不花心思来为他那有时引人入胜的结论提供证据。我们怎么知道他是在写小说还是讲述事实？"[18]

确实，波赫列布金让人们出于信任而相信他的论点，而出于某种原因，大多数俄罗斯人继续传承着对他的那份信任。许多关于伏特加酒的畅销书都不是由专业的历史学家所写，往往是出自毫不严谨的作家、记者，还有像波赫列布金这样的好奇厨师。而且，就像波赫列布金的《伏特加酒的历史》的封面和底页以苏联绿牌伏特加的诱人图片装饰，许多类似的行业刊物都有着一页页的植入式广告，满页都充满了怀旧情绪，向人们展示着各种伏特加酒品牌。这些刊物往往都是由俄罗斯最著名的酿酒厂的下属出版机构印制的。这些流行商品历史的生产者们对进一步调查清楚整件事情或许并不是特别感兴趣。

当中最大的一个谎言，就是所谓的苏联与波兰之间的伏特加酒起源之争，据说正是这场争论推动了波赫列布金对伏特加酒的调查研究。俄罗斯国内播放的纪录片《厨师之死》——以海牙的国际和平宫（the Peace Palace）为背景——大胆地宣称："1982 年有利于苏联的国际仲裁决定毋庸置疑地确保了伏特加酒作为一种起源于俄罗斯的酒精饮料的地位，给了俄罗斯人在国际市场上以这个名字进行宣传的专属权，而苏联的出口广告也凸显着这个仲裁决定：'只有产自俄罗斯的伏特加酒才是正宗的俄罗斯伏特加酒。'"[19]

然而，苏联和血浓于水的共产主义兄弟国家波兰之间的这样一个案子，却没有在位于和平宫的两个国际法庭——不管是国际审判法院（the International Court of Justice）还是常设仲裁法院（the Permanent Court of Arbitration）——留下任何相关记录。[20] 彼得·迈格斯（Peter Maggs）是俄罗斯商标法和国际商务仲裁方面最权威的专家。据他所说，"原则上，苏联从未提请过国际仲裁以解决国家间的纠纷，因为它有充分理由认为，主要的国际仲裁机构都被西方资本主义阵营控制了"。[21]

这并不是说人们对各种酒的起源地没有争论。正如之前人们对诸如法国香槟酒、法国白兰地酒和波尔多葡萄酒等具有特定原产地的酒类产生的争议，伏特加酒的起源地也很可能面临着类似的争论。整个1970年代，波兰人一直宣称他们自14世纪早期就开始饮用伏特加酒，而且到了16世纪，波兰当局还开始对酿酒厂征税。[22] 此外，从未有过具有决定意义并在国际范围内被认可的法律裁决，判定伏特加酒的起源地毫无争议地属于俄罗斯。

/ 066

由于之前在团结工会运动中，波兰出现了反苏联的呼声，因此，苏联在伏特加酒起源地之争中对它这个闹腾的盟国的胜利极具象征意义。那么如果确有此事，这样的胜利至少会登上苏联境内的报纸头条，乃至全球各地报纸的头版头条。但即便是美国国会图书馆的研究员，也无法在馆藏的全球各地的报纸中找到任何相关的报道。人们在收藏了如《真理报》（*Pravda*）和《消息报》（*Izvestiya*）等主要苏联报纸的档案馆里四处搜索，同样也没找到任何相关报道。事实上，没有一份俄罗斯期刊或学术期刊提及过这个所谓的"国际纠纷案"，直到1991年，波赫列布金的书出版后才开始出现相关的文献记载。[23]

　　直到最近，俄罗斯作家们才停止不加怀疑地相信波赫列布金的主张，并开始积极地对他的说法进行事实核查。在2011年出版的书《巨大的骗局：围绕俄罗斯伏特加酒的事实和谎言》（*Grand Deception: Truth and Lies about Russian Vodka*）中，作者鲍里斯·罗迪奥诺夫（Boris Rodionov）断定："几乎所有波赫列布金关于伏特加酒的说辞都是'大骗局'。"波赫列布金的故事存在太多的问题和漏洞：如果与波兰的贸易争议对于苏联的财政收入和国家荣誉而言至关重要，为什么波赫列布金却没有立即获得自由使用苏联档案馆的权限？为什么苏联当局没有给这位被驱逐的孤独学者派遣一群调查助手？还有，波赫列布金一个人如何能在短短几个月时间内完成如此艰巨的调查任务？

　　尤里·日仁（Yuri Zhizhin）于1974~1987年担任苏联国营水果进出口联合公司总裁，而鲍里斯·塞格林（Boris Seglin）是该公司法律部门的负责人。在和他们的面谈中，两人都确认该公司没有任何人委任过波赫列布金去进行这样的调查。此外，他们还表示，波兰人从未因为伏特加酒的起源争议而将苏联告上国际法庭，这件事情从未发生过。[24] 在2002年一次鲜为人知的采访中，日仁表示，事实上，苏联与其兄弟盟国波兰的关系一直都是非常融洽的。经济互助委员会的协调委员会监督着苏联东欧附属国的贸易，从未有国家向委员会提出过关于伏特加酒的起源争议。"我们这些国家之间的伏特加酒贸易量非常小，这样的争议是毫无意义的，"日仁这样表示，"因为世界上大多数人已经将伏特加酒和俄罗斯紧密联系在一起，所以证明我们享有'伏特加酒'的专有权的做法无异于宣称我们对一台永动机享有主权。这样做既浪费了人力物力，也浪费了财力。"[25]

　　彼得·迈格斯表示，事实上，这样的法律争议不仅从未发生过，它也不可能发生过；迈格斯参与过许多涉及标志性商标的国际法庭诉讼，诸如"司木露"（Smirnoff）和"苏联红牌伏特加酒"的国际诉讼，甚至还有一场关于莫斯科酒店（Hotel Moskva）与苏联红牌伏特加酒商标相似度争议的国际诉讼。[26] 他强调，"国际商标法有一个非常清晰的原则，即通用术语不受法律保护，而没有词能比'伏特加酒'这个词更称得上是通用术语"。[27]

如果经济互助委员会没有受理过这样的争议，那么唯一可以仲裁这两个共产主义国家之间争议的国际法律机构就只剩下世界知识产权组织（WIPO）了；世界知识产权组织监督着涉及专利和知识产权的主要国际法的执行，包括保护知名商标的《保护工业产权巴黎公约》（the Paris Convention for the Protection of Industrial Property）。但"伏特加酒"并不是像"李维斯"（Levi's）、"丰田"（Toyota）或"可口可乐"（Coca-Cola）这样有着特定生产商的有效注册商标。而且《保护工业产权巴黎公约》也缺乏可以解决国家间知识产权纠纷的仲裁机制，这推动了世界贸易组织（World Trade Organization）的诞生。迈格斯接着又表示，"此外，几乎所有的国际商事仲裁都是处理关于合同纠纷的案件，而这一关于'伏特加酒'的商标纠纷不属于合同纠纷"。[28]

总的来说，上述说法最终解释了为什么在这次"至关重要的"外交口角中，波兰人从未真正地进行法律辩护（如果有的话，他们将会立足于 1405 年的波兰法庭文件中出现过的"沃特加酒"字样的史实记录和在接下来的那个世纪对蒸馏酒精征税的历史事件进行辩护），也说明了为什么大多数波兰官员对那个案件一无所知，只有波赫列布金一个人宣称波兰人输了。[29]

或许波赫列布金的无稽之谈中最值得注意的就是它们如何被吹捧到传奇的高度：在二十年的时间里，他的说法从未被核查过。虽然人们可以构想出各种阴谋论来解释为什么古怪的波赫列布金非得编造出如此复杂的谎言——他不只在关于伏特加酒的真正起源上说了谎，还隐瞒了他开展调查的真实原因——但不幸的是，伴随着波赫列布金的神秘谋杀案，这些问题注定将成为永远无解的谜题。

回到原点

现在，在伏特加酒起源方面有着至高权威的波赫列布金的说法遭到了质疑，那么我们就重新回到了步入伊兹麦洛夫斯基公园的伏特加酒博物馆之前的状态。我们又得重新开始询问："伏特加酒从何而来？"幸运的是，还有其他关于伏特加酒起源的理论。

美籍波兰裔历史学家理查德·派普斯（Richard Pipes）表示，俄罗斯人是在 16 世纪从亚洲的鞑靼人那里第一次学会了酿酒技术。"罐装蒸馏技术"是将装着发酵饮料的罐放在火窑里，热力将水分蒸发后就得到了酒精。而"蒙古式蒸馏法"则是将装着发酵饮料的罐子放在寒冷的室外，水分结冰后取走就得到精炼的酒精。这两种土著式的方法都是非常粗糙的，而通过这两种方法制作出来的酒精也常常可以致命：在酒精制作过程中会产生高浓度的"杂醇油"，这是一种因为蒸馏不完全而产生的有毒液体，今天杂醇油主要用于工业溶剂或爆炸物。因此，伏特加酒从东方传播到俄罗斯的说法貌似站不住脚。[30]

并不是所有的俄罗斯历史学家都认可波赫列布金将伏特加酒的起源日期定为 1478 年或将伏特加酒的起源地定为莫斯科。有的人甚至往前追溯得更远，称伏特加酒起源于 1250 年的古俄罗斯城市诺夫哥罗德，这是当年汉萨同盟和拜占庭帝国进行贸易的一个古代港口。这个结论是怎么得出的呢？

在 1950 年代初期，著名的莫斯科国立大学的考古学系负责人阿特米·阿尔齐霍夫斯基（Artemy Artsikhovsky）发掘了古城诺夫哥罗德。考古学家在浸满水的黏土深处挖掘出了超过 950 份保存良好的文件；这些文件并不是写在纸上的（那时候，造纸技术的传播范围还很有限），而是刻在当地的桦树树皮上。这些被挖掘出的桦树树皮文件展现了中世纪北欧人民生活的独特面貌。这一片片桦树树皮上承载着无数的文字记录，其中最早的文字记录可追溯到 14 世纪晚期涉及大麦的酿制记录（例如 3 号文件和 689 号文件）。虽然北欧各地已有啤酒、蜂蜜酒和葡萄酒的发酵历史，但蒸馏法是一种完全不同的酒精生产技术，它被视为一项具有重要历史意义的技术成就。

翻译这些文件是一个难活累活，因为它们并不是用俄罗斯语写的，而是用古老的诺夫哥罗德方言写的，这种方言属于早期的斯拉夫语和芬兰语／卡累利阿语。尽管存在着这样的问题，但历史学家 A. P. 斯米尔诺夫（A. P. Smirnov，他与同名牌子的伏特加酒并没有什么关系）特别关注桦树树皮文件 65 号；这份文件上清楚地显示了几个字母，这些字母拼出来是 ВОДА，发音为 vodja[①]。

语言学家们一致认为 "vodka" 这个词来源于斯拉夫语里面表示水的单词 "voda"。当然，"vodja" 的发音听上去更像是俄罗斯人最爱的 "少量的水"，即俄语中的 "vodka"。因为 65 号文件可追溯到 13 世纪中期，因此，据斯米尔诺夫所说，这份很可能是伏特加酒生产历史上最重要的文件应该写于 1250 年。[31]

但这种说法听上去比波赫列布金的无稽之谈更加牵强附会，这是因为这种说辞确实漏洞百出。首先，俄罗斯考古学家确定了发现这批文件的地层的形成最早只能追溯到 14 世纪早期。另外，任何一个考古学家都知道，仅仅依靠实地考察是无法如此精确地确定具体年份的。正如波赫列布金撒下的弥天大谎，这些科学家的说法的具体程度远超事实证据所能证明的。其次，斯米尔诺夫并没有解释早期的诺夫哥罗德人是如何或者从哪里学到了蒸馏技术，因为他所给定的 1250 年这个年份甚至都早于这项技术传到欧洲的时间。

最后，斯米尔诺夫对桦树树皮文件的解读所立足的是一种对

---

① 跟 vodka 近似。

0 1 2 3 4 5 6 7 8 9 10 11 12 13 14 15 16 17 18 19 20 21 22 23 24 25 26 27 28 29 30 31 32 33 34 35 36 37 38

诺夫哥罗德桦树树皮文件 3 号，约 1360~1380 年

来源：中世纪俄罗斯的桦树树皮文献，http://gramoty.ru/index.php

№ 3

诺夫哥罗德桦树树皮文件 3 号，约 1360~1380 年

来源：中世纪俄罗斯的桦树树皮文献，http://gramoty.ru/index.php

诺夫哥罗德桦树树皮文件 689 号，约 1360~1380 年（第一部分）

来源：中世纪俄罗斯的桦树树皮文献，http://gramoty.ru/index.php

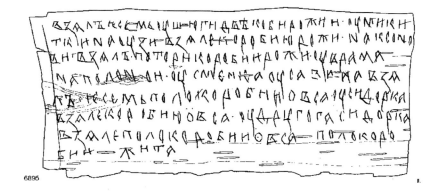

诺夫哥罗德桦树树皮文件 689 号，约 1360~1380 年（第二部分）

来源：中世纪俄罗斯的桦树树皮文献，http://gramoty.ru/index.php

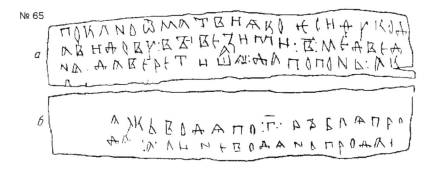

诺夫哥罗德桦树树皮文件 65 号，约 1360~1380 年

可以看到拼起来为 вода 的字母在 65 号文件的 b 部分出现了两遍。
来源：中世纪俄罗斯的桦树树皮文献，http://gramoty.ru/index.php

"vodja"这个词的彻底误解，这种误解与所有语言学派学者的观点相左。尽管俄罗斯的词源学家还在争论文件里的"vodja"（意思是"他带头"）这个词的意思与婚姻是否有关，但几乎所有词源学家都认可一种说法，即这个词事实上是一个动词分词，而不是一个名词。约斯·沙肯（Jos Schaeken）是一位精通斯拉夫语的语言学家，他也是俄罗斯桦树树皮文献国际项目的负责人。他坚持认为："桦树树皮文件并没有提供任何关于伏特加起源初期的相关信息。每一个秉持严肃学术精神的学者都应该抵制这种'vodja 等同于 vodka'的说法。"[32]

由此看来，我们对伏特加酒起源的探索又重新回到了原点。

追溯伏特加酒的全球踪迹

揭穿错误的历史解读过程本身是很有趣的，但在这一过程中，我们在涉及伏特加酒的真正起源的探索中，却是毫无进展……当然，前提是伏特加酒真的有一个确切真实的唯一起源。那么，我们知道的有哪些呢？或许我们需要更加深入地钻研全球酒类的历史。

最早的酒精饮料都是酒精浓度相对较低的佐饭饮料：葡萄酒、蜂蜜酒和啤酒。目前，通过发酵这种自然反应制酒的做法最古老的历史证据可追溯至石器时代；这种制酒法是通过酵母和葡萄汁或其他水果汁中的糖分发生反应制造出酒精。最近在亚美尼亚地区发现的古老的酿酒工具的使用日期可追溯至公元前 4000 年。中国人在公元前 5000 年左右开始用大米、蜂蜜和水果作为发酵的原材料。人们在埃及法老的墓中也发现了葡萄酒和啤酒。[33] 无论这些发酵制成的酒精饮料给人们带来的是愉悦享受还是痛苦烦闷，它们的酒精浓度还是比较低的——酒精浓度最高只能达到 15%；相比之下，我们在今天的酒类商店里找到的标准伏特加的美制酒度为 80 proof（酒精浓度为 40%）。[34]只有通过蒸馏法才能达到如此高的酒精浓度——蒸馏法是将发酵的酒浆加热到高于酒精的沸点（78℃）。在这个温度下，酒精开始蒸发，只留下水分、酒糟和杂质，人们接下来就将蒸发的高浓度酒精冷却下来装到另一个容器里。

伏特加酒，还有像杜松子酒、白兰地酒、朗姆酒和威士忌酒等其他的现代酒类的诞生都应当归功于 12 世纪欧洲化学家发明的蒸馏技术。虽然今天的我们把中世纪的化学家视作一直寻求炼金术的不切实际的神秘主义者，但他们却为了寻找可以切实改善人类身体体质和精神力量的药物而认真翻阅和钻研古希腊、古罗马和古阿拉伯的学术文献。在这个过程中，他们发现的成果也成为现代化学和药学的根基。古阿拉伯人和古希腊人曾经对发酵的葡萄浆进行蒸馏，但这种做法慢慢失传；后来炼金术士在炼制长生不老药（一种可以让人返老还童的药）的过程中，重新发现了这一秘密。[35]

13 世纪起，人们开始从发酵葡萄酒的沉淀物中蒸馏出药用酒精，这种生产方法与今天用于消遣的酒精饮料的制作方法有很大的不同。这种做法最有可能起源于意大利南部的萨勒诺医学院。[36] 在那里，与中世纪欧洲的其他地方一样，人们对科学知识的追求在思想精神上是与罗马教廷紧密相连的。因此，蒸馏法的发展和传播都离不开对哲学和宗教有着持久兴趣的学院和修道院。

那么，蒸馏法是如何从文艺复兴前的意大利传到莫斯科的宫廷的呢？在这一点上，波兰人和俄罗斯人似乎就无法达成一致了。历史学家把将这种技术传播到欧洲大多数地方的功劳，或者说罪过，归于拉蒙·鲁尔（Ramon Llull），一个曾经做过游吟诗人的传教士。在鲁尔立志将天主教教义传播给犹太教信徒和穆斯林之前，他在西班牙海岸附近的地中海小岛马略卡岛上的一个方济各会女修道院教阿拉伯语和哲学。1290 年，试图在北非地区传教却遭到当地暴力驱逐后，他来到了意大利北部的城邦热那亚，在那里，他写了许多关于蒸馏法和精馏法的文章。或许是出于对炼金术和阿拉伯语的共同兴趣，鲁尔和医师阿纳尔德斯·德·维拉·诺瓦（Arnaldus de Villa Nova）很快成为密友，两人开始合作撰写《葡萄酒集》（*Liber de vinis*），这是第一本关于葡萄酒酿造学的医书。在写书的过程中，阿纳尔德斯借助了他过往招待教宗、贵族和国王的经历。[37] 很有可能就是在对发酵的葡萄酒和这些新的蒸馏酒或"煮过的"酒的调查中，阿纳尔德斯·德·维拉·诺瓦第一次将阿拉伯语单词"al·kuhul"（酒精）引入欧洲语言中。在《保持青春》（*De conservanda juventute*）一书中，他这样写道：

> 人们可以通过对酒或酒的酵母进行蒸馏得到煮沸之水，亦称生命之水（aqua vitae）。这是酒类中最微妙的部分。有人说这是"永恒之水"，也有人或许是因为提取过程中的纯化手段，称之为炼金术师的"黄金之水"。它的优点广为人知：它可以治疗许多疾病，延长人们的生命，因此堪称"生命之水"。[38]

通过阿纳尔德斯·德·维拉·诺瓦的介绍，这种"aqua vitae"，或者说"生命之水"开始为热那亚的商人们所知，他们非常急切地想从这种神秘的新药中获利。热那亚人发现这种酒精不仅可以通过蒸馏昂贵的酒浆得到，也可以通过蒸馏更便宜的水果和谷物发酵物得到。此时，这座意大利的小渔村已经发展成为海上贸易和海外探险的强国：就连哥伦布都是从热那亚开始他的探险航程的。到了 14 世纪，生命之水已经成为欧洲各地药剂师们最为宝贵的材料。[39]

而在地中海贸易中，热那亚一直与其海上强敌威尼斯争夺着地中海航线的控制权。热那亚人运用策略击败了威尼斯人，并与拜占庭帝国建立了联盟关系。拜占庭帝国允许热那亚商人在其境内进行免税的贸易，并给予他们在黑海地区的贸易垄断权。[40]

蒸馏法很可能是通过克里米亚半岛上的港口城市卡法（Caffa，

今天的费奥多西亚）传到了斯拉夫人那里，彼时的卡法正处于热那亚人的控制之下。在这个城市的集市上聚集了各种各样的货物和来自不同民族有着不同信仰的商人。早先的俄罗斯人在这个繁忙的贸易中心贩卖着金属制品、皮毛制品和奴隶。[41] 西班牙探险家佩罗·塔富尔（Pero Tafur）描述了卡法居民的"野蛮本性"：在这座城市热那亚人所经营的酒店里，人们可以用葡萄酒买到（或者说曾经买得到）年轻的处女。那么，俄罗斯人在这座热那亚港口第一次接触到生命之水和酒精的近亲——性病，也就不那么让人意外了。[42]

在 14 世纪，蒸馏法的传播可以借助许多途径往北从克里米亚穿过大片草原、牧场和森林，传到俄罗斯。生命之水是最受那些陪着外交官一起开展国际外交任务的炼金术士和药剂师们欢迎的药剂。美国国会图书馆馆长詹姆斯·比林顿（James Billington）在其影响深远的俄罗斯文化史著作《圣像和斧头》（*The Icon and the Axe*）中强调："伏特加酒进入俄罗斯明显是通过从事医生这一职业的人，而这个事实也表明了具有西方教育背景的宫廷医生在将西方理念和技术引入俄罗斯时发挥了重要的导向作用。"[43] 就连波赫列布金也提及，14 世纪晚期和 15 世纪早期，来自卡法的热那亚大使常常在往返立陶宛的途中拜访莫斯科，而他们的每一次到访都会带来药用的生命之水。[44]

除了这些偶尔发生的外交访问带来的生命之水，那些因蒙古人入侵克里米亚〔1395 年蒙古可汗帖木儿（Tamerlane）带兵洗劫了卡法〕而往北出逃的难民可能将蒸馏法的做法和产品永久性地引入了莫斯科。[45] 莫斯科的大部分修道院，特别是克里姆林宫里的修道院成了这一新技术扎根的"肥沃土壤"，修道士们很快改造了这种进口自热那亚的生命之水的蒸馏技术，并开始制作一种可以大批量生产的本土产品——伏特加酒；伏特加酒可以通过对当地谷物（主要是黑麦和小麦）和柔滑的泉水的混合发酵物的蒸馏而得到。[46] 如果你愿意相信广

早期的德国木版画，描述着"生命之水"的蒸馏过程

告的话，正是这种组合赋予了俄罗斯伏特加和波兰伏特加"原汁原味的"特色口感。

虽然蒸馏法在 15 世纪被引入莫斯科这一观点得到普遍认可，但就像许多其他历史考证一样，这个说法在细节部分还是有点模棱两可。波赫列布金重述过一个传奇故事，在 1430 年代从俄罗斯前往意大利的教会使者队伍中，有一个名为伊西多的希腊修道士；作为教会的使者，他学会了蒸馏法。因为被怀疑是双面间谍，他在回到莫斯科后就被关进了克里姆林宫的丘多夫修道院。虽然他能接触到的原材料只有本地谷物，但机智的希腊人使用这些本地谷物发明了第一批"正宗的"俄罗斯伏特加酒；接着，他把酒偷偷塞给看管他的人，在他们醉倒后就趁机逃到了基辅。

类似于波赫列布金的大部分说法，没有任何史实证据或者记录可以证明这个古怪故事的真实性。试想一下：为什么一个叛国嫌疑人会被关押在修道院，而且里面还有可以进行化学反应的工具，而不是被扔进地牢以及接受残忍的折磨？不仅如此，整个故事到处散发着俄罗斯民族主义的象征色彩：这个故事宣称伏特加酒诞生于丘多夫修道院这座"神奇修道院"。这座修道院修建于 1365 年，在 1929 年被斯大林夷为平地以便在原地修建一座混凝土建筑物，即庄严的议会大厦。虽然这个传奇故事不能被当真，但还是有很多俄罗斯人继续根据这个传奇故事将伏特加酒的起源时间定为 1440 年代。[47]

另一个更为可信的参考版本主张蒸馏法不是从南方传到莫斯科的，而是通过历史悠久的汉萨同盟贸易之路从欧洲中西部传到俄罗斯在波罗的海的前哨站——普斯科夫（Pskov）和诺夫哥罗德。对这条贸易航线上进口酒类的定期记录最早可追溯至 1436 年。40 年后，诺夫哥罗德的大主教给伊凡雷帝的爷爷、莫斯科大公伊凡大帝（Grand Prince Ivan the Great of Moscow）献上一份豪华的礼物，其中就有一桶桶的红葡萄酒和白葡萄酒。虽然这些酒被誉为梦幻般的豪华礼物，但相关的文献记录中却没有提及"生命之水"这个词，更别说"伏特加酒"了。[48]

那么，伏特加酒到底是在什么时候于什么地方诞生的呢？是谁第一个从当地的谷物中蒸馏出这种如此强劲的酒精饮料的呢？这个人是俄罗斯人还是波兰人？

我们或许永远无法给出确切的答案。我在这里所说的任何东西都是基于推测和猜想，而且我的看法的明确程度或许比不上烹饪大师波赫列布金的研究成果；至少，波赫列布金的"遗作"仍旧是伊兹麦洛夫斯基公园的伏特加酒博物馆里人们常常翻阅的参考文献。[49]

不过，这些并不重要。除了俄罗斯和波兰的民族主义者之间常常为伏特加酒的起源问题争吵不休外，何人于何时何地发明了伏特加酒这个问题远比不上另一个问题重要，即为什么偏偏是伏特加酒可以在俄罗斯的历史中占据如此重要的地位。

我们知道的是，16 世纪的时候，炼金术士药用的"生命之水"已经通过某种路线进入了俄罗斯，借助某些人的影响，在俄罗斯扎下了根。它被称为"燃烧的酒"或者我们今天所熟知的伏特加酒。[50]

自伏特加酒被引入俄罗斯后，俄罗斯的历史就被改写了。

/ 第七章 伏特加酒背后的秘密，俄罗斯人的治国之道和酗酒的起源

上文直指俄罗斯人酗酒问题严重或许并不妥当，但俄罗斯人的酗酒问题早已是一个鲜有争议的事实。俄罗斯人在外人眼里的典型形象都是酒不离身，酗酒问题是一个在俄罗斯有着悠久历史的社会问题；这个问题一直从沙皇时代、苏联时代和后苏联时代延续至今。但几乎没有多少历史学家承认在俄罗斯存在着伏特加酒滥用的问题，更重要的是，更少有人会试图去探寻这个问题的源头所在。[1]

为什么相比世界上其他那么多种酒，俄罗斯人偏偏对伏特加酒情有独钟呢？为什么俄罗斯人饮用伏特加酒的时候往往是狂饮不止、嗜酒如命呢？要回答这些问题，我们需要回顾神秘的"俄罗斯之魂"这一由来已久的称呼，或者其他一些永恒不变、不可分割的俄罗斯民族文化传统。通过文化研究而得出的结论应该就是毋庸置疑的了。无论如何，在俄罗斯人这种近乎自毁的饮酒文化的起源和发展背后，隐藏着非常强大的政治和经济因素。

一种较为流行的说法是，俄罗斯人、斯堪的纳维亚人和其他生活在北欧地区的人之所以天生爱喝烈酒，是因为这些酒可以在极寒天气下促进他们的血液流动。如果你曾在极寒天气下痛饮伏特加酒并感受过它所带来的温暖，你也会认可这种联系并非毫无根据。就连孟德斯鸠这样有着严密逻辑的人，也在他的著作《论法的精神》（*Spirit of Laws*）中指出，在欧洲北部饮用烈酒的民族和欧洲南部饮用啤酒或葡萄酒的民族之间存在着明显的文化差异；他认为"当地的气候似乎迫使整个国家酗酒，这种国家层面的酗酒完全不同于个人的饮酒恶习"。这进而引导他得出以下结论："世界各地的人酗酒的程度与当地气候的寒冷潮湿程度相对应，气候越寒冷潮湿，当地的人们往往越喜欢喝酒。"[2]因此，我们会在历史记载中发现这样的描述："俄罗斯

男性对酒精含量较低的葡萄酒嗤之以鼻，他们祝酒一般都是喝威士忌酒，而且常常像一个土生土长的北方孩子一样将酒一饮而尽。"[3]

基于气候决定论，人们开展了许多关于"地理酒徒"的研究，虽然这种研究缺乏可信的科学依据。"地理酒徒"的研究标注了欧洲各地分布的各种饮酒文化。气候确实能解释地图上的部分分布规律。爱喝葡萄酒的民族大部分居住在欧洲的南部，这里的地中海气候造就了繁荣的葡萄酒酿造文化。而所谓的啤酒带则包括了欧洲中部的谷物种植地区，剩余地区则被伏特加酒带所占据：包括北欧地区和波罗的海地区的国家，以及俄罗斯、乌克兰、白俄罗斯和波兰的中部和东部。[4]

然而，如果撇开葡萄园遍布的地中海地区，一路往北，我们会发现这里的气候学地图看上去就跟19世纪的欧洲政治版图一样怪异。例如，柏林和塔林之间的气候差异并不是很大——但在19世纪，柏林是德意志帝国的首都而塔林则处在俄罗斯沙皇的统治之下。更为明显的是，伏特加酒带最西的边界将波兰一分为二，而这一边界正好与以前俄罗斯帝国的边界重合。在塑造区域饮酒文化的过程中，政治因素所发挥的作用或许和气候因素一样重要。

500年前欧洲并没有什么伏特加酒带。那时候，俄罗斯人酿造啤酒并用蜂蜜发酵酿制出蜂蜜酒。富人则从更加温暖的地区购买葡萄酒。关于早期俄罗斯政治人物的故事里，常常有他们喝得酩酊大醉的情节，但他们那时所喝的并不是伏特加酒。[5]

例如，想一下1222年，伏尔加河岸边的下诺夫哥罗德城（Nizhny Novgorod，意思是"低地的新城"，现在是俄罗斯的第四大城市）的建城过程。那时候，在伏尔加河中游地区居住的主要是信仰异教的摩尔多瓦人部落，他们听说弗拉基米尔-苏兹达尔大公尤里二世（Grand Prince Yury Ⅱ of Vladimir-Suzdal）正从伏尔加河上游地区沿河而下，往自己部落所在地区靠近。于是摩尔多瓦人派出了

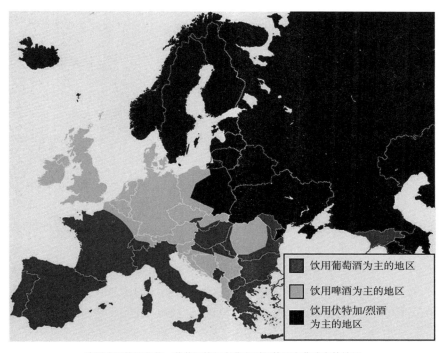

饮用葡萄酒为主的地区

饮用啤酒为主的地区

饮用伏特加/烈酒
为主的地区

欧洲啤酒饮用文化、葡萄酒饮用文化和烈酒饮用文化分布的地区

改编自弗兰克·雅克布斯（Frank Jacobs）的"442—蒸馏法的地理分布：欧洲的饮酒地带分布"
奇怪的地图（博客），2010 年 1 月 30 日，http://bigthink.com/ideas/21495

一个代表团，带着烹煮的肉菜和几桶"可口的啤酒"去迎接大公的到来。不幸的是，年轻的摩尔多瓦代表团成员喝光了啤酒，吃光了肉，除了休息的地方和水，什么也没给大公留下。大公以为这是摩尔多瓦人在表达"他们所能奉上的只有自己的土地和水源"，并将其理解为他们向自己投降的标志。大公为这显而易见的征服感到高兴。因此，正如故事所说的，"俄罗斯人征服了摩尔多瓦人的土地"。[6]

但是，或许古代俄罗斯关于酒的故事中最奇妙的一个是关于俄罗斯这个国家诞生的故事。俄罗斯和它东边的斯拉夫兄弟乌克兰和白俄罗斯一样，其起源可以追溯到基辅罗斯。基辅不仅是斯拉夫民族的文化首都，也是 9～13 世纪欧洲东部的一个强国。正是在基辅时期，俄罗斯起源的传奇故事被编入了《原初编年史》（*Povest' vremennykh let*）中；这本书还描述了俄罗斯如何从异教信仰的国家转为基督教信仰的国家。[7]

鼎盛时，基辅罗斯的领土从波罗的海延伸到黑海，覆盖着今天的乌克兰、摩尔多瓦、白俄罗斯和俄罗斯西部的中心地带。这些领土中的大部分是由大公弗拉基米尔一世（Grand Prince Vladimir the Great）攻占的。他最为世人所熟知的是他那身为异教徒的放荡作风：他娶了很多个妻子。邻近的大公和国王出于政治上的考量，纷纷催促弗拉基米尔放弃盲目的小众异教信仰，改信基督教这一他们延传至今的信仰。

弗拉基米尔同意了，他派出了一个代表团调查实情，以学习不同的宗教信仰。不久之后，基辅便迎来了众多一神教派国家派来的大使，他们是前来尝试说服弗拉基米尔大公相信，他及其臣民应该改信自己国家的信仰。986 年，弗拉基米尔迎来了伏尔加河下游信仰犹太教的可萨人的大使，随后是来自德国的教宗使者，他为大公讲述了权威和庄严的罗马教廷的故事。而代表拜占庭帝国传统信仰东正教的希腊学者还在质疑着教宗的地位。在那之后，来自顿河下游大草原的"信仰伊斯兰教的保加利亚人"到达了基辅并告诉大公，在伊斯兰教所信仰的来世里，信徒所有的肉欲都将神奇地得到满足。据《原初编年史》记载，"弗拉基米尔认真地听着保加利亚人的讲述，因为他对其中关乎美女和纵欲的部分很感兴趣，并很喜欢听与之相关的东西"。来自保加利亚的穆斯林接着描述了伊斯兰教的割礼和必须禁食猪肉和酒类的习俗。听到这些之后，弗拉基米尔皱了皱眉，而他接下来所说的话注定将流传千古。"喝酒，"他说，"是罗斯人的乐趣，不喝酒我们活不下去。"[8]

/ 078

第二年，弗拉基米尔及基辅罗斯的臣民在第聂伯河的河水中受洗，并加入了君士坦丁堡教廷；而自此以后，俄罗斯人就一直信仰东正教。

上文的重点在于，虽然俄罗斯人的酗酒习惯由来已久，但自俄罗斯人开始喝酒到伏特加酒出现之间还有很长的间隔。此外，在欧洲，即使是俄罗斯这样漫长的酗酒历史也并非罕见：欧洲几乎各个地区的人们都有着和俄罗斯人差不多长的饮酒历史，因为在人们发明巴氏杀菌法之前，酒精饮料被认为是比容易传播细菌的牛奶、果汁乃至水更安全的饮料。（在一次意外中，路易·巴斯德最先发明了煮沸杀菌法，这种杀菌法可以防止发酵的啤酒和葡萄酒腐败变质。）[9] 我们可以很轻易地按时间顺序记载英国历史，从罗马人将啤酒酿造法引入不列颠岛到不列颠人信仰异教的时期。在记录英国历史时，或许还要提到5世纪传奇的不列颠人首领沃蒂根（Vortigern）在一次酒宴上被谋杀的事情；或是1120年的"白船号"事件，当时因为酗酒的船员操作不当，"白船号"沉没，当时的国王亨利一世的独子死于这场海难；又或者是著名人物狮心王理查一世、詹姆斯一世、查理二世乃至温斯顿·丘吉尔这些人都有酗酒的习惯。[10] 这样看来，俄罗斯人的酗酒习惯几乎算不上"东方特色"，因为中世纪的所有欧洲国家都存在严重的酗酒问题。

所以，如果早期的俄罗斯人与其饮用啤酒和葡萄酒的欧洲邻居有这么多相似之处，那么又是什么让他们转而开始喝伏特加酒呢？让我们客观地看待这个问题：伏特加酒既没有颜色，也没有香气，更没有味道，喝伏特加酒的乐趣跟用酒擦拭身体的乐趣差不多。近几年，在全球酒类市场发展最快的地方，人们一直在给伏特加酒添加味道。[11] 从覆盆子味和美洲越橘味到巧克力味和曲奇圈味，再从华夫饼味和甜甜圈味到培根味和熏鲑鱼味，伏特加酒生产商争着赋予他们的产品各种各样的味道，以覆盖伏特加酒本身的味道。俄罗斯作家维克多·叶拉菲耶夫这样解释道："法国人赞美白兰地酒的芳香，而苏格兰人则会赞扬威士忌酒的香味。"而相比之下，"俄罗斯人则会将他的伏特加酒一饮而尽，面孔开始扭曲，嘴巴骂着脏话，并马上伸手去拿任何可以'缓解酒劲'的东西。对于俄罗斯人而言，伏特加酒带来的酒劲更重要，而酒的味道如何则是无关紧要的。你也可以将伏特加酒注射进血管里，这样做和喝下去的效果是一样的"。[12]

那么，为什么俄罗斯整个国家偏爱的是这种"近乎自虐"的饮料，而不是更加可口的啤酒、葡萄酒和蜂蜜酒呢？这些酒直到 15 世纪和 16 世纪还是俄罗斯流行的饮料。[13] 这个问题事关重大。"地理酒徒"的地图上欧洲的伏特加酒带、啤酒带和葡萄酒带的分布让这个问题看上去只是简单的口味不同而已，可将其归因为文化差异，但这种说法是最不靠谱的了。相较于传统的发酵啤酒和葡萄酒，蒸馏酒是酒类产品族群的新生力量，它们的出现代表了一种引人注目的技术飞跃。正如历史学家大卫·克里斯蒂安所说，如果啤酒和葡萄酒是弓和箭，那么伏特加就是大炮——它具有传统社会所无法想象的能量，它最终将给经济和文化带来革命般的创新。[14]

文化实践的政治基础

我们很少详细考察文化实践的起源——相比之下，简单地假定文化实践一直固定不变或者它们只象征着一个国家内在的精神特性的做法要容易得多。为什么俄罗斯人似乎无法抗拒伏特加酒的诱惑呢？传统的解释认为，这就是俄罗斯人天性的一部分——他们的 DNA 里天生就含有酗酒因子。这种看法是错的：我们今天认为是基本的文化特质的东西常常可以追溯到其政治和经济根源。因此，我认为今天在俄罗斯人中分布较广且祸害无穷的饮酒习惯实际上是 4 个多世纪前在现代俄罗斯形成过程中，当时的政治家们所做决定的后果。

往回追溯，封建主义时期的俄罗斯社会结构明显地分裂为少数的土地领主阶层和大量的贫穷农民阶层。甚至在 1649 年因为《会议法典》（the Sobornoye Ulozhenie）而沦为农奴之前，大部分农民就已经在地主那里欠下重债，债务之重使得他们除了名字，跟农奴已经几乎没什么差别。农奴们的活动被限制在他们主人的宅院里，很少有农奴可以离开自己的村庄到外面去。每一个村子都至少有一个酒馆（俄罗斯语里的 korchma），封建地主通过酒馆来榨取农民的收入。此外，更明显的是，法典也概述了针对那些非法私自酿酒或以其他方式破坏酒馆利润的人所使用的可怕刑罚。[15]

直到 16 世纪中期，乡村酒馆都是位于农奴主住宅或附近修道院里的啤酒厂的产品零售店。这些酒馆提供传统的发酵饮料，例如啤酒、蜂蜜酒和格瓦斯酒（一种由黑面包或黑麦制成的低度酒精饮料）。而在 16 世纪早期，许多酒馆开始将伏特加酒简单地作为另一种可选择的饮料加进它们的酒单里。这种早期的伏特加酒的生产不仅方法原始，规模也较小——产量仅够当地的农奴主宅院和酒馆所用。[16]

这时的伏特加酒被称为"煮沸的酒"（goryachee vino）或者"面包酒"（khlebnoe vino），很快，人们就注意到这种酒所蕴含的巨大的盈利潜力。伏特加酒的蒸馏技术非常简单，成本也低。[17] 生产伏特加酒所需要的全部工具就只是一个简单的蒸馏室：有一个火炉来加热发酵的酒浆，还有几个桶来收集凝结的浓缩酒精。而所需的原料在当地也非常充足：包括当地的河水或者泉水，以及当地的黑麦或小麦。地主可以让他的契约农奴来采集这些原料，这对他们而言成本极低。

而在每天快结束的时候，这些原料所转化成的最终产品又可以被卖回给农民，价格则十倍或百倍于原材料的成本。据酒类历史学家鲍里斯·罗季奥诺夫（Boris Rodionov）所说，19世纪至今，工业蒸馏的发展进步让当代的伏特加酒"成为世界上最容易生产和价格最便宜的饮料（相对于生产成本而言）"。当然，下次你考虑花费超过10美元买下货柜上层的伏特加酒的时候，可以回想起这一点。[18]

回溯16世纪，俄国正在开展一场农业革命，在谷物轮作上采用三田制，极大地提高了谷物产量。地主们应该怎样处理这些新增加的谷物呢？他们可以将这些谷物卖到市场上，但这么多的供应量会导致价格降低，而用马车把谷物运到市场的运输成本又很高。更好的选择是用蒸馏法将其制成伏特加酒，伏特加酒的价格高且运输成本低：堆积成山的谷物蒸馏而成的伏特加酒可以很轻易地用一辆运货马车运走。而且，不同于发酵的啤酒或蜂蜜酒，伏特加酒永远不会腐败变质，因此它的价值可以被永久储存——而且这种价值很容易被衡量、细分以及按量出售。出于这些原因，伏特加酒成为商业贸易和原材料价值提取的最佳工具。人们质疑威廉·波赫列布金记录伏特加酒起源于这个时期的说法，但波赫列布金很精明地做出了以下解读，他表示"如果伏特加酒在这个时期内并不存在，那么人们就必须得发明它，不是出于对新饮料的需要，而是作为间接税的理想媒介的需要"。[19]而年轻的俄国确实很快就发现了伏特加酒巨大的税收潜力。

当谈到最能代表俄罗斯精髓的象征时，如果你第一时间想到的不是伏特加酒，那或许应该是红场上有着极具象征性外观的圣巴西尔大教堂。这座教堂有色彩缤纷的洋葱状屋顶，它是由伊凡雷帝下令兴建的，以纪念他于1552年对位于伏尔加河沿岸的喀山汗国的征服。在对喀山汗国实施围攻屠城的过程中，伊凡对当地政府经营的酒馆印象深刻，鞑靼人称这种酒馆为kabak；在回到莫斯科之后，伊凡雷帝就

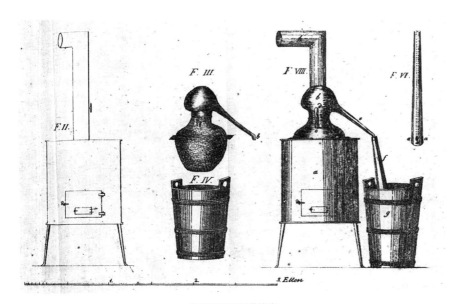

传统的俄罗斯蒸馏室

它有着一个用于加热发酵酒浆的火炉（左侧）和一个用于酒精冷却和凝结的漏斗，酒精接着被收集到一个桶里（右侧）。里加（拉脱维亚城市），（Riga，Neures Œkonomisches Repertorium für LI´esland：1814），作者的私人收藏

下令实行 kabak 酒馆的国家专营体系，禁止私人经营酒馆，这样所有酒类贸易的利润都直接收归伊凡的国库。[20]

英国大使老贾尔斯·弗莱彻（Giles Fletcher the Elder）描述了这些 kabak；1588 年，英国女王伊丽莎白一世派他出访俄国。他随后写了一篇文章《论俄国的国家财富》（*Of the Russe Common Wealth*，1591），在文中，他强调了酒类贸易对沙皇财政增收的重要性及其对农民造成的负担。

> 在沙皇治下的每一个小镇里都有一个 Caback（或饮酒屋），售卖着白兰地（俄国人称为俄国葡萄酒）、蜂蜜酒、啤酒等酒类饮料。沙皇可以从这些酒馆里征收一大笔租金。有的酒馆上缴 800 卢布的租金，有的要缴 900 卢布、1000 卢布，甚至是 2000 卢布或 3000 卢布。为了增加财政收入，沙皇使用这些卑鄙且不光彩的手段。虽然增加了他的财政收入，却带来了许多悲惨的后果。那些可怜的劳作者和工匠，常常连妻子和孩子赚的钱都花在酒馆里。经常有人会在 Caback 里面或者在赌桌上花费 20 卢布、30 卢布、40 卢布乃至更多的卢布，直到他们花光身上所有的钱。而他们都会宣称这么做是向大公或沙皇致敬。你可以在那里看到很多这样的人，他们花光了身上的所有（包括拿穿的衣服抵钱）来喝酒，以至于他们只能裸着走出来（这种人被称为 Naga）。而当他们还在 Caback 里喝酒的时候，任何人无论出于何种原因都不得带走他们，因为这样做阻碍了沙皇从他们的酗酒行为中获益。[21]

在接下来的一个世纪里，专制的俄国以伏特加酒为支柱，建立了它的国家力量。为了保持稳定的售酒利润，政府暗中调查取缔了非法的蒸馏室和酒馆。1649 年《会议法典》不仅立法保护农奴制，也禁止人们在 kabak 以外的地方购买和售卖伏特加酒，否则就要接受严厉的刑罚——这种刑罚可能包括鞭笞、火烤或吊刑（将受罚者的双手反绑在身后，并用一根绳子绑着他们的手腕把他们吊在半空，在拉升绳子的过程中他们的手臂会脱臼，带来极度的疼痛）。[22] 三年后，政府通过禁止所有带有商业目的的私人蒸馏来确立对伏特加酒生产和销售的彻底垄断。1630 年代，德国学者和大使亚当·欧莱利乌斯（Adam Olearius）访问了俄国。据他所说，在整片俄国的土地上有 1000 多家政府经营的酒馆，而这些酒馆给政府带来了"一笔难以想象的财富，因为俄国人喝起酒来完全没有节制"。因此，欧莱利乌斯总结道，俄国人的"酗酒程度远超世界上任何一个国家的人"。[23] 欧莱利乌斯还在沙皇开设的酒馆里与俄国农民当面起了冲突，他自己表示，这种冲突对他启发特别大。

　　我们在俄国的时候，到处都可以看到各种各样的酒馆。任何人只要愿意都可以走进去坐下来喝一杯。普通人会带着他们赚的所有钱走进酒馆，在那里坐着一直到所有的钱都花光，而且身上的外套、睡衣都给了老板抵酒钱，然后他们才裸着走回家，就像刚出生的孩子那样。1643 年在诺夫哥罗德，当停在卢贝克（Lübeck）的房子前面，我就看到衣不蔽体、喝得醉醺醺的人陆续从附近的一个酒馆里走出来，其中有的人没戴帽子，有的人没穿鞋子，而其他人只穿着睡衣。他们中有一人拿外套抵了酒钱，然后穿着睡衣就从酒馆里走出来。当他遇到一位正准备走进同一家酒馆的朋友后，他又跟着进去了。几小时后他出来了，这时候他身上的睡衣已经不见了，只穿着内裤。我让人叫他过来，询问他的睡衣去哪里了，谁偷走了他的睡衣？他习惯性地先骂了一句粗话，然后说是酒馆老板拿走了他的睡衣。他又觉得他的内裤或许应该和他的外套和睡衣一样（拿来抵酒钱）。这么说着，他第二次返回了酒馆，之后他出来的时候已经全裸了。他拔了一把酒馆附近的毛叶泽兰，用来遮住自己的隐私部位，然后唱着欢乐的小曲就回家了。[24]

这听上去很不符合人们眼中的酒保形象。一般而言，人们都觉得酒保是友善热情的，而且总是很乐意同情地倾听顾客的诉说。但事实却并非如此，正相反，酒馆老板们是旧时俄国乡村里的恶徒：他们为人铁石心肠，行事肆无忌惮，是沙皇财政收入来源的守卫者。

酒馆老板是当权阶级与俄国社会大众之间的主要沟通桥梁，而且人们都很清楚他们支持的是哪一方。事实上，俄国人民对他们的称呼并不是酒馆老板，而是称他们酒保或者"吻誓人"。他们亲吻着东正教的十字架，以此来向沙皇宣誓效忠；他们发誓会竭尽所能，忠诚地为皇帝服务，将酒卖给尽可能多的农民，为沙皇的国库赚更多的钱。这些俄国酒保是这个掠夺成性的国家不知羞耻的工具。除非走进酒馆的农民身上已经没有钱和任何可抵押的有价值的东西，否则他是绝不会让他们离开的。根据1659年政府颁布的法令，酒馆老板甚至不可以拒绝一个酗酒成性的醉徒入店喝酒——以免影响沙皇的收入。[25]

酒馆老板是否能保住自己这份获利颇丰的工作取决于他们能否为所在的州和整个国家赚取越来越多的钱。因此，所有酒馆的经营者都刻意推广蒸馏法，以生产酒劲更强的伏特加酒，而不是生产传统发酵方式酿制的啤酒和蜂蜜酒，因为相比于销售这些酒，销售伏特加酒的利润要大得多。虽然像农奴制和直接征税制这样一些其他的封建社会制度也通过剥削农民来增加国家的财富，但它们的纯利润产出效率完全无法与伏特加酒相比。伏特加酒必须用现金购买，这使得农民必须赚钱才可以买酒喝。即使是酒馆老板允许他们的客人用身上的物品抵酒钱或者允许他们赊账，酒馆老板上缴给国家的钱也必须是现金。通过这种方式，酒馆成为俄国统治阶层剥削社会大众的主要工具。在伏特加酒和沙皇的 kabaks 出现不到 30 年内，传统俄国村庄自给自足的社会形态就消失了，取而代之的是一个由国家、贵族和商人所主宰的社会体系。他们宣扬酗酒，并从这一给农民带来不幸的行为中获利，进而将那些分布泛散乃至各自孤立的村庄都纳入整个国家的专制体系里。[26]

虽然长期来看，这个制度对于酗酒和堕落的推广被证明是有害的，但这种做法的直接后果却是有利于整个帝国的。随着国库的日益充裕，俄国对外扩张和保卫本土的国家实力也随之增长。这个制度不仅支撑俄国攫取了地球上面积最大的领土，也让其不用依赖庞大的政府官僚机构就可以很有效地将其政府的影响力扩散到人口最稀疏的领土上。而且正如我们在接下来的章节中会看到的，随着这个国家国界的扩张和国力日渐增强，俄国也开始有实力征召、资助和控制这个世界上规模最庞大的军队。

传统的俄国人饮酒风格

伏特加酒一成为俄国国家机构看不见的基石，一代代数不清的俄国人就为之付出了代价——他们付出的不仅是购买数以十亿瓶计的伏特加的金钱，还有这个专制国家鼓励酗酒所带来的一系列令人震惊的社会、健康和人口问题。伏特加政治成为国家基石所带来的一个后果就是，即使在今天，俄罗斯人的饮酒文化也是以不要命的纵欲狂饮和过度饮用伏特加而著称。如果我们想正视这种致命的狂饮文化的后果，我们所问的问题就不能仅仅局限于"为什么俄罗斯人会死于饮酒"。用权威的健康专家马丁·麦基（Martin McKee）的话来说，我们需要问的是："为什么俄罗斯人会喝酒，他们喝的是什么？为什么喝到极限的时候他们会倒下，以及为什么没有人把他们扶起来？"[27]

那么，今天的俄罗斯人喝起酒来是怎样的呢？随着时间的流逝，他们喝酒的特点又发生了什么样的变化？回顾俄罗斯帝国时代，我们可以想象一个地位卑微的酗酒农民，每天摇摇晃晃走进村里的酒馆，花光他身上最后一个戈比，丝毫不顾及他那住在荒废昏暗的小屋里的家人还在挨饿受冻。这样一个典型的形象或许会让任何曾在俄罗斯酒吧喝过酒的人产生共鸣。但我们不能简单地将俄罗斯现代的饮酒文化生搬硬套进过往的框架里。事实证明，在伏特加酒出现前，俄罗斯所有与饮酒相关的历史事件的发生地点和时间，以及人们饮酒的数量乃至庆典状况都大不相同。就连俄罗斯人饮酒风格随后的变化也可以归因于伏特加政治。

在伏特加酒出现之前，酒精含量较低的"液体面包"格瓦斯酒是大多数俄罗斯人的日常饮料，而蜂蜜酒和进口的葡萄酒则是留给有钱的领主和贵族消费的。到了 14 世纪，啤酒已经进入市场，并成为最受欢迎的酒精饮料；俄语单词"pivo"原先泛指"饮料"，现在开始用于特指"啤酒"了。这些早期的加了啤酒花的啤酒酒劲如此之强，就连 15 世纪的威尼斯探险家约沙法·巴尔巴罗（Iosaphat Barbaro）都这样形容当地的俄国酒："酒劲和葡萄酒一样，喝下去会感到脑袋晕沉，醉意明显。"28

啤酒和蜂蜜酒主要用于特殊场合：生日庆典和葬礼，婚礼和入教受洗，教会节日和盛宴等。人们酿酒时，不仅需要缴付税金来购买啤酒花和谷物，还得请求大公的许可，免除政府为了限制广泛的酗酒而下的针对酿酒的限令。

"他们都非常能喝，并且很为此自豪，他们还蔑视那些不喝酒的人。"威尼斯外交官安布罗吉奥·康达里尼（Ambrogio Contarini）这样写道。他是 1476 年大公伊凡三世（伊凡大帝）的座上宾。"大公国没有葡萄酒，俄罗斯人喝的是一种蜂蜜发酵制成的酒，这种蜂蜜是用啤酒花的叶子制成。这种酒还是有点好喝的，冰冻后口味更佳。然而，这个国家并不允许人们自由地酿造这种酒，因为如果这样做的话，他们会每天都喝得醉醺醺的，神志不清的状态下还会发狂，像野兽一样相互厮杀。"[29]

在上述这些特殊场合，农民确实会过度饮酒，但日历上允许他们这样做的节日却是少之又少。大多数时间里，农民都忙于耕种或者收割等这些辛劳的工作。饮酒是大多数勉强糊口的农民无法经常得到的一种奢侈享受。[30]

从圣诞节到主显节这段时间，酗酒常常带来许多问题。1551年，东正教主教会议公开谴责酗酒这种异教式的堕落行为——该主教会议同样负责为伊凡雷帝和他的贵族提供道德指导。这个会议通过的《百章》[*Stolav—Hundred Chapters—*] ① 反复谴责这种庆祝方式，认为这种庆祝方式会鼓励人们做出"令上帝厌恶的行为"。在这种庆祝方式里，"到处都是污秽的年轻男子和堕落的年轻女性"。讽刺的是，该会议对外宣称的内容事实上是经过伊凡雷帝审查的，而伊凡雷帝正是这些亵渎者和堕落者的领袖。教会的长者们谴责的不仅仅是农民——他们在酒精驱使下的狂欢作乐令上帝愤怒，还有当地的牧师和法官，因为他们对此种行为缺乏必要的关注、引导和惩罚。

/ 085

主教会议最后这样总结：饮酒应点到为止，以愉悦为目的，而不是狂饮作乐。《百章》法典建议沙皇禁止此类异教式的行为，并且惩罚那些盲目参与其中的牧师。[31] 然而，这种传统却一代接一代地延续了下来。

在俄罗斯出现沙皇之前的很长一段时间里，其传统的饮酒文化有着这样的特征：人们长时间地保持节制，偶尔才会放纵酗酒。饮酒不仅是一种社会习俗，而且常常是一种宗教习俗。酒类历史学家鲍里斯·西格尔（Boris Segal）甚至说东正教教会刻意将饮酒加进宗教庆典中，以更好地让农民放弃他们的异教传统，而在异教传统中，饮酒同样扮演着这样一个凝聚集体的角色。[32] 不管是信仰异教

---

① 一部指导俄罗斯人信仰生活的法典。

还是基督教，饮酒的人往往都不是形单影只，而是成群结队，或者在家和朋友一起，或者和自己所属的集体一起。这和后来出现的饮酒屋中人们独自饮酒形成强烈的对比。

其至在酒馆出现之前，人们就试图通过道德劝说和经济管制来控制饮酒行为。16世纪颁发了《道德法典》，即"Domostroi"（或《国内秩序》）。这部近乎代表官方权威的法典，概述了社会精英在饮酒时应肩负起的家庭责任、家族责任、道德责任和公民责任。它这样写道：当你被邀请参加一个婚礼的时候

> 不要允许你自己喝到酩酊大醉的程度，也不要一直在酒桌旁坐到深夜，因为醉酒状态下在酒桌旁逗留太久只会带来争吵、打架和流血。我并不是说你不应该喝酒！不。我是说你不应该纵容自己喝醉。我并不是在贬低酒这一上帝赐予我们的礼物，但我确实谴责那些喝起酒来没有自制力的人。[33]

《国内秩序》也就新的蒸馏技术提供了实用的建议，劝告阅读这本法典的专制君主"将蒸馏权收归国有"，并且"不要允许不受监管的蒸馏活动的存在。如果你忙于政事无暇他顾，就把监管蒸馏活动这件事托付给你所信赖的人"。[34] 这本书给出这些建议的时候，伏特加酒贸易的巨大盈利潜力还尚未为众人所知。而在应对这项新技术所带来的挑战时，大公也将对贵族酿酒的管理延伸到了更加具有潜力的蒸馏酒生产上。1561年的莫吉列夫规约规定："市民可以自由地保存蜂蜜酒和啤酒以供自用，但不许对外售卖。在收税官知情和允许的前提下，市民可以通过蒸馏法生产一些酒以在自己儿子或女儿的婚礼中和唱圣诞颂歌的时候喝。除此之外，市民每年可以有五次用蒸馏法生产自用酒的机会：圣诞节、谢肉节、复活节、圣三主日，以及秋天的圣尼古拉斯日（每年的12月6日）。但是，他们每次酿酒均不得使用

超过 4 大担的麦芽。"[35]

这样的规定促成了人们在节日和假日里过度饮酒的传统，而且常常导致悲剧性的后果。英国人塞缪尔·柯林斯是沙皇阿列克谢·米哈伊洛维奇·罗曼诺夫的私人医生。1671 年，他这样写道："在狂欢节之前……大斋节，俄国人民都沉迷于各种放荡行为和享受中，而到了节日的最后一周，他们喝起酒来的样子会让人们觉得他们是在紧握最后喝酒的机会，一次性喝个够。"除了分析酗酒如何导致酒后争吵、互殴乃至谋杀外，柯林斯还解释道：

> 其中有些人喝醉了走回家，如果没有一个清醒的人陪着的话，他很可能会倒在雪床上（一幅凄惨寒心的场景）睡着然后被冻死。即使有他们认识的人刚好经过，看到他们将要死去，这些人也不会伸出援手。他们要避免引火上身——如果醉汉在自己照顾下死去，会带来无休止的检查：他们要到城市里的警察局报告，而那里的人会想尽办法从他们身上敲诈出点东西。这些被冻死的人后来会被用雪橇一堆堆地从雪地里撬起来，任何目睹这一场景的人都会对此感到悲恸。其中有的人手被狗咬掉了，有的人则是脸被咬掉了，还有的只剩下骨头。在大斋节的时候有200~300 人以这种方式被从雪地里撬起来带走。你可以通过这个故事来想象酗酒带来的悲惨后果。酗酒这种极易传染上瘾的精神病态不仅发生在俄国，也发生在英格兰。[36]

不幸的是，这种传统的饮酒文化已经被证明是持久不衰的。丹麦外交官巴尔塔扎尔·揆一（Balthazar Coyet）1676 年访问了莫斯科。他这样写道："在这里，我们能看到的只有酒徒的丑态，而围观的人群还为他们的酒量而欢呼。"[37] 200 年后，《泰晤士报》编辑 D. 麦肯齐·华莱士爵士（Sir D. Mackenzie Wallace）同样注意到了这个问题："大体上，俄国乡村的宴会是我所见过最悲惨的场景之一了。它再一次证明——唉，其实并不需要新的证据——人们并不知道如何以一种无害且理性的方式消遣、享受，他们在放纵自己酗酒狂饮。因此，亲眼见一次流行节日上人们的这种庆祝方式，或许会让我们懊恼生活中存在着节日这种东西。"[38]

虽然喝酒很大程度上是被成年男性所垄断的消遣活动，但传统的饮酒文化同样影响着女性和孩子，他们常常陪在男人旁边一起畅饮。亚当·欧莱利乌斯在描述一个典型的乡村庆典的时候这样写道："在他们喝醉酒后，男人们通过殴打妻子取乐，然后又跟她们一起喝酒。到了最后，女人们跨坐在他们丈夫身上，一起喝到她们也醉倒，睡在和她们一样睡着的丈夫旁边。不难想象，这种做法对女性的尊严和端庄形象所造成的破坏，以及这种状态对她们的身体所造成的频繁伤害。"[39]

年轻的农家女孩会在乡村节日时跳"圆圈舞"，在这些场合，伏特加酒也一样扮演着主要角色。孩子们唱着各式各样的民歌，歌曲风格包含从奇异到讥讽的种种：他们唱的歌有一些是关于女巫和吸血鬼的虚构故事，而其他人则（令人不安地）歌颂着某些村民的外遇、家暴，以及贯穿上述所有事情的伏特加酒。你可以想象一群青春年少的女孩，穿着她们最好的衣服，走进欧莱利乌斯所描述的那种传统酒宴，并且表演着歌舞以向伏特加酒致敬。她们跟跟跄跄地跳着舞——模仿着村里喝醉的女人——一边跳舞一边欢乐地唱道：

> 我喝着美味的伏特加酒，我喝着喝着美味的伏特加酒
> 我不喝小杯也不喝一大杯，要喝我就喝一桶……
> 我抓着门边的支柱。
> 噢，门柱，请扶着我，我是喝醉了的女人，我是跌跌撞撞的小淘气。[40]

令身处现代社会的我们更感到震惊的是，就连孩子也无法避免受到这种普遍饮酒文化的荼毒。19世纪雅罗斯拉夫尔的一个牧师这样描述道："更加令人惊讶的是，还不会走路不会说话的孩子就懂得伸手要伏特加酒。他们手舞足蹈地索取着，直到大人满足他们。然后他们就拿着酒欢快地喝着。""一个4~5岁的孩子已经能喝掉满满一杯伏特加酒了……而且在一些诸如工作聚会这样的场合，一个年轻的未婚女孩也敢喝下一大杯伏特加酒和一杯啤酒，而不觉得羞耻。"[41]人们在如此年幼的时候就融入了这样一个不仅容许还积极鼓励饮酒的群体文化中，这样的酗酒行为可以代代延续也就不足为奇了。

19世纪的土地改革者安德烈·扎布罗特斯基-吉斯雅托夫斯基（Andrei Zablotsky-Desyatovsky）在俄国乡村地区环游时，看到了人们是如何可悲地照例将宗教节日作为他们酗酒的理由。当他走进一个村庄的时候，映入眼帘的都是人们饮酒的丑态和堕落的样子。

他询问其中一个农民："你们在庆祝什么，为什么你醉成这个样子？"

"你什么意思？今天是圣母升天节啊，"其中一个醉汉回答道并带着挖苦的语气补了一句，"或许你听说过她？"

"但圣母升天节是昨天啊！"

这个酗酒的农民回答道："那又如何？你可以连着喝三天酒。"

"为什么是三天呢？"扎布罗特斯基-吉斯雅托夫斯基回问道，"是圣母这样要求的吗？"

"当然是她这么要求的了。我们的圣母知道我们农民有多么喜欢喝酒！"[42]

虽然这种植根于宗教仪式的传统饮酒文化导致人们一次次酗酒狂欢，但一个联系紧密的社区所提供的监管有助于防止出现长时间的、夜以继日的酗酒行为。正如一位来自19世纪雅罗斯拉夫尔的教区牧师所建议的，"但也必须指出，虽然那时候的俄国人喜爱饮酒，但他们中间却极少甚至没有出现过酒徒。即使是酒瘾最大的那个人也会在半夜或者凌晨回家睡觉，醒来后喝格瓦斯酒给自己醒酒，然后开始认真工作。"[43]

直到今天，在俄罗斯各地都可以看到这种传统的饮酒文化，特别是节日的时候。在圣诞节（12 月 25 日）到东正教圣诞节（1 月 7 日）之间的这 13 天里，许多俄罗斯人都参与到一场持续两周的酒宴中。因此，1 月的第一周总会出现包括酒精中毒、醉酒犯罪、醉酒驾驶事故、醉酒谋杀以及其他各种与酒精相关的死亡案件的数量飙升。[44] 据俄罗斯酒类研究方面的权威研究员亚历山大·涅姆佐夫（Aleksandr Nemtsov）所说，俄罗斯每年饮用伏特加酒的"马拉松"活动是一种比恐怖主义袭击更可怕的威胁，每年仅在莫斯科就有超过 2000 名居民为此丧命。有的人甚至还说，现代俄罗斯人对"酒神巴克斯"的狂热崇拜，已经取代传统的东正教信仰，成为俄罗斯社会中宗教与社交的根基。"以前，当人们祝福彼此身体健康的时候，他们会为你祈祷——现在，他们会向你祝酒。"人们之间的友谊深浅是通过他们在一起喝多少酒来衡量的；甚至当你死后，你的朋友们会扛着你的棺材到墓地下葬，然后喝酒，他们还会连你的那一份也一起喝掉。[45]

俄罗斯人对饮酒的热爱造就了俄罗斯的独特传统：Zapoi（豪饮期）；豪饮期是指俄罗斯人专门用于喝酒的一段时间，常常持续几天甚至几周，而且豪饮期的日期时不时会和宗教节日的日期重合。1860 年代奥古斯特·冯·哈克斯特豪森男爵（Baron August von Haxthausen）曾拜访俄国，他这样描述豪饮期："伟大的俄国人民不是一直在喝，也不是每天都喝，他们当中甚至很多人几个月都不喝酒，即使有人给他们递上了白兰地酒他们也不会拿；但总会出现某些时刻，当他们没能抵制尝一口酒的诱惑并传染上了这种激动情绪（豪饮期的狂热气氛）后，他们可以接连喝上几天，乃至几周，喝光他们所有的酒，直到最后一滴。通过这个例子，你就可以理解 kabak 酒馆那么巨大的利润是从何而来了。"[46]

早期的苏联宣传海报——"拒绝教会庆祝!"

这张海报刻画了两个喝醉的工人正从一次教会节日的庆祝现场离开。两人旁边则展示了节日喝酒的灾难性后果,从酒后打架骚乱,到喝酒喝到家庭破产和酒后迷糊被公交车撞倒。

来源:斯坦福大学胡佛研究所档案馆

新品种的酒，新的饮酒模式

在伏特加酒出现之前，对酒的狂热而产生的这些毁灭性因素就已经深深植根于俄罗斯人的传统饮酒文化。伏特加酒的诞生和沙皇酒馆的建立不仅将这种传统文化的实践与一种潜力无限的酒结合起来，而且引入了"现代的"社会关系、经济矛盾和个人的饮酒习惯。这种结合后来被证明更加具有破坏力。

正如在其他国家，酒馆一旦出现，就会迅速成为乡村生活的中心，就连传统的公共庆典都会在里面举办。但酒馆每天都开门营业，而不仅仅是在节日或宗教节日里开门。这对于乡村的工匠和农民来说是一种特别大的诱惑：他们可以用现金埋单，这样买起酒来可比农民通过收割谷物以货买酒更加容易。于是，他们就成为俄罗斯第一批"现代意义"上的酒徒：这些男性常常都是一个人喝酒，而不再严格遵照当地社区的节日日程。

那些已经习惯了传统饮酒模式的人，很难理解为什么会在工作日的中午看到十几个酒徒躲在潮湿的乡村酒馆里喝酒。1850年代，俄国旅行家普罗塔西耶夫（Protasyev）对这样的场景感到震惊。他闯进了沙皇酒馆，并直率地问那里的酒徒他们为什么喝酒。

"那里的诱惑太大了。我自己不喜欢这样喝酒但我又能怎样呢？"其中一个人这样回答。他承认如果没有沙皇酒馆的话，他的生活会更好。"看上去就好像伏特加酒似乎在请求我走进酒馆里喝掉它们。有时，我并不想走进酒馆，但我一出门就看到它，位置刚刚好，就好像它召唤着我。我就走进来了，而一旦我心情不好也可以来这里。"[47]

对饮酒者自身的不同评价也反映了古代宗教庆典饮酒文化和现代酒馆文化这两种完全不同的饮酒文化的结合。像"戒酒的"和"节酒的"这样的形容词一般是用来形容那些完全不喝酒的人。"但在俄国",正如19世纪的人们观察注意到的,"节酒的"标签是用在那些"只在宗教节日才会豪饮醉酒的人"身上的。换句话说,它是用来形容那些坚持传统的饮酒文化而不是现代的饮酒文化的人。[48]

用经济学家的术语来说,传统饮酒文化中对酒的需求是缺乏弹性的——受限于常规的公共节日的次数;而现代饮酒文化对酒的需求则是具有弹性的——仅受限于农民的付款能力。因此,国家从现代的个人主义饮酒文化中获利更多,而大范围的酗酒行为带来的对社会和个人健康的消极影响也相应地更为显著。[49]伏特加酒、沙皇酒馆和个人主义的饮酒文化也催生了现代酒徒。虽然人们这种因为各种契机聚众饮酒的做法在一定程度上导致了很多令人尴尬的糗事、闹剧,但社区的监督至少阻止了长期酒鬼的产生,这一群体的产生要归因于现代的饮酒文化。就连我们的老朋友波赫列布金都说:"伏特加酒一下子就摧毁了各种社会禁忌、文化禁忌、道德禁忌和意识形态禁忌。""在这方面,它就像是一枚在死气沉沉的父系封建社会里爆炸的原子弹一样。"[50]事实的确如此。

伏特加酒、沙皇酒馆和酒馆老板们的到来改变了一切。人们现在用酒劲更强的伏特加酒取代了酒劲稍弱的发酵酒。农民现在会跑到酒馆花光他们的最后一分钱而不是和同一社区的人一起喝酒。这常常导致家庭破产。不仅如此,新的个人主义饮酒文化和传统的社区饮酒文化的结合不可逆地改变了国家和社会之间的关系:将农民从他们的社区剥离出来,并且将他们与国家以一种被证明比农奴制更加持久的联系方式绑在一起。通过这种方式,个人主义饮酒文化打破了传统俄国乡村经济的自给自足状态。[51]

与此同时,酒馆也加剧了封建阶级的分化。举例来说,只有地方乡绅、领主才有资源(原材料、劳动力和皇帝的许可)在自己的住宅里大规模生产蒸馏酒,而农民则不被允许,也无法自己生产蒸馏酒。因此，为当地的缴税农民和乡村酒馆提供伏特加酒的人正是地方的地主。同时，这些有钱的贵族阶层还可以自己在家喝酒——独享那些他们保存在酒窖里的进口好酒，这些酒往往更贵，质量更高——而不是惠顾乡村酒馆，和那里的工人、商人和农民混在一起。这些酒馆是俄罗斯帝国真正意义上的"吸毒窝点"。而随着酒馆贸易本身让富人更富和穷人更穷，酒馆饮酒文化也加剧了俄国富人与穷人之间的阶级分化。[52]

近代的饮酒屋很有效地使社区与其中潜在的酗酒者的联系变得脆弱，并将后者从乡村长者的监管下解放出来，让他们可以在酒馆里一个人待着，隐藏在酒馆里的阴暗角落。在那里，他可以更好地为国家的财政利益做出贡献。此时，就连酗酒问题都从个人与宗教团体的矛盾转化为事关国家财政的社会和政治矛盾。伏特加酒的出现除了导致新的社会矛盾外，也以蒸馏业的形式创造了早期的工业（相异于传统商业和手工业）。它加剧了乡绅阶层和农民之间的矛盾，也建立了新的政治机构，例如高度腐败的农业税务机构，以及确立了沙皇酒馆作为俄国社会与国家之间沟通渠道的稳固地位。

然后，自从被引入俄罗斯，伏特加酒就彻底改变了俄罗斯的社会和政治。它强烈的酒劲确保了人们对其需求的稳定性；它先进的生产方式和禁止除贵族外的私人蒸馏的法律意味着未受过教育的农民必须付钱来购买这种新商品；而且，政府对伏特加酒贸易的垄断使得伏特加酒成为政府——与封建地主合作——控制和剥削社会底层人民的主要手段。一旦伏特加酒被确立为专制国家实施统治的关键工具，伏特加政治历史的延续就一直离不开一种内在的矛盾：当国家是伏特加酒主要的售卖者和最热心的推销者时，如何减少这种强有力的毒药给社会带来的伤害。[53]

基于此，人们不可避免地会得出这样的结论：如果有人希望解释为什么俄罗斯人饮用的是这样的酒，以及他们是怎么喝酒的，那么他得到的答案并不是文化使然，而是政治使然。早期国家财政增收的需求决定了人们以酒劲更强和利润更高的蒸馏酒伏特加取代利润较少的啤酒和蜂蜜酒。而为了最大化其收入，国家积极鼓励其国民酗酒。因此，俄罗斯人长期的伏特加酒瘾并不是某种亘古不变的文化特征，这种酒瘾的产生和发展是俄罗斯领导层基于财政征收所做的政治决策带来的一种后果。

最后，伏特加酒的引入也从根本上改变了俄罗斯文化里的饮酒模式——以一种甚至更加具有破坏性的个人主义饮酒文化来助长间歇的社区庆典酗酒行为。虽然这种对神圣药剂"生命之水"的误用会让那些早先帮助将蒸馏酒精引入俄罗斯的中世纪医生、神秘主义者、牧师和大使们那几代人感到震惊，但即使是中世纪的炼金术士——引用历史学家大卫·克里斯蒂安的原话——"也会忌妒这种可以如此轻易地将谷物变为黄金的方法"。[54]

/ 第八章 伏特加酒和俄罗斯腐败的起源

"这个体制是无法从内部被改变的。它正是围绕着腐败贿赂、虚假伪善和犬儒主义这些原则被创建的。"这句评论来自阿列克谢·纳瓦尔尼（Alexei Navalny），俄罗斯著名的反腐博客写手。"如果你成为这个体制的一员，营私舞弊、虚伪和犬儒主义将成为你为人处事的主要风格，而一旦你成为这样的人，你将一事无成。"[1]

国家官僚机构本该雇用专业人士平等无私地实施法律法规，这些人士的收入应该主要来自他们的工资，而不是来自对国家的巧取豪夺。俄罗斯自成体系的行贿腐败行为破坏了国家官僚机构的这种理想形象。出于对这种体系性腐败的憎恶，这位来自莫斯科的顽强律师开始跟踪无数件盗用公款、收取回扣，以及可以追踪至最高领导层的贪污案子。

在俄罗斯整体经济活动中占有一定比例的黑市经济的规模超过了乍得和塞内加尔的黑市经济规模总和。而在 2012 年，俄罗斯政府对 2014 年索契冬季奥运会成本的预测数字比原本的数据暴涨超过 4 倍，达到 500 亿美元。很多人都提及冬奥会筹备过程中无处不在的腐败行为，企业给出的回扣甚至超过了成本的 50%。俄罗斯版《时尚先生》估计，索契道路拓展项目所花的钱甚至可以用路易威登牌的手提包铺就整条路了。[2]

俄罗斯人很清楚自己国家所存在的腐败问题，他们常常将其作为这个国家亟待解决的问题之一，仅仅排在酗酒问题之后。病人得向"免费"医疗体系的医生付钱，学生们贿赂老师以获得更高的分数，父母贿赂征兵局官员以让儿子逃过兵役，而警察花更多的时间巡查勒索而不是监督嫌疑人。政府自身的数据显示，俄罗斯人每年在行贿舞弊上的花费惊人。令人感到震惊的不仅是这些经济上的花费，还有这种腐败所带来的政治影响：俄罗斯现在受缚于一个庞大过气且臭名昭著的腐败体系，而在这个体系里，官员们常常利用自己的公职牟取私利。[3]

　　然而，虽然纳瓦尔尼和那群胆战心惊的抗议者迅速将这一事态归咎于政府和执政党，但俄罗斯这种体系性腐败的起源却更早。[4] 俄罗斯的腐败问题有着更深的根源。

　　早在1970年代，苏联领导人列昂尼德·勃列日涅夫就倡导了一次"打击贪得无厌、收取贿赂的寄生虫和醉徒的果断斗争"。这些寄生虫和醉徒来自俄罗斯资本主义历史中的残余势力。勃列日涅夫的这些话很像他的前任尼基塔·赫鲁晓夫十年前说过的话。[5] 然而，要想获取所必需的稀缺资源以完成国家的经济计划，行贿和走后门却常常是唯一的选择。"腐败问题或许同伏特加酒还有麦粥（kasha）一样都是苏联人生活中不可缺少的一部分。"一份冷战时期的研究得出了这样的结论。[6]

　　腐败也同样是困扰沙皇治下封建经济的毒瘤。1850年代，尼古拉一世（Nicholas I）下令开展一次反腐调查，这次调查所揭露的贿赂贪污最高可追责至沙皇身边的最高级别官员。当沙皇使者询问俄国的45个地方长官，他们当中有谁能拒绝贿赂的诱惑时，他只能找到两个廉正守身的官员。"腐败已经成为一种不言自明的群体自觉行为了，生活在这样的环境下是非常可怕的，"尼古拉的传记作者这样解释道，"但想要消除这种环境的影响却是不可能的。大失所望的沙皇将使者的报告扔进了火堆。"私下里，尼古拉悲叹道，他是俄国仅有的廉正的人。[7]

　　腐败和酗酒是一对体系层面的问题，"在人们的记忆中，它们一直都是俄罗斯不断衰弱的原因"。[8] 这些痼疾是共生的：彼此相互影响且不断延续着。同许多其他的俄罗斯社会弊病一样，俄罗斯腐败问题的主要源头之一可以追溯到觥筹交错间。

友惠、贿赂和腐败

任何与俄罗斯的腐败问题相关的讨论都必须先提及友惠，这是一个极具俄罗斯特色的词语，它的真实含义是无法通过字面意思来理解的。不同于冰冷和没有人情味的"贿赂"一词，"友惠"一词象征着朋友之间互相扶持的温暖友谊，这种友谊让他们在办事情的时候可以借助私交情谊和相互照顾为彼此解决困难问题或减免烦琐的规定程序。收受贿赂的人要求先交钱再办事，而友惠可以是一次举手之劳，不需要受惠人马上给予回报或者贿赂。即使是坚持不受贿的清廉官员也会很乐意利用自己的关系来帮助家人或者朋友。[9]

贿赂是一种权钱交换——而腐败则是贿赂的本质属性。贿赂贪污、裙带关系和以公谋私的大范围蔓延腐化了整个国家的社会制度和政治体制。[10] 腐败不仅混淆了公共权力和私人利益之间，以及正式责任和私下人情之间的界限，而且从根基上模糊了合法和非法行为之间的界限。因此可以说，俄罗斯的腐败问题起源于俄罗斯社会的公权与私利相互混杂、社会缺少严明法治的时候，整个俄罗斯社会的公权与私利并非泾渭分明，而且整个社会也没有明确界定的法律。

小规模的贿赂贪污是早期俄罗斯社会一种偶然出现的特点，它植根于农民的热情好客和地方长官依赖辖区为生的传统。只有当人们开始开发伏特加酒极大的盈利潜力时，这个广泛渗透的群体性贿赂体系才逐渐壮大。

虽然伊凡雷帝时代的君主知道伏特加酒有巨大的盈利潜力，但当时莫斯科公国的当权阶级却无力监管整个国家的酒类贸易。即使是伊凡雷帝推行的国营沙皇酒馆体系也是非常简略的：酒馆老板宣誓将捍卫沙皇的财政收入来源，而在将誓言付诸实践的过程中，他们努力推销着利润更大的伏特加酒而不是啤酒和蜂蜜酒。"沙皇的财政收入规模就和他的领土一样庞大，"为沙皇服务的英国医生塞缪尔·柯林斯在 1671 年这样评价道，"沙皇从沙皇酒馆（售卖强劲的蒸馏酒和啤酒的地方）中收取特许经营的费用，有些沙皇酒馆以 1 万卢布的年租出租给别人经营，而另外一些则每年可以赚取 2 万卢布。"[11]

到了 17 世纪，为了进一步扩大财政收入，国家开始将酒馆单个出租给极想插足这种获利颇丰的贸易的承包商人。因为缺乏一个高效的国家官僚机构，国家对伏特加酒贸易的监管迟早会以一种所谓的"伏特加酒税务外包"的形式全部外包给私人承包商。

税务外包员也从税收中抽取自己的利益，就像传统的租农从农田收割谷物一样。而且也正如一个租农向地主缴纳地租后可以租种一小块地那样，税务外包员在向国家缴纳款项后就可以在特定地区管理和经营伏特加酒贸易。每四年，国家都会拍卖在特定地区收取酒水税、经营许可费和租借费用的独家代理权。对于赢得拍卖的人而言，除去管理成本和上缴国家的款项之外的收入就是他的纯利润。这种情况下，税务外包员就迫切希望通过各种手段来最大化他所得的利润。

作为最早的业务外包形式，税务外包制度最早可以追溯至不断对外扩张的俄罗斯帝国时期。因为俄罗斯帝国地广人稀又缺乏合格的税收管理人员和记账人，税务外包制度十分适合早期俄罗斯帝国的国情。税务外包制度将管理重担和商业风险同时转嫁给了私人税务外包员。因为年租金早就在拍卖中设定好了，这样做可以保障国家收入可靠稳定地增长而不受市场起伏的影响。 1816 年，财政大臣的报告中这样记载，"国家财政的其他主要收入来源中没有一个可以像酒类税务外包收入这样如此定期、准时和简单地为财政提供收入"，"确实，税务外包制度每个月都在固定日期为国家财政提供收入，这使得为其他支出找到财政支持的工作变得简单多了"。[12] 帝国的支出主要用于其规模日益增长的军队，而多亏了税务外包制度，虽然帝国没有设立一个庞大的负责收税的政府官僚机构，但仍然可以高效地为军队建设筹措资金。

税务外包体系在文艺复兴时期的欧洲随处可见，但随着国家征税能力的增强，税务外包体系很快就被专业官僚机构监管下的国家直接税收体系所取代。与如此现代化的制度相比，税务外包体系看上去是彻头彻尾的中世纪时期的产物：这种制度标志着中央政府的弱势，这样的政府特许不择手段的个人为了自己的利益而任意剥削农民。因为这个制度使得公共税务收入和私人的商业利润混为一体——而且腐败问题的本质就是公权私利的界限混淆——所以可以说，俄罗斯体系性腐败问题的起源可以被准确地追溯到这个时候。[13]

甚至在伏特加酒出现前，税务外包制度就已经影响了早期的俄罗斯帝国历史：新兴的莫斯科公国之所以能在与像特维尔公国这样的对手的竞争中脱颖而出，部分是因为它是 14 世纪蒙古帝国君主的一个更加忠诚和高效的税务外包属国。税务外包制度的存在时间比蒙古人的统治时间还长，它做到这点所借助的是"供养"体系，这个体系规定只要当地官员可以为国家征收税金，他们就可以通过剥削自己所监管的土地上的人民而做到"自给自足"。虽然"供养"体系在 1555 年被立法禁止，但税务外包制度仍然在关税、盐税和最重要的伏特加酒税的征收上被持续使用着。[14]

伏特加酒贸易成为沙俄君主的主要财政收入来源。1680 年，来自盐税和伏特加酒税的税务外包收入占据了整个国家财政收入的 53%。而到了 1830 年代，这种"间接征收的"伏特加酒税收入甚至超过了直接征收的伏特加酒税收入。[15] 著名作家和曾经的副州长米哈伊尔·萨尔蒂科夫 - 谢德林（Mikhail Saltykov-Shchedrin）在其《各州概略》（*Provincial Sketches*）一书中调查过税务外包制度，书中哀叹政府三分之二的收入都来自伏特加酒税外包制度这一事实。[16]

为了使从伏特加酒贸易中获取的收入最大化，国家对税务外包员实施了有史以来最严厉的管理。为了避免市场上的伏特加酒供过于求，财政部门给每个税务外包员只分配了定量的伏特加酒，这些伏特加酒都来自政府的仓库存货，并且规定税务外包员必须以固定的价格售出这些伏特加酒；这种规定几乎没给税务外包员留下多少合法的利润空间。[17] 不过，在这样的规定下，伏特加酒税的税务外包员们仍通过各种违法的做法获得高出寻常的利润，所以国家财政部门对他们的压榨甚至更进一步，税务外包员按照合法规定所得的微薄利润，也被要求上缴给国家——这种做法实际上是暗中认可并处罚税务外包员们的腐败行为。

"从政府那里以固定的价格买到定量的伏特加酒，不提价就把它卖给人们然后再付给政府十倍的钱，有谁可以做到这一点？"一家有影响力的独立杂志《警钟》（*Kolokol*）上一系列措辞严厉的报道这样质问道。《警钟》是由亚历山大·赫尔岑（Aleksandr Herzen）主编的。[18] 这一质问强调了腐败问题固有的内在矛盾：一方面，政府要求官员们严守字面规定；另一方面，政府又只能通过私下的鼓励，让其下属管理人员违背这些法律来使国家收入最大化（在有些情况下，还是政府积极鼓励下属人员这样做的）。政府对税务外包员的违法行为睁一只眼闭一只眼，这种做法使传统的友惠和小规模的贿赂转化为一个从上到下都充满群体自觉的腐败政治体系。"在税务外包权拍卖会上，真正被拍卖的是可以不受法律制裁的豁免权。"即使俄国最臭名昭著的税务外包员瓦西里·科科列夫（Vasily Kokorev）也这样承认。[19] 他自己也曾经无数次从这样的豁免中获利。

"在 19 世纪早期的俄国，税务外包员几乎占据了从上到下所有不同形式的'群体性自觉腐败'，"权威的俄罗斯税务外包制度历史学家大卫·克里斯蒂安强调道，"腐败问题不只是税务外包制度运行的附带后果，它更是其必不可少的主要部分。"[20] 一旦确立，这种体系性的腐败就很难根除，这一点，像阿列克谢·纳瓦尔尼这样的当代反腐斗士就可以证明。

根深蒂固的腐败问题

一开始是偶然给予地方官员私礼和赏金，现在则是一个近乎官方的定期收买政府各级官员的体系。俄罗斯腐败问题的转变几乎全都要归因于伏特加酒税务外包制度的影响。在 19 世纪伏特加酒税务外包制度发展的鼎盛时期，细心观察的人会注意到"有一定影响力的人都会根据影响力的大小，从税务外包员那里定期收到金钱，还有每个月的馈礼——伏特加酒"。每年，典型的税务外包员都会分发数以万计的卢布给地区政府的官员、法官和执法人员，以换取他们对自己所开展的贸易活动的支持。[21]

税务外包员拿出的最大一笔贿赂是给当地的政坛人物的——他所在地区的地方长官、法院院长和市长——以便为他的阴谋换取强大的政治掩护。这些官员受贿的收益往往高于他们一年的工资。奔萨州州长 A. A. 潘楚利泽（A. A. Panchulidze）每年从税务外包员那里收到24000 卢布，这个数字是他工资的三倍。他允许税务外包员成为奔萨州的"帕夏"："帕夏"是中世纪土耳其的一种行政官衔。[22] 同时代的文献记载道："官员从税务外包员那里收了钱至少就意味着这个官员必须对这个税务外包员的所有滥用职权的行为睁一只眼闭一只眼，并且确保政府不会采信任何针对税务外包员及其下属的投诉和告发。"[23]

然后（和今天一样），腐败风气弥漫于俄罗斯的执法部门：警官、警监、队长和警局里的其他人都在伏特加酒贸易中串通一气。今天的他们仍旧参与着与当年如出一辙的敲诈阴谋。如今，俄罗斯最常见的阴谋的背后主谋正是臭名昭著、贪污受贿的国家汽车督察员（GAI）。他们会故意在道路上放置障碍物，躲在一边等着接下来有车为了躲避障碍物而非法转向跨越双黄线；如果有人不小心掉进陷阱，他们就冲出来抓现行。[24] 司机们得塞给警官 20 美元以避免被诬告；任何一个这么做的司机都会将此事与 19 世纪哈尔科夫的封锁线巡警的故事联系起来。封锁线巡警是税务外包员的私人警察，负责拦住两个税务外包地区之间的酒类走私犯；他们会将伏特加酒瓶藏在燕麦麻袋里并在集市日当天将其放置在道路上。

农民赶着装载了几袋黑麦的马车经过，他看到了地上的麻袋。在路过的时候他把麻袋拿了起来，打开它，发现里面装着燕麦，就将其放在自己的马车上然后继续赶路；他会以为这是在他之前经过这条路的某个人掉下来的。当他靠近封锁线的时候，巡警们知道农民已经捡起了装着伏特加酒瓶的那个麻袋，并做好了准备。他们叫停了农民的车，然后开始认真地检查他的货物。他们会将其中一个袋子留到最后再检查。他们的检查结果往往会让农民感到惧怕，巡警们会在最后一个麻袋里发现走私的伏特加酒。农民哭喊着发誓他是无辜的，并试图证明这一点——但巡警们不为所动，毫不留情。他们会绑住农民并将他放在麻袋上，然后赶着马车回到警局。在这件事的结尾，农民往往会失去所有他本来要带去市场售卖的东西，这些东西的售卖所得本就占据着农民微薄收入的一大部分。[25]

警察阴谋的目标还包括那些做小生意的人，例如那些体面的旅馆，它们往往依赖销售伏特加酒维持营生。旅馆老板如果拒绝给税务外包人员他们所要求的高额回扣，他的旅馆就会经常遭到警察的搜查，而在搜查期间警察肯定也会发现"非法的"伏特加酒。

乡村巡警常常会简单地忽略一个酗酒的农民或农奴扰乱治安的行为，除非他觉得可以从这个人或者他的主人那里敲诈出来一点钱，而这点钱可以让他在接下来的几个月里放过他们。因此，当那个时代的人说"现在的警局官员都把自己转租给税务外包人员差遣"的时候，这个说法并不夸张。[26]

伏特加酒税务外包员只要称职地完成自己的工作，就可以凌驾于法律之上。即使是被控告犯罪，他们也不会被带进法庭，直到他的外包合同到了结束日期而且所有的账务都已经处理完了——而这一过程可能会耗费多年。即使到了那时候，这些控告的案件也只能在首都进行审判——以进一步强化中央政府与其遥远领土之间的联系。[27]

税务外包员花了重金收买政治家和执法部门，他们同时也用足够的钱来贿赂司法部门：每年都有数以百计的卢布分发给巡回法院的法官、评审员，农村治安法庭的书记员和监管酒类税务收入的财政法庭主席。正如《警钟》中的一篇报告所指出的，"在与税务外包员做了这样的交易后，政府当然不能控告税务外包员滥用职权。事实上，政府反而有责任保护他们；否则，它们就是在期待奇迹的出现，要求税务外包员做到不可能的事情！因此，通过容许和授权税务外包员从事不当行为，政府也是在自觉地剥削着人民——与税务外包员还有其他一起参与这种罪行的人分享剥削的战利品"。[28]

俄国政府从上到下的官员常常更依赖于税务外包员所给的丰厚贿赂而不是国家支付给他们的工资。毫不令人意外的是，他们的忠诚既包括对他们作为官员的官方职责的坚守，也包括违反法律以确保那源源不断的来自税务外包员的"礼物"。[29]

当然并不是每个人都参与到这种体系性腐败的同谋中。有些官员因为地位卑微所以不值得被贿赂，而那些出于道德层面的原因而不愿弄脏自己双手的人，虽然值得敬重，却是少之又少的。

这种"不肯同流合污"的人在俄国并没有办法坚持很久：这些讲究的人不仅没有因为自己的正直受到奖赏，反而会遭到人们的怀疑和讽刺。一份19世纪的法国文献记载道：

> 大多数官员并不尊重一个正直的下属，反而会将他当作一个空想家，一个不安分的"反叛者"。而且，一个人如果拒绝贿赂，会引来富有且有权势的税务外包员阶层对他的憎恨，而这个阶层将竭尽全力铲除这些正直的官员。而他们迟早会成功做到这一点。因为俄国有着复杂的法律和难以对付的手续，所有的官员都难免会有失误的时候，而这就足够了……结果往往是，一个正直

的官员一旦招致税务外包员的憎恨，他的上司就会抛弃他，任由税务外包员处置。公众的观点也保护不了他，他将一无所有，只剩下自己的良心。[30]

在这样一个纵容腐败行为的环境里，腐败势力总能赢得胜利。接受贿赂不仅能获取利益，还能保护自身的安全，而且收受贿赂也是得到整个社会认可的——就像偶然发现并捡起地上的钱一样。[31]而拒绝受贿则会引起体系里权势人士的蔑视。然而，整个国家管理体制的腐败并不是一个自然而然的结果。据1853年的一个报告，"现在的税务外包制度离开贪污受贿是无法继续存在的。整个税务外包制度的大环境是如此恶劣，以至于没有人会想要遵守法律。他们心里想的只有一件事——如何绕过规章制度，并通过利用这些表意模糊和不精确的制度为自己获得最大利益"。[32]

最令人感到烦恼的是，税务外包员的这些诡计阴谋获得了专制君主的支持，而且常常是公开的支持。在1767年颁布的一项法令中，叶卡捷琳娜大帝宣布："我们保证未来的税务外包员将得到帝国的保护，我命令人们将酒类的售卖当作政府事务来对待和处理，而税务外包员在他们任职期间将被当作王权的忠实使者，允许佩剑。"[33]或许，正如《警钟》所直率地指出的那样，"在伏特加酒税务外包制度下，这个国家的人民被自己的国家洗劫和掠夺着，却没有任何权利或机会来控诉洗劫和掠夺他们的罪犯"！[34]

关于政治体系的理想运转模式与其真正运转的腐败方式之间的这种分歧不仅破坏了法律的正当性，还培养了一种纵容非法行为的文化，这种文化腐蚀着人们。这种分歧也使得我们可以理解历史文献记录中的某些"表达"，例如，史书在描述阿尔汉格尔斯克州州长时说，"他绝对不会收受贿赂"，但也补充道，"虽然他确实每年都从税务外包员那里收到3000~4000银卢布的礼物"。同样的，在1830

年代，有报道称喀山市市长斯特列卡洛夫中将（General·Lieutenant Strekalov）"并没有受贿"……但同样加了一句附文，"虽然他确实每年都从税务外包员那里收到礼物。在那个时候，这被认为是可接受（原文 bezgreshnyi，即清白的）的一种收入形式。而为了这几万卢布，斯特列卡洛夫允许税务外包员……肆意洗劫各家各户"。[35]

结果就是俄国成了一个从上到下都彻底沦陷于腐败之中的国家。有时候，人们都分不清楚谁才是发号施令的那个人。例如，试想一下绝对专制的君主尼古拉一世。1848 年，民族主义和民主主义的革命浪潮席卷了欧洲，威胁到俄国现存的君主专制制度。深陷危机的哈布斯堡皇族邀请俄国出兵相助，作为回应，俄罗斯帝国国军队——保守主义的"欧洲宪兵"展示了其国际"力量"，击溃了骚动的匈牙利人，将他们再次送回哈布斯堡家族的控制下。两年后，拥有至高无上权威的尼古拉一世却很愤怒地发现，即便政府规定了伏特加酒的出售价格，在他自己的首都竟然没有任何地方是以这种低廉的价格出售伏特加酒。针对这种明显违反税务外包法规的行为，这位盛怒之下的君主当即下令展开调查。几天后，圣彼得堡的税务外包员与财政大臣碰了面，并明确表示，遵守法律并低价提供酒类将会威胁到他们缴纳税金的能力，而尼古拉政府的运行依赖着这些税金。这样，在下令调查的第十天，这位专制君主又秘密撤回了自己所下的命令。

随着税务外包员的腐败影响力一路向上触及沙皇本人，当时的政治观察家普遍持有这样令人悲哀的看法："这个政府没有忠于自己的官员——他们都为税务外包员服务；有些官员是与税务外包员勾结，其他官员则纵容和默许税务外包员的胡作非为。"[36]

钱从何而来

名义上，酒馆老板和税务外包员所受到的政府管控是同样严厉的。这些酒馆老板有责任维持酒馆内和酒馆外临街的秩序，要根据法律规定售卖伏特加酒，并且要防止酒水被稀释或被掺入杂质，以及因为让顾客自己倒酒而出现的缺斤短两。法律严厉禁止酒馆老板在工作期间喝酒，禁止他们赊账卖酒，甚至禁止他们与税务外包员交朋友。

然而，正如今天的俄罗斯人喜欢说的一样，"酒馆老板对法律的阳奉阴违很好地弥补了我们法律规定的僵硬化缺陷"。[37] 确实，人们后来发现，在各地的沙皇酒馆里，酒馆老板们违法地耍弄着各种伎俩，下文所提及的伎俩只是其中的一部分：

> 在沙皇酒馆里，酒馆老板就是一个独裁者。他只认可一种人的权威——税务外包员的权威；只认可一种法律，税务外包员制定的法律；只记住一个目标——用尽所有可能的方法不断地剥削人们。在他的酒馆里，人们会发现缺斤短两、克扣零钱、衣服被偷、小偷小摸等。酒馆为人们提供的水里飘着伏特加酒的香气，酒馆还在这些水里掺入一些辛辣的调料以掩盖味道，让人们喝不出里面的伏特加酒味。酒馆提供的配菜本就是设计来加重人们口渴的感觉，以使他们想要继续喝下去。酒馆里还充斥着多种多样的诱惑，足以让任何有血性的人屈从。酒馆里还聚集着乐伎、各种小偷、强盗和传谣诽谤之流，以及犯罪策划者。酒馆老板绞尽脑汁将这些人都吸引到酒馆里，从他们身上压榨出的钱则源源不断地流向税务外包员的口袋。对这些俄国社会渣滓的压榨为俄国财政提供了一笔无法衡量的财富。[38]

除了勒索强夺，酒馆老板最常见的伎俩就是简单地拉高价格：虽然国家规定普通的伏特加酒（polugar/ 传统伏特加酒）的售卖价格为每桶 3 卢布，税务外包员及其管辖下的酒馆老板却能以更高的价格出售"特制的"或"优化版"伏特加酒。如果一个口渴的农民走进一个酒馆想买便宜的伏特加酒，他会被告知已经卖完了，但总会有充足的

"优化版"伏特加酒——有的加了浆果、蜂蜜或糖浆调味，而有的只是用廉价的木炭或沙砾滤过——这些"优化版"伏特加酒可能会被税务外包员抬高价格或者被酒馆主人兑水稀释。这对酒馆的顾客而言并不是一个秘密——1859 年有一个人写道："每个人都知道自 1839 年起，人们就没有遵守过法律规定的零售价格。"[39]

就连皇家财政部也成了他们的同谋。1859 年，财政部下令州长们无视这种违法行为，以便更多的民脂民膏可以进入财政部的金库："人们以更高价格出售进口酒类，而且销量还有一定的增加，但这并不会与税务外包制度发生冲突。而且就农民本身而言，这并不是一种违法行为，更多是一种必需的结果，这样的计算结果让农民可以顺利向财政部上缴 366745056 银卢布；这些钱是农民们在当前 4 年的税务外包员任期内应该上缴的。"[40]

还有另一种简单的办法可以增加可售伏特加酒的配额：往里面兑水稀释。一个利欲熏心的酒馆老板（大多数人都是这样的）可以若无其事地将一桶 40 个标准酒精度的伏特加酒兑水稀释成为两桶 20 个标准酒精度的伏特加酒。将这两桶酒按照政府规定的低价出售，这样一桶酒的收益就会按照规定被税务外包员收缴并上交国库，而另一桶的收益则会落入酒保的口袋。虽然饮酒的人早已知道自己喝的酒兑过水，但他们所能接受的兑水程度是有限的；顾客们无法接受的是自己付钱点了一轮又一轮的酒后却喝不醉。在以寒冷著称的冬季，顾客们可以借助一种简单的办法来测试兑水程度：把自己的伏特加酒放在室外。因为正宗的 40 个标准酒精度的酒只在零下 27℃（零下 17 ℉）结冰，如果顾客们发现他们的酒结冰了，那么被抓现行的酒馆老板所面临的很可能就是一场酒馆的骚乱！[41] 然而，更常见的情况是人们不情愿地接受这种谎言——"当摩西从石头中变出水来的时候，他或许创造了一个奇迹，"一位 19 世纪的饮酒者这样冥想道，"但把水变成金子却完全不需要任何魔力。"[42]

不足量的酒杯是酒馆老板另一种靠得住的道具，它可以将酒馆老板所得的利润再提高10%。当酒保开始更多地使用容量更小的酒杯时，国家就对盛酒容器的大小实施更严格的管控；但即便如此，不足量的酒杯也是一种司空见惯的现象。无论出于什么原因，如果一个顾客真的拿到了足量满杯的伏特加酒，他们常常会倒一些到酒保所保管的一个特殊容器里，作为一种以实物支付的小费。

在乡村地区，钱币还是一种稀缺的资源，所以以货代款、物物交换和赊账交易是非常普遍的。但因为酒馆老板给税务外包员支付税金的时候不能用借据、典当的衣物、牲畜和偷来的财物，所以这种农村的信用支付体系也进一步确立了酒馆老板在地区经济的腐败链条中的关键地位。

> 他们（酒馆老板）允许人们赊账买酒，然后秋天的时候顾客们就以牛、谷物、干草和其他产品偿还。但还多少钱却不是按照所买酒的市场价格来决定，而是由酒馆老板决定的，他们往往不会放弃这种机会来牟取暴利。为了购买一桶伏特加酒，农民常常得用1.5普特（54磅）的亚麻来交换，而且酒馆老板常常是在农民喝醉的时候，用自己的秤来称量这些亚麻……大多数时候，酒馆主人会于秋季的夜里在当地村庄到处逛，带着木桶收集他们的"劳动成果"。这个时候，他们会卖酒给有房子的人、仆役和妻妾甚至是孩子，然后（霸占他们的房子）自己成为房子的主人。[43]

腐败到处蔓延

虽然酒馆老板可能是最可恨的人，但他们几乎算不上农村里腐败现象的唯一根源。收税官、征兵官和贵族的田产管理人都是在酒馆里一边喝着一轮轮的伏特加酒，一边开展他们的工作。就连教区医生

传统通俗画木雕：法诺斯和皮加西亚在酒馆里

18世纪中期，红鼻子酒徒法诺斯和他的妻子皮加西亚与当地酒馆主人用诗文的形式交流。将其中的一部分翻译过来就是："昨天我们在这里的时候，我们喝酒喝到破产了。当我们喝酒喝晕了，付钱是非常简单的。现在，带着头痛我们来发牢骚，而且我们来到这里买些酒。给我们上一些酒，别再痛了，像之前一样给我们上啤酒和伏特加酒。晚点我们会很乐意付钱，或者也可能将你像谷物般摔打。"译者是亚历山大·博古斯拉夫斯基（Alexander Boguslawski）。来源：http://tars.rollins.edu/Foreign_Lang/Russian/Lubok/lubfools.html

也一样。只要他们在诊治能想象到的所有病症的时候将伏特加酒作为药剂写进药单里，就能收到回扣。德国农学家奥古斯特·冯·哈克斯特豪森男爵回忆起对 1843 年的俄国的印象时这样描述道："在沙皇治下的乡村里，官员与酒税务外包员沆瀣一气，税务外包员贿赂他们以换取他们对自己的纵容。村社或州市的每一次会议都是在酒馆里举办的，所有的事情都是在觥筹交错间商量的。"[44]

通过这种方式，伏特加酒贸易的腐蚀影响就渗透进俄国乡村生活中延续时间最长的机构里：奉行乡民自主管理乡村事务的乡村公社（obshchina）。不同于个体农庄，大多数农民的土地都是集中到乡村公社这样一个互帮互助的体系里，以减少饥荒或歉收年份所带来的伤害。俄国乡村是由一种村社大会（米尔）管理的，村社大会管理着乡村公社的大小事宜，包括裁定争议、分配耕地，还有分配国家的税收负担和征兵名额。这样的集体税负承担机制催生了人们劳作时候的懒散和酗酒，而努力工作的农民则必须为他那酗酒邻居的偷懒怠工埋单。[45]

乡村公社的腐败程度并不亚于这个专制制度的其他部分。公社事宜常常是在一个酒馆里由吵闹的成员按照少数服从多数的原则决定的，几乎所有的公社决定"都可以借助'款待米尔成员（公社成员）'——提供一定量的伏特加酒——来影响结果"。[46]正如一个 19世纪的评论员所说，"村社里总有足够的伏特加酒，因为伏特加酒是这个管理体系运行的一种手段。选举的时候这些伏特加酒都是一桶桶地分发给人们；在传统宗教节日，伏特加酒的供应总是很充足。人们如果没喝醉的话，或许就会聚集起来抱怨他们所面对的人生困境；而当市长声望下跌并且想要重新赢回人们的支持时，不管什么时候或是出于什么原因，伏特加酒的供应就又神秘地变得充裕起来"。[47]

同样的，乡村法庭也不是无可指责的：案件当事人常常请法官到酒馆喝酒或者送半桶伏特加酒到他们家里作为"礼物"。农民声称年长者任职乡村法官的时候"灵魂就背负一份罪恶"是有一定道理的。腐败是如此的根深蒂固，以至于一份来自斯摩棱斯克（Smolensk）的报告解释说，法官在审理案件的时候收到伏特加酒作为一种"费用"已经"被当作一项法律规定了"。[48] 许多乡村酒馆甚至公开标明了每位乡村法官的价格，这样案件当事人就可以直接看着价格付钱贿赂了。很多情况下，原告和被告会重复支付贿赂的费用。[49] 如果没有足够的证据可以实现人们渴望的判决，则会有人说服证人修改、撤回甚至是捏造证词。俄罗斯国家档案馆的一份 19 世纪的记录这样写道："有些人会为了一瓶伏特加酒在任何案件中充当证人。""到处都有贿赂证人或者灌醉他们的事情，而（农民）对此已经习以为常。"[50]

乡村里的长者常常会没收犯人的工具、家畜甚至还有衣物，并在拍卖会上或者酒馆里售卖以换取伏特加酒，因此，输掉一场法庭判决的农民往往冒着破产的风险。[51] 19 世纪的俄国革命者谢尔盖·斯捷普尼亚克（Sergei Stepniak）解释道，一个清醒正直的农民，虽然自信自己是清白无辜的，并且觉得不需要堕落到行贿之徒的行列，但在腐败的乡村法官不顾一切地在一起民事纠纷中做出不利于他的判决之后，他还是屈从于酒馆的诱惑：

> 我向酒馆主人保证，只要他给我伏特加酒，我就会用每英石 2 戈比的价格把干草卖给他；接着我就一直不断地喝酒直到失去意识……从那一刻起我就是一个破产的人了。破产——彻底的一无所有！酒馆成为唯一可以给予我慰藉的地方。我甚至开始偷东西！一切从糟糕变得更糟……相信我，我应该会在监狱里了结这一生。[52]

虽然伏特加酒常常导致农民的堕落，但它有时也可以给他们带来救赎。社区的惩罚完成后，被告人必须在酒馆里买上一轮轮酒，这象征着他接受对自己的惩罚以及承认传统乡村自治机构的合法性。通过款待整个村子的人喝酒，一个小偷就可以赢得人们的谅解，重新被接纳进入社区。奥廖尔州有一个故事，讲的是一个农民米哈伊尔被判偷羊罪名，并被要求在酒馆里给乡村长者和长者的朋友们买半桶（大概6升）伏特加酒。在将这些"贡品"一饮而尽后，他们向米哈伊尔保证可以用另外半桶酒换取他们的宽容，而米哈伊尔则很不情愿地照办了。心满意足的法官和他的朋友们严厉地斥责着米哈伊尔，直到他偷偷溜回家。而他偷偷溜走的行为更加激怒了这些长者。在喝完酒后，他们来到米哈伊尔家里，生气地拒绝了他获得谅解的请求，他们要求更多的伏特加酒。当米哈伊尔咒骂他们是酒徒和小偷之后，他们就没收并卖掉他马车上的一个轮子来买伏特加酒。接着他们把重重的一袋燕麦绑在米哈伊尔背上，并且拉着受尽羞辱的他穿过村庄道路回到酒馆。在那里他们强迫他抵押衣物以换取另外3升伏特加酒。这些乡村领袖喝着这份最后的"贡品"，终于放过他；他们也更加严格地训斥了米哈伊尔——如果他胆敢再行窃，侮辱社区，下场会更惨。[53]

圣洁的闹饮：伏特加酒和教会

当谈及救赎的时候，你或许会想到，如果有任何机构不会受到腐败和酗酒的影响，那应该是东正教会。这种想法是错的。弗朗西丝·帕耳忒诺珀·沃妮夫人（Lady Frances Parthenope Verney）是一位很有影响力的作家，她还是弗洛伦斯·南丁格尔（Florence Nightingale）的姐姐。她这样写道："社会各阶层的酗酒问题让俄国的政治家们感到沮丧，而在这些行为不良者当中，神职人员算得上最糟糕的一类。而当他们成为以沙皇为宗教和政治领袖的巨大政治体系中的一部分时，他们很快失去他们曾经在农奴中的威信。一份俄国官方报告称'现在去教堂的人主要是女人和儿童，而男人则在酒馆里忙着花光他们最后一分钱，或者背负更重的债务'。"[54]

就连当地的神职人员，作为俄国政治体系的宗教分支，也很自然地开始崇拜全能的伏特加酒。当地牧师最先是从在他们牧区销售的酒类中得到一份很小的分成，分成可能来自税务外包员，也可能来自自主蒸馏的贵族。而这份分成后来被一份一次性付清的款项所取代；名义上这笔钱是作为复活节礼物，但牧师们接受时都心照不宣地理解为他们应该不遗余力地推动伏特加酒的销售。一份文件称："虔诚的男性并没有花太多力气催促他们的教区居民酗酒，但他们增加了教会宴会的数量，而在这种宴会上，狂饮酗酒是一种司空见惯的行为；他们认为天气这么冷，这些酒精饮料对他们的健康有好处，而且他们从不谴责任何因为酗酒而引起众怒的农民。"[55]

在《各州概略》中，作者米哈伊尔·萨尔蒂科夫-谢德林声称，就连伏特加酒税务外包员与帝国议会协商的协议也清楚地要求所有教区牧师严格地按照每一个圣灵节日、庆祝节日和皇家节日举行庆祝活动。在听到教会钟声的呼唤后，虔诚的农民会抛弃耕种的土地，前往节日庆祝现场或修道院，在那之后他们会来到最近的酒馆，在祈福中开始酗酒和其他堕落行为，而丰收的谷物则任由在地里腐烂。[56]

东正教牧师的权威性甚至还受到热情好客的社区的削弱。传统社区有一种"资助牧师"（pomoch'）的惯例，它的实际含义正如字面意思一样。理想的状况是："资助牧师"的惯例引导整个社区自愿合作，资助这些当地教区的牧师，因为牧师只有来自给予祝福和主持圣餐的微薄收入。[57] 牧师的工作包括从教堂和住所的基本维护到种植谷物以养活家庭，坦白来说，这对于一个人而言工作量太大了。

问题在于，与我们想象的不同，俄国农民自愿资助牧师的热情还比不上阿米什人自发建设谷仓的热情。牧师常常祈求人们的帮助，而只有当牧师的请求提及了酒宴，人们才愿意给予他们帮助。19世纪的俄国教区牧师伊凡·别柳斯京（Ivan Bellyustin）说：

按照惯例，"资助牧师"是离不开伏特加酒的，这种惯例以伏特加酒开头，靠着伏特加酒延续并以伏特加酒结尾。在这种情况下，往往祸不单行：如果你不让农民喝个够，他会因为烦躁而工作不顺；但如果让他喝个够，他又会因为喝得太醉而无法好好工作。通过"资助牧师"种植土地来给予牧师帮助是最糟糕的一种。他通过这种方式获得谷物所付出的代价几乎跟直接购买差不多。因此，他所遭受的所有痛苦、辛劳和焦虑几乎都得不到补偿。这就是为什么如果可以的话，大多数牧师会早早就放弃土地。[58]

在资助牧师活动举办的周日，牧师自己会不断为他的教区居民倒酒，直到他们都醉倒。这个事实削弱了牧师在道德说教方面的权威性以及他的任何请求居民们节欲的祈求。而这一切都使得整个问题变得更加糟糕。如果牧师敢严斥教区居民的醉酒行为，那他肯定永远不会再得到他们的"帮助"了。因此，为了让教区居民帮他干耕作和维修的活，牧师会一杯接着一杯地喝酒——直到他和他那亵渎神明的居民一样酩酊大醉。与此同时，醉酒状态下的人所做的工作常常都是非常粗糙且劣质的，几乎都是必须当即重做的，牧师就得重新经历这整个令人悲伤的过程。最后常常是，牧师付出了难以忘怀的代价，花了大价钱购买伏特加酒和准备酒宴，却一无所获，留给他的只有酒后的头疼和宿醉。[59]

众多的东正教节日使得牧师有更多的机会走向堕落。例如，在复活节期间，乡村牧师会戴着他的神圣徽章，一家家地拜访居民。在每一个农民的房舍里，这位高贵的客人都会受到食物和酒饮的款待。牧师不敢拒绝伏特加酒这样的礼物，因为担心会冒犯到房子的主人以至于未来再也得不到他们的帮助。"无论牧师为人多谨慎，心意多坚定，当他逛遍了整个村子之后，就无法继续履行自己的职责了，"别柳斯京这样记录道，"不够慎重小心或者体质稍弱的牧师会直接醉倒。而当牧师处于这样的状态时，什么样的丑闻都有可能发生！"[60]

放纵酗酒已经成为一种无处不在的潮流，神职人员又如何能独善其身呢？远在1630年代，亚当·欧莱利乌斯就描述了这些醉得在街上跌跌撞撞的牧师。他们典当了自己的衣物，所以浑身上下只剩内衣裤，还一路分发着他们的祝福。"这样的场景每天都可能发生，"欧莱利乌斯指出，"所以没有一个俄罗斯人会为此感到震惊。"[61] 两个半世纪后，别柳斯京描述了一个类似的场景；他将这些有着传统形象的乡村牧师形容为无处不在且不受欢迎的酗酒客人，而且牧师们很早之前就放弃了他们的虔诚信仰而堕落成为酗酒、贿赂和盗窃之流。这些遍布的腐蚀影响力使得理解那句臭名昭著的俄罗斯谚语变得简单多了："除了基督本人，凡人皆为窃贼。"（这句谚语还有句亵渎神明的附语："而且如果基督的手没有被钉在十字架上的话，他也会行窃。"[62]）

事实上，唯一无可指责的人是所谓的"旧礼仪派"的教徒，他们因为抵制17世纪俄国教会的普世教会改革而被当作异教徒并受到迫害。这些东正教信徒中最保守的"分裂主义者"断然拒绝接受对宗教经典和传统仪式的修改，这些修改和烟草及蒸馏酒等现代社会创新一样，都出现在17世纪中期的教会大分裂之后。虽然俄国当权者将旧礼仪派教徒当作教会和国家的威胁并公开压迫他们——驱逐、囚禁乃至折磨，但是他们在隐居中创立了"清廉、勤勉、节欲和正直"的名声。俄国的专制政权在这么长的时间里卖力地谴责这些坚守正直、清廉和戒酒信条的人，认为他们威胁着腐败的专制统治体系，一个推动着浪费、懒散和酗酒的体系。这件事本身就能直截了当、清晰有力地说明问题。[63]

因为封建时期的俄罗斯帝国地广钱少，且缺乏有效的管理体制，像伏特加酒税收外包制度这样的高压做法自有其存在价值。不幸的是，如果继续依赖肆无忌惮的税务外包员来满足帝国国库那贪得无厌的胃口，只会使得腐败和酗酒这两个毒瘤进一步恶化。《警钟》里那一系列影响深远并建议将税收改革提上政治日程的报告最后得出这样的结论："在进一步调查后可以发现，相比于人们所付出的金钱代价，国库的进账在比例上要小得多，所有人都可能会带着厌恶感这么问道：这一切是否值得我们玷污自己的良心和名誉？"[64]

一份根深蒂固的遗产

腐败是在公有与私有、政治和经济之间的裂缝里生长的种子。因此我们可以说这个种子的根一直延伸到俄罗斯这个国家的封建制度起源。那个时候，公有与私有、政治与经济之间的界限被模糊了；那个时候，国家的利益反映着统治阶层的利益，而在国家的名义下，私人利益与公共税收收入交错夹杂在一起。[65]

但对于今天的俄罗斯以及纳瓦尔尼和反腐行动的未来，这份历史经验又教会我们什么呢？今天，和当初一样，政治和商业之间的界限是非常模糊的。克里姆林宫里的政治生活呈现出一种极具封建特色的特点——一个统治团体控制着由臣属组成的体系，在这个体系里，政治上的忠诚和有利可图的公职就像商品一样可以被交易。[66]当初，就像现在一样，政治领导层中的腐败做法为社会里的其他人提供了一种模范做法——而这种模范做法却也使人怀疑谁在真正地控制一切：政府还是那些行贿的人？当初，也像现在一样，整个国家都背负着一个效率低下、腐败堕落和不断膨胀的官僚机构，而且这个机构看上去也不是由任何人设计而成或处于任何人的控制之下的。现在，就像当初一样，有效的经济刺激就是将钱用于贿赂而不是从事合法的商业活动——这样可以避免当权者的骚扰，但这样做只会使行贿更加猖獗。现在，就像当初一样，这种体系性的腐败阻碍了投资并抑制了贸易，进而阻碍了经济发展。[67]

有趣的是，当代克里姆林宫的反对者也有着含而不露的认识——

就像当初一样，现在的伏特加政治是问题的一部分。2013 年 7 月，阿列克谢·纳瓦尔尼在一场有着政治动机的挪用公款审判的最终辩护中——这场审判据说是有人精心安排以败坏他的名声并阻止他在未来担任公职——声称，他将"不遗余力地击溃这个封建政权……在这个政权下，0.5% 的人口占有着 83% 的国家财富"。纳瓦尔尼公然挑战着法官，还有聚集在法庭里的人，以及那些边看网上直播边考虑着他们从过去十年飙升的石油和天然气收入中获得了什么利益的人。

> 有谁得到了更好的医疗服务吗？教育呢？新的房子呢？我们得到了什么呢？……我们只得到一样东西。你们都知道从苏联时期至今有一样产品的价格是越来越亲民：伏特加酒。而这就是为什么我们作为这个国家的公民，唯一肯定能得到的就是堕落，还有酗酒致死的可能性。[68]

普通群众对此的冷漠"只会有益于这个令人恶心的封建政权，这个政权正像一只蜘蛛一样坐在克里姆林宫里"。在结论中，纳瓦尔尼宣称，对这个腐败体系的漠不关心只会让这个国家和其中出身名门的少数人受益，并让剩余的"俄罗斯人民走上堕落和酗酒至死的路，并被少数人拿走国家的所有财富"，就像在帝国主义时期的俄罗斯所发生的那样。[69] 那么，如果当初与现在的相似之处如此明显，历史对于切实改革的前景又有着什么样的预示呢？在这里也一样，改革前景是暗淡无光的。

1855 年在克里米亚战争中吞下耻辱性战败的结果后，伟大的改革家、沙皇亚历山大二世（Tsar Alexander Ⅱ）实施了彻底的改革：改革军队、司法部门、官僚机构和财政体系，还废除了征兵制和税收外包制度。但腐败问题在个人化的权力体系里有着蟑螂一样的韧性：虽然群体性腐败的根源已经被消除，腐败的官员却依旧存在，他们借助其他含混不清的途径来求财。例如，前面提及的臭名昭著的税务外包员瓦西里·科科列夫只是简单地转而从事蒸馏行业，并利用他在政府里的关系抢先霸占了800万卢布。[70] 不仅如此，这些改革并没有阻止酒馆老板那种小规模的腐败行为，他们仍然会在酒里面兑水，卖酒的时候缺斤少两，同时还维持着利润很高的典当和赊账贸易。改革并没有改变伏特加酒、金钱和权势对俄罗斯传统的地方自治机构和东正教会的渗透。

简单地改变征税办法无法消除一代又一代体系性腐败的影响。即使是在临近20世纪的时候，德国作家赫尔曼·冯·萨姆森-希默尔斯居尔纳（Hermann von Samson-Himmelstjerna）还表示，沙皇亚历山大三世（Emperor Alexander Ⅲ）所任命的最高级公职人员是"最不可救药的平庸之才，顽固的迷信者，或一心追求财富和地位的人"。他还解释了这些负责统治国家的平庸之辈的下级是如何在基层艰难挣扎的。

> 在一群数不清的小官吏中，很多都是为人心善、聪颖正直的人，但他们却被政府的代理制度强迫变成暴虐的专制君主，变成扼杀个人独立和生活智慧的人，以及变成敦促贫苦大众缴税的代理人。这些官员身上美好的部分尽可能地促使他们避免做这个体系强迫他们做的事情，丑恶的部分则促使他们将自己的权力转化为谋取私利的工具。这种矛盾在这个国家开创了一个最反常的局面：实际上，双方都（虽然是静默地）教导人们，法律被制定并通过的目的，往往不是让人们去遵守。[71]

/ 109

对于萨姆森-希默尔斯居尔纳而言，腐败和高高在上的领导层与饱受苦难的底层人民之间的鸿沟在1892年变得尤为明显。当时的政府还在争论是否恢复饱尝骂名的伏特加酒税务外包制度，争论期间伏尔加河畔发生了一场饥荒，毁灭性地带走了近50万人的性命。人们担忧惧怕斑疹、败血症和霍乱这些疾病，而帝国的财政部门却寻求在这之上再添加盐税和伏特加酒税务外包制度的负担——"这个不幸国家的这两项祸害，是导致这个国家贫穷和堕落的重大原因，也从经济角度不言自明地点出了当时沙皇政府的真实面貌"。[72]

虽然腐败的根源已被根除，但受腐败影响的个体和腐败的实践却延续下来，因此从帝国时代、苏联时代到后苏联时代，一代代领导人不得不与这些腐败恶果做斗争。确实，将针对当前反腐措施的讨论放在如此深厚的历史背景下进行，强调了腐败问题的棘手性和提出补救手段方面的不足。

一方面，许多关于在当前的俄罗斯社会如何与腐败做斗争的实用性政策建议——例如授予商业组织自主运行的权力，重新划分法律管辖区，推行法官轮流值班制度以减少潜在的惠赠——并不足以解决这个问题。亚历山大二世所实施的具有里程碑意义的改革虽然彻底撼动了体系性腐败的根基，但也几乎没有取得任何进展。那么像法官轮流值班制度这样规模更小、更容易被规避的提案，我们有什么理由期待它们发挥更大的作用呢？

另一方面，学术界有一种说法称，腐败可以通过"加强法治"或授权"地方自治政府自负其责"而得到限制。理论上，这种说法或许是正确的，但这些建议却很模糊且都不实用。[73] 在过去一百年里，几乎每一位俄罗斯领导人——其中包括一些世界上权力最大的统治者——都宣誓对腐败开战，但每个人都失败了。正如一句流行的苏联谚语所说的，"行贿者的权力比斯大林的更大"——而这样的说法并非毫无依据。[74] 友惠、贿赂和腐败是俄罗斯人的建国遗产。还有那些通过这种方式来保护自己经济地位和政治权力的腐败官员们——他们也是这个集权国家本身的基石。他们服务于集权政治制度的需求，而集权政治制度也依赖于他们。[75]

那么，真正的改革所能带来的唯一结果就是最悲观的那种。有些人认为这个社会和政治体系令腐败行为符合人们的经济利益，真正的改变只能来自一次对这种体系的全面且彻底的革新。这种大规模的结构性变革不仅在当代俄罗斯是不切实际的，而且历史也表明，这种变革是不足以达到目的的。[76] 为了根除腐败，俄罗斯需要彻底拆除其政治、经济和社会制度结构，使经济充满生机活力，这样一来，行贿和贪污对于普通家庭实现温饱就不再是那么至关重要的途径。此外，还要调整文化规范，使其不再容忍以权谋私。[77] 就像饮酒文化一样，腐败的文化只会缓慢地在一代代人的观念中改变——而这些说法却对如何完成如此宏大的社会文化再教育一字不提。

/ 110

令人悲痛的预测是，普京及其后的每一代俄罗斯领导人都将继续这场与腐败的永恒战斗。[78] 而不管是真心实意还是三心二意，他们的每一次尝试都注定失败，直到他们能很好地直面构成俄罗斯伏特加政治文化的酒精、腐败和集权之间的关系。

/ 第九章 伏特加酒的统治，抵抗伏特加酒的努力……挣脱伏特加酒的束缚？

/ 111

从彼得大帝时期开始，近代俄国历史记载的常常都是这个帝国对外的征服占领：这个不断扩张的帝国一直在追求着可以从波罗的海通往黑海以及往东通往太平洋的不冻港。俄国在地缘政治上的野心使其与许多国家结下矛盾，从瑞典、土耳其、波兰和波斯，到日本帝国和不列颠帝国。虽然俄罗斯帝国的外交政策表现出典型"权力政治"（realpolitik）的特点，但"伏特加政治"（vodkapolitik）却为这些对外征服提供了内政上的支持。沙俄大国地位的确立不仅得益于其大规模的军队，也得益于农民，他们巨大的付出支撑着整个帝国军队。

从彼得大帝时期与瑞典之间持续 20 多年之久的大北方战争，到亚历山大一世时期与拿破仑决一死战并取得胜利，再到尼古拉时期在克里米亚的惨败，这些战争都带来巨大的损耗——损耗的不仅是在战争中付出生命的农民应征兵，还有整个社会。战争期间国家频繁地征用民间物资，征收苛捐杂税，给俄国人民带来前所未有的巨大压力。即使是在和平时期，付清战争债务和维持一支常备军队的花费也使得人民没有丝毫喘息机会。只有伏特加酒带来的巨额收入才能支撑国家扩张的野心计划。[1]

然而，到了 19 世纪中期，这种过时的政治体系——一个建立于中世纪农奴制和滋生腐败的税务外包体制之上的政治体系——很明显已经再也无法跟上工业化和现代化的欧洲强国的脚步。独裁的政治被欧洲的自由主义、废奴主义和节欲主张所围攻，而俄国在克里米亚那饱受屈辱的军事失利最终触发了彻底的政治改革。然而即使是废除农奴制和税务外包制，也无法扼杀俄国伏特加政治文化的政治动力：这个国家对于财政收入的渴望是无穷无尽、难以满足的，而整个社会将再一次痛苦地为其埋单。

/ 112

建立在酗酒行为上的预算

想要精确计算出伏特加酒为帝国国库做出了多少贡献听上去很简单：只要翻阅财政部门的档案就可以了。问题在于——像大多数欧洲国家——俄国直到1802年还没有真正地设立一个财政部门，甚至还没有制定一个统一的国家预算案。相反，由不同机构组成的混杂组织被授权以沙皇的名义来征收和使用国家的财政收入。除此之外，一代代沙皇都认为土地和人民是自己的私有财产，这使想将公共财政（政府）从私人财政（皇室）中切割出来变得十分困难，而追加创建一个看上去很现代的"预算案"则是几乎不可能的。当然也因为国家鼓励税务外包员个人从公共税收的征收中获得丰厚的利润，所以这种产生于伏特加酒税收外包体制的公私不分从一开始就滋养了俄罗斯体系性的腐败。[2]

为了使问题简单化，让我们只考虑两种主要的财政收入来源：直接税收和间接税收。俄国当时特定的支出和特定的收入之间的联系，特别是军队支出和直接税收之间的关系，比今天更加明确。为了支付战争借款和维持军队支出，在与瑞典的大北方战争（1700~1721年）之后，彼得大帝用人头税或"灵魂税"取代了以家庭为单位的税收，对每一个人（除了神职人员和贵族）征税，从最小的婴儿到村庄的长者。彼得推论出35.5个人所缴的税可以养活1个步兵，50.25个人所缴的税可以养活一个骑兵，并依此类推。一开始，军队是自己来征收税款，直到后来才将收税的工作外包给地主，这些地主已经在负责从自己的农奴中挑选并拼凑人员去应征入伍。但人头税对于国家而言并不是一项可靠的收入：不仅因为在俄国的广阔领土上收税是一项艰难的工作，而且这种常常需要军队介入的征收并不受人们的欢迎。因为税收的每一次增长都预示着会引发农民起义，而且，作为征税对象的人口规模从历史进程的角度而言是鲜有增减的，所以人头税的收入从历史进程的角度而言也是一成不变的。[3]

至少对于国家而言，由于有了税收外包员，间接税收（包括盐税和伏特加酒税）的征收变得更加简单了。这种税收看上去是人们自愿上缴而不是因为受到胁迫而缴纳，并且税收的金额往往是不可见的：它只是被简单地包含在零售价格里。彼得曾经从盐税中获取的盈利是难以想象的，但到了19世纪初，不断上涨的燃料费和劳务费已经使得盐务贸易变成一项不断亏损的投资。[4]

相反，通过伏特加酒贸易赚钱则要容易得多。不管是出于宗教目的、药用目的还是消遣目的，酒类的需求一直居高不下。不同于鲜有增减的人头税或者收入下降的盐税，伏特加酒贸易的盈利是惊人的，而且想要增加伏特加酒的收入，简单的办法是提升税率，鼓励更多的饮酒消费或者双管齐下。这种内在的矛盾——专制国家的财政实力取决于是否纵容其国民在酗酒中堕落——是一种与魔鬼的终极交易。正如历史学家约翰·P.莱顿尼（John P. LeDonne）所说，一旦国家财政和伏特加酒扯上关系，政府就"将深陷这样一个困境，无法脱身：政府在鼓励贵族生产酒类和大众消费酒类的同时，也促成了酗酒陋习的蔓延和导致城市、乡村两个地区道德沦丧。这一困局一直伴随着帝国政府直到其于1917年覆灭"。[5]确实，这就是沙俄专制主义伏特加政治的精髓：这个最根本困局的存在时间远超沙皇的帝国，并持续困扰着苏联和当今的俄罗斯联邦。

一直以来，这个国家的"三大"财政收入来源都是人头税、盐税和伏特加酒税。从我们所拥有的少数对18世纪俄国财政的历史记录的重建材料中可以看出，早在1724年，从酒类贸易中所得的90万银卢布已经构成了政府所有收入的11%，超过盐税的60万卢布（占7%），成为最大的间接税收来源。到了1795年，伏特加酒的贡献已经增长到1750万卢布，这等于整整30%的财政预算，与此同时，盐务贸易收入却比最高峰时减少了120万卢布。1819年伏特加酒税的收入甚至超过了直接税收的收入，而从1839年起，直到导致帝国衰亡的第一次世界大战爆发，伏特加酒税是帝国财政独一无二的最大收入来源。[6]

然而，即使是立足于这些令人震惊的数据，我们将伏特加酒贸易描述为对沙俄社会底层人民的镇压的结论又是否公正呢？毕竟，看上去，农民全都是自愿饮酒，并且愿意忍受伏特加酒税务外包制度及其创造的体系性腐败。

作为沙皇酒馆的"教父"，伊凡雷帝声称"服从君主的意愿对于臣民来说是一件好事，因为如果没有高于他们君主的意愿的存在，他们就会沉溺于酗酒而无所事事"。但认为农奴制比使用酒来控制人更可取的不只是专横的伊凡雷帝：17世纪早期，一个访问俄国的丹麦人将酗酒的嗜好当作证据，以证明俄国人"更支持奴隶制而不是人身自由，因为在自由状态下他们会花大把时间去获得许可，而在奴隶制状态下，他们会将时间花在工作和劳动上"。在伊凡雷帝的时代，让人们饮酒和奴隶制就像一个硬币的两面，是没有根本区别的：当谈及劳动力是如何被集聚起来时，有些人是在武力胁迫下签订的契约，"其他人仅仅是被叫着喝酒，然后三杯到四杯酒入口后他们就发现，自己已被囚禁，像奴隶一样被强迫劳作"。[7]

但那描述的是中世纪的俄国，远早于农奴制被编入《会议法典》中的1649年。后来的俄国又是怎样的呢？事实证明，就连身处18世纪的外国游客也会发现，农奴阶层也因为酗酒而遭受着同样的压迫。

亚当·欧莱利乌斯在1630年代留下了这样的描述，"无论是世俗之人还是神职人员，无论身份尊卑，无论年龄和性别，酗酒的陋习在这个民族的所有阶层身上都极为盛行。他们横躺在大街小巷的各个角落，混于污物之中，这样的场景在俄国社会中是如此普遍，以至于都没有人会仔细留意"。在强调阶级界限的同时他也提及"普通大众、奴隶和农民是如此忠实地遵守这种传统（饮用贵族们的伏特加酒），以至于即使他从一个绅士手中接过第三杯和第四杯酒，甚至更多杯酒，他

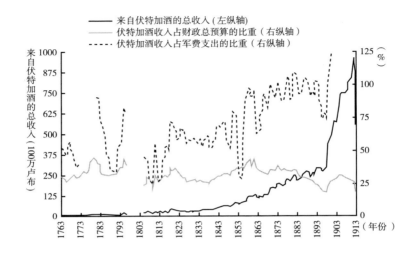

来自伏特加酒的总收入（左纵轴）
伏特加酒收入占财政总预算的比重（右纵轴）
伏特加酒收入占军费支出的比重（右纵轴）

1763~1914 年俄罗斯帝国在酒类上的收入

来　源：Arcadius Kahan, *The Plow, the Hammer, and the Knout* (Chicago: University of Chicago Press, 1985),329,337; David Christian, *Living Water: Vodka and Russian Society on the Eve of Emancipation* (Oxford: Clarendon, 1990),382-91

也会继续喝下去，因为他并不敢拒绝，他会一直喝到醉倒在地上——而有时随着他们喝下这一杯杯酒，他们也放弃了自己的灵魂"。[8]

　　18 世纪的文献也同样满满记录着人们在伏特加酒影响下表现出的唯命是从。1778 年，英格兰人威廉·考克斯（William Coxe）描述了这样一个"仁慈的"税务外包员——他通过强卖伏特加酒给农民而聚敛了大笔财富——他为那些酗酒的人举办了一场聚众酗酒的宴会，酒徒们"围满了木桶和酒桶；他们用大木勺不停地舀着葡萄酒、啤酒和烈酒。而对于接踵而至的困惑和骚乱场面，只可以在脑海里想象，而无法用言语来描述；当时我们觉得最好还是从酒席中脱身"。他接着又描述道，"但这场酒宴所带来的后果确实是骇人听闻的"。"许多酗酒的人被冻死了；不少人成为酒后争斗的牺牲品；而其他人，因为很晚才回家，则在这个城市更为僻静的地方被打劫或遭到血光之灾。从不同报告的对比中，我们有理由得出这样的结论：至少400人在这次令人悲痛的事件中丧生。（紧接着的一天，我自己数出了不少于40具尸体，被堆聚在酒宴附近的两个小屋里。）"[9]

到了19世纪早期，这个体系早已经根深蒂固——因为这个体系而丧生的人数比以往更多。"在冬天的冷风中，"英格兰人罗伯特·克尔·波特（Robert Ker Porter）这样描述道，

> 此时我们看到醉酒的当地人蹒跚地从一些打开的门中走出，他们跌跌撞撞地从一边倒向另一边，他们的命运是与其他数千人一起，在这样一个季节中被冻死……在肮脏闷热的沙皇酒馆或公共饮酒屋里花完他最后一个戈比之后，这些喝醉的人被酒馆老板当作一件不再值得注意的物件扔了出去。他被酒馆老板用力带出了酒馆，直到撞到门对面的墙才停下来。他完全没有去留意自己是否在撞击中受了伤，借助他那半跌半撞的脚后跟的支撑，他很快就站起身来，唱着一些俄罗斯歌曲，不但声音刺耳，而且曲子也是东拉西扯的；在他的自吟自唱里，时不时会夹杂着他的祷告。他在自己胸前画了几次十字，一边画一边低语着《求主怜悯》："主啊，求你怜悯我们！"他继续蹒跚着往前走着……接着他又大声地唱着民族歌曲，歌声穿过浓重的空气：他跟跟跄跄地走着直到滑倒，躺在地上，而他很有可能永远无法从地上爬起来。他倒下并躺在地上，然后慢慢地唱着歌睡过去，就不再醒来了。[10]

在19世纪早期，外国访客早已不满足只描述农民酗酒的痛苦了，他们也想对这种现象做出解释。"这个国家的民众，真正的俄国人，

仍然在很大程度上保留着北方野蛮人的印记，"汉尼拔·埃文斯·劳埃德（Hannibal Evans Lloyd）在 1826 年这样写道，"他们是一个充满活力的民族，但行事野蛮并盲目地服从于皮鞭统治，而且几乎满足于他们自己这种令人唏嘘的堕落；整个民族都非常迷信，甚至对改善现状的事情毫不在意。牧师的话语、圣人的画像和白兰地酒瓶就是他们所崇拜的偶像。"[11] 这段话所蕴含的讽刺意味与其悲剧色彩一样浓厚明显：越来越多的农奴刚挣脱被奴役的枷锁就又陷入伏特加酒的陷阱，并成为伏特加酒的"奴隶"。

为了避免因为指出俄国农奴群体普遍的酗酒行为而被指控拥抱东方主义，我也应该提及他们这种新的被酒瓶"奴役"的风潮同样渗透进了西方国家。看一下美国的活动家和演说家弗雷德里克·道格拉斯（Frederick Douglass）：他出生于内战前马里兰州的一个奴隶家庭，自学成才的他于 1838 年在纽约出逃奔向自由，并且很快投身于废奴事业。他在 1845 年出版了极具影响力的自传《美国奴隶费雷德里克·道格拉斯的人生自述》（*Narrative of the Life of Frederick Douglass: American Slave*），这本书是关于一类人对其他人所施残暴行为的第一手描述。此书成为畅销书，也是对解放黑奴事业的高声呼吁。

在这本书里，道格拉斯描述了节日期间他和同伴们是如何在辛苦的劳作、鞭打和主人日常的残忍对待中获得仅有的喘息机会；他们的遭遇近似俄国的农奴。"在圣诞节，如果没有喝醉，会被看作一种耻辱"，道格拉斯这样解释道，因为这是"奴隶主所有的控制奴隶暴动的手段中最有效的一种"。他继续写道：

> 他们的目标似乎是让他们的奴隶对自由产生厌恶，而他们的手段则是让他们投入到层次最低的一种放荡作乐中。例如，奴隶主们不仅喜欢看到奴隶自己自愿喝酒，而且会采取不同手段鼓励

他们喝酒。他们的方案之一就是，在他们的奴隶身上下注，赌哪个奴隶可以在不喝醉的前提下喝下最多的威士忌酒；通过这种方式，他们成功地让很多奴隶都过度饮酒。因此，当奴隶要求获得实际有效的自由时，狡猾的奴隶主深知奴隶们的无知，就用这种放荡、堕落的教训来敷衍、欺骗他们，并巧妙地将这种堕落冠名为自由。我们中大多数人习惯直接喝下这些酒，而结果往往正如奴隶主所期待的一样，我们中的许多人被说服去相信自由和奴役之间几乎没有什么选择余地。我们感觉做人的奴隶和做朗姆酒的奴隶几乎没什么差别，而这种想法也是非常正确的。因此，当节日结束后，我们蹒跚地从污秽里爬起，不再打滚；我们深呼吸一口气，然后走向田里——从我们主人骗我们所相信的"自由"中重新回到奴隶制的控制下，整体上感觉我们是乐于这么做的。我曾说奴隶主的这种处理模式是整个充满欺诈和残暴的奴隶制体系的一部分。确实如此。[12]

酒在俄国充满欺诈和残暴的奴隶制体系中扮演着更多的角色。1839年，几乎是在弗雷德里克·道格拉斯在"民主的"美国逃离奴隶枷锁的同一时间段里，保守的法国贵族古斯丁侯爵（Marquis de Custine）正在环游俄国，寻找着可以反驳"暴民统治"民主的证据。当他到了俄国后，他对俄国君主制度和人民在酒精影响下表现出的唯命是从非常反感。"这里的人最大的快乐来源于酗酒，或者换句话说，来源于遗忘，"他这样写道，"不幸的人们！如果他们感到快乐的话，他们一定是在做梦。"古斯丁同情这些饱受蹂躏的农奴，他们的美德在酗酒时所表现出来的快乐和真挚中闪闪发光，完全不像在法国那种小打小闹的饮酒。他由此得出这样的结论："这是一个奇怪有趣的国家！让他们感到快乐是一件让人愉悦的事情。但这个目标即使可以达成，也会是非常困难的。""告诉我如何才能使一个巨汉那模糊不清的愿望得到满足——他年轻、懒散、无知却又充满了雄心壮志。而且他深受束缚以至于几乎寸步难行。我同情着这个民族，也一样同情着他们的全能统治者。"13

然而到了19世纪中叶，这种古老的双重奴役制度内在的矛盾——身体上受到皮鞭的镇压而经济上被酒精所控制——就开始凸显了。1843年德国农学家奥古斯特·冯·哈克斯特豪森对俄国乡村地区展开了详细的研究。他在研究成果中这样写道："饮用白兰地酒是最大的罪恶，是真正困扰俄罗斯帝国的瘟疫。"他的结论无论是在俄国国内还是国外都饱受争议，他的结论直接归责于俄国的伏特加政治体系：在这个体系中，"农民即使不是被逼着喝酒，也是被引诱去喝酒"。而当谈到解决办法的时候，哈克斯特豪森提出："政府所能采取的最有用的办法就是直接取缔这种体系，但要将这种办法付诸实践面临着很大的困难：酒类贸易的外包产生巨额的收益，这种收入是不可能被割弃，或者以其他方式轻易得到的。"14

这样的研究清楚指出——不要责备受害者——正是专权的伏特加政治体系创造了农民的唯命是从和痛苦，而且农民因为同时受奴隶主和酒奴役而产生的内在压力也不断增加着。

抵抗和叛乱

如果农民真的成了伏特加酒的俘虏，难道我们不应该期待出现大范围的针对伏特加酒的抵抗吗？确实，进入19世纪之后，不断向前推进的启蒙运动思想和工业革命浪潮将俄国的封建文化和经济远远抛在身后，而与此同时，主张更深层次戒酒的禁酒运动实现跨国扩张，其触角不断延伸，这也威胁到了俄国专制主义的伏特加政治文化的真正根基。

禁酒风气在横扫欧洲其他地区后也蔓延到了俄国：1795年第三次也是最后一次瓜分波兰使得一度强盛的波兰—立陶宛联邦的众多

领土沦为俄国的臣属之地。这些土地上的"新"俄国国民更习惯于欧洲的政治和观念作风，而与罗马天主教廷之间的联系则加重了他们的"世界主义"倾向。这种普世化的联系为将新思想传入俄罗斯帝国提供了关键的渠道，而这些新思想有带来颠覆性改变的潜力。虽然日益逼近的启蒙运动的自由主义思想和后来出现的社会主义思潮威胁着保守的俄国独裁政体，但看上去无关痛痒的禁酒主义运动或许会带来更大的危害。用一个历史学家的话来说就是，"禁酒运动是一场极为重要的社会运动，它的目标是反抗沙皇俄国的政治和社会经济政策方针"。[15]

国际性禁酒运动的起源可以追溯到美国禁酒协会（American Temperance Society, ATS）。1830 年代，法国自由主义者亚历西斯·德·托克维尔在游历美国的时候，对美国禁酒协会赞叹不已。"我最终明白了，数以十万计的美国人，在意识到他们周围的酗酒行为的危害后，下定决心支持禁酒运动。"托克维尔的结论是："在我看来，没有什么比美国的这些秉持理性主义和提倡道德的协会更值得我们关注了。"[16]

/ 118

在努力将美国式的禁酒运动引入欧洲方面，托克维尔并不孤单：像美国传教士罗伯特·贝尔德（Robert Baird）和苏格兰人约翰·邓禄普（John Dunlop）这些主张新教主义的活动家们不仅将美国禁酒协会的成就带到了欧洲，还带来了它的禁酒方法。各地以分会为单位组成社区自助组织，每个成员都要签下禁酒的保证书。这些禁酒思想最终被付诸实践：1836 年，一篇介绍美国禁酒协会成就的文章在里加（Riga）发表。几天内，大量的请愿书就涌入了俄国政府，请求建立类似美国禁酒协会那样的禁酒分会。俄国政府并没有选择鼓励其臣民戒酒（并进而动摇国家财政的根基），而是坚决取缔了所有的禁酒协会，"以免它们被错认为独立的宗教教派"。贝尔德在 1840 年拜见了沙皇尼古拉一世，在那之后他私下悲叹道："未来数年里在俄国建立禁酒协会是不可能的。"他还补充道:"在传播禁酒思想的层面上,还有很长一段路要走。"[17]

然而,或许在沙皇的帝国里,最适合禁酒主义思想生根的肥沃土壤正是新近纳入帝国版图、与西方接壤的边疆地区。当俄国东正教会试图使当地文化俄罗斯化时,天主教会为其提供了庇护的堡垒,当俄国人试图在政治上对当地人民进行殖民时,禁酒运动也为其提供了抵御的防线。到了1858年,波兰和立陶宛的神职人员已经建立起一个"节酒兄弟会",这个兄弟会在美国禁酒协会的组织架构上混杂了马修神父(Father Mathew)这样一个与基督教会有关的因素和爱尔兰的绝对禁酒协会(Rechabite temperance societies of Ireland)的色彩。马修神父是一个天主教的十字军战士,他斗争的对象不仅仅是酒精,还有皇室对饱受敌视的英国人和英国教会的压迫。与之相比,天主教信徒在信奉东正教的俄罗斯帝国所遭遇的困境有过之而无不及。[18]

这场运动以惊人的速度蔓延着(至少以19世纪的标准来衡量确实如此)。一个又一个乡镇里的牧师鼓励着他们教区的居民签下戒酒的保证书——不是戒掉所有的酒,只是戒掉伏特加酒。只要不是喝到醉倒,啤酒、红酒和蜂蜜酒都是可以接受的。但伏特加酒——及其所代表的俄罗斯帝国统治——则很明显是不可接受的。一年内,考纳斯省(Kaunas guberniya)83%的教区居民都立下了戒酒的誓言。在临近的维尔纽斯(Vilnius)和格罗德诺(Grodno),禁酒协会的成员很快超过了一百万人,足足占当地人口的四分之三。[19]

这场戒酒运动的爆发出乎人们的意料,也威胁到税务外包员并给帝国财政带来毁灭性的打击。在维尔纽斯,当年酒的销量下降了40%,格罗德诺的销量下降了33%,考纳斯省的销量则下降了70%。到处都是令人振奋的报告,描述着空荡荡的酒馆、关闭的酿酒厂、得到改善的国民健康状况和由于供应增加而变得更加实惠的谷物价格。

税务外包员们都破产了。最后，帝国政府介入直接管理酒类贸易，并开始处理这场戒酒"危机"。这次酒精抵制活动的教训是惨痛而清晰的：无论什么时候，如果多数俄国人突然间决定要戒酒了，政府将马上面临破产和垮台的局面。[20]

这是伏特加政治所面临的尴尬困境：如果国家要改善国民健康状况和提升他们的幸福感，它就将面临经济崩溃——然而除此之外的唯一选择就是加倍投入支持酗酒行为和腐败的税务外包制度。俄国一代代的君主都是一次又一次地选择了后者。为了保护税务外包员不受立陶宛那危险戒酒运动的影响，财政部没收了实施戒酒的请愿书，并且惩戒了那些没有阻止戒酒手册出版的审查官员。然而，他们并没有执行财政部的命令：让天主教神职人员公开摈弃他们的戒酒邪说，并将伏特加酒描述为一种"无害的"甚至"必要的"享受。[21]

到了1859年春天，在信奉天主教的省份发生戒酒运动的消息已经传播到俄国的中心地带，从莫斯科到伏尔加，那里的酗酒问题更为严重。乡村地区的农民和城镇地区的穷人大多对伏特加酒采取温和的抵制态度。到了那年夏天，禁酒协会已经扩展到了32个俄国省份，当地的农民都宣誓签下戒酒保证书，而乡村大会则起草了针对饮酒者的新的罚金和体罚措施。[22]

在东正教统治的核心区域，诸如波兰、立陶宛和信奉新教的地方，以及爱沙尼亚、拉脱维亚和芬兰等地，戒酒运动还带有反殖民主义的色彩。但在传播到信奉东正教区域中心地带的过程中，这种原有的反殖民主义色彩就慢慢消失了。戒酒运动势力无法与东正教会联合起来，因为后者早就成了伏特加酒贸易的同谋之一。伊凡·普雷若夫（Ivan Pryzhov）撰写了关于俄国沙皇酒馆的早期历史著作；他在1860年代这样写道：东正教会不仅在俄国引入和发展了蒸馏技术，还从收受税务外包员的回扣中获益颇丰。此外，乡村的牧师都是长期的酒鬼，他们绝对不可能宣扬戒酒，因为那样人们会嘲笑他们的虚伪。[23] 19 世纪《泰晤士日报》的记者 D. 麦肯齐·华莱士（D. Mackenzie Wallace）这样写道："如果教会能对饮酒的农民给予母亲般的关怀，它或许会对他们的身体和思想健康产生有益的影响。不幸的是，教会内部有着让其不采取任何行动的理由，以至于它的确没有采取任何相关的有益措施。"[24]

　　相比之下，因为大规模的戒酒运动威胁到他们的丰厚收益，税务外包体系腐败的代理人对此有着激烈的反应。据记载，1859 年 2 月，巴拉绍夫（Balashov）地区的伏特加酒税务外包员征召了当地的警察队长（后者定期收到税务外包员的贿赂），让他帮助保护自己的经济"权利"。警察队长勾结当地的检察官，检察官针对"不喝税务外包伏特加酒的阴谋"展开了正式的调查。税务外包员还亲自陪同检察官到当地一位贵族住宅里询问贵族的农奴，为什么他们不喝酒了。

　　"我们已经意识到我们那样做是错的，"农奴们回答道，"伏特加酒这种东西正在毁灭我们！这简直就是在开玩笑——8 卢布才能买一桶酒！要买单单一桶酒需要多少马车的谷物啊？"

　　"无论如何，"一位佩戴着士兵奖章的农民这样强调道，"伏特加酒都是极其可怕的，它简直比洪水猛兽还可怕。"

　　感到被侮辱的税务外包员激动地斥问这个农民："你说的'极其可怕'是什么意思？"

　　"就是字面意思。伏特加酒是有害的。它唯一能做的就是让你的胃发胀。"

　　农民还补充道："根据以往经验就是这样的。"税务外包员发怒说道："你怎么敢这么说！"紧接着，他就开始抽打这个农民。这个丑闻在乡村里引发了集体抗议。有传言说这个税务外包员给了一大笔钱想要掩盖这整件事，但没有成功。毫无退路的政府说服地主将他的农奴都聚集到一起，并给他们每人送上了一桶免费的伏特加酒。报告指出："值得赞扬的是，他们中没有一个人愿意碰触这些酒。"[25]

随着时间的流逝，自愿戒酒的农民与服务于国家财政、迫切推销酒类的代理人之间的冲突变得越来越频繁，甚至越来越激烈。有时候，农民点火烧了酒馆，导致武装部队被派遣来镇压叛乱。超过780名"叛乱教唆犯"被送上军事法庭审判，等待他们的先是鞭刑和棍刑，然后是流放西伯利亚地区。一位对此大吃一惊的英国记者描述了一个滴酒不沾的人是如何在鞭刑的压迫下开始喝酒的；有些不肯屈服的人则被用漏斗灌进酒精，接着被扔回监狱当作叛乱分子关押起来；与此同时，神职人员收到命令，要在他们的教堂里宣扬"反对新形式的药物戒酒行为"。新闻出版审查机构从那时起禁止出版谴责酒类贸易不道德的刊物。"这些事情听上去难以置信，"他补充道，"却真实地发生了。"[26]

对这种荒唐事情摇头叹息的不只是外国人——俄国的自由主义批评家也感到震惊。"坦波夫省的戒酒罪行是不是真的如此普遍，以至于行政长官丹扎斯（governor Danzas）已经派遣了几支部队前往镇压这些拒绝饮酒者了？"亚历山大·赫尔岑这样质问道。他那极具影响力的杂志《警钟》因为流亡到英国出版而逃过了俄国的新闻审查。

> 可怜的军队！可怜的军官！你们守卫着沙皇的宝座和东正教的圣坛，保护着挥舞鞭子的农奴主和四处掠夺的官员们，难道这还不够吗？但现在你们还得保护酒馆，以及通过保护里面的酒瓶、酒杯来保护酒馆的销售？或许他们会开始以税务外包体系的名义授予爵士称号。爵士制服上会有伏特加酒酒桶的图案作为肩饰，在纽扣眼处会有酒瓶交叉组成十字架的图案。对于那些最低级别的爵士，他们徽章上的图案会是一只鸽子向一个打开的酒瓶屈身敬礼的场景，带着这样的铭文："美酒圣哉——美酒降临！"[27]

/ 121

事态的发展正在失去控制。即使不是赫尔岑那样直言不讳的批评家也可以看出，这里面出了很大的问题。

逃脱枷锁和酒精的自由

根据《苏联大百科全书》的记载，"酒税叛乱（the Liquor Tax Rebellion）是一次自发的抗议活动，它反对的不仅仅是税务外包员以及具有相关责任的政府代理人，还有农奴制这个体系"。[28] 正如我们所看到的，农奴制和伏特加政治是一丘之貉，都属于封建奴隶制度的一部分——而到了 19 世纪中叶，要想了解这个制度体系的落后程度，只需要向西扫一眼欧洲大陆的情况便可以看清。

克里米亚战争（1853~1856 年）期间，这个体系的不足之处以惨痛的代价在世人面前显露无遗；在黑海周边地区，强大的俄罗斯帝国军队在自己的地盘上差点被土耳其人、英国人、法国人和撒丁人全部歼灭。比起军队所承受的伤亡，沙皇尼古拉一世本人遭受的打击或许更大：他夜以继日地痴迷于军事计划，这位极端保守的欧洲"警察"最终在 1855 年 3 月 2 日死于肺炎。

作为尼古拉一世的继承者，亚历山大二世（Alexander Ⅱ）逐步结束了前任沙皇给俄国带来的无尽屈辱和损耗，并应对其所揭露的重重问题。这位俄国的"伟大改革家"所提出的切实可行的改革计划包括：对军事系统、司法系统和官僚系统进行改组整顿和现代化改革，同时放松出版审查——第一次允许人们讨论社会危机和政治危机，包括酗酒问题。虽然历史学家普遍表示在克里米亚的失利推动了俄国解放农奴的改革，但整个国家建于农奴制和伏特加酒之上的双重奴役体系早已破旧不堪，由此引发的俄国社会大众的抗议和骚乱或许更可能是引发改革的原因。毫无疑问，农奴制是一个已消逝时代的最显而易见的遗物，但这个国家对过时的税务外包制度的依赖性大概也有着重大影响。因此，两者紧密相连，摆脱一个免不了要牵扯另外一个——

亚历山大二世正是这么做的。[29]

在 1858 年到 1860 年的某个时间点，沙皇终于决定放弃伏特加税务外包制度。令沙皇下定决心的原因除了伏特加酒对公众健康和道德腐化的影响以及不断加重的伏特加酒叛乱阴霾，还有腐败的日益猖獗。税务外包员在财富的影响下变得越来越肆无忌惮，而国家财库和贵族们的蒸馏厂也不再有盈利了。1860 年，政治经济部门向国务会议提交的报告公开承认了伏特加政治的基本矛盾：

/ 122

> 政府不应该也不可以忽略这一制度对人民的经济利益和道德健康的影响。每个人都知道税务外包制度使人堕落和腐败。这个制度使得当地的行政管理本身处于一种"外包"的状态，任何在行政体系里推广正直公正作风的努力都付诸东流。这个制度还缓慢地使政府陷入一个艰难的处境：政府不仅要包庇这个制度运行的必需品和衍生物——对法律的公然违反行为，还得阻挡人民自发通过戒酒来实现道德提升的冲动和努力。通过这种方式，政府提供了轻视法律的模板，以及对滥用法律和传播恶行的支持。[30]

1860 年 10 月 26 日，沙皇亚历山大二世认可了报告和其中的建议。税务外包体系原定在 1863 年废止，代之以现代的消费税体系。这份报告建议不要再次起用原定废止的税务外包体系。这不仅预示着这个古老的俄国财政管理体制的终结，也在名义上移除了伏特加酒产业的命脉、体系性腐败的根源（虽然没有移除根深蒂固的腐败行为），并且在伏特加酒贸易层面上最终分离了公共和私人利益——税收和利润。然而，事实证明，体系性的腐败和伏特加政治的生命力是更为强大的。

酒精问题同样明显影响着亚历山大二世的其他重要改革，如 1861 年农奴制的废除。雅科夫·罗斯托夫采夫（Yakov Rostovtsev）

是农奴解放草案的重要起草人之一，他问了这样一个问题："如果曾因一瓶黑麦伏特加酒（一种价格便宜的伏特加酒）而发生了骚乱，那要是我们夺走的是一公顷土地，又会发生什么呢？"[31] 虽然农奴制的命运早在动荡的伏特加酒骚乱发生前就被决定了，但相应的废除农奴制的组织工作却还没有准备好。身处贵族阶层的农奴主向沙皇施压，让他解放农奴但不分给他们土地。俄国农民的数量十分庞大，他们既难以被驾驭又无依无靠。他们的存在如幽灵般困扰着沙皇亚历山大二世，使得这位"解放者"沙皇做出了折中的安排。他的安排使得俄国新近拥有土地的市民实现了名义上的自给自足，但也使地主们仍旧保留很大的权力。正如历史学家大卫·克里斯蒂安所指出的，"我们有理由认为，酒精引发的抗议确实在农奴解放草案的修订中扮演了重要角色"。[32]

自由放任，自由饮酒

1861 年，亚历山大二世将农民从农奴制下解放出来，并通过在 1863 年废除税务外包制度，将他们从受伏特加酒"奴役"的状态中解放出来……是吗？不幸的是，事实并非如此。正如虽然亚伯拉罕·林肯在 1863 年签署《解放黑人奴隶宣言》（Emancipation Proclamation）是与美国的封建时代决裂的重要象征，却没有转变为即时的免于奴役的自由。同样的评价也适用于俄国的农奴解放。例如，刚刚被解放的农奴所获得的土地几乎无法满足他们的生存需要，与此同时，为了弥补地主突然失去劳动力的损失而收取的赎金税，给农民带来沉重的负担，也有效地使他们继续依赖于地主。同样俄国抛弃了税务外包制度，转而使用一个由自由市场主导的体系，每桶（3.25 加仑）美制酒度为 100 proof 的烈酒收缴 4 卢布消费税税金。但这一现象只是在掩饰俄国社会因为酒精而对国家持续不变的从属关系。[33]

这个新体系通过将原本外包给税务外包员的职能重新赋予政府机构，有效地提升了俄国的国力。对酒类贸易进行监管和收缴伏特加酒收入使政府招聘了超过 2000 名诚实能干的公务员——这并不是一个简单的任务。为了减少官员们腐败的动机，新的政府官员不能与之前的税务外包制度有任何联系，而且他们的工资必须足够丰厚——所有工资加起来每年可以超过 300 万卢布。这个体系努力想要实现精英领导体制：表现良好的管理者会拿到奖金，而无能腐败、任人唯亲的管理者则会受到惩罚。然而，旧体系还是有一部分因素被保存下来了。例如，酒馆作为乡镇与国家之间主要的信息财物交换点这一性质保持不变，而且利欲熏心的酒馆老板的专横残暴也丝毫不减。此外，许多从酒类贸易中长期获取可观收入的税务外包员只是转而从事利润丰厚的蒸馏业——实际上，这个行业已不再为贵族所垄断——他们还勾结瞒报大部分的实际产量以避免缴纳消费税。[34]

然而，这个转变过程中所延续下来的，是国家对伏特加酒利润的依赖。自 1863 年开始推行消费税，政府的收入就一直稳定地缓慢上升，直到 1894 年国家垄断伏特加酒销售（1894 年起此项收入的增长更加显著）。

税务外包制度的终结是否正如旧体系的捍卫者所警告的那样，导致了伏特加酒价格下跌和"一场酗酒者的狂欢"？一开始或许是这样的：在推广新的税种和市场竞争关系前，国家终止了所有的税务外包关系并卖掉了仓库里的伏特加酒，因此，1863 年前后这段时间的酒类消费量出现明显的上升。然而，就整体而言，在俄罗斯帝国尝试推广消费税的这些年里，酒类消费量总体上是下降的。

19 世纪末，酒类消费量略有下降，而与此同时，酒类贸易的收入却上升了。这表示，这个专制的国家正在稳步地放弃原有的自由放任信条，转而更多地参与到伏特加酒交易中。例如，1865 年，取得酒类销售许可证的费用加起来是 10 卢布——20 年后，这个价格上涨到了

1100卢布，这使得售卖酒类的商店越来越少。政府也尝试通过其他方式从人民身上压榨出每一个可压榨的戈比，并分别在1864年、1869年、1873年、1881年、1887年和1892年提升了消费税的税率，使得酒类消费量逐步减少。[35]

欧洲和北美洲许多国家的酒类消费量也实现了类似的减少，但它们所采取的方式却不同于俄国：政治改革加上民间的禁酒运动。[36] 然而，虽然伏特加酒交易受到严格的监管，但至少有着名义上的自由——不像沙皇的臣民那样连名义上的自由都没有。俄国法律依旧严禁公民行动，普通民众几乎没有任何希望可以反抗这个酒精统治的帝国。虽然亚历山大二世推行了许多现代化的改革，这个国家依旧在很大程度上

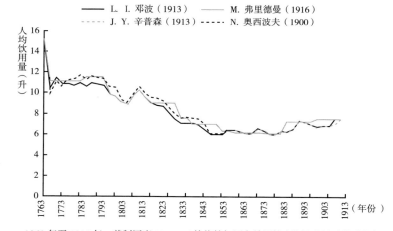

1863年至1914年，美制酒度40 proof的伏特加酒在俄国的人均消费量（估计值）

来源：L. I. Dembo, *Ocherk deyatel' nosti komissii po voprosu ob alkogolizmeza 15 let: 1898-1913*）（St. Petersburg, Tip. P. P. Soikina, 1913), 163: Mikhail Fridman, *Vinnaya monopoliya, tom 2: Vinnaya monopoliya v Rossii.*（Petrograd: Pravda,1916），66, 265, 444; Nikolai Osipov, *Kazennaya Prodazha vina*（St. Petersburg: E. Evdokimov, 1900, 77; J. Y. Simpson, *Some Notes on the State Sale Monopoly and Subsequent Prohibition of Vodka in Russia*（London: P. S.King & Son, 1918），32

依赖着酒类贸易的收入，并且不允许任何可能威胁到国家财政的因素存在，不管这些因素背后有着多么善意的动机。如果禁酒运动成功了，整个国家就会破产——就是这么简单的道理。

英国记者尤斯塔斯·克莱尔·格伦维尔·默里（Eustace Clare Grenville Murray）是这样描写俄国人民的禁酒要求的："1865年，人们竟然相信因为他们不再是农奴了，他们就不用再遭受以往的那种粗暴对待。但他们发现自己错了。他们被当成叛乱者处置，虽然没有遭受体罚，却要缴纳罚金，遭受胁迫和训诫，直到耗尽他们身上最后一丝抵抗精神。"默里在1878年写了《今日的俄国人》（*Russians of To Day*）一书，书里这样解释道：

> 一个人可能会因为没有喝醉而遭受严厉的惩罚。有一天，我们遇到了某个波兰裔的教师，他在码头上郁郁寡欢地挥舞着扫帚，混杂在一群身无分文的流氓队伍中。他和这群人被当作一类人来惩罚。我们遇到的这位教师所犯的罪行是在他的学校和茶馆里高声大喊打倒"伏特加暴政"，并试图引诱一些大学学生做出戒酒的承诺。曾有人私下里告诫他最好保持沉默，但他不听劝，而结果就是在他某天晚上走路回家，有个人撞到了他，而他提出抗议。两个警察即刻行动，将他拉走，并控告他酗酒和破坏秩序的罪名。隔天他就被罚扫大街三天——所幸这样的一个判决在俄国并不像在其他国家一样会损害他的社会形象。
>
> ……
>
> 事实是，你不能在俄国支持戒酒的主张；酒类贸易中相互交错的利益线纷繁错杂且势力庞大。没有人会强迫你喝酒；东正教里的"分裂主义者"，或者说政见不同者，是俄国社会里最受尊敬的一群人，总计1000万名成员。但他们跟其他人一样，都不能公然地引诱其他人相信他们的主张。有许多开明的人憎恨并谴

责这种全国性的恶习，他们会检查自己的仆从是否染上了这样的恶习，并支持任何一种可以削弱这种风气的理性的立法措施。但如果他们当中的某个人在这一事务上表现过于积极，他就会发现自己神秘地陷入了一种诸事不顺的状态。然而，作家和记者更没有资格对抗这种恶势力，因为那些将酗酒问题的普遍性视作理所当然的文章会被出版审查机构系统性地封杀。[37]

即使赢得了人身自由，俄罗斯帝国晚期的农民也并没有比前人更加了解自由的概念。奴役大众的手段形式多样——因此，即使是到了抛开皮鞭和枷锁的时候，他们仍旧受到伏特加酒的奴役。确实，事实证明酒瓶是维持统治和实施控制的一种更持久和有效的手段；它不仅给人们带来抚慰，还在这个过程中产出巨额的利润。

"我们必须铭记，俄国政府的政策一直都是通过牺牲人民的利益来维持国家的富有。自伊凡雷帝时代起，历代沙皇均极其富有，而他们统治的国家却非常贫穷。"意大利外交官和历史学家路易吉·维拉里（Luigi Villari）在 1905 年写下了这段话。他解释道："这使得政府可以大展扩张领土的宏图，而持续在经济上剥削着自己的国民，使得他们没有能力反抗统治者。当然这样做最后的目的是给整个帝国带来更多的财富和地位的提升，但整个过程充斥着官僚主义的狭隘眼光。因此，随着所采取手段的细化，最终的目标很容易就被淡忘了。"[38]

以伏特加酒为基础建立的这样一个体系有着一种可怕的美妙之处：农民并不会发现伏特加酒正是他们所遭受奴役的根源，而是把它当作逃往自由的脱身之道。[39] 见底的酒瓶让他们看到了逃离生活中的困境的希望。对于饮酒者来说，根本不存在什么解脱：唯一逃离被奴役的办法是陷入另一种完全不同的奴役状态——一种以自由为伪装的奴役。对于国家而言，这是一个近乎完美的体系——

前提是国家并不需要为整个社会的幸福担忧。当然，只有独裁国家才可以完全不顾及人民的利益，这也是为什么我们有必要知道从一开始至今，伏特加都是俄罗斯政治中一个难以管控而经久不衰的要素。

/ 第十章 钢笔、刀剑和酒瓶

写到这里，聪明的读者可能已经察觉到，在俄国封建专制政体出于维护国家利益的目的，使用伏特加酒来压迫和剥削贫困大众，和后来社会主义革命者反资本主义之间有着紧密的联系。这就让人不禁想问：如果伏特加酒真的曾是俄罗斯帝国剥削社会的手段，那么卡尔·马克思或者他的俄国追随者们对这个话题就没有什么话要说吗？他们确实说了。事实上，正如人们在讨论封建制度时很难撇开马克思主义一样，讨论共产主义和俄国"黄金时代"的反沙皇主义作品也一样很难撇开伏特加酒这一腐败的专制制度本身的明显象征。

"至今一切社会的历史都是阶级斗争的历史。"德国哲学家卡尔·马克思及他的合著者弗里德里希·恩格斯在他们的《共产党宣言》（1848年）的开头这样写道。[1] 马克思主义主张，就最基本形式而言，对历史最好的理解就是富人（资产阶级）与穷人（无产阶级）之间的矛盾冲突，而前者剥削利用着后者。在封建社会——贵族的经济力量和法律权力来源于对农民的压迫——剥削者和被剥削者之间的关系是显而易见的。马克思认为，这种剥削关系延续到了资本主义社会，地主和工厂主这些资本家的财富都是通过压榨农民和一线工人的血汗得来的。随着马克思的历史发展理论发展成为共产主义的政治意识形态理论——这一理论主张多数人的无产阶级推翻少数人的资产阶级统治，工人阶级将可以摆脱那些长期以来一直使他们被富有的资产阶级踩在脚底下的制度。

这样压迫工人阶级的制度有很多。马克思认为，国家不过是"管理整个资产阶级的共同事务的委员会罢了"。就连宗教也是资产阶级统治的工具："宗教是被压迫生灵的叹息，是无情世界的情感，正像它是无精神活力的制度的精神一样。"马克思说道："宗教是人民的鸦片。"[2] 人民也有其他的麻醉剂，而酒精则是其中最主要的一种。"饮酒是对工人阶级的诅咒。"这句话成为马克思主义者和提倡戒酒者共同的战斗口号，他们也都宣扬戒酒是治愈贫困的良药。其他人采取的态度更像是在开玩笑，反而支持1893年奥斯卡·王尔德（Oscar Wilde）的宣言："劳动是对酒鬼阶层的诅咒。"[3]

卡尔·马克思从来没有过多谈及俄国。他为什么要谈到俄国呢？在他所处的时代，欧洲东部的大部分地区都没有受到工业革命及其固有的压迫和剥削的影响。最好还是关注那些资本主义及其弊端更为猖獗的地方如英国、法国，以及马克思的祖国德国。这些地方爆发工人阶级革命的可能性似乎更大些。然而，马克思确实认为酒精是镇压人民的一种手段。"从直接生产者身上榨取无酬剩余劳动的独特经济形式，决定了统治和从属的关系，"马克思在《资本论》（*Das Kapital*）中这样写道，"这种关系是直接从生产本身中生长出来的，并且又对生产发生决定性的反作用。但是，这种从生产关系本身中生长出来的经济共同体的全部结构，从而这种共同体的独特的政治结构，都是建立在上述的经济形式上的。"[4]

1844年，恩格斯在《英国工人阶级状况》一书中做了进一步的叙述。他的第一手研究结果清楚地描述了曼彻斯特和利物浦腐臭的工人住所及糟糕的工作条件，包括城市资本主义所带来的疾病横行、城市衰败和道德败坏。工人们"饮酒过度是在意料之中的"，恩格斯这样解释道：

> 特别是在星期六晚上，工资发了，收工也比平时略早一些，所有的工人都从自己的贫民窟中涌到大街上去，这时，我们可以看到酗酒者的各种粗野的表现。我在这样的夜晚从曼彻斯特走出去的时候，很少不遇到一大批东倒西歪的或躺在水沟里的醉汉……钱花光了，这些酒徒就跑到最近的一家当铺去，当掉他们仅有的一切……谁要是亲眼看到过酗酒行为在英国工人中间蔓延

的情形，谁就会确信阿什利勋爵的断言，他说，这个阶级每年花在喝酒上的钱大约2500万英镑。因此，酗酒如何使工人的物质生活状况恶化，如何可怕地摧毁他们在精神上和肉体上的健康，如何破坏一切家庭关系，那是每一个人都很容易想象的。

毫无意外，恩格斯将醉鬼们的贫困状态完全归咎于资本主义剥削制度，这一剥削制度毫不关心普通工人的思想教化和幸福状况。恩格斯和马克思两人也都强调了资产阶级国家对生产方式的垄断——在这本书中，我所讨论的则是对伏特加酒生产方式的垄断——有助于资产阶级对无产阶级的统治。[6] 所以，虽然马克思没有专门就俄国的情况展开论述，但是18世纪许多俄国知识分子在读到马克思对资本主义制度的总体批判时，他们觉得这就是在描述整个沙皇体制。

事实上，所有反对绝对君主制的政治派系——从盼望民主代议制的温和派自由主义者到激进的无政府主义者——都吸收了马克思对资产阶级统治的批判谴责。作为沙皇体制的反对者，他们也遭受了俄国保守专制制度震怒之下所做出的严厉打击。为了躲过政府的审查和沙皇秘密警察奥克瑞纳（okhrana）的怀疑，各派系的批评家都不得不将他们的反专制信息深藏在自己的作品中。为何我们仍然关注着费奥多尔·陀思妥耶夫斯基（Fyodor Dostoevsky）那本以一起双重谋杀为主题的经典小说《罪与罚》（Crime and Punishment）呢？部分原因在于这本书所讲述的远远不止一起双重谋杀。文学作者可以借助作品不畏权势地直言真理，而当权者却不一定看得出来。这就是为什么早期的革命分子——从亚历山大·赫尔岑到尼古拉·车尔尼雪夫斯基（Nikolai Chernyshevsky）——都从事着小说创作与文学批评写作。"厚厚的"文学期刊刊登着社会评论和小说，成为宣传革命主义思想的重要渠道。确实，赫尔岑创办的《警钟》是第一份在俄国发表《共产党宣言》的期刊;《共产党宣言》一经发表,便在帝国各地的知识分子圈子里引发了讨论热潮。[7]

正当文学作品掩饰着对沙皇体制的批判的时候,对下层阶级的酗酒现象的强调以及对伏特加酒管理机构腐败问题的揭露,则构成了对整个专制制度的正面攻击。毫无意外,伏特加政治成了俄国文学"巨著"的一个流行主题。

1847年,亲西方的俄国自由主义者亚历山大·赫尔岑移居国外,从此再没有回去过。自我流放到伦敦的赫尔岑成为第一个独立的俄裔政治出版商,变得非常有影响力。赫尔岑深信国家政权的合法性取决于人民,而一切的政治镇压都来源于沙皇政府;他呼吁一场真正的民主社会革命。赫尔岑创办的《警钟》被秘密运回俄国并私下广泛传阅;这份期刊强烈抨击了整个沙皇体制的腐败问题,尤其是征收伏特加酒税的官僚机构的腐败问题。[8]

如我在第八章里指出的,正是因为1858~1859年《警钟》所发表的一系列文章对伏特加酒税务外包制度所带来的腐败问题进行了严厉的批评,取消伏特加酒税务外包制度才成了一个热门的政治话题。虽然此时距离《共产党宣言》的发表才过去短短几年,但这些对伏特加酒税务外包制度的谴责充分体现了马克思主义的色彩:"通过容许和授权税务外包员的不当行为,政府也是在自觉地剥削着人民——与税务外包员还有其他一起参与这种罪行的人分享剥削的战利品。"[9]

需要澄清的是:不仅这个体制滋生了腐败问题,而且这个国家还积极地促成了本国人民的贫穷、嗜酒和落后状态。"仔细观察后我们会发现,"《警钟》上的一篇揭露文章总结道,"与人民的损失相比,财政部的收益少得可怜;所有的人都会厌恶地问道——所有这一切是否值得我们玷污自己的良心和道义?"[10]即使是在如此猛烈的抨击促使中世纪式的税务外包制度被废除之后,政治派系各异的作家们仍继续借着伏特加酒的名义呼吁改革专制制度……甚至是推翻它。

有史以来最好的，也是最糟的小说

如果说俄罗斯人真的是在文学作品中寻找政治层面的暗示，那么最具影响力的作家是哪位呢？列夫·托尔斯泰？陀思妥耶夫斯基？伊凡·屠格涅夫（Ivan Turgenev）？令人意外的是，上述几位都不是。最具影响力的可以说是尼古拉·车尔尼雪夫斯基和他的小说《怎么办？》（*What Is to Be Done?*）。"一本在西方国家很少有人听说过的书，阅读过的人就更是少之又少了，"斯坦福大学教授约瑟夫·弗兰克（Joseph Frank）这样评价道，"现代文学作品中没有一部作品——或许《汤姆叔叔的小屋》除外——可以在对人类生活的影响和创造历史的力量等层面上与《怎么办？》相媲美。车尔尼雪夫斯基的这部小说煽动了最终造就俄国革命的民众情绪，在这一点上它远胜于马克思的《资本论》。"[11]

车尔尼雪夫斯基是一位博学的革命者，他最先创造了"越糟越好"（the worse, the better）这句话——处于艰难困苦和极度贫困中的农民的境况越糟糕，社会主义革命的前景就越明朗。例如，在谈及农奴问题的时候，车尔尼雪夫斯基就提倡解放农奴的同时不给予他们土地，这样将使农民处于"迫在眉睫的灾难中"，而国家也将在顷刻间陷入危机。[12]

就像赫尔岑一样，车尔尼雪夫斯基通过自己主编的那份影响深远的刊物《现代人》（*Sovremennik*）抨击着沙皇独裁体制；后来这份刊物在俄国的知识界被广泛传阅。然而，车尔尼雪夫斯基并不是在安全的伦敦进行写作，而是在俄国的首都继续他的工作。在这里，对沙皇当局而言，他是一个唾手可得的目标。1862年，车尔尼雪夫斯基因涉嫌参与颠覆国家的活动而被逮捕，被判单独监禁，并被扔进了位于圣彼得堡涅瓦河中部的孤岛监狱，即著名的彼得保罗要塞。监狱管理层觉得车尔尼雪夫斯基请求得到纸和笔以创作小说的要求看起来没有什么危害，于是便同意了。四个月后，车尔尼雪夫斯基的作品《怎么办？》便完稿了。[13]

或许"越糟越好"所体现的不只是车尔尼雪夫斯基的政治哲学，还有他的文学成就，因为这本书饱受严厉的批评——既缺乏主要情节也没有什么动人之处，环境描写和人物刻画都仿佛一潭死水。有人称这本书是有史以来最糟糕的小说。就连车尔尼雪夫斯基自己也承认，他的小说里既没有天才之作，也没有艺术美感，而只有"真话"。[14]亚历山大·赫尔岑在多年后读完此书，也形容这本书在艺术层面上是一部失败之作。"多么不中用的一代人啊，这样一本书就可以满足他们的审美观了，"赫尔岑这样写道，"这本书的想法很美好，就连书中的情境也是——而这一切都源自一个圣彼得堡资产阶级的神学院学生的荒唐想法而已。"[15]

表面上，《怎么办？》是关于一群年轻人跟跟跄跄的人生故事：富有同情心的薇拉·帕夫洛夫娜（Vera Pavlovna）反抗着与一个有权有势男人的包办婚姻，转而和一位年轻的医学院学生德米特里·罗普霍夫（Dmitry Lopukhov）私奔了。他们一摆脱传统俄国家庭的父权系"暴政"，就坚持着男女之间严格的平等关系。后来，薇拉爱上了罗普霍夫最好的朋友吉尔沙洛夫（Kirsanov）。忠于自己平等原则的罗普霍夫并没有反对，甚至假装自杀以让薇拉可以嫁给吉尔沙洛夫，后来薇拉和吉尔沙洛夫两人一起创建了一个缝纫工场；同时薇拉又秘密爱恋着甚至更加奇怪的禁欲主义者、革命分子拉赫美托夫。这就是结局。就这样了。

监狱里的审查官员——明显是不怎么聪明的读者——匆匆翻阅了车尔尼雪夫斯基那廉价的爱情故事，便认为这本书是可以出版的；于是他将这本书交给了《现代人》的临时编辑。这名编辑随后就在乘坐出租车穿过首都的过程中丢失了手稿。惊慌失措的他在圣彼得堡的报纸上刊登启事，恳求捡到的人归还手稿。后来发生的是独裁官僚行事笨拙到令人难以置信的最典型案例：正是人人厌恶的沙皇警察发现了这份手稿，并且将这部俄国历史上最具颠覆作用的反政府小说手稿物归原主。[16]

1863 年，《怎么办？》的第一期连载刊登在《现代人》上，这本书一发表便取得轰动性的成功。一位革命主义追捧者声称，"人类历史上只有三位伟人：耶稣、保罗（St. Paul）和车尔尼雪夫斯基"。格奥尔基·普列汉诺夫（Georgy Plekhanov）——俄国社会民主运动的奠基人——曾问道："谁没有将这部名著一读再读呢？"德国人卡尔·马克思在流亡伦敦期间，自学了俄语，就是为了读一读这位"伟大的俄国学者和批评家"的作品。[17]这确实是很高的赞扬。

"那些农民即使失去其他所有财物也会将这本书牢牢绑在自己的束腰上衣里，这本书已经成了如此受欢迎的书。"一位文学史学家这样解释道。与车尔尼雪夫斯基同时代的文学批评家对如此糟糕的一本书竟能如此受欢迎的事实诧异不已。他们根本无法理解："并不是说车尔尼雪夫斯基的爱慕者阅读作品的品位很糟糕，而是他们并不关心作品本身。他们真正关心的是思维方式，而薇拉·帕夫洛夫娜和车尔尼雪夫斯基给他们带来的正是思维方式。"[18]

这部小说能够通过审查，唯一的原因就是书中的颠覆性思想被深藏在字里行间，而那些非常愿意破解车尔尼雪夫斯基所隐藏信息的密码的读者则迫切地吸纳着这些思想。薇拉·帕夫洛夫娜和两任丈夫之间的"理性"关系——以及对女性接受教育的鼓动——都被解读为女权主义对传统秩序的抨击。然而，车尔尼雪夫斯基频繁提及酒精在旧秩序中所扮演角色的做法则强化了这种抨击。

坦率地说，车尔尼雪夫斯基在《怎么办？》一书中提及俄国人酗酒问题的篇幅要比我在这本书中所用的篇幅少得多——这说明了一些东西。在开篇的时候，警察在将一件神秘的枪击案线索拼凑起来的过程中，首先做出的猜测就是酗酒谋杀，或者酗酒自杀——酒精顺理成章地成了任何暴力罪行中最有可能的罪魁祸首。后来，许多代表着"旧时"传统秩序的人物终究无法接纳像薇拉这样进步且坚定的女性，只是简单地将她视为酒鬼。[19]

奇怪的是，一代又一代的文学批评家很少注意到，这整个故事都浸透着伏特加酒的气味。从薇拉·帕夫洛夫娜儿时家中橱柜上的伏特加酒瓶，再到帕夫洛夫娜父母长期的酗酒习惯，作者每次提及酒精，都是对旧秩序衰退的简单表述。"当我喝醉的时候，你就不应该相信我说的任何东西。"薇拉母亲结结巴巴地说道，暴露了她的真实本性。"你没听到吗？一个字都不要相信！"[20]而她那位"粗野的"父亲则为他的访客们提供着各种各样的酒，甚至还称赞伏特加酒是治病良药。当然，薇拉的父亲并不只是一个官僚主义者，他还"习惯借钱给别人，让他们典当自己的私人财产"，就像那些令人鄙视的酒馆老板一样。[21]

小说中所有的英雄人物都将酗酒当作为接下来的革命所做的苦行准备。而当谈到罗普霍夫的时候，我们了解到"很少有这样一个禁欲如此之久的人"，不仅戒除了酒精，还有性滥交。早年的罗普霍夫是一个酒鬼，即使"穷得没钱喝茶，没钱买鞋子"，他也要喝酒。而在这里，问题显然也归咎于体制。"罗普霍夫开始饮酒是因为他无法忍受贫困状态并对此感到绝望，"车尔尼雪夫斯基这样写道，"仅此而已。"[22]

"在我的那个时代，我们经常喝很多酒，"罗普霍夫自己这样回应着盛情招待自己的主人，"我会喝足够的酒以支撑很长一段时间。当我运气不佳又身无分文的时候，我就常常喝得醉醺醺的；但现在，我有足够多的事情去做，钱也够花了，我就不需要酒精了。不喝酒，我也感觉足够快乐了。"[23]在诸如这样的谦逊对话中，车尔尼雪夫斯基表达了他在酒精问题上的基本立场；而在 1858~1859 年的《现代人》期刊上，车尔尼雪夫斯基发表了一系列剖析伏特加酒贸易的文章，清晰地表达了这一立场。

车尔尼雪夫斯基以 L. 潘克拉特夫（L. Pankratev）之名进行写作——这是他在就经济议题进行创作时一个众所周知的笔名。他大声宣称，只有当农民负担得起食物、衣服和适当住所的开支时，农民受酒瓶奴役的状态才会终结。过时的税务外包制度是车尔尼雪夫斯基尖锐批评的重点。"税务外包制度衍生出了人生的所有苦难，贫困潦倒和道德败坏等问题已经控制了人口中很大一部分了；而贫困和堕落所带来的结果就是我们的茫然无知、道德衰败，以及无法理解我们自己作为人的尊严是何物。"车尔尼雪夫斯基从来就不是闪烁其词的人。他猛烈抨击道："伏特加酒税务外包制度是我们生活中唯一的最大弊病；只有消除了这一弊端，我们才能繁荣富强。"[24]

曾经，作为一个聪慧的观察者，车尔尼雪夫斯基提出了这个如今大家已耳熟能详的观点：政府利用伏特加酒那巨大的盈利能力，不仅诱使人民堕落，还牺牲了俄国丰富多样的啤酒酿造业和葡萄酒酿造业。废除伏特加酒税务外包制度，不仅有利于改善人民的身体健康和提高道德水平，而且有助于俄国农业、葡萄酒酿造业和啤酒酿造业的发展。[25]

车尔尼雪夫斯基谴责每一个参与伏特加酒贸易管理的人。税务外包商？更像是一个野蛮的车臣军阀：残忍地袭击掠夺着俄国人民。酒馆主人？"就连最伟大的美国主持人 P. T. 巴纳姆（P. T. Barnum）也无法在引诱宾客方面的才能上与酒馆主人相媲美"——而你一旦走进酒馆，酒馆老板会夺走你所有的东西。[26]

据车尔尼雪夫斯基说，就连"最愚蠢无知的人"也知道，这整个体制与在政府和社会之间建立一个正常的道德关系这个目的背道而驰。确实，车尔尼雪夫斯基或许已经以最简明扼要的方式概括了俄国

ПОЧТА СССР · 1978

4
к

НИКОЛАЙ ГАВРИЛОВИЧ
ЧЕРНЫШЕВСКИЙ
1828
1889

苏联时代纪念尼古拉·车尔尼雪夫斯基（1828~1889）的邮票

的伏特加政治。

对于政府而言，谋利不是最终目的，谋利只不过是实现其他目标的一种手段，例如增强本国国力以对抗外国强权，给国家带来辉煌与荣耀，巩固本国臭名昭著的政治体制，以及通过发展公共机构来维系法律和行政体制。国家对金钱的需求源自并且从属于这些目标。但是就其最根本的性质而言，国家利益必然超越了简单的财政状况：在实际运行中，总会存在另一面，更偏向道德的一面；而这一面则有利于实现国家荣誉、国民的道德福祉，以及公正和公平。从本质上来说，税务外包制度与所有的这些因素完全是格格不入的。税务外包制度存在的唯一原因就是它可以服务于财政目的；这个制度存在的唯一目的和唯一的关注点就是金钱、金钱、金钱。[27]

车尔尼雪夫斯基通过对比各国情况，强调了俄国的饮酒问题。他表示，欧洲其他地方的医生都不需要应对豪饮期的挑战。在此期间，人们会接连几天大量地饮酒，这源自传统莫斯科人的饮酒文化（参见第七章）。豪饮期常常导致酒精中毒。[28] 车尔尼雪夫斯基表示，欧洲与此最接近的行为是马修神父时期爱尔兰人的过度饮酒：在外来统治者不列颠人的腐败体制下，爱尔兰人惨遭剥削，一贫如洗。然而，一旦"无知肮脏、好吃懒做的帕特里克"摆脱了不列颠人所施加的枷锁，移民到纽约后，他就会发现一个公平的体制；在这个体制里，他辛辛苦苦挣来的钱财不会再被懒散的地主们抢走。车尔尼雪夫斯基表示，短短几年内，帕特里克就重新变成了一个勤奋工作、滴酒不沾、勤俭节约的人了。这证明只有通过改善社会环境，以及废除政府那残暴专横的伏特加酒税务外包制度，俄国这个国家才能繁荣兴旺。[29]

或许车尔尼雪夫斯基对爱尔兰裔美国人的描述有点偏离主题。但是，实际上他一直是在使用伏特加酒来突出俄国专制制度的缺陷。重新回到车尔尼雪夫斯基那本糟糕的《怎么办？》中：安娜斯塔西娅·鲍里索夫娜（Anastasia Borisovna）描述了她是如何在善良的吉尔沙洛夫的帮助下，从一个酗酒的放荡女子"重生"为一名优秀的社会主义者。

> 我舒展四肢躺在他的沙发上，说："努，你的葡萄酒放哪儿了？""不，"他说，"我是不会给你葡萄酒的；但如果愿意的话，你可以喝茶。""掺点威士忌酒。"我说。"不，不掺威士忌酒。"我开始做起各种愚蠢的事情，到了彻底无耻的程度。他坐下来并看着我；但是他并没有表现出任何感兴趣的样子，我的表现对他来说是很无礼的。如今，你可以看到像薇拉·帕夫洛夫娜这样的年轻人；从那时开始，年轻人的道德意识一直在不断提升，但她这样的年轻人在那个时候确实很罕见。[30]

老一代俄国人喝起酒来稀里糊涂，烂醉如泥；而理想的新一代人见识广，饮酒有度。这两者形成了鲜明的对比。但以防例外，安娜斯塔西娅继续讲述着那个年轻的医学院学生是如何诊断她的病情的。

"你不能再喝酒了；你的身体（胸肺部位）非常虚弱。"

"我们怎么可以不喝酒呢？"安娜斯塔西娅问道，"我们离不开酒啊。"

"那么你就得放弃你现在的生活。"吉尔沙洛夫这样嘱咐道。

"我为什么要放弃现在的生活呢？这样的日子过得多开心啊。"

"不，"吉尔沙洛夫回答道，"这样的生活没有什么快乐可言。"[31]

在这里，车尔尼雪夫斯基显然引用了基辅大公弗拉基米尔的传奇故事——正如第七章所描述的那样。据称，弗拉基米尔大公在为民众选择基督教的东正教派而不是宣扬禁酒的伊斯兰教的时候宣称："喝酒，是罗斯人的乐趣，不喝酒我们活不下去。"[32] 不然的话为什么安娜斯塔西娅在回答关于她个人饮酒习惯的问题时，两次用的都是复数人称"我们"呢？与这一著名的古训形成对照的是，教训是一目了然的：不只是安娜斯塔西娅必须放弃酒鬼式生活方式——整个俄罗斯民族也必须放弃。

因此，当谈及伏特加政治的时候，如果说对于不那么浮夸的问题，《怎么办？》真的有一个对应答案的话，那么车尔尼雪夫斯基无疑是在提议：废除伏特加酒税务外包制度是唯一可以将俄国人民从酗酒和腐败的深渊中拯救出来的办法。当然，这样做所要求的正是推翻俄国专制政体的整个封建主义结构。

然后想一想，可怜的帝国主义审查官竟然看漏了所有这些暗含的东西！

公开揭露伏特加政治的真实面目，如此令人难堪的举动可以——也确实——使你因为涉嫌煽动叛乱这样一个含糊的罪名而被关进监狱里。1864 年，即在车尔尼雪夫斯基被判单独监禁两年后——这两年里，政府当局寻求对他不利的有罪证据，却徒劳无功——一个秘密的立法机构裁判所终于以"有推翻现存秩序的犯罪意图"将车尔尼雪夫斯基定罪并判褫夺他的公民权。[33] 在寒冷的天气里，大雨倾盆而下，车尔尼雪夫斯基双膝跪倒在地，行刑人在他的头上将一把木剑折成两段，象征着他失去公民的身份。在那之后，车尔尼雪夫斯基被戴上脚镣，流放到西伯利亚。25 年后，生理和心理都处于崩溃状态的车尔尼雪夫斯基终于获准回到家乡萨拉托夫，度过余生。在沙皇专制制度手上殉难使车尔尼雪夫斯基被俄罗斯知识界供奉为一个真正的圣人。然而，或许最讽刺的是，那一代又一代的追随者偏偏在所有选择中选择了一首流行的祝酒歌，以表达对他的赞扬：

让我们举杯致敬这样一位作者

《怎么办？》的作者

致敬他书中的英雄和理想。[34]

解读经典作品

虽然将车尔尼雪夫斯基算为俄罗斯最伟大的小说家之一有点夸张，但是自《怎么办？》出版后，许多享誉世界的俄罗斯文学作品都有一个共同主题——借助酗酒问题来猛烈抨击专制制度本身。

想一想跟车尔尼雪夫斯基同在一个时代却被更多人记住的一个人：陀思妥耶夫斯基。虽然这两位作家都属于圣彼得堡的知识分子圈子，但他们政治观点的差异却很大。1862 年春，一群有抱负的年轻马克思主义者发动了一波革命，骚动、纵火和暴力行为出现在首都的各个地方。警察逮捕了车尔尼雪夫斯基，并且控告他是这场革命运动意识形态上的罪魁祸首。但是，就在车尔尼雪夫斯基面临政府当局指控的几天前，他才与愤怒的陀思妥耶夫斯基对质；陀思妥耶夫斯基发怒是因为他发现了一本呼吁"血腥无情的革命运动"的小册子。在他们的会面过程中，陀思妥耶夫斯基恳求车尔尼雪夫斯基停止如此"可恶之事"。对交谈感到很满意的陀思妥耶夫斯基随后写道，他"从未遇到过一个比车尔尼雪夫斯基更善良、更热情的人"。与此同时，车尔尼雪夫斯基将陀思妥耶夫斯基描述为一个精神错乱的疯子，而且自己愿意说任何话以安抚他。[35]

不论是为人还是作品，这两个人的看法从未一致过；陀思妥耶夫斯基随后所写的几乎篇篇文章都是在讽刺车尔尼雪夫斯基的主张。[36] 然而，虽然一代又一代的专家都争论着陀思妥耶夫斯基的存在主义和反无政府的象征主义是否直接驳斥着车尔尼雪夫斯基那开明的理性唯物主义和经济决定论，但他们两人都将伏特加酒作为俄国衰败的专制体制的象征。

在此以陀思妥耶夫斯基的著名作品《罪与罚》为例。这本书写于

1865 年，即车尔尼雪夫斯基被处以假死刑和流放一年后。《罪与罚》讲述了一个穷困潦倒的知识分子，拉斯柯尔尼科夫（Raskolnikov），以"替天行道"之名，用斧头杀害了年老执拗的当铺老板娘，但最终陷入良知的煎熬之中。这本书告诉我们，拉斯柯尔尼科夫几乎算不上一个酒鬼，但是当他萌生了谋杀老妇人的念头时，他"就像一个喝醉酒的人"一样走起路来摇摇晃晃，并蹒跚走进了附近的一家酒馆；他和酒馆里的人喝了几轮啤酒以让自己的头脑清醒一下。就在那里，他遇到了毫无希望、不可救药的醉汉马尔梅拉多夫（Marmeladov）。酗酒成性的马尔梅拉多夫竟然让自己的亲生女儿去卖淫赚钱。[37]

确实，正如批评家们所指出的，酗酒问题"就像一根红丝线般贯穿全书"。马尔梅拉多夫只是书中第一个值得注意的酒鬼。不管是在作为拉斯柯尔尼科夫驾马扬鞭梦想背景的农村地区，还是在圣彼得堡那肮脏昏暗的城市大道，到处都挤满了酒鬼，男女老少都有。拉斯柯尔尼科夫常常会被错当成一个酒鬼，而他也常常在酒馆里会见朋友；酒馆里的这些朋友会让他"像猪一般豪饮"。与此相反，对于勤恳的警方调查员波尔菲里·彼得罗维奇（Porfiry Petrovich），作者则会特别注意指出他滴酒不沾。就连这个故事里最正面的男性角色拉祖米辛（Razumikhin）（在俄语中，这个名字意味着清醒的理智）也是一个酗酒的人：在迎接朋友的家人时，他喝到路都走不稳；就连在照顾生病的朋友拉斯柯尔尼科夫时，他还一瓶瓶地灌着酒。为了重复一个现在人们耳熟能详的主题，陀思妥耶夫斯基强调了拉祖米辛是如何"为事实感到极其焦虑……在喝醉的时候，他向拉斯柯尔尼科夫吐露他被警方当作这场谋杀的嫌疑人"。[38]

俄国社会受大规模酗酒现象的困扰，人们在"厚厚的期刊"上持续地就酒精、贫穷和疾病这些议题辩论。在这样的背景下，陀思妥耶夫斯基在《罪与罚》中对酗酒行为的影射，就像《怎么办？》中的一样，也是无可厚非的。赫尔岑主编的《警钟》、车尔尼雪夫斯基主编的《现代人》，以及陀思妥耶夫斯基主编的《当代》（*Vremya*）就各种各样的提议进行讨论：这些讨论都是关于如何解决酒精问题，研究国家参与酒贸易是否合适，以及将国家的经济实力建立于人民的堕落之上是否合乎道德。[39]

数以百万计的读者把注意力放在陀思妥耶夫斯基阴郁写作风格下对谋杀和人类心理的阐述，但大多数人或许会惊讶于这并不是作者创作《罪与罚》的最初意图——这本书最初的书名也不是《罪与罚》。随着自己的赌债不断累积，陀思妥耶夫斯基在 1865 年 6 月给一位叫安德烈·克拉耶夫斯基（Andrei Krayevsky）的编辑写信，向他推荐这部作品并且要求他提前支付 3000 卢布的稿费。他在信中写道："我这部小说的名字是《醉鬼们》（*The Drunkards*），这部小说（的主题）是当前的醉酒问题。这本书不仅将考察这一问题，也将说明这一问题所带来的后果，尤其是对家庭的影响，对孩子们成长的影响，等等。"[40] 很明显，这个创作理念并没有说服编辑，因此陀思妥耶夫斯基通过讲述马尔梅拉多夫和他家人的悲剧，将《醉鬼们》改为《罪与罚》。

陀思妥耶夫斯基的日记里还保存着《醉鬼们》的部分早期手稿，包括以下这段听起来像是车尔尼雪夫斯基风格的对话：

> ——我们喝酒是因为没有什么事可以做了。
> ——你在说谎！
> ——是因为道德已经不存在了。
> ——是的，因为道德已经不存在了……
> ——道德不存在是因为我们已经很长时间没有事可以做了。[41]

如果说这还不足以表明陀思妥耶夫斯基的立场，那么他也曾私下吐露道："饮用含酒精的饮料不仅使人们变得残忍凶恶、麻木不仁，还扰乱他们的思绪，让他们沉浸在阴暗思想中，削弱所有积极宣传的效果；最重要的是削弱了他们的意志力，从总体上灭绝掉任何人性。"[42] 细读《罪与罚》你会很清楚地发现，陀思妥耶夫斯基在书中斥责酒精阻碍着俄国社会的繁荣发展。

与陀思妥耶夫斯基同时代的人也是这么理解《罪与罚》的——包括伟大的托尔斯泰，他写下了《安娜·卡列尼娜》和《战争与和平》这样的经典作品。托尔斯泰为《罪与罚》所倾倒，认为它更多是一个鼓励戒酒的寓言故事，而不只是一本心理恐怖小说。托尔斯泰指责道，正是酒精蒙蔽了拉斯柯尔尼科夫的判断力并导致他用短柄斧实施了那起残忍的谋杀。"保持最清晰的思绪对于正确解决出现的问题尤为重要，"托尔斯泰这样写道，"而饮下一杯酒或者点燃一支烟就足以削弱应对措施的效果，阻碍问题的解决，盖住良心的呼声，并且导致问题的解决过程逐渐倾向于一个人的低级动物本质，就像拉斯柯尔尼科夫所经历的那样。"[43]

托尔斯泰1890年发表了一篇《为什么人们要麻木自己？》（*Why Do Men Stupefy Themselves*？）的著名文章。在文章中，托尔斯泰以拉斯柯尔尼科夫为例来说明人类都有着肉体和精神的存在，而人们转向酒精和药物来扼杀自己更高层次的精神性。托尔斯泰断言道，人们喝酒的全部目的就是蒙蔽自己的良心，让自己不断冒出强奸、谋杀和抢劫的念头。[44] 就像在他之前的作家们一样，托尔斯泰也是一位勇于揭露社会和政治弊端的现实主义文学作家，而且与车尔尼雪夫斯基和陀思妥耶夫斯基一样，在托尔斯泰的作品中，伏特加酒是最大的社会政治弊端。托尔斯泰在国际上的名声地位使得他在应对政治审查官员的时候有了更大的灵活空间；托尔斯泰开始创作杂文随笔。这种非小说的文体简明易懂，使得托尔斯泰可以在不掩盖自己主张的前提下表达观点。

虽然托尔斯泰承认他厌恶"和臭虫一样散发着恶臭的"车尔尼雪

夫斯基以及他那些危险的激进主义思想，但 1886 年托尔斯泰在创作他最著名的一篇政治论文时，他给那篇文章取了一个听上去很熟悉的标题：《怎么办？》。即使托尔斯泰和车尔尼雪夫斯基在个人性格和政治观点上有着严重的分歧，但是两人都同样地谴责沙皇领导下的专制制度和资本主义秩序，这些社会制度和秩序通过压榨底层人民而让统治阶层获取更多利益。[45]

虽然传统的马克思主义者都强调了城市工人作为饱受压制的无产阶级所处的悲惨处境，但托尔斯泰却把目光转向了农村地区的农民：虽然农民"摆脱了"农奴的身份，但是他们仍然承受着当地地主、政府、乡村公社，以及最重要的伏特加酒的压迫。"请注意，伴随着入秋，俄国各地的乡村开始流动着大量的财富，"托尔斯泰这样开始写道，

> 接着农民就需要缴纳税款、租金，招人，紧接着又是来自伏特加酒、婚姻、宴会、商贩和其他各种圈套的诱惑了。因此，无论如何，这些财富，虽然形式各异，最终都进入了陌生人的口袋里。这些财富首先来到了地方城镇政府的手上，然后从它们那里又汇总到了首都。村民被迫处理着这所有的一切，仅是为了他们所需要履行的义务和他们所受到的诱惑；而在所有这一切都瓜分了他的产品后，他就只得过着贫困的生活，必须跟随着他的财富流动（去到城市里）。[46]

可是一旦去到了城市里，农民又迎来了罪恶和酒精的诱惑，使得即使是饮酒最有节制的人也屈从于酗酒的诱惑，陷入贫困潦倒和个人堕落中。

"我们就不要自己欺骗自己了"，托尔斯泰这样写道，将资本主义、资产阶级背后的动机表现得淋漓尽致，

所有（工人生产创造的）产品都是为服务资产阶级政府和富有阶层而生产创造的。资产阶级最狡诈的发明的最直接目的，要么是伤害人民——就像大炮、鱼雷、单独监禁牢房、精神控制机构、电报等——要么……就是腐蚀人们的心智，引诱他们花光最后一分钱，也就是他们最后的劳动力。例如，最突出的就是伏特加酒、烈酒、啤酒、鸦片和烟草。[47]

托尔斯泰不遗余力地强调伏特加酒是如何同时成为农民贫困状态和专制政府财富的根源的。

托尔斯泰伯爵内心服务普通民众的热情，也体现在他外在的行动上。虽然出生在富贵之家，吃穿不愁，托尔斯泰却选择拿起简陋的长柄镰刀，穿上朴素大衣，亲手耕种田地，就像多年来农民耕地那样。托尔斯泰像农民一样盲目地通过自身精神上的焦虑和疑虑追寻救赎。"是理性帮助他们承受着现存的重负吗？"托尔斯泰传记的作者亨利·特罗亚（Henry Troyat）问道。不——帮助他们的是他们对基督教的无条件信仰。"农民从最简陋的盲目信仰中汲取勇气，仿佛置身于有着褪色的镀金圆顶的乡村小教堂里，教宗在教导他们一样。上帝的教导，就像伏特加酒，应该不假思索地一饮而尽。"[48]

托尔斯泰模仿着农民的点点滴滴，除了他们对酒精的依赖，因为这会妨碍他们的精神斗争。为此，在1887年，托尔斯泰建立了他自己的戒酒协会：反酗酒联盟（Soglasie Protiv P'yanstva）；联盟的支持者不仅承诺滴酒不沾，而且承诺公开宣传酒精的危害。就像之前的草根戒酒运动一样，沙皇独裁政府也拒绝正式承认反酗酒联盟这个组织的存在。

托尔斯泰的戒酒不仅是一个道德层面的主张，也是一个政治层面的主张：他指责俄国东正教和沙皇政府之间的联系阻碍了人民在精神层面和物质层面取得任何发展进步。真正的基督教信仰——托尔斯泰坚称——是基于博爱，而不是教条主义。他从这一信念中发展出了和平主义的思想，鼓舞了从圣雄甘地到马丁·路德·金等世界领导人。国家是发动战争的唯一手段，因此这也迫使托尔斯泰在反抗专制制度的斗争中采取了无政府主义立场。1901 年，东正教会因为托尔斯泰犯下如此亵渎神明的罪行而正式开除了他的教籍。[49]

虽然遭到了教会和政府的一致排斥，托尔斯泰的权威地位却不断提升。当时的社会流传着这样一句玩笑话：俄国有两位沙皇，分别是尼古拉二世和列夫·托尔斯泰。[50] 托尔斯泰的基督教无政府主义理念（Christian-anarchist philosophy）吸引了来自国内外的信徒；托尔斯泰也在禁酒节欲的基础上，建立了自己的教会。"醉酒，"他这样写道，"无论是以什么样的形式，都是一种罪恶，这种自我放弃的做法使得人们无法再与其他罪恶行为做斗争；喝得醉醺醺的人是无法与惰性、私欲、淫乱和权欲做斗争的。因此，为了与其他的罪恶行为做斗争，人们必须首先摆脱酗酒的罪恶。"[51]

我们如果无法理解为什么托尔斯泰会反对饮酒，就无法理解托尔斯泰这个人：托尔斯泰反对酗酒的思想不仅是他宗教信仰的基石，也是他敢于大胆抗争俄国专制政体的原因。1896 年 11 月，托尔斯泰愤然拒绝了当时很有权势的俄国财政大臣谢尔盖·维特见面的请求。托尔斯泰反而给维特——这个俄国新近重新确立的伏特加酒垄断制度的创造者——写了一封信。他在信中争辩道："人们所经受的主要灾祸和生活中的骚乱都源于政府的行为……政府不仅纵容而且鼓励着生产和分销酒精这种有毒的邪恶之物，酒精的销售收入竟然占据了国家预算高达三分之一的份额。在我看来，如果政府真的竭尽全力为人民的福祉而努力，那么它应该做的第一件事就是全面禁止这一摧毁着数以百万计人民身心健康的毒品。"[52]

现在，似乎我们已经兜了一圈，回到了原地。虽然托尔斯泰深深厌恶着车尔尼雪夫斯基和他所倡导的激进主义思想，但他们通过伏特加酒批判专制制度的做法在本质上是没有区别的。然而，不同于其他批判政府的人所面临的最后被流放到西伯利亚的下场，托尔斯泰在政府里——甚至还有皇室里——有许多信徒；这些信徒欣然接受了这位老人的智慧，并恳求他去建议沙皇尼古拉二世"帮忙拯救俄国"。作为对这些请求的回应，托尔斯泰以尽可能不加修饰的措辞直接给沙皇写了一封信。信中称沙皇领导下的政府和酒精垄断制度不断地压榨着俄国底层人民；我们不应该允许专制政府和人民的幸福进步之间的对立矛盾继续存在下去。"这就是现有的政府结构和附属其上的东正教会除非利用暴力手段，否则无法维持下去的原因。"托尔斯泰在信的末尾这样指出。[53]

托尔斯泰从来都没有收到过来自沙皇的回信，但在他那位于图拉市郊外的亚斯纳亚·波利亚纳庄园（Yasnaya Polyana estate）外面，秘密警察的数量出现了显著的增长。虽然托尔斯泰和车尔尼雪夫斯基都同样谴责着专制政体和酒精问题，但是当局不可能将盛名在外的托尔斯泰也流放到西伯利亚。西伯利亚的流放经历使得车尔尼雪夫斯基陷入崩溃状态——使得他只能穿着破旧的农民外衣，像个苦行僧和饱受拷打的圣人一样，在村子里游荡。[54]

走进人民当中

托尔斯泰并不是唯一一个留意到了俄国农民已经成为专制政府、资本主义和伏特加酒的牺牲品的人。就在这位伯爵去到乡村开始一场终身的精神之旅时，其他城市知识分子开始时不时地走进"底层人民"当中——虽然最终以失败而告终。他们希望可以鼓舞人民起来反抗，推翻沙皇的统治。

这些后来成为革命主义者的人当中，许多人都受到车尔尼雪夫斯基《怎么办？》中那些固执的戒酒革命英雄的启发，而不是受到托尔斯泰那种和平主义和服务他人的基督教禁欲主义思想的影响。他们抛弃了酒精、性爱和世俗的享乐，不是因为这些会干扰他们追求精神启蒙（据托尔斯泰所说），而是因为这些会阻碍无产阶级革命的大业。许多所谓的平民主义者离开了他们在城市里舒服的住所，去到乡村地区——不是为了像托尔斯泰那样向普通的农民学习，而是为了战胜自身的无知和愚钝，正是这些特质带来了他们所经受的压迫和苦难。平民主义者认为：农民需要的正是车尔尼雪夫斯基式的"伟人"来领导他们的起义。这场运动最终遭到了帝国主义当局的破坏，最后以彻底的失败结束。失败的部分原因在于他们努力去获得农村贫困人群的支持，但这种努力却是徒劳的。当他们去到乡村地区的时候，这些平民主义者就开始面对着专制政体所设下的障碍：一群无可救药地深陷于迷信思想和伏特加酒困境中的人。[55]

/ 141

延续通过文学作品发表政治评论的传统，另一位伟大的俄国作家伊凡·屠格涅夫也基于这个主题出版了他的最后一部小说《处女地》（*Virgin Soil*，1877 年）。屠格涅夫描述了这些初到农村的平民主义者所面临的现实：

> 那是一个周六晚上，街道上的行人寥寥无几；但是，酒馆里却挤满了人。他们都能听到嘶哑的喊声，酒鬼的歌声，夹杂着手风琴的刺耳声……有时，我们会看到这样一个农民跟跟跄跄地走出酒馆：他身上穿着的衬衫和马甲都是敞开的，腰带也松了，头上戴着的冬帽帽顶已经垂到了背部，就像一个背包一样。走出酒馆后的他抱着一棵树，就那样站着一动不动，而双手则四处摸索，仿佛在寻找着什么。不然就是某个瘦弱无力的工厂工人，帽子歪歪斜斜，双脚赤裸在外——他的鞋子作为抵押品被扣在酒馆里了——他蹒跚着走了几步后就会停下来，挠挠自己的脖子，然后突然惊叫一声，又沿着原来的路线走了回去。

"正是这东西不断夺走俄国农民的生命，"屠格涅夫书中的英雄马尔凯洛夫绝望地承认道，"伏特加酒。"随着他们经过一家家酒馆，马尔凯洛夫的马车夫忧郁地指出："他们这样做是为了借酒消愁。"[56]

就像车尼尔雪夫斯基暗示酒精是旧秩序所带来的最主要的悲剧，屠格涅夫笔下的民粹主义者也同样通过散文的形式分析了俄国的现状。

> 沉睡。
>
> 虽然我已经很久没有看过自己出生的地方了，可是我发现那里丝毫未变。到处都是死气沉沉的氛围，每个人都仿佛没有思想一般，房屋都没有屋顶，墙壁也早已破烂不堪；所见遍是肮脏污秽、卑劣行为，还有贫困痛苦的生活。奴隶们看上去要么粗野无礼，要么阴郁烦恼，这一切都跟以前一样……农民正陷在死一般的沉睡中；在收获季节聚集，他们一起在田里辛勤劳作——这时他们沉睡着；那些捶打着将谷物脱粒的人，也是在沉睡；打人者和被打者，都是在沉睡。只有酒馆是唯一清醒着的，一直睁着它的眼睛。而它五指紧握着一罐白兰地酒，头朝着北极的方向，双脚立在高加索地区之上，陷入永恒的沉眠中——
>
> 俄国，一个神圣的国家！[57]

屠格涅夫并不是社会主义者那场"到群众中去"运动的追随者；屠格涅夫将这些社会主义者描绘为离开水的鱼，尤其是那些农村酒馆里的社会主义者。"我走进了六家酒馆，"平民主义者的主要领袖阿列克谢·涅日丹诺夫（Alexei Nezhdanov）抱怨道，"我受不了那像毒品一样的伏特加酒！我们的农民怎么能那样喝下这些伏特加酒呢？真是难以想象！如果为了让自己返璞归真必须饮用伏特加酒的话，那么不需要，谢谢！"屠格涅夫强调着这些革命分子所遇到的文化冲突，并总结道："对于一个禁欲主义者而言，让自己体验真实的生活是一件多么艰苦的工作啊！"[58]

从许多方面来说，故事在革命分子涅日丹诺夫在酒馆里喝得烂醉如泥并喧嚣吵闹起来的时候终于迎来了高潮。他提到了农民的"沉睡"，并鼓动他们发起暴动。

"大家好！"涅日丹诺夫大叫道，"你们都睡着了吗？赶紧起来！时间已经到了！让我们打倒税收，让我们打倒地主！"[59]

讽刺的是，农民一开始误以为涅日丹诺夫的话是酒后的胡言乱语。然而，随着他的话越来越受欢迎，一位魁梧的农民对此感到赞同并邀请他进到酒馆里；在酒馆里——毫无意外的是——事情开始偏离了计划的方向。为了证明自己对那位农民伙伴的忠诚，这位无足轻重的煽动者接受了好客的农民给他敬上的一轮又一轮的伏特加酒。

呸！他带着走投无路的决心将其饮下，仿佛他正在朝着一座炮台或一排刺刀前进。可是，天哪！到底发生什么事了？好像有什么东西击打着他的背和双腿，将他击倒的这个东西还灼烧着他的喉咙和胸膛，还有胃部，使得泪水涌上他的双眼——一种带着恶心反胃的眩晕感传遍了他整个身体，他几乎无法抑制这种感觉。他尽可能大声地喊着涌上大脑的第一样东西，以减轻这种可怕的感觉……

一个声音再次响起："喝吧！"于是涅日丹诺夫又喝了一口这令人作呕的毒药。就好像有一把铁钩正在他身体内部撕扯他的内脏，他开始晕头转向起来；眼前开始出现旋转着的绿色圆圈，耳朵则听到一阵回响——一阵轰鸣声。好可怕——第三杯！有没有可能他已经喝下第三杯了呢？他仿佛看到一朵朵红玫瑰朝他飞来；他的头发发尖都沾满了灰尘，脖子则晒得黑黑的，喉咙因为饮酒而变得千疮百孔。一双汗毛很密的手抓住了他。"来吧，完成你的演讲！"几个粗野的人嚷叫道。"来，说吧！前天有一个陌生人，就像你一样，告诉了我们很多东西呢。继续说吧！你这个四条腿的混蛋！"

涅日丹诺夫感觉脚下的土地开始摇晃起来。他觉得自己的声音听起来很陌生，好像是另外某个人在说话一样。他有没有可能已经死了？[60]

当然，他并没有死。如果不是他那位头脑更清晰的伙伴保罗把涅日丹诺夫从发狂的人群中带走的话，这位天真的平民主义者很可能就死了。在保罗拖着这个喝醉了的革命分子的过程中，农民们都纷纷催促涅日丹诺夫发表意见；通过这一场景，我们最能体会到屠格涅夫对于平民主义者的鄙视。"如果这个世界没有奴隶主和雇主，整个世界都属于我们的话，那样当然很完美，"屠格涅夫回应道，"但是，到目前为止，并没有任何政府法令规定这个世界应该这样。"[61]

与陀思妥耶夫斯基和托尔斯泰的作品一样，屠格涅夫的《处女地》唾弃着车尔尼雪夫斯基的革命思想，但他自始至终都和俄国所有伟大作家使用着同一种语言——伏特加酒的语言。

乌里扬诺夫兄弟

历史学家奥兰多·费吉斯（Orlando Figes）认为，让车尔尼雪夫斯基那本精辟的糟糕小说出版，是沙皇政府所犯下的最大错误之一。[62] 这种说法和现实情况相差无几：1870 年代和 1880 年代的俄国年轻知识分子越来越焦躁不安，而大学也培养出大量的革命分子。相比之下，这些革命分子使得那些平民主义者看上去就像业余选手一样。

在车尔尼雪夫斯基启发下成立的最"臭名昭著"的组织"人民的

意志"（People's Will 或 Narodnaya volya）逐渐为人们所熟知。这个由大概 500 名激进革命分子所组成的政治集团试图"通过实际行动来进行革命宣传"取代原来的"用思想理念来进行革命宣传"——在这个过程中，该集团成为现代社会的第一个"恐怖主义"组织。在他们看来，亚历山大二世解放农奴的改革措施是远远不够的：除非摧毁沙皇制度，否则人民是不会得到真正的自由的；而摧毁沙皇制度最好的办法就是暗杀政府要员、皇室成员以及沙皇本人。[63]

1881 年 3 月某个寒冷的星期天，在圣彼得堡，"解放者"沙皇亚历山大二世遭受"人民的意志"组织的暗杀。那个星期天，就像以往每个星期天一样，沙皇的车队行驶在格里博耶多夫运河［the Griboedov Canel，字面意思是吃蘑菇的人（mushroomeater）］河边；此时一个革命分子朝沙皇乘坐的防弹马车扔了一颗炸弹，沙皇手下的一个哥萨克裔卫兵当场死亡，还有不少附近的平民受伤。走出马车查看伤亡情况的亚历山大二世就成了第二个革命分子的囊中之物。第二个革命分子投的炸弹炸死了沙皇和刺客。人们在这条街道的中间建造了宏伟的基督复活大教堂（Church of the Savior on the Split Blood），以示纪念，沙皇正是在这个地方以一种可怕的方式迎来了生命的终结。

这次暗杀事件催生了警方的严厉打击活动、国内活跃的间谍活动，以及激进学生组织的渗透活动。因为革命组织的公开集会可能会让参与者遭受牢狱之灾或者被流放到西伯利亚，所以激进的学生就举办看似无害的宴会——充满了音乐、跳舞，还有免费的伏特加酒——以掩护他们的密谋。在一种现在已经屡见不鲜的模式中，纵酒狂欢的人为客人们递上了"足够分量的烈酒，以放松他们的警惕性"：有时候，隐藏着的同伙会暴露自己，作为引诱警察出洞的诱饵。[64]

"恐怖主义"组织"人民的意志"就是这样一个在车尔尼雪夫斯基影响下成立的极端组织。它的领导人是圣彼得堡大学生物学专业的一个年轻学生，名字是亚历山大·伊里奇·乌里扬诺夫（Aleksandr Ilyich Ulyanov），他是弗拉基米尔·伊里奇·乌里扬诺夫的哥哥。弗拉基米尔后来更为人所知的是他的化名——列宁。受启发成为一个革命分子的亚历山大放弃了他对蜘蛛蟹的研究，转而学习如何制作炸弹。在亚历山大二世被刺六周年的纪念日当天，年长的乌里扬诺夫和一个更大团体的武装战友因为计划投掷炸弹袭击新沙皇亚历山大三世（Alexander Ⅲ）而被捕；当时亚历山大三世刚刚在基督复活大教堂悼念完他那位惨遭杀害的父亲，正骑马走在涅夫斯基大道上。虽然激进分子竭尽全力，但秘密警察渗透进了该组织并且掌握了充分的证据，可以逮捕所有的人。

虽然所有的阴谋者都被判处了死刑，但沙皇还是赦免了大多数人，五个人除外：其中一个人鼓吹着恐怖主义措施的有效性，他这一行为无意中向政府当局暴露了自己的意图；还有三个扔炸弹的人，最后一个是乌里扬诺夫——这群人主要的理论家和炸弹制作者。乌里扬诺夫直到死也没有为自己做过的事情感到后悔；1887年5月，这位21岁的革命分子在施吕瑟尔堡（Schlüsselburg）沙皇的岛上监狱里被吊死在绞刑架上——执行绞刑的还是他如此坚决反对的专制政体。[65]

兄弟赴难的消息更加坚定了年轻的乌里扬诺夫进行革命的决心，当时他只有17岁。年轻的列宁以无可比拟的活力继承了哥哥的马克思主义革命事业，而他最开始做的就是拿起哥哥留下的《怎么办？》的复印本。后来，列宁回忆起鼓舞自己走上这条道路的人，其中最引人关注的就是车尔尼雪夫斯基：

> 他使我哥哥着了迷，也使我着了迷。他对我的影响，比其他任何人都要显著。你什么时候读的《怎么办？》……在我大概14岁的时候，我就试着读这本书。那时候读这本书没什么用，读得

很浅。然后，在我哥哥被处决后，我知道车尔尼雪夫斯基的小说是他最喜欢的小说之一，于是我开始真正用心去读这本书。我坐在桌前读这本书，不是一连好几天，而是一连好几周。直到那时，我才真正理解这本书的深意……这本书可以提供足以支撑整整一辈子的动力。如果不是天才般的作品，怎会有这样的影响力呢？[66]

列宁充满感情地收藏了若干车尔尼雪夫斯基的照片，并且经常创作文章来赞扬他。后来，他写下一篇宣言，呼吁成立一个专业的马克思主义先锋政党以借助所有必要措施来推动革命。他给这篇宣言起了一个现在耳熟能详的标题：《怎么办？》。[67]

当然，列宁并没有以荒谬的方式去模仿车尔尼雪夫斯基《怎么办？》中的那些英雄，例如谜一般的拉赫美托夫，他睡觉时以空床板为垫，并以革命的名义拒绝饮酒和女人。[68]列宁在公众政治上的激进态度与他在私人生活上的谦虚温和形成了鲜明的对比。不管是在参与圣彼得堡地下集团的密谋活动期间、忍受西伯利亚的恶劣环境期间、还是流亡欧洲时继续创作期间，列宁和他的夫人娜杰日达·克鲁普斯卡娅（Nadezhda Krupskaya）只是偶尔饮用葡萄酒或啤酒，而且从未过量饮酒。对于他们二人而言，饮用伏特加酒是绝对禁止的，这倒不是伏特加酒的味道问题，而是作为他们革命理念和生活方式的一种延伸。"宗教是人民的鸦片。"列宁援引马克思的著名箴言这样写道。而他接下来所写的话则会让托尔斯泰感到骄傲："宗教是一种精神上的劣质酒，资本的奴隶饮了这种酒就毁坏了自己的形象，不再要求多少过一点人样的生活。"[69]

尽管宗教或许是人民群众的麻醉剂，但正如美国讽刺大师斯蒂芬·科尔伯特（Stephen Colbert）（或者，更可能是他的撰稿人之一）提醒我们的一样，"伏特加酒……是人民群众的伏特加酒"。[70]

列宁肯定会衷心同意这种说法——虽然我们很难确定这种老掉牙的措辞是否可以让这位通常毫无幽默感的革命家会心一笑；人们一提到他，首先想到的就是他冷淡认真的作风。列宁的遗孀克鲁普斯卡娅回忆道，甚至在她和列宁初次见面之前，就有人告诉过她，列宁只读"严肃的"书籍，并且他一生中从未看过一本小说、一本漫画。在他们一起被流放到西伯利亚期间，克鲁普斯卡娅很惊讶地发现上述说法都是错的："弗拉基米尔·伊里奇不仅读过屠格涅夫的作品、托尔斯泰的作品、车尔尼雪夫斯基的《怎么办？》，而且他还重读了很多遍，他一般都很喜欢那些他所熟悉的经典小说。"[71]

当然，这些著作并不仅仅是小说。正如我们所了解到的，这些经典著作的每一部都传达了批评社会和政治的重要评论。那么，列宁在个人戒酒和政治观念，至少是在对伏特加政治的见解上，和车尔尼雪夫斯基、陀思妥耶夫斯基、屠格涅夫和托尔斯泰都十分相似，这一点对我们来说有什么奇怪的吗？

与这些伟大作家一样，列宁也常常抨击沙皇政府体制诱使贫苦的俄国人民堕落并镇压他们的反抗；而人民群众的寿命还常常因为酗酒和家庭暴力而缩短。1899年，列宁在被流放到西伯利亚的时候，完成了他对资本主义和沙皇专制制度的第一篇学术性批判评论——《俄国资本主义的发展》（*The Development of Capitalism in Russia*）；这篇评论里有一整段都是在阐述蒸馏技术对于资本主义发展的重要性，以及以牺牲农民利益为代价来巩固当地地主和贵族地位的重要性。[72]列宁特别指责政府对酒精贸易的垄断机制是"俄国所谓的'国家经济'的各种治理办法，即一小撮地主、官吏和各种寄生虫有组织地掠夺和不断地、明目张胆地抢劫人民财产的各种方法"。[73]

/ 146

列宁对于酒精在沙皇的国策里所扮演角色的大致看法遍布在像《火花》（*Iskra*）、《红星》（*Zvezda*）和《真理报》这样的革命报刊上。例如，从1901年起，列宁开始公开批评伏特加酒税——一种间接税，因而也是一种递减税——是"一种最不公正的税收形式"，简直就相当于对穷人征税一样。[74] 在财政大臣谢尔盖·维特领导下，沙俄帝国重新恢复对伏特加酒的垄断销售；作为对此做法的回应，列宁认为此举在增加贵族剥削者财富的同时，也"使得数以百万计的农民和工人注定要陷在永恒的束缚之中"。[75]

"卖酒这一行根本同爱国无关。"列宁在1901年的《工人曙光报》（*Zarya*）上这样批评道。这也许是他对"臭名昭著的"帝国酒精垄断制度最为尖锐的批判评论：

> 我国官方和半官方报纸，真是希望它带来说不完的好处，既希望增加国库收入，又希望提高产品质量，还希望减少酗酒现象！实际上，到现在为止，收入没有增加，酒价反而涨了，预算也混乱了，整个业务的财政结果也不能精确地算出来了；产品质量没有提高，反而下降了，而且政府也未必能使公众特别佩服它不久前在一切报纸上关于新"官酒""试味"成功的报道。酗酒现象没有减少，黑市烧酒店的数目反而增加了，警察从这些地方得来的收入增加了，居民反对开设的小酒店开设起来了，街上酗酒的现象更加厉害了，而主要的是，建立拥有数百万资本的新的官营事业，建立新的官僚大军，给官吏们为非作歹、欺世盗名、公开偷盗大开了新的方便之门！那些逢迎拍马、勾心斗角、掠夺成性、浪费的墨水如汪洋大海、浪费的纸张如重重高山的官吏，像一大群蝗虫似地袭来了……它想把多少捞些油水这个意图合法化。这种意图已经遍及全省，并且在官吏专权和公众无权发言的情况下，由于专横和掠夺的进一步加深，还势必威胁全国。[76]

列宁常常是在流放期间写下谴责评论，而这些谴责评论则贯穿着整个沙皇政权末期。1908年，帝国主义政府有效地将每桶伏特加酒的价格增加了 42 戈比，这带来了国家财政急需的 1.85 亿卢布的额外收入；列宁斥责这种行为是专制政体下"掠夺性经济"的最重要"案例"。[77]

列宁还谴责政府把酒作为控制社会的一项工具。例如，作为对 1905 年革命的回应——这场革命通常被认为是 1917 年革命的预演——沙皇尼古拉二世做出了让步，成立了代议制议会，出台了代议制宪法，以保住自己岌岌可危的权力。革命起义活动集中在圣彼得堡地区，但帝国各地都有革命暴动发生。政府不得不从圣彼得堡召唤军队以镇压莫斯科的叛乱，因为帝国政府也承认，在多达 1.5 万人的莫斯科驻军中，或许只有三分之一的士兵是"靠得住的"。列宁向那些倾向社会主义革命事业的人描述了当局是如何用金钱贿赂他们，"用伏特加灌醉他们"，并"通过告密和暴力把那些被认为最不可靠的士兵从他们里面抓出来"。"所以，我们应该有勇气直截了当地公开承认，"列宁宣称，"我们在这方面落在政府的后面了。"[78]

除了发表诸如此类充满革命性的辩论文章和理论性的经济评论，列宁——非常像他的偶像车尔尼雪夫斯基——常常通过描述沙皇体制下的日常生活来传达他关于革命斗争的信息。在如下一个案例中，列宁讲述了下诺夫哥罗德农民提莫菲·沃兹杜霍夫（Timofei Vozdukhov）被谋杀一案的审判。帽子都没有的沃兹杜霍夫曾经遭到逮捕，还向州长控诉自己遭到当地警方的虐待和袭击。州长下属的警长判断他"喝了点酒，但是没有喝醉"，并将其移交回警方，而警方则将性格温和、没有喝醉的沃兹杜霍夫送进了醉汉拘留所。在醉汉拘留所，（据目击者的证词称）沃兹杜霍夫被活活打死——讽刺的是——凶手正是三个警察，他们自三天前即"复活节周开始的第一天起就一直在警局里喝酒"。为了"给这个农民一个教训"，这些喝得醉醺醺的警察打得他的脸和身体都血流不止，还打断了他十根肋骨；之后才将温顺地表示悔改的沃兹杜霍夫拉拽到医务室，在那里，沃兹杜霍夫很快就因为脑出血而去世。列宁通过文字重述了法庭的闹剧，以突出帝国警察每天的暴戾作风和专制政体司法系统的漏洞；正是这一司法系统使得这些警察在接受轻微的象征性惩罚后就得以逃脱。[79] 就像车尔尼雪夫斯基一样，列宁在此对酒精问题、腐败问题和残忍暴行予以详细描绘，而这些正是整个专制体系的明显化身。当然，除去列宁表现出的创造力，光是他那直截了当的语言就使他作为文学批评家中的一员赢得了跟车尔尼雪夫斯基凭借过于考究的《怎么办？》获得的一样多的称赞……也就是说，没有一丝委婉之词。

在谈及如何处理伏特加酒问题时，列宁的态度是果断坚决的。就像 19 世纪后期的马克思主义者、自由主义者、无政府主义者和其他批评沙皇独裁政体的人一样，列宁赞同酒精是俄国社会所遭受苦难的根源——沙皇政府和资本主义精英都使用这种寄生虫式的工具来镇压、控制并剥削贫苦的工人和农民。"无产阶级作为一个冉冉升起的阶级不需要会遮蔽他们双耳或激怒他们的酗酒行为，"列宁宣称，"他们唯一需要的是清醒的大脑，清醒的大脑，还是清醒的大脑。工人阶级的共产主义教育要求完全清除过去资本主义的残留问题，特别是像酗酒这样危险的残留问题。"[80]

事实证明，关于如何看待伏特加政治，列宁的主张也和大多数人一样。借助酒精公然反对俄国专制政体的暴行并不是共产主义者的特有手段。酗酒问题和堕落现象在俄罗斯帝国无处不在这一事实，以及在政府利益的影响下这些现象到底被助长到何种程度，对于各个政治阶层派别的明智观察者而言都是非常明显的。自由主义者、马克思主义者、无政府主义者和其他任何一个感受到专制政体阻碍着人民进步的人，或者说任何一个敢亲自举起斧头砍下沙皇脑袋的人，都很快指出，将俄国政府的兴旺发达建立在其人民的痛苦之上是一种不合适的矛盾做法。

/ 第十一章　醉倒在前线：酒精与俄罗斯帝国军队

　　虽然这个专制政府因为剥削底层阶级并怂恿他们养成酗酒恶习而备受人们的嘲弄奚落，但就连像车尔尼雪夫斯基这样坚决反对沙皇制度的人也承认，伏特加酒贸易收入本身并不是政府这样做的最终目的，它只是为国家防御、军队扩张和为俄罗斯帝国争取更大荣耀筹备资金的一种方式。[1] 很多俄国士兵为这份荣耀而战，血管里都结了冰……而血液里也流淌着伏特加酒。

　　谁能责怪这些士兵呢？无论是在军营里，还是在战壕里，抑或是在海上巡游时，饮酒都可以增进士兵之间的战友情谊和鼓励士气。士兵们身边早已充斥着屠杀和流血，饮酒可以麻木他们的理智，让他们可以执行残杀同胞的命令。不幸的是，酗酒问题也削弱了军队的工作效率和作战能力——在某些情况下，这带来了灾难性的后果。一直以来，俄国专制政体的伏特加政治给政府带来了巨额财富，也滋生了人民对酒的依赖性，到19世纪中期，伏特加政治开始侵蚀俄国的军事力量。

　　俄罗斯漫长的军事历史充斥着各种散发着酒精气味的关键时刻。通常人们想到的第一个关键时刻是1506年莫斯科大公瓦西里三世率领军队围攻喀山汗国时所遭遇的特洛伊木马式的伏击。当时，喀山人无论是在人数上，还是在装备上都处于劣势；狡猾的他们在自己的城墙外建造了一个营地，然后派最勇猛的战士藏在山坡上。当莫斯科公国的军队逼近时，当地人就佯装吓破胆逃跑，让入侵者尽情洗劫营地的财物和享受食物与美酒。这些来客们吃饱喝足后，喀山汗国的军队就将莫斯科公国的军队杀得片甲不留。只有一小撮人跟跄逃脱，乘坐停留在伏尔加河上的船离开，并将大公部队覆没的消息带回克里姆林宫。[2]六年后，瓦西里三世率领重整旗鼓的军队进攻立陶宛大公国。在包围了金碧辉煌的斯摩棱斯克克里姆林城堡六周后，瓦西里三世在发动关键性的午夜进攻之前，"用啤酒和蜂蜜酒来稳固军心"，而这却导致酩酊大醉的莫斯科公国军队在立陶宛大公国的炮火下几乎全军覆没。[3]

当然，几百名士兵对一座中世纪城堡的攻击与现代的欧洲战争有着天壤之别。到19世纪的时候，军事策略和军事科技已经有了显著提升。工业革命所带来的武器大炮使得远距离作战和消灭敌人变得更为容易。战争也愈加血腥和残暴。随着往昔的雇佣兵和职业军人被由农民应征兵所组成的庞大军队所取代，战争的规模和开支也变得愈加庞大。对于俄国来说，这就意味着这个帝国令人生畏的军事力量或许将越来越依赖酗酒成性的农民，也就是那些俄国政府多年来一直为之供应伏特加酒的农民。[4]

到了18世纪的时候，正如我们所了解的，大规模征兵已经成为民族主义和现代民族国家不可或缺的一部分了。在美国革命和法国大革命之前，为了国家自愿参加战争和奉献生命几乎闻所未闻。在那之前，大多数军队的新兵要么是走投无路、急需一份工作的人，要么是在其他地方有更糟糕命运等待着而正四处逃避的人。其他应征入伍的人要么是迫不得已，要么是受了欺骗。"贯穿整个18世纪，"玛格丽特·列维（Margaret Levi）解释道，"负责征兵的军士将一个先令塞到酒馆里一个酒鬼手里就相当于将他作为一个士兵征募进英国军队里。"[5]

在整个欧洲，酒都是征兵军官最喜欢的工具。1740年，杰出的俄国科学家、作家、诗人和哲学家米哈伊尔·罗蒙诺索夫（Mikhail Lomonosov）——后来享誉世界的莫斯科国立大学正是以他的名字命名——在德国的马尔堡大学上学的时候，也偶遇过一个普鲁士征兵军官。在豪饮一整晚后的第二天早上，罗蒙诺索夫醒来后发现自己穿着普鲁士骑兵的军服。虽然罗蒙诺索夫抗议称他甚至都不是德国人，但对这个军官而言，这并不要紧。[6]

全民征兵制是1793年第一次被引入法国，而在十年内，该制度就为拿破仑的大军提供了超过 50 万名士兵。拿破仑拥有当时全世界绝无仅有的最强大军队；他下定决心要征服几乎所有的欧洲领土。[7] 俄国沙皇亚历山大一世麾下的军队几乎是唯一可以阻挡他的战斗力量。

俄国仍然沿用彼得大帝时期的征兵制度：将整个国家以农户为单位分区，由各区的农奴主或者村议会挑选那些接受征募履行乡村公共义务的倒霉少年们。随着俄国领土扩张、人口增加，可征召入伍的士兵数量也随之上涨。沙皇亚历山大一世统治期间，在军队服役的人数竟然达到了 150 万这样一个令人难以置信的数字！[8]

"应征入伍，"研究俄罗斯军事历史的专家小威廉·C.富勒（William C. Fuller Jr.）这样写道，"就是一种死亡。"事情发展到了这样的程度以至于妇女们会在年轻应征兵的集中地点外唱葬礼挽歌，这些年轻人——极不情愿地离开了家人和朋友——很可能再也回不来了。俄国应征兵所面对的不只是敌人的刺刀和子弹，还有流行病、物资紧缺，以及上级的残酷管教。而且，军队里还有鼓励过度饮酒的大男子主义文化，这一文化——通过捉弄新兵和嘲笑戏谑——迫使那些滴酒不沾的应征兵不得不拿起酒瓶。[9]

即使是在今天的俄罗斯，军队似乎仍停留在遥远的过去。今天的俄罗斯武装部队继续依赖着军事征募制度，而不是自愿入伍制度。而军队里的暴力、腐败问题和酗酒现象变得更加严重。"即便你刚进入军队时并不是一个酒鬼，"1970 年代一名苏联士兵这样说道，"那么当你退伍的时候你就是了。"[10]

但毫无疑问，当军队离开营地开往前线的时候，他们就放下酒瓶，拿起步枪了，对吗？酒精本身可能并不是战场上的一个决定性因素……可能吗？

伏特加酒打败了拿破仑？

当然，让一场军事行动胜利或失败的因素有很多：从训练、装备和战略，到地形、天气，甚至还有疾病。但是，与其说是俄国人民的英勇表现击溃了伟大的拿破仑·波拿巴那贪得无厌的野心和他那势不可当的大军，倒不如说是俄国人的酒精完成了这一壮举。事实是这样的吗？

在击溃了欧洲大陆上大多数国家的军队后，1805年，拿破仑大军在奥斯特里茨（今布尔诺附近的斯拉夫科夫，位于捷克共和国境内）外的战场上第一次遇到强大的俄国军队。法国人早就听说了俄国士兵"盲目地服从上级"、"凶残地英勇作战"以及酒量惊人这样的可怕名声。[11] 然而，俄国赢得这些名声靠的"仅仅"是打败了土耳其人和波斯人——拿破仑的大军就是另一回事了。据拿破仑的密探报告，在此之前咄咄逼人的俄国军队"有着明显的放荡酗酒的特点"，而且他们在踏上战场的前夕都是沉浸在"酗酒吵闹和狂欢宴会中"。后来的作家提出，拿破仑选择在黎明时分开始战斗，那时"俄国士兵脑袋里的白兰地酒的酒气还没有挥发掉，而这或许助推了那天那场毁灭性灾难的发生，或者至少加大了灾难的破坏程度"。[12] 虽然在人数上处于极大的劣势，但法国人仍然迅猛地击溃了俄国人和他们的奥地利盟友，他们不得不吞下彻底溃败的耻辱后果。随后签订的《普莱斯堡和约》（Peace of Pressburg）标志着拿破仑的强权达到了巅峰：这一纸和约不仅将奥地利踢出了战场，而且摧毁了第三次反法同盟，并在事实上终结了神圣罗马帝国。

被击败的沙皇亚历山大一世带着军队退回到俄国。两年后，俄国军队再一次在弗里德兰被法国军队击溃，拿破仑和亚历山大终于勉强达成了停战协议。1812年6月23日，拿破仑听说了亚历山大已经在制订临时战争计划的谣言，于是他率军跨过涅曼河（Nieman River），入侵了俄国广袤的中心地带。拿破仑无视手下将军的建议，计划通过攻下往东622英里外的莫斯科来让亚历山大投降。这是一个致命的决定，或许是俄国军队在奥斯特里茨所表现出来的软弱——和嗜酒天性——影响拿破仑做出了这样的决定。

战争初期的交锋巩固了拿破仑的预感：亚历山大的军队没有冒险与拿破仑大军正面对峙，而是进一步撤退到一望无际、人烟稀少的荒原里。俄国人采取了"焦土"政策——摧毁了所有的谷物、牲畜和庇护所，从而使得法国军队无法从所经过的地方获得补给——也压迫着法国人的补给线和士气。距离莫斯科还有100英里的维亚济马已沦为一片废墟。看着废墟上尚未散尽的烟气，拿破仑更加沮丧了。他发现他的军队已经饿到半疯癫的状态，竟然开始洗劫出售伏特加酒和葡萄酒的商店；目睹此景的拿破仑勃然大怒，鞭笞这些缺乏纪律的士兵。[13]

9月7日，在博罗季诺的土地上，拿破仑终于迎来了他等待许久的决战。在那天的战斗结束后，伤亡士兵人数超过了6.5万，堪称人类史上伤亡最为惨重的战争之一。对于法国人来说，博罗季诺战役是一场得不偿失的胜利；他们已筋疲力尽，无力追捕撤退的俄国军队。一周后，拿破仑充满自信地逼近莫斯科，非常期望饱尝败果的沙皇会在那里正式投降，开门迎接大胜前来的自己。令他大失所望的是，亚历山大并没有骑马出来迎接他。没有任何人出来迎接他。看到俄国人竟然拒绝接受他的伟大胜利，拿破仑怒不可遏；他占领了历史悠久的克里姆林宫，而他手下饥肠辘辘的军队则将这座被遗弃的城市洗劫一空。[14]

但是，最糟糕的事情还在后头。莫斯科总督费奥多尔·罗斯托普钦（Fyodor Rostopchin）已经发誓，如果他被迫放弃这座城市，那么法国人在那里唯一能找到的只有一片灰烬。他忠实地履行了自己的诺言。他下令撤走莫斯科所有的灭火器具并释放了监狱里所有的囚犯。然后，他将高度易燃的酒馆和伏特加酒仓库变成了火焰炸弹，并点燃了装满烈酒的木船；这所有的一切将这座城市四分之三的地方夷为平地。[15]

起初，法国人并没有在意远处冒起的滚滚浓烟：他们在占领的每一个城镇都看到过这样的场景。但是就在拿破仑搜查这些宏伟的皇家宫殿的时候，燃烧的灰烬开始飘落到克里姆林宫墙内的庭院里。因为担心克里姆林宫军械库里的火药会因此发生爆炸，所以拿破仑和他的随行人员迅速从起火中心离开。拿破仑一行勉强从混乱不堪、烟雾弥漫的街道上逃离，来到位于这座城市东北面郊区的彼得罗夫斯基宫（Petrovsky Palace）。拿破仑眼看着他觊觎已久的珍宝被烧成了灰烬。[16]

　　在回忆录中，拿破仑将这场大灾难的发生归咎于这座城市的居民和官员。

　　　　［莫斯科］大部分房子都是木制的，仓库里都储藏着白兰地酒、燃油和其他易燃的物品。所有的消防车早就被带走了；这座城市以往都保有数百辆消防车，而且消防工作一直都是有人精心安排的，但我们只能找到其中一辆。几天来，军队的人都在试着扑灭大火，但无济于事；大火还是烧光了一切。还逗留在城里的居民要么逃到了森林里，要么逃到了乡间小屋里；唯一留在城里的只有那些社会底层的暴民，他们留下的唯一目的就是趁乱打劫。这座伟大豪华的城市已经成了一片荒漠，一个遍地荒芜和罪恶的藏污纳垢之所。[17]

　　"莫斯科是被她自己的居民烧毁的——这是真的，"托尔斯泰的《战争与和平》中这样写道，"然而，毁掉莫斯科的不是那些留下来的人，而是那些逃走了的人。"[18]那些留下来的人面对着一场混乱的酗酒狂欢，几乎与1648年酒馆暴乱和1682年莫斯科起义时的情况一模一样（参见第五章）。匆忙从大火中逃离的法国军队指挥官彻底失去了对莫斯科的控制。绝望的法国士兵在街头游荡着，和他们一起的还有茫然沮丧的俄国人——他们所有人只是在四处搜寻吃的东西。少数富有的莫斯科人、占领莫斯科的法国军队以及俄国的犯罪分子等混合在一起，试图抢救／洗劫任何有价值的东西，包括"充足的葡萄酒和白兰地酒"。这些酒只会让酗酒造成的混乱雪上加霜。[19]

"军队已经彻底瓦解了，"法国少校皮翁·德·洛谢（Pion des Loches）这样写道，"你到处都可以看到烂醉如泥的士兵和军官，他们身上装满了掠夺来的赃物和从居民家里搜刮来的生活物资，而那些居民房屋早已在大火中被夷为平地。"[20] 莫斯科居民，无论年龄大小，是男是女，抑或身份高低，只要胆敢捍卫自己的贵重财产，都会被法国人活活打死；与此同时，任何一个喝醉了、跟跄地离开队伍的法国掠夺者只要落在当地人的手里也会遭遇同样的命运。在大火侵蚀城市时发出的嘈杂声中，人们只能断断续续地听到其他声音，包括人和动物被活活烧死时发出的尖叫声，街头男人被暴打发出的吼叫声，还有女人被强奸时发出的哀号声。"士兵们不再因畏惧上级而饱受约束，他们以你所能想象得到的任何一种方式放纵自己，"欧仁·拉博姆（Eugène Labume）在他的回忆录中这样写道，"没有一个避难所是安全的，就连神圣的修道院也无法抵御这些人的贪婪掠夺。"士兵们甚至破坏了莫斯科大公，包括伊凡雷帝的陵墓，莫斯科大公们都被葬在克里姆林宫里的天使长主教座堂。[21]

值得赞扬的是，一支法国营队成功地挽救了克里姆林宫；火势平息后，拿破仑就回到了克里姆林宫。为了防止发生更多火灾和出现更多骚动，拿破仑命令法国军队守卫着剩下的伏特加酒仓库。可怜的法国大军和他们同样可怜的皇帝陛下在烟雾缭绕的废墟中又住了整整一个月。仅存的家畜被活活饿死，而离开城市去掠夺牲畜又要冒着与俄国的哥萨克族发生小规模冲突的风险，这些遭遇战往往会进一步挫伤法国士兵的士气。忍饥挨饿的法国士兵仔细查看着已经烧焦的废墟，希望可以找到一点残余的葡萄酒和伏特加酒，然后用抢来的精致水晶杯倒酒喝，虽然他们还是没有食物可以果腹。[22]

　　拿破仑徒劳地等着沙皇投降；他甚至写信给亚历山大，向他介绍在自己的领导下调查纵火事件的调查委员会。法国人逮捕并处决了超过 400 名俄国人；据拿破仑所说，这些人的"爱国行为是基于他们所得到的一樽桶白兰地酒"。[23] 拿破仑给亚历山大的信中还说，如果俄国在博罗季诺战役开始前或者结束后献上一纸投降协定，那么所有这些惨败结局是可以避免的。但拿破仑从没有收到过一封回信。冬天也越来越近了。[24]

　　1812 年 10 月 19 日，遭受耻辱的法国人抛弃了莫斯科。相比最初的 50 万人的大军，撤离时的军队只剩下 12 万人；而这些人中的大部分都将因为俄国冬季的严寒天气和斑疹伤寒传染病而遭受灭顶之灾。[25] 撤退的法国军队不断遭受着背后俄国军队的袭击。在西归的数百英里行程中，他们抵御着斯摩棱斯克地区猛烈的狂风、零下的温度，还有飘落的大雪；仅仅几个月前，同一条路线上的所有物资就已经被剥夺殆尽了。军队的马匹筋疲力尽地倒下，挨饿生病、士气低落的士兵则生吃马匹的尸体。有些士兵甚至转向同类相残。因为找不到任何可以遮蔽的地方，数以千计的士兵被冻死，他们的尸体则堆在路旁。

　　当几近饿死的法国人重新进入维尔纽斯的时候，他们将这座城市洗劫一空。他们"砸开军用仓库的大门，疲惫已久的士兵狂饮着白兰地酒，享用了丰盛的一餐，然后倒在城市里的各个地方；他们冻毙在街上，无人理睬，而剩下的人在听到哥萨克人来袭的声音后匆忙从仓库中逃离了"。[26] 只有 4 万人活着回到了家乡。不到两年后，沙皇亚历山大一世就得意扬扬地率领着军队开进巴黎，逼迫拿破仑退位。而在一年后，拿破仑在滑铁卢迎来了自己最终的败局。

　　人们通常将拿破仑的惨败归功于俄国广袤的领土和残酷的气候；据估计，死于疲劳过度、严寒天气、极度饥饿，还有斑疹伤寒的法国士兵人数（13.2万人）甚至超过死在沙场上的人数（12.5万人）。[27]相比死于艰苦条件和各种疾病的人数，伏特加酒只是造成伤亡的一个较小因素。然而，如果俄国人没有下令放火烧毁莫斯科的伏特加酒仓库和这座城市，那么这座俄国最大、最富有的城市本可以是拿破仑的法国大军理想的驻扎营地。法国士兵本来可以在莫斯科温暖的房屋里，在一个（相对来说）更加清洁的条件下，等待寒冬过去；这样的话也可以减少斑疹伤寒的扩散，恢复活力的军队可以在春天到来的时候，做好准备给受困已久的俄国人最后一击。关于这样的剧本会带来什么样的结果，我们只能猜想——但结果很可能会与那次终结了拿破仑政治命运的耻辱性撤退有着天壤之别。

那么，击败法国人的是沙皇亚历山大一世，还是伏特加酒呢？战场之外的气候和伤寒毫无疑问确保了拿破仑最终的失败。然而，烈酒的确让莫斯科的居住环境恶化，加快了酗酒、生病和失去斗志的法国军队的撤退。这样的话，有人可能会说——在俄国面临巨大危机的时候——伏特加酒帮助拯救了俄国。即便如此，烈酒带来的这种胜利也不会是长久的。

克里米亚的战争和饮酒

现代人对俄国抗击拿破仑入侵的看法几乎都受到托尔斯泰那部史诗小说《战争与和平》的影响。然而，考虑到这位伟大作家当时尚未出生，那些引人入胜的故事均非第一手记录。托尔斯泰文学作品中的真实感实际上来自他在克里米亚战争中的经历，以及他在俄国军队里沉迷于烈酒、赌博和女色的"放荡军队生活"。[28] 在这场损失惨重的战争中，托尔斯泰第一次体会到在战争的迷雾中找寻"真相"的困难，因为每个人都"忙于在战争的硝烟中蹒跚前行，踩着伤痕累累的尸体前进，沉迷在伏特加酒、恐惧或者勇气之中，以至于他们都不清楚发生了什么事"。[29]

俄国通往战争的道路充满了困惑和混乱。1825年12月，沙皇尼古拉一世继承王位的时候，由主张自由主义的"十二月党人"（Decembrists）组成的一群酗酒暴徒竟敢质疑尼古拉即位的合法性。这位年轻沙皇毫不犹豫地采取了暴力手段，用大炮和刺刀迅速处决了这些反叛分子。然而，欧洲自由主义思想所带来的威胁重重地压在尼古拉的心上；他变得更加冷酷严厉，成为保守主义独裁制度的坚定捍卫者。1848年，尼古拉甚至派遣俄国军队进入匈牙利镇压当地爆发的自由主义起义。而他自己的地缘政治野心则集中在南边的奥斯曼土耳其帝国。1853年，尼古拉的军队推进到奥斯曼帝国的附庸国摩尔达维亚（Moldavia）和瓦拉几亚（Wallachia）；这两个附庸国均位于今天的罗马尼亚境内。因为害怕奥斯曼帝国垮台会破坏欧洲的势力均衡，所以英国、法国和撒丁王国支持土耳其人，在俄国人的后院让他们吞下了惨败的耻辱后果。

联合军队很快就击退了入侵的俄国人，然后又将他们的注意力转向了塞瓦斯托波尔（Sevastopol），克里米亚地区的一座要塞，以摧毁俄国的黑海舰队；这支舰队将继续威胁奥斯曼帝国、达达尼尔海峡，甚至还有地中海地区。因此，1854年，同盟国军队在塞瓦斯托波尔正北面登陆并朝这座要塞推进。

克里米亚战争因为很多东西而被人们记住：阿尔弗雷德·劳德·丁尼生（Alfred Lord Tennyson）不朽的自杀般的"轻骑兵的冲锋"（charge of the light brigade），弗罗伦斯·南丁格尔（Florence Nightingale）作为一名战地护士所做的开拓性工作，以及有史以来的第一位战地记者报道了战争期间发生的人类悲剧。

而在俄国这边也有着这样一位编年史作者，一位名叫罗伯特·阿道夫·霍达谢维奇（Robert Adolf Chodasiewicz）的波兰士兵。在他自愿加入联邦军参加美国内战的十年前，霍达谢维奇撰写了一份扣人心弦的记录，描写了阿尔玛河战役中俄国人与同盟国军队的首次交战。

在那里，独断的指挥官亚历山大·谢尔盖耶维奇·缅什科夫（Aleksandr Sergeyevich Menshikov）亲王——他是彼得大帝密友亚历山大·谢尔盖耶维奇·缅什科夫的曾孙，和他曾祖父有着一样的名字（参见第四章）——甚至邀请塞瓦斯托波尔的贵妇和他一起到附近的一个小山顶上，观赏俄国即将迎来的一场十拿九稳的胜利。与此同时，他手下的军队却察觉到了灾难的逼近。

"为什么？"霍达谢维奇问道。

"就好像我知道什么而你不知道似的！"一个老兵解释道，"我们就要喝光伏特加酒了；没有伏特加酒，我们要怎么作战？"其他士兵纷纷附和。[30]

为什么这些人无法得到他们每天的战地口粮——面包、肉类、一些啤酒，还有满满两大杯伏特加酒？"我们尊贵的上校认为最好把钱放在他自己的口袋里；他认为，这些士兵中有一半人会死去，那么给他们伏特加酒只会是一种浪费。"[31] 军队里像这样的腐败行为并非少数，但是这种行为却给俄国军队的士气带来了毁灭性的打击。

在战场上，这种绝望转变为恐慌，而恐慌情绪与伏特加酒混合在一起，则会引起军队的溃败。即便没有本应配给的伏特加酒，士兵们仍然可以从附近城镇的商人、腐败的官员，甚至通过偶发机会来获取酒。例如，霍达谢维奇所在的军队就"免遭"断酒之苦，因为当子弹开始乱飞的时候，兵营小卖部的人就逃离了战场。同盟国军队将俄国人所在的地方团团围住，而俄国士兵则"斗志昂扬地"将伏特加酒团团围住。[32] 指挥官们并没有在战术策略上起到领导作用：他们常常跟士兵们一样喝得烂醉如泥，神志不清。在霍达谢维奇看来，正是军队士气低落和缺乏领导人导致了俄国的溃败。"战争持续了5个小时，而在这期间，我们并没有看到我们的少将、准将和上校，也没有听到他们给出任何指令：自始至终，我们都没有从他们那里收到任何命令，不管是前进还是后退，都没有；而当我们撤退的时候，也没有人知道到底我们应该往右走还是往左走。"[33]

就连军队的高级将领们也喝醉了。中将瓦西里·基里亚科夫（Lt. Gen. Vasily Koryakov）并没有指挥俄国军队的左翼防线，而是举办了一场香槟派对。人们通常将基里亚科夫描述为一个"一无所知，缺乏任何军事才能，并且很少处于清醒状态的人"。而这一天，基里亚科夫喝得跟跟跄跄，手上拿着一瓶香槟，下令他手下的明斯克军团开火，朝他觉得法国骑兵所在的方向。实际上，他所下令开火的对象是他自己领导下的基辅轻骑兵团，他们就这样在炮火的猛击中全军覆没。人们不得不阻止怒气冲冲的轻骑兵团指挥官靠近基里亚科夫，以防这位指挥官会一剑刺死他。对他们这位喝得酩酊大醉的指挥官失去信心的明斯克军团也撤退了——在某些情况下，他们甚至没有对敌人开过一枪一炮。在一片混乱中，瓦西里神秘地消失了，而几小时后，人们却发现他正蜷缩在一个洞坑里。在附近，英国军队还发现一个烂醉如泥的俄罗斯炮兵部队上尉歪歪斜斜地躺在一驾马车上。这个心情愉快的酒鬼提出抓他的人应该喝一口他香槟酒瓶里的香槟，结果发现酒瓶已经空了。[34]

战场上的一败涂地以一种粗暴的方式搞砸了缅什科夫的观赏派对；人们逃离派对现场时是如此匆忙以致各种遮阳伞、望远镜，甚至野餐布都被抛下了。法国人在缅什科夫的马车里发现了"很多来自沙皇的信件、5万法郎、法国色情小说、缅什科夫将军的军靴，还有一些女性内衣"。[35] 在阿尔玛河那场损失惨重的战役后，缅什科夫将他的军队撤退到了克里米亚的内陆地区，让塞瓦斯托波尔的船员和平民自生自灭。当手下的人骑着马将惨败的消息带给位于圣彼得堡的沙皇尼古拉的时候，一连好几天，沙皇都躺在床上陷入深思，"确信他心爱的军队不过是一群白痴领导下的儒夫"。[36]

位于塞瓦斯托波尔的皇家海军的情况也一样糟糕。例如，考虑一下这座海军要塞的中心地区，马拉霍夫山（Malakhov Hill）：马拉霍夫山高耸在塞瓦斯托波尔海湾，而且附近的入海口停泊着强大的俄国舰队，这个地方是该要塞防线上的关键一点。今天的马尔霍夫山是一个很受欢迎的旅游景点：这是一个恬静宁谧、树木繁茂的公园，也是一个充满永恒光辉的露天纪念建筑群。考虑到这座山重要的战略地位和历史意义，给它名字的马拉霍夫肯定是一个传奇性的战斗英雄，不是吗？

事实上……并不是。

米哈伊尔·马拉霍夫是沙皇海军军队里一个低级的轮船事务官，负责记账工作和补给采购。他的职位使得他可以使用海军的经费购买大量的酒，再将这些酒转卖出去，获取巨额利润。即使是因为如此腐败的滥用军费行为而接受军事法庭审判后，马拉霍夫仍然利用他与诡诈的采购官员和私酒商人的关系，开了一家破破烂烂（但是非常受欢迎而且利润很丰厚）的非法伏特加酒商店；这家商店就建在如今以他名字命名的马拉霍夫山的山坡上。[37]

在阿尔玛河战役溃败之后，马拉霍夫山就成了这座城市抵御同盟国军队入侵的最后一道防线。在俄国军队落荒而逃之后，塞瓦斯托波尔的所有人——军人和平民，男人和女人，警察和妓女——都挖起了战壕，设立路障，并准备好迎接逼近中的敌军。为了减缓同盟国军队从海上靠近这座城市的脚步，他们凿沉了海湾里的俄国战舰，很多艘战舰上还满载着武器和补给。城里随处可见士气低落的人和违抗命令的行为，绝望的情绪席卷了整座城市。雪上加霜的是，人们在码头边发现了一个巨大的烈酒仓库。这导致在连续三天的时间里，整座城市都陷入喝醉的人所带来的暴乱中。

"整座城市都笼罩在一种完全失控的混乱状态中，"霍达谢维奇回忆道，"喝醉了的水手在街上四处游荡，引起各种骚动；而有些时候，他们还嚷嚷着缅什科夫已经把这个地方出卖给英国人了，他在阿尔玛河的失利是刻意为之的。"[38]俄国舰队参谋长、海军中将弗拉基米尔·科尔尼诺夫（Vladimir Kornilov）采取了一种堂吉诃德式的做法来使人们恢复清醒和自信：他实行了紧急的禁酒措施，关闭了伏特加酒商店、酒馆、旅馆和餐馆，而这些措施最后"在防止人们酗酒这一点上收效甚微，甚至完全失效"。[39] 1854 年 10 月 17 日，密集的炮火进攻开始了。在战斗初期，英国军队的一轮炮击引爆了一个俄国弹药库，中将科尔尼诺夫在爆炸中牺牲了；讽刺的是，这场爆炸就发生于马拉霍夫山山顶上。而在今天，就在以那位腐败的伏特加酒贩子命名的马拉霍夫山的顶峰，矗立着一座用以纪念禁酒英雄科尔尼诺夫的纪念碑。

对塞瓦斯托波尔的围攻持续了好几个月，紧张的僵持时不时会被一轮轮炮击或者不定时的地面攻击所打破。而与此同时，城内的局势不断恶化。多数居民在早餐和晚餐的时候都要喝一杯伏特加酒，而在这两顿饭之间，他们甚至喝得更多。年轻的托尔斯泰伯爵在《塞瓦斯托波尔故事集》（*Sevastopol Sketches*）一书中描述了官员们是如何在休息的时间里饮酒、赌博、唱歌，以及和少数还留在城里的妓女们狂饮作乐。为了激发士兵身上的勇气，他们在进攻前总是要变本加厉地饮用大量的酒。

这些站都站不稳的士兵跌跌撞撞地冲上战场，很容易就成为敌人攻击的靶子。"前几天冲出塞瓦斯托波尔发起攻击的那支军队……所有人都是喝醉了的，"英国军团的一个军需官这样回忆道，"当他们出现在战地医院的时候，那里马上充满刺鼻的怪味以至于你都无法在那样的地方待超过一分钟，而且一个被俘军官告诉我们，塞瓦斯托波尔的军官给士兵葡萄酒喝直到他们达到合适的兴奋程度，然后他们会问这些士兵谁愿意冲出去将那些英国狗驱赶到海里；相反的是，我们把他们驱赶回城里。"[40]

尽管如此，在接下来的几个月时间里，塞瓦斯托波尔那些英勇的守城士兵击退了同盟军队针对俄国阵地发起的五次不同的攻击，这使

描绘法国人对马拉霍夫山地最后进攻的平版印刷画，1855 年

美国国会图书馆印刷品和照片部（Library of Congress Prints and Photographs Division）/ 威廉·辛普森（William Simpson）

双方都付出了惨重的代价。最终，1855 年 9 月 8 日，在第六次进攻的时候，法国军队成功突破了这座城市的最后一道防线，并占领了马拉霍夫山。第二天，塞瓦斯托波尔城宣布投降。

克里米亚战争中的失利令人感到尴尬：俄国在这场战争中的战斗伤亡人数超过了 10 万，另有 30 万人死于各种疾病、营养不良和受寒挨冻。[41] 而这些伤亡人数中或许就包括沙皇尼古拉一世本人；他对这场战争的执迷不悟和悲观失望给他的身体带来了极大的影响。1855 年春天，沙皇检阅了即将开赴克里米亚参战的军队，而在此之后，他感染了肺炎，并在不久后逝世。

很快，大使们就齐聚巴黎，以协商制定和平条约，就像以前战场上的交战双方协商停战一样。一个英国士兵亨利·蒂勒尔（Henry Tyrrell）在 1856 年 4 月 6 日星期天写下的日记生动地描绘了这样一个画面：

> 今天人们重点关注的对象是俄国人，他们……在我们营地到处闲逛，走遍了各个地方，并很快就找到了军营的临时餐室。到一点钟的时候，餐室里就有很多俄国人了，"因为士兵们希望成为那种热爱痛饮烈酒的人"。最为迟钝冷漠的是那些挖土工［英国体力劳动者］，他们在喝了啤酒之后都会变得非常痴呆和茫然，但与一个喝醉了的"俄国人"比起来，这些挖土工要更加活泼、兴奋和聪明……喝醉了的俄国士兵朝路过的军官们的致礼看上去非常荒唐可笑；他们一看到金色饰带就会马上脱帽鞠躬敬礼，睡眼惺忪、目光呆滞，毫无生气的脸上立刻充满了一种令人讨厌的严肃感；如果不是因为这种行为所带来的憎恶感，人们本会因为他们的这种滑稽而开怀大笑。他们当中的有些人似乎对战友的这种行为感到很恼火，并且努力想把他们的战友拖出餐室；而其他人则保持着完全清醒的状态。我们的士兵成群结队地追赶着他们，

主动与这些曾经的敌人称兄道弟。[42]

确实，法国士兵、英国士兵，甚至土耳其士兵，都与他们这些新交的俄国朋友欢快地喝起了酒。在每天晚上的酒宴之后，俄国士兵就会回到位于乔尔纳亚河（Chernaya River）对岸的营地；因为河水很深，所以想要过河只能借助架在河上的树干——即使是对清醒的人而言，这也是一个不小的挑战！哥萨克巡逻队用绳子将醉得奄奄一息的人（常常这些人都已经醉得不省人事了）从水里拉起来。"他们就这样走过来了，跟跟跄跄地走着，一路咆哮怒吼着，跨过了这片遍布他们同胞尸骨的土地（出于基本礼节我希望他们能尽快埋葬这些尸体），然后在一番恭敬的告别后，跨过了这条可怕的河流，"蒂勒尔这样写道，"科德林顿将军（General Codrington）就在河边。看着这样的场景，他似乎都不知道是该感到好笑还是反感。"

英国人沿路布置了卫兵，以阻止"所有喝醉的俄国人从城外跑进城里"，而且在悬崖边和港口也布置了哨兵，"以防止他们在集市上闹腾后跑进城里来"。然而，俄国人还是跑进了城里，尤其是那些非常富裕的俄国军官。他们购买了大量的香槟和烈酒，在同盟国营地购买这些东西的花费只是在俄国营地购买同样东西花费的一半。[43]

很明显的是，无处不在的酗酒行为所带来的窘态导致了俄国军队在克里米亚战争中的耻辱性失利。亚历山大二世随后实行的政治改革——废除农奴制度和腐朽的税务外包制度——也没有阻止这个国家从包括社会底层的农民应征兵在内的人民群众的酗酒问题中获益。直到 1874 年，俄国才终于抛弃了彼得大帝为全民征兵而制定的农村定额分配制度，转而规定所有男性都必须服满 6 年兵役。不幸的是，这项改革措施也使得所有应征入伍的俄国人都成了举杯豪饮的人：就连那些在入伍前从未碰过伏特加酒的农民也常常是以酒鬼的状态回到家中。后来的研究发现，圣彼得堡的工人中大约有 11.7% 的人都是在加入军队后才开始饮用伏特加酒。[44] 最终，全民征兵就成了促使俄国社会进一步酗酒化的又一项工具。

即便是在和平时期，酗酒问题也在军队里不断蔓延。一位军医明确指出军队里定量配给伏特加酒的问题；据他估计，被送进医务室的士兵里有 75% 的人是因为酒精中毒，而军队所有的死亡人数里有 10%~44% 的人的死因可归于酒精。"他喝醉了吗？"这成为医生接治任何意外受伤和生病的病人时通常询问的第一个问题。在 20 世纪之初，帝国军务部就斩钉截铁地否认了军队里存在任何酗酒问题，包括因为军队定量配给伏特加酒而导致的酗酒问题。[45]

沙皇军队的酗酒问题和缺乏战斗力正是一个被忽略的危险因素。而如果说克里米亚战争表明酒精问题是一个大问题，那么与日本的冲突就进一步证明了这一点。

在远东地区跌跌撞撞地走向失利

与帝国标志双头鹰的两个头同时向西凝视着欧洲和向东凝视着亚洲一样，到了 20 世纪初期，俄罗斯帝国的扩张野心不仅使其陷入了与欧洲强国的冲突中，也使得它与亚洲国家的矛盾日渐激化。在 1900 年八国联军镇压了中国的义和团运动之后，日本占领了朝鲜的大部分土地，俄国则占领了中国的东北地区，包括辽东半岛的旅顺港——这是俄国觊觎已久的太平洋沿岸不冻港。旅顺港之前是由日本占领，直到八个欧洲国家组成的政治联盟迫使日本将其让给俄国。[46] 旅顺港对实行在远东地区辐射影响力的战略至关重要。1904 年 2 月 8 日夜间，日本发射鱼雷，袭击了停泊在旅顺港的俄国舰队，这拉开了日俄战争的序幕。日本希望能在俄国援军通过尚未完工的西伯利亚铁路从欧洲赶来之前迅速出击。

俄国援军姗姗来迟，而这并非单纯因为俄国基础设施薄弱。俄国政府动员数以十万计不愿参军的儿子、丈夫还有父亲去往远东地区作战乃至战死的做法，在征兵的集合点引发了酗酒的骚乱。在这些被迫背井离乡的人中间，有些人宁愿自杀也不愿应征入伍。军官们用步枪打死自己，用餐刀割断自己的喉咙，上吊，或者采用更糟的方式。在回忆录里，军医维肯季·魏列萨耶夫（Vinkenty Veresayev）描述了一位带着三个需要供养的孩子的鳏夫是如何在军事委员会面前情绪失控，放声大哭的。

　　我该拿我的孩子怎么办呢？教教我怎么做！没有我的话他们都会饿死的！

　　"他就像一个疯子一样，"魏列萨耶夫回忆道，"大声喊叫着，还在空中挥舞着拳头。然后他突然间就安静下来，回到家里，用一把斧子杀死了自己的孩子，然后再走回来。"

　　"现在带我走吧，"这个应征兵说道，"我已经处理好了自己的事情。"

　　他被逮捕了。[47]

　　除了这样的极端案例之外，集合点的那些热泪盈眶的送别场面常常变成一场又一场的混乱狂欢，而负责征兵的军官则用刺刀将喝醉了的应征兵驱赶到一起。军队指挥官被酗酒人群击溃的次数令人震惊；在伏特加酒酒力推动下，他们洗劫了当地的酒馆和商店，并杀死了负责征兵的军官。[48]

　　即使当这些应征兵被赶上火车后，饮酒的狂欢也没有停止。坐在军官乘坐的豪华车辆上的魏列萨耶夫记录道，在普通士兵所乘坐的拥挤发霉的车上，饮酒活动夜以继日地持续着。"没有人知道这些士兵是通过什么方式或者从哪里得到伏特加酒的。但是他们的确得到了他们想要的东西。"毫无意外的是，近在咫尺的烈酒和武器正是导致悲剧的潜在因素。

"你听过这件事了吗？"魏列萨耶夫的旅行同伴这样问道，"刚刚在车站的时候军官告诉我，昨天士兵们杀死了卢卡绍夫上校。他们喝醉了，然后在车上开始朝路过的人群开枪。卢卡绍夫上校试图阻止他们，然后他们就杀了他。"

"我听到了不一样的故事，"魏列萨耶夫很镇静地回答道，"卢卡绍夫上校对待士兵的态度非常蛮横严苛，而士兵们在动身前就发誓会在路上杀死他。"[49]无论如何，穿越广袤的西伯利亚的这场漫长旅途遭到各种酗酒灾祸的破坏，而在远东地区的战场上，还有更多这样的灾祸等待着俄国人。

随军记者这次对俄国军队的报道要比克里米亚战争的时候更加直率。美联社战地记者弗雷德里克·麦考密克（Frederick McCormick）在第一次到旅顺港的时候，最先注意到的就是停泊在这个狭小拥挤港口里的那些宏伟壮观的俄国战舰；其次他注意到的是火车站旁堆放的"或许有数万箱的伏特加酒"。记者在军队营地里、军官们的宿舍里和战场上都发现了烈酒。在随后的旅顺口之战中，酩酊大醉的俄国士兵是跟跟跄跄地走上战场的。战地记者将俄国和日本在中国东北地区发起的这一整场战争描述为"一个醉酒卫兵和一个清醒警察之间的一场混战"。[50]

位于旅顺港的俄国太平洋舰队的轮机长叶夫根尼·波利托夫斯基（Evgeny Politovsky）没能从这场俄国在远东的战争中幸存下来，但他的日记却被保存下来了。1904年10月7日，他提到了很多士兵是如何更愿意跟着伏特加酒走，而不是跟着他们的指挥官走。

> 停泊在旅顺港的舰队的全体船员都请假前往前线，然后回来的时候每个人都是醉醺醺的状态。没有人知道他们是怎么喝醉的。城里并没有销售酒的地方，然而士兵从前线回来的时候却喝醉了。后来人们发现了真相，你猜猜是怎么回事？看上去船员

们到前线是为了杀敌和拿走他们的白兰地酒瓶。请想象一下这样一件事情。他们冒着生命危险就是为了灌醉自己！他们在做出这一切的时候想都没有想，而且还努力瞒着不让上级军官知道。[51]

和在克里米亚的时候一样，喝得连路都走不稳的不只是普通的步兵，还有他们的指挥官。作为俄国军事指挥官邀请的客人，麦考密克讲述了他与一位喝醉了的哥萨克上校的相遇经历：这位上校因为他拒绝饮用伏特加酒和葡萄酒就威胁要开枪杀死他。[52] 作为一名局外人的麦考密克感到很震惊——他所震惊的不只是指挥官们饮酒量多到难以想象的事实，还有他们对于俄国在战场上惊人的失利所表现出来的漠不关心。

直到这个时候，虽然军队一直不断地打败仗，但似乎军队里的人看上去都非常轻松，至少乍看之下是这样的。在国际酒店内部的庭院里，无论是哪一天，人们都能看到船长们、上校们和将军们不断地隔着浓厚的胡须亲吻对方以相互问候，以及饮用着烈酒、香槟酒和啤酒来寻欢作乐；这些场景常常是从早上早餐快结束的时候持续到深夜。这让人想起了战争爆发前旅顺港的样子。每个晚上都有放纵的狂欢，而这些狂欢又给军队的总指挥官带来了诸多麻烦。在早餐开始的时候饮用香槟酒似乎已经成为当地一个颇为自然的特色。一个年轻的军官……在早上的时候会先喝一瓶烈酒，然后每个晚上一定是由中国籍的服务员将他搀扶回房间。将他从军事基地转移到后方的军队流程足足花费了两个星期的时间。一个军队参谋和三个同谋——他们常常将香槟酒混进啤酒和伏特加酒里喝，而且他们三个人谁都无法拿出 50 卢布来埋单——就可以独占这家酒店。[53]

也许并不让人意外的是，旅顺港的战役重演了塞瓦斯托波尔的惨败——不管是从酗酒问题的角度还是从腐败问题的角度来说都是这样的。"看上去俄国人全身心地投入到饮用香槟酒中，就像是在饮用长生不老药一样，"麦考密克这样说道，"人们对饮酒的渴望带来了针对红十字部门和军需部门腐败问题最严重的指控，这两个部门都管理着大量的含酒精饮料。人们对这种饮料的需求是如此之大，以致价格都飙升到了接近正常价格十倍的水平，而对于那些控制着香槟酒供应的官员而言，这样的盈利机会是难以抗拒的。"[54]

麦考密克推测道，这样一个全民征兵的制度无法剔除掉那些不适合服兵役的人，所以这样的酗酒骚动是意料之中的事情。[55] 正如在克里米亚的时候一样，这支酗酒成性、软弱无能且腐败成风的军队遭受着一次又一次难堪的打击。到了 1904 年年中的时候，日本人在海上封堵了俄国舰队并包围了港口，同时在鸭绿江旁打了一场又一场陆地上的胜仗。

肯定有什么惊天动地的事情要发生了。而且很有可能不是什么好事。

你怎么处理一个喝醉了的船员？

年轻的沙皇尼古拉二世和他手下的高级军官愈加灰心丧气。援军姗姗来迟。动员军队的工作出现了严重问题，供应战争所需物资也阻碍了俄国原本就脆弱的基础设施的运行，包括尚未完工、单轨运行的西伯利亚大铁路。商业贸易陷入了停滞。[56] 如果说无法通过陆地运输来支援前线军队，或许可以通过海路运输做到这点！尼古拉转而求助于他的叔叔，阿列克谢·亚历山德罗维奇大公（Grand Duke Alexei Aleksandrovich）——他统率着整个海军，虽然他"花在舰队管理上的时间要比花在酒宴和各种风流韵事上的时间少得多"。[57]1904年，尼古拉和阿列克谢批准了有史以来最不切实际的军事行动方案：

从波罗的海舰队派遣 45 艘战舰前往太平洋对付日本人。为了抵达目的地，这些战舰不得不环绕整个东半球——从它们位于波罗的海的基地出发，绕过伊比利亚半岛、非洲好望角、马达加斯加岛，再越过印度洋，穿过荷属东印度群岛，最后沿着中国海岸线而上。这段史诗般的 1.8 万海里行程是历史上煤炭驱动的舰队所航行过的最长航程。

在海军司令济诺维·罗杰斯特温斯基（Zinovy Rozhestvensky）指挥下的这次航行正是尼古拉整个统治期间那些傲慢决策和厄运灾祸的一个缩影（参见第十二章）：以酗酒的悲剧开始，以史诗般的灾难结尾。1904 年 10 月舰队从利巴瓦（Libau）起航后不久，罗杰斯特温斯基新近委派的旗舰“苏沃洛夫公爵号”（*Knyaz Suvorov*）载着大多毫无经验的船员很快就触礁搁浅了，它的一艘护航舰还把船锚给丢了。在找回船锚，旗舰也脱浅后，一艘驱逐舰就撞上了战列舰“奥斯里雅比亚号”（*Oslyaba*），使得后者不得不返航维修。[58]

难以置信的是，舰队在开阔水面上的遭遇甚至更加糟糕。有谣言四处流传，说波罗的海和北边的海域布满了日本人的鱼雷艇；这一谣言违背了所有的证据和逻辑（鱼雷艇中队的活动范围极为有限）。据称，这些鱼雷艇完成了不可能实现的 1.8 万海里的航程，从远东地区，绕过暹罗、锡兰、印度和非洲来到欧洲北部的水域并埋下水雷。

在舰队接近丹麦海岸线之后，一艘当地的渔船就接受派遣前去转达沙皇尼古拉二世的指令。舰队将这艘渔船错当成一艘日本人的战舰，于是便开火了；然而，出于俄国人糟糕的射击水准，那两个渔民还是安然无恙地躲过了舰队的轰击，传达了帝国的公报：罗杰斯特温斯基司令，恭喜！你优秀的表现为你赢得了一次当之无愧的晋升机会。

在从丹麦出发继续航行之前，喝得烂醉如泥的修理船“堪察加号”（*Kamchatka*）船长歇斯底里地称，多达 8 艘日本鱼雷艇“从四面八方"袭击了他的船，虽然其他船上的人表示从未看见过这些鱼雷艇。[59]

然而这支舰队的最大洋相是在多格滩（Dogger Bank）——一个位于丹麦和英国之间的富饶捕渔区出现的。10月21日晚上，"堪察加号"的船长——据说这次他又喝得醉醺醺的——错将附近的一艘瑞典船当作日本人的鱼雷艇，并发电称他的船正遭受攻击；附近还有许多英国的拖网渔船，在酒精的迷惑下，这位船长也将它们误认为日本人的战舰。这些"日本战舰"（再一次）莫名其妙地就完成了一趟1.8万海里不可思议的航程，来到北海与俄国人交战。这些手无寸铁的渔船不幸地遭受了这支火力强大的舰队来势汹汹的攻击。随着俄国人的聚光灯在这些英国拖网渔船之间来回摇动，渔民们赶紧在船头铺开他们捕获的猎物，以显示他们不会构成任何威胁。但俄国人火力全开，一艘英国渔船被击沉，导致三位渔民死亡。[60] 在一片混乱中，几艘俄国战舰发出信号表示它们已经被日本人的鱼雷击中，而其他舰上的船员则在船上歇斯底里地仓皇奔跑，声称日本袭击者正在占领他们的船。

事后意识到自己所犯的错误之后，这支舰队的战舰开始训练它们的大口径火炮如何攻击真正的敌人——一支正在逼近的真实编制的舰队。不幸的是，事实证明这些战舰实际上都是俄国自己编制下的巡洋舰，包括"德米特里·东斯科伊号"（Dmitry Donskoi）和"阿芙乐尔号"（Aurora）。

顺便说一句："阿芙乐尔号"后来因为在1917年十月革命中所发挥的作用而声名大振。"阿芙乐尔号"上的船员违背了离港出海的命令，用前甲板上的火炮发射了一枚空包弹，发出了攻占冬宫的信号。一些"阿芙乐尔号"的船员也加入攻占冬宫的队伍，而大多数船员则攻占了附近的一家酒馆。[61] 今天，"阿芙乐尔号"作为一个船舶博物馆停泊在圣彼得堡的涅瓦河上——但是1904年10月的一个晚上，在多格滩上，"阿芙乐尔号"迎来了自己的第一次军事行动……对手则是由喝醉了的自己人所控制的同行舰队。

"阿芙乐尔号"和"德米特里·多斯科伊号"在这次袭击中都遭受了些许破坏。这两艘船之所以没有遭受进一步的破坏，仅仅是因为这些炮兵完全不懂得怎么开炮：举例来说，战舰"鹰号"（Orel）在这次混战中发射了超过 500 发炮弹但没有一发炮弹击中目标。[62]

英国人合乎情理地表示了愤怒。因为俄国人在太平洋战场上扣押了一艘中立的英国商业轮船，双方的关系已经处于紧张态势了。这次事件无异于最后一根稻草：无端攻击手无寸铁的平民显然是一种战争行为。罗杰斯特温斯基司令的反应也没有帮助缓和双方的关系：罗杰斯特温斯基并没有停下来评估伤亡或者协助救援受害者，他命令继续航行，数天后驶离了西班牙海岸后才承认了这次事故的发生。随着相关消息不断传播开来，这次事件也引起了国际公愤。据一位记者所说，"在美国，在法国，甚至是在德国，人们直率严厉地斥责着如此无理的做法，而且人们也自信地表示，他们相信俄国海军军官之所以如此无组织无纪律，酒后疯狂很可能是唯一可以解释的理由"。[63]

正是伏特加酒将俄国推向了战争的边缘。面对公众的强烈抗议，亚瑟·贝尔福领导下的英国政府下达了最后通牒，并准备让英国的地中海舰队在俄国海军中队前往太平洋途中将其击沉。无论是在陆上还是海上，俄国人都已经应接不暇；而与强大的英国海军之间的一场战争将会是灾难性的。最终，俄国政府不断地公开道歉，答应补偿渔民们的损失并承诺将展开公开调查。英国人至此才感到心满意足。[64]

俄国人勉强躲过了与英国人的战争，却还得与日本人周旋。但不幸的是，更多的尴尬事件将接踵而至。

奉天的屠杀，对马岛（Tsushima）的悲剧

正当俄国舰队在马达加斯加岛重新添煤的时候，俄国人听到消息

说旅顺港里的俄国军队已经于 1905 年 1 月 2 日向日本人投降了。然而，战争并没有因此结束。陆地上，日本人继续沿着南满铁路将俄国军队赶往北边，往内陆驱赶了大约 250 英里，到了奉天城——这个地方注定是这场战争中决战的战场，在这里注定将出现到那时为止历史上最大的军事冲突之一。[65]

虽然俄国人在数量上远超日本人，而且也已经占据了防守阵地，但这场持续了两周时间、参战人数多达 100 万人的战争证实了一系列的战略错误和一支酗酒成性、士气低落的军队将导致的惨重损失。一旦前线的部队畏缩后撤，一切就都结束了。一旦转移到后方，挤满了各种伤员和奄奄一息之人的医护营地就被无序撤退的大批俄国士兵侵占了。溃败的到来是如此之快，以致人们都来不及撤离营地里的商店。官员们并没有点火烧掉这些商店以防止货物落入敌人手中，而是完全放弃了那些食物和伏特加酒，将其倒在撤退部队的军用水壶和毛皮帽子里。结果可想而知：这些站都站不稳，"喝得大醉的士兵们丢掉了他们的步枪，大声地唱着歌，跌倒在地上，并在尘土里打滚。灌木丛里到处都是一动不动的躯体"。[66]

在这样的情形下，想要提供医疗救护是毫无意义的。魏列萨耶夫医生所描述的场景如下所示：

> 喝醉了的士兵在路的两旁打滚。一个士兵可能会坐在一个小土墩上，将步枪放在双膝之间，他的头则消沉低垂着。如果你碰碰他的肩膀，他就会像一个背包一样滚落下来。他死了吗？他是因为疲劳而昏昏沉睡着吗？他的脉搏还在跳动着，他的脸还是红的，而且他的每次呼吸都带着酒精的气味。[67]

在撤退过程中，哥萨克人还袭击搜查了当地的蒸馏厂，炮兵们抢夺了大量的酒，能拿多少，就拿多少。更有创业精神的军队则会将偷

RUNNING AMUCK.

疯狂奔跑（*RUNNING AMUCK*）

1904 年 11 月 16 日，讽刺杂志《顽童》（*Puck*）的封面，描述了俄国军人——抓着一罐伏特加酒——跟跟跄跄地与日本马蜂开战。请注意背景里受伤的英国人形象。
来源：美国国会图书馆印刷品和照片部

来的酒就地出售，每瓶法国白兰地酒、朗姆酒或者波特酒收费50戈比。听到这个消息的魏列萨耶夫陷入了沉思之中。

这些负责军粮供应的官员是什么人？被日本人收买了的叛徒吗？还是希望看到俄国军队颜面尽失的无赖？噢，都不是！他们都只是本性善良的俄国人，却无法理解和接受将如此珍贵的酒付之一炬的想法。在随后的所有日子里，在这场令人悲伤的大撤退期间，我们的军队里到处都是喝醉了的士兵。就好像他们是在庆祝一个欢快的全民节日一般。传闻奉天城和附近乡村里的那些被日本间谍收买了的中国人一直在用汉申酒（han-shin，音译）这种可怕的中国酒灌倒我们那些饱受战争摧残、不断撤退的士兵。或许事实就是这样吧。但我询问过那些喝醉了的士兵，他们都跟我说他们从各式各样的俄国商店里拿到了已经被下令烧毁的白兰地酒、白酒或者法国干邑葡萄酒。日本人在中国人身上耗费巨资又有什么用呢？他们有一个更加忠诚无私的盟友，一个对我们来说危害更大的盟友。[68]

而在圣彼得堡，俄国的报纸都在报道一条令人悲痛的新闻，描述着"日本人是如何发现醉得不省人事的数千名俄国士兵，并借此机会用刺刀将他们全部刺死，就像杀猪一样容易"。[69]

这场令人震惊的军事失利是一回事，而军事指挥官毫不抵抗地认输就是另外一回事了。随着军队从奉天撤退，外国记者也乘坐着俄国最高指挥部的豪华列车一起撤退；车上的军官们打开了一瓶又一瓶的香槟酒。"透过窗户可以看到那些士兵正沿着铁路匆忙地撤退着，"弗雷德里克·麦考密克这样写道，"外国记者们陷入了一阵困惑中，也因为同情这些士兵而感到尴尬，因为在他们当中任何一个人所代表的国家里，都不可能会因为饮酒而发生这种情况。"但就俄国军官而言，所有悔恨和羞辱的念头似乎都会在饮酒机会的吸引诱惑之下消失不见。[70]

奉天战役只是另一次耻辱，却不是最后一次。俄国人仍然希望——在海上漂泊了八个月之后——波罗的海舰队将会扭转战争的局势。因为旅顺港已经落入敌人之手，所以波罗的海舰队便转而前往符拉迪沃斯托克（Vladivostok）。舰队穿过了朝鲜和日本本岛之间的对马海峡（Tsushima Straits）。1905 年 5 月 27 日，罗杰斯特温斯基领导下的舰队就受到了东乡平八郎（Togo Heihachiro）率领的日本舰队的拦截。不到 24 小时，俄国人就向东乡的军队投降了，而俄国所有的战列舰和大多数巡洋舰都已经躺在海底了。

在海军，酗酒现象就像在陆军一样普遍。在波罗的海舰队漫长的环球航行过程中，酗酒问题导致了无数打架偷窃和违抗军令的行为。不仅如此，因为酗酒掉入海里死去的军官也不在少数。[71] 除了两倍于每天的定量配给外，人们还用伏特加酒来庆祝军事胜利和节假日，用来奖励辛勤劳作的人，以及用作战前的准备。舰队经过对马岛的时候，很多军官都是醉醺醺的。即使遭遇了惨败，那些足够幸运没有被击沉而向日军投降的船艇上的船员——士气低落且人心涣散——仍然违背军令，将船上的葡萄酒酒窖和烈酒仓库洗劫一空。[72]

此时俄国国内正酝酿着一场令人不安的革命，而俄国军队则在奉天和对马岛遭受了令人泄气的惨败；面对如此局势，尼古拉二世寻求与日本议和。随后，在美国总统"泰迪"罗斯福（"Teddy" Roosevelt）的调解下，双方签订了《朴次茅斯条约》（Treaty of Portsmouth）。根据这份条约，俄国将旅顺港的租约转让给日本，并割让了库页岛（Sakhalin Island）的南部领土。

在双方正式签订和平条约后，俄国战俘们——包括罗杰斯特温斯基司令本人——都被从位于神户的拘留所中释放出来，继而被送上轮船"沃罗涅日号"（Voronezh）前往符拉迪沃斯托克。但是在他们动身之前，麻烦就已经在酝酿中了。1905 年，俄国各地都有人民表现出相互呼应的革命情绪（下一章会详细说明），2500 名营养不良的士兵和船员们"情绪烦躁不安，唱着革命歌曲，在监牢黑暗的角落里对着红旗起誓，并一大杯一大杯地喝着伏特加酒"。紧接着发生了骚动，一场全面彻底的叛乱威胁着 56 名军官的生命安全，以至于日本警察必须出面干涉。在秩序得到恢复后，这些俄国人终于启程前往符拉迪沃斯托克。

这些人在回到俄国后看到的场面更令他们意想不到：就像俄国各地的城市一样，符拉迪沃斯托克也处在"革命精神"的掌控之下——也就是说，一连数天，喝醉了的暴徒们一直在制造骚乱，在这个港口城市的很多地方纵火抢劫。确实，正如麦考密克所解释的，"在和平条约签订之后，抵达符拉迪沃斯托克的第一批货物就是满满一船的酒。船上没有装载其他货物"。[73]

俄国人在太平洋战场上遭遇了决定性的失败，他们所面对的敌人在组织上、装备上和战前准备上都远胜于他们。然而，许多评论者都将更多的关注放在了日渐衰退的俄罗斯帝国的垂死挣扎上，而不是日益崛起的日本帝国获得的这场胜利上。"一支军队最主要的敌人就是这个国家的道德病态，"麦考密克从他作为俄国军队随军记者的经历中总结出了这样的结论，"俄国这个伟大的国家有着一支如此庞大的军队，却无法在任何一场战斗中打败日本人；这样的结果肯定不是因为敌人的强大，而是这个国家自身的问题。"[74]确实，这是第一次出现一个主要的欧洲强国被一个非欧洲强国击败的情况——而且结果非常具有说服力。对于很多欧洲国家和美国而言，伟大的战争机器俄国竟然会被日本这样一个"微不足道的敌人"彻底击溃，这实在是令人难以置信。[75]虽然当时日本军队的实力要比同时代其他国家所认可的水平更加可怕，但是大量的酗酒现象很明显也削弱了俄国的军事系统。

《新自由报》（*Neue Freie Presse*）战地记者的说法甚至更加直接，他的这一说法也成为第一次世界大战之前各国的普遍看法："日本人并没有战胜俄国人，但酒却取得了胜利，酒，酒。"[76] 对于俄国人而言，他们学到了令人不快却无法避免的一课：不仅军队本身已经成了社会酗酒化进程中的一个因素，而且俄国专制体系下的伏特加政治也严重阻碍着这个国家领导人的地缘政治野心的实现。

/ 第十二章　喝醉的尼古拉，戒酒的尼古拉

俄罗斯帝国军队里的几乎每个官兵——包括大字不识的农民应征兵和贵族军官——在喝酒的时候都很少会顾虑后果。正如一位目击者所指出的，"轻骑兵团的主要工作就是喝醉"。他所属的军团驻扎在沙皇村（Tsarskoe Selo），皇室的一个位于圣彼得堡南部郊区的住所。他描述了这个军团贵族领导层的荒唐行为："他们常常都是喝上一整天，喝到晚上，直到产生幻觉。"他们相信自己已经不再是人，而是狼了。这些军官全都"脱光了衣服，然后跑到沙皇村的街道上。这些街道晚上的时候通常都是空无一人的。他们四肢着地，伏在地上，抬起喝得醉醺醺的头，然后朝着夜空开始大声地嚎叫起来"。

很明显，年轻军官这种模仿狼群的行为是非常普遍的，以至于对于那些经验丰富的军需部侍者来说，他们的这些做法一点也不奇怪；他们很清楚自己在这种情况下该干什么。"他会拿出一个大桶，放在门廊上，然后装满伏特加酒或香槟酒。接着这一整群军官就会爬着冲到桶边，伸着舌头舔食这些酒，还不断叫喊，相互撕咬着。有时候，一个喝得酩酊大醉——且一丝不挂——的军官会在自家屋顶上对着月亮嚎叫或者对着商人的妻子唱情歌，人们不得不将他从屋顶上拉下来。"[1]

对于一支现代化军队里的任何一个兵团而言，这样的行为都是很不恰当的。但这并不是一个普通的兵团：这是俄国轻骑兵团的精英部队，哥萨克骑兵团。而这个经常喝酒喝到觉得自己是一个狼人的年轻指挥官也不是普通的指挥官，他是尼古拉·亚历山德罗维奇·罗曼诺夫——未来的沙皇尼古拉二世。

尼古拉是俄罗斯历史上最受关注且最为传奇的人物之一：更多的是因为他那悲剧性的结局，而不是因为他个人的成就。一次又一次的惨败成为尼古拉二世统治期间的诸多污点：对日战争时耻辱性的失利

迫使尼古拉二世于 1905 年革命时在宪法上做出了让步，这短暂地延缓了俄国君主政体的覆灭，但在第一次世界大战的重击和 1917 年革命的烈焰中，已经没有任何让步可以拯救沙皇制度了；任何让步也无法使被废黜的皇帝和他的家人摆脱在次年被处决的命运。

　　一代代的历史学家都讲述了这位"无知且软弱可悲的"俄国统治者在误导下所做出的政治和军事决策，似乎这位领导人注定将领导着他的人民走向毁灭。[2]然而很少有人——如果说真的有这样的人的话——可以找到理由来解释尼古拉二世所有政治过失中最为关键的一项错误决策：1914 年 9 月 28 日，尼古拉二世做了一件令人难以置信的事情，宣布俄国将会成为一个永远禁酒的国家，即世界上第一个明令禁止饮酒的国家。通过这一措施，尼古拉废除了已经在俄国存在了数百年之久的伏特加政治；他摧毁了俄国专制政体的核心支柱，也给帝国的财政带来了灾难性的影响，并最终将欧洲大陆上一个最为强大的帝国转变为一个每况愈下的衰败国家。

　　尼古拉这个年轻的酒鬼——他曾在日记中忠实地记录了自己是如何喝得酩酊大醉，大吵大闹，以至于需要有人来扶着他回家[3]——已经转变为一个非常虔诚的戒酒主义者，甚至还强制自己的人民一起戒酒；而在这个过程中，他还摧毁了俄国伏特加政治最为基础的运行机制。是什么让他做出这些改变的呢？要想回答这个问题，我们需要走进俄国最后一个皇室的内部世界，观察他们是如何与一个瞬息万变的政治秩序作斗争的。

都是一家人——谢尔盖和阿列克谢

　　想要找到一项政策决定背后的逻辑根源就意味着要解析沙皇本人所受到的形形色色的社会、政治和家庭影响。有时这也意味着要深入研究皇室家族复杂的动态关系。尽管罗曼诺夫家族统治这片占地球陆地面积六分之一的领土已经超过 300 年了，但它仍然只是一个家族。

这个家族就像其他任何一个家族一样：充满爱和尊重，微不足道的竞争和猜忌，德高望重的长者和嫉妒心重的孩子，最受喜爱的叔伯和遭到排斥的亲戚。因为很多皇室亲戚都凭借出身的优势而把控着政府和军队里有权有势的职位，所以那些没完没了的家族闹剧常常也影响着俄罗斯帝国的政坛。而少数平民出身、在帝国的官僚系统里逐步高升的大臣也常常受到自恋的皇室成员的怀疑。

尼古拉·亚历山德罗维奇是沙皇亚历山大三世最年长的儿子——性情乖戾且保守的亚历山大三世身边常常环绕着那些巴结奉承和拉帮结派的酒鬼，他们是亚历山大三世的酒友。身材魁梧、力壮如熊的亚历山大总是通过显摆自己的力气来取悦这些朋友。似乎，他唯一的弱点就是不断损耗他身体的酗酒恶习。当他第一次因为肾病而倒下后，皇后就禁止他饮酒了；亚历山大开始将他的法国白兰地酒装到秘密的扁瓶里并缝到他的靴子里。1894 年 11 月 1 日，亚历山大还在克里米亚度假的时候突发肾炎并去世，这虽然出人意料，却并不令人奇怪。亚历山大去世时距离他 50 岁生日仅仅差了 4 个月。[4]

因为预计自己还可以再统治 30 年，所以亚历山大三世很少培养年轻的尼古拉二世统治国家的能力。因此，这位沙皇太子一直都活在别人的庇护下，受教育程度也不高，而且相比管理国家那些枯燥乏味的事务，他更喜欢狩猎、参加高级社交宴会和观看戏剧。十八九岁的尼古拉就已经成为一名初级军官，他学会了军官队伍里的各种恶习。"所有人都会注意到，"一个同时代的人指出，"尼古拉·亚历山德罗维奇的身体正在遭受酒精的毒害，而他的脸部逐渐发黄，双眼透露出病态的目光，眼睛下部开始出现眼袋，跟一个典型的酒鬼一样。"[5]

父亲的突然死亡迫使这位并不吸引人的沙皇太子在 26 岁的时候就接掌大权，无论他有多么不情愿。面对国内呼吁进行自由主义改革的知识分子，尼古拉反而重申了他对绝对君主制的坚持。对政治一知半解的尼古拉坚信是上帝授权他来领导俄罗斯帝国的，而这种信念只会强化他对自己人民所遭受的苦难的漠不关心。虽然这位"无所不能的"尼古拉在公开场合表现得果断坚决，但他在政治事务上却表现得懦弱和犹豫，将很大的权力和影响力都转让给了那些身为大公的叔叔——他父亲亚历山大的兄弟们。这些人早已凭借自己的出身占据了高位，为了达到各自的目的，他们欺负起这位羞怯的沙皇来也就无所畏惧了。[6]

谢尔盖·亚历山德罗维奇叔叔（Uncle Sergei Aleksandrovich）是四位大公之一。当低级军官尼古拉喝得酩酊大醉以至于相信自己是一个狼人的时候，谢尔盖就是尼古拉的上级，他"积极地怂恿着军团里这种堕落放荡的风气"。[7]在谢尔盖的极力主张下，尼古拉迎娶了埃莉克斯公主（princess Alix of Hesse）——谢尔盖妻子的姐姐。她成了亚历山德拉·费奥多罗夫娜皇后（tsarina Alexandra Fyodorovna）。谢尔盖是"沙皇最喜爱的叔叔，也是沙皇的妹夫"；他肆意使用着自己对沙皇的影响力，而且富有成效。[8]

当亚历山大三世于1894年逝世的时候，谢尔盖大公已经是有权有势的莫斯科总督了；这样一个职位使得他在新沙皇尼古拉二世的加冕典礼后负责策划一场由所有莫斯科居民参加的盛大庆典。谢尔盖试图增加大众对他的好感，却适得其反，后果触目惊心。1896年5月，庄重的加冕典礼在克里姆林宫的圣母升天大教堂进行；随后，一场奢侈豪华、无拘无束的宴会就在莫斯科西北部的霍登卡广场（Khodynskoe Pole / Khodynka Fields）举行。今天，建于苏联时代的单调乏味的公寓大楼、迪纳摩球场和霍登卡大型冰上运动场占据着这个广场；但在1896年的时候，遍布战壕和沟渠的霍登卡广场是莫斯科皇家守卫军的训练场。然而，当时的人认为，这个广场是唯一可以容纳下数以十万计的将参加庆祝新沙皇加冕典礼的莫斯科居民的地方。人们在这里建造起宏大的皇家行宫，还有20个酒馆分发着数百桶免费的啤酒和纪念品。

数千名来自莫斯科和俄国中部各个乡村的农民——许多人早已喝得烂醉如泥——在庆典开始的前一晚出现在莫斯科。到了早上，农民的人数已经猛涨到接近 50 万人了。一个流言在喧闹的人群里散播着：这里的酒不够，不能让每个人都喝上；而这一流言很快就导致大规模的人群在原本就高低不平的地面上相互拥挤踩踏。男人、女人，还有孩子都被推倒撞翻，遭到其他人的践踏。数以千计的伤员挤满了这座城市为数不多的医院，但他们还算运气好的：1389人在霍登卡广场上被踩踏而死；这个地方更像一个遍地伤亡的欧洲战场，而不是一个庆祝"沙皇与'人民'相互忠诚和热爱的神秘纽带"。[9]

可想而知，新沙皇心急如焚。尼古拉计划取消接下来的活动，呼吁举国上下为死难者哀悼，并改去修道院为罹难者祈祷。然而，冷酷无情的大公们却力劝沙皇不要抛下已经由法国大使蒙特贝洛侯爵（the Marquis de Montebello）所策划的豪华舞会，否则会冒犯法国——俄国在欧洲唯一的盟友。虽然尼古拉和亚历山德拉皇后后来探望了各个地区医院的幸存者并给每人发放了 1000 卢布，但谢尔盖大公——莫斯科的总督和这一活动的策划者——既没有探望受害者，也没有去灾难现场巡视，甚至否认自己对这一结果负有任何责任。迷信的农民将这一酗酒悲剧看作一段痛苦的当政期的前兆。对于支持改革的人而言，年轻的沙皇和他的"德国妻子"在灾难面前还能大肆庆祝的情景凸显了这位沙皇的肤浅，以及冷漠无情的君主制度和底层人民需求之间明显的鸿沟。因此新沙皇刚上任，俄国人就将其称为"嗜血的尼古拉"（Bloody Nicholas），将谢尔盖称为"霍登卡公爵"（Duke of Khodynka）。[10]

讽刺的是，如果说谢尔盖还有可取之处，那便是他对戒酒活动的资助了。除去在政府资助的公共清醒监督会（Guardianship for Public Sobriety）里担任挂名的职位，大公和妻子还积极推广着戒酒主张；他们慷慨地为戒酒活动捐款，公开地出席戒酒活动，甚至还建立治疗酒鬼的诊所。然而，很多人——甚至是皇室成员内部的人——觉得谢尔盖是一个顽固不化、傲慢自大的人，一个信奉反犹主义的"反动沙文主义者"，"一个对行政事务一无所知的人"。[11] 至少就这一点而言，谢尔盖并不是诸大公中唯一的一个；他们身上结合了无能和酗酒的缺点，不知不觉就削弱了沙皇政府本身的合法性。

再看一下沙皇的另一位叔叔，大公阿列克谢·亚历山德罗维奇·罗曼诺夫。阿列克谢一生都对海上事务感兴趣，所以就被任命为俄罗斯帝国海军总司令，虽然他更喜欢身为一个酗酒的花花公子的生活。"流水的女人，慢行的轮船"这句话非常恰当地概括了他的军旅生涯。[12]

在四位大公之中，阿列克谢·亚历山德罗维奇毫无疑问是最为当时的美国人所熟知的一位，这主要归因于他在1870年代访问美国时的那次喧闹经历。作为有史以来访问美国的俄国最高级别官员，阿列克谢得到美国东海岸社交界的热情款待，其中包括美国总统尤利西斯·S.格兰特（Ulysses S. Grant）的宴请。这位大公宣称他想要参与一场真正的"狂野西部式"（Wild West）的水牛狩猎活动。招待他的美国东道主——参与了美国内战的前将军菲利普·谢里登（Philip Sheridan），他因为实施了类似威廉·特库赛·谢尔曼（William Tecumseh Sherman）向大海进军的焦土政策而出名——献殷勤般地满足了大公的要求，他甚至还建立了"阿列克谢营"（Camp Alexis），位于内布拉斯加平原上的一个名副其实的波将金村。这个看似条件艰苦的拓荒营地有着奢华的配置，包括一支铜管乐队，还有精美的食物和葡萄酒，以及一箱箱的香槟酒。曾经令人闻风丧胆的酋长"斑纹尾巴"（Spotted Tail）和他的拉科塔（Lakota）部落族人也被雇用来扮演典型的印第安野蛮人；而教阿列克谢如何在开放的北美大草原上狩猎的不是别人，正是乔治·阿姆斯特朗·卡斯特将军

246　／　伏特加政治：酒精、专制和俄罗斯国家秘史　／

（Gen. George Armstrong Custer）和"野牛比尔"科迪（"Buffalo Bill"Cody）。而在午餐的时候，他们的这场"真实的"野蛮西部式狩猎活动就会被宴席筹办者准时打断，迎来载满好几辆货车的三明治和香槟酒。

美国记者跟踪报道着卡斯特和科迪是如何教他们这位刚迎来自己22岁生日的俄国客人猎杀水牛的。（谢里登将军很明显正在从前一天的宿醉中慢慢恢复，所以无法跟上其他人的步伐。）在捕获自己的第一头水牛后，大公就剪下了它的尾巴然后将其绕着自己的脑袋挥舞。"不一会儿，人们就又喝起了香槟酒，"随队的一名记者这样描述道，"人们继续享受着娱乐活动：看印第安人表演舞蹈，享用食物，并饮用大量的烈酒。"这样的活动既增进了美国人和他们的客人之间的情谊，也预示着他们之间关系破裂的危险：喝得大醉的阿列克谢和卡斯特公开争夺"斑纹尾巴"酋长女儿的好感——这使得自傲的拉科塔族酋长恼怒不已。[13]

在这样一周的饮酒狩猎活动之后，大公继续西行，前往丹佛，而他们的营地则被拆除，苏族人则回到自己的家中。但是阿列克谢非常享受这次狩猎活动，以至于他要求再举行一场；他甚至透过所乘坐列车车厢的窗户开枪射击窗外的水牛。卡斯特都腾不出时间来向华莱士堡（Fort Wallace）发送电报，以要求那边供应马匹、运货马车、食物，以及最重要的是，他们所能找到的"各种烈酒和香槟酒"——俄国代表团已经快喝完所带的酒了。他们的营地靠近科罗拉多州的基特卡森（Kit Carson, Colorado）；在那里，就连下人、士兵还有厨师都加入了狩猎者的狂欢作乐中。记者所描述的场景令人想起了俄国人在克里米亚地区和中国东北地区的惨败。有记者指出"地上到处都是香槟酒瓶、烈酒瓶，还有其他各种酒的瓶子。那个战场上'醉得不省人事的人'比狩猎场上的水牛还多"。[14]

阿列克谢更享受逛妓院而不是攻击一支舰队。而像他这样的人却成了整个俄国海军的司令官。就像另一位大公一样，他肆无忌惮地运用着他对身为沙皇的侄子的影响力，而沙皇则害怕这位他最喜欢的叔叔，即使只是提及改革军队的需求也会惹恼他。[15] 阿列克谢和沙皇都欣然接受与日本开战；他认为击败日本易如反掌，而他毫无疑问将尽情享受他领导下的海军的光荣胜利。正是阿列克谢下令波罗的海舰队执行那项不切实际的任务，使得舰队最终落得沉入对马海峡海底的下场。阿列克谢在对日战争的关键时刻都是喝得酩酊大醉，无法工作；他虽然名义上是海军的总司令，却并没有承担起应负的职责——他无休止地将手下船员的酗酒和无能表现归咎于除自己之外的任何人。[16] 在自己领导的舰队于对马海峡全军覆没后，1905 年 6 月，阿列克谢不光彩地辞职了。而在余下的生命里，他都在巴黎过着花花公子式的生活。

君主政体对人民苦难表现出的冷漠以及对日战争中令人受挫的惨败导致了工人的罢工、农民的起义，以及军队的暴动，而正是这些引发了 1905 年那场全面爆发的革命。讽刺的是，承受了人民起义怒火的正是尼古拉那位主张戒酒的叔叔，谢尔盖大公。作为权势倾天的莫斯科总督，谢尔盖觉得自己已经成为这些早已经夺走了很多高级军官和政府高官生命的革命恐怖分子眼中一个备受瞩目的目标。他辞去了总督一职，并在夜色的掩护下逃往克里姆林宫以确保自身安全。1905 年 2 月 17 日下午，谢尔盖最大的担忧还是成真了：当他乘坐的马车进入克里姆林宫，经过丘多夫修道院（是的，就是那个传闻中伏特加酒诞生的"神秘"修道院）的时候，一名所谓的社会革命党作战分遣队的成员将一枚硝化甘油炸弹扔到了大公的双腿之间，将他炸得粉碎。谢尔盖的妻子即大公夫人，是第一个抵达现场见证这一恐怖场面的人。被血液浸透的雪地上到处都是飞溅的弹片、血肉，还有"一团令人恶心的污物，那是大公身躯曾经所处的位置"。人们后来在附近一幢建筑物的屋顶上找到了大公的手指，上面还戴着他的皇室戒指。[17]

1905 年革命的后遗症

谢尔盖大公被暗杀这一事件不过是动荡的 1905 年革命的一部分；这场革命威胁着整个独裁政体秩序的存在，甚至可能推翻这一秩序。沙皇和皇后也可能惨遭杀害的威胁是如此真实，以至于他们甚至都不敢离开他们位于沙皇村的住处，前去参加葬礼。1905 年 1 月 22 日的"流血星期日"（Bloody Sunday）事件爆发之后，整个俄国都陷入一片混乱：俄国皇家卫队开枪射击冬宫外数以千计的和平示威者，当时他们正在提交一份请愿书，要求得到更高的待遇、更好的工作环境并请求结束与日本的这场灾难性战争。

尼古拉无法理解为什么他那些（苍白无力的）妥协和（尚未履行的）承诺不足以平息那些罢工、叛乱、违抗命令的行为以及暗杀活动。5 月，波罗的海舰队在对马海峡遭到日本人的重击。6 月，就在阿列克谢大公不光彩地辞去了海军总司令职位的同时，位于塞瓦斯托波尔、喀琅施塔得和符拉迪沃斯托克的海军基地发生了震撼性的暴动；后来停泊在敖德萨港（Odessa harbor）的战舰"波将金号"（*Potemkin*）上发生的著名起义使革命达到了高潮。替代被刺身亡的谢尔盖大公出任莫斯科总督的人也被作战分遣队刺杀了。事态正在飞速恶化，而且愈加难以控制。

对于皇室而言，最后的一道防线是圣彼得堡军区和它的指挥官，尼古拉·尼古拉耶维奇·罗曼诺夫（Nicholas Nikolaevich Romanov）（年轻的那个）大公（是的，又一个大公）。他是沙皇最年长的堂兄。在成长的过程中，人们给尼古拉·罗曼诺夫起了一个爱称"尼古拉沙"（Nikolasha），以将他和小"尼基"（Niki）——未来的沙皇——区分开来。尼古拉沙"生来头部畸小，喜欢狩猎，而且酗酒的恶习难改"；他是轻骑兵团的上校，而模仿狼人的"尼基"正是在这个兵团里学会了饮酒。尼古拉沙比沙皇年长 12 岁；顽固保守、受过军事学校教育的尼古拉沙就像其他大公一样对年轻的沙皇有着极大的影响力。他是沙皇所信赖的密友和顾问；而他们两人之间的这种亲密关系也引起了嫉妒的皇室成员针对他们的阴谋。无论正确与否，尼古拉·尼古拉耶维奇大公都要为俄国最后一位沙皇在位期间的诸多不幸负责。[18]

骚乱暴徒们（而且很多情况下都喝得酩酊大醉）预示着一触即发的革命，而尼古拉二世则面对着一个艰难的选择：要么同意人民关于成立立法机关和修订宪法的要求，要么用暴力手段镇压人民。因为军队已经处于全面叛乱的边缘，因此尼古拉恳求尼古拉沙大公——唯一获得士兵尊敬的人——扮演军事独裁者的角色。拒绝这么做的尼古拉沙举起佩枪对准了自己的太阳穴，并威胁说如果沙皇不接受君主立宪制以平息骚动的话，他将当场开枪自杀。这戏剧性的一幕推动俄国通过了具有重大历史意义的《十月宣言》（October Manifesto）。这一宣言使得俄国拥有了一个薄弱的代议制议会（杜马），这个议会的基础是普选制度和一个保护基本公民自由的权利法案。这些妥协措施勉强阻止了沙皇体制的覆灭……至少暂时如此。[19]

在这个国家慢慢从灾难边缘撤离的时候，俄国社会中受过教育的人，包括政府里的人都在评估着刚刚发生的一切。当涉及追究责任的时候，很多人都将过错归咎于酒精：军事专家将目光聚焦于醉酒状态对人们的煽动作用，武装部队的酗酒和无能，以及在1905年革命刚开始的时候，在伏特加酒驱动下制定的那些针对国营酒类商店的方案。财政专家则将目光投向1905~1906年人们抵制购买酒的行为；那时，具有社会主义觉悟的工人发誓将戒掉伏特加酒，并在酒馆外发动抗议，冲击着政府的财政来源。沙皇手下的官员都一致认同酒精就是头号敌人。[20]尼古拉沙大公执迷不悟地开始弥补这些不足之处——他废除了传统的伏特加定量供应，禁止军队里的商店出售酒，并限制了军营附近餐厅的营业时间。如果有需要的话，军队甚至也准备好了采取更为极端的措施，以避免过去那种酗酒骚乱再次发生。[21]

得到教训的不止俄国人。正如我在其他地方所描述的，几乎地球上的每支军队的最高指挥官都"狂热追求着让军队保持清醒的状态"；他们将酒看作社会公众的头号敌人。就连沙皇的表亲——德国皇帝威廉二世（Kaiser Wilhem Ⅱ of Germany）——都在1910年的时候大胆声称，下一场欧洲战争的胜利将会属于那些最为清醒的军队。[22]

除去军队外，《十月宣言》中所昭示的公民权利也释放了压抑许久的激进戒酒主义思想；这些激进戒酒主义思想自1850年代抵制购买酒的浪潮兴起后就在不断酝酿着。"人们努力争取到了言论自由，却因为恶习而享受不到这种自由。"1905年10月，亚历山大·柯罗文医生（Dr. Aleksandr Korovin）这样写道，"我们很早的时候就开始讨论酗酒问题，却没有将其与酗酒问题产生的环境联系起来。"作家们曾将他们批判政府的言论隐藏在针对酗酒的暗指中，而现在他们的言论已不再受到审查制度的压制了。他们自由地加入志同道合的外国人队伍，直言不讳地将俄国人的贫穷无知和酗酒恶习归咎到政府身上。[23]

在沙皇亚历山大三世于1894年逝世前不久，他控诉他那位年轻的财政大臣谢尔盖·维特不应该改革消费税体系；这个体系自1860年代税务外包制度被废除以来一直都承担着伏特加酒的税收事宜。维特逐渐用以君主的名义垄断伏特加酒零售的制度取代了消费税制度；他声称他的这一制度"必须首先以提升民众的清醒程度为导向，只有如此，这一制度才可以侧重于关注国家财政的需求"。[24]

虽然贵族们重申自己蒸馏烈酒的权利，但他们只能将所蒸馏的烈酒卖给政府，而这个政府控制着整个烈酒零售市场——表面上是为了戒酒——并同时收获了大笔利润。在一个现在已为人所熟悉的模式里，唾手可得的财富的吸引力是如此之大，以至于戒酒的事业都得为了国家财政的利益而被牺牲掉。沙皇"建立在酗酒行为上的预算"成了批评家和革命分子最喜欢的批评对象，这些批评者中就包括弗拉基米尔·列宁。1913 年，就连谢尔盖·维特——伏特加酒垄断制度的设计者——也谴责他自己亲手创造的这一制度，声称这一制度已经被接替他出任财政大臣的弗拉基米尔·科科夫佐夫（Vladimir Kokovtsov）腐蚀破坏了。[25]

1905 年后同样饱受攻击的还有俄罗斯帝国伏特加酒垄断制度的帮手——公共清醒监督会。这个唯一的全国性戒酒组织是财政部的下属机构，而正因如此，这个组织从未倡导人们停止饮用伏特加酒，只是倡导人们饮用时要"有节制"。[26] 对于像托尔斯泰这样的真正倡导戒酒的人而言，监督会的存在令人憎恶：它的活动都取决于政府高层的命令，这使得该组织无法开发利用俄国各地人们关于戒酒的热情。监督会总是猜忌草根阶层的戒酒活动，该组织及其领导人拒绝与来自精英知识分子圈子的少数戒酒团体、有关的医学机构，甚至还有教会合作。那些戒酒团体规模虽小，但它们独立运转，真正致力于推广戒酒主张，关心着农民的健康和福祉。[27] 当手握大权的维特前往拜访托尔斯泰时，将戒酒主义思想作为公民宗教基石的托尔斯泰（参见第十章）甚至愤怒地拒绝与其见面。"政府通过自己的官员销售着毒药，给人民带来痛苦，却毫不感到羞耻；这样一个政府所成立的戒酒机构在我看来要么是非常虚伪的，要么是没有头脑的，要么是误入歧途的——或者三样都是——这是我绝对无法支持赞同的，"托尔斯泰这样写道，"我认为，如果政府真的是在竭尽全力服务于人民的利益的话，那么它应该做的第一件事就是彻底禁止这种破坏着数以百万计人民身体和精神健康的毒药。"[28] 托尔斯泰不是唯一持这种主张的人：自由派和保守派的议员都公开嘲笑监督会和放在新的国家杜马议员席上的这份"建立在酗酒行为之上的预算"，例如来自萨马拉的议会代表米哈伊尔·切雷舍夫（Mikhail Chelyshev of Samara）。[29]

1909/1910 年冬天，在圣彼得堡举行的第一届全俄反醉酒代表大会充分展现了酒问题的政治化。由俄罗斯帝国大臣会议主席彼得·斯托雷平（Pyotr Stolypin）正式召集的数以千计的代表代表着各方各派的利益；他们受邀前来讨论酒精问题。来自教会、医生群体、妇女组织、工会、乡村自治组织和城市杜马的代表与来自财政部的代表、公共清醒监督会成员、政府部长以及国家杜马的成员对峙。列宁派遣了一个布尔什维克代表团与其他工人代表一起前往参加这场大会。正如你可能预料到的那样，冲突还是不可避免地发生了。对峙的场景发展成为酒类垄断制度的支持者和他们那些激进的反对者之间一场愤怒的对抗。神职人员怒气冲冲地摔门而出，发表煽动言论的工人代表则被逮捕了，而那些将酗酒问题与贫穷问题联系在一起的学者则被警察阻拦着无法展示他们的研究成果。大会关于酒类垄断制度的最终报告是明确无误的："打倒这整个制度。"[30] 这些被广泛报道的辩论引起了帝国各地很多人的关注——特别是工人对监督会和伏特加酒垄断机制的谴责：工人指责这两者以人民的利益为代价给政府和地主带来大量财富。在 1905 年之前，人们只能间接暗指俄国专制政体的伏特加政治；而在 1905 年之后，这一制度已经暴露无遗，所有人都能看到它了。

　　沙皇内部圈子里的很多人都不断地敦促沙皇戒酒。尼古拉还保有关于他的叔叔谢尔盖的美好回忆。谢尔盖在意外被炸身亡前一直积极地支持着戒酒事业。他的遗孀仍然活跃地参与着这一事业，还有亚历山大、奥尔登堡王子（Prince of Oldenburg）、梅谢尔斯基王子（Prince Meshchersky）和康斯坦丁大公（Grand Duke Konstantin）。他们都恳求沙皇戒除国家财政对伏特加酒收入的这种有害的依赖，并戒除他的臣民对酒精这种有害健康的物质的依赖。

/ *178*

　　在俄国最后一任沙皇在位期间，任何的宫廷阴谋如果缺少了"妖僧"（Mad Monk）格里戈里·拉斯普京（Grigory Rasputin）的话都是不完整的。关于这位令人怀疑的西伯利亚神秘主义者是如何借助他那治好了沙皇太子阿列克谢血友病的"奇迹般"能力，从而赢得了对皇室家族影响力的故事广为人知。同样众所周知的还有拉斯普京那些臭名昭著的放荡行为：他倾天的权势为他赢得了许多贵族女性的追捧，这些女性都心甘情愿地参与着这个"圣人"酒后的放纵狂欢；这个"圣人"宣扬通过罪恶感受上帝的恩典。[31] 因此，非常讽刺的是，关于戒酒和禁酒最强烈的警告竟然来自这个俄国最声名狼藉的酗酒好色的堕落者。"一位沙皇参与伏特加酒贸易，使得老实的人民变成酒鬼，这是非常不恰当的，"拉斯普京直截了当地说道，"是时候关掉沙皇酒馆了。"[32]

　　似乎随着时间的流逝，这样的恳求声音——无论是公开的还是私下的——使得沙皇尼古拉二世相信，伏特加酒垄断制度是俄国经济、社会和政治问题的根源所在。在1905年的骚乱之后，沙皇原本过度饮酒的习惯已经改善了很多。一向不干涉酒类问题处理的沙皇表达了他对打击酗酒问题工作的不满，并要求查看针对酒类问题的研究成果。到1910年代的时候，尼古拉已经彻底改变立场了：在1913年对自己领土的一次大范围巡视的过程中，尼古拉宣称在看到"大众不幸的痛苦场面、家园的荒凉样子、各地经济的崩溃，以及酗酒问题的必然后果"时，他深有感触。[33]

　　1914年1月，尼古拉开除了可憎的垄断制度的人类化身——财政大臣弗拉基米尔·科科夫佐夫，因为他无情地压榨了伏特加酒贸易中的全部钱财。尼古拉任命了彼得·洛夫维奇·巴克（Pyotr Lvovich Bark）以代替科科夫佐夫，并让他负责使"国家财政停止对摧毁大多数我的忠实臣民的精神和经济力量的依赖"。巴克改革俄国专制政体伏特加政治根基的使命却因为那年晚些时候爆发的第一次世界大战而搁置，而这场战争也导致了沙皇体制本身的覆灭。[34]

第一次世界大战和王室家族

1914年6月28日，奥匈帝国皇储弗朗茨·斐迪南大公（Archduke

Franz Ferdinand）在萨拉热窝遭到加夫里洛·普林斯普（Gavrilo Princip）的暗杀——一个19岁的民族主义者，他将自己献身于将南斯拉夫各族人民（南斯拉夫人）从奥地利人的统治下解放出来的事业。巴尔干半岛上各个军事联盟之间的复杂关系很快就将所有主要的欧洲大国卷入战争中，而这场大战后来夺走了1600万人的生命，使得整个欧洲大陆生灵涂炭。它还见证了罗曼诺夫皇朝覆灭在革命的烈焰中。

在暗杀事件发生刚好一个月后，奥匈帝国便向塞尔维亚这个俄国的盟友宣战了。就在俄国动员准备参战的时候，奥匈帝国和德国也对俄国宣战了。虽然在西线战场上英国、法国以及后来加入的美国与俄国并肩作战，对抗着所谓的同盟国，但在东边，俄国人独自面对着德国和奥匈帝国的军队。

面对突如其来的战争挑战，尼古拉二世（像往常一样）求助于皇室成员——他很快就任命了他的表亲尼古拉沙作为整个俄国军队的最高指挥官，尽管后者从未在实际战场上指挥过任何军队。尼古拉沙的耳中一直回响着威廉二世的禁酒宣言，而脑海里一直回想着因为酗酒而在对日战争中的溃败；他要求在那些正在为战争征兵的地区实施对酒类销售的紧急禁令。支持禁酒的沙皇同意了他的请求，这标志着俄国开始踏上了禁酒和革命这条悲惨之路。[35]

尼古拉美化着军队的纪律性和荣誉感。对他而言，"遵守纪律是一种基本美德"。因此，那些关于禁酒令可以提升军队的纪律性和道德水平的说法能引起沙皇的共鸣也就讲得通了。[36] 接下来几周所发生的事情似乎证明了这一决定是很明智的。最高指挥部收到的所有消息都是令人眼前一亮的，尤其是关于征兵措施的消息。现场的报告使得军队领导层确信，禁酒令的实施推动了军队的部署，使得军队抵达前线的时间比预计的要少一半，这远早于德国和奥匈帝国军队准备好与他们遭遇的时间点。沙皇受到了来自国内外提倡戒酒的人如潮般的赞誉，他们纷纷称赞沙皇采取禁酒令是一项善举。俄国各地的女性在见证了这项禁令给她们曾经酗酒成性的父亲、儿子和丈夫所带来的好处之后，都强烈要求皇帝陛下实行永久禁酒令。[37]

"随着伏特加酒商店的关闭，俄国也从酒醉中清醒了过来，"一位英国观察者这样写道，"确实，这种清醒状态是强制执行的，而酗酒是俄国人一个与生俱来的特质，以至于这种短暂的节制状态只能被当作通常的消遣活动中的一次中途休息而已。然而，即使人们认为这种短暂的清醒状态不过是昙花一现，这也毫无疑问是奇迹般时代来临的一个标志。"[38]

然而，禁酒令只是暂时性的，也只适用于部分人：禁酒令并不适用于贵族们那些豪华的餐厅，而且该禁令仅适用于那些实行军事化管理的地区。此外，只要伏特加酒提供的收入占帝国预算收入的比例仍然维持在四分之一到三分之一这个区间内，戒酒将会是一种财政意义上的自杀行为。而且，一项全面彻底的禁酒令将会激怒那些位高权重的贵族，以及像尼古拉沙大公这样的罗曼诺夫家族的成员，他们大多数的财富都来源于私人拥有的蒸馏厂。[39]

1914 年 8 月，各方传来的表面上的好消息鼓舞着沙皇，他要求那条部分适用的紧急禁酒令将在战争期间一直有效，而这也再一次赢得了政府内部那些马屁精们的称赞奉承。他们当中冲在最前的就是财政大臣巴克；巴克负责在俄国最危急的时刻让帝国断掉对其主要收入来源的依赖，这完全是一项不可能完成的任务。巴克说的完全都是沙皇想要听的话；他告诉尼古拉，"财政部所面临的困难只是暂时的，而实行明智的财政政策就可以使我们克服这一困难"。[40]巴克很快召集了一个政府的高级委员会，成员包括巴克、沙皇所信赖的前帝国大臣会议主席谢尔盖·维特、经济学家、学者和来自国家杜马的代表；在委员会上，巴克向他的皇帝陛下呈现了一个最为大胆冒险的计划。

到了 9 月初，这个委员会就制定了一个将伏特加酒因素剔除在外的备用预算案。这份预算案认为禁酒令将释放整个国家长期以来饱

沙皇尼古拉二世在巡视前线的时候走下他的汽车，大约是在 1914~1915 年

武装部队的指挥官，尼古拉·尼古拉耶维奇·罗曼诺夫（"尼古拉沙"）和多布林斯基公爵（Count Dobrinsky）一起站在车上。
来源：美国国会图书馆印刷品和照片部（Library of Congress Prints and Photographs Division）/贝恩新闻服务公司（Bain News Service）

受压抑的勤劳作风，并预计国家将迎来巨大的经济增长，而恰在此时，数以百万计的健壮男性已经抛下了自己的工作奔赴前线了。委员会预计，这样的经济增长，再加上匆忙组合起来的外国贷款、战争债券、所得税、纺织品税、运输税和烟草税，因失去伏特加酒收入而在预算上留下的漏洞就可以被轻易地填补。巴克后来向外国记者们再三保证："好吧，我们很轻易地没有遭遇任何苦难就填补了这一财政空白。"即使俄国还要为战场上有史以来规模最大的一支军队提供给养，巴克仍然解释道，这个问题是如何被轻易解决的："我在去年［1914年］剩下的几个月时间里增加了不少税收，而我发现农民的偿还能力在禁止饮酒的命令推出后就有了大幅度的提升。"[41] 巴克的傲慢程度也只有他的健忘程度才可以媲美。这是一个匪夷所思的计划，因为这个计划纯粹是异想天开。

　　然而，对有条不紊的帝国财政感到满意的尼古拉做出了俄国伏特加政治史上最糟糕的决定：1914 年 9 月 28 日，沙皇颁发法令，宣布俄国将永久禁酒。但奇怪的是，禁酒令的宣布不是通过传统的帝国公告，而是以一种广泛转载的电报形式发布的；这封电报是沙皇尼古拉发给他的叔叔、提倡戒酒的大公康斯坦丁·康斯坦丁诺维奇·罗曼诺夫（Grand Duke Konstantin Konstantinovich Romanov）的。电报上简单地写道：

　　　　发自彼得格勒。致大公康斯坦丁·康斯坦丁诺维奇。我感谢俄国基督教劳工戒酒组织（the Russian Christian Labor Temperance Organization）。我已经决定永久禁止政府在俄罗斯帝国出售伏特加酒。

　　　　　　　　　　　　　　　　　　　　　　　　　　　尼古拉 [42]

　　不仅不会再有政府参与的伏特加酒贸易，而且也不会再有私人商业经营的伏特加酒贸易了。这位俄国叱咤风云的戒酒皈依信徒认为，光是他的君权命令就足以永远地在俄国禁绝伏特加酒了。

发誓戒掉伏特加酒——以及利润丰厚的伏特加酒收入——公然违抗了数世纪以来的专制传统。在俄国面临着最严重的军事危机的时候，沙皇这是锯断了自己帝国的双腿。但为了全面了解这个意义深远的决定，我们有必要解读沙皇这封电报背后的含义。

最亲爱的康斯坦丁叔叔

"毫不夸张地说，"俄罗斯历史学家彼得·扎伊翁奇科夫斯基（Pyotr Zaionchkovsky）这样写道，"皇室家族的成员多半是相当愚蠢的人，他们的生活只是不断在军营和贵族们买醉的餐馆之间往返。"即使是到这里，这本书似乎也证实了这点。然而扎伊翁奇科夫斯基发现了一个异类，他就是真正"特别的"康斯坦丁·康斯坦丁诺维奇·罗曼诺夫大公；沙皇的那封关键的禁酒电报就是发给他的。[43]

令人遗憾的是，虽然康斯坦丁天赋异禀，但他对政治却毫无兴趣。或许正因为康斯坦丁对政治漠不关心（长期以来，他和尼古拉二世在这一点上都是如此），小"尼基"与他这位"最亲爱的康斯坦丁叔叔"之间的关系才特别亲密——康斯坦丁是尼古拉二世最喜欢的叔叔。[44]（是的，如果读者们留意的话，这使得康斯坦丁成为这一章所提到的第三位沙皇"最喜欢的叔叔"。）

康斯坦丁·康斯坦丁诺维奇身上有几分波希米亚族的血统；他摒弃并蔑视罗曼诺夫家族男性都被要求参加的军事训练，反而对艺术情有独钟。作为一个天资聪慧的钢琴家，康斯坦丁还是彼得·伊里奇·柴可夫斯基（Pyotr Ilyich Tchaikovsky）的密友。他不仅写出了许多无与伦比的诗歌，甚至还做过舞台剧演员，出演过戏剧《犹太之王》（*King of Judea*）中的亚利马太的约瑟（Joseph of Arimathea）一角，而这部戏剧也是他自己创作的。他将莎士比亚的作品翻译为俄语，以供自己所创建的许多文学研究会来研究，他还被任命为俄国科学院（Russian Academy of Sciences）院长。值得注意的是，康斯坦丁还赞助了全俄国基督教禁酒主义者工人联盟（Vserossiiskii trudovoi soyuz khristian trezvennikov，VTSKhT）；该联盟向尼古拉二世和其他重要领导人提出温和但频繁的戒酒警告。45 为了践行他所宣扬的思想，康斯坦丁将其皇家宫殿所在的巴甫洛夫斯基镇（康斯坦丁的王宫位于沙皇在沙皇村的王宫的南边，相距只有短短 5 英里）变成了广袤的俄国酗酒海洋当中一个禁酒的岛屿。46

康斯坦丁在日记中坦诚地表示他私下里因为自己是双性恋者而焦虑的心情，这与引人注目的皇族生活方式形成强烈反差。47 夜晚的时候，康斯坦丁频繁光顾圣彼得堡的男性妓院，但在白天的时候，他就变成了充满爱意的丈夫和专心照顾八个孩子的父亲。毫无疑问，康斯坦丁最疼爱的是他的第四个儿子，奥列格王子（Prince Oleg）。为了培养奥列格天生的好奇心和智慧天赋，康斯坦丁安排奥列格王子进入了亚历山大学园（Alexander Lyceum），一所有着高雅文化氛围的著名学府，而不是让他进入传统的皇家军事学院。然而，随着战争的爆发，20 岁的奥列格自愿应征入伍，并最终成为一个骑兵团的指挥官。在战争的开始阶段，奥列格作为现役军人目睹了维尔纽斯西边战场前线的战况。有一次，他英勇地追击一个德国的骑兵营，在此期间，他被撤退的德国骑兵开枪打伤。子弹穿过了他的右髋并最终留在他的肠道里。子弹留下的伤口很快就感染了。不幸的是，虽然军医们齐心协力想要治好他，但还是无法挽救这位在劫难逃的王子。即使是躺在病床上的时候，奥列格仍然宣称他的去世将会使俄国在战争中受益——他的死亡将会向军队传达一条信息：皇室家族并不畏惧为战争挥洒自己的鲜血。48 1914 年 9 月 27 日，奥列格·康斯坦丁诺维奇王子（Prince Oleg Konstantinovich）因伤去世，成为第一个——最终也证明了是唯一的一个——在第一次世界大战期间

大公康斯坦丁·康斯坦丁诺维奇·罗曼诺夫（1858~1915）

战死沙场的罗曼诺夫家族成员。

奥列格去世的消息重重打击了对他宠爱有加的父亲——大公康斯坦丁，而大公本人已抱病许久。战争爆发时，康斯坦丁和他的夫人们正身处德国的一个温泉疗养地；而他们所有人都被当作政治犯逮捕。在俄国皇室多番恳求他们那些身为德国皇室成员的表亲之后，他们才得以被释放。但随着战争的全面爆发，欧洲东部与西部往来的边界都关闭了，所以康斯坦丁、他的妻子和所有的随从都被迫步行穿过前线进入俄国，而这使大公的病体更衰弱。

9 月 28 日，一听说儿子受伤之后，康斯坦丁就急忙写信将这个令人悲伤的消息告诉了他那个沙皇侄子，然后再匆匆从巴甫洛夫斯基镇赶往他儿子的病床旁。但这一切都是徒劳。等他们赶到维尔纽斯的时候，这位年轻的王子早已离开人世了。[49]

沙皇尼古拉二世发给大公康斯坦丁·康斯坦丁诺维奇的那封现在为人所熟知的禁酒电报就是在那天——1914 年 9 月 28 日——作为回复发出的，而且第二天，沙皇的内阁会议也确认了电报的内容。虽然沙皇没有留下回忆录来解释这些事件，但他让俄国人戒除对伏特加酒的依赖这一重大决定似乎是他作为一个百依百顺的侄子，对那个处于悲痛中的戒酒主义者叔叔表示支持的做法。奥列格王子的逝世使沙皇在做出一个关键的决策时掺杂了更多的私人成分——最终带来灾难性的后果。

尾声

位于莫斯科市中心的俄罗斯联邦国家档案馆（The State Archives of the Russian Federation）是一个由混凝土建成的色彩单调的庞然大物，外墙上雕刻着苏联时期英雄人物的形象，里面收藏着许多与皇室家族最后的日子相关的物品。然而，关于沙皇"尼基"和他最亲爱的康斯坦丁叔叔的档案里却没有提及任何有关那封禁酒电报

奥列格·康斯坦丁诺维奇·罗曼诺夫王子（1892~1914）

的信息。直到第二天，即 9 月 29 日，沙皇才在他的日记中写道，在收到关于奥列格去世的消息之后，他是多么的感伤。四天后，"尼基"就陪着他的叔叔出席了为这位年轻王子举办的国葬仪式。[50] 这是皇室所遭遇的诸多惊人悲剧的开始。

不到一年之后，康斯坦丁·康斯坦丁诺维奇也逝世了。直到临终的时候，他还在为丧子之痛而悲叹。他的另外三个儿子——伊凡、伊戈尔和康斯坦丁——都在 1917 年十月革命后被逮捕，并被流放到阿拉帕维斯克（Alapaevsk）——位于叶卡捷琳娜堡北边的一个很小的乌拉尔城镇。1918 年 7 月 17/18 日晚上，肃反委员会的工作人员押着大公的家人去到森林里；大公的家人先是在那里惨遭毒打，随后被枪杀，而他们的尸体则被扔进了一个废弃矿坑里——这个地方距离叶卡捷琳娜堡的伊帕切夫别墅（Ipatiev House）仅仅 100 英里；就在前一晚，尼古拉二世、皇后和他们的女儿们已经在伊帕切夫别墅被处决。[51]

/ 第十三章 禁酒令导致了俄国的革命？

彼得·帕夫洛维奇·布霍夫（Pytor Pavlovich Bukhov）面对着一个难题。

1916年，俄国正深陷于灾难性的军事惨败当中，一系列的败仗葬送了前线无数应征兵的生命，在国内导致了面包短缺危机和社会动荡，还有失控的通货膨胀，一切都在预示着国家经济的崩溃。毫无疑问，对比之下，这位来自沃罗涅日的地方贵族的难题似乎也就不值一提了：他从帝国财政部那里收到了一份无力偿还的税单。作为享有特权的俄国贵族阶层的一分子，布霍夫从事着向帝国酒类垄断机构提供酒精饮料——大部分是水果和浆果酿制成的酒——的生意，但自从沙皇尼古拉二世在第一次世界大战爆发时下令俄国禁酒之后，布霍夫的仓库里就堆满了他再也无法合法销售的酒。他还背负着巨额的滞纳税款，却再也无力支付。而且，他还不是唯一一个身陷如此处境的人。[1]

布霍夫的一些同伴或许会觉得他的处境是值得羡慕的——或者至少他们会羡慕他所处的地方远离日益迫近和喧闹的战争轰鸣声。帝国不仅禁止西部边界生产酒的贵族们销售他们的酒，而且下令立刻摧毁那些靠近战场的军事化地区的所有酒类仓库，以防止这些仓库里的酒引诱那些意志薄弱的农民士兵，导致他们因为酗酒而违抗命令。每天，前线的战火都在令人不安地步步逼近。虽然在全球战争和俄国国内革命动荡的背景下，那些富裕的贵族蒸馏商的煎熬痛苦或许看似微不足道，但他们的状况事实上凸显了伏特加政治——和执行普遍禁酒令的决定——推动瓦解旧式帝国秩序的多种方式。

巴克的困境

彼得·巴克爵士是一个基本被人遗忘的俄罗斯帝国衰落时期的人

物。他的回忆录虽然内容广泛，却从未发表过——他那本用英文撰写的回忆录是以一个正逃离布尔什维克人统治的移民的视角写的。目前这本回忆录正被搁置在利兹的档案馆里，无人问津。然而，如果缺少了它，我们是很难理解这一世界历史上的关键时刻的。1914年爆发的全面战争要求这位新近被任命的财政大臣必须发挥惊人的才智，运用熟练的手法来支付俄国这支世界战场上有史以来规模最大的军队的军费开支。因为沙皇决定实行禁酒令，巴克所管理的国库因此遭受巨大损失——单是这一项政策就使政府损失了四分之一到三分之一的收入；国家财政因此而留下的漏洞，即使是没有全面战争所带来的额外负担，也是不可能填补得了的。巴克身上承担着使他的沙皇、外国债权人和俄国民众感到安心的期望，他成了最大的政治化妆师：他到处宣传着一个稳定运行，乃至繁荣发展的俄国形象，而与此同时，整个国家的经济和政府都开始崩溃瓦解。巴克的公开宣言、采访记录和基于此的报告都使得很多人相信禁酒令对俄国有着惊人的积极影响。[2] 但这一切都只是一个谎言。

在汲取了日俄战争中因酗酒导致惨败的痛苦教训之后，新近上任的最高指挥官"尼古拉沙"大公（尼古拉·尼古拉耶维奇·罗曼诺夫）在1914年第一次世界大战爆发时就立刻下令关闭那些正在为战争而征兵的地区里的所有酒类商店。当时的军事专家相信保持稳定的必要性，这使俄国得以在往常一半的时间里就动员了接近400万名士兵——这是一项令人注目的成就。[3]

阿尔弗雷德·诺克斯爵士（Sir Alfred Knox）是英国派驻在以爱国主义名义重新命名的彼得格勒的一个武官。他曾尽职地报告着俄国征兵时的井然有序："人们的精神看起来非常好。所有的酒类商店都关门了，也没有出现酗酒行为——这与1904年人们所看到的场景形成了鲜明的对照。妻子和带着儿女的母亲从头到尾都陪伴着预备役军人，但这些女性都是默默地哭泣着，没有人表现得歇斯底里。"[4] 巴克在他的回忆录里也确认了这点："在所有的地方，征兵工作的开展都是非常周密和有序的，即便有例外也是微不足道的；沙皇陛下认为这种令人愉快的情况在很大程度上要归因于应征加入兵团的年轻人无法得到酒精这一事实。"[5]

1915 年末，陆军大臣弗拉基米尔·苏霍姆利诺夫（Vladimir Sukhomlinov）的新近继任者阿列克谢·波利瓦诺夫（Alexei Polivanov）向美国禁酒倡导者威廉·E. "骑墙派"·约翰逊（William E. "Pussyfoot" Johnson）证实了禁酒带来的诸多好处："多亏了禁酒，人们几乎不再留意战争的结果了。"他讲述了急剧减少的犯罪和纵火案件，迅速且有序的征兵工作，飙升的工人生产力，以及高涨的宗教和爱国情感——这一切都是农村地区在禁酒令下道德和经济水平恢复的部分结果。波利瓦诺夫回顾着国内更好的处理方式，并声称"女人们都很开心，并向上帝祈祷政府可以永远禁止酒再次被销售。在兴高采烈之际，她们几乎都准备好要称颂赞美战争了"。对禁酒的俄国的光明未来越加自信的波利瓦诺夫总结道："如果酒不再存在，俄国将会成为这个世界上最富有的国家。"[6]

从最好的角度看，俄国的官员们看到了他们想要看到的东西；从最坏的角度看，这是一个巨大谎言的一部分。帝国内务部和总参谋部的主要行政机构的档案室里堆满了数百篇报告，这些报告都是关于俄国各地（几乎每一个省）征兵时所发生的骚乱的。沙皇关闭了所有的酒类商店，但很明显，这对于大群四处抢劫的应征兵影响很小；他们冲进了被关闭的商店、酒馆和仓库搜寻着伏特加酒。确实，军队指挥官在征兵地区所下的第一道命令就是在酒类商店和仓库外设置武装守卫——即便如此重兵把守，常常还是不足以抵御暴徒的冲击。[7]

在叶卡捷琳诺斯拉夫市（Ekaterinoslav），暴徒们打破了那些仍旧被允许销售酒的高档旅馆的窗户。在伊古门斯基区（Igumensky），喝醉了的暴徒抢劫了酒类商店，然后又袭击了当地的蒸馏厂。[8]在巴尔瑙尔（Barnaul），暴徒们控制了整座城市，烧毁了房屋、商店还有一个酒库，使得居民不得不四处逃亡求生。超过 100 人死于应征兵与当地警察的战斗。[9] 根据内务部的报告记载，在 1914 年 7 月的最后几周，在因为酗酒引起的征兵骚乱中，共有 51 名政府官员受伤，9人丧命，而暴徒中则有 136 人受伤，216 人被杀。[10] 沙皇禁酒法令的影响并不像其所宣称的那样显著。在有些情况下，酗酒引起的混乱甚至比 10 年前的还要糟糕：巴什基尔地区（Bashkiria）第二大城市的警长曾向他位于圣彼得堡的长官发出了紧急电报：

> 在斯捷尔利塔马克（Sterlitamak），超过一万名预备役军人开始在各处发动骚乱，威胁着要毁掉整座城市。这场骚乱开始的地方是被洗劫一空的酒库。警察护卫队开枪射击的时候，助理警司就被击伤了。因为居民的财产遭受破坏，因此所有的商铺和商店都被关闭了……在对日战争期间，我们从未遇见过这样的骚乱。[11]

为什么沙皇和他手下的军队指挥官仍沉浸在喜悦之中，察觉不到不断蔓延的酗酒骚乱呢？或许他们只是选择不去承认问题的严重程度而已。更有可能的是，帝国领导人只是从未发现这个问题而已。

"在俄国，大臣们根本无权说出他们内心真正的想法。"在战争爆发的时候，俄国的外交大臣曾这样向一群外国权贵承认道。因为所有俄国官僚能够得到的职位、权力和薪资都取决于沙皇的仁慈，所以他们也没有多少动力向沙皇传递坏消息，或者发表不同意见使集体陷入困境。[12]

或许这正好解释了为什么即使每一个政府部门的档案室里都有着大量相反的证据，沙皇尼古拉收到的却只有关于禁酒所带来的好处的漂亮报告；这些报告来自陆军大臣弗拉基米尔·苏霍姆利诺夫将军、

/ 188

助理财政大臣瓦西里·古尔科和财政大臣巴克等人。[13] 大量的报告都声称沙皇的禁酒令"受到了他的官方代表和俄国上流人士的普遍支持"。[14] 除去如此漂亮的说法外，还有来自沙皇那些心存感激的臣民写给沙皇的大量信件和请愿书，它们请求沙皇将这项暂时的举措转变为一项永久的禁酒法令。[15]

虽然尼古拉倾向于禁酒，但他也不能简单地下令永久禁酒，因为俄国政府所有收入里接近三分之一的份额来自伏特加酒垄断制度。因此，在1914年8月的时候，尼古拉委派他最为信任和最有经验的大臣们前去研究禁酒的可行性，寻找可替代伏特加酒收入的方案——考虑到正处战时，这真的是一项极为艰巨的工作。这个委员会的主席是国家审计官彼得·卡里托诺夫（Pyotr Kharitonov），主要成员有财政大臣巴克、沙皇颇为信任的前帝国大臣会议主席谢尔盖·维特，还有农业大臣、交通大臣和商业大臣，以及研究国家财政的著名教授和专家；他们一起很快起草了一份通过所得税、运输税、烟草税、纺织品税、政府债券以及外国贷款的混合组合来填补财政上巨大漏洞的计划。[16]

事后看来，这份报告既可笑，又可悲，还很可怕。罗曼诺夫皇朝最高层的官员和皇家领袖都是在赌博，盲目地相信禁酒令会莫名其妙地释放俄国社会长期受到抑制的经济实力，况且这时候数以百万计的俄国最具生产力的人已经放下了镰刀，出发去往前线了。财政大臣巴克将整个帝国的稳定押注在一个奇迹上——一个永远不会发生的奇迹。1914年8月底，巴克私底下向支持禁酒的沙皇提交了一份报告，准确地证实了尼古拉想要听到的东西：伏特加酒给国家财政所做的贡献非常轻微，而借助少数轻而易举的改革就可以解决因为禁酒令而导致的收入损失难题。[17]

沙皇最为信任的大臣们大概已经解决了收入的问题，而俄罗斯帝国上下还有海外的禁酒倡导者又称颂着禁酒给征兵工作所带来的好处，几乎没有什么可以阻止沙皇颁布他最为仁慈的法令——永久地禁止酗酒这一长期以来一直折磨着他最亲爱臣民的恶习。奥列格王子的不幸逝世为沙皇提供了机会，让他得以给禁酒令赋予更大的象征意义；但这一法令依旧是一个基于错误信息甚至糟糕计算的决定。[18]

从禁酒令到革命

最终，全面战争所带来的压力还是让沙皇政权不堪重负：军队征调了1500万名男性，扰乱了工业和农业生产，而此时整个国家对工业和农业产品的需求前所未有。俄国脆弱的铁路基础设施在战争的高压下瘫痪了，这让俄国人无法将食物和燃料运往莫斯科和彼得格勒等正面临物料匮乏危机的城市。军队士气低落，前线的一系列败仗导致了逃兵浪潮，而这只能加剧对无能的沙皇和他的政权的普遍敌对情绪。尼古拉所采取的行动也没有起到任何作用：他对前线战事的笨拙指导以及对关键职位的频繁调动使得政府管理愈加多变动荡且效率低下。

1917年2月，纷纷罢工的工人联合饿着肚子的市民一起在首都彼得格勒发起了大规模的示威活动：挫败情绪进一步发酵。被征调来镇压暴动群众的驻防部队拒绝朝自己的同胞开枪，并且选择反抗并加入示威群众的队伍。具有自由主义思想的国家杜马议员勇敢地反抗沙皇的命令，紧急召开会议成立了所谓的临时政府。首都的工人汲取了1905年革命的经验教训，创建了另一个独立的代表机构——彼得格勒苏维埃（the Petrograd Soviet），或者说委员会——来代表这座城市心怀不满的工人和士兵。尼古拉乘坐火车从前线赶回来试图重新夺回沦陷的首都，但火车却在半路被罢工的铁路工人和哗变的士兵堵住了。沙皇被告知，他手下的军队指挥官已经不再支持他了；他局促不安地宣布退位（讽刺的是，他是坐在火车上的豪华车厢里退位的），结束了长达三百多年的罗曼诺夫皇朝的统治。[19]

除去简单地了解俄罗斯帝国是如何踏上毁灭之路外，历史学家和社会科学家长期以来一直试图解释是什么导致了俄国普遍的社会革命，尤其是什么导致了布尔什维克革命。[20]人们就俄罗斯帝国政权覆灭的原因分成了两个不同的阵营——一个聚焦在与战争压力相关的近因上；另一个则归咎于俄国专制政体的结构性缺陷和矛盾，正是这一缺陷和矛盾使得整个体制的崩溃几乎是无法避免的。[21]

引人注目的是，伏特加政治在两方的说法中都占据着一席之地。本书的很多内容都凸显了使用伏特加酒作为专制国家制度工具所带来的基本困局。然而没有一项历史研究清楚地分析了伏特加政治在曾经强大的罗曼诺夫皇朝的覆灭中所扮演的角色。当人们意识到就连在最常被提及的帝国覆灭的近因——社会大众和体制内外都不满沙皇制度，国家经济在战时的通货膨胀中崩溃，而俄国的基础设施也在全面战争的压力下瘫痪——中也到处是伏特加政治的影子时，这种持续忽略伏特加政治影响的做法甚至更加令人困惑。

/ 190

酒精蒸馏和人民的不满

即使是在现代的独裁政体中，要想准确地衡量一个领导人的受欢迎程度也是很困难的。如果回到过去，想要做到这一点更是难上加难。缺少现代的民意调查手段，想要弄清楚禁酒令到底是人心所向还是疏远民意自是一项令人望而生畏的任务。自从加冕时在霍登卡广场上发生的灾难开始，人们一直认为尼古拉二世对他臣民的苦难漠不关心，也有人认为尼古拉命令他的人民完全戒除酒瘾的做法不会受到欢迎和支持。"没有证据显示俄国的工人阶级衷心拥护禁酒令、沙皇或者说还有早期的苏维埃政权，因为酒仍然在他们的社交生活、文化生活和经济生活中占据着关键地位，"历史学家凯特·特兰斯切尔（Kate Transchel）指出，"习俗和传统的影响确保人们会想尽办法躲避禁酒令的限制。"[22]

虽然大臣们吹捧各种请求延续禁酒令的公开信和妇女请愿书，并引述那些长期酗酒的丈夫、父亲和儿子在健康和性情上所展现的极大改善[23]，但实际的记录却是……模糊不清的。同时代的人指出，"俄国人是无法忍受强制戒酒的"；强制戒酒不仅增加了人们对帝国领导层的不满，还导致人们开始饮用危险的私酿酒和含有酒精的烈酒替代品，诸如古龙水、鞋油、工业喷漆和清漆。在禁酒令颁布的短短几个月内，"滴酒不沾的"俄国就被全国性的酒精中毒浪潮所淹没。[24]

由于前线接连不断的惨败不断削弱着俄国的国力并让国家蒙受屈辱，战争期间爱国人士对沙皇的支持不断减少；而与此同时，禁酒令也并没有帮助提升沙皇的支持率。国外的观察家都叹息沙皇的禁酒政策"并没有提升他的支持率"。[25]许多俄国人在看待这个问题的时候都有一种黑暗的不祥预感。1914年末一位被调查的俄国人是这么解释的："我们是被迫戒酒的，而那个时候即使没有禁酒令，每一个好人也都是无法好好享受生活的。""因此人民的生活发生这样的变化不仅是因为戒酒，还因为人们都预计着某些糟糕棘手而难以预料的事情将会发生。"[26]

令人清醒的战争事实使社会大众产生了对沙皇的不信任；许多人将政府限令——无论其动机是多么"善意"——看作独裁者试图进一步控制臣属农民的可憎做法，而富有的贵族则获得允许可以自由地恣意妄为。在禁酒令刚刚实行的最初几个月内，那些上流贵族常去的餐馆仍然被允许继续供应酒，而底层阶级常去的酒馆和酒类商店则被彻底关闭；这一事实只能进一步强化人们心中的这种愤世嫉俗的情绪。就像在战争中一样，很明显，为沙皇的糟糕决定而付出最大牺牲的是社会大众，而不是精英阶层。如此普遍的看法使得历史学家得以明确地认为禁酒令导致了沙皇支持率的下降，以及政治局势的进一步激进化。[27]

战壕里的伏特加酒

虽然人们针对沙皇及其政权那酝酿已久的不满情绪为革命提供了背景，但学者们却指出前线持续不断的败仗是一个更加直接的导火线。在这里，伏特加酒所扮演的角色也是模糊不清的：据说，德国人和奥地利人都深知酒是敌人的传统"弱点"，并将酒作为一种珍贵的反俄武器纳入军队装备中。为了重创俄国军队并阻挠他们前行的步伐，德国人和奥地利人刻意在战壕里留下一瓶瓶伏特加酒，并在靠近战场的房子里堆满烈酒，以怂恿敌军士兵酗酒，违抗军令。[28]

关于俄国士兵在战壕里生活的现存记录到处都有酒精的影子。士兵们遍地搜寻酒瓶，不仅是为了促进彼此之间的战友情谊，也是为了应对现代阵地战中那种非人的痛苦。德米特里·奥斯金（Dmitry Oskin）在他的著作《一个士兵的笔记》（*Notes of a Soldier*）中描写了俄国士兵是如何集中攻击那些随身携带数瓶朗姆酒的奥地利士兵的。奥斯金甚至承认，他还因为喝醉后跌跌撞撞走出战壕寻找更多的朗姆酒而受重伤。[29]

在双方彼此敌对期间，假期和偶尔的休息时间使双方得以建立战场上的"兄弟情谊"——数月来拼命厮杀的对战部队开始放松地相互往来。在如此短暂的停火时期，俄国军队的敌人会大方地给他们发放烈酒。烈酒的数量是如此之多，以至于前线的俄国兵团都可以偶尔创建自己兵团的烈酒仓库。[30] 而随着俄国军队蒙受一场又一场的溃败，军队的纪律性和士气也逐渐被侵蚀殆尽。

随着士气不断衰减，俄国士兵大批地逃离战场。德国人悄悄地深入俄国的腹地，而时钟也滴答作响，时间越来越接近 1917 年这具有决定性的一年了。前线部队中的军官徒劳地努力维持部队的纪律性，摧毁了所有靠近前线的酒类仓库，但已无济于事了。[31] 等到二月革命爆发的时候，军官们已经完全失去了对应征兵的控制，他们当中很多人积极地劫掠酒类商店、酒窖，还有富人的住所。社会学家德米特里·

施拉潘托克（Dmitry Shlapentokh）记述了驻扎在奥廖尔附近的俄国军队第五排（Russian Fifth Platoon）：在那里，2000 名士兵洗劫了当地一个贵族的酒库，在洗劫的过程中他们还破坏了各种意大利名画、古董、钢琴和一个藏书颇丰的图书馆。当酒窖里的酒被喝完后，这群人又围住了当地的蒸馏厂，他们在饮尽存酒后又一把火将蒸馏厂烧成了灰烬。被派去镇压这场暴乱的部队却违背了命令，反而加入他们的狂欢中。[32]

在莫斯科，警察努力镇压着喝醉了的暴民；这些暴民点火烧毁了每个带着德国名字的商店，而且还洗劫了那些闲置的酒类商店。正如一个英国人在日记中所指出的那样："当酒类商店被洗劫的时候，警察会前来关掉这些商店并且将其查封。在很多情况下这就将很多醉得不省人事的暴乱者关在了里面，而当战争结束，人们找到他们的时候，他们已经像浸在白兰地酒里面的樱桃了！"[33]

雪上加霜的是，沙皇的禁酒令还可能会削弱俄国的战时工业。除去可以被作为饮料外，酒精也在火药和其他军用物资的生产中扮演着关键角色。在对战双方剑拔弩张的时候，俄国政府就已经储备了充足的酒精用于工业生产，但到了 1916 年的时候，蒸馏厂的关闭进一步扰乱了俄国早已饱受压力的国防工业的生产。[34]

毫无疑问，导致第一次世界大战中俄国军队彻底崩溃和解体的原因有很多。但我们再也无法忽略伏特加酒所扮演的角色了，因为正是伏特加酒推动了俄国的分裂混乱，而人们一直认为正是这种分裂混乱注定了罗曼诺夫皇朝的覆灭。[35]

再见了，基于酗酒的财政预算！

"自古以来，任何发动战争的国家必定会陷入资金匮乏的难题中，"帝国杜马的预算和财政委员会的官方调查员安德烈·申加廖夫（Andrei Shingarev）曾在 1915 年的一份关于沙皇禁酒令对国家财政影响的报告中这样写道，"但自古至今，人类历史上从未有过一个国家会在参战的时候宣布放弃其主要的收入来源。"[36]

确实，沙皇的伏特加酒垄断制度平均每年能给帝国财政带来 4 亿卢布的收入，或者说占据国家财政所有收入四分之一到三分之一的份额。这一项关键的资金来源几乎在尼古拉给他亲爱的康斯坦丁叔叔发出那封致命的禁酒电报之后就立刻枯萎了。即使是加上财政大臣巴克迅速拼凑起来的补充税款、政府债券和贷款，仅在 1914 年下半年，政府收入仍然减少了超过 5 亿卢布，而在此后的每年，政府收入都会减少 9 亿卢布——而就在此时，俄国还无意中卷入了世界历史上规模最大的军事冲突当中。[37]

处于战时的国家不会公然放弃其主要收入来源是有充分理由的。战争的代价是很高昂的，而无法负担战争开支的国家通常都会有很不幸的结局。虽然政府之外的人都发了疯似的提出警告，但俄国还是无法避免这一宿命。"政府高额的负债加剧了战时的通货膨胀，"正如著名的历史学家所指出的那样，"而通货膨胀又使得社会和经济危机进一步恶化，最终颠覆了沙皇政府。"[38]

因此，似乎更具讽刺意味的是，身为调查员的申加廖夫声称俄国将会是第一个抛弃其主要收入来源的国家，与其说是在敲响警钟，警告一场显而易见的金融危机即将席卷这个国家，还不如说是在自吹自擂。事实上，他在报告中称"政府抛弃来自烈性酒的税收收入并停止其销售的做法，将会在经济层面、社会层面和道德层面给俄国人民带来最大的收益"。[39] 虽然事后想来很难理解，但申加廖夫并不是唯一一个灾难性地错误预估了国家财政的人。俄国、欧洲和北美的禁酒倡导者也和他一样对各自国家的财政有着盲目乐观的预估；他们相信人类天生的勤勉精神一旦挣脱了酒精的枷锁后，就会奇迹般地爆发出来。根据这一逻辑，靠经济活动的整体发展来弥补任何伏特加酒收入的损失是绰绰有余的。[40] 不幸的是，对于全世界的禁酒主义者——以及对于俄国的命运——而言，备受期待的由禁酒令带来的生产力爆发从未到来。财政的漏洞因为战争的巨额开支而进一步恶化，变得越来越大。

试图填补这一漏洞的帝国政府只是简单地印制更多的卢布，完全没有考虑由此导致的通货膨胀恶果。"假设我们真的失去了 8 亿卢布收入，将会怎么样呢？"帝国大臣会议主席伊万·戈列梅金（Ivan Goremykin）轻蔑地问道，"我们应该印制更多的纸币，这对于人民来说都是一样的。"[41] 就连身陷困境的财政大臣巴克似乎也没有注意到失控的通货膨胀所带来的后果：巴克在向沙皇尼古拉二世递交 1917 年度财政预算估算（此时的背景是战争的开支不断飞涨，社会不满情绪不断深化，而卢布也愈加不值钱）的时候，预测政府收入将会出现令人震惊的增长，"使得我们可以增加在教会、教育、公众健康、农业、贸易与工业、邮政电报服务，以及铁路建设上的支出，从而满足这个国家的文化和实际需求"。[42] 自己的国家及其经济都处于崩溃之际，身为俄国财政大臣的巴克这么说，显得他似乎是生活在某个遥远的星球上。

俄国不断恶化的通货膨胀一直都被认为是导致沙皇（在 1917 年 3 月的革命中）被废黜，他的继任者——临时政府——在那年 11 月的布尔什维克革命中被推翻的主要原因。[43] 然而，禁酒令给帝国财政带来的破坏并不仅仅只是突然失去酒类销售收入。旧式的伏特加酒垄断制度是一个垄断零售和分销的制度——这样的一个折中安排不仅使国家财政得以从酒类销售中获取巨额的收入（政府可以按照自己的意愿操控酒类的零售价格），而且也使得获益颇丰的酒精饮料生产落入了贵族蒸馏商和酿酒商手中，他们长期以来一直独享生产酒的权利。[44] 禁酒令不仅给帝国政府留下了大量还未售出的酒类库存，还给那些有着极大政治影响力的贵族蒸馏商人留下了大规模再也无法合法销售的酒类存货，这夺走了他们当中很多人主要的财富来源——而他们对此感到很不高兴。作为现有的长期合同的一部分，很多蒸馏商已经缴付了未来销售酒类的税款。如果那些酒无法售出，酒类生产商就要求收回他们的钱，而这甚至将从政府国库中夺走更多的卢布。[45]

有通过提前支付税款而成为财政部实际债权人的蒸馏商，也就有像上文提及的彼得·帕夫洛维奇·布霍夫这样拖欠财政部税款而成为债务人的人。因为禁酒令的出台，布霍夫和许多像他这样拖欠财政部巨额债款的人突然发现他们已经失去了偿还债务的收入来源了。虽然财政部后来允许债务人重新与其协商合同，但在短期内，财政部却因为急需那些资金而陷入困境，甚至导致财政漏洞进一步扩大。[46]

与此同时，执行禁酒令的代价急剧增加。想一下在芝加哥禁酒那些年黑帮老大阿尔·卡彭（Al Capone）对这座城市的残忍统治：历史学家普遍认为俄国的禁酒令也导致了私酒酿造和酒类走私活动的猖獗，但实际上，这些非法活动的蔓延也是经历好多年才到了这步田地。[47] 财政部档案馆里的一堆信件和电报所讲述的情况却大为不同：到了1915年的前几个月，财政大臣巴克已经深陷于蜂拥而至的报告中，这些报告描述了非法活动的猛增情况：从俄国的远东地区传来警钟，警告来自临近中国东北地区的"秘密交易出现了显著的增长"。来自北方针叶林地区的报告也显示"秘密的酿酒活动完全没有受到任何限制，正在不断发展中"。而与此同时，俄国各地区的备忘录也记录了地下酿酒活动所出现的令人不安的增长。光是在1914年的下半年，农业部就查获了大约1825家非法蒸馏厂，而在接下来的一年里，消费税部门发现了5707例非法蒸馏活动。[48] 这所有的一切都凸显了当局出台强力措施以巩固俄国禁酒状态的必要性。

随后在军队层面也出现了负面影响。不管四处劫掠的是征兵骚乱中的那些肆意抢劫的应征兵，还是那些洗劫商店、蒸馏厂和私人住所的逃兵，帝国政府都应该为其下属军官和应征兵的破坏行为负责；而贵族阶层则要求政府赔偿他们的损失。鉴于贵族阶层的政治影响力，他们的诉求往往都能够被满足。最直接的例子就是军队指挥官捣毁了那些靠近前线的酒类仓库、酒类商店和生产工厂，以防止这些地方的酒会教唆士兵违抗军令。贵族酒类生产商给财政部提交了一份关于他们所损失的库存酒的账单，这或许是历史上关于"谁破坏，谁埋单"原则的最典型例子了。随着俄国军队不断地从前线迅速后撤，强制摧毁酒类的区域也稳定地朝东蔓延穿过人口密集的俄国西部疆域——预计的赔偿金额即使没有数千万卢布，也应该上涨到数百万卢布了。[49]

因此，禁酒令远不只是简单地使帝国财政部在俄国身处规模最大的军事冲突之中时失去了最大的收入来源，而且也通过让财政部为政府所摧毁的酒类埋单而使其慢慢被榨干。可以预见，这二者带来了多么悲惨的后果：禁酒令增加了政府的债务负担，进而恶化了战时的通货膨胀；这种通货膨胀加剧了政治层面、经济层面和社会层面的危机，而这些危机最终导致了整个政权的覆灭。伏特加政治或许不是单枪匹马导致了沙皇政府的倒台，但毫无疑问，它加速了这一进程。

酒和基础设施的瘫痪

人们所说的导致革命的最后一个原因是随着全面战争在俄国领土上的爆发，基础设施也陷入了瘫痪。俄国频遭诟病的寒冷冬天阻挠着人们的出行和运输，而春天融化的冰雪和雨水也不断将这个国家的那些天然土路变成了无法通行的沼泽，这使得人们愈加依赖俄国本就薄弱的铁路网络来供应战争所需物资，以及维系来自俄国农村省份的粮食谷物与俄国城市生产的工业制成品之间的传统交换模式。事实证明，俄国的铁路不堪重负，在这两方面都出现了严重的故障：为前线军队供应的物资严重不足，而且还导致谷物无法从乡村地区运输到城市里，造成粮食短缺，甚至是饥荒。[50] 当然，酒不可能也导致了这个问题……或者说，有可能吗？

事实证明，许多有创业精神的贵族蒸馏商人并不满足于让他们的投资——库存酒——葬送在四处游荡的游民手上，或者更糟的是：坐视不管，等待战争结束。沙皇的禁酒令禁止蒸馏商人在国内销售他们的货物，但并没有阻止他们将酒售往国外市场。有些蒸馏商人甚至获得了帝国政府关于在外国开启新市场的保证以补偿禁酒令在国内给他们带来的损失。[51] 许多人脉很广的俄国贵族签署了协议，将他们的酒运往俄国的主要盟国法国。唯一的问题是在前线：从北边的里加湾（the Gulf of Riga）到南边的多瑙河入海口（后来是从彼得格勒郊区到顿河的入海口），交战区域和贸易禁运中断了欧洲东西部之间所有的商业运输活动，而协约国的战舰则切断了波罗的海、黑海和地中海海域所有的海上商业运输。

身处战争中的蒸馏商计划将他们大量的库存酒装上铁路货车——长期以来一直供应不足的铁路货车——从靠近前线、饱受战火威胁的领土（彼得格勒、维尔纽斯、波尔塔瓦和库班地区），首先运往远离战争、更安全的地方，然后再往北运往位于白海的港口阿尔汉格尔斯克（Arkhangelsk）和摩尔曼斯克（Murmansk），从那里通过长途海运抵达法国市场。[52] 法国观察家评论道，通过这种方式，"数额巨大的酒出口到了法国"。[53] 1915 年，俄国第一次与奥匈帝国在加利西亚交战并取得了胜利；受到这一短暂胜利的鼓励，在明斯克召开了土豆种植者和酒类生产商的集会，人们得意地指出这些新近"被解放"的领土按照法律严格来说并不在禁酒法令的管辖范围之内。随后，"俄国政府的代表承诺将会为俄国酒类产业和贸易转移至加利西亚铺平道路"，而"在集会上，人们就决定立刻采取必要措施，将大量的俄国酒出口到加利西亚"。[54]

/ 196

这就是俄国那重压之下的铁路基础设施为何装满了一车又一车伏特加酒，而不是为前线供应充足的士兵，或者为被围困的城市提供补给。最令人难以置信的是哈尔科夫和波尔塔瓦地区（位于今天乌克兰的中东部）的蒸馏商还计划将他们的存货装上匮乏的铁路车厢，经过一段 4349 英里的行程，经由西伯利亚铁路去到太平洋沿岸的港口符拉迪沃斯托克，然后从那里经由海路去往日本和中国沿海的各个市场。[55] 在全国上下都处于煎熬中，全面战争已然爆发的情况下，如此不计任何代价挽救酒的收入的计划违背了所有理性的思考和理解，而且只会加剧基础设施的瘫痪。

最后，取缔伏特加酒贸易的做法扰乱了传统的城乡贸易周期：俄国的农民通常会用过剩的农产品交换工业制成品，而当中最主要的就是伏特加酒。但随着伏特加酒被判违法而其他的商品则因为战争而短缺，几乎没有什么可以刺激乡村的人与城市里的人进行交易，而农民要么把谷物囤积起来，要么自己将其蒸馏成酒（私酿酒），要么将其出售给少数自 1916 年起一直都在经营的私人蒸馏厂。这些蒸馏厂商希望战争可以很快结束，然后他们就可以抢占更大的市场份额。[56] 据历史学家大卫·克里斯蒂安所说，随后，"农民无法将他们过剩的产品售出，这当然是主要城镇里出现粮食短缺的主要原因；而粮食短缺则引发了 1917 年推翻沙皇政府的城市暴动"。[57]

沙皇尼古拉传记的作者谢尔盖·奥尔登伯格（Sergei Oldenburg）在回顾往事后，总结了通过独裁法令执行禁酒令这一匪夷所思、史无前例的决策：

> 在战争开始的几天里，最棘手的国内问题似乎通过简单的措施就可以解决。因此，沙皇抓住机会贯彻了一项大胆的改革措施；在过去几年里，这项改革在陛下心里一直都特别重要的，也就是禁止酒精饮料的销售……只有战时的环境可以搅乱所有正常的对财政预算因素的考虑，使得沙皇有可能采取这项等同于抛弃这个国家最大收入来源的措施。在 1914 年前，从未有一个国家在与酗酒问题作斗争的过程中采取过如此激进的措施。这是一个不切实际的计划，几乎闻所未闻。[58]

不用说，可悲的是尼古拉并没有意识到这一重大决定将会通过无数不同的方式加速他的统治的垮台。沙皇的禁酒令加剧了粮食短缺的危机，进一步压迫着交通系统，并且给国家财政造成了无法挽回的破坏；禁酒令点燃了早已炽热的革命火种——更不用说工人阶级对沙皇日益高涨的不满情绪。对于被迫"戒掉"很多情况下他们赖以寻求慰藉的东西，工人阶级并不心存感激。[59]

关于哪一项因素——社会的不满情绪、军队的反常行为、经济和财政问题，或者基础设施的崩溃——是导致俄罗斯帝国终结的最重要因素，历史学家或许永远无法达成完全一致的意见。然而，我们有充分的理由相信，伏特加政治——在俄罗斯帝国晚期的社会里，烈酒无处不在，却被突然禁止——加速了延续数世纪的罗曼诺夫皇朝的覆灭。确实，当时聪明的观察家也是这样指出的——他们直截了当地总结道："革命的主要促成因素是1914年对烈性酒的销售禁令。"[60]

/ 第十四章　伏特加共产主义

极具号召力的布尔什维克理论家和红军的创立者列昂·托洛茨基曾这样宣称:"就在不远的将来,我们将英勇地与酒精问题作斗争。"在共产党人夺取政权后不久,他就提出警告:"如果我们不彻底消除酗酒问题,那么我们将会在饮酒中葬送社会主义事业和十月革命的成果。"[1]

当然,长期以来,各个派别的马克思主义者一直都批判酒精是资本家借以压榨被压迫的工人阶级以获取财富的手段,这一点在沙皇统治下的俄国表现得尤为明显(第十章)。当弗拉基米尔·列宁和布尔什维克党人用世界上首个共产党政府取代了欧洲大陆上最为保守的君主政体时,一切势必都将发生改变:所有的政治、经济、社会,甚至文化关系都将经历重组——包括俄国这个国家与酒瓶之间的关系。

然而,在布尔什维克党人开始处理俄国对酒精根深蒂固的依赖问题前,还有更加紧急的问题需要应对——也就是,在一个混乱无序、困苦不堪和绝望程度都令人难以想象的环境里,夺取并维持政权。

两场革命

虽然尼古拉二世那造成灾难性后果的禁酒令毫无疑问并不是导致帝国覆灭的唯一原因,但它肯定加速了其覆灭的进程。在1914年9月沙皇那封著名的禁酒电报发出后,帝国议会——或者说杜马——就开始将这一公告编入法典。随着前线的死亡人数和逃兵人数不断增加,国内的不满情绪也不断酝酿。1916年,杜马通过了一项法案,使得俄国的禁酒令成为一条永久且绝对的禁令。然而,等到这项法案可以正式上交以请求沙皇批准的时候,接收法案的沙皇已经不复存在了。[2]

在1917年寒冷刺骨的1月,俄国在战争中的伤亡人数已经超过了 600 万人。每个月都有数以千计的疲劳士兵逃离军队，他们和来自饱受战争蹂躏地区的难民一起形成了一支人数高达数百万、不断向东逃离的队伍；他们都是不满现状、愤愤不平的俄国民众。远离前线的地方，即便没有散发恶臭、充斥着死亡和痛苦的战壕，也好不到哪里去：食物短缺埋下了饥荒和叛乱的威胁。[3]

1917 年 3 月 8 日（俄历 2 月 23 日）国际妇女节这一天，女性纺织工人在彼得格勒举行了罢工。她们只是要求获得面包和结束战争，而这一简单的要求引起了已经厌倦战争的人民的共鸣。数天内，成千上万的抗议者堵住了首都的各条街道，不断与警方发生冲突。这场抗议最终因为一支刚刚入伍、焦虑紧张的士官生部队在聂夫斯基街（Nevsky Prospect）朝抗议人群开枪而演变成了一场屠杀。随着大胆的抗议者人数不断增加，潜在的威胁也不断上升，军队便违反命令，朝手无寸铁的平民开枪。政府陷入了瘫痪，而与此同时，社会主义党人组织了一个由士兵和工会领导组成的所谓的彼得格勒苏维埃（委员会）。这个委员会取得了合法的地位，建立了另一个政权。正在从前线赶往首都的沙皇专列被叛变的士兵和铁路工人拦了下来。面对反对自己的人民和军队，以及"双膝跪地"恳求他退位的大公尼古拉沙，尼古拉二世只得照做，结束了罗曼诺夫皇朝的统治。[4]

警察要么选择逃避和不作为，要么蔑视命令；抗议者借此包围了警察局、政府部门和沙皇的监狱。数以十万计的工人、叛变士兵和新近被释放的囚犯在彼得格勒的街道上游荡，却没有遇到多少阻碍。武装帮派洗劫了居民住所、商家店铺和酒类商店。有些人还强占了汽车，但很快他们就撞车了，因为很少有人知道如何驾驶，特别是不知道如何在饮用了偷来的伏特加酒后，在酒力的影响下开车。[5] 在二月革命中，数百人失去了生命，还有数千人受了伤，然而人们能感觉到情况本可能变得更糟。因为君主政体被废除了，所以首都的气氛是非常欢快的，甚至是喜庆的。外国观察家将这一状态归因于禁酒令和酒的相对缺乏："如果人们可以找到充足的伏特加酒，那么这场革命很容易迎来一个糟糕的结局。"[6]

沙皇的退位摧毁了旧的政治秩序。在皇室家族下台后，谁来主管这个国家呢？事实上，帝国时期的政治机构和官僚体制仍然没有改变，甚至在沙皇正式退位前，帝国杜马的成员就赶忙组建了一个新的"暂时"或临时政府。然而，就在外国政府热情地承认这个开明的、自封的临时政府是俄国法律名义上的政权时，俄国实际上的政权却是社会主义党人组织的彼得格勒苏维埃；这个政权代表并领导着士兵和工人——最初是在首都，随后它的影响力又席卷了整个国家。

身处这个双重政权体系中心的人便是亚历山大·克伦斯基（Aleksandr Kerensky）——他是一个温和派的社会革命党杜马议员，同时加入了这两个阵营：他被选为彼得格勒苏维埃的副主席和临时政府的司法部部长（后来被选为军事部部长）。想要带领这个庞大而难以控制的体系就像是在滑雪的时候两个滑雪橇朝着不同的方向——而克伦斯基正在飞速地往山下滑去。彼得格勒苏维埃的社会主义党人要求立刻结束这场灾难性的战争，开始土地改革，并将工厂的控制权交给工人。与此同时，临时政府延续了许多沙皇治下那些不受欢迎的政策，包括参加战争的决定（为了不让沙皇战时的盟友失望）和禁酒令。[7]

1917 年春，大部分地区的人们喝起酒来都是有节制有条理的；但这一切很快就被 1917 年夏天酗酒导致的混乱所取代，前线更多的惨败、彼得格勒的暴动，以及政府的瘫痪都侵蚀着克伦斯基的支持率。到了秋天的时候，临时政府——躲藏在沙皇那洁净无瑕的冬宫里——已经没有为其辩护的支持者了。[8]

随着克伦斯基的合法性不断衰减，布尔什维克党人的权力也在不断增强。4 月，列宁和一群布尔什维克党人结束了他们在欧洲的流亡之旅，抵达了彼得格勒的芬兰车站（Finland Station）。到了夏天的时候，他们已经牢牢掌控了彼得格勒苏维埃，并开始以工人和农民的名义反对临时政府。[9]

相对于十月革命在改变世界历史进程中的重要性而言，这场革命本身是相当平凡的。10月24/25日的晚上就像这座早厌倦了各种冲突的城市的其他任何一个晚上一样。首都的餐馆和剧院仍然是开放营业，且生意兴隆。此时，布尔什维克党人已安静地控制了具有战略意义的地点：政府办公室、火车站，还有主要的报社。共产党人引人注目地向冬宫进军，并使得克伦斯基落荒而逃——这一受人欢迎的场面与其说是对真实情况的反映，不如说是谢尔盖·爱森斯坦那部史诗般的改编电影《十月》的产物。实际上，攻占冬宫的是一群数量较少、组织混乱的革命党人——当中的许多人无视极为珍贵的艺术作品和其他皇室珍宝，转而洗劫了皇室的葡萄酒窖。如果不是布尔什维克党人有能力行使好自己的权力，那晚的情形就会演变成又一幕战争期间俄国出现次数众多的动荡场面。[10]

当临时政府逃散后，欢呼雀跃的士兵和船员已经喝得不省人事了。"在最先被破坏的冬宫葡萄酒窖里，许多不幸的人已经因为饮酒过度死去了，"列宁的战友弗拉基米尔·邦奇-布鲁耶维奇（Vladimir Bonch-Bruevich）这样写道，"一箱箱的葡萄酒被扔进结冰河流上的洞孔里，但发疯的人追着跳进河里，并因为试图抓住这一被诅咒的毒药而溺死在涅瓦河里。一场酗酒导致的大屠杀就这么爆发了：在汹涌狂暴的喜悦驱动下，喝醉发疯的人群冲进了城市各地的私人寓所。"[11]

《旧金山公告》（*San Francisco Bulletin*）的战地记者贝茜·贝蒂（Bessie Beatty）描述了那个晚上冬宫的葡萄酒窖是如何被洗劫的："我们以为所有的民众都要被杀掉了；但后来发现，我们当作枪声的声音不是别的，而是最不祥的软木塞发出的砰砰声，而躺在白色雪地上的士兵并不是死了，只是喝得烂醉如泥。"[12]

在次年举办的工人和士兵苏维埃的全国大会上，列宁宣布了一个新的社会主义秩序的诞生——他宣誓将使俄国退出战争，并以农民的名义将土地收归国有。一个新的时代已经开始了。

但是旧的体制不会这么安静地进入"历史的垃圾桶"。虽然布尔什维克党人勉强掌控了首都，但广袤的俄国大地上的各个地区却并非尽在掌握；在很多地方，共产主义的"红色"军队要对抗保皇派、守旧派和其他试图捍卫旧帝国"白色"秩序的人。相对而言，推翻羸弱的沙皇和临时政府是比较容易的；留意到这点的列宁决定不再让反革命的灾难重演。纪律性是布尔什维克党人拥有而他们的反对者欠缺的——而他们很清楚最能威胁到纪律性的就是伏特加酒。因此共产党人统治下的俄国的第一个议程就是申明沿用从前任资产阶级统治层继承而来的禁酒令。

这种反对烈酒的行为是有充分依据的，因为 11 月到 12 月，彼得格勒一直因为烈酒引起的骚乱而动荡不安——大多数骚乱都发生在士兵当中——而这些骚乱也威胁着新政权的稳定。新的共产党领导层很快就发现，彼得格勒的葡萄酒窖"矿藏"超过 800 座：每一座酒窖里都保存着 120 万瓶酒。迫切需要外国贷款的布尔什维克党人首先想到的是将这些藏酒——包括窖藏时间已经数百年的佳酿葡萄酒和香槟酒——卖给英国和美国的消费者。但是事态的发展太迅速了。奉行自由主义的立宪民主党（Constitutional Democrats）的一个分支打电话到革命军队伍的各个兵营，传播关于在城里很多地方都有可免费饮用的酒的谣言，进而埋下了他们违抗军令的种子；结果可想而知，这些违抗命令的行为最终演变成了酗酒引发的骚乱。[13]

英国驻彼得格勒大使的女儿，莫利尔·布坎南（Meriel Buchanan），描述了在 12 月的雪天里那些可怕的骚乱：

> 就连在像大使馆这样远离码头的地方，空气中也散布着烈酒

的恶臭，而到处都有喝醉的士兵游荡，打碎的酒瓶乱七八糟地散落在地，而在许多葡萄酒酒出来的地方，积雪已经被染成了玫瑰红色和黄色。在城镇里的各个地方，喝醉了的人们各种卖弄，随意地朝彼此或任何叨扰到他们的人开枪。难以描述的恐怖和恶心场面接踵而至。有些情况下，这些人会用手捧起染满葡萄酒的脏雪，直接吃掉，还会相互争夺剩下的雪……一个喝醉了的士兵站在一个那种所有街道拐角处都不缺少的燃烧着的火堆前，一只手拿着一个破裂的酒瓶，另一只手拿着一把手枪，而一个只有自己的枪支可依靠的赤卫队士兵则带着宽容的笑脸看着他。这个士兵摇摇晃晃地边唱边笑，充满危险地朝跳动的火焰靠近，时不时举着手枪对准经过的路人，在他们紧张地走开的时候，诅咒他们或者嘲笑他们。然而，在稍远的地方还有另一个士兵，脸朝下卧在雪地上，一只手仍然紧抓着一个空空的酒瓶。与此同时，两个小男孩紧张地站在远处，而更勇敢的第三个孩子则试图将酒瓶从他紧握的手指中松开，看看酒瓶里是否还剩有几滴酒。[14]

自由主义作家和批评家高尔基是《新生活报》（*Novaya zhizn'*）的主编。1917 年，他在《新生活报》上报道了酗酒所引发的骚乱。[15]

无论根源是什么，酗酒引发的屠杀所带来的持续威胁或许是新政府所面临的最急迫的挑战。"是你的话你会怎么办？"愤怒的人民文化委员阿纳托利·卢那察尔斯基（Anatoly Lunacharsky）两手一摊，这样告诉一个记者，"整个彼得格勒的人都喝得烂醉如泥。"[16]

新的共产党政府——军事革命委员会（Military Revolutionary Committee）——迅速采取了有力措施，成立了一个新的内部安全组织以应对酗酒引发的骚乱：全俄肃清反革命及怠工非常委员会（All-Russian Extraordinary Commission for Combatting Counter Revolution and Sabotage）——这个组织常常被简称为非常委员会

（Extraordinary Commission）或者以它俄文的首字母"Ch"和"k"而被称为：契卡（the "Cheka"）。这个组织后来重组为内务人民委员部（the People's Commissariat for Internal Affairs），后来又改组为国家安全委员会（the Committee for State Security）。关于苏联政权最可怕的标志就是1958年建造起来的重达15吨的"铁血菲利克斯"（Iron Felix）塑像，这个塑像就建在内务人民委员部设立在莫斯科市中心的卢比扬卡监狱（Lubyanka Prison）的总部前。在1991年苏联解体时，这座饱受鄙视、纪念契卡创办者菲利克斯·捷尔任斯基（Felix Dzerzhinsky）的纪念碑是最先被推倒的塑像之一。

早在人们用塑像将捷尔任斯基的样子永久固定下来之前，他就被指责在镇压伏特加酒威胁时太过冷血无情了。"资产阶级使得最邪恶的罪行永远存在，"1917年12月，列宁在给捷尔任斯基的信中这样写道，"诱惑着那些社会废物和渣滓，让他们喝得烂醉如泥，相互残杀。"[17]在彼得格勒，所有的酒类生产商要么立刻说出售卖酒类的商店的地点，要么接受军事革命法庭的审判。酿造私酒的人一经发现可以立刻枪毙。冬宫酒窖里数量众多的烈酒和葡萄酒——估值500万美元（按2013年美元价格衡量是9100万美元）——被一个应急消防营灌水封掉，那些醉到无法逃出的士兵就被淹死在里面了。但是就连寒冷的水也阻挡不了那些想要偷酒的人，于是所有的藏酒后来又被转移到波罗的海上的岛屿堡垒喀琅施塔得，这个地方守卫着前往首都的各个通道；在那里，红军船员尽职地将这些酒全部销毁。[18]

"那些想要葡萄酒的人是如此疯狂，以至于就连机关枪都无法击退他们。因此，负责的同志就转而将机关枪对准酒瓶并将其击毁，"美国记者安娜·露易斯·斯特朗（Anna Louis Strong）这样描述道，"流出来的葡萄酒漫到了他过膝长靴的顶部，因此他是蹚着酒水行走的。在成为一名共产党员之前他曾经是一个酒鬼，而看到那些美酒被摧毁，他很心痛。但他必须维持彼得格勒的秩序。"[19]

伏特加酒所带来的反革命威胁的严重程度在美国社会学家约翰·里德（John Reed）著名的作品《震惊世界的十天》（*Ten Days that Shook the World*）中也有记载。在书里，里德甚至还复制了一份在瓦西里岛上各个聚居区张贴的布尔什维克党的命令；这个地方就位于冬宫正西面的涅瓦河对岸。

> 资产阶级已经选择了一种非常邪恶的办法来对抗无产阶级；它已经在这座城市的许多地方建造了巨大的酒库，并且将酒分发给士兵们，试图通过这种方式在革命军队的队伍中种下不满情绪的种子。
>
> 伴随着这份命令，所有的内务委员会成员也收到了指令，在早上 3 点的时候，也就是在按照安排应该张贴这份命令的时间，他们应该亲自秘密地告知芬兰警卫团委员会的主席（the President of the Committee of the Finland Guard Regiment）他们驻地的葡萄酒数量。
>
> 那些违反了这项命令的人将会遭到逮捕，并且接受法庭的无情审判，他们的财产将被充公，而被发现的葡萄酒储备将会
>
> **在此项警告发布 2 小时后**
> **用炸药炸毁**
>
> 因为根据以往经验，稍微宽松的措施都无法带来预期的效果。
>
> **请记住，在炸毁存酒之前不会再有其他任何警告**
> ——芬兰警卫团委员会[20]

整座城市都实行了军事管制，列宁还任命了一个委员会来遏制酗

酒和屠杀问题，一个反暴乱委员会帮助捷尔任斯基和他的秘密警察对抗酒精问题。他们与酗酒的煽动者之间的冲突常常逐步升级为使用了机关枪和装甲车的激烈巷战。例如，在彼得罗夫伏特加酒工厂外，那些宣誓"戒除酒瘾和忠于革命"的赤卫兵支队与难以控制的西蒙诺夫斯基警卫团（Semenovsky Guard Regiment）的酗酒成员发生了冲突，导致 11 人死亡。[21] 政府委派通常都很可靠的普列奥布拉任斯基团去守卫酒库，但他们却"喝得烂醉如泥"。巴普洛夫斯基团也"没有抵制住诱惑"。其他被委派前去的兵团同样"屈从了"。装甲旅部队受命驱散喝醉的人群，却"来回游行了一会儿，然后就开始可疑地站都站不稳"。[22] 像这样的场景在十月革命后动荡的几个月里，在莫斯科、萨拉托夫、托木斯克、下诺夫哥罗德等地不断上演着，迫使政府当局不得不调用他们最为忠诚和坚不可摧的赤卫兵团前往镇压反革命的酗酒骚乱。"赤卫兵团的职责，"据该兵团的誓约所说，"包括与酗酒问题作斗争，以阻止自由和革命成果葬送在酒精中。"[23]

　　如此极端的打击伏特加酒并不是什么新鲜事。十多年前，在 1905 年所谓的革命演习期间，社会主义阵营常常被保皇分子和极端分子渗透，包括极端民族主义者"黑色百人团"（Black Hundreds）；这个组织用伏特加酒煽动了暴力的屠杀事件，恐吓着那些想要成为革命者的人。即使是在那个时候，列宁也提倡要保持警惕。"公民们！准备进行决定性的斗争吧。我们决不容许黑帮政府再凌辱俄国。"他这样写道，"我们要命令我们的军队逮捕那些以酒肉诱惑和收买愚民的黑帮英雄……交付公开的、全民的、革命法庭去审判"。[24]

　　无论是在 1905 年谋求夺取政权的时候，还是在 1917 年维护政权的时候，如此"切实可行的"防范措施只能强化列宁在精神上对酒精的蔑视。就像许多早期的社会主义者一样，列宁嘲笑酒精是资本家统治控制工薪阶层的工具，这种情况在俄罗斯尤为明显（第十章）。对于列宁来说，帝国的酒类贸易是"对农民的旷古未闻的无耻剥削"；高贵的地主"同任何农村寄生虫一样，也是些高利贷者、掠夺者"，他们还是促进酒类贸易的"吸血鬼"。[25]

"死也不做酒买卖！"在十月革命前，列宁这样写道。忠实于自己禁酒原则的列宁在夺取政权后仍坚持自己的信仰。[26]即便伏特加酒带来的反革命威胁逐渐平息，在列宁领导下管理俄国的人民委员会（Sovnarkom）（"委员"是无产阶级的用词，用以取代资产阶级的"部长"）仍将所有的酒类生产设备和现存的酒类储备收归国有。1919 年，人民委员会禁止了所有的蒸馏活动，"无论蒸馏的方式、数量和浓度是怎样的"——违者将遭到所有财产充公和最少 5 年西伯利亚劳改营监禁的惩罚。[27]

如此严酷的惩罚对于一个为生存而奋斗的布尔什维克政府而言是必不可少的。《布列斯特和约》（the Treaty of Brest-Livosky，1918年）将俄国从第一次世界大战的梦魇中解放出来——而对于布尔什维克政府而言，代价只是失去了对芬兰、爱沙尼亚、拉脱维亚、波兰这些地方和今天白俄罗斯、摩尔多瓦和乌克兰这些国家大部分疆域的控制。但恐怖的第一次世界大战却被一场内战所取代：面对俄国广袤的疆域，布尔什维克党人只是有效控制了从波罗的海东南岸的彼得格勒到里海的阿斯特拉罕的那些区域。在乌拉尔以东的地区，"红军"抗击着亚历山大·高尔察克将军（Adm. Aleksandr Kolchak）领导下的保皇派"白军"和一个由捷克志愿兵组成的兵团。在高加索和中亚地区以南的区域，他们面对着英国和土耳其的军队、白种的哥萨克人，以及当地的一支巴斯马奇叛军。往西南方向有安东·邓尼金（Anton Denikin）率领的白卫军、哥萨克人、乌克兰分离势力，以及一群装备精良的无政府主义者。在西边，红军要应对波兰人、德国人和尼古拉·尤登尼奇（Nikolai Yudenich）率领的白卫军。芬兰人从北方向彼得格勒进军。在北方，美国和英国军队则占领了位于北极地区的港口摩尔曼斯克和阿尔汉格尔斯克。

从 1917 年到 1923 年这段时间，布尔什维克党人的战斗都是应接不暇的。列宁的得力助手列昂·托洛茨基匆忙地召集了一支 500 万人的红军：成员大多数是农民和以前帝国时期的士兵。这些人普遍担心他们自己或家人会被当作人质扣押或者被枪杀——这是对战双方所共同使用的恐吓策略。

这就是"战时共产主义"（War Communism）政策：为了胜利，他们控制下的所有一切都被调动起来了。贸易停止。所有的工厂都被收归国有。为了供应城市里的工人，农民手中的粮食被强行征调。那些将谷物蒸馏成伏特加酒的酿私酒者因为破坏国家的粮食供应工作而被宣称为革命的敌人；他们常常要么被监禁入狱，要么被枪杀处决。即便如此，每年还是有数以十万吨计的谷物被制成酒，而且常常还是在当地腐败的布尔什维克官员的默许下进行的。仅在俄国中南部的一座城镇里，当局就发现农民将本可以用来养活一座有一万人的城市的粮食蒸馏成了伏特加酒。[28] 这一体系或许在内战中给红军带来了胜利，但它也导致了难以想象的绝境和艰难。

苦难

虽然内战趋于尾声，它给人们带来的苦难却是难以想象的。第一次世界大战这灾难性的 4 年带走了多达 300 万名俄国人的生命。随之而来的内战和肃反运动至少夺走了同样多的生命。还有 200 万人逃离了这个国家。接着又暴发了斑疹伤寒、副伤寒、痢疾、霍乱和西班牙流感，又带走了数百万人的生命。多年的全面战争不仅摧毁了基础设施，也破坏了政府的权威：人们并不知道第二天谁会来带走他们的食物，强行让他们入伍，或者冷酷地恐吓他们。学校已经不复存在了，交通设施也不复存在。在被遗弃的城市里，努力想要活下去的孤儿饿着肚子，在满地瓦砾的街道上四处游荡。莫斯科损失了超过一半的人口，彼得格勒损失了三分之二的人口。大多数人都逃到了乡村地区，但即使是在那里，他们也没什么动力从事耕种或生产，因为他们所收获的任何东西都很可能会被夺走。在 1920 年代早期，苏俄的农业产量还不足第一次世界大战前产量的一半——而且由于工厂都变成一片废墟，工业产量还不足第一次世界大战前产量的 20%。仅 10 年时间，曾经世界上最强大的国家之一，其国民收入就只有 1913 年的 40% 了。正如一位经济历史学家所描述的，"生产力的下降是人类历史上前所未有的"。[29] 而在这一长串清单上，我们现在还要加上饥荒。

1921 年的春天，布尔什维克党人逐步巩固了对国家的控制，而与此同时，伏尔加河流域则迎来了一场极其严重的大旱。通常情况下，农民家庭都保有少量盈余的粮食，以度过收成不好的年份：他们或许会饿肚子，但不会饿死。但在战时共产主义政策时期，所有未被"征粮队"强行收走的谷物都被蒸馏成了伏特加酒，留下数百万绝望的人忍饥挨饿。

列宁和布尔什维克党领导层承认，"为了承担军队的开支和供养工人阶级，我们实际上从农民那里拿走了他们所有的盈余粮食，而且有时候，我们不只拿走了盈余的粮食，还拿走了他们所必需的供给的一部分。"听到伏尔加河地区发生旱灾的消息后，相比于这场旱灾给人民幸福所带来的威胁，列宁更关心它给政府造成的威胁——1921 年 3 月，他在第十次党代表大会上宣称："如果发生了作物减产，我们就将无法征用任何盈余的粮食了，因为不会再有任何盈余了。"他补充道："因为我们无法从那些没有办法消除自己饥饿的农民那里取得任何东西，所以政府将会垮台。"[30]

作为他的新经济政策（New Economic Policy）的一部分，列宁终于采取了温和的态度：战略上，新经济政策放弃了战时共产主义政策那种强硬的征用做法，转而采取了实物税；该政策使得农民得以保留一些盈余粮食以在市场上出售，给苏俄农业提供了"喘息空间"。但对于伏尔加河沿岸数以百万计快饿死的人而言，这已经为时太晚了。欧洲现代历史上最致命的一场饥荒将让俄罗斯陷入艰难的境地。饿得肚子肿胀的孩子们攻击着患病将死的牲畜；日晒雨淋、面容憔悴的成年人将尸体像木材一样堆成乱葬岗，他们吃着野草、树皮或者更糟的东西。仅在萨马拉城，就有 10 家肉店因为贩卖人肉而被勒令停业。[31]

这并不是俄罗斯历史上第一次发生可怕的饥荒，而且也不会是最后一次。在一代人以前的沙皇俄国，1891~1892 年的一场严寒和随后发生的长期干旱导致了一场饥荒，夺走了 50 万人的生命。让包括列宁在内的许多批判分子坚定地走上反对旧沙皇政权道路的正是这场人为导致的饥荒以及沙皇政权冷漠无情的应对方式。那个秋天，农民急着将他们微薄的收成售出以付清他们的税款、债务和酒精账单——这使得市场处于供应过剩的状态并压低了谷物的价格，甚至使得农民不得不卖出他们最宝贵的储备粮食以勉强度日。到了深冬，他们的食物储备已经荡然无存。一个恶性循环出现了：生存的唯一方式就是拖欠当地典当商人和地主更多的债款，但这样做只能加重农民的负担并且压缩来年的生存空间。

充耳不闻的政府对此的回应措施包括恢复帝国时期的烈酒垄断制度，这一制度曾在农民最艰苦的时候"极大地促成了这个国家的穷困潦倒和道德败坏"。这一措施引起了俄国国内外许多人的愤怒。[32] 就连救灾工作也因为酒精而进一步恶化：用来让有需要的人熬到下一次收成时候的食物和用以种植的种子常常是"要么被用来在酒馆里买酒，要么以一个异常低廉的价格卖给投机商人"。[33]

1921 年的饥荒怪诞地令人想起 30 年前的那场饥荒，特别是涉及酒的部分。在这两个案例中——虽然食物短缺问题普遍存在——伏特加酒都是无处不在的。虽然伏特加酒可以给灾民和救灾者提供暂时的心理解脱，但伏特加酒和为了防止谷物被征用而将谷物秘密蒸馏成酒的做法应该为这场苦难负上部分责任。就像之前一样，即使暴发了大范围的饥荒，救灾粮食和未来种植所必需的种子还是常常被酿私酒的人蒸馏成伏特加酒。在饥荒灾区的中心地带，一个救灾工作人员解释道："通常情况下，乡村里主要的娱乐就是饮酒，这一活动占据着所有的节日和假日的所有时间。人们对于秘密蒸馏伏特加酒活动的巨大范围毫无概念；它已经彻底渗透进俄国人的生活，它对于国家的道德和国民的健康来说都是一个危害。"[34]

饥荒政治本身就是极具吸引力的。阿马蒂亚·森（Amartya Sen）凭借对贫穷根源的研究而获得了 1998 年的诺贝尔经济学奖。他认为贫穷从来都不是单单由于谷物歉收而发生的，贫穷更多是一个可以轻易忽视人们需求的专制政治体制的外在表征。[35] 这一说法与本书的主题不谋而合：俄罗斯全社会的酒瘾本身不只是一个社会问题和文化问题，而且也是一个更深层次的政治弊病的表征——这个弊病就是一个从泛滥的酗酒行为中受益和因此敌视那些提升社会权益和福利的草根行动的国家体制。

/ 208

或许没有什么例证能比 1921~1922 年美国救济署（American Relief Administration）致力于减轻苏俄饥荒灾情的考察更能说明这些动态机制的运作了。美国救济署是由后来的美国总统赫伯特·胡佛（Herbert Hoover）领导的一个半官方援助机构；这个组织在第一次世界大战期间和大战结束后给饱受战争蹂躏的欧洲地区送去了食物和援助物资。著名作家马克西姆·高尔基请求国际社会给予援助，声称数百万人正处于饿死的危险中。他的求助得到了国际红十字委员会（International Committee of the Red Cross）、英国的救助儿童基金（Save the Children Fund），以及胡佛和美国救济署的回应。[36]在与新的布尔什维克政府进行多次高层协商后，美国救济署获得批准将其活动范围延伸至饱受饥荒摧残的伏尔加河地区；在那里，救济署的工作人员如履薄冰：如果有人发现他们是在强化列宁的统治，那么他们就会与美国的舆论民意发生冲突并失去后勤支援。但如果俄国人认为这些美国人是在通过援助来动摇布尔什维克政府的话，他们就会被赶出去。但是，到了1922年的时候，美国救济署的粮食供应已经每天养活接近1100万难民了。[37]

在无产阶级和资产阶级之间，"伏特加酒是检验好的政府关系的最大考验，"伯特兰·帕特诺德（Bertrand Patenaude）在他那本关于美国救济署历史的《在布尔之地的宏大景象》（*The Big Show in Bololand*）书中这样写道；布尔之地是美国人称呼布尔什维克党人统治下的这片异域土地的名字。美国救济署里的牛仔、大学生和昔日步兵写下的信件、日记和回忆录反复讲述着挨饿民众所表达的需求与布尔什维克当局所给出的说法之间的纷争；而他们正依靠当局来派送民众所急需的救灾物资。无论是出于展示好客传统的好意（在俄国人看来），还是试图灌醉美国人以使他们失去"高尚的自制力"（在美国人看来），在饥荒区域的每个地方，人们用欢庆宴会和大量美酒来欢迎美国救济署的工作人员。他们用从建于帝国时期的古老酒窖中征调来的有着85年历史的红葡萄酒招待其中的一些人，而给另外一些人喝加了氨水调味的私酿煤油。不管是哪种情况，美国救济署的工作人员都为一种"奇怪的矛盾"感到震惊：打开委员们办公室的大门就能看到饥荒造成的末日般的场景，而在这一末日的阴影下竟然发生了这么多放纵的行为。"同样自相矛盾的事实是，"帕特诺德写道，"正是无产阶级专政的代表们促成了这些事情的发生；人们或许还会以为他们将永久彻底地将酒作为过去的事物摒弃掉。"[38]

美国救济署官员威廉·凯利（William Kelley）的信件描述了他在斯捷尔利塔马克（Sterlitamak）的巴什基尔城作为政府客人的生活。在一次宴会上，当地布尔什维克的领导人和四位女士喝了一加仑这种"最邪恶的"私酿伏特加酒。

> 从第一杯起，较量就开始了；他们争取灌醉我而我决定要做好准备……午夜的时候，酒瓶就都空了。交通委员浑身上下都散发着伏特加酒的气味，但他仍然兴致勃勃，表现很平静。[来自政府的酒宴主人]比绍夫（Bishoff）身体不适，而且表现得非常安静。楚尼谢夫（Churnishev）很镇定自若。4 号女士已经被带去休息了。2 号和 3 号女士明显已经喝醉了。我必须说，女主人在这整场酒宴中都彬彬有礼、沉着自信。她看向我这边一次，然后我们两个隔着桌子悄悄地相互敬酒。[39]

第二天早上，在凯利返回美国救济署的办公室的时候，他的头（据说）因为所喝的酒水而嗡嗡作响；他很得意自己至少没有喝醉酒然后乱说一些有碍外交的话。"在路上，他看到了一个在那天晚上被杀害的士兵的尸体，"帕特诺德描述道，"透过旁观人群的缝隙他可以看到'污泥里那一团人脑的样子。'在那条路半个街区外的地方，他看到一群孩子正在玩跳房子的游戏；前一天那个地方还躺着一个孩子的尸体，野狗嚼碎了尸体上的衣服和肉。尸体已经被移走了，但就在不远处，很明显已经出现了替代物——一个躺在门阶上的女人。"[40]

正如 1891 年的社会主义者对沙皇政权冷漠地无视饱受饥荒摧残的人民的做法感到震惊厌恶一样，他们对新的"布尔什维克"政府的态度也没有什么差别。

伏特加酒和新经济政策

在内战中，白军在各条战线全面溃败，而对于新的布尔什维克政府而言，最大的威胁来自一直处于痛苦之中的农民本身。即使是在没有遭受战争和饥荒蹂躏的区域，农民（而且在1921年喀琅施塔得驻军的例子中，还有士兵们）也群起反抗政府。因为旧时的地主已经消失了，所以这些就变成了反对政府本身的叛乱。而农民囤积谷物并将其蒸酿成酒的行为加剧了这个问题。面对农民暴动和囤积粮食，列宁总结出挽救共产主义革命的唯一办法，那就是安抚不满的农民。

正当喀琅施塔得船员的反革命叛乱遭到暴力镇压时，在俄国共产党（布尔什维克）第十次代表大会上，列宁宣布了后来被称为"新经济政策"的政策：虽然经济的"命脉"——对外贸易、银行业和重工业——都将继续由政府掌控，但私有商业企业得到了法律的许可。而强迫的征粮制被货物税取代，这给了农民种植和销售盈余的收获以赚取利润的动力。这种战略性地撤销战时共产主义政策的做法为经济赢得了"喘息空间"，使得制造业和农业得以复兴反弹。而对于批评家而言，这是在倒退回资本主义。[41]

面对场下数百名共产党代表，列宁主张除了"经济的命脉"，伏特加酒的生产也不应该交到人民手中。列宁以这种方式断言，酒与其他商品有着根本上的不同，例如化妆品。"我想，我们跟资本主义国家不同，资本主义国家可以利用烧酒和其他麻醉剂，我们却不能，因为无论这些东西在贸易上怎样有利，它们却会使我们退回到资本主义去，而不是走向共产主义，"他又讽刺般地补充道，"但是化妆品却没有这种危险。"他的这一说法惹得现场的人哈哈大笑，笑声响彻整座大楼。[42]

实际上，列宁这玩笑或许是开到自己身上了：出了位于莫斯科政府大楼的大门，就很少有人注意到这一宣言了。确实，在美国救济署的记录中，即使是在饥荒的恐怖阴云之下，饮用非法私酿酒的做法仍然处处都是；这一说法证实了苏俄各地民众对列宁禁酒令的冷淡态度。身处斯摩棱斯克饥荒灾区外的《真理报》记者报道说"私酿酒的数量数之不尽"，而与此同时，所有的村庄本质上全都变成了烈酒蒸馏合作社，运售的酒类最远到了戈梅利州和布良斯克州。从伊凡诺沃传来消息，酿私酒的人就像"雨后的蘑菇一样"突然出现。库尔斯克传来的消息则是"你所看到的每一个地方都有蒸馏工坊"。作家安东·博尔沙科夫（Anton Bolshakov）则从特维尔发来报道称，该地区几乎每个家庭都私酿酒品。在托木斯克，这种做法是如此普遍，以至于政府检察官都放弃起诉了。人们甚至可以在莫斯科的书报亭、咖啡馆和餐馆里发现非法私酿酒的存在——通常这些酒都是被当作"用未密封的瓶子盛装的柠檬水"售出。即使是在克里姆林宫附近，人们也都可以买到私酿酒，只需"索要'柠檬水'并向售货员意味深长地眨眨眼"就行。[43]

那种酒很多从来都不是供人饮用的。在彼得格勒，阿特拉斯金属工厂（Atlas Metal Works）的工人委员会抱怨雇员们"饮用了加入甲醇的烈酒、清漆和各种各样的其他酒精替代物。他们来上班的时候都是喝醉的状态，在会议上胡乱说话，不合时宜地惊叫呼喊着，还阻止他们那些更有阶级意识的战友们发言，这使得组织工作陷入瘫痪。结果导致了工厂的混乱"。[44] 在莫斯科，很多人都喜欢"3号古龙香水"。据士兵们说，

> 它只是美制酒度100 proof的酒精而已，有着淡淡的香味。这种古龙香水是装在200克或400克的扁瓶里出售的，或者换句话说：是按半瓶或者一瓶的量卖的……士兵、技工、店员还有官员囤积着这种古龙香水。他们走进茶馆（tea-houses）里，为了掩人耳目而索要一瓶柠檬水，倒一些柠檬水到杯子里然后再用古龙香水装满杯子。喝下两瓶这种酒精，你就醉倒了。[45]

当人们找不到伏特加酒，不管是纯正的还是私酿的，越来越多的人就转向酒精替代物。在萨马拉的革命斗争期间，一群暴徒喝着印

刷厂的墨水就喝醉了。其他人则痛饮着鞋油、精制清漆，或者医用酒精和工业酒精。在顿河河畔罗斯托夫（Rostov-on-Don），"知识分子们更喜欢饮用"当地的古龙香水。[46] 外国人常常指出俄国人为了喝酒是如何竭尽全力。作为在饥荒区域的任务之一，哈罗德·弗莱明（Harold Fleming）——哈佛大学毕业生和罗德学院的学者——在给国内的人所写的信件中描述了一场俄国的婚礼：主人会给客人分派酒饮，盛着饮料的杯子是用美国救济署的牛奶罐改造而成的。"或许我从来都没有患上这样的疾病，会需要这种混合了燃油（fuel-oil）、汽油（benzine）和煤油（kerosine）的饮料，就像那种酒一样。"[47] 最常见的是美国人口中的"煤油-伏特加鸡尾酒"（k-v cocktail）——这是一种煤油和伏特加酒的混合物，美国人常常用这种酒来替代汽油作为卡车燃料。我们用工业酒精来给我们的卡车加油，点燃我们的油灯或擦拭鞋子。我们之所以不会去饮用这种酒精是有充分理由的：它们都是有毒的。毫不意外的是，有很多俄国人都不幸地死于这些致命的酒精替代物。

布尔什维克党人很清楚，非法酒精的问题日益严重，但他们也无力采取任何有意义的措施来解决这个问题。无论怎样，新政府继续一次又一次夸张地抨击着酒精的弊病，因为——抛开现实情况不说——禁酒令是一项至关重要的意识形态议题。往往是由苏联红军的缔造者和指挥官列昂·托洛茨基发出一种针对伏特加酒的意识形态抨击。

在革命前，托洛茨基曾直言批评沙皇那"基于酗酒的预算"；这一预算提供了多达三分之一的政府收入。伏特加酒不仅在金钱上剥削着工人，还将他们的注意力从政治活动中转移开来，使他们永远处在道德沦丧和经济破产的状态，永远受缚于压迫自己的资本家。"有产阶级和政府对于那种离开了酒精就无法存在的文化负有责任，"健谈的托洛茨基主张道，"但他们的历史罪过还要更加糟糕。透过财政手段，他们将酒精这种毒害身体、道德和社会的毒药转化为政府收入的主要来源。伏特加酒不仅使得人们无法掌控自己的命运，还为特权人士的支出埋单，这真是一个魔鬼一样的制度！"[48]

布尔什维克党人计划将他们从之前帝国政府那里继承来的禁酒令转化为打击资本家通过酒精进行剥削压迫的武器。正如托洛茨基在《真理报》中所写的，禁酒令是"革命最坚不可摧的财产之一"。[49] 没有酒精的话，俄国人本可以转向更加高产的任务，通过共产主义政治活动来表达自己真实的利益，并使政府预算符合人们的真实需求，因为这不仅仅是共产党人渴望已久的国家领导层的改变，而且更多的是各种各样的社会关系所发生的显著变化。多年的战争、革命、混乱和骚动摧毁了旧时压迫者和被压迫者相互对峙的资本主义体制，剩下的任务就是用一种颂扬谦虚、诚实和戒酒的文化来创建一个新种族——苏维埃人（Homo Sovieticus）——的文化。在这个属于重生的工人世界里，政府将会引导社会民众并让工人戒除旧时的弊病。而当涉及酒精问题的时候，关于积极戒酒思想的平淡说教则将被政府推动下的现代化娱乐——电影、戏剧、教育和运动等——所取代，以开导和满足工人阶级，让他们相信他们再也不需要伏特加酒来打发无聊的时间。[50]

因此，即使当布尔什维克党人面对堆积如山的证据，证明他们的禁酒令毫无作用，而且注重实效的人也发声要求恢复传统的伏特加酒垄断制度的时候，戒酒在新的占据统治地位的意识形态中仍然是一条关键的原则，以至于只要像列宁和托洛茨基这样的理论家仍然掌权，人们就很难想象政府会在酒精问题上妥协。[51]

与他们在新经济政策中对资本主义市场做出的意识形态上的妥协相比，共产党人在禁酒令上不可动摇的承诺甚至是更加显著的，而这二者的结合只能使黑市私酒的问题进一步恶化。在战时共产主义政策下，为了避免收获的谷物被强行征收，许多农民转而将其蒸馏成酒。而新经济政策下农民可以控制自己（税后的）盈余的粮食，甚至有更多的人将谷物投入到蒸馏工坊里了。[52] 但为什么会有这么多人愿意冒被抓捕判处强迫劳役甚至死刑的风险呢？难道他们那么急需一杯酒吗？

当然，可以用亨弗莱·鲍嘉（Humphrey Bogart）在《私枭血》（*The Roaring Twenties*）中所扮演的角色来解释——无论是在俄国、美国还是其他地方，总会有想要喝酒的人。基础的经济学理论指出（而且也得到了全球经验的证实），限制供应只能抬高价格，并且导致利润空间越来越大，受其诱惑的人也愈加贪得无厌。但不管是简单的经济学理论，还是新政府无法行使本身权力的事实，甚至是传说中俄国人对饮用烈酒的"永恒"嗜好的暗喻，都无法解释非法蒸馏活动的大范围扩大。

我们不得不考虑官员腐败——这一问题诞生自沙皇时代的伏特加酒贸易——所发挥的作用了；这一问题在苏俄时代仍然是一个根深蒂固的社会问题。[53] 就像过去一样，大多数酿私酒的人很清楚除去定期贿赂的压力外，他们根本不用害怕当地的政府官员。况且如果有突击检查的话，当地官员会预先警示，以回报这些贿赂。在很多情况下，政府官员自己就参与了当地的私酒贸易，就像在过去的帝国时期一样。例如，1918 年上半年政府监督委员部（Commissariat for State Control）发现，超过 30 个地方出现了当地政府违反官方法律并将伏特加酒的销售合法化的案例。地方的苏维埃政府甚至有时还为当地的私酒销售制定价格。[54]

经济因为多年的战争和灾难而崩溃这一点也滋生了这一非法的行为。对于许多人而言，他们以亚麻布、织物和谷物为核心的传统贸易已经被摧毁了，这使得私酿酒成为他们唯一切实可行的收入来源。[55] 而且，很多情况下伏特加酒不仅是一种收入来源和主要的家庭支出，而且还常常是一种交换媒介。卢布已经因为恶性通货膨胀而变得一文不值。就像在最初的几个世纪货币没有任何意义一样，伏特加酒因为

打击私酿酒的斗争（大约在 1920 年代）

"私酿酒摧毁了农民的耕作，破坏人们的健康，祸害人们的子女并导致犯罪的发生。"酒瓶上贴有关于酒鬼的健康数据和先天缺陷的婴儿数据；而右边的表格则显示了实际情况中 2 亿普特（330 万吨）酒等同于 1.4 亿卢布的数据。请注意在蒸馏炉上的神父（拿着镣铐的神父）和富农，他们正得意于农民的痛苦和受酒瓶奴役的状态。

来源：大卫·M. 鲁本斯坦珍本与手稿图书馆（David M. Rubenstein Rare Book and Manuscript Library），杜克大学

能保值、不易损毁、易于分离，甚至更容易用于消费的特点而成了货币替代品。

与过去经济衰退的时候一样，俄国人转向非正式的货物交换——易货交易、友惠和资助牧师（第八章）——只是为了生存。

为了全面地了解乡村地区的状况，1923 年，政府高层的中央委员会派遣了一个政府代表团寻访库尔斯克州的农民代表。他们的报告确认了伏特加酒在乡村生活中的中心地位。"农民需要私酿酒或伏特加酒，不管是哪一个都没关系。例如，如果一个人需要修建一间房子，他永远找不到工人；但如果有伏特加酒或私酿酒的话，你就可以用它来款待邻居，然后房子就能建好了。"[56]

尽管有严厉的禁酒法律，但乡村地区仍然到处都充斥着酒。这一点对于调查者而言并没有什么好奇怪的；对于伏特加酒作为交换媒介的持久性这点，他们同样不感到吃惊。如果说对于莫斯科而言有什么意想不到的事情，那就是农民对新苏维埃政府高尚的文化革命的抵制态度。"在与私酿酒的斗争中，不要依赖农民，"一个受访者这样坦率地告诉人民委员，"你自己来做。"如此忘恩负义——而且明显带有资本主义色彩——的观点只能证实领导层的疑虑：保守的农民阶层依旧是无知落后的，而且也是潜在的反革命运动的危险源头。[57]

随着经济终于重新展现蓬勃的活力，1922 年 3 月，在俄国共产党（布尔什维克）第十一次代表大会上，列宁起身捍卫新经济政策，反驳那些认为新经济政策将他们辛苦取得的共产主义革命成果出卖给了资本主义的批评家。虽然饥荒继续蔓延，但列宁仍然坚定不移地主张——虽然这在意识形态上令人难以接受——新经济政策务实的妥协做法是前进的唯一道路。列宁仍然坚持认为在伏特加酒问题上不可以有任何让步："如果在目前条件下农民需要一定范围内的自由贸易，那我们应该允许，但这并不等于说我们允许贩卖烧酒。对贩卖烧酒，我们要惩处。"[58]

列宁的威胁只是一个前奏：农村地区对蒸馏活动相对疏忽的态度很快就遭遇了全面的严厉打击。1922年的新刑事法典直截了当地宣布私人蒸馏活动是违法行为。反酒精的政治宣传逐渐增加。特别是在圣诞节和复活节前后的酗酒高潮期，苏联政府增加了反对私酿酒活动的"突击运动"。1922年冬天，警察在52个州开展了4万多次搜查活动，查封了2.3万多个私人蒸馏作坊，并没收了1.6万多个蒸馏炉。在第二年春天的复活节期间开展的7.8万次搜查活动也带来了类似的收获。"通缉"牌上写着，如果提供揭发秘密酿酒活动的信息，就可以获得奖赏；而警察和线人都得到了丰厚的奖赏。仅在1922~1923年，内务委员部就记录了904078例非法酿酒活动。然而，私酒酿造行为是如此普遍以至于这些突击活动——正如一位观察家所描述的——就像"用大炮打麻雀"一样。[59]

虽然法律执行过程中困难重重，但列宁直到最后一刻都坚持他那革命性的禁酒令——这最后一刻不久就到来了。在他奋起捍卫新经济政策和禁酒令不到一个月后，1922年4月医生终于成功将一颗自4年前一次暗杀未遂事件后就一直留在列宁脖子里的子弹取出。手术后一个月，列宁第一次中风，随后的一连串中风不断损耗着列宁的身体，并使得这个国家的领导层陷入混乱。1922年12月的第二次中风使得列宁身体右侧瘫痪；就在这个时候，这位著名的革命领导人和无可非议的统治者退出了政坛。1923年3月的第三次中风让他再也无法开口说话，并且卧床不起。1924年1月21日，最后一次严重中风引发的并发症夺走了53岁的列宁的生命。

列宁逐步退出政坛，使得人们开始质疑新经济政策的未来、禁酒令以及这个国家的领导层。因为缺乏清晰的继承顺序，又没有人可以令人满意地替代列宁，所以苏共中央政治局从列宁第一次中风起就开始面临一场长达10年的继承权之争。到1920年代末，出生于格鲁吉亚的约瑟夫·维萨里奥诺维奇·朱加什维利（Joseph Vissarionovich Dzhugashvili）——更广为人知的名字是斯大林——已经以策略击败了托洛茨基和其他对手，成为苏维埃社会主义共和国联盟无可争议的领导人。斯大林的许多政策都与列宁的政策有着显著的差异——或许差异最大的正是斯大林撤销禁酒令并恢复历史悠久的伏特加政治的决策。

第十五章 工业化、集体化及酗酒化

1920 年代，美国讽刺作家威尔·罗杰斯（Will Rogers）这样写道："俄国农民或许没有受过多少教育，但他们并不是人们口中的愚蠢之辈。"罗杰斯出生在俄克拉荷马州，是当时最负盛名的社会评论家；与此同时，他还是一个牛仔、演员、幽默作家和哲学家。罗杰斯用讲故事般轻松通俗的风格清晰地指出了新苏联政权所面临的最为迫切的挑战——农民问题。

"即使他们无法交易自己所种植的东西或者拿来交换自己所需要的货物，他们也都知道该如何利用自己的种植成果，"罗杰斯写道，"有时，他们会把种植成果藏起来；但是，无论如何，他们也不会将之卖给国家。这种做法当即急坏了整个俄国共产党（布尔什维克）。"虽然新经济政策解放了农民，让他们可以通过耕种土地养活自己，但这一政策也带来了一个问题——正如罗杰斯所敏锐地指出的那样——"城市里的老革命们必须先从农民种植的东西中获取足够的营养，才能继续发表他们那些宣扬革命队伍中的手足之情的演说。而农民却只是把自己多余的粮食酿成伏特加酒，贮存好大量柴火，以度过寒冷的冬季。"[1]

在共产党领导层内部，人们对于伏特加酒问题持有不同的意见：这一问题现在已经无法避免地与其他迫切的挑战缠绕在一起了：包括加快工业发展，以及压制农民的自主性问题。虽然布尔什维克党取缔了所有反对党，也明令禁止党内的派系斗争，但该党的官方报纸《真理报》仍然定期刊登政见争辩、政治宣言乃至传闻流言。1922 年 9 月，《真理报》报道，为了提升财政偿付能力，政府正在考虑重新启用以前的伏特加酒垄断机制。据称在一次闭门会议中，这个国家名义上的领袖米哈伊尔·加里宁（Mikhail Kalinin）宣称，虽然他们费尽千辛万苦才推翻了帝国体制，但就是否仿照帝国时期以伏特加政治为基础来创建新的苏维埃国家而言，"我们别无选择"："我们必须这么做！"[2] 然而，即便处于第一次中风后的恢复期，列宁仍对此做法持坚决的反对态度：只要他还可以就这件事情发表看法，伏特加酒就永远不会恢复以前的地位。但 1922 年 12 月列宁第二次中风，这使他不得不退出政坛，也加剧了中央政治局幕后的党派之争。事实证明，在众多政治挑战当中，伏特加酒问题或许是促成两个列宁的潜在继任者——列昂·托洛茨基和约瑟夫·斯大林之间分道扬镳的最明显因素。

伏特加酒和继承的政治较量

在临终之时，列宁向他的妻子娜杰日达·克鲁普斯卡娅口述了一份政治遗嘱；这份遗嘱坦率地描述了在他去世后，他所信任的可以通过集体决策来管理国家的那些中央政治局成员的性格特点：主管政治宣传的尼古拉·布哈林（Nikolai Bukharin）过于年轻；苏联红军的领袖、众望所归的接班人列昂·托洛茨基，精明能干但性格傲慢；新近当选的总书记约瑟夫·斯大林，过于粗暴。列宁指出，作为掌管着人事任命和行政管理大权的人，"斯大林同志当了总书记，掌握了无限权力，他能不能永远十分谨慎地使用这一权力，我没有把握"。列宁甚至建议道，"同志们仔细想个办法把斯大林从这个职位上调开，任命另一个人担任这个职位"。[3]

然而，正如随后斯大林餐桌旁的场面所表明的，斯大林擅长人际间的钩心斗角。虽然表面上苏联共产党上下一心，但在 1920 年代后期这段时间里，斯大林先是用计巧妙地击败了托洛茨基，随后又打败了其他所有中央政治局领导人，一跃成为无可争议的唯一领导人。随着斯大林巩固了自己的权力地位，他自己所推行的政策，尤其是与伏特加酒、农民问题和工业化相关的政策，取代了列宁和托洛茨基所主张的那些政策。

而在酒精问题上，众望所归的列宁继任者托洛茨基以无法比拟的激情争取延续列宁的禁酒政策。在 1923 年的一次中央政治局会议上，托洛茨基谴责用酒的收入来建设社会主义的做法，然后又声称："我们应该在这个新生的工人阶级国家里发展、强化、组织和完善反酒精的政治体制——这是我们的任务。随着酒的饮用量的减少，我们在文化和经济方面将会取得越来越多的成就。在酒的问题上我们绝对不能妥协。"⁴ 然而，在这幕后，斯大林已经对酒问题做出了妥协，他还忙着剥夺托洛茨基的所有权力。1921 年，低度葡萄酒的贩卖已经合法化了，啤酒是在 1922 年合法化的。到了 1923 年早期，所有酒精浓度低于 20% 的饮料都已经合法化了。但是低度发酵葡萄酒和啤酒的合法化却很难抑制在乡村地区蒸馏伏特加和私酿酒的泛滥。

美国记者安娜·露易斯·斯特朗在她的著作《历史上的第一次》（*First Time in History*）中记述了新经济政策实施过程中所遇到的困难；她用了整整一章的篇幅来记录布尔什维克党与酒精问题的斗争。她甚至采访了身材矮小、胡子拉碴的健康委员尼古拉·谢马什科（Nikolai Semashko），以了解在酒精问题上政府做出的明显让步：

> 我们还不用为葡萄酒和啤酒而烦恼，因为我们最大的敌人是私酿酒，这种劣质的非法饮料目前正在苏俄境内广泛生产。私酿酒是我们目前主要的打击对象。葡萄酒不是工人或农民会饮用的饮料；葡萄酒对于他们而言太贵了。它们可以在莫斯科的餐馆中展示，并给政府带来收入。但只有暴发户和富人阶层才买得起葡萄酒。它不会损害广大人民群众的健康。因此，它并不像私酿酒那么危险……但是我们最终也是必须禁止葡萄酒售卖的。⁵

/ 218

1922 年晚些时候，一位很有影响力的经济学家建议政府重新启用伏特加垄断制度；他的这一建议在《真理报》的报道中被公开斥责为危险的反革命行为。"他建议政府应该解决我们财政破产的问题；但如果按照他说的做，我们的民众身体会受到损伤，思想会遭到侵害，还有灵魂会被腐蚀，"布尔什维克党机关报这样评价道，"因为针对国家的贫困状态，我们已经做出了很多妥协，但我们永远不会以放弃整个国家的清醒和冷静作为代价来妥协。我们不应该通过这个方案。"6

无论是言辞上还是行动上，托洛茨基都身先士卒，捍卫乃至强化对酒精的禁令，尽管该政策的弊端显而易见。当身为军事委员的托洛茨基听说偏远地区一个军团的军官举办了一场葡萄酒宴来庆祝革命胜利五周年时，他不仅依军法审判了该军团的指挥官，还审判了该指挥官的直属上司，以惩处其在酒问题上纵容军事队伍。每一次这样严厉制裁的新闻都作为共产党反酗酒政治宣传的一部分，得到了广泛的报道。在一场采访中，托洛茨基声称，"仅是禁酒已经远远不够了；我们必须组织安排镇压和教育手段"。他以惯常的煽动口吻捍卫继续这场斗争。

> 在稀疏分布的村庄里，农民在自己家里酿酒；对每家每户都采取镇压手段是不可能的。但是酒产业的发展也像其他［资本主义］产业一样。不久，某些更加富有、更加精明的人就开始酿酒售卖。这些人成了狭隘堕落的剥削者，腐化了整个村庄。孩子和女人憎恶这些人诱使家里的男人堕落，并借此夺走了他们的食物。我们可以逮捕并惩罚像这样的人……随着我们在组织里的力量增强，我们可以进一步推行镇压手段。但是没有任何镇压手段可以从根本上解决问题。究其根源还是农民生活的空虚感，这种空虚必须用更高标准的文化、教育、娱乐及有益健康的社交生活来填充。7

讽刺的是，仅在两年的时间里，那个"更加富有、更加精明"的人，那个将成为腐蚀者、狭隘堕落的剥削者的人，竟是托洛茨基的主要对手——约瑟夫·斯大林。1924年10月，距列宁去世仅数月，在共产党中央委员会的一次会议上，酒精问题又一次被提起。尽管列宁，这位俄国伟大革命领袖的尸骨被妥善保存在红场供人们追悼，他的继任者却正在恢复列宁所深恶痛绝的伏特加酒垄断机制，以及列宁所坚决反对的伏特加政治主义。

"中央委员会的一些成员反对推广伏特加酒，"斯大林后来提到了这场争论——他所指的人很可能是托洛茨基，"然而，无法指出可替代的收入来源以满足工业发展的需要。"[8] 12个月后，1925年10月1日，苏联正式停止了长达10年的、失败的禁酒试验，并恢复了合法的伏特加酒作为俄罗斯国策核心支柱的历史地位。

实际上，新政府生产伏特加酒并进行销售是在4天后的10月5日：因为军队征兵是在月初的几天，所以苏联人巧妙地推延销售，希望征兵活动可以更加有序地开展。[9] 但是，随后发生的事情绝不能用有序一词来形容。美国人威廉·亨利·张伯伦（William Henry Chamberlin）曾是一名共产党人，后来转变为异见分子。他记录道："莫斯科似乎把恢复销售酒精浓度和第一次世界大战前一样的伏特加酒的这一天当作一个很大的假日，必须好好地庆祝一番。"

　　近期，重新销售酒精浓度和第一次世界大战前一样（40%）的伏特加酒，预示着相当一部分的人将会放荡狂欢一次。在售卖烈酒的商店门口排起了长长的等候队伍，人们常常可以看到某个顾客拔掉酒瓶的木塞，当着一群羡慕激动的围观者一口喝下整整一瓶酒。自酒精浓度为40%的酒开始销售，仅两周时间公共场合酗酒的案例就已激增。人们过度饮用这种新型酒也导致了若干死亡案例，警方则忙于处理酗酒以及妨害治安的行为案例。在有些案例里，一群饮酒作乐的人会在街头吵吵闹闹，以及爬上停在街边的汽车；他们制造了太多骚乱，警方不得不用武力带走他们。[10]

据官方的说法，恢复伏特加酒垄断制度是为了公众的健康。这个理由和在共产党之前统治俄国的帝国时期的统治者们给出的理由是一样的：酒力强劲的私酿酒及有毒的酒精替代品每年夺走了数以千计的生命，从国家层面垄断酒精销售估计是唯一可以确保酒精饮品的安全性和高质量的办法。[11]不用说，这一说法不过是在转移人们的注意力：政府所关心的不是人们饮酒这一简单的事实，甚至也不是他们饮用什么酒的问题；政府所关心的是更重要的事情，即谁在售卖酒，并从中获得利益。在中央政治局，斯大林计划从非法酿造售卖酒的人手中收回售酒的利润，并将之收归国库。

废除禁酒令使得斯大林在思想上处于一个微妙的位置——随着人们对列宁的尊崇纪念达到了一种极度狂热的状态，作为列宁继任者的斯大林这么做似乎是在破坏这位革命伟人的功绩，甚至不顾这位伟人当时正躺在克里姆林宫墙外一个临时的木制陵墓供公众瞻仰。在当时，任何一项决策都必须借用列宁那不容置疑的智慧来证明其合理性，斯大林也必须辩称列宁本人也会支持废除禁酒令这一项最非列宁主义的决策……他无论如何也要做到这一点。

1927年3月，在给一位名为申克维奇（Shinkevich）的共产党人的信件中，斯大林声称列宁实际上是支持伏特加酒垄断制度的。后来，甚至是公开场合，善于编造故事的斯大林也解释了，当苏俄政府在1922年热那亚会议上没有获得急需的外国贷款时，"列宁同志是如何多次向我们每个人说……推行伏特加酒垄断制度将会是必要的，这个制度对于货币的稳定和工业的发展更是尤为重要"。[12]

其他布尔什维克党领导层成员都没有提过与列宁有过这样的对话。列宁在伏特加酒问题上的态度是毫不妥协的，因此如果真的有过这样的对话，那肯定令人印象深刻。"在物质层面上，无论农民需要什么，只要不损害这个国家人民的健康和道德，我们都会满足他们"，列宁晚年时说道。"但是如果他们想要神像或酒精——我们不会满足他们这样的需求。因为这样做毫无疑问是一种退缩做法，毫无疑问是一种将会引导他们倒退的堕落做法。我们不会做出这样的妥协；我们宁愿牺牲掉这种妥协可能带来的暂时利益。"[13]

尽管列宁说得十分清楚，但斯大林却坚持他的故事——他不断宣称列宁曾私下里对他说，为了国家财政，牺牲革命所取得的道德成就也是可以的。"受控于国外资本和售卖伏特加，哪一个才是更好的选择呢？"斯大林说，"不用说，我们选择了伏特加酒。因为我们认为假若为了无产阶级和农民阶级的胜利我们必须干点不体面的事情，那么为了我们共同的事业，即便是需要采取这种极端的方式，我们也愿意。"[14]

1927 年 11 月 12 日，斯大林正式将其政治对手托洛茨基和格里戈里·季诺维也夫（Grigori Zinovyev）开除出苏联共产党。而仅在一周前，斯大林才在欧洲工人代表团面前发表了一次具有决定性的讲话。当一位法国代表问到垄断制度该如何与打击酗酒问题相协调时，斯大林解释道：

> 大体来说，我认为两者之间很难协调。毋庸置疑，两者之间存在着矛盾。我党察觉到了这一矛盾，并有意制造了这一矛盾，因为我们充分认识到这一矛盾本身算是较小的罪恶了……当然，总的来说，如果我们可以摒弃伏特加酒的话会更好，因为伏特加酒就是一种罪恶。但是，这就意味着我们将暂时受控于那些资本家，这一结果比伏特加酒还要更加邪恶。因此，两者相比，我们选择那个较小的邪恶。今天，这个国家从伏特加酒上取得的收入超过了 5 亿卢布。现在放弃伏特加酒意味着要放弃那么多财政收

入，而且也没有证据表明放弃伏特加酒可以减少酗酒行为，因为农民可以自己生产伏特加，以及用私酿酒来毒害自己。[15]

　　奇怪的是，在向这些代表宣扬自己那广为流传的言论时，斯大林在结尾将恢复伏特加酒垄断制度归罪于他们，因为这么做是针对苏联无法获取西方国家贷款的一项应急措施。"我认为，如果西欧国家的无产阶级能够自己争取掌握国家权力并给我们提供必要的援助，我们或许本不用处理伏特加酒问题和许多其他令人不快的事情。但是我们该怎么办呢？"斯大林停顿了一会，陷入沉思，"我们在西欧国家的兄弟们显然还不想争夺权力，因此我们只得自食其力。但这不是我们的错，这是命运的安排。所以正如你们所见，恢复伏特加酒垄断制度的部分罪责要怪在我们的西欧国家朋友们身上。"[16]据报道，斯大林这一外国替罪羊的幽默说法引起了在场者的笑声和掌声。

　　斯大林先前在中央政治局的对手及他们的追随者被当作国内的替罪羊，他们所面对的情形就大不相同了。年迈的布尔什维克党人列夫·加米涅夫（Lev Kamenev）和格里戈里·季诺维也夫在1927年与托洛茨基一起被开除出党，他们的下场是被安排进一场审判秀，被指控作为外国间谍计划以一场"托洛茨基主义"的阴谋推翻现有政权。他们两人在1936年被处决，这标志着"大清洗"的开始。随后，为清除党内的异见分子，数以千计忠诚的共产党人被扣上各种捏造的罪名，遭到逮捕和杀害。与此同时，流亡墨西哥的托洛茨基仍然是一位多产的作家，他严厉批评斯大林的做派，并宣传着真正的共产主义原则……这一切持续到了1940年，直到斯大林派来的秘密杀手用一把冰镐砸碎了他的头骨。

伏特加酒和工业化进程

当斯大林握牢了手中的权力后，他便激进地、彻底地改造着苏联生活的几乎方方面面。这次极端的社会大变革的所有因素——包括速成的工业化，文化层面的革命，向农民问题开战，专制恐怖阴霾，以及对斯大林的个人崇拜——彼此之间都是相互补充强化。[17] 然而，在很大程度上，历史学家们都忽视了伏特加政治是如何帮助联结差异如此巨大的文化改革、社会改革、经济改革及政治改革的了。

据卡尔·马克思所说，共产主义革命是应对工业资本主义所造成的经济危机的一种无法避免的反应。因此，他所设想过的唯一一种社会主义文明也是一种工业文明。布尔什维克党人很清楚，他们统治下的苏联的绝大部分地区都是农村；他们也认识到需要快速完成工业化——工业的占比越大越好，重工业的占比越大越好。尽管苏联正处于战争和饥荒后的恢复期，人们仍然制订了各种宏伟计划以加速生产力发展和帮助这个年轻的国家在军事上自立自强；这些计划在 1928 年汇总成为苏联的第一个五年计划。为了在 1932 年达到这些目标（提前一年！），苏联国家计划委员会（Gosplan）这个负责经济计划的机构荒唐地下令这个国家的铁产量、钢产量、煤产量和石油产量必须实现一种不可能完成的增长——在武器、坦克、牵引机、铁路和重机械的生产上，这些都是不可或缺的资源。

斯大林还缺少实现快速工业化急需的两样东西：金钱和人力。更确切地说，快速工业化必需的是可以为工业投资提供收入的来源，以及吃苦能干、遵守纪律的城市劳动力。伏特加酒在获得这两样东西的过程中都是至关重要的——而斯大林也知道这一点。[18]

在一个仍被资本主义阵营统治的世界里，共产主义阵营的苏联为全世界所敌视，苏联也无法从国外获得投资或贷款，因此它只能转过头选择曾经给帝国时期统治者提供无尽收入的伏特加酒贸易。如果我们信任斯大林的话，那么苏联采取这个行动主要是为了实现工业化。"当我们恢复伏特加酒垄断制度的时候，我们面临着这样的选择：或者受控于资本家，把许多我们最重要的工厂和制造厂割让给他们以换取我们继续发展所必需的资金；或者启用伏特加酒垄断制度，用我们自己的资源来获取发展工业所必需的营运资金，并避免受控于外国势力。"

到了 1927 年底，伏特加酒专卖制度已开始带来利润了。"事实是，当即抛弃伏特加酒垄断制度将使我们失去约 5 亿卢布的工业发展资金，这一笔资金是无法从其他来源得到补偿的。"斯大林随后这样断言。这笔资金占到国家所有收入的 10%。按照斯大林的解释，垄断制度只是一项临时性的应对策略，而且"一旦我们找到可以为工业的未来发展提供收入的新资源，这个制度就必须被废除"。[19]

很明显，斯大林从来都没有新的收入来源。随着伏特加酒产量的迅速增加，酒对于国家预算的贡献也不断增大：1923~1924 年度酒的收入仅占国家收入的 2%，发展到 1925~1926 年度，这一占比上升至 8.4%，而到了 1927~1928 年度，这一占比已经达到整整 12%。[20] 这些数据的增加也在全国范围内导致了相当棘手的酗酒问题。在给酒精垄断企业罗斯毕尔酒厂（Gosspirt）的一封信中，苏联财政部承认伏特加酒所带来的收入远不能抵消其给国家带来的损害。1927~1928 年度酒的收入是 6.75 亿卢布，该信件给出预测，到 1928~1929 年度，"我们所获得的纯利润将会是 9.1375 亿卢布，而到 1929~1930 年度，这一收入将达到 10.7 亿卢布。然而，若想使国民保持普遍的清醒状态，那么伏特加酒贸易将给国家财政带来极少的收入。在这里面包含的是我们当前的困境和未来的难题。"[21] 这里再一次包括伏特加政治。

财政部对民众清醒状态的关注是正确的。酗酒问题破坏了培养一支遵守纪律的城市劳动力队伍的努力，而崭新的流水作业线、炼铁厂、铁道部门及水力发电站都需要这样一支劳动力队伍——而且需求缺口很庞大。当然，强制劳动是一种解决方案，斯大林时代最伟大的工程——从白海运河（White Sea Canal）到莫斯科国立大学（Moscow

State University）的高塔尖顶——在很大程度上都是由被判劳改的强制劳动力建造的。但是城市劳动人口出现了惊人的增长：从1926年的2600万人到1932年的3870万人。这主要反映了农民被迫离开农村：这些保守的农民长期以来被共产党人怀疑有潜在的反革命倾向，他们将谷物酿成私酿酒而不是上缴国家；他们是有长期酗酒恶习、目不识丁且没有专业技能的农民。[22]

到1920年代末——这时候，斯大林已经成为整个苏联社会的酒馆老板——人民劳动部（People's Commissariat of Labor，亦称Narkomtrud）经历了最大的一场宿醉潮。大批没有受过教育且烂醉如泥的农民加入劳动大军，而在人民劳动部的记录中，工作场所的纪律性也出现了令人难以相信的恶化。很少有工人会准时上班，而当他们准时上班了（或者说即使他们准时上班了），他们也多半是宿醉未醒的。他们不会操作机器，也不屑于学习；这样的情形导致了设备被荒弃，设备发生故障或损坏，以及产品粗制滥造。关于旷工缺勤、工作时间饮酒、酒后斗殴，以及袭击工厂管理人员和党代表的报告多到人民劳动部的官员应接不暇。[23]基层普通的共产党员也几乎没有为思想家们所设想的诚实、清醒的新"苏联人"形象树立榜样。1920年代的苏联共产党在人数上不断壮大，这使其从一个由知识分子及社会积极分子组成的小型先锋队成为拥有百万名党员的大型政党；对于这个政党本身而言，酗酒也成为其面临的一个主要问题。由于酗酒被认为是一种没有价值的资产阶级遗留的问题，为了维护党的纪律，苏联共产党定期清理党内的"酒鬼、流氓和其他阶级敌人"。[24]

为提升工作场所的纪律性，苏联人开始使用政治宣传。1928年，苏联国家计划委员会联合创始人之一尤里·拉林（Yury Larin）及著名的理论家尼古拉·布哈林带头联合政治家、战争英雄、作家、诗人和学者等身份各异的人一同创建了苏联首个戒酒组织——"反酗酒协会"（the Society for the Struggle against Alcoholism，OBSA）。[25]"反酗酒协会"致力于改善城市贫民窟的恶劣环境，这些贫民窟让人满怀恐惧地回忆起马克思和恩格斯在一个世纪前对于欧洲资本主义国家工业劳动阶级食不果腹的贫穷和绝望生活的描述。戒酒的箴言登满了《真理报》、《消息报》及一本名为《清醒与文化》（*Trezvost i Kultura*）的新月刊。[26]

然而，戒酒本身并不是最终目的——戒酒只是强化纪律性的一种手段，而这种纪律性是实现工业化所需要的。这种好心的戒酒活动只要不妨碍斯大林的野心就都能被允许。就这点而言，苏联的戒酒运动注定要以失败告终。

凯特·特兰斯切尔——一位著名的研究"反酗酒协会"的历史学家——指出，"列宁之后被公认为共产党主要理论家的布哈林也选择加入反酗酒运动，并借此与苏联社会的诸多问题作斗争；他的这一做法具有重大影响"。[27]另一件具有重大影响的事情是，在"反酗酒协会"成立后的数月内，布哈林（斯大林在中央政治局内的最后一个对手）就被污蔑为"右翼反对派"（Right Opposition）的成员。10年后，布哈林遭受了和"左翼反对派"（Left Opposition）加米涅夫以及季诺维也夫一样的命运——被以捏造的煽动暴乱罪名起诉，被安排进一场审判秀，遭严刑拷打而认罪，继而被处决。

缺少了布哈林，"反酗酒协会"已没有多大希望对抗斯大林对于更多伏特加酒收入的无法抑制的渴求。1930年，苏联社会已经遭受严重破坏，而苏联的酗酒问题已从官方话语中悄然消失。《清醒与文化》忽然间就向其读者解释道，我们再也不需要与酗酒问题作斗争了，因为"社会主义方式的生活将会摧毁酗酒行为"。从之后的一期开始，这本杂志就改名为《文化与生活方式》（*Kultura i byt*）——这本杂志直言不讳地谴责"反酗酒协会"的创始人拉林和布哈林为反政府煽动家。[28]

正如斯大林将布哈林当作其专心致志追求绝对权力路上的障碍

打倒酒鬼！（1930 年）

"我们大声喊出打倒酒鬼：酒鬼们只能带来流氓行为和破坏行为。"
来源：I. 扬（I. Yang）和 A. 切尔诺莫迪科（A. Cernomordik）

物并予以清除那样，他也把"反酗酒协会"当作全力以赴发展苏联的国家工业和军事力量的障碍物。1930 年 9 月 1 日，斯大林写了一封信给当时的忠诚的莫斯科共产党第一书记维亚切斯拉夫·莫洛托夫（Vyacheslav Molotov），信中内容与斯大林之前公开宣称期望"彻底废除伏特加垄断制度"的说法截然不同。斯大林在信中写道：

> 我认为应该扩大伏特加酒的产量（尽可能地扩大产量）。我们需要摆脱掉羞愧的错觉，并为了实现真正的、重要的国家防御，直接公开地提倡伏特加酒产量应该实现最大的扩充。因此，我们应该立刻考虑这件事。生产伏特加酒所需的相关原材料应被正式包含进 1930~1931 年度国家预算里。我们还应时刻牢记，要想实现民用航空事业的真正发展也需要大量金钱，出于这个目的，我们必须依靠伏特加酒收入。[29]

两周后，中央政治局开始讨论是否应该将酒产量提升至最高水平的问题。奇怪的是，当天中央政治局的讨论和决议的档案记录都被归档至所谓的特殊档案——这些档案作为苏联最为机密的文件被保存管理。这些文件现存于俄罗斯联邦总统档案馆，仍然被列为高度绝密文件，严禁任何历史研究者参阅。[30]

伏特加酒和集体化

如果说工业化是 1920 年代末苏联所面对的最主要的意识形态挑战，那么农民问题则是最主要的实践挑战。在这里，问题的关键也在于伏特加酒。在战争和饥荒后的重建时期，农业生产力比工业生产力恢复得更快。这也有道理，因为土地不需要像工厂一样经历重建：土地只需要简单的播种和翻耕，到秋天人们便能收获谷物。过去曾存在一种城市—农村的贸易循环：农民卖出他们的谷物，以购买城市里生产的产品。只不过在重建期，工厂仍是一片废墟，城市里已经没有什么商品可买了。到了1923年，苏联正处于托洛茨基所说的"剪刀差危机"（scissors crisis）中：稀缺工业品的价格上涨，而当前还算充裕的农产品价格骤跌——当绘制成图时，走势不同的这两种价格看起来就像是一把张开着的剪刀的两个刀片。

据众多历史学家说，农民宁可选择简单地把谷物贮藏起来，也不愿在几乎无法获利的情况下将其卖出。这话说对了一半。由于成堆的谷物很容易腐坏而且也很难瞒着政府，大多数农民并不只是单纯地贮藏粮食；他们还将粮食用于蒸馏。一瓶瓶的私酿酒不会腐败且更容易藏匿，还可以用于饮用或是用于贿赂当地政府官员。此外，自酿的伏特加酒能够以黑市的价格卖出，这个价格远高于极低的谷物价格，贸易的条件变得更为公平。因此，每当农产品和工业品的价格开始出现偏差时，苏联农村便充斥着非法的私酿酒。而正是在这些时候，城市商店货架上的食品却已悄然消失。[31]

1920年代初，政府开始打击遍及乡村各地生产和贩卖私酿酒的人。当打击活动明显已经没什么作用的时候，政府就举手投降并重新实施伏特加酒垄断制度，这一制度也提供了工业化所需的资源。正如张伯伦所描述的：

> 政府为恢复伏特加酒流通的合法性给出的辩解是：所有禁止伏特加酒流通的努力都失败了。失败的原因在于私酿酒或自酿伏特加酒的广泛流通，而这些酒的酒精浓度有时可以达到70%；人们认为这些酒无论是在对人身体的影响还是对谷物的消耗上都比伏特加酒具有更大的危害。恢复伏特加酒流通还有一个委婉的托词：这是"打击私酿酒的一种方式"。虽然这种考虑无疑有一定分量，但政府的行为也受到了现实情况的影响：俄罗斯农民并不愿卖掉他们的谷物，除非他们看到可以用卖粮食的钱来购买的

产品。政府希望伏特加酒能够帮助填补工业消费品短缺带来的空白。[32]

即便有了运转中的——而且获益颇丰的——伏特加酒垄断制度，人为造成的谷物的低价格在 1927 年仍导致了另一场所谓的"剪刀差危机"。虽然谷物产量已经恢复到跟第一次世界大战前差不多的水平，但进入市场的粮食却不到其中的一半，这导致了城市食物短缺和乡村私酿酒泛滥。1927 年的一项官方研究估计，俄罗斯农村人口平均每人每年要喝掉 7.5 升私酿酒——这个数字是他们所饮用的合法的政府销售伏特加酒的四倍。[33] 这就是美国讽刺作家威尔·罗杰斯所描述的急坏了苏联政府的困境。"当你想要忘却烦恼的时候，如果你身边有伏特加酒的话，那你就有了一个强大的帮手，"罗杰斯这样描述俄罗斯农民，"他们以自己种植的粮食为生，多余的部分用来酿酒，自饮自乐。"[34] 据苏联政府的记载，非法蒸馏活动每年消耗的谷物不少于 3000 万普特（4.91 亿吨）。[35] 到了必须采取措施的时候了。

苏联政府对这次"剪刀差危机"的应对方案和上一次大不相同。不同于列宁在新经济政策中对农民做出让步，斯大林以此次危机为借口，通过蛮横的集体化运动对农民阶级开展了一场全面的阶级战争。据斯大林之后在波茨坦（Potsdam）向温斯顿·丘吉尔吐露的预计数据，这场运动让上千万人丧命。对于斯大林来说，迫使农民加入现代的农业——大型、机械化及合理化的公社——是永久地粉碎保守农民的力量，消除他们非法酿酒对食物供给造成的威胁，以及消除乡村农业资本化的意识形态危机的唯一途径。[36]

斯大林宣称："为面包奋斗就是为社会主义而奋斗。"这场斗争中的反对者就是富农（kulak）——斯大林计划彻底、无情地消灭的"富裕"农民。（坏）富农和（好）贫农之间的界限模糊，这就给政府在消灭可疑反对派时留下了很大的余地。与此同时，当地人算旧账的方式就是指控某些邻居为有嫌疑的富农，这些邻居也因此成了人民的敌人。[37]

从伏特加政治的角度来看，奇怪的是，这种模糊的差别实际上变得更为清晰。做一个富农不只意味着拥有比其他农民更多的土地、牲畜或"剩余产品"，也意味着用私酿酒引诱更穷的农民堕落。实际上，回溯到十月革命初期的时候，富农的定义几乎与酿私酒者是一样的，因为酿私酒是农民致富的主要途径。1918 年 3 月，俄罗斯苏维埃联邦社会主义共和国（Russian Republic）政府通过了一项法令，"授予人民生产委员会（People's Commissar of Produce）应急性权力，以对抗农村地区的资产阶级，这些人藏匿多余粮食并以此投机获利"；酿私酒者和富农之间没有多大区别，都被认定为反革命的人民敌人。[38]

"在许多地方，"委员会主席雅可夫·斯维尔德洛夫（Yakov Sverdlov）解释道，"富农分子通过邀请最穷的农民分享酿私酒的利润把他们吸引成为自己的同盟。整个村庄，整个农村地区都被酗酒的潮流所把控；因此，为了不惜一切摧毁富农分子的腐蚀性影响，我们现在从城市派惩戒军和处决队到这些地区，以武力摧毁这些酿私酒者。"[39]

在新经济政策下，富农继续被当作投机者或酿私酒者，因为在乡村地区，致富的道路是用酒瓶铺就的。最富有的富农并不囤积粮食，而是将其用于蒸馏，变为更加有利可图的私酿酒。这种将富农当作投机者或酿私酒者的分类在 1920 年代苏联的政治宣传电影中表现得更加明显；在电影里，"富农和牧师一直都是酒不离手"。[即便据当时电影杂志《苏维埃电影》（Sovetsky ekran）所说，这种形象即使是出现在政治宣传电影中也是没什么作用的，"因为农民知道饮用私酿酒的不只是富农"。[40]]

1927 年的粮食短缺危机促使苏联恢复使用跟战时共产主义政策一样的强制征粮政策——只不过这次的征粮更为野蛮残忍。1928 年，

/ *228*

上缴给政府的粮食减少了近 2000 万吨，收获的粮食都被富农"囤积"起来了，这令斯大林大发雷霆。这样一来，1929 年对粮食的需求就更大了。

当地的共产党代表——在红军、内务人民委员部的秘密警察，以及穷困潦倒、心怀不满的农民自发组织的委员会的帮助下——渗透进了农村地区，逮捕囤积粮食的富农并强夺他们的货物。许多被指控为富农的人被流放到西伯利亚；其他人则被当即处决了。那些执法者几乎算不上国家政治宣传中塑造的有纪律的共产主义理想的拥护者：他们是由一伙冷嘲热讽的机会主义者、瘾君子和酒鬼组成的恐怖分子——他们与伊凡雷帝的特辖军没有什么差别。集中处决的地点就包括位于布托沃（Butovo）[在通往波多利斯克（Podolsk）的路上，位于莫斯科南部]的臭名昭著的克格勃射击场。今天的人认为，有超过 2.2 万名 1930 年代恐怖运动的受害者长眠在集体坟坑里——在那些地方，一桶桶的伏特加酒麻木了秘密警察的理智。执行处决的那班人恣意饮酒。其他人则从受害者那边搜刮伏特加酒——或者偷拿盗用或者敲诈勒索。数以百万计的富农被秘密关押或是处决，这是斯大林宣称与帝国时期"一刀两断"的一部分。[41]

对于这群大肆抢劫的人而言，"拿出一杯伏特加酒或是一瓶私酿酒，富农就能够被转变为贫农；或者说，因为少了一杯伏特加酒或一瓶私酿酒，贫农也能被转变为富农"。两者之间的差别是如此主观化，在这场残暴的动乱中腐败现象也是非常普遍的。[42]

根据经济历史学家亚历克·诺夫（Alec Nove）[原名为亚历山大·诺瓦科夫斯基（Alexander Novakovsky）]所说，

人们知道那些参与了反富农运动的人在富农家里任意征收、饮用能够找到的所有伏特加酒。曾有人下令禁止此类行为。但是政府又能期待什么呢？在农村，可靠的党员很少，而且他们必须发掘、鼓励任何能被说服的人，哪怕是衣衫褴褛的恶棍，去没收他们那些生活更优越的邻居的财产并把他们驱逐出去（这么做当然是以阶级斗争的名义了）。[43]

在一些情况下，当把某个特定区域能够找到的所有富农的粮食收集完之后，有些征收团伙会把粮食蒸酿成私酿酒而不是上缴国家。[44]

作为一种抵抗的方式，许多富农恢复使用焦土政策，他们宁可毁掉自己所有的东西也不愿将其上缴国家：1928 年，苏联有 7050 万头牛；到了 1933 年，只剩下 3840 万头了。猪的数量从 2600 万头暴跌到只有 1200 万头。"农庄被烧毁，机器被按照卢德分子的方式捣毁，运走农民粮食的铁路和卡车等运输工具被蓄意破坏，他们狂饮着家酿的伏特加酒直到不省人事，而牲畜也被大规模地屠宰。"[45] 直到 1950 年代，苏联的农业才得以完全恢复——这期间造成的损失还包括难以估计的死亡人数。在得到预先警告的情况下，有些富农选择自杀，甚至是选择全家人共同赴死。[46]

到了 1930 年，集体化运动超出了政府的控制。伴随着集体化运动以无法想象的速度发展，超过 60% 的农民家庭被强制改变生活方式，加入大规模的集体农庄。因为害怕国家核心地区的恐怖行为引起的群众暴怒影响到春耕——进而可能导致又一次饥荒——斯大林在 3 月 2 日暂时叫停集体化运动，并批评地方政府在集体化运动中的血腥暴行。"我们的部分同志已经被成功冲昏了头脑，"斯大林写下了这段著名的话，"而且在此刻已经失去了清醒的头脑和意识。"[47]

这次暂停让苏联人得以在下一波集体化浪潮到来之前，巩固已取得成果。所有的农村人口将在 4 年内接受集体化改造，而到了 1937 年，私营农业也被彻底取缔。即使在被转型为类似大规模农村工厂的国家农场后，集体制农业仍面临着酗酒、旷工、"破坏行为"等同样困扰着城市工厂的纪律性问题。

酿私酒者在一年里消耗的东西（1930 年）

装运着每年生产的谷物、土豆和面粉的火车或开往谷物加工厂，或开往酿私酒的酿酒厂。
来源：胡佛研究所档案馆，斯坦福大学

苏联为斯大林的工业化和集体化这两项运动付出了巨大代价。经历了恐惧、大清洗、集体化运动，从乌克兰延伸至哈萨克斯坦北部的农业中心地带所发生的灾难性饥荒（斯大林理所当然地把这次饥荒归咎于富农囤粮和将谷物用于蒸馏的活动），长期饱受苦难的苏联人民遭受了一次空前绝后的人口死亡噩梦。随着农民力量的瓦解和集体化运动的完成，国家在 1937 年开展了一次全国人口普查。令人惊讶的是，农村人口数量比政府一开始估计的数量少了大约 1500 万人。对此，秘密警察隐瞒了这些数据，并将人口普查的统计家们以"托洛茨基主义—布哈林主义间谍"的罪名逮捕并枪决。[48]

伟大的卫国战争

在仅仅几页纸的篇幅内，我们是无法对第二次世界大战期间苏联人民所经历的无尽苦难做出公正评价的。在美国，著名的电视记者汤姆·布罗考（Tom Brokaw）赞颂着美国在战争期间做出的牺牲，把那些在大萧条和第二次世界大战期间达到法定成年年龄的人称为"人类社会历史上最伟大的一代"。[49] 这么说不是轻视他们在战争中经历的艰苦和磨难：40 万名美国士兵和 40 万名英国士兵（这些人占到两国总人口的不到 1%）战死在全球各地的反法西斯战场。但这些牺牲与最终击败阿道夫·希特勒的恐怖东线战场相比并不算什么。超过 2400 万名苏联人——或者说苏联总人口的 40%——都牺牲在东线战场上。换言之，美国或英国在战争中每死亡一个人，苏联人付出的相应代价则为 50 多人。白手起家的苏联人已经建立起一个世界性的超级大国。苏联人应该被称为"更伟大的一代"。如此英雄般的牺牲和忍耐精神使得关于酒精问题的讨论看上去微不足道。[50]

然而，即使是在这样一个充满着难以想象的悲伤和损失的时代，伏特加酒的问题仍然存在。

我们已经了解了 1939 年在克里姆林宫斯大林与纳粹的那场全程

充斥着酒气的会议；那次会议制定了《苏德互不侵犯条约》，苏德通过该条约秘密地瓜分了欧洲的中部和东部地区（第一章）。随着国际紧张局势的严峻化，克里姆林宫的酒饮用量也不断增加。在遵守着与西边的德国法西斯主义者的不稳定的和平条款的同时，斯大林也修补着与东边的日本法西斯敌人的关系。1941 年 4 月，日本外相松冈洋右（Yosuke Matsuoka）访问莫斯科并与斯大林会面；据当时的记录，"他们两个人都非常光荣地喝得烂醉，并签订互不侵犯和中立的条约"。[51]

一周一趟的西伯利亚铁路特快列车负责运送日本代表回国。这趟列车在莫斯科的雅罗斯拉夫斯基站台（Yaroslavsky Station）等待了一个半小时，直到这位外相与喝醉的随行人员结结巴巴地说着话赶到……其中包括斯大林本人。斯大林极少在公众场合露面，当然从未以醉酒的状态出现过。然而根据一位记者所说，"斯大林走到年老矮小的日本外相的身边，很用力地拍了拍他的肩膀，咧嘴笑着并'啊……啊'地说着什么；这位秃顶、长着雀斑，身高不超过 4 英尺10 英寸的外相摇晃着往后退了三四步，并欢快地笑起来"。[52]

据被此场景震惊到的保加利亚大使回忆，在送别时，送行者中"醉得最轻"的是莫洛托夫——他在斯大林身后几英尺的地方，说话时像一个苏联共产主义青年团团员一样结巴——他全程都在敬礼，尖叫："我是先锋，我准备好了！"[53]

然而，苏联领导层完全没有做好准备迎接两个月后发生的事情：1941 年 6 月 22 日，希特勒发动了"巴巴罗萨计划"（Operation Barbarossa）——这是人类历史上规模最大、伤亡最重的一次军事行动。作为纳粹闪电战的一部分，超过 300 万人的轴心国军队从波罗的海和黑海沿岸涌入苏联领土。苏联的最高指挥部门在连续不断的清洗活动中损失惨重，指挥层内部一片混乱，无力组织有价值的防御。在敌军入侵的第一天，1200 架苏联飞机——苏联空军的绝大部分实力——就被击毁；其中大多数飞机还停在跑道上，从未加入战斗。[54]

整整 11 天的时间里，斯大林——他收到了大量关于纳粹即将发起进攻的可靠情报——消失得无影无踪。伟大领导人的消失助长了谣言的传播：谣言称他处于极度震惊和沮丧消沉当中，而且喝得酩酊大醉。不然的话，为什么会由不善于鼓舞人心的莫洛托夫来团结人民，一致抗战呢？[55]

即使在斯大林重新出现后，前线仍笼罩在慌乱中。处于惊慌中的苏联军队在德国军队进攻前便往东逃散。在基辅等城市里，到处都是疯狂酗酒的场景；暴徒攻击国有酒类商店并洗劫了那些撤退了的居民的房屋。[56]几周内，纳粹军队就完全占领了今天的摩尔多瓦、乌克兰、白俄罗斯及波罗的海地区的国家，并且迅速向苏联辽阔的中心地带逼近：在北部包围列宁格勒并朝莫斯科侵蚀，同时向伏尔加河的斯大林格勒挺进，在那里迎来一场足以载入史册的正面交锋。斯大林以典型的血腥方式处理军队里违抗命令的行为——他派出内务人民委员部的军队射杀任何从前线后退的士兵，并处决任何下令撤退的指挥官。

/ 232

在今天的俄罗斯，人们将击败希特勒的那一场史诗般的战争称为"伟大的卫国战争"而不是"第二次世界大战"，就像当时一样。考虑到马克思和列宁的共产主义与希特勒的国家民族主义相对立，这个名称令人感到惊讶。提倡爱国主义不过是一种回归俄罗斯帝国主义的倒退。苏联在战争时期的政治宣传作品颂扬着俄国历史上的史诗英雄，包括谢尔盖·爱森斯坦以电影的方式对亚历山大·涅夫斯基（Alexander Nevsky）和伊凡雷帝的描绘。此外，军队内部的伏特加酒定量供应传统——在第一次世界大战中因为尼古拉那次命运多舛的禁酒令而被废除——又被重新启用。"在斯大林的个人命令下，"历史学家康斯坦丁·普列沙科夫（Constanine Pleshakov）写道，"在四年的时间里，2800 万人每人每天都能得到一杯伏特加，以确保苏联的下一代子民能在充分的训练中学会如何在人人喝得烂醉如泥的国家自如地生活工作。"[57] 对于每个士兵而言，每天 100 克伏特加酒大约相当于每人每年要喝下 15 升纯酒精。为了每年供应多达 10 亿升伏特加，苏联的伏特加酒工厂昼夜全力运行，像生产军备武器的工厂一样——这两种工厂都是在生产急需的军用物资。[58]

"当一个人喝醉的时候，他会感到更有决心，更有勇气，"研究第二次世界大战的历史学家费奥多·斯维尔德洛夫（Fyodor Sverdlov）这样评论道，"他不会担心自己会马上被杀。他会向前冲锋，努力杀敌。说实话，我必须得说，在整场战争过程中，德国人和苏联人在关键时刻都是处于喝醉的状态，不然的话，人类的心灵是无法忍受现代战争的恐怖的。"[59] 当然，今天的参战士兵作为组织严密的现代军队的成员，在作战的时候不是一直处于喝醉的状态。然而，这样的描述仍能很有效地削弱战争英雄在人们心中理智坚定、头脑清晰的形象。

到了 1941 年 8 月，随着苏联人的防线和决心因为严厉的纪律和伏特加酒而不断强化，纳粹军队过分延伸的各线进攻陷入了停顿。苏联士兵——他们身上带的酒精常常比弹药还多——展现了无所畏惧的勇气：他们拼命冲向德军战线，给双方都造成大量的伤亡。[60]

无论提供伏特加酒是否有正当理由，明显的后果便是战壕里酗酒现象的飙升。据俄罗斯研究伏特加酒的历史学家鲍里斯·西格尔所说：

> 苏联军队士兵会用他们最后一块面包跟他们的战友交换伏特加，但是想找到愿意放弃自己每日伏特加酒配额的人是不可能的。当苏联军人缴获了德国的医疗用品时，他们几乎什么都喝，就像在内战的时候一样：他们喝刮胡水、各种药水，甚至还有含毒的液体。[61]

当部队士兵在战壕里饮用给他们带来勇气的伏特加酒的时候，克里姆林宫里斯大林的那些酒宴也继续进行着，丝毫没有减弱的迹象。但他们不再是款待德国和日本的代表，而是来自英国、法国和美国的新客人。来到克里姆林宫的西方代表团希望可以好好估量一下他们新近结交的苏联盟友；他们给苏联盟友提供着军事、经济和人道主义援助，而不是开辟抗击希特勒的西部战线。1941 年 12 月，纳粹军队的轰炸逐步逼近苏联的首都；同时，《生活》（*Life*）杂志描述了克里姆林宫里招待英美军事代表团的盛宴，"乔大叔"斯大林正是酒宴的主持人。据记者的内幕报道，领导着苏联强权的这位无神论者在举杯赞扬富兰克林·罗斯福总统的时候说道："愿上帝在他完成自己的使命的时候帮助他。"记者只是附带地提及，大约在第 30 轮到第 36 轮祝酒之间的某个时候人们就喝醉了，在那之后，斯大林用突然向外国客人宣布"卫生间在左边"的方式结束了宴会。之后，他又用英语说了一句"晚安"。[62]

1941 年 12 月，温斯顿·丘吉尔的代表安东尼·艾登（Anthony Eden）与斯大林展开了一次高层协商，此次协商为次年丘吉尔访问克里姆林宫铺平了道路。当时的艾登也被克里姆林宫奢华铺张的酒宴所震惊。据他的叙述，长期担任国防部部长的克利缅特·伏罗希洛夫（Kliment Voroshilov）"醉得太厉害以至于摔倒在斯大林的膝盖上"，而谢苗·铁木辛哥（Semyon Tomosheko）元帅——中央战线防御工作的负责人——当天大部分时间都处于喝醉的状态。"斯大林似乎对这些现象感到很尴尬，"艾登指出，"他悄悄对我说：'你们的将军喝醉过吗？'对此我回复道'他们没什么喝醉的机会'，希望我的回答符合外交辞令的要求。"[63]

希特勒在东线的进攻终于在 1942 年的时候停在了斯大林格勒，一个与柏林在陆上相距 1400 英里的地方。除去这座城市明显的象征意义外，坐落在伏尔加河畔的斯大林格勒也是里海那些巨大石油财富的最后一道主要屏障。斯大林宣称必须不计一切代价守住斯大林格勒。1942 年 7 月 28 日，斯大林发布第 227 号命令，宣布："绝不后退一步！""我们必须守住每一个位置，保卫苏联的每一寸土地直至流干最后一滴鲜血，我们必须不放弃苏联的每一寸土地，竭尽全力捍卫它。"[64] 到了 1943 年那个严寒的 2 月，合计约有 200 万名苏联士兵和纳粹士兵死去；希特勒的战争机器遭受了关键的一击，再也无法恢复元气。

"绝不后退一步"成为呼吁人们为国家献出生命——将国家和祖国利益置于其他一切之上——的口号。随后，或许并不令人吃惊，这个口号也被用于命名一种苏联最畅销的伏特加酒。

在斯大林格勒战役之后，苏联军队逐渐收复了被纳粹占领的土地；德国人曾经无情地处决这些地区的犹太人、共产主义者、游击队员及其他反抗纳粹的人。纳粹分子很难容忍酗酒现象，因此其占领的城市大多数是禁酒的——这与农村地区形成强烈对比。在农村，农民延续着经过实践检验的做法，将粮食蒸馏酿成私酒而不是上缴当局。农田和树林为"游击队"提供了天然屏障；战败红军的残兵、共产主义活动家、地下抵抗运动，甚至是派遣到敌人后方的常规军事分队，都参与了破坏纳粹军队通信、运输和驻扎的游击战。即使在纳粹的残暴统治和冬天的食物短缺中，酒依然随处可见。"［游击队员们］从村里的亲朋好友那里获得私酿酒的方法令人惊叹，"A. 罗文伯格（A. Lewenberg）回忆道，"每一次来回，他们都冒着被逮捕、虐待、杀害的危险。但是他们经常这么做；每当我们需要好好庆祝一下的时候，每个人，包括我这样的 11 岁犹太小男孩在内，都必须喝下这种可怕的液体。"[65]

甚至当这些在敌后搞蓄意破坏的苏联人接受克里姆林宫的管理时，他们的酗酒问题仍然是一个亟待解决的安全问题。1943 年 1 月 23 日，内务人民委员部头目拉夫连季·贝利亚致信斯大林和莫洛托夫，报告说沃里尼亚地区（Volhynia）（乌克兰东北部）的游击部队"正处于骚乱之中。他们喝醉酒后就恐吓和抢劫那些友好市民，这些市民当中还有我们战士的家人。在我介入之后，营长和委员向我承诺这些反苏联活动将会停止，但是他们行事犹豫，并且试图掩护那些施暴的人"。[66]

1944~1945 年，红军在努力打败希特勒的过程中解放了欧洲东部。一到达德国，苏联军官和士兵便把房屋和售酒商店洗劫一空，用纵火、强奸、谋杀来报复德军在苏联所犯下的暴行。对于德国人民为什么不加入进来，一起狂饮洗劫，占领地的苏联军队感到很疑惑。一开始，苏联高级指挥官对抱怨苏联军队狂欢的声音充耳不闻；他们后来才逐渐加强纪律管制。[67]

1945 年 4 月 30 日，苏联旗帜在德国国会大厦上飘扬——同一天，希特勒在柏林一个地堡里开枪自杀——这给欧洲战场的战争画上了句号。这是苏联人民极大的成就。在 20 年的时间里，苏联从一个饱受饥荒的失败国家转变为一个全球性的超级大国。但是为了实现这一转变，苏联人民遭受了无法估量的痛苦。除了在伟大的卫国战争中丧生的 2400 万人，还有 900 万人在西伯利亚古拉格劳改营被处决，另外 600 万人死于集体化运动、反富农运动和饥荒。[68]

在一场为斯大林的红军指挥官举办的战后晚宴上，每个人都醉得不轻；在多轮祝酒后，斯大林饮下最后一杯酒……祝愿苏联人民身体健康。几乎像是为他在战争爆发时的无所作为道歉一样，斯大林承认他领导下的政府犯下了巨大的错误。"其他任何国家的人民都会跟他们的政府说'你没有达到我们的期待。请离开，我们将任命另一个政府'，"他这么说道，"苏联人民对苏联政府的信心对打败反人类的敌人——法西斯主义——的历史性胜利至关重要。"在这句话后，斯大林——对人民惭愧又感激——喝下了伏特加酒，结束了他的献词。[69]

/ 235

斯大林意识到有必要把苏联政权建立在俄国的传统基础上：伏特加酒。这一关键原则不仅体现在他与托洛茨基等政治对手的权力争夺中，也体现在他那引人注目的经济改革中。恢复伏特加酒垄断制度不仅摧毁了农民的力量并加快了强制集体化的进程，还提供了大规模的工业化运动所必需的收入。除了恐怖手段外，伏特加酒也是进行统治的有效工具：斯大林使用恐怖手段和酒精，让其核心集团的潜在对手处于醉酒、猜疑和分裂的状态，无力对其权威形成挑战；同样的，他也使用这一工具，创造了一个温顺屈服的民间社会。通过所有这些方式，伏特加政治不仅帮助苏联取得伟大的战争胜利，同时也造成了无法言说的悲剧。

或许，俄罗斯历史上没有任何一个时期能够像斯大林统治时期一样，这些迥然各异的动态因素与伏特加政治如此轻易且迅速地相互影响；然而，相比其他更广为人知的政治活动——工业化和集体化，苏联的酗酒化进程极少被人提及，虽然我们可以说酗酒化在经济、政治、社会和人口上造成的影响和另外两项的影响一样持久深远。

第二次世界大战后，苏联的政治辐射力实际上已经从德国的易北河延伸到了太平洋沿岸。随着中国革命的胜利，共产主义在全世界范围内高歌猛进。1949 年，苏联人试爆了他们的第一颗原子弹，和美国一起加入了核武器精英俱乐部；与此同时，西方资本主义阵营和东方社会主义阵营之间的不和也演变成了冷战中的对峙状态。

在斯大林看似势不可当的霸主形象背后，苏联的经济体制却已是支离破碎。在连年的全面战争、恐怖统治、集体化运动和饥荒之后，人民已经饱受摧残。大约 2500 万人丧生在反法西斯战场上，还有另外 2500 万人无家可归。粮食产量还不到纳粹入侵前水平的一半，而战后一连串的干旱还导致了另一场饥荒。1940 年代和 1950 年代的美国迎来了一个经济繁荣的黄金时期，而从海外战场胜利归来的大兵们也带来了一波 "婴儿潮"（baby boom）。与美国不同，苏联所经历的一切恰恰相反：经历了一波 "婴儿荒"（baby bust）。在战争、饥荒、清洗运动中失去性命的数以百万计的人口中，大多数是壮年男子。女人们找不到丈夫，孩子们则是在没有父亲的情况下长大。几乎整整一代人就这样消失了。[1]

酒精和政治解冻

1956 年 2 月，斯大林去世 3 年后，他的继任者尼基塔·赫鲁晓夫迈出了处理斯大林政治遗产的第一步；他在苏联共产党第二十次代表大会上作了所谓 "秘密报告"。在一次深夜的长达四小时的党内精英闭门会议中，性格阴沉温和的赫鲁晓夫批评了对斯大林的个人崇拜，斯大林将少数民族大规模驱逐出境的做法，以及他在党内和军队里所进行的残忍清洗运动。这一报告开启了苏联社会、文化，甚至是外交政策领域一场长达 10 年的政治解冻。政府放松了政治审查，实行了以消费者需求为导向的经济改革，并释放了西伯利亚古拉格劳改营中数以百万计的政治犯。

被赦免的犯人中有一位志向不凡的作家——亚历山大·索尔仁尼琴（Aleksandr Solzhenitsyn）。他是一名被授勋两次的军事指挥官，因为发表了对斯大林同志的不敬言论，在 1945 年红军正反攻德军的过程中被捕。他在卢比扬卡监狱受到内务人民委员部的拷打审问；根据臭名昭著的刑法典第 58 条，他被控从事反革命活动并被处以 8 年的强制劳役——他在随后的一系列以历史为基础的批判小说中描述了血腥残暴和毫无意义的强制劳役。他的第一本小说——《伊凡·杰尼索维奇的一天》（*One Day in the Life of Ivan Denisovich*）——受到赫鲁晓夫本人的称赞并于 1962 年出版。赫鲁晓夫在苏共中央政治局支持这本书，称它是苏联社会的一种宣泄结果。"你们每个人身上都有一个斯大林主义者，"他怒斥道，"就连我身上也有部分斯大林主义残留。我们必须彻底根除这种邪恶的思想。"[2]

《伊凡·杰尼索维奇的一天》轰动一时——它不仅因为突出了苏联人权受侵害的严重程度而在西方国家大受欢迎，而且在苏联境内也取得极大成功。和 19 世纪俄国文学发展的黄金时代一样，对政府及其领导人的直接批评仍然受到限制，但文学作品还是为政治讨论提供了一种掩饰。而正如沙皇统治时期一样，批评家们抓住伏特加政治这一点作为反抗的一种方式。

如果说 1960 年代是一个新的 1870 年代，那么索尔仁尼琴毫无疑问就是新的托尔斯泰：除去体形相近外，两人都是从战争英雄转变为历史题材作家；他们都是多产的作家，都因为创作对当权者的辛辣讽刺作品而成为很有影响的道德权威，并且——值得注意的是——两人都是绝对禁酒主义者，他们与政府体系的矛盾从根本上来说源于他们抗拒酒精的做法。甚至在战场上与纳粹军队作战时，索尔仁尼琴也仍然拒绝饮酒，虽然那时"饮用伏特加酒被视为一种英勇的象征，

仅次于战场上的勇猛表现"。³

　　像托尔斯泰一样，索尔仁尼琴的社会批判大都带有伏特加酒的痕迹。他早期的作品之一，《马特辽娜的家》（*Matryona's House*）描绘了1950年代苏联的乡村生活，但描述中的乡村生活与帝国时期有着惊人的相似之处。书中的英雄马特辽娜不情愿地把她的小木屋的一部分分给她的亲戚们，但亲戚们却想把建小木屋的木材用来在20英里外的一个村子里建自己的房子。当男人拆毁木屋的时候，女人们就蒸馏私酿酒——正如她们历来一直做的那样——这些私酿酒将作为偿还10个男人的报酬；这10个男人负责把木材拖上租借来的一辆拖车上。在饮酒喧闹一夜后，就连马特辽娜也和这些男人一起，加入他们那些酩酊大醉、结局悲惨的胡作非为中。深夜里，待在马特辽娜简陋小屋里的故事叙述者迎来了巡视的警察，警察一直追问那伙人有没有喝酒。考虑到"马特辽娜可能会因为分发非法私酿的伏特加酒而被判重刑"，故事的叙述者对门口的警官撒了谎，虽然此时喝到一半的私酿酒那难闻的恶臭正从厨房飘出，四处扩散。警察在离开的时候说，马特辽娜和那群醉酒的男人乘坐的卡车被困在一个铁路十字路口，乘客们都被一辆火车撞死了。⁴

　　除了经常描写众多酗酒人物和喝酒派对，索尔仁尼琴的《癌症楼》（*Cancer Ward*）（1968年）也突出描写了人们使用有毒的酒精替代品——人们饮用酒精替代品作为麻醉剂或民间偏方——为癌症晚期患者进行治疗。⁵他也利用伏特加酒猛烈抨击体系性的腐败问题。一个工人悲叹着官员们履行自己应负的职责时也总是要求得到贿赂，同时担心，如果他没能"按要求给出"一瓶伏特加酒的话，那些官僚"肯定会报复他，出点差错，或者让他事后感到后悔"。⁶索尔仁尼琴并不是唯一一位把伏特加酒和苏联的腐败问题联系起来的人：当提及赫鲁晓夫公寓（*khrushchoby*）时——建于赫鲁晓夫执政时期的四层或五层的廉租公寓，这些公寓都是粗制滥造的——有一个流传很广的

不要饮用木酒精！（1946 年）

"木酒精（木头干馏制成的酒精）是一种危险的毒药。"

笑话，说一些公寓只有四层是因为第五层被偷走销售以换取伏特加酒了。[7] 无论如何，就像托尔斯泰的作品一样，索尔仁尼琴的几乎所有作品都通过酗酒导致的悲剧来揭露政体的秘密，同时分享作者对饮酒行为的轻蔑。

不幸的是，赫鲁晓夫时代在经济、政治和社会层面上的开放政策却因为这位夸夸其谈的总书记在国内的出丑行为及外交政策上的惨败而注定无法成功。对于中国领导人毛泽东来说，赫鲁晓夫的"秘密报告"是一种出卖行为，他去斯大林化的做法是一种误入歧途。这种分歧在这两位社会主义大国领导人之间制造了隔阂。缓和与美国关系的议题因为接二连三的危机而被不断拖延：1960 年美国 U-2 侦察机的坠落事件，1961 年柏林墙的建造，以及 1962 年把世界推到热核战争边缘的古巴导弹危机。与此同时，赫鲁晓夫的国内改革也毫无进展。他所吹嘘的将贫瘠的哈萨克大草原改造成肥沃农田的构想最终破灭。所有这些，加上他自以为是、反复无常的行为——例如，他在联合国用鞋敲桌子的尴尬事件——最终使得他在 1964 年 10 月被迫辞职。他的继任者列昂尼德·勃列日涅夫很快就结束了这场"政治解冻"——他严厉打击言论自由和异见分子。从 1964 年到勃列日涅夫去世的 1982 年，无论在经济、艺术还是社会层面上，勃列日涅夫统治苏联的 18 年都算是一个"停滞"的时代。

勃列日涅夫的统治体现了苏联社会快速滋生的腐败问题、衰退现象和酗酒问题。阴郁古板的他，身上丝毫没有赫鲁晓夫那种咄咄逼人的架势。勃列日涅夫身边最亲近的同事将他描述为一个反复无常、年老糊涂的酒鬼；身体越来越差的他在 1979 年做出了苏联入侵阿富汗这样的灾难性决策。

阿纳托利·多勃雷宁（Anatoly Dobrynin）——苏联的驻美大使——似乎尤其为勃列日涅夫这种不停纵酒的行为感到烦恼，特别是因为他经常在深夜接到喝醉了的总书记经由克里姆林宫到苏联在华盛顿大使馆的热线打来的恶作剧电话。勃列日涅夫去世后，在他手下长期担任外交部部长的安德烈·葛罗米柯（Andrei Gromyko）被问到勃列日涅夫是否有严重的醉酒问题。"答案是，"停顿沉思后的他答道，"有的，有的，有的。"葛罗米柯承认道："非常明显，最不愿意直视这个问题的便是总书记自己了。"[8]

勃列日涅夫的酗酒问题是其凭军事表现在斯大林政权中晋升的产物。1976 年，在庆祝勃列日涅夫 70 岁生日那场喝得酩酊大醉的宴会的隔天早晨，顾问阿纳托利·切尔尼亚耶夫（Anatoly Chernyaev）还记得当时看上去已经喝醉的勃列日涅夫是如何怀念斯大林时期和其他人一起喝酒的岁月。勃列日涅夫回想并讲述作为一名红军英雄的他是如何在斯大林为"二战"胜利举办的宴席上喝得烂醉如泥，以至于他在克里姆林宫的院子里与沙皇钟（tsar-kolokol）进行了一段严肃的对话——那个沙皇钟是世界上最大的黄铜钟，铸造于 18 世纪，但在还没有被敲响前便跌落并因此破裂。[9]

对于像索尔仁尼琴这样的异见分子，勃列日涅夫统治下日益严格的审查制度不仅迫使他们的写作活动转入地下，也使得他们的批判变得更为尖锐。克格勃保持着对索尔仁尼琴的严密监视，定期没收他的手稿，而且这位世界闻名的作家再也找不到愿意出版其作品的出版商了。1969 年，索尔仁尼琴被开除出作家协会。次年，他获得诺贝尔文学奖，却因害怕出境后再也无法回到祖国苏联而无法去领奖。一群守口如瓶的地下朋友为索尔仁尼琴提供藏身之所，他秘密地创作着他的代表作，一共三卷的《古拉格群岛》（*Gulag Archipelago*）。于 1968 年成书的《古拉格群岛》引起了轰动——它所记载的不仅是劳改营里那无法想象的辛酸苦难，还包括从逮捕、拘押、审问到流放、监禁这整个政治迫害体系。1973 年底，这部书稿被偷运出国并在海外出版（*tamizdat*——字面意思为"在那里出版"），美国首席苏联政体研究者和外交官乔治·凯南（George F.

Kennan）盛赞这本书是"现代历史上对一个政治体制的一份最伟大且最有力的控诉"。[10]

1973 年 9 月 5 日，索尔仁尼琴坦率地致信勃列日涅夫，说出了他眼中的苏联领导层在国内外所面临的最为紧迫的挑战。令人惊讶的是，索尔仁尼琴大胆地列举了经济的萎靡、衰败的集体农业、过时的征兵制、对妇女的剥削、社会道德的沦丧，以及遍及整个苏联体制的毁灭性腐败问题。"但是更具有毁灭性的是伏特加酒，"索尔仁尼琴继续以托尔斯泰式的风格控诉国家参与了酒精贸易，

> 只要伏特加酒仍是国家收入中的重要一环，一切都不会发生改变，而我们只是继续严重损害着人们的健康（当我被流放时，我曾在一个消费合作社工作；我清楚地记得伏特加酒占到我们总营业额的 60%~70%）。如果我们时刻放在心上的是人民的道德境界，他们的精神状态，以及上述两者之间的关系及其与社会的联系，那么我们所自豪宣扬的物质成就与之相比就显得微不足道且毫无意义。[11]

勃列日涅夫从未回过信，但克里姆林宫却通过其他方式给予了回应。1974 年 2 月——在写完信的 5 个月后——索尔仁尼琴被逮捕、剥夺公民权并驱逐出境。他最终定居在佛蒙特州（Vermont）卡文迪什（Cavendish）的一个僻静的山丘上。虽然索尔仁尼琴在苏联是一个不受欢迎的人，但他的作品却在海外出版并大受好评，而且常常被偷运回苏联。在苏联，他——和其他异见分子——的违禁书籍都是通过手工抄写在地下网络流通，这一过程被称为个人出版（samizdat）。

索尔仁尼琴被流放后，苏联主要的异见声音就来自安德烈·萨

哈罗夫（Andrei Sakharov）——核物理学家和苏联氢弹之父。早期，萨哈罗夫主要就核毁灭危险提出警告，后来的他逐渐转向更为广泛的领域，批判高压的苏联体制本身。就像索尔仁尼琴，他也被自己的政府斥责为叛国者。就像索尔仁尼琴，萨哈罗夫也写过措辞肆无忌惮的信给苏联领导层——也正像索尔仁尼琴那样，萨哈罗夫特别关注苏联的伏特加政治议题。"我们的社会早已被冷漠、虚伪、小资产阶级的利己主义思想以及隐藏的残暴冷酷思想所感染影响，"在1972年给勃列日涅夫写的第二封信中，萨哈罗夫这样写道，"酗酒问题已严重到成为一场全国性灾难的程度。这是社会道德堕落的表现之一，这个社会正在一种慢性酒精中毒的状态中越陷越深。"[12]

萨哈罗夫因为主张民主和人权而越来越出名。他深知酒精在高压体制中的关键地位：不满的苏联人民深陷于恐惧情绪中，无法移民国外且被剥夺了在政坛的话语权；他们转向了"内部抗议"，而这种"内部抗议"则以一种"社会形式"呈现出来——酗酒和犯罪。"国家权力在维持人民内心和表面的驯服状态上扮演着最重要和最关键的角色；国家权力操纵着所有经济、社会的控制杆。这一点比任何其他东西都更能使大多数人的身体和思想维持一种依赖性。"[13]国家自身从这种依赖性中获益，而人民则努力应对着这一依赖性所带来的社会层面、健康层面和刑事层面的后果，这只能使得悲剧进一步恶化。因此，在他的书信和主张中，萨哈罗夫不仅斥责死刑刑罚和严刑逼供，也主张进行教育和医疗改革，以及补救酒精造成的问题。

萨哈罗夫早就意识到了普遍出现的酗酒问题。他的《回忆录》描述了第二次世界大战期间，他自己在一家军需工厂的工作经历。萨哈罗夫回忆道："那是恐怖的一天，我的室友在喝了满满一杯用于工厂生产的甲醇之后回到房间。他陷入一种精神错乱的状态，开始发狂。半小时后，他被救护车带走了，而我们就再也没见过他了。"[14]

萨哈罗夫除了讲述那些关于用酒奖励工人或是酒店醉酒斗殴等或多或少有点传统的故事外，也解释了参与苏联原子弹工程中的那些令人震惊的学者是如何给循规蹈矩的自己上了一课——通过喝下酒精浓度为 100% 的纯酒精。他描述了在 1960 年代的政府采购中，官员是如何坐着装载大量伏特加酒的直升机，哄骗在气候恶劣的北部地区狩猎的西伯利亚猎人。"几天之后，这些猎人和他们的父母、妻子和孩子会全部喝醉，而直升机便会装载着用于出口的皮毛飞走。"[15]

在列昂尼德·勃列日涅夫于 1982 年离世后，萨哈罗夫便直言不讳地批判着苏联的伏特加政治。

> 酗酒问题是我们民族最大的悲剧；它将家庭生活变成地狱，把技术工人变为懒汉，而且也是众多犯罪的根源。酗酒问题的恶化反映了社会的危机，也证明我们的政府不愿也无法解决酒精问题。最近，价格低廉的加度葡萄酒已经成为将人们转变为酒鬼和搜刮人们多余财产的最常用手段了。[16]

此处，我们应该暂停一会儿，后退一步，以便更全面地看到整个大局。尽管萨哈罗夫和索尔仁尼琴在哲学理念上的观点差异显著，但这两个当时最伟大的异见分子都是绝对的禁酒者。[17] 他们两个人都不畏惧同总书记勃列日涅夫抗争；而勃列日涅夫——就像所有斯大林的继任者一样——是一个极其引人注目的酒鬼。在一个只有少数人滴酒不沾的国家，他们两人都意识到苏联的伏特加酒酒瘾问题在一个否认个人基本权利和阻碍个人发展的体制中占据关键地位，并严厉谴责这一点。

一次超现实之旅

当萨哈罗夫和索尔仁尼琴极不情愿地成为苏联异见分子运动中

的知名人物时，许多作家都借助笔名创作了尖刻的社会批判作品，并通过地下的个人出版渠道传播。我一直以来最喜欢的作品是韦内迪克特·叶罗菲耶夫（Venedikt Erofeyev）于 1968 年发表的短篇小说《从莫斯科到佩图什基》（*Moskva-Petushki*），有时被译为《莫斯科到时间尽头》（*Moscow to the End of the Line*）。《纽约客》（*New Yorker*）杂志主编大卫·瑞姆尼克（David Remnick）称这本书是"勃列日涅夫时代荒唐的巅峰"，并将其选为他最喜欢的一本默默无闻的书。[18] 我们很容易理解为什么会这样。

《莫斯科到时间尽头》很可能是第一部荒诞新闻作品。这本充满幽默、嘲讽和大量脏话的具有讽刺风格的书记录了作者的亲身经历，是苏联版本的《惧恨拉斯维加斯》（*Fear and Loathing in Las Vegas*）。这本书成书 3 年后，亨特·S. 汤普森（Hunter S. Thompson）才写下了那个在毒瘾发作的幻觉中，于西南荒漠中寻找美国梦的故事。在叶罗菲耶夫这本风格相近的书中，我们跟随着维亚（Venya）的脚步：他狂饮着伏特加酒、雪利酒、葡萄酒、苦艾酒和古龙水；他花完最后一个戈比，买了一手提箱的酒"和两三个三明治以避免自己喝吐了"，因为从莫斯科去他童年时期那个被美化很多的家乡佩图什基的火车要行驶大约 80 英里远的路程。[19] 维亚找到自己所追寻的东西了吗？我们可能永远也不会知道。随着现实世界逐渐转化为喝醉后的幻想，看上去唯一真实的就是他昏迷过去的事实。

就在酒精使他陷入迷糊前，维亚描述自己因为开玩笑式地记录了其他同志的饮酒量而丢掉了电缆敷设班班头职位的事情。"我们假装工作了，而他们假装付给我们工资了。"这是停滞时代的非官方标语，维亚将这个标语发挥到了极致。

早晨的时候我们会坐下来，打二十一点的纸牌游戏赌钱。然后我们起身，解开一卷电缆然后开始敷设。接着我们再坐下，大家就以自己的方式享受闲暇时光。毕竟，每个人都有自己的梦想和性格。

我们中有一个人喝苦艾酒，而另外某个人——心智单纯的一个人——则喝着清爽的古龙水，还有更自命不凡的人会喝法国白兰地酒……然后我们就睡觉了。

隔天早上，我们做的第一件事就是围坐在一起喝苦艾酒。然后，我们就起身把昨天敷设的电缆拉出来，再把它们丢掉，因为它们毕竟都被弄湿了。接下来做什么呢？接下来我们就坐下打二十一点的纸牌游戏赌钱。然后纸牌游戏还没结束我们就睡着了。

早上的时候，我们很早就互相叫醒对方。"勒卡（Lekha），起床了。打牌的时间到了。""斯塔西克（Stasik），起来了，我们把牌打完。"我们就会起床把牌打完。然后，在天亮前，在太阳升起前，在饮用清爽的古龙水之前，我们会拿出一卷电缆，开始把它铺开，这样的话到了明天它们就会因为被弄湿而变得毫无用处了。接着，就这样，每个人自己做自己的事情，因为每个人都有自己的理想。然后这每一个过程就会重新开始了。

叶罗菲耶夫的讽刺并不算夸大其词。在一个最能恰当概括勃列日涅夫时代停滞现象的遗迹中，喝醉了的维亚迟钝地说出了自己的颂词："噢，自由与平等！噢，兄弟情义，噢，等人接济的生活！噢，这种莫名的喜悦，噢，酒类商店的门开了又关上，它的营业时间就是我们人民生命中最幸福的时刻了。"[20]

地下的个人出版渠道不仅传播着文笔犀利的小说作品——很多反传统的文学作品都归属学术理论领域：从历史、经济、社会和政治的角度，对酒精占据主要地位的专制制度进行批判。

谎言，可恶的谎言和苏联的统计数据

《苏联大百科全书》一书清楚地表达了苏联政府在所有重要问题上的官方立场。在谈到酒精问题时，官方的说法是，总的来说苏联是一个饮酒有节制的国家，它正坚定地努力消除酗酒问题这一资本主义的残留问题："在苏联社会，酗酒行为被认为是一种歪风邪气，而与之作斗争的正是国家、党、工会和共青团等组织及卫生机构。人们开始重视有社会影响力的措施，重视提升人们的文化水平，以及重视消除对年轻人有所影响的所谓的酗酒传统。"很明显，它取得了很大进步：斯大林时代每年人均1.85升纯酒精饮酒量这样的官方数据远低于美国的人均5.1升和法国的人均21.5升。[21]

当谈及伏特加政治的主要矛盾，即政府从伏特加贸易中受益这个问题时，如果我们愿意相信官方说法，那么就是"苏联政府将伏特加酒的价格固定在一个有助于对抗酗酒问题的水平"。"在苏联，伏特加酒的生产不是受控于财政收入的目标，而出售伏特加酒所得的这部分收入在政府的总收入中所占的比重微不足道。"[22]

那么，如果说赫鲁晓夫政治解冻的第一步是他1956年2月作"秘密报告"，那第二步可能就是3个月后发表苏联年度统计数据手册《苏联的国民经济》（*The National Economy of the USSR*）。这份统计数据汇编参考了苏联国内外几乎每一家研究图书馆所有书架上的资料。这些数据固然存在缺陷，而且并不完整，但对于那些了解门道的人来说，这些数据所说明的情况和官方的说法之间有着惊人的差异。[23]苏联个人出版渠道的研究员和一小批外国专家使用这些政府数据来凸显在社会幸福感的议题上表面形象和实际状况之间的鸿沟。

最为详尽的一份研究是由一位只有模糊姓名的神秘学者A.克莱斯科夫（A. Krasikov）完成的；他写了一系列没有公开发表的文章，宣称伏特加酒是苏联的"一号商品"（Commodity Number One）。后来人们发现，克莱斯科夫是《消息报》（*Izvestiya*）前记者米哈伊

尔·D. 贝塔尔斯基（Mikhail D. Baitalsky）的笔名——他的真实身份直到他本人于 1978 年去世后才被揭露。在个人出版渠道，他的讣告这样写道："已经去世的贝塔尔斯基确实可以被认为是当代本国文学和反传统文学中最有天赋的政治记者之一。"[24] 作为一名托洛茨基的信徒，贝塔尔斯基秘密记录了 1920 年代反对斯大林崛起的尝试。在 1930 年代的大清洗运动中，受到妻子的揭发，贝塔尔斯基被开除出《消息报》，并被遣送到臭名昭著的沃尔库塔劳改营。第二次世界大战期间，贝塔尔斯基被派往东线战场，获得短暂的"缓刑"；之后他被判罚到索尔仁尼琴在《第一圈》（*First Circle*）中所描述的那种科学研究所工作，直到 1956 年赫鲁晓夫的平反运动后才被释放。

就像索尔仁尼琴和萨哈罗夫一样，贝塔尔斯基也是一个绝对禁酒主义者。他警告说，克里姆林宫正在将酒的产量提高到前所未有的水平，而不是像政府宣传中所说的那样，正在解决酗酒问题。到 1960 年，伏特加酒的产量已经达到第二次世界大战前水平的两倍，而其中啤酒的产量翻了 4 倍——而且这还是根据政府的统计数据所计算出的结果！[25] 苏联国家统计委员会的摘要显示，猛涨的不仅是酒精产量，还有大量对苏联公众来说不是好兆头的相关社会指标——犯罪数量、自杀人数、堕胎人数，甚至是婴幼儿死亡率。

当 1964 年赫鲁晓夫被免去职务时，苏联数据统计方面的政治解冻也宣告结束。伏特加酒工厂全负荷地运行着，而苏联国家统计委员会也记录着数据结果；勃列日涅夫则直截了当地阻止了这些尴尬数据的发布。但这并没有阻碍贝塔尔斯基的脚步。

不同于那些轻易地消失得毫无痕迹的婴幼儿死亡率的真实数据，贝塔尔斯基指出，只要去掉统计数据图上"酒精饮品和无酒精饮品"这一列，另外的"其他食品"——这个部分通常包括调味料、大豆、蘑菇、维生素类食品——一列就会突然增加 10 倍。如果说国家统计数据手册是值得信任的，那么到 1970 年，苏联每年已经花费 270 亿卢布在这些"其他食品"上。贝塔尔斯基估计这其中有 232 亿卢布是花在伏特加酒上。[26]

贝塔尔斯基也指出，这个种类混杂多样的分类所呈现的增长率令人难以相信，不同于辣椒、大豆和类似食品支出一般呈现出来的价格稳定性。在比较了这些预估数字和其他消费支出——从家庭家具到印刷出版物——之后，贝塔尔斯基推断，在年均花费大约 23 亿卢布的基础上，"酒确实是我们人民购买的所有产品中排名第一的商品。它已经成为一号商品，而与之相比，二号商品（'衣服和内衣'）和三号商品（'肉类和香肠'）落后的不只是一半的量，不只是 5 亿卢布，而是各自落后 9 亿卢布和 12 亿卢布"。[27]

不知道是以什么样的方式，贝塔尔斯基从酒精行业的主管部门那里拿到了一份内部报告。即便是忽略掉啤酒、葡萄酒、非法私酿酒和有毒的替代品之后，政府的这些关于人均伏特加酒饮酒量的数据仍然展示了国家酒产量的显著——该死的——增加，这一增加过程只在全面战争的恐怖氛围下被打断过。在克里姆林宫封锁数据的背景下，即使是这样零散的数据也展现了酒精饮用量令人难以相信的上涨，以及政府的推动作用。回溯 1913 年的沙皇统治时期，俄国人平均每年饮用 7.75 升纯酒精。虽然苏联声称酗酒问题——作为资本主义的遗留问题——会在共产主义制度下逐渐消失，但即使是在 50 年的"产量萎缩"后，1967 年，光是饮用国有伏特加酒工厂生产的伏特加酒，苏联人每年人均纯酒精饮用量就高达 9.1 升。[28]

贝塔尔斯基进一步强调了伏特加酒在国家中的关键地位；他预计，苏联人在伏特加酒上消费的每一个卢布里，都有超过 90 戈比直接进入国库，这使得伏特加酒成为整个苏联经济中最大且最有利可图的单一收入来源。[29] 对于政府而言，伏特加酒是一种完美的商品。

酒不会像肉类、黄油那样腐败变坏，不会像牛奶那样变质发酸，不像服饰和鞋类那样逐渐过时，不像陶器和瓷器那样需要精美的包装。它并不需要冰箱，运输也很便利……酒精不需要很多店面空间：一个柜台加上一位服务的售货员给一个食品商店带来的贸易额比十个柜台加上十个售货员所能带来的贸易额还要大。而最后盘点库存的酒是最容易的了，这个步骤也表明了我们的政府对交易机构的信任程度。[30]

虽然几个世纪以来，俄国统治者和他们那些鼓励人们饮酒的思想体系已经发生了巨大的改变，但伏特加政治仍然是苏联政府的根本支柱。即便共产主义理论家谴责这一沙皇政府 / 资本主义借以压迫人民大众的封建根基，但苏联人仍然虚伪地接受了这一精神镇压的核心机制，以及通过伏特加酒实现的经济剥削。在苏联这个超级大国每年整整 1560 亿卢布的预算中，大约 180 亿卢布——或者说其中的 12%

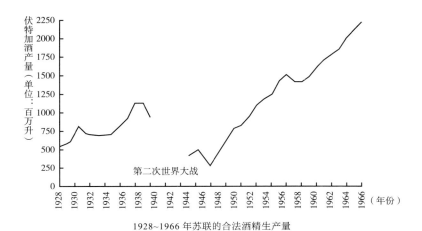

1928~1966 年苏联的合法酒精生产量

来源：Mikhail Baitalsky [A. Krasikov], "Tovar nomer odin," in Roy A. Medvedev, ed., *Dvadtsatyi vek: Obshchestvenno-politicheskii i literaturnyi al'manakh*, vol. 2 (London: TCD Publications, 1977), 118

——源于销售伏特加酒、红酒、啤酒的净利润。这个收入足以满足全民医疗的所有支出（93 亿卢布）和苏联人所吹嘘的科学与技术项目支出（66 亿卢布），而且还能剩余 20 亿卢布。此外，因为对酒的需求不受价格影响，所以如果政府觉得存在预算危机，它只需要上调酒的价格就行了。就像贝塔尔斯基所说的，"一瓶昨天还要价 2 卢布的酒今天就要花费你 2 卢布 10 戈比——而到了年底的时候，苏联财政部官员那个镶蓝边的小碟子旁就会放着另外的 10 亿卢布了"。[31]难怪一个著名的寓言把苏联经济描述为一个岛屿——酒精之地（terra alcoholica），这个岛屿由三条巨鲸守护：贸易部、国家计划委员会和财政部。[32]

硬数据因为很少被发表所以显得尤为关键。苏联记者很少会捏造数据，但是他们都是政治粉饰的专家。作为一名前记者，贝塔尔斯基深谙这一诡计。当讨论到一些可能会令人难堪的数据时，苏联政府依靠着错误引导来转移视线：发表的敌对国的数据是绝对值，而所提供的苏联数据却都是相对值。例如，苏联记者会急切又热情地抓住并利用"帝国主义国家"英国的年度警方报告中显示的每年犯罪数量超过 100 万起这一数据，作为西方国家堕落的证据。他们会将这一数据与另一份关于苏联的漂亮光鲜的报告作比较。该报告称，在辉煌的苏联——在所有暴力犯罪的占比中——谋杀犯罪的比重相比去年暴跌了20 个百分点（例如，从 30% 下降到 10%）。

你发现他们的把戏了吗？

听上去苏联人在处理犯罪问题上的表现似乎比对手英国要好很多——但事实并非如此。想一想：如果说谋杀犯罪在所有暴力犯罪案例中所占比重从 30% 下降到了 10%，这就意味着非谋杀犯罪的暴力犯罪案例的比重从 70% 上升到了 90%——也就是说这个数据并没有告诉我们任何有意义的东西。[33]

这也是为什么反传统的研究者会搜寻梳理那些统计摘要和秘密期

刊，猛扑那些没有被表达为其他比例的数据——特别是与酒相关的数据。"单是这些数据都被掩盖藏匿的事实就足以说明这些数据的重要性，"贝塔尔斯基这样解释道，"无关紧要的事实就无需如此谨慎地掩藏。另外，对与饮酒问题相关的事实材料的掩盖从一开始就阻碍了所有想要与酒饮用量不断增加作斗争的努力，因为我们是在与位置和规模都不明的社会弊病作斗争。"[34]

就像大多数苏联时期和帝国时期的批评家一样，贝塔尔斯基也将社会的酗酒问题看作深层次的政治弊病的征兆。无论是讨论犯罪率，抑或是讨论劳动生产率下降，他都指出仅有伏特加酒是无法

> 为这些问题提供滋生的土壤的。这些问题滋生的土壤是其他不同的东西，我们不可以说出它的名字，而我也不会触及这个议题。酒精所扮演的角色是某种肥料。它被广泛传播，深深渗透进这些症状滋生的土壤里。我们播下种子，大量地生产这种肥料，然后通过数亿酒瓶的形式把这些肥料卖出，获取高额利润。在我们从事这种贸易的同时，报纸上却遍布着各种油腔滑调的文章，阐述着酒精的危害。[35]

这种普遍的健康问题和犯罪问题的进一步恶化，罪魁祸首正是乐于通过给出错误信息来欺瞒民众的政府，以及大体上满足于接受这种事态状况，屈从于政府统治的民间社会。[36] 这并非统治阶层意识形态——资本主义或共产主义——的产物，而是来源于一个不顾人民苦难的政体，这个政体长期以来一直使用伏特加酒来使人民处于迷茫的状态，并从他们的悲惨生活中获益颇丰。如果说将其暴露在阳光下是最好的杀菌剂——正如古话所说——那么有什么做法能比直面这种保密行径更适合作为反抗的开始呢？这正是贝塔尔斯基所考虑的。在其回忆录《给子孙一代的笔记》（*Notebooks for the*

Grandchildren）中，他写道：

> 将数据保密对谁有好处呢？最令人难堪的数据（真实的数据，而且不是那些与去年作比较的百分比数据！）可以动员鼓励这个社会。对社会弊病的掩盖是造成人们持漠视态度的主要原因。就算政治审查官员再野蛮，他们也无法掩盖所有的真相……在阳光下，城市人行道上的积雪自会慢慢融化的。然而，如果刮掉人行道上的一点积雪，露出下面的柏油层，那么这些黑色的路面表层会在太阳的照射下变暖，而积雪也会——渐渐地——开始消失。重要的是唤醒我们年轻人身上求知的欲望；这样，积雪就很快会全部消失了。[37]

在对未来的预言中，他认为揭露真实的关于苏联社会和经济的总体数据——尤其是与酒相关的真实数据——将会引发政府自身开展体系性改革。不幸的是，在他的预言成真的短短几年之前，他便去世了。

来自国外的写照

/ 249

为有意义的政治信息缺失所困扰的不单是异见分子。当外国的苏联政体研究者和苏联公民都通过细致观察参加五一劳动节阅兵游行时红场上方主席台的座位安排，以寻找关于苏共中央政治局内部斗争的线索（据说在红场主席台上藏着各种伏特加酒和餐前点心）时，在华盛顿的那些专心致志的研究者正从堆积如山的报告中筛选着可靠的数据信息。[38]

穆雷·费什巴赫（Murray Feshbach）便是这样一位学者。他谦逊纯朴、眼光锐利，是美国人口普查局（U.S. Bureau of the Census）的工作人员。自 1950 年代以来他便一直从事记录、标记和交叉引用那些与苏联社会问题有关的每一份数据的工作。1983年出版的《大西洋月刊》（*Atlantic Monthly*）中一篇深入详细的文章这样描述费什巴赫："他好像一个集中了众多专家智慧的看不见的学院。"除此之外，人们对他知之甚少。然而，费什巴赫确实引人注目，他是"研究苏联的学者中，更为不同寻常的一位，也是有着自己特色、必不可少的一位"。[39]

费什巴赫每天都学习了解关于苏联社会和国民健康状况的新的信息，这些信息来源于数十份苏联报纸、专业杂志、晦涩难懂的健康和经济期刊，以及每年新出版的数百本书。在美国，没有任何其他学者可以比得上费什巴赫那对苏联的百科全书般的知识储备量。他所经历的最大挫败就是那个曾激怒贝塔尔斯基的用数字骗人的花招。"我过去是很佩服苏联人的，"费什巴赫微笑着说道，"他们可以写一本500页的书，却什么也没说，一点也没有。这件事做得很巧妙，你真的只能佩服这点。他们是怎么做到的呢？你瞧，他们真的做到了。"[40]

费什巴赫精通使用苏联人自己的数据来对付他们的诡计。当然，苏联政府整体上已经不再公布某些指标了——但是在很多情况下，我们还是可以在很多州政府或者地区政府那里找到这些数据；偏远地区的媒体新闻或是晦涩难懂的苏联学术期刊会报告这些数据。从最早在人口普查局工作，到后来转到乔治敦大学（Georgetown University，鄙人特别高兴曾经在这里担任他的研究助理），费什巴赫的办公室总是堆满了如山的剪报，这些剪报来源于苏联的报纸、研究文集、订阅的期刊、鲜为人知的苏联贸易期刊，甚至还有一份贝塔尔斯基以A.克莱斯科夫为名创作并以个人出版形式传播的"一号商品"原始手稿的油印副本。[41]

在超过半个世纪的时间里，充满活力而谦逊真诚的费什巴赫是苏联和后苏联时代社会苦难的非官方记录者。除了发表了大量见解深刻的文章外，穆雷的热情与调查还启发了很多学者进行与俄国相关的写作，这些学者中也包括我。"这样的人就像钻石一样。"作家、《纽约时报》（*New York Times*）记者赫德里克·史密斯（Hedrick Smith）这样说道。史密斯曾凭借对苏联的报道在 1974 年赢得了普利策奖。"记者们了解到费什巴赫对这个地方的感觉是准确的，因此他们的报道便都追溯到他。"[42]

虽然费什巴赫曾经出现在《六十分钟》（*60 Minutes*）节目、C·Span 电视台和《人物》（*People*）杂志中，但他的名字却并不广为人知，这是因为，他最激动人心的那些主张就像他本人一样充斥着很多专业术语且朴实无华。[43] 1980 年 9 月，华盛顿的人口普查局发表了一篇不显眼的报告，名为"1970 年代苏联上升的婴幼儿死亡率"。这篇文章由克里斯托夫·戴维斯（Christopher Davis）与穆雷·费什巴赫合作完成。在任何国家，婴幼儿死亡率都是评判国民健康水平的一个重要指标。在 1950 年代和 1960 年代，苏联人骄傲地吹嘘着其下降的婴幼儿死亡率，并认为这是社会取得巨大进步的证据。然而，当此项数据 1970 年代开始往相反的方向发展时——就像伏特加酒的相关数据一样——政府想尽一切办法将其隐瞒。

无数项来源各异的数据最后拼凑出了一个发现：婴幼儿死亡率不仅呈上升趋势且上升趋势很显著（与这个年代初相比增幅达到了 36%，而平均 1000 名新生儿中就有 31 名夭折）。这个数据尽管耸人听闻，却有着充分的根据。这一突然的走势逆转要归因于混合的社会、经济、健康和医疗因素，但其中最主要的一个因素便是母亲的酗酒。费什巴赫甚至还从他那巨大的证据档案馆里引用了苏联健康专家的发现；这些专家将婴幼儿死亡率的上升归因于酗酒现象的猛增，以及人们越来越依赖人工干预的流产（平均每个苏联女性一生中堕胎 6 次）而不是生育控制措施的社会常态。一项对苏联的研究总结道，之前堕胎过的饮酒母亲生下的早产婴儿的死亡率比足产婴儿的死亡率要高出 30 倍。[44]

这份不起眼的报道引起一阵骚动。在莫斯科，苏联国家计划委员会罕见地召开了一场新闻发布会以驳回上述发现。同时，政府新闻广播谴责来自国外的这一"可怕报道"。然而，在没有任何预兆的前提下，长期担任苏联卫生部部长的鲍里斯·彼得罗夫斯基（Dr. Boris V. Petrovsky）却被突然解除职务。在随后的 C·Span 电视台的节目上，费什巴赫挖掘出并引用了彼得罗夫斯基本人的研究成果；该研究成果直截了当地将酗酒问题标记为苏联女性的"三号疾病"——仅次于癌症和心脏病。[45]

尽管有来自冷战政治的威胁恐吓，但研究苏联问题的学者仍热衷于此类研究。该报告被披露后，杜克大学经济学家弗拉基米尔·特雷姆尔到访莫斯科的时候，作为穆雷·费什巴赫的合作者，他受到了苏

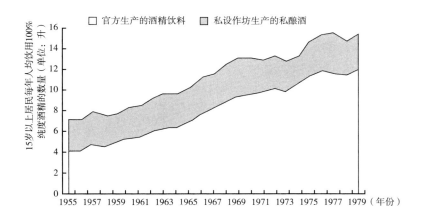

弗拉基米尔·特雷姆尔关于 1955~1979 年苏联人均合法伏特加酒
饮用量和人均私酿酒饮用量的估计值

来　源：Vladimir Treml, *Alcohol in the U.S.S.R.: A Statistical Study*. Duke Press Policy Studies. (Durham, N.C.: Duke University Press, 1982, 68

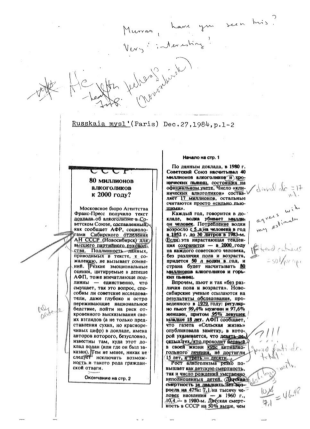

穆里·费什巴赫收藏品中的典型文件

1984 年的《俄罗斯思想》（*Russkaya mysl'*）讨论了一篇来自位于新西伯利亚的苏联科学院的报告；该报告称——若按目前的趋势发展——2000 年，苏联每年人均纯伏特加酒饮用量将达到 50 升，而苏联酒精上瘾的人数将达到 8000 万人。这篇文章顶部的手写笔记内容为"穆雷，你发现这点了吗？太有趣了！"和"同意对酒精饮用量的估计"。这些笔记来自弗拉基米尔·特雷姆尔（Vladimir Treml）。费什巴赫用铅笔标注了酗酒问题的增加和婴幼儿死亡率之间的联系，以及 1979 年的西伯利亚报告；这篇报告称 99.4% 的男性和 97.6% 的女性有经常喝酒的习惯，其中包括 95% 的不满 18 岁的少女，以及在那些初次接受戒酒治疗的人里，有 90% 的人还不满 15 岁，有 1/3 的人还不满 10 岁。

来源：作者的私人收藏

联科学院经济研究所的真诚接待和热烈欢迎。[46]特雷姆尔和费什巴赫都对酒精在经济层面的影响感兴趣，他们两人也共事了很长时间——他们相互分享着证据、观点和手稿。贯穿整个 1970 年代和 1980 年代，特雷姆尔追寻着关于苏联酒精的真相：人们所饮用的是什么？他们饮用了多少？这样做对财政和人民所造成的影响是什么？

第一个问题就简单地决定了人们饮用了多少——包括政府销售的伏特加酒和非法的家酿酒（私酿酒）。特雷姆尔构建了苏联私酒饮用量的模型，用以解释城镇—乡村的人口指数（因为主要的家庭蒸馏活动都集中在农村地区）；按照贝塔尔斯基的方式分割"其他食品"的数据，并重新核对各地区糖、面粉、土豆、甜菜——非法酿酒的常用原材料——的消费量。他的研究结果显示，达到法定饮酒年龄的苏联公民人均饮酒量要比官方的数据多出 30%。如此严谨的估计值得到了苏联数据学家、通过传闻得到的证据、苏联问题专家访谈，甚至还有叛逃苏联官员的证实。即便在今天，特雷姆尔的估计值在俄罗斯仍被广泛引用，因为这个估计值要比苏联政府的数据精准得多：特雷姆尔所发现的不仅是酒精问题的真实规模，还有黑市的规模。[47]

这些发现所受到的谴责远甚于戴维斯和费什巴赫报告所引起的骚动。基于酒力强劲、质量低劣的私酿酒所带来的巨大危害，以及喝酒喝到麻木的文化，特雷姆尔大胆地向苏联科学院宣称，酒饮用量的飙升带来了酒精中毒案例的激增，每年因酒精中毒而死亡的人数达到了 5 万人，这个数字比美国的相应数据高出上百倍。[48]

这些被披露的数据是具有毁灭性的……或者说，如果被承认的话它们会变得很有毁灭性。然而，只有一小部分苏联图书馆保管着有关苏联人饮酒问题的外国研究成果。而即使是在这些图书馆里，像是特雷姆尔的《苏联的酒精：一项统计研究》这样的书还是被锁了起来，而钥匙则被保管在安全区域——根据官方规定所有人不得接触，除了那些有着非常好的人际关系的研究员。[49]

为何政府要耗费如此大的力气来掩盖这一流行弊病呢？在私下与苏联学者会见后，特雷姆尔后来回忆起他们所给出的冷酷无情的解释——"当局意识到了问题的存在，但是他们想让这些酒鬼自己送死"以减轻政府照顾这些没有康复希望的人的负担。[50]

这古怪吗？或许是的。然而，伏特加酒收入占据了政府总收入将近四分之一的份额，或者说伏特加酒收入足以支付苏联这个超级大国的所有国防费用。国家的预算需求总是最为重要的，以至于正如特雷姆尔所说，"采取任何反酗酒措施都必须深入考虑其对税收收入的影响"。[51]

"这就是弗拉德·特雷姆尔所说的'财政困境'，"在1985年C-Span电视台的一个电话讨论节目中，费什巴赫这样回答一个关于苏联酗酒现象的问题，"从1952年到大约1980年，苏联人均饮酒量增加了大概6倍，而且，他们所喝的酒里面大多又是烈酒。"穆雷势如破竹——在漫谈着事实、数据和传闻的12分钟的演讲中，他没有任何停顿，演讲似乎没有结束的迹象。"这个困境就是：你是供应烈酒、伏特加酒或者任何其他的东西，还是停止酒类的供应，然后让人们开始抱怨其他的事情，而且他们将抱怨的或许会比他们现在所抱怨的还要多？的确，这种情况似乎也在大幅增加。"[52]

有人在听吗？

从1945年战胜希特勒到1980年代早期的经济停滞时期，苏联的酒销售量翻了8倍。社会层面、健康层面、经济层面和犯罪层面的相关数据也相应恶化——更不用说在伏特加影响下，无数人的生活和家庭破碎，承受了难以估量的苦痛。今天，俄罗斯最著名的酒精研究者亚历山大·涅姆佐夫博士（Dr. Aleksandr Nemtsov）认为，"非常高的饮酒量，占据主要份额的烈酒，数量巨大的非法酒产品，酒的低劣品质，在不被社会认同的情况下饮用酒——都是战后苏联时代的产物，在之前的俄国，上述这些情况从未达到如此水平"。[53]

再多的政府宣传也无法掩盖这些污点：无论是对于远在美国的研究人员而言，还是对于苏联各地的异见分子和普通公民而言，这些污点都是显而易见的。难道苏联领导人就真的那么高高在上，以至于他们都没意识到他们的伏特加政治使人民承担着难以想象的伤亡代价吗？他们在乎吗？或者说，他们自己也已经成为伏特加酒的受害者，也变得麻木了吗？

早在 1958 年，尼基塔·赫鲁晓夫便对这些问题做出了极具个性的回应：加大反酗酒的政治宣传和教育力度，限制售卖酒的时间，当即将零售价格提升 21%。这些措施都以失败告终：政府的酒类产量下降缓慢，但是喝酒的人就简单地转向黑市私酿酒。在被革职后所录的那些瑟瑟作响的录音带中，赫鲁晓夫同样承认："我也认为，我们可以通过提高伏特加酒的价格来降低消费量。但是，这个方法并没什么用。唯一的结果就是家庭预算比以前遭受了更强劲的冲击。此外，政府这样专横地提高价格也使人们感到愤怒。"[54]

至少，苏联领导层意识到了问题的存在以及官方塑造的形象与现实情况之间的巨大鸿沟。1970 年，当着哈尔科夫拖拉机工厂工人的面，勃列日涅夫声称："我们收到来自工人、集体农民、工程师的来信，他们建议我们加强打击无业游民和酒鬼骗子的力度。关于这个事实，我不想隐瞒。"他用这番话回应了那些对叶罗菲耶夫的控诉，后者因为讽刺了工作场所酗酒现象而招致不满。"我认为这是一个很合理的要求。"[55] 然而，当中央委员会终于在两年后开始改革时，它所实行的新措施的内容也几乎没有超越惯常的范畴；惯常的措施都是呼吁通过教育、政治宣传和增加可供替代的文化体育领域的支出来"消除酗酒现象"。正如特雷姆尔的数据所显示的那样，就连勃列日涅夫也在 1972 年发布要求减少伏特加酒产量，转而支持更为健康、酒精浓度更低的啤酒和葡萄酒的命令，不过，这一政策只实行了一年，在那之后，伏特加酒产量再一次上涨。[56]

1978 年，年老的勃列日涅夫向共产主义青年团宣称："如果一个人不能持久坚定地打击反社会行为和精神贫乏，以及这两者不可避免的伴随产物——酗酒现象、流氓行为和违背劳动纪律的现象，那么他也无法确认什么才是共产主义道德的规范和原则。"然而这样的发言成了一句空话。这个嗜酒如命的总书记（还有与他一样的中央政治局委员）既不愿处理自己酗酒的问题，也没有兴趣处理祸害苏联的酗酒问题。[57]

从 1957 年到 1985 年这 29 年里，魁梧的安德烈·葛罗米柯担任着苏联的外交部部长。在 1970 年代的某天深夜，他与总书记勃列日涅夫一起从扎维多沃（Zavidovo）的一个乡村寓所开车去莫斯科。葛罗米柯抓住了这个罕见的机会——与这位位高权重的苏联领导人独处的机会——谈起了一个困扰他多时的话题。

"列昂尼德·伊利奇（Leonid Ilich），"他说，"我们必须对伏特加采取一些措施了。人们正在变成酒鬼。为什么中央政治局对此保持沉默呢？"

勃列日涅夫盯着两人眼前的道路，一言不发。在五分钟的时间里，两人都处于尴尬的沉默中，而葛罗米柯越来越后悔说出了那番话。

"安德烈，"勃列日涅夫最终回答道，"苏联人民一直都很享受饮酒。没有酒精的话，他们会活不下去的。"

"他不愿就此展开进一步的讨论，"葛罗米柯后来回忆道，"他尤其强调了这句话：没有酒精的话，他们会活不下去的。"[58]

如果这些话听起来很耳熟——它们的确应该听上去很耳熟——是因为 986 年基辅的弗拉基米尔大公在解释他为人民选择东正教信仰的合理性时，也说出了这般传奇性的一句话。[59]虽然勃列日涅夫的这一宣言并没有像他那样有魄力，但也很清楚地表明，在勃列日涅夫当权期间，伏特加的地位是不可撼动的。

/ 第十七章　戈尔巴乔夫和改革中的（伏特加）政治

　　站在当代的视角回溯过去，大多数苏联历史教科书都将 1982 年到 1985 年这 3 年多的时间称为一段政权空白期——这指的是列昂尼德·勃列日涅夫去世后到米哈伊尔·戈尔巴乔夫崛起之间那段相对来说不那么重要的空档期。然而，这种说法遗漏了大量的紧张局势和重要的历史发展，特别是因为这些部分与伏特加政治有关。如果说后斯大林时代强调了"禁酒的"异见分子和"酗酒的"苏联领导层以及他们的酒政策之间的关键分歧，那么从勃列日涅夫到戈尔巴乔夫的过渡期则显示了这种禁酒 / 酗酒之间的差别——政策层面和个人性格层面上的差别——是如何成为苏联领导层内部最重要的政治分歧的。

　　到 1980 年代初，苏联体制的雄心和弊端都体现在其领导人身上，列昂尼德·勃列日涅夫挂满勋章的西装外套彰显着其过去的英雄主义荣耀，只不过这些勋章的主人已年迈衰弱。正如其政治领导层一样，苏联社会也日益深陷于腐败酗酒、健康恶化等问题当中。勃列日涅夫重视通过稳定的干部队伍所展现出来的有序性和可预测性：共产党领导人一旦被安排了有权势的职位，他们的地位就很难被动摇了。结果就是老人政府——由年老的人来执政。在 1980 年代早期，勃列日涅夫领导下的中央政治局的 13 名成员的年龄加起来是 909 岁，平均年龄达到 70 岁。[1] 缺少新面孔和新思想就意味着更严重的停滞萧条、腐败问题和政治衰败。正如那位滴酒不沾的外交部部长葛罗米柯所了解到的那样，勃列日涅夫在处理酗酒问题、经济停滞、腐败问题时遭遇了严重的冲突，他本人对此也是无可奈何，进而漠不关心。"你不懂生活，"在讨论黑市经济的时候，勃列日涅夫这样说道，"光靠工资谁也养活不了自己。"[2]

　　既然能否保住自己的地位和特殊待遇取决于是否会破坏良好的现状，勃列日涅夫领导下的那些头发日渐花白的干部中的大多数人也就都跟他一样，对酒的问题不屑一顾。克格勃领导人尤里·安德罗波夫则是一个例外——他是一个双手沾满了鲜血的男人。作为苏联驻匈牙利大使，他帮助镇压了当地1956年的民主运动。在他被提拔为国家安全事务的主管之后，安德罗波夫坚信，只有军事力量才能保卫摇摇欲坠的政权。因此，他下令派遣大规模的坦克部队前往镇压1968年的"布拉格之春"运动，指挥1979年对阿富汗的入侵，还有在1981年支持波兰实行军事管制。这位克格勃首领的"匈牙利情结"也意味着他要镇压苏联国内的反对势力，压制包括索尔仁尼琴和萨哈罗夫在内的异见分子。[3]

因此，令人感到讽刺的是，这位冷血无情的克格勃首领实际赞同这些异见分子的观点，即认为酗酒现象、不择手段、贪污腐败这些问题给国家造成了严重威胁。作为一位相对来说的禁欲主义者，安德罗波夫更偏好慢慢品尝尊尼获加威士忌酒（Johnnie Walker scotch），而不是大口喝伏特加酒。安德罗波夫对党内精英阶层中的特权待遇、酗酒问题和腐败问题感到震惊。[4]他致力于克格勃的精简，使之成为一支有组织、有效率、反腐败的力量。

勃列日涅夫的健康状况越来越差，逐渐从公众视野中消失。1982年，安德罗波夫领导下的克格勃调查了一个引人注目的犯罪集团；这个集团涉嫌挪用公款、洗钱和跨国走私钻石。案件涉及加琳娜·勃列日涅娃（Galina Brezhneva）。她拥有令人猜疑的巨额财产，其堕落作风臭名昭著，而且酗酒成性——她也是身体有恙的总书记的女儿。这对党内的精英阶层来说是一个很清晰的信号：在勃列日涅夫去世后，这个案件也像普通案件一样得到处理，而不会受政治因素的影响。

1982年11月，勃列日涅夫在莫斯科外的政府别墅中平静地去世了。勃列日涅夫领导下的年老的中央政治局的同志们围在其床前，同意任命安德罗波夫为勃列日涅夫的继任者。在全国电视转播的葬礼上，几乎所有苏联人都看到了安德罗波夫神色严肃地拥抱了悲伤的勃列日涅夫的遗孀，却对其女儿不理不睬。加琳娜由两个魁梧的保镖围着，引人注目。克格勃的调查得出了这样的结论：纵情声色的加琳娜与其众多情人和前夫进行着如此大规模的钻石走私活动，以至于他们的活动已经有可能损害到了跨国公司戴比尔斯（De Beers）。在安德罗波夫的统治下，酗酒成性的加琳娜悄然地从公众视野消失，直到后来被判处监禁，囚于一所精神病院；1998年，加琳娜在精神病院里去世。[5]

安德罗波夫通过他上任后的第一份施政报告来推行一个大范围的加强劳动纪律的运动，效仿他在克格勃实行的改革，包括一个大范围的反伏特加酒计划。这位前克格勃首领在推行这个运动时所表现出来的精明敏锐，正如人们所期望的那样。这位新总书记通过对工厂的突击检查了解工作场所的酗酒现象，这些突击检查也得到了广泛的报道；这种做法在勃列日涅夫执政的20年里是完全难以想象的。他发布了"拖网行动"（Operation Trawl），对全国各地的餐馆、电影院、桑拿房、地铁站和公园进行拉网式搜查，搜寻任何醉酒和旷工的人。[6]

安德罗波夫是认真的。苏联最高苏维埃主席团（Presidium）也规定，在工作场合酗酒的人将被立即开除——在苏联这样一个充分就业的国家，这个做法引人注目。即使被开除的员工找到了另一份工作，酗酒的耻辱依然会跟随着他；一个遵守纪律的酒鬼也只能拿到正常奖金的一半。现在，酗酒者也需要对他们在喝醉状态下所造成的损耗——包括有缺陷的产品——负责。没有彻底根除生产工人酗酒现象的管理者，也会失去他们所垂涎的奖金。[7]

安德罗波夫推行的政策局限于应对劳动纪律这样的症状，而没有解决伏特加政治这一病根，注定以失败告终。确实，各种惩罚和以前一样严厉——惩罚的执行也跟以前一样马虎松懈。同样，政府也没有采取任何手段来改善教育质量、生活水平、医疗服务，或者限制国营伏特加酒的产量。

事实上，安德罗波夫另一项打破传统的做法——降低伏特加价格而不是提高价格——严重地阻碍了他的加强劳动纪律运动。廉价"安德罗波夫牌伏特加酒"（Andropovka）（酗酒者亲切地给这种伏特加酒命名）旨在让酒类购买者远离危险的私酿酒。然而，尽管各种惩罚日益严厉，家庭酿酒的行为仍然持续存在，这一情况在乡村地区尤为显著。8

如果没有因为肾脏衰竭去世，安德罗波夫的改革能否成功？这是有待历史学家们争论的一个问题。至少，通过提拔像叶戈尔·利加乔夫（Yegor Ligachev）和米哈伊尔·戈尔巴乔夫（Mikhail Gorbachev）这样年轻、与其志同道合且多数"滴酒不沾"的改革者，安德罗波夫替换了勃列日涅夫时代那些酗酒成性、年老昏花的"干部们"。到了1983年夏天，安德罗波夫已经明显缺席正式会议，将日常业务交给了年长的第二书记康斯坦丁·契尔年科（Konstantin Chernenko）负责。卧病在床的安德罗波夫写道："由于已无法主持中央委员会的会议，我因此请求中央委员会各位成员商讨将中央政治局和中央书记处的领导权交给米哈伊尔·谢尔盖耶维奇·戈尔巴乔夫（Mikhail Sergeyevich Gorbachev）的议题。"他将戈尔巴乔夫，而不是腐败守旧、年老的契尔年科选为自己的接班人。然而，在一个拥护勃列日涅夫的保守派将安德罗波夫的信交给中央政治局的过程中，这最后一段被有意篡改了。9

1984年2月9日，尤里·安德罗波夫死于肾脏衰竭。他的国葬在红场举行；葬礼上，他的继任者——康斯坦丁·契尔年科——还发表了一篇几乎没人听懂的悼文。契尔年科已经患上了慢性肺部疾病、慢性心脏疾病和慢性肝脏疾病，奄奄一息。这位72岁的"新"书记也许是世界历史上所有国家领导人里最软弱无能的一位。尽管契尔年科对"破坏人民的健康和给我们的家园带来厄运"的酒精滥用问题表示了"深切的关注",也宣扬了想"让社会摆脱这个重大弊病"的希望,但他却没有做到言行如一。[10] 他无法继续推行加强劳动纪律运动,这或许可以归结于他那每况愈下的健康状况;而他之所以不愿继续推行这项运动,则是因为他对之前的酒友——勃列日涅夫——的忠诚。确实,如果说契尔年科身上有什么值得注意的地方,或许就是他甚至可以将勃列日涅夫喝得醉倒在桌子底下。契尔年科曾经鼓吹过他那"惊人的饮酒能力"——他将自己的这一特质归因于在西伯利亚极端气候下成长的经历——"不管喝了多少酒,契尔年科从来都不会醉"。[11]

契尔年科那令人印象深刻的酗酒问题无疑加重了他的肝硬化和心肺疾病,这导致他在 1985 年 3 月 10 日去世。"不管是什么导致契尔年科先生患上了肝硬化这一疾病,"克里姆林宫的官方验尸官这样婉转地总结道,"这一疾病无疑削弱了他的肝脏功能,而且打断了维持生命所必需的复杂的生物化学反应。"[12]

现在,苏联这个超级大国已经准备好迎来这么多年来的第四位领袖了——这在国内外都是政治上的尴尬事情。"如果苏联的领导人像这样一直不断地去世换人,我该如何在与他们的交涉中取得任何进展呢?"美国总统罗纳德·里根(Ronald Reagan)在他的回忆录中这样沮丧地写道。[13]

禁酒一代的抉择

里根并不是唯一一个受够了老人政府的人。接下来的走向就如同常见的故事情节一样:随着契尔年科的去世,年事已高的苏联领导层勉强接受了必须由新的一代来领导这个国家的事实。因此,中央政治局选择了最年轻有为的成员——54 岁的米哈伊尔·戈尔巴乔夫——作为契尔年科的继任者。然而,这一为多数人所接受的选择是由多种因素决定的。

这个选择的关键不仅在于下一任总书记是否年轻，还在于他是否酗酒。这个问题可不是无关紧要的，因为领导私人与酒瓶的关系似乎是改革的一个可靠征兆。正如我们所看到的，除了列宁之外，大多数苏联领导人都是爱喝酒的人；对于让社会大众（或者说他们自己）戒掉酒瘾这件事，他们几乎没什么兴趣。相对而言酒瘾较轻的领导人，包括赫鲁晓夫和安德罗波夫，则不满于酗酒问题导致的经济停滞并推行了改革。这一区别值得我们牢记于心，并在研究 1985 年两位最主要的总书记角逐者米哈伊尔·戈尔巴乔夫和格里戈里·罗曼诺夫（Grigory Romanov）时考虑到这一点。

戈尔巴乔夫 1931 年出生于苏联南部的斯塔夫罗波尔（Stavropol）；他——就像安德罗波夫一样——并不是一个完全滴酒不沾的人，但是偏向于"禁酒"一方。在他的回忆录中，他将自己对蒸馏酒的厌恶归因于 1946 年的一场成年仪式，那时的他 15 岁。与父亲在田地里辛苦劳作一天后，收割队队长宣布，"到了你成为一个真正男人的时候了"，说完他就强迫这个小男孩喝下了满满一大杯液体。戈尔巴乔夫原本以为那杯液体是伏特加酒，后来才发现那是 100% 的纯医用酒精。"在那次经历后，喝伏特加酒或者烈酒对我来说都感觉不到任何一丝快乐了。"[14]

戈尔巴乔夫离开了斯塔夫罗波尔，进入了著名的莫斯科国立大学（Moscow State University）。在那里，他遇见了自己未来的妻子——赖莎（Raisa）。他们两人于 1953 年结婚。毕业之后，他们回到了斯塔夫罗波尔。米哈伊尔到了当地一个因为效率低下而臭名昭著的集体农庄中工作；因为改革有力，戈尔巴乔夫不断晋升。1978 年，他的导师和资助人——中央政治局委员费多尔·库拉科夫（Fyodor Kulakov）——在一夜豪饮后死于心脏病突发。戈尔巴乔夫接替他出任当地农业部部长。在这个岗位上，他获得了与他志同道合的老乡尤里·安德罗波夫的支持。作为 1970 年代的一个地区党委书记，戈尔巴乔夫率先打击了农业领域中的缺乏纪律性问题、腐败现象和酗酒问题；安德罗波夫一上位就效仿了戈尔巴乔夫的这些做法。[15]

当契尔年科成为安德罗波夫的继任者后，戈尔巴乔夫没有从中作梗，但他也通过强调开展彻底的经济、政治和法律改革的需要制造了一些波澜。在 1984 年 12 月关于意识形态的一场具有里程碑意义的演讲中，戈尔巴乔夫借着对马克思列宁主义理论的援引，隐秘地提议进行广泛的改革——从市场化的激励措施和授予企业更多自主权，到党内更开放的氛围和更多的自治管理——以应对经济衰退危机。在和他未来的外交部部长爱德华·谢瓦尔德纳泽（Eduard Shevardnadze）的一次坦诚讨论中，戈尔巴乔夫更进一步：对苏联体制里"一切都已经腐朽"的说法表示赞同。"必须改变这一点。"[16]

在对最高职位的追求上，戈尔巴乔夫的主要竞争者是格里戈里·罗曼诺夫［他与以前的皇室家族没有任何关联，虽然英国保守党首相玛格丽特·撒切尔（Margaret Thatcher）坦露过，她会很高兴看到一个姓罗曼诺夫的人重新统治俄罗斯］。在 62 岁的时候，罗曼诺夫是中央政治局里第二年轻的成员，而且如果他当选的话，他将成为第一位革命后出生的总书记。和戈尔巴乔夫一样，罗曼诺夫长期在实力强劲的列宁格勒地区担任地区党委第一书记；他是安德罗波夫一手提拔的一名有智慧、有能力的组织者。他主管着军事和国防工业，资历远胜于在农业领域取得成绩的戈尔巴乔夫。当契尔年科抱病时，戈尔巴乔夫担任了更为重要的职务，而名义上的第二总书记则是罗曼诺夫。

从年龄、资历、能力上来看，戈尔巴乔夫和罗曼诺夫不相上下。确实，罗曼诺夫在党内有着更多的权力和更大的职责；而他与勃列日涅夫的追随者保持着良好的关系，可以说，这使得他成为保守派眼中更为可取的一个人选。[17]

　　两人之间的主要区别——很有可能也是最具决定性的影响因素——就在于他们的个人脾性。不像戈尔巴乔夫，罗曼诺夫是一个疯狂的酒鬼。除了每日的酗酒行为外，还有更具破坏性的谣言声称，他在担任列宁格勒党委第一书记期间滥用职权，调用叶卡捷琳娜女皇那套价值连城的餐具用于他女儿的婚礼。而且，在之后的酒宴狂欢中，这套餐具被喝醉酒的人砸毁了。罗曼诺夫否认了这一谣言——谴责对手想方设法来败坏自己的名声。然而，即使是远在伦敦的撒切尔夫人也听说了这个谣言，并承认这个谣言影响了她对于其候选资格的看法。[18]

　　中央政治局委员比任何人都更清楚罗曼诺夫的暴躁性情和轻率举动。他的这些特质都让人忍不住回想起过去勃列日涅夫的统治。安德罗波夫"十分清楚格里戈里·罗曼诺夫为人心胸狭窄、阴险狡猾，行事风格又独断专行；他也意识到在中央政治局的会议上，罗曼诺夫很少能提出完善的方案或想法"，至少戈尔巴乔夫是这么说的。[19] 其他中央政治局委员也证实，"事实证明他是一个昏庸无能的人"，而且"他的作风展现了威权主义的痕迹"。[20]

　　"我们不是同一类人，而且我们的观点也不一样。"滴酒不沾的新晋中央政治局委员叶戈尔·利加乔夫写道。他用这句话来描述他和罗曼诺夫以及他那些勃列日涅夫时代的酒友之间的紧张关系。[21] 这种分歧由于一则来自斯大林格勒的报道而进一步恶化了；该报道表示，喝醉酒的罗曼诺夫——带着一个比自己年轻 30 岁的流行女歌手——被一艘芬兰的巡航船逮捕了。当时罗曼诺夫等人所乘坐的船只不知为何误入芬兰所属的波罗的海海域。就在契尔年科去世几周前，在罗曼诺夫对赫尔辛基的最后一次官方访问期间，他喝得酩酊大醉，以至于"苏联大使馆的医生都被叫来帮助他恢复到可以发表演讲的状态"。[22]

　　这与戈尔巴乔夫温和的脾性有着天壤之别：即便在勃列日涅夫时代大家都喝得酩酊大醉的晚宴中，戈尔巴乔夫也只允许自己喝两杯红酒，绝不多喝。之后他便委婉地转移别人施加的让他喝酒的压力。[23]
我们很难说清楚罗曼诺夫的酗酒习惯和独裁性格对他的候选资格造成
了多大的伤害，但他的这些缺点无疑凸显了戈尔巴乔夫的优点。

　　第一手叙述资料在很大程度上都赞同，长期担任外交部部长的安
德烈·葛罗米柯那举足轻重的支持是戈尔巴乔夫当选总书记的决定性
因素。葛罗米柯在西方国家以"摇头先生"（Mr. Nyet）的称号闻名，
这个顽固的外交官似乎是保守派里面不可能成为戈尔巴乔夫同盟者的
人。但事实证明，葛罗米柯的"禁酒"倾向比戈尔巴乔夫更为强烈。
葛罗米柯的情况与戈尔巴乔夫极其相似：他童年的朋友差点因为偷喝
违法私酿酒而丧命，在那之后，年纪很小的葛罗米柯就戒酒了。[24]葛
罗米柯不但与戈尔巴乔夫一样厌恶酒精，也和他一样深信苏联体制迫
切需要根本性改革——从伏特加政治入手。

　　在他的回忆录中，葛罗米柯描述了自己与戈尔巴乔夫的密切合
作，以及他与这位经验丰富、精明能干的改革者"就国内外政策之间
差异最大的方面进行的深入细致的讨论"。[25]所以，当葛罗米柯站起
来为戈尔巴乔夫唱赞歌的时候，没有人提出反对意见。全体一致同意
戈尔巴乔夫当选。

　　历史学家普遍认为，面对如此混乱的苏联经济，无论1985年上
台的是谁，都将考虑对其进行大调整；而且，妨碍这场改革的只有老
的一代。因此，随后进行的改革方案"并不是戈尔巴乔夫个人的心血
来潮"，更确切地说是"新一代领导集体涌现后的自然结果"。[26]

　　但是，对于改革来说，没有什么是"自然而然""不可避免""不
可逃避"的；之所以有改革是因为存在这样的需求。[27]还需要补充的
一点是：一个愿意进行改革的领导人。否则，陷于停滞的苏联体系本
会继续踉跄前行，就像之前三位领导人在位期间一样。认为年轻的一
代团结起来要求改革，而年老的一代却一致反对，这样的观点不只会
误导人，也是错误的。在年老一代中很有影响力的成员，例如安德罗

/ 262

波夫和葛罗米柯，他们都理解改变的必要性。同样的，年轻一代中也有更满足于过去勃列日涅夫统治时期的稳定状态、腐败现象和酗酒问题的人，包括罗曼诺夫。

从 1928 年斯大林的第一个五年计划到 1986 年的第十二个五年计划，判断政府在对计划经济进行有效改革上的意愿最恰当的预测指标不是年龄大小，也不是哪一代人的问题，而是领导人与酒瓶之间的关系。那么，由此可见，改革的最重要动力并不在于戈尔巴乔夫很年轻，而在于他滴酒不沾。

为什么我会庆幸我不是戈尔巴乔夫

西方世界对戈尔巴乔夫的另一个错误认识是，他们认为这位《时代》杂志的"十年风云人物"某种意义上是一个秘密的民主主义者——他是一个"间谍"。他晋升到高层是为了解放和自由，是为了实行像经济体制重组（perestroika）、开放化调整（glasnost）和民主化进程（demokratizatsiya）这样的政治改革。

戈尔巴乔夫确实是一个有抱负的改革者，但他主要的改革侧重于经济而不是政治。他不想摧毁共产主义制度，他想让这个制度能够更好地运转。从伏特加政治的角度来理解戈尔巴乔夫在位时的做法可以让采取这些重大改革措施的思路变得清晰起来，也表明我们需要相应地重新评估那些已经被普遍接受的改革时间轴。

一般认为，戈尔巴乔夫是在 1986 年春天召开的苏联共产党第 27 次代表大会上宣布了他那激进的经济体制重组改革计划——在他上台短短一年之后。在那之后，开放化改革——带来更大的言论自由和更为宽松的审查制度——也相应出台。接着，在 1987 年，随之而来的则是差额选举制度和民主化进程改革，这些措施削弱了政府的高压权力，使苏联慢慢成了托洛茨基那一著名描述中的"历史的垃圾桶"。

大多数报道都急于仔细研究和分析这些重大的改革措施，所以只是一笔带过式地提及，就像他的导师安德罗波夫一样，戈尔巴乔夫一开始的计划是发动对酗酒问题的全面斗争。考虑到伏特加酒在苏联国家运转中的关键作用，戈尔巴乔夫那场覆盖广泛的（而且最终也是灾难性的）反酗酒运动在历史的长河中绝不只是一个简单的脚注：这是与过去的政治遗产之间一个引人注目且具有根本性影响的决裂，这一决裂对随后的政治改革以及苏联自身的命运产生了巨大影响。

1985 年 5 月 17 日：戈尔巴乔夫掌权短短 6 周后，《真理报》的头版就宣告了一场大范围反酗酒运动的到来。"苏联人民并没有被灌输戒酒的精神。而且对于饮用酒精饮料给当代人特别是给子孙后代的健康所带来的危害，他们也缺乏充分的认识。"共产党的机关报大胆地宣称道。[28] 随后的《关于消除酗酒的措施》（Measures to Overcome Drunkness and Alcoholism）便开始不断增加反酒精的政治宣传。和过去一样，这些传统的策略只针对社会性酗酒现象的症状，而不是其病根。戈尔巴乔夫承认之前赫鲁晓夫、勃列日涅夫和安德罗波夫领导下的反酗酒运动都以失败告终；很明显，戈尔巴乔夫的反酗酒运动将会更进一步……进很多步。一个全国性禁酒协会出现了。娱乐场所及医疗设施——或出于经营自主权，或迫于行政命令——也增加了。酒的销售得到显著的限制，而酒产量也开始锐减。"这个问题我会成功解决掉的。"精力充沛的新任总书记私下这样宣称。[29]

这是自 1920 年代尼古拉·布哈林和尤里·拉林的反酗酒协会（第十五章）成立以来最全面的一场反酗酒运动。就像过去的反酗酒协会一样，克里姆林宫下令成立了新的全苏反酗酒志愿者协会（All-Union Voluntary Society for the Struggle for Temperance）。就连"反酗酒协会"的月刊《戒酒与文化》也被重新采用，并以完全一样的刊名重新出版。几个月内，订阅人数便超过了 60 万人次，而全苏反酗酒志愿者协会也神奇地招收了超过1400万名"志愿"成员，这些成员来自45万个工厂、集体农庄、学校和其他机构的分支。这个志愿者协会主要负责提升工作场所的节酒氛围、彻底根除家庭酿酒行为以及确保人们遵循反酗酒的规章制度。这些都同样不禁让人想起1920年代的反酗酒协会。[30]

当时，瑞典经济学家安德斯·阿斯伦德（Anders Aslund）就指出，在戈尔巴乔夫反酗酒的斗争中存在着一定的新斯大林主义成分；他把这场对抗酒精的斗争描述为"一场带有以往风格的运动，纪律严明的人们准备充分，展现了令人印象深刻的持久力"。[31]但是，让人不禁想起过去的并不只是国家批准认可的戒酒组织的成立，也不只是通过"赶牛似的招募技巧"来不断壮大其队伍的做法[32]，甚至也不只是无处不在的政治宣传——让人不禁想起过去的是，这场运动也是通过急剧限制伏特加酒本身的生产和销售来争取让人们戒酒这一事实。

在任何情况下，都不允许出售伏特加酒给年龄不满20岁的人。酒不允许出现在学校、医院、公共交通场所、运动场地和康复中心附近。出售酒的零售商店的数量和营业时间都遭到大幅度削减。为减少工作场合的酗酒行为，只有在下午2点后才能买得到酒。销售酒的商店每天晚上7点关门，而且周末也不营业。这就导致商店门口排起长队，顾客对此感到不满。

政府生产的伏特加酒、利口酒和葡萄酒产量锐减，价格也提高不少。为吸收那些没有用来购买伏特加酒的卢布以及鼓励更加健康的生活方式，水果、果汁、果酱，以及体育用品、运动器材和艺术工具的供应都有增加。打击家庭酿酒行为的法律也更为严格：生产或持有私酿酒、蒸馏设备的人都将被判处罚金300卢布或2年劳改营的义务劳动。[33]

共产党员被期望成为戒酒的典范，正如1920年代创造"新苏联人"运动一样。酗酒成为许多共产党员，特别是年老的共产党员被清洗出共产党队伍的原因。"共产党的要求很清晰明朗，"《真理报》上一份毫不含糊的声明这样写道，"共产党员特别是干部党员的使命感与这一恶习是互不相容的。"[34] 正如 1920 年代，那些屈服于伏特加酒诱惑的党员都受到公开的羞辱，他们酗酒罪行的细节被公开发表，所有人都可以看到。[35]

这场反酗酒的党内肃清运动中最著名的牺牲者就是戈尔巴乔夫之前的对手、酗酒成性的格里戈里·罗曼诺夫。仅在从最高领导人岗位去职几周后，罗曼诺夫再一次公开丢尽颜面——这一次，他在 1985 年 3 月的匈牙利共产党代表大会上公然喝醉。就在反酗酒运动开始的第一周，仍休假在外的罗曼诺夫就被开除出党了。"我很直接地让他意识到领导层里没有他的位置，"戈尔巴乔夫回忆道，"他不喜欢这种做法，但是他说什么也改变不了这点了。"政治生涯实际上已经结束的罗曼诺夫静静地流下了眼泪。[36]

虽然利用酗酒问题作为清除不受欢迎的人的托词这种做法可以追溯到斯大林时期，但其他举措就要新奇得多了：当地各级政府的官方接待仪式、国外的苏联大使馆，甚至克里姆林宫都实行全面禁酒，这使得共产党官员和来访的贵宾感到惊愕失望。然而，滴酒不沾的戈尔巴乔夫以身作则，引导着他的反酗酒运动——这首次表明就连党内精英也不能凌驾于法律之上。

或许，与过去的体制最显著的决裂是通过公开性（glasnos）来实现的。"公开性"指的只是在讨论公共事务时的"公开"和"直率"，而不是西式言论自由、思想自由和信仰自由的同义词。从自由的角度来理解，这并不是自由，而更像是一种建设性的批评意见，用以支持经济改革。这样做的想法是：如果人们都不敢讨论是什么困扰着我们的经济，那我们又怎么能解决问题的根源呢？

历史学家一般把开放化调整的开始追溯到 1986 年戈尔巴乔夫与异见分子安德烈·萨哈罗夫的那一通具有象征意义的电话。1979 年，著名（以及滴酒不沾的）异见分子萨哈罗夫和他的妻子艾琳娜·邦纳（Elena Bonner）公开抗议苏联对阿富汗的入侵行为；在那之后，他们就住在伏尔加河边的秘密城市下诺夫哥罗德［当时被称为高尔基城（Gorky）］，一直处于克格勃的严密监视之下。戈尔巴乔夫告诉这位著名的异见分子，他和他的妻子已经被准许回到莫斯科；借此，戈尔巴乔夫"向改革者和自由主义者传达了一个信息：当前的政府对待反对派的方式将不同于之前的政府，而且伟大的物理学家萨哈罗夫一直都是正确的"。[37]

然而，在戈尔巴乔夫做出如此具有象征意义的举动之前，公开性就已经正式开始了；那些长期受到压制的真实社会数据得到公开发表——如果异见分子米哈伊尔·贝塔尔斯基还在世，他无疑会为此举措欢呼鼓掌。1986 年 1 月，上一年关于完成五年计划进展的报告承认——这是有史以来的第一次——在苏联，酒精饮料的销售确实存在。官方的经济预测报告也随之效仿。[38]

更为重要的是，戈尔巴乔夫时期的第一期苏联国家统计委员会统计摘要，即"1985 年统计摘要"（1986 年 8 月发布）重新展示了 30 页长期被禁止公布的社会和经济数据，包括那些反映出苏联糟糕发展状况的数据。预期寿命的数据——男性是 64 岁，女性是 73 岁——意味着与西方工业化国家的公民相比，苏联人的寿命平均起来仍然要少了 10 岁。充满争议的婴儿死亡率数据也得以公布——每 1000 名婴儿中死亡案例为 26 名，这略低于像穆雷·费什巴赫和克里斯托夫·戴维斯这样的西方人口统计学家所给出的预估数据，但仍然证实了苏联人日益恶化的身体健康和社会福利状况。随后发表的统计数据合订本不仅确认了苏联"第二大经济体"的存在，而且也试着衡量这个经济体的规模。之后的出版物公布了关于犯罪、堕胎、自杀和死刑的硬数据，这些数据自 1920 年代以后就不再对外公开了。[39] 公开发表如此令人烦恼的统计资料等于公开承认戈尔巴乔夫及其改革所面临的艰难现实。

或许最令人震惊的是，1985 年的统计摘要终于展示了酒类销售的数据；这些数据表明酒类饮品的销售额占到苏联零售贸易额的整整四分之一。"这些数据首次表明，"斯蒂芬·怀特（Stephen White）在他那本关于戈尔巴乔夫反酗酒运动的通史书中这样写道，"就官方数据而言，从 1940 年到 1980 年，伏特加酒和其他烈性酒的产量翻了不止三倍。"[40] 从 1962 年到 1982 年，人均酒饮用量每年都以 5.6% 的增幅增长。[41] 这是一个用数字包裹起来的炸弹。官方的数据不仅证实了诸如米哈伊尔·贝塔尔斯基这样的苏联异见分子和诸如弗拉基米尔·特雷姆勒这样的西方经济学家所给出的最坏情况下的预测数据，而且比他们的预期还要糟。

数据上的公开性对于任何一个想要理解苏联所面临的挑战的人来说都是一件好事，而它也描绘了关于伏特加酒和苏联经济衰退的糟糕情况。酗酒给苏联生产力造成的损失占据了全部经济产出的 15%~20%。新的公开调查显示，25% 的苏联工厂工人经常是在喝了一两杯伏特加酒后才去上班；这也就很能说明，为什么戈尔巴乔夫应对经济停滞、刺激经济快速发展的第一项改革措施就是处理酗酒问题。[42]

大多数历史学家都认为改革和公开性是一个硬币的两面。但如果想要真正理解戈尔巴乔夫的改革，我们需要另一种不同的比喻。我们可以更好地把戈尔巴乔夫的改革措施看作由改革、公开性和反酗酒运动构成的一个三脚凳；这三个元素彼此之间相互加强和巩固。

确实，如果说公开性是关于应对苏联体制弊端的直率而有建设性的对话，那么它就并不是始于戈尔巴乔夫与萨哈罗夫之间那通具有象征意义的电话，而是始于在酗酒和公众健康问题上的实话实说。公开承认这些问题的做法将戈尔巴乔夫与在他之前的所有领导者区分开来。

对于戈尔巴乔夫来说，公开性是必要之举，以向他的同胞们——实际上还有世界上的其他人——展示改革过程中所需应对问题的规模。而且因为公布这些信息对于增强人们对他的反酗酒政策的支持而言很必要，所以伏特加酒和公开性便不可避免地缠绕在一起。

事情并没有就这样结束。当谈及公开关于国家财政的信息时，历史学家指出了 1987 年 6 月中央委员会全体会议上戈尔巴乔夫讲话的重要性。"以政府预算为例，"戈尔巴乔夫主张，"从外部看，一切看似井井有条——政府收入足以抵补政府支出。但是这是如何做到的呢？"

戈尔巴乔夫接着开始列举苏联政府预算中的"病态因素"，首先就是一号商品：伏特加酒。"当然了，没有任何事情证实增加葡萄酒和伏特加酒的产量和销售量的合理性。但是，虽然在第八个五年计划的时候，来自销售酒精饮料的政府收入仅为 670 亿卢布，但到第十一个五年计划的时候，这个数目就超过了 1690 亿卢布。"[43] 公开性对于坦白承认苏联的问题至关重要——而这就意味着首先要说出伏特加政治的真相。

那该怪谁呢？

"请跟我们说说你在中央政治局见过的最激烈的一场争吵。"

在 1989 年被克格勃莫名其妙地驱逐出苏联之前，这是《星期日泰晤士报》（*Sunday Times*）通讯记者安格斯·罗克斯伯勒（Angus Roxburgh）在采访超过 100 名资历最老的苏联高层官员时的标准问题。典型的回复是在一阵爽朗的低声轻笑后接着说："噢，那就太多了，太多了……"

"大多数中央政治局成员只愿意说出一两个自己的秘密，"罗克斯伯勒这样写道，"虽然几乎他们所有的人都会急切地抓住机会揭露改革初期那个看似最能引起分歧的问题，那次试图根绝酗酒问题却注定失败的尝试。"[44] 人们决定用对抗伏特加政治来开始如此具有历史意义的改革，很能说明此次政治改革的动力，以及苏联精英阶层内部关于是否禁酒所存在的关键分歧。

作为戈尔巴乔夫的第一项重大举措，反酗酒运动让很多旁观者都大吃一惊。这一点，加上人们都承认这场运动是一个悲惨失败的事实——持有这种看法的既有批评者，也有支持者——引起了甚嚣尘上的猜测：人们为什么要推行这一运动？那又该怪谁呢？[45]

很多人都过度简化了苏联的政策制定流程，将其夸张地描述为一种领导怎么说就怎么做的流程；基于这样的描述，他们都错误地责怪总书记戈尔巴乔夫一人。也许，出生于气候更温和、饮酒有节制和传统喝葡萄酒的南方地区就意味着戈尔巴乔夫并不理解伏特加酒在气候寒冷地区的重要性？或者说赖莎·戈尔巴乔娃——被弟弟的酗酒悲剧所触动——说服了丈夫与伏特加酒正面对峙？[46] 也许这就是在他的就职典礼前夜，戈尔巴乔夫想要说的意思。他对赖莎坦白道："我们完全不能再继续这样生活了。"[47] 但这并非什么阴谋或秘密：人们已经普遍了解到，长期以来，酗酒一直阻碍着社会经济生产力发展，损害着公民的身体健康。因为苏联领导层私底下很清楚机密的社会和经济数据，所以他们知道问题的严重性。当戈尔巴乔夫掌控全局的时候，似乎他们终于愿意对此采取一些措施了。

"这些数据太惊人了"，当被问到"为什么要推行反酗酒运动"这个问题时，戈尔巴乔夫是这样答复作家维克多·叶罗菲耶夫的：

> 工作场所的伤亡事故数量，下降的生产力，衰减的预期寿命，道路与铁路的事故数量。1972 年，他们在中央政治局讨论了这个问题，却推迟做出决定。这个问题不可能得到解决，因为政府预算本身就是"充满酒精味的"——这个预算依赖于来自销售伏特加酒的收入。斯大林是那样安排的——临时的安排；

但这一临时的决定却一直延续至今。在勃列日涅夫时期，预算中"含酒精的"部分从 1000 亿卢布上升到 1700 亿卢布——这就是伏特加酒给政府带来的利润。[48]

听到苏联领导人坦率地承认伏特加政治的关键悖论——不只是酒的收入对于国家财政的重要性，还有政府持续不断地隐瞒那些尴尬的社会后果——这真的是一个革命性的突破。确实，当谈及这一俄罗斯政体的历史性中心支柱时，滴酒不沾的戈尔巴乔夫更倾向于与那些滴酒不沾的苏联异见分子站在一起，而不是与那些酗酒成性的勃列日涅夫支持者站在同一战线。"很早之前，戈尔巴乔夫内心就反抗着这个生他养他的体制，但正是这个体制创造、培养、塑造了他。"戈尔巴乔夫过去在中央政治局的盟友尼古拉·雷日科夫（Nikolai Ryzhkov）回忆道。[49] 无论在政策上还是个人脾性上，戈尔巴乔夫在酗酒问题上的立场都很好地说明了这点。

"广泛存在的酗酒现象有着许多成因：恶劣的生活条件、艰难的日常生活、落后的文化状况，"戈尔巴乔夫在其回忆录中这样写道，"许多人饮酒是因为他们无法实现自己的潜能，或者无法说出自己的想法。压抑的社会氛围驱使着那些天性软弱的人使用酒精消除自己的自卑感和对严酷现实的恐惧感。而那些大肆歌颂酒精的领导人，也带来了负面的影响。"

从索尔仁尼琴和萨哈罗夫将社会的酗酒化问题归咎于政府，到贝塔尔斯基悲叹唯一更糟的事情就是人们对于伏特加酒问题的默许和冷漠，这听上去好像这些异见分子掌管着一切。"也许，最可悲的事情就是，"戈尔巴乔夫回忆勃列日涅夫时期的政治遗产时说，"虽然消费性商品存在严重的供应短缺，但除了销售伏特加酒来灌醉人民外，政府想不出其他任何办法来维持货币的流通。这听起来很疯狂，却是十足的事实。巨大货币供应量与可怜商品供应量之间的差距被酒填补了。"[50]

当然了，苏联人必须要采取一些措施了，但如果将所有的过错都归咎于总书记戈尔巴乔夫的话，那无疑是错误的。苏联时代后期，大多数政治决策都是集体做出的，做决策时总书记的地位和其他人是平等的。确实，虽然归根到底，戈尔巴乔夫对反酗酒政策的实施及其失败负有最终责任（而且根据他的回忆录，他自己也接受了这一责任），但是他却不是这项政策背后的驱动力。这项政策的制定者实际上是米哈伊尔·索洛缅采夫（Mikhail Solomentsev），一名狂热的禁酒主义者。索洛缅采夫曾经是一个酒鬼，后来接受了戒酒的改造。就在安德罗波夫去世前，他被提拔为中央政治局的正式委员。作为苏共中央监察委员会（Party Control Committee）的主席，大权在握的索洛缅采夫主管党内纪律。从勃列日涅夫时期开始，索洛缅采夫就制定实行了一些政策——像加强反酗酒的政治宣传和增加不含酒精的娱乐、运动和休闲消遣活动，这些政策都成为反酗酒运动的基础。

如果你在寻找确凿的证据，那么只需要看一下1984年索洛缅采夫在中央监察委员会上的讲话即可。他在讲话中承认讨论酗酒问题仍然是一个禁忌。虽然之前的历史记录从未提及这点，但索洛缅采夫的讲话体现了反酗酒运动的精神和内容：

> 我特别想要关注一下加大打击酗酒行为和酗酒问题力度的话题。正如你们所知道的，自1972年开始，我们在这方面做出了一些适当的决策。但是我们并没有通过提供必要的组织工作或加强反酗酒的政治宣传来为这些决策提供支持。因此，近些年来，酗酒行为成为一种普遍存在的现象，渗透进社会的各个阶层——当中就包括共产党人、共青团员和工厂管理者。
>
> 当然，酗酒行为增加的原因也包括针对党的决策的执行过程的监督不力。因此，有一些工厂管理者甚至使用从雇员那里征用

的资金创造了"白兰地酒"资金和"晚宴"资金，以组织集体酒宴。这样的酗酒宴会通常是被用来庆祝社会主义比赛和社区服务的完成、官方代表团的来访、节假日、员工生日等。有时这些酒宴甚至是在企业和机构办公场所内部举办的。

由中央监察委员会开展的系统性审查表明，在许多地方，人们仍旧轻视着酗酒带来的危害。有些党委和委员会并没有采取一个原则性的立场，对滥用酒精者没有表现出足够的强硬态度。例如，在斯维尔德洛夫斯克（Sverdlovsk）地区，党内甚至都没有就一群共产主义者的酗酒、不良行为进行讨论。在切尔尼戈夫（Chernigov）地区，那些被证明犯有非法酿酒罪行的共产党人甚至都没有被驱逐出党。

我们需要明确表示，对于那些姑息或宽恕滥用酒精者和违反酒精法的人的行为，我党不会再容忍放任。我们应该从这一恶习所造成的社会危害的角度来看待每一起与酒精有关的案例。许多道德败坏的罪行，包括收受贿赂，经常是在人们喝醉的状态中犯下的。酗酒行为给我们的社会造成了巨大的物质和精神伤害；它损害的不只是当代人的健康，还有子孙后代的健康。

索洛缅采夫随后义务性地引用了列宁反对酒精的言论，并象征性地向总书记契尔年科表示感谢；在此之后，他大胆宣布："同志们！我党的承诺——根除盗窃社会主义财产的行为、官员的渎职不法行为、贿赂行为、倒买倒卖的投机行为、酗酒行为以及其他恶习的承诺——是坚不可摧、绝不妥协的。"[51]

因为此时还很难假设一个滴酒不沾的总书记会接替上位，所以在酗酒成性的康斯坦丁·契尔年科的领导下，索洛缅采夫做出如此大胆的宣言是特别值得注意的。随着戈尔巴乔夫的晋升——戈尔巴乔夫的戒酒观点跟自己的大致相符——索洛缅采夫的机会终于来了。

因此，在 1985 年 4 月的第一周里——就在他被任命为总书记后——戈尔巴乔夫就主持了一个长达两个小时的中央政治局闭门会议，对酒精问题进行讨论。后来，奉行节制主义的外交部部长安德烈·葛罗米柯把这次会议描述为"我党历史上一个重要的转折点"。[52]

除了刊登了关于格里戈里·罗曼诺夫同志访问匈牙利的报告（在该报告中，他喝得酩酊大醉，大吵大闹），《真理报》头版还轻率地宣称："在斟酌了工人阶层提交给中央和地方政府的许多建议后，中央政治局深入探讨了打击酗酒行为和酗酒问题的议题。"这一份典型的匿名公告宣布了"一系列复杂而严格的社会政治措施、经济措施、行政措施、医疗措施及其他反酒精措施"。[53] 这份公告的背后是讨论苏联伏特加政治本身可行性的一场干预性会议。这场会议在很多与会人的回忆中是特别吵闹的。

/ 270

索洛缅采夫在会议开始后做了一个关于酒精问题的报告。他的同事回忆了索洛缅采夫是如何经常带着关于打击酗酒问题的"大部头研究巨著"参加中央政治局的会议，以及发表冗长演讲的。这些演讲立足于官方研究和大量长期被掩盖的社会和经济数据，这些数据"都包含了真正可怕的数据"。[54]

读完这些"可怕的报告"以及由人民真诚写下的关于酗酒问题的信件，愤怒的葛罗米柯——几周前，他的支持确保了戈尔巴乔夫的领导权——大胆地表达了对勃列日涅夫同志的失望；虽然自己曾对伏特加酒问题表达过担忧，但勃列日涅夫却对之不理不睬。"想象一下，在这个国家，到处都有饮酒的人——无论是在工作地点还是在自己家里，无论是在政治机构还是艺术机构，包括实验室、学校和大学，甚至还有幼儿园！"[55]

据阿纳托利·切尔亚耶夫（Anatoly Chernyaev）所说，戈尔巴乔夫对此表示赞同——他们"所说的不只是关乎目前的一个主要社会问题，而且关乎我们民族的生理状况和我们民族基因的未来"。新任的总书记发出了挑战："如果我们不能解决这个问题，我们就不用谈什么社会主义了。"[56]

最坚决拥护采取大刀阔斧行动的人——也是与反酗酒运动联系最为紧密的人——就是叶戈尔·利加乔夫。利加乔夫是一位高效的改革者；从 1965 年到 1983 年，他担任托木斯克地区（Tomsk）的党委第一书记，一直致力于让公众保持戒酒清醒状态。利加乔夫一直是戈尔巴乔夫的忠实盟友，直到后来两人关系恶化。清教徒般的利加乔夫滴酒不沾；他斥责党内的酒鬼，并关闭了托木斯克地区 47 家酒类商店中的 45 家。后来，当谈及全身心投入反酗酒运动时，他这样说道："在这种情况下，我的官方职责和我个人拒绝容忍酗酒行为的选择不谋而合。"[57]

那时，利加乔夫只是中央政治局的一个候补委员（无投票权），因此他并不像正式委员（有投票权）那样参与报告或法律法规的起草工作。但是他对于酗酒问题的谴责几乎与资历更深的索洛缅采夫不相上下。在反酗酒运动之前，利加乔夫批评过党内的松懈态度——似乎没有人在意有 20 万名共产党员和 37 万名共青团员曾因为酗酒行为而被传讯过。就像索洛缅采夫一样，利加乔夫希望解除酗酒成性的党员的职务，并把这作为"全面谴责酒鬼行动"的一部分。[58]

那些失望的妻子和母亲寄来的成堆令人心痛的信件让利加乔夫尤为感动。"在这些信件里，被悲伤压垮的女人们咒骂着酗酒行为，因为这些酗酒行为夺走了她们的儿子和丈夫的性命，还击垮了她们的孩子，"利加乔夫回忆道，"这是不折不扣的求救声。此外，许多科学家也敲响了警钟，预测这个国家将面临基因退化所带来的威胁。"不同于后来使利加乔夫和戈尔巴乔夫产生巨大分歧的政治冲突，他们两人都认同应对这一国家悲剧的紧迫性。[59]

总而言之，改革者主要考虑的不仅是（甚至主要的考虑都不是）经济复苏，而且是——用戈尔巴乔夫的话来说——"道德氛围"。[60] 然而，并不是每个人都赞成所推荐的政策方案。中央政治局里还存在一个重要的"酗酒"派系；他们出于经济原因、社会原因或私人原因，积极地反对这项运动。其中最直言不讳的反对者便是尼古拉·雷日科夫，一位年轻的改革派盟友；他后来成了批评戈尔巴乔夫的人中最坦率无惧的一个。

"我支持采取措施打击酗酒问题，也认同国家正在走向衰败这一说法，"在接受英国记者安格斯·罗克斯伯勒的采访时，雷日科夫这样说道，"但是，我绝对反对他们所推荐的措施。一开始，我以为他们说'只要货架上还有伏特加酒，醉酒行为就会继续存在'的时候是在开玩笑。接着，我才意识到他们是非常认真的。"[61]

雷日科夫恳求采取温和措施，不断提及过去那些措施的无效性以及严厉的禁酒令在其他国家所遭遇的失败——他主张传统的应急修补方法，提高酒类商品的价格和打击工作场所的无纪律行为。他抗议那些极端措施，并指出限量供应糖的必要性——他（正确地）预感到糖是驱使非法私酿酒活动出现显著增长的主要因素。然而，虽然他得到了大约 6 位高级官员的支持，但他的反对意见却被彻底碾压了。

"那么，他们的反应是怎样的呢？"在其措辞尖锐的著作《背叛的历史：苏联改革秘录》（*Perestroika：History of Betrayal*）中，雷日科夫这样写道。反酗酒势力对他进行了严厉的指责：

> 雷日科夫不明白此刻的重要性。雷日科夫没有意识到这是一个行动的时代，而不是一个言语的时代。雷日科夫没有认识到我们需要不惜一切来拯救这个国家的道德氛围。相比于道德，雷日科夫更关心经济。我记不清他们堆积在我身上的所有指控。通过关注这个国家的"道德氛围"，戈尔巴乔夫积极地支持这些打击酗酒问题的斗士们。[62]

在数世纪的时间里，酒类收入一直是俄罗斯独裁政府主要的经济支柱。因此，反酗酒运动最积极的反对声音来自那些对其经济后果有着深刻认识的人，这也就不足为奇了。当苏联国家计划委员会副主席警告说当他们想不到任何办法可以弥补这场运动带来的 50 亿卢布的财政空缺时，戈尔巴乔夫狠狠训斥了他："难道你想把共产主义建立在伏特加酒的基础上吗？"[63]

先后三次拒绝签名同意这份方案之后，这位国家计划委员会副主席面临着被开除党籍的威胁。随后，瓦西里·戈尔布佐夫（Vasily Garbuzov）也加入他的异议阵营。戈尔布佐夫是在 1960年、赫鲁晓夫在位时期被提拔为财政部部长的；在随后的 25 年里，他监督和促进着伏特加酒发展成为苏联财政的"一号商品"。作为苏联后期伏特加政治的建设者，他比任何人都更清楚禁酒措施对经济的影响，因此他也是戈尔巴乔夫最先召来讨论酒精问题的人。且不说他曾对此提出抗议，他还拒绝签署反酗酒决议。几周内，这位年迈的财政部部长就跟随着戈尔巴乔夫的对手罗曼诺夫的脚步，被迫退休了。[64]

戈尔巴乔夫用开除党籍、解除职务的威胁手段有效吓唬到了那些犹豫未决、保持中立的中央政治局委员，其中就包括爱德华·谢瓦尔德纳泽——他很快就取代葛罗米柯，当上了苏联的外交部部长，并随后成为独立后的格鲁吉亚的总统。谢瓦尔德纳泽身上反映了主要饮用葡萄酒的高加索地区的节制；他表示自己对反酗酒计划感到"恐惧"，但也承认自己投了赞成票，"虽然我内心是不赞成的"。[65]

其他人就不那么容易被吓倒了，其中就包括盖达尔·阿利耶夫（Haydar Aliyev）；阿利耶夫后来成了后苏联时代阿塞拜疆的总统，与谢瓦尔德纳泽统治的格鲁吉亚相邻。作为中央政治局内唯一的穆斯林委员，有修养的阿利耶夫只饮用来自其故乡高加索地区的干邑葡萄酒；而且比起克里姆林宫里那些常见的"酒鬼、喧闹的咒骂者和好色之徒"，他更愿与作曲家、演员和艺术家为伴。[66] 然而，这位有权有势的副总理身上却体现着勃列日涅夫时期的腐败问题及任人唯亲的作风——他将苏维埃阿塞拜疆共和国变成了一个石油、棉花和鱼子酱的私人封地。

为了维护自身利益，阿利耶夫也拒绝签署反酗酒决议。即便在反酗酒运动已经全面展开后，他仍然持反对态度：抗议——最终无果——他不久前在阿塞拜疆开设的一家香槟酒厂被关闭，这家酒厂还装备了从西德进口的高端设备。这一持续的反抗态度使他处于与戈尔巴乔夫、利加乔夫和索洛缅采夫这些"禁酒派"针锋相对的状态中。后来，当他以啤酒"不算真正的酒"为由抗议其啤酒厂被关闭时，索洛缅采夫就威胁说会提供一份"证明人们喝啤酒喝醉次数比喝伏特加喝醉次数更多"的报告。当他争辩酗酒行为在有伊斯兰教传统和主要生产红酒的阿塞拜疆不是大问题，而且当地生产的葡萄酒中有95%的份额都被出口到其他地区时，"利加乔夫去到阿塞拜疆，斥责该共和国的领导人，控诉他们用酒精毒害苏联的其他地区"。[67]

阿利耶夫反对反酗酒运动的做法只能使改革者进一步确信，他体现了勃列日涅夫时期任人唯亲、滥用特权和贪污舞弊等问题。1987 年，"戈尔巴乔夫针对阿利耶夫进行了一次全面的、斯大林式的公开斥责"，以贪污腐败和任人唯亲的罪名免除了他的职务。[68] 就这样——就像罗曼诺夫和戈尔布佐夫一样——又一位强有力的反酗酒运动批评家消失了。

最后，当谈及以一场打击伏特加政治的全面战争来开展戈尔巴乔夫那历史性的改革时——伏特加政治正是俄罗斯政体的基础——到处都流传着大量的批评（或赞扬）声音。正如利加乔夫和戈尔巴乔夫都承认的那样，这是一项集体性的决策，但并不是说这个决策是全体一致同意的。而且，针对反酗酒运动的热烈讨论中所出现的个人恩怨也影响着未来改革的发展。与此同时，对反酗酒运动的管理不善本身也加速了整个苏联体制的瓦解。

> 问：苏联历史学家是一个什么样的人？
>
> 答：他是一个可以准确预测过去的人。[1]

即使是在苏联异见分子圈子中，以上这个问答或许不算是最有趣的政治笑话。然而，这也并不妨碍美国总统罗纳德·里根讲这个笑话——其他人也喜欢这个笑话。他的这个笑话在国内观众中取得了很好的政治影响。之前曾做过演员的里根总统深谙风趣的力量，他让自己的助手收集在苏联流传的、能够充分体现俄罗斯人那种讽刺的幽默的俏皮话。在演讲的中途，如果可以突然抛出一个讲得很好的关于苏联的双关俏皮话，不仅可以赢得一群人的青睐，还能告诉人们除了"邪恶的帝国"这一夸张说法外，在铁幕的另一端还有有血有肉的人：正常的、愤世嫉俗的人深知自己国家体制缺陷的本质。此外，里根很喜欢向听众讲一些他们从未听过的笑话。

暂且不论里根那喜剧性的风格，如果听说了现在到底有多少美国人真的相信仅凭里根的演说技巧便结束了冷战并使强大的苏联解体，俄罗斯人或许会大吃一惊。试想一下——据历史学家加里·威尔斯（Garry Wills）所说，里根曾说"'拆掉这堵墙，'然后墙便被拆除了"。而今天"苏联已不复存在了。他将其称为邪恶的帝国，于是一夜之间这个帝国就突然消失了"。[2]

那个家伙赢得了普利策奖。

言过其实了？毫无疑问，是的——这种说法在致力巩固里根地位的里根政策研究文献中越发普遍。接下来的发展与一般思路一样：里根对抗"不信神的"敌人的坚定道德决心和美国国防开支的大幅度增加使得苏联过分扩张，并暴露了苏联社会的破产状况，进而导致了苏联的屈服、东欧国家的民主化，以及整个社会主义阵营的自由化。[3]

不，这不是为了博得笑声。

这一文献研究的致命缺陷有（至少有）两个。第一个便是大多数里根政策研究者甚至都不熟悉苏联的政治和历史，反而关注着美国总统本人超凡的个人魅力。另外一个是草率的论证过程。那些将2010年底开始的阿拉伯之春归功于巴拉克·奥巴马的专家也犯了同样的错误：一个外国领导人在地球这边发表的言论与地球另一边一个国家国内的政治发展几乎没有什么因果关系。[4]

里根的演讲对苏联未来的影响远远比不上苏联体制本身的实际弊病所造成的影响。这些弊病中有很多——民众对领导层的不满、短缺经济加上通胀加剧，甚至还有民族主义紧张局势的恶化——都与伏特加政治有关。特别是那些可怕的社会数据让刚刚上位的戈尔巴乔夫大吃一惊；这些数据表明在1970年代末的时候，苏联已经开始了"逆现代化"的过程。社会经济生产力不但没有得到发展，反而不断衰退；苏联社会没有取得繁荣，反而变得愈加腐败和停滞；苏联人不但没有过上长寿、健康的生活，反而变得更加多病，更早去世。戈尔巴乔夫在位期间第一次公布的原始的健康统计数据不仅证实婴幼儿死亡率正在上升——正如西方人口统计学家穆雷·费什巴赫所指出的那样，而且也证实了"人均预期寿命开始下降了，这是和平时期在工业国家从未发生过的事情"。[5]

确实，那些因为戈尔巴乔夫的酒精-公开性（alco·glasnost）而得以公开的统计数据是可怕的。以下这些只是让读者感受一下。

1985年，苏联每年人均纯酒精饮用量达到了14.9升：据世界卫生组织所说，饮用量超出8升，无论饮用的是什么，都会给一个国家人口的整体健康状态造成损害。也就是说，苏联男性每年人均要饮用130瓶常规的半升一瓶的伏特加酒——或者说苏联男性平均每3天要饮用一瓶伏特加酒。[6]

到了1970年代末，虽然苏联女性的人均预期寿命是72.6岁，但男性的人均预期寿命却跌到62.5岁——这比其他任何一个欧洲国家都要低。酒精中毒每年要夺走两万人的生命，而伏特加酒也通过引起事故、外伤、心血管和呼吸道疾病的形式导致适龄工作的苏联人的死亡。据估计，从1960年到1987年，总共有3000万~3500万名苏联人的死因与伏特加酒有关——这比第二次世界大战期间苏联丧命于阿道夫·希特勒手上的人数还要多1000万人。[7]

/ 276

饮酒曾经主要是一项男性主导的活动；但到1980年代早期的时候，超过90%的苏联女性都有定期饮酒的习惯。即便没有胎儿酒精综合征（Fetal Alcohol Syndrome），也常常出现婴儿死亡率明显过高、婴儿体重不足、婴儿早产，以及婴儿身体或智力有缺陷等情况。饮酒常常导致意外性行为和意外怀孕。堕胎案例的迅速增长使得越来越多的女性在很年轻的时候就再也无法生育了。伏特加酒渗透进了苏联的大学、高中甚至是小学：84%的苏联小孩在16岁前便开始饮酒。一篇来自苏联科学院西伯利亚分院（Soviet Academy of Sciences in Novosibirsk）的极具争议性的报告表明——领导这个科学院的是戈尔巴乔夫未来的首席经济顾问，阿贝尔·阿甘别吉扬（Abel Aganbegyan）——90%首次接受反酗酒治疗的人的年龄低于15岁，而且有三分之一的人年龄还不满10岁。[8]这太可怕了。

伏特加酒也使得苏联家庭四分五裂。在高达80%的离婚案件和80%的交通死亡案例中，酗酒问题是一个主要的因素。酒精是自杀、溺水、新发梅毒和淋病案例的一个最大起因。关于犯罪的数据就更为严重了：在俄罗斯共和国，在所有的谋杀案件中，74%的案件是在喝醉状态中犯下的，而且60%的盗窃案、三分之二的纵火案、74%的强奸案、84%的抢劫案和90%的流氓行为都是由酒精引起的。一份关于苏联的研究总结道："如果不存在酗酒行为和酗酒问题，这些在犯罪数据中占了大比重的犯罪行为都将不复存在，尤其是那些暴力犯罪、家庭犯罪和雇佣犯罪。"[9]

酒精给苏联经济造成的损失同样惊人。疾病和过早死亡、工作场所事故、矿工、缺乏劳动纪律所造成的经济损失——维涅狄克特·叶罗菲耶夫在他的《莫斯科到时间尽头》一书中对此进行了生动描述——每年要耗费数亿卢布。全面的研究结果显示，滥用酒精的行为使得苏联经济损失了超过三分之一（36.9%）的国民收入——这个金额是这个国家从伏特加酒贸易中所获取利润的 5 倍多。阿甘别吉扬领导下的苏联科学院声称，醉酒行为在第十一个五年计划（1981~1985 年）的失败中所发挥的影响比其他任何因素都要大；之后，科学院也总结道，酗酒问题成了"俄罗斯千年历史上最可怕的一个悲剧"。[10]

如果你是那个面对着像这样没完没了的数据的新任领导人，你会怎么做？很明显，戈尔巴乔夫以一场致力于提升苏联人民身体健康、道德品行和经济生产力的反酗酒运动开始了他的改革。[11] 尽管我们倾向于关注这场运动的失败，但在前期阶段，这场运动的确明显取得了一些成就：在运动开始的第一年，伏特加酒的产量和销量便减少了三分之一；在两年半的时间里，这两个数据减少了三分之二。[12] 到 1989 年，人均伏特加酒饮用量从 14.9 升下跌到了 12.5 升。仅在第一年里，总体犯罪率便减少了四分之一。离婚数量减少了许多，而汽车事故也减少了 20%，旷工数量也减少了三分之一。[13] 在早期的时候，对酒类销售和供应的严格限制似乎取得了成效。

20~30 岁的人见证了死亡率锐减 20% 的变化。在俄罗斯共和国，与酒精相关的死亡率从每 10 万人里出现 26.4 个案例暴跌至 1987 年的每 10 万人 9.1 个案例。因工作中的意外事故而死亡的人数减少了三分之一，因酒精中毒而死亡的人数减少了一半。值得高兴的是，就在死亡率下降的同时，新生儿数量也在不断上升，而且从统计角度来说，婴儿比过去要健康得多。也许最令人吃惊的是预期寿命的显著增长。从 1984 年到 1987 年，女性人均预期寿命增加了整整 1 岁，而男性的人均预期寿命则增加了整整 3 岁。[14] 确实，在 1988 年这项政策被悄悄撤销之前，反酗酒运动被认为拯救了多达 100 万苏联人的生命。[15]

"要说反酗酒措施完全没什么作用也是不对的，"随后戈尔巴乔夫在为这项政策辩护时声称，"酗酒行为导致的意外事故、意外死亡、误工误时、流氓行为和离婚案例都出现了减少……制造业和酒精饮料饮用量的相关信息首次对外公开，以及之前一直保密的统计数据也第一次被公布。然而，这场反酗酒运动的负面影响远超出它的积极影响。"[16]

毫无疑问，戈尔巴乔夫很清楚这场运动带来的益处，但对于他的政策给苏联的普通酒徒带来的打击，他也保持着他的幽默感。甚至是在苏联解体前，风趣谦逊的戈尔巴乔夫自己也给外国观众讲过这个著名的笑话：

> 等待购买伏特加酒的人在酒精商店门口排起了 1 英里的长队，一个忍无可忍的家伙最终破口大骂起来：
> "我受够了。我要去克里姆林宫把戈尔巴乔夫给杀了！"
> 1 个小时后，他回到同一支等待队伍中。
> "怎样？"每个人都问他。"你杀死他了么？"
> "杀死他？"那个人回答道，"等待杀死他的那支队伍比这支队伍还长呢！"[17]

那么，是什么地方出了问题呢？虽然运动在社会层面和人口层面取得了成就，但它在政治层面和经济层面造成的损失之大，不容忽视；这些损失中最突出的便是人们对克里姆林宫的不满情绪日益增加和对经济改革的冷嘲热讽。事实证明这些情绪是难以克服的困难。

"实际上，这个政府制造了 2 亿名罪犯。"俄罗斯记者列昂尼德·约宁（Lenoid Ionin）解释道，因为政府强迫酒瘾难耐的顾客转向了非法的私酿酒。"经济改革的豪言壮语已经声名狼藉。当局已经展示了它的愚蠢和无能。人民原本相信新的领导人清楚自己在做什么以及能践行自己的承诺，但现在这种信任也已经受到严重损害。"[18]

这些不受欢迎的政策也使得俄罗斯共和国总理维塔利·沃罗特尼科夫（Vitaly Vorotnikov）在公开场合遭遇了一些难堪。"人们很愤怒，"他这样告诉中央政治局，"每次参观工厂，你都会被猛推到一个角落里并被大声训斥，'你在干些什么？你不能对我们这样！'"同为反酗酒政策的反对者，中央政治局候补委员弗拉基米尔·多尔吉赫（Vladimir Dolgikh）不仅向他的同事解释了单一的经济是如何导致酒类商店门口都在排长队——这样的经济结构无法生产其他可供人们购买的产品——也讲述了每次自己坐着黑色吉尔轿车（Zil limousine）经过酒类商店时，是如何遭到人们的大声呵斥。[19]

反酗酒运动困扰的不仅是那些无可救药的酒徒，就连偶然饮酒的人也要排长队购买用于家庭庆祝和节假日的酒。在反酗酒运动达到高峰的时候，俄罗斯人平均要花费超过 90 个小时——或者说几乎整整 4 天——排队买酒。每天，光是为了维持在首都购买伏特加酒队伍的秩序，就需要投入 400 名警务人员和额外增加数十辆巡逻车。[20]

就连宣传酒精危害的善意的政治宣传也遭到人们的嘲讽和不屑。除了杂志和报纸不断刊登的恳求戒酒的文章外，戏剧作品、电影、广播节目和电视节目中的饮酒及聚会场景都被删除了。然而，当朋友们之间聚在一起喝酒的时候，他们第一次举杯祝酒所说的祝酒词常常都是"致打击酗酒行为的斗争"。[21]

"排队时间长达数小时，以及在有些特殊情况下还买不到一瓶伏特加酒或葡萄酒的经历，让人们越来越感到沮丧和挫败，"戈尔巴乔夫在他的回忆录中这样承认道，"他们咒骂着领导人，大多数时候骂的都是总书记，因为通常都是总书记来承担所有事情的责任。我就是在那个时候被起了'矿泉水书记'（mineralny sekretar）这个绰号的。"这个绰号嘲讽戈尔巴乔夫是一个顶着总书记头衔的骗子。[22]

然而，就在苏联人理所当然地把他们的焦虑发泄在戈尔巴乔夫这个人身上时，他们挫败感的真正来源其实是体制本身。这些处于一个封闭的等级制度最高处的领导人与世隔绝，通过大胆的政治宣言来巩固他们的合法地位；但是，传统的阿谀奉承的官僚体制又总使得政策的执行变得复杂起来。谄媚的官僚对待错得最离谱的政策，也会尽职地推行，只有这样做才可以让自己在顶头上司面前保持良好信誉。因此，就连最不切实际的指令也会被放大到近乎荒谬的地步。就像斯大林的集体化运动一样，似乎苏联的官僚机构在打击酒精的问题上又一次"被胜利冲昏头脑"。在限期前完成任务的心态促使地方官员夸大自己的成就而掩饰那些失败。戈尔巴乔夫同样承认道："情况常常如此〔至少在传统的俄国独裁政体中是这样〕，想法和实施之间相差甚远。我可以说在讨论问题和做出决策的过程中，我们都是实事求是、认真负责的。但是到了贯彻执行的时候，我们的行事风格便开始变得慌慌张张，并且开始容许过分的行为；因此，我们搞砸了一个良好有效的方案。"[23]

假借社会主义竞争的名义，乡村领导人的做法远超出最初的用意，在自己管辖范围内强制推行"禁酒月"。苏联各地方和地区官员纷纷宣告，他们所取得的成绩非常鼓舞人心，以至于他们真的有希望在 5 年内或者至少在 2000 年以前消除所有的饮酒行为。"领导人们，就其本身而言，不允许任何人对其想听到的话提出质疑，"历史学家斯蒂芬·怀特这样表示，"他们呼吁（如利加乔夫在 1985 年底所做的一样）建立戒酒区，而且'越快越好'，甚至是实行全面禁酒。"[24]

如果说索洛缅采夫是这场运动的创建者，那么戈尔巴乔夫则是这场运动的推动者，而利加乔夫则是那个使之进入超速发展阶段的人。利加乔夫鼓励地区领导人超额完成任务，甚至是关闭更多的零售商店，以及鼓励伏特加酒生产商之间进行更激烈的竞争，看看哪家削减的产量最大。那些对此政策感到犹疑的人要么被公开训斥，要么被直接驱逐出党。在 1988 年退休前，米哈伊尔·索洛缅采夫也是这么做的。"[他们]惩罚了这么多的人，"沃罗特尼科夫回忆道，"用恐怖手段摧毁了那么多人，只要有人胆敢拒绝执行这些决策，就会落得这样的下场。"25

"利加乔夫和索洛缅采夫……是带着无法抑制的热情开始这项工作的，但是最后，他们将一切都引导到了荒谬的地步，"戈尔巴乔夫日后回忆道，"好吧，我必须承认，我自己对运动的失败负有很大的责任。我本不应该把实行这项政策的工作完全托付给其他人。"26

当利加乔夫公开嘲讽戈尔巴乔夫和他的改革太过火时，戈尔巴乔夫和保守的利加乔夫在已经一团糟的反酗酒运动上的分歧变得更大了。利加乔夫针对经济的强硬批判使得他在 1988 年被降级为农业部部长，然后又在 1990 年被开除出戈尔巴乔夫领导下的中央政治局。"对于这些措施在早期变得过于严苛和官僚主义这一事实，我不会推脱自己应负的责任，"面对那些指责他应该对反酗酒运动的混乱负责的人，利加乔夫这样回应道，"即使获得酒精的可能性被大大地削减，还是有人无法'戒除'酒瘾。作为一个滴酒不沾的人，我心理上还没有做好接受这种事实的准备。这毫无疑问是我的错，[但是]看起来，如果你有信念努力去做，酗酒行为可以很快被根除。"27直到后来他才意识到，改变整个社会的酗酒状态是一项渐进的、长期的工作，这不是可以靠突击战术解决的事情。

问：在苏联，生意是什么？

答：在苏联，生意就是你偷了一货车的伏特加酒，把它卖出去，然后再用这钱去买伏特加酒。28

正如我们在本书的第十三章中所了解到的禁酒令在罗曼诺夫皇

朝的覆灭中所扮演的角色，推翻一个独裁政权所需要的不只是民众的不满，通常来说还会有一场突如其来的危机——一场损失惨重的战争或者给人民带来重负的经济崩溃。就尼古拉二世而言，那些危机只会因为沙皇那注定失败的禁酒令而加剧恶化；那一纸禁酒令在有可能是最坏的时候造成国家财政出现巨大的亏空。政府通过发行纸币来填补这一亏空，然而此举却加速了恶性通货膨胀的发展，正是恶性通货膨胀将帝国推向了革命的边缘。对于戈尔巴乔夫而言，不幸的是，他的改革也按照完全相同的剧本发展，导致了苏联这一超级大国自身的毁灭。

/ 280

让我们从另一项与帝国时期那一项注定失败的禁酒令有着不幸的相似之处的地方开始：不切实际的期望。拥护反酗酒运动的苏联人重新拿出了大约 70 年前帝国财政大臣彼得·巴克的手稿，并声称，长期以来被伏特加酒压制的生产力得以释放，随之而来的奇迹般经济增长将弥补任何因为伏特加酒销量减少而导致的财政收入损失。[29] 财政部的这一祈祷并没有在现实中得到任何回应。

戈尔巴乔夫接手时的苏联国家财政毫无疑问是一片混乱。从账面上来看，政府的收入刚好抵上支出；其中贡献最大的两项分别是国内的伏特加销售收入和国际石油与天然气出口收入。就在财政部部长戈尔布佐夫不断增加伏特加酒产量的同时，从 1971 年到 1980 年，苏联的石油化学产品产量也翻了 8 倍。[30] 只要国际石油价格保持在每桶 30 美元到 40 美元的价格区间内，苏联的政府财政便可以保证得到源源不断的硬通货收入。但是就在戈尔巴乔夫掌权时，国际石油价格暴跌至每桶不到 10 美元。克里姆林宫瞬间失去了那个支撑着勃列日涅夫时期增长幻象的外汇储备。政府妄图通过减少石油供应以提升国际市场价格，却造成了更多的损失。[31]

石油价格下跌本身并不会对苏联财政造成致命的打击。不幸的是，政府预算还将迎来更多的困难。1986 年 4 月 26 日，切尔诺贝利核电站——位于今天乌克兰首都基辅的北部——因核反应堆核心的彻底熔毁，造成人类历史上最惨重的民用核能灾难。除去大范围的放射性污染和不计其数的人员伤亡外，清理工作和核电站搬迁也耗费了政府数十亿卢布。两年后，也就是 1988 年 12 月，苏联的亚美尼亚共和国发生 6.9 级地震，遇难人数超过 2.5 万人，大多数人都是死于勃列日涅夫时期粗制滥造的楼房中。重建工作的费用导致政府财政更加紧张，以至于"苏联领导层认为伏特加酒收入的流失、切尔诺贝利核电站事故的损失，以及亚美尼亚地震的损失，是威胁经济改革成功的主要因素"。[32]

虽然经济史学家很快就把苏联所经历的灾难归因于石油过剩，但很少人会同样考虑到反酗酒运动对财政的影响。埃德·休伊特（Ed Hewett），乔治·H. W. 布什（George H. W. Bush）总统的苏联经济顾问，计算出石油价格下跌使苏联损失了 300 亿卢布。基于戈尔巴乔夫那位直言坦率的总理尼古拉·雷日科夫所提供的数据，休伊特又补充说处理切尔诺贝利核电站事故花费了苏联政府 80 亿卢布，亚美尼亚地震也耗费了数目不清的一笔支出，还有来自改革医疗体制、教育制度和其他与反酗酒运动有些许相关的社会方案的不在计划内的 210 亿卢布支出。作为对照，雷日科夫预测，仅在 1988 年，来自伏特加酒的税收收入就已经达到了 150 亿卢布。[33]

总而言之，在反酗酒运动开展 3 年后，苏联人在购买政府销售的酒类上的支出减少了 370 亿卢布，这造成了至少 280 亿卢布的税收收入损失——也就是说，伏特加酒收入上的损失与国际石油价格暴跌造成的损失是差不多的。1988 年，戈尔巴乔夫也在一次演讲中这样承认道："现在，国际经济周期已经改变了，而能源价格也出现下跌，我们又不得不减少葡萄酒和伏特加酒的产量和销量以保障我们人民的身体健康，所以我们国家的经济就面临着极为严峻的困难和挑战。"[34]

因为苏联没有西方国家可交易的金融工具，因此苏联人填补财政预算赤字的唯一方法就是外国贷款或者发行货币——简单地印制更多的卢布来填补收入和支出之间的差距。就像在他们之前统治俄国的那些命运坎坷的沙皇们一样，苏联领导人也选择了后者。

"有人认为我们并没有制订任何计划来弥补因为伏特加酒销量减少而导致的政府预算亏损，我不这样认为，"戈尔巴乔夫在他的回忆录中这样说道，"特殊的经济核算方式将酗酒行为给工业生产带来的损失也考虑进去了。我们的计划是逐渐地减少酒类的销量（我强调一下——逐渐地），在此期间，酒类会被其他流通产品和预算收入来源所取代。"[35] 然而，正如我们所了解到的，苏联并不是逐渐地减少酒类销量的，而是很快地完成了这一过程；而且，并没有可以吸收多余卢布的替代产品。

那么，那些钱都去哪儿了？那些钱都流到了只要出现严厉的酒类管控时多余的钱就会流往的地方——地下市场。

很快就出现了私酿酒蔓延的迹象。正如雷日科夫在与中央政治局的争论中所预见的那样，古巴糖（Cuban sugar）——家庭酿酒的一种主要材料——从货架上消失了。1988年的"糖恐慌"推动了政府在接下来的一年实行严格的糖类定量配给措施。讽刺杂志《鳄鱼》（Krokodil）甚至刊登了一幅政治漫画，上面画着一个长着红鼻子的男人在一家高档餐厅里点了"300杯茶。糖——另放！"[36] 更甚的是，一首流行的苏联民谣让人想起了酿私酒的人通过点燃他们的酒精来测试其酒精浓度的做法：

> 哦，谢谢你，谢谢你，古巴
> 每个俄罗斯人都这样赞扬着你。
> 从每一磅糖中取出一品脱
> 就能燃烧并发出亮蓝色的火焰。[37]

据戈尔巴乔夫的首席经济顾问阿贝尔·阿甘别吉扬说，压死苏联这只骆驼的最后一根稻草不是最初于 1985 年发布的酒类管理条例，而是第二轮酒类零售限制令和 1986 年 7 月物价出现 25% 的上涨。这使得非法酒类产品的生产完全失去控制，使得反酗酒运动的失败成为必然。政府从酒类市场的退出为私人企业创造了巨大的机会；这些企业用劣质的黑市私酿酒来满足人们的需求。[38] 现实情况印证了勃列日涅夫时期一首流行的酒后民歌里所唱的内容：

> 伏特加现在要花掉我们 5 卢布了
> 但是我们不会停止喝酒。
> 将我们的这条信息传达给勃列日涅夫：
> 就算是 10 卢布我们也会买——
> 但是如果价格上涨到 20 卢布——
> 好吧，到时我们就会在冬宫游行
> 然后再一次将其占领。[39]

得益于戈尔巴乔夫的公开性政策，苏联人再也无法隐瞒数据中所暗含的坏消息。苏联政府两年时间里致力于改善民生，私酿酒的蔓延却给了它重重一击。仅在 1987 年就有超过 4 万名苏联人遭受非法私酿酒的毒害，还有另外 1.1 万人死于急性酒精中毒。[40]

最为拮据的饮酒者转向了酒精替代品：从漱口水、古龙水和其他香水，到汽油、蟑螂药、制动液、医用黏合剂，甚至还有一小片面包上的鞋油。在伏尔加顿斯克（Volgodonsk），5 人死于饮用乙二醇，这是制作防冻剂的原料。在军队里，有些酒精饥渴的人把目光转向了苏联的"米格-25 战斗机"（MiG-25），因为在它的液压驱动系统和燃料库里储存着大量的酒精。人们也亲切地给"米格-25 战斗机"起了绰号——"会飞的餐馆"。这些措施或许也导致了非法麻醉品用量的激增。[41]

　　在 1987 年前，人们可以说，税收的减少和人民的不满怨言可以用社会健康和道德状况的显著提升来补偿。但是，私酿酒的猛增摧毁了那些成就，政府再也没什么理由继续实施酒精禁令了。"事实证明，在一个伏特加酒已经成为比卢布更为可靠的货币的国家里，在一个酗酒行为已经导致 70% 的谋杀案的国家里，伏特加酒的影响力远甚于戈尔巴乔夫。"作家维涅狄克特·叶罗菲耶夫采访这位苏联领导人后评论道，"当他看到这些酒精中毒数据时，他说他就简单地放弃了。"[42]

　　到了 1989 年，中央政治局默默承认了自己的失败，悄悄地撤回了对酒精销售的限制令。原本已下降的酒类饮用量数据很快便反弹到改革实施之前的水平，其他的社会指标也是如此：死亡率又一次处于上升趋势，同样上升的还有酒驾死亡人数、自杀人数、谋杀人数以及其他犯罪案例数。[43]

　　不幸的是，政策撤回已经来不及挽救早已陷入恶性通货膨胀这个死循环里的苏联政府预算了。戈尔巴乔夫的顾问阿甘别吉扬预测，国家垄断经营的份额实际上已经被私酒酿造者分割，这给国家财政带来了 80 亿~100 亿卢布的损失。著名经济学家尼古拉·什梅廖夫（Nikolai Shmelev）对此的描述更为直白：

　　　　根据我的计算，在 1980 年代初期，政府占据了酒销售收入的三分之二，而私酿酒生产者占据了三分之一。今天，在人均饮用量保持一致的情况下，政府和私酿酒生产者所占的比例已经颠倒过来了。但政府在将酒收入拱手送给私酿酒生产者的同时，也在过去的两年里加剧了财政预算的不平衡并引发了财政赤字；而今天政府正以一种最危险和最不健康的方式来弥补这一赤字，那就是印钞票。[44]

车臣人、经济学家、俄罗斯最高苏维埃主席（Speaker of the Russian Supreme Soviet）鲁斯兰·哈斯布拉托夫（Ruslan Khasbulatov）认为，只有当反酗酒运动带来的损失不断增加时，"政府才开始印刷没用的纸币，这就是现在通货膨胀的源头"。[45]

在罗曼诺夫皇朝时期，国家财政的亏空导致了恶性通货膨胀、商品短缺和普遍不满情绪，最终致使皇朝覆灭；而戈尔巴乔夫的反酒精限制令给国家财政带来了无法弥补的亏空，推动了苏联人开始转向钞票印刷机寻求解决办法——加剧了恶行通货膨胀、商品短缺和普遍的不满情绪，注定了苏联的失败。戈尔巴乔夫时代正在重演罗曼诺夫皇朝的悲剧。但是，导致苏联解体的还有另一个因素：一个全国性的问题。

> 问：你认为社会主义和共产主义的中间阶段应该叫什么？
> 答：酗酒阶段。[46]

虽然马克思-列宁主义预测了民族认同的逐渐消亡，但苏联人却积极地将其制度化，让民族认同成为联邦制度本身的根基，并在俄罗斯和非俄罗斯的加盟共和国之间创造了一种帝国主义氛围。那些后来脱离苏联的加盟国的民众——特别是波罗的海和高加索这些之前独立的国家的民众——都将苏联时代看作在一个多民族帝国里的一段强制奴役时期。从建设危险的切尔诺贝利式核电站，再到社会的酗酒化发展，每一件事情都被视为"外国"侵略并遭受了公开谴责；这些事情迅速成为人们表达反苏联、反俄罗斯的民族主义情绪的替代品。[47] 因此，戈尔巴乔夫那独特的伏特加政治烙印甚至加速了苏联时代后期脆弱的"中心—边缘"关系的崩溃。

1988 年 1 月，因为纳戈尔诺 - 卡拉巴赫地区（Nargorno-

Karabakh）的归属有争论，高加索地区第一次爆发了不同种族间的骚乱：纳戈尔诺-卡拉巴赫地区是一块居住者多为亚美尼亚族的山地，地理上完全被临近的阿塞拜疆苏维埃社会主义共和国的领土包围。纳戈尔诺-卡拉巴赫地区的亚美尼亚族人要求回到"祖国"亚美尼亚苏维埃社会主义共和国的怀抱中；他们的诉求在纳戈尔诺-卡拉巴赫地区首府斯捷潘纳克特（Stepanakert）引发了小规模的骚乱。这些骚乱在阿塞拜疆激起了反亚美尼亚人的大屠杀行动，并加剧了地区的紧张局势，最终导致信仰基督教的亚美尼亚人和信仰伊斯兰教的阿塞拜疆人各自独立建国。在苏联解体后不久，这些紧张的地区关系演变成了一场极具破坏力的全面战争以及双方的"僵持冲突"，亚美尼亚人实际上——但非法律上——赢得了对纳戈尔诺-卡拉巴赫地区的控制。

　　然而，即使是在 1988 年第一次流血冲突发生前，我们也能看到伏特加酒的身影。1986 年，亚美尼亚人伊戈尔·穆拉迪恩（Igor Muradian）带领一个代表团去到莫斯科，他们带着一份草拟信函，提议将纳戈尔诺-卡拉巴赫地区的管辖权从阿塞拜疆苏维埃社会主义共和国转移到亚美尼亚苏维埃社会主义共和国。这是一个微妙棘手的提案，因为它将开启纳戈尔诺—潘多拉的盒子——重新协商那些由苏联制造但饱受争议的边境问题。然而，他说服了 9 位地位很高的亚美尼亚人签名支持。其中最具价值的签名来自阿贝尔·阿甘别吉扬，戈尔巴乔夫的首席经济顾问，他领导下的位于新西伯利亚的苏联科学院进行了大量支持反酗酒运动的调查研究。然而，当阿甘别吉扬走进房间签署请求转移纳戈尔诺—卡拉巴赫地区管辖权的请愿书时，"他不知道自己要去哪里，也不知道为什么他们会把他带到这里，而且他花了四个小时才签上了自己的名字。在这四个小时里，他喝了大约 2 升伏特加酒"。[48]

　　更重要的是反酗酒运动在高加索地区造成的影响。鉴于当地的地中海气候，高加索地区的大部分地区，特别是格鲁吉亚地区以其葡萄酒酿造历史而著称——就连格鲁吉亚语那蛇形的曲线状也被说成是来自葡萄藤的灵感。因此，相比北边俄罗斯地区将伏特加酒一饮而尽的做法，高加索地区的饮酒文化与欧洲南部饮用葡萄酒的国家更为相似。在苏联南部，红酒也一样成了人们日常生活中不可或缺的一部分，因此严厉的酒精限制措施在这里遭遇了更为激烈的反抗。

这个政府在高加索地区的"过度官僚主义"导致政府甚至当着愤怒抗议的当地人的面，强制拆毁了上百年历史的葡萄园。在黑海的另一边，在有着饮用葡萄酒传统的摩尔多瓦共和国，6 万公顷葡萄——或者说这个共和国葡萄种植面积的 24%——遭受破坏。从摩尔多瓦共和国和克里米亚地区，再到格鲁吉亚共和国及其他地区，反酗酒运动不过是另一项无情的帝国主义式绝对命令，破坏着当地的风俗和经济，并强化了人们的民族主义情绪。[49] 遍及苏联的边缘地区，中央政府的管理不善"让民族主义者呼吁下放经济管理权和政治控制权，给予各加盟共和国对其经济的自主控制权，并最终获得国家独立"。[50]

/ 285

总而言之，正如人们广泛认可的，伏特加政治促成了每一个摧毁了旧时沙皇帝国的因素的形成；伏特加政治也同样加速了苏联自身的解体。从恶化俄罗斯以外加盟共和国的民族主义紧张局势和激起苏联领导集体内部的不满情绪，再到摧毁这个国家的关键的经济支柱，戈尔巴乔夫的反酗酒运动也是造成苏联体制崩溃的另一个重要因素。正如戈尔巴乔夫自己所悲叹的："在我们的社会，人们更习惯于'革命性的飞跃'，而不是长时间的勤勉工作。哎，反酗酒运动成了另一个令人悲哀的实例：因为国家领导层过于相信行政命令的力量，采取了极端手段，让一个原本很好的想法最终无法实现。"[51]

有人提出苏联的伏特加政治埋下了自我毁灭的种子，这种说法并不是在开玩笑。或者，这至少比认为美国总统罗纳德·里根导致了苏联解体的说法要合理得多。但是仍然有人心存疑虑，他们坚持那位"伟大的沟通者"的话隔着半个地球打倒了苏联这个怪兽。

2011 年夏天，保罗·肯戈（Paul Kengor）教授——我们可以认为他是里根政策研究学院的院长，他也是《十字军战士：罗纳德·里根与共产主义的衰落》(*The Crusader: Ronald Reagan and the Fall of Communism*) 一书的作者——为保守主义杂志《国家评论》(*National Review*) 写了一篇名为《预测苏联的解体》(Predicting the Soviet Collapse) 的文章。这篇文章描述了一份长期处于保密状态的 1983 年中央情报局备忘录，这份备忘录的作者是里根的国家情报副总监赫伯特·E.迈耶（Herbert E. Meyer）。最近，这份备忘录因为《信息自由法案》(Freedom of Information Act) 而得以公布；这份 8 页的备忘录写于安德罗波夫时期，它为迈耶赢得了著名的国家情报杰出服务奖章（National Intelligence Distinguished Service Medal），而且肯戈认为它"应该被列为冷战时期最重要的文件之一"。[52] 对此，我同意他的观点。

基于"苏联专家和我所认识的一般消息都很灵通的人——这些人的政治观念和立场是多种多样的"——所进行的"高度可信的研究结果"，迈耶在他那份曾经是机密文件的备忘录中总结道，"苏联所剩的时间已经不多了"。奇怪的是，他从未提及军备竞赛这一里根政策研究者在谈及击溃苏联这一庞然大物时通常都会引述到的事件。相反的是，他指出了伏特加酒不断损害苏联民众的健康，并带来严重的人口问题，这些问题给苏联这样一个复杂的多民族国家未来的经济发展所带来的挑战。

里根很明显被出生率的下降和堕胎数的猛涨造成的"人口噩梦"深深震动。与此同时，迈耶预测"苏联的经济正在往经济危机的方向发展"。而这一预测强化了里根的主张，他认为苏联很快就将被遗忘，被当作"人类历史上相当怪异的一章，而这一章的最后几页就在此刻被书写"。[53]

肯戈的说法附和着里根，他自豪地总结道："赫伯特·迈耶从翔实的研究中推导出了罗纳德·里根已经从直觉中推导出的结论。"[54]

我联系了赫伯特·迈耶，向他询问关于这份详尽且高度可靠的研究——这份研究构成了他那影响深远的备忘录的中心支柱。这份反映了官方意见的分析报告从何而来？

"实际上，我的来源是穆雷·费什巴赫。"迈耶和善地回复道。这位穆雷·费什巴赫就是之前提到过的美国人口普查局研究员和乔治敦大学教授；他关于苏联婴幼儿死亡率的研究结果和对与酒精相关的死亡人数的那一令人担忧的预言都已经被借助公开性政策而新近得以公开的数据所证实。

"我从穆雷本人那里获得了信息，"迈耶说道，"我特别注重时不时地与他闲聊，因为他比其他所有中央情报局的人都更了解这些事情。"[55]

所以，事实证明，里根之所以能有先见之明地批判苏联的弊端，是因为他从一些人那里获得了信息，而这些人理解苏联伏特加政治所带来的非常真实的后果，因为那些抽象的道德原则并没有告诉他这点。这可不是在开玩笑。

/ 第十九章　酒瓶和鲍里斯·叶利钦

苏联的解体与冷战的和平终结都是世界历史上具有变革意义的事件。到了1989年，人们狂热地推倒了柏林墙，将全球的自由化浪潮推向高潮。苏联与柏林同处于一片大陆上，而在苏联的广袤领土上，米哈伊尔·戈尔巴乔夫推行的改革实际上已经把权力分散到15个联合组成苏联的共和国，包括领土最大、最为关键的俄罗斯苏维埃联邦社会主义共和国（RSFSR）。与此同时，俄罗斯人民也加入了波罗的海共和国的民族主义者的队伍，要求在苏联内部得到更大的自主权，之后更是要求直接从苏联独立出来。随着苏联的解体，有人乐观地认为——有史以来第一次——俄罗斯将会加入政治民主化和民族自决化的全球浪潮。虽然俄罗斯将面临艰巨的挑战，但是世世代代以来，俄罗斯第一次有机会与过去专制的——酗酒的——政治传统一刀两断。

然而相反的是，俄罗斯却遭受了一次极为激烈的经济崩溃和社会混乱，这段时间成为俄罗斯历史上酗酒问题最为严重的时期——这可不是一件容易做到的事情。虽然造成俄罗斯独立后的这些灾难的原因复杂多样，但唯一加剧了这些灾难的却是民主的俄罗斯的首任总统。顶着"一个保持传统的改革者"的称号，他在抛弃专制传统的同时也在恢复着这一传统。[1]虽然这位俄罗斯首任选举产生的总统拥护自由和民主，但他却完全是苏联伏特加政治的产物。因此，在处理1990年代俄罗斯所遭遇的千真万确的灾难前，我们必须先面对这位名字在国际层面上已成为饮酒过度的近义词的人：总统鲍里斯·尼古拉耶维奇·叶利钦（Boris Nikolaevich Yeltsin）。

蹒跚着走向出口

1991年，苏联已经处于崩溃中。政府的财政预算出现了巨大的漏洞——而在伏特加酒收入上的损失是产生这一漏洞的重要原因；政府通过印制大量的新卢布来弥补这一漏洞，导致通货膨胀。随着苏联人民手中的货币不断贬值，他们争先恐后地抢购生活必需品，甚至还有食物，但是大多数东西早已从货架上消失。等待购买商品的队伍不断延长，而在队伍中爆发的斗殴和冲突则表明，这样折中的改革不仅会造成经济混乱，而且也破坏了社会稳定。

与此同时，公开性政策的信息公开和东欧卫星国的剧变激励着苏联在波罗的海地区的加盟共和国、格鲁吉亚甚至还有俄罗斯共和国这些地方的民族主义者。民族主义造成的分裂给苏联造成解体的威胁，一个接着一个的共和国先是要求获得自治权，接着又要求独立地位。戈尔巴乔夫希望可以和平调解要求民族自决的压力，他提出了一份新的条约；这份条约将重组苏维埃社会主义共和国联盟，将其变成主权国家联盟（Union of Sovereign States），即一个由独立国家组成的联盟，这个联盟将保有共同的领导层和一致的军事和外交政策。

对于许多苏联爱国者来说，这是一件很难接受的事情，对于戈尔巴乔夫内阁里一群高级别的官员来说更是如此。他们决定不再袖手旁观，不能看着自己所认识的唯一的祖国分崩离析。1991年8月19日——新的联邦条例签署的前一天——他们采取了行动。黎明时分，起床的市民便看到新闻报道，戈尔巴乔夫——那时正在克里米亚的总统度假地休假——突发疾病，并且已无力履行总统职责。戈尔巴乔夫的副总统根纳季·亚纳耶夫（Gennady Yanayev）接任代总统的职位，并成为所谓的国家紧急状态委员会（State Committee on the State of Emergency, GKChP）的负责人。国家紧急状态委员会宣誓将解决严重的消费品短缺问题并恢复苏联人民的"荣誉和尊严"。在这一宣言发布后，媒体被紧急控制起来。所有的集会和街头抗议活动都被宣布为非法活动。政府强制推行戒严令，坦克也行驶在莫斯科的大街小巷上。

这是一场军事政变。而且就像过去俄罗斯帝国时期的每一场军事政变一样，到处都渗透着伏特加酒的味道。

　　据目击者称，8 月 18 日，一个周日的下午，当军事政变计划的执行者、克格勃主席弗拉基米尔·克留奇科夫（Vladimir Kryuchkov）将副总统亚纳耶夫和总理瓦连京·帕夫洛夫（Valentin Pavlov）召唤到克里姆林宫的时候，他们两人正在外与朋友喝酒。"亚纳耶夫走路跟跄跄跄的，还伸手要拿酒。"戈尔巴乔夫在回忆录中这样写道。值得怀疑的是，亚纳耶夫和其他阴谋者，在这场最终搞砸了的为期 3 天的军事政变中，是否有一刻是保持神志清醒的。[2]

　　共同参加了这场阴谋的国防部部长德米特里·亚佐夫（Dmitry Yazov）随后证实，不仅亚纳耶夫"喝得很醉"，其他阴谋策划者也是一样：克格勃主席克留奇科夫、内政部部长鲍里斯·普戈（Boris Pugo），甚至还有亚佐夫元帅本人。据亚佐夫接受审判时提供的证词，帕夫洛夫从一开始就因为头痛和未指明的疾病而无法工作。帕夫洛夫借助酒精服用高血压药，随后便陷入昏迷，人们只得把他从卫生间里拖出来。"我见过他两三次，每一次他都喝得烂醉如泥，"亚佐夫证实道，"我认为他这么做是故意的，为了退出这场政变。"[3]

　　无论政变的失败能否被归咎于酒精，阴谋者们忘记了武力接管政权的首要规则：压制你的对手。阴谋者的主要对手是鲍里斯·叶利钦，他刚在一年前成功被公众选举为俄罗斯共和国的总统——俄罗斯共和国是组成苏联的 15 个加盟共和国里面积最大、最为重要的一个共和国。叶利钦拥护自由化、民主化，以及将权力从克里姆林宫下放到各个共和国。然而，虽然克里姆林宫里的阴谋策划者派出了克格勃和军队到了他的别墅，但不知道为什么，他们从来没有下令逮捕他。

　　8 月 18 日，一个星期日，叶利钦正在阿拉木图（Almaty），刚刚结束一次周末旅行；这次旅行的目的是巩固与哈萨克共和国及其总统努尔苏丹·纳扎尔巴耶夫（Nursultan Nazarbayev）的关系。在经历了星期六漫长的关于签署友好条约的讨论后，他们在星期日的早晨就开始饮用伏特加酒。"叶利钦确实喝醉了。"纳扎尔巴耶夫回忆道。当时摇摇晃晃的俄罗斯总统正试图去骑纳扎尔巴耶夫刚送给他的那匹雄健的黑色骏马。"一开始，他总是从马鞍的一侧滚下来，接着又从另一侧滚下来；他的安保人员想尽一切办法不让他掉下来，而这个时候这匹马则不断乱踢和暴跳，情况十分危险。"在安全脱离危险后，这些代表转移到坐落在阿拉木图北部的塔尔加尔峡谷（Talgar Gorge），欣赏风景优美的山区河流。在那里，令叶利钦的顾问们感到惊慌的是，喝醉了的叶利钦试图跳入寒冷的湍急水流中，而在水流遮掩下就是参差不齐的岩石。在不情愿地转向一处较为平静的回流水区后，叶利钦接着就叫人拿酒以暖暖身子。随后的送别午宴上，又有更多的伏特加酒。纳扎尔巴耶夫知道他这位客人嗜酒，便下令架起一个毡房（yurt）——草原游牧民族的传统帐篷——以供叶利钦在宴会结束后小憩。而当粗暴的叶利钦出现时，他甚至还呼吁人们举杯更多次，这进一步推迟了回国的航班。"我不得不命令警方清走机场的每个人，以免任何人看到俄罗斯总统的这个样子。我们不得不推着他登上飞机的舷梯，以让他可以坐上他自己的飞机。"纳扎尔巴耶夫回忆道。他并没有意识到正在莫斯科等待着叶利钦的重大事件。[4]

而在莫斯科郊外，叶利钦的别墅里，叶利钦突然醒来，唤醒他的不仅是剧烈的头痛，还有国家紧急状态委员会接管了政治权力的新闻。很快，叶利钦的高级助手和惊慌的反对派人物就来到了别墅里，包括叶利钦的心腹和保镖亚历山大·科尔扎科夫（Aleksandr Korzhakov），俄罗斯立法机关主席鲁斯兰·哈斯布拉托夫（Ruslan Khasbulatov），受欢迎的莫斯科副市长尤里·卢日科夫（Yury Luzhkov），甚至还有阿纳托利·索布查克（Anatoly Sobchak），那座最近被重新命名为圣彼得堡的城市的市长。

叶利钦惊讶地发现，他的传真和电话仍能使用。宿醉刚醒的他开

/ *290*

始打电话：他首先打给纳扎尔巴耶夫，这个前天晚上还在招待他的哈萨克人。

"鲍里斯·尼古拉耶维奇，你那边发生什么了？"

"我不知道，"叶利钦含混不清地说道，"但我想这是一场真的政变，我们必须做好准备应对最坏的情况。"[5]这位总统计划斥责这次夺权，呼吁人们非暴力地反抗，并在莫斯科市区举行抗议活动。在苏联时期，莫斯科不仅是苏联的首都——苏联政府从克里姆林宫发号施令，管理着全国——也是俄罗斯苏维埃社会主义共和国的首都；俄罗斯共和国政府的办公地点"白宫"（White House）——一座高耸的议会大厦——坐落在莫斯科河河畔，克里姆林宫正西方大约3000米处。白宫是俄罗斯人反抗苏联，进行民族自决的标志——叶利钦要去的地方就是那里。

为安排一条安全通道，叶利钦给伞兵部队指挥官帕维尔·格拉乔夫（Pavel Grachev）打了电话；叶利钦是在几个月前一次伏特加酒宴上认识他的。空军部队指挥官亚历山大·列别德（Aleksandr Lebed）（他也因支持叶利钦而升至高位）在描述叶利钦和格拉乔夫的相遇时只是简单地引用了一千年前基辅的弗拉基米尔大公的名言："喝酒是罗斯人的乐趣——虽然整个骑兵队都在袭击着那些开放式酒吧［brazhnyi stol］，但这个历经数世纪的传统却没有被打破。"[6]

在格拉乔夫和列别德的支持下，叶利钦的随行人员前往白宫的过程出乎意料得顺利。此时，大量的抗议者已经在白宫设立了保护性路障。非暴力的抗议者劝降了被派遣到白宫的坦克部队，使他们反过来保卫叶利钦和俄罗斯共和国的领导人。在一个全球新闻媒体所捕捉到的象征性时刻里，叶利钦——昂然不惧狙击手射击的威胁——英勇地爬上一辆坦克的炮塔，面向人群演讲；他斥责着这场政变，并呼吁举行全国性的大罢工。在叶利钦获得抵抗运动的领导权之后，有目击者回忆叶利钦在白宫的时候是如何严厉地拒绝别人递给他伏特加酒的。他声称在这生死存亡的危急时刻，"我们没有时间喝酒了"。[7]

在叶利钦领导下的白宫里，人人都表现出充沛的精力和紧张的心情——每个人都是严肃而清醒的——这和仅仅几个街区外的政变阴谋者形成强烈的对比。那天晚上，身着灰色衣服的亚纳耶夫和国家紧急状态委员会的强硬分子举行了一场新闻发布会；这场发布会通过电视向苏联以及全世界转播。出人意料的是，不顺从的记者们口气强横地质疑这场政变的合法性。整个国家和全世界都聚焦于喝醉了的根纳季·亚纳耶夫那双颤抖的手，并将其作为阴谋策划者优柔寡断、政变破产的证据。"[这幅]令人震惊的场景使这些人的昏庸无能暴露在公众的监督之下，"俄罗斯历史学教授唐纳德·J.雷利（Donald J. Raleigh）回忆道，"根纳季·亚纳耶夫的脸因为疲劳和饮酒而肿胀起来，新闻发布会上的他还不断抽噎着；他艰难地应对着发布会上那些尖锐的问题。他颤动的双手和发抖的声音都传达出一个无能虚伪的昏庸形象；他就好像是讽刺漫画里那种典型的勃列日涅夫时期喝醉的共产党官员形象。"[8] 他正好就是那样的人。

面对不断高涨的反对声音，以及不愿服从命令的军队，这场政变在8月21日宣告破产。警方开始逮捕政变策划者。当政府人员敲响内政部部长普戈家的大门时，他选择了枪杀妻子然后自杀。其他阴谋者则在酒瓶里寻求庇护：就在当局前去逮捕帕夫洛夫时，他正喝得大醉。"但他不是简单的喝醉了，"克里姆林宫的医生德米特里·萨哈罗夫（Dmitry Sakharov）表示，"他已经接近陷入歇斯底里的状态了。"当语无伦次的副总统亚纳耶夫被人们从他在克里姆林宫的办公室——办公室地上——带走的时候，他甚至已经醉到认不出前来逮捕他的人正是他曾经的战友。[9]

在随后对国防部部长德米特里·亚佐夫的审讯中，审讯者问他是如何失去对自己军队的指挥权的。他指责"叶利钦的私人好友"指挥下的军队；他暗指的是格拉乔夫。"而第二天开始的时候，我看到运进来一大车的伏特加酒，是派发给士兵们的，"亚佐夫声称，"这就是他们怂恿士兵背叛自己职责的方式。想象一下，装甲运兵车里坐的全是喝醉的人！这是一种完全不同的威胁。"[10] 虽然亚佐夫这大胆的说法跟伊丽莎白女皇赢得帝国军队支持并在 1741 年登上皇位（以及后来叶卡捷琳娜大帝以同样的方式继承帝位）的方式有着惊人的相似之处，但能证实他这些说法的证据却是少之又少。

对亚佐夫的审讯是在 8 月 22 日，与此同时，如释重负的米哈伊尔·戈尔巴乔夫乘坐飞机平安地降落在莫斯科的伏务科沃（vnukovo）机场，和他一起的还有他那明显看得出受到惊吓的家人。莫斯科看起来还是跟之前一样，但是，在他不在的这短短几天里，这个国家已经发生了彻底的改变：即使他名义上仍保有最高领导权，但是叶利钦清醒地领导着反抗活动，这极大地增加了他的政治合法性。特别是将他与那些戈尔巴乔夫自己任命的、酗酒成性的国家紧急状态委员会成员做对比时，叶利钦的政治合法性就显得尤为突出。

在接下来的几个月里，共产党的合法地位被取缔。随着一个又一个的联邦共和国宣布独立，戈尔巴乔夫和他领导下的苏联早已过时，被进一步边缘化了。虽然那场政变造成了灾难性的破坏，但它并不是导致苏联解体的原因。导致苏联解体的事件发生在 1991 年 12 月，俄罗斯苏维埃联邦社会主义共和国、乌克兰苏维埃社会主义共和国和白俄罗斯苏维埃社会主义共和国——这三个共和国最初创建了苏维埃社会主义共和国联盟——的代表聚集在白俄罗斯境内一个狩猎小屋里，签订了《别洛韦日协定》（Belovezh Accords），从法律层面上正式解散了苏联，这使得米哈伊尔·戈尔巴乔夫成为一个没有归属国家的总统。

欣喜的俄罗斯总统鲍里斯·叶利钦联同乌克兰共和国总统列昂尼德·克拉夫丘克（Leonid Kravchuk）、白俄罗斯最高苏维埃主席斯坦尼斯拉夫·舒什克维奇（Stanislau Shushkevich）协商最终解散苏联的事宜。然而，不同于他在坦克上所表现出来的坚定信念，叶利钦在最终战胜对手戈尔巴乔夫的过程中，却是"像传统的方式那样喝得酩酊大醉"。事实上，据目击者回忆道，叶利钦醉得很厉害，以至于当人们打开大门举行庆祝典礼的时候，他正从椅子上摔下来。据一位目击者称：

> 所有人开始走进房间，然后看到了这一壮观的场景：舒什克维奇和克拉夫丘克一起将叶利钦那庞大的身躯拖到沙发上。俄罗斯代表很从容镇定地应对这一突发事件。他们将叶利钦带到隔壁的房间里让他睡了一觉。叶利钦的椅子就那样空着了。最后，克拉夫丘克坐上叶利钦的椅子，并接替他履行了作为主席的职责。克拉夫丘克简短地向每个人介绍了他们的决议；介绍完后，他说："有一个问题我们必须马上做出决定，因为联邦的存亡就取决于此：不要给他灌太多酒。"每个人都点了点头。他们完全理解克拉夫丘克说的是什么。[11]

两周后的 1991 年 12 月 21 日，苏联正式解体；在哈萨克斯坦的阿拉木图，11 位苏维埃共和国领导人——他们所领导的国家即将成为前苏联共和国〔这 11 个国家并不包括已经脱离苏联的波罗的海三国（爱沙尼亚、拉脱维亚、立陶宛）和格鲁吉亚共和国〕——签署了组成独立国家联合体的协定，这个邦联性质的组织将取代戈尔巴乔夫领导下的苏联。当聚集在一起的各国总统讨论着戈尔巴乔夫的退休方案时，叶利钦又是处于喝醉的状态——他只是偶尔抬起头喃喃低语一句"你说的不错"，然后就昏过去了。人们只能再一次把他抬出了房间。

"这太糟糕了！谁在统治着俄罗斯？"傲慢的亚美尼亚总统列翁·特尔-彼得罗相（Levon Ter-Petrossian）向叶利钦的一位助手

咆哮道，"那你们俄罗斯人要怎么办啊？我们才不羡慕你们呢。"[12]

就这样，独立的俄罗斯诞生了。

角色互换

冷战的结束和苏联的解体在很大程度上都是和平进行的；然而，俄罗斯在这之后经历的政治混乱、经济崩溃和人口危机却与那些在战争中被击败的国家很相似。在这一片混乱中，鲍里斯·叶利钦所面对的是一堆几乎难以完成的任务：他不仅需要把俄罗斯转变为一个民主国家，从一个计划经济体转变为一个市场经济体，而且也需要把俄罗斯从一个陈腐破旧的国家转变为一个现代化的民族国家；他还要面对新划分的国界和 14 个全新的邻国。然而，或许叶利钦所面对的最大的苏联遗产便是伏特加政治。

/ 293

暂且不谈那些有关民主的表演部分，鲍里斯·尼古拉耶维奇·叶利钦是苏联体制的产物；他的性情体现了这一点。年轻的鲍里斯成长于艰苦的乌拉尔乡村地区，是一个冒险家——他曾经砸开过一个从当地陆军仓库偷来的手榴弹，并因此失去了自己左手的大拇指和食指。受坚决反对酗酒的父母和老师的影响，叶利钦也成为一个坚定反对酗酒的人。即使是在十几岁的时候，叶利钦也容忍不了酒鬼醉汉：据人们所知，他曾经从同学们手中夺过伏特加，并将其扔在地上。[13]

叶利钦坚定的禁酒态度也随着他在共产党内的逐步晋升而有所动摇；在共产党内部，所有晚宴、庆典或事务处理都离不开酒精。到 1976 年，叶利钦已经被提拔为斯维尔德洛夫斯克（Sverdlovsk）[叶卡捷琳堡（Ekaterinburg）]地区的党委第一书记——实际上他成了这个国家最重要的一个地区的管辖者。第二年，克里姆林宫委派叶利钦在半夜的时候拆除反苏联激进主义者抵抗到底精神的象征物：位于斯维尔德洛夫斯克地区的伊帕切夫别墅（Ipatiev House）。回到 1918年，沙皇尼古拉二世及其家人正是在这里被枪决。[14] 在党内，叶利钦成为一个备受欢迎的宴会主持人。他会带宾客和下属去西伯利亚荒野中进行一场狩猎旅行，而这些旅行往往都充斥着伏特加酒的身影。这些酒后放荡的行为跟斯大林时期、伊凡雷帝时期和彼得大帝（叶利钦公开表示彼得大帝是自己心中的英雄）时期的那些宫廷动态极其相似，只不过规模要小得多；这些放荡行为也跟往常一样有着潜在的好处。"无论是在工作时还是在旅途中，甚至是在闲暇时间里，鲍里斯·尼古拉耶维奇都牢牢控制着每个人，这使得他可以了解到关于所有同事的一切，即使是最为私密的事情也不例外。"这些同事中的一人，维克多·曼纽欣（Viktor Manyukhin）回忆道："最重要的是，这使他得以亲眼看到没有人结党反对他。正相反的是——所有人在每一件事上都全力支持着他。"[15]

叶利钦的饮酒很少干扰到他的工作，而且叶利钦绝不容忍那些让伏特加酒妨碍工作的人——他甚至曾因为醉酒行为而开除了工厂厂长。[16]叶利钦充满热情地投入党内工作，这引起了伊戈尔·利加乔夫的关注。滴酒不沾的利加乔夫出生在叶利钦家乡附近的托木斯克地区；他后来成了叶利钦的政治赞助者。1984年，利加乔夫到访斯维尔德洛夫斯克地区；之后他留意到叶利钦从不喝酒。如果他喝酒，那么我们就不禁要怀疑著名的"禁酒主义者"利加乔夫和戈尔巴乔夫是否还会把叶利钦调往莫斯科，将莫斯科党委第一书记（实际意义上的市长）一职托付于他甚至提拔他成为中央政治局候补委员。[17]

没过多长时间，坦率直言的叶利钦就与戈尔巴乔夫起了冲突。1987年，在一次共产党全体会议上，叶利钦严厉地批评了经济改革过于缓慢，他警告说一种极其危险的对戈尔巴乔夫的个人崇拜正在形成，随后他又要求辞去自己在中央政治局的职务。这是一个大新闻：从来没有人自愿辞去中央政治局的职务——从未有过。如此大胆的行为提高了叶利钦的声望，使他成为俄罗斯自由主义者眼中的英雄人物；这些自由主义者认为正是叶利钦坚定的原则性使他采取了这样的立场；而那天参加了会议的其他共产党领导人则用"坚定"的反义词来形容叶利钦。他们描述中的叶利钦是一个"无法完全控制自己想法"的人；他的讲话"语无伦次"。叶利钦的一位支持者称，"我都可以闻到他呼吸中的酒精味。他很可能整晚都在喝酒"。[18]

戈尔巴乔夫及共产党领导层按惯例斥责着叶利钦。外界对叶利钦接二连三的指责使得他——自诉胸口疼痛——住进了医院。后来，有消息透露他出现过一次精神崩溃。从身体和心理两个层面上退出政治将成为叶利钦政治生涯中一个典型的模式。[19]

戈尔巴乔夫已经名副其实地终结了叶利钦的政治生涯，而正在此时，这位总书记的民主化改革开始显露出政治救赎的可能性。1989年，苏联举行了一场竞争激烈的差额选举，以组建新的国民议会：人民代表大会（Congress of People's Deputies，CPD）。叶利钦以92%的支持率的绝对优势当选莫斯科代表，并且很快就获得了领导层的一个职位。1990年3月，叶利钦再次当选，这一次是被选为俄罗斯共和国议会议员，而他也很快就被委任以最高职务：主席团主席（chairman of the Presidium）。1991年6月，1991年8月那场政变发生的两个月前，叶利钦再次以压倒性优势赢得选举，成为苏联俄罗斯苏维埃联邦社会主义共和国第一位民主选举出的总统。赢得了57%的支持率的叶利钦战胜了戈尔巴乔夫所支持的尼古拉·雷日科夫，而雷日科夫只获得了16%的支持率。叶利钦的政治生涯经历了如此戏剧性的晋升、失意和重新崛起；而在此期间，叶利钦一直保持着适度饮酒的习惯。外国高官、亲密伙伴，甚至还有剑拔弩张的政治对手的描述都证实，在这些年里，叶利钦很少像晚年那样饮酒过度。[20] 在那场喧闹的八月政变中，叶利钦所表现出来的坚定领导力可以被认为是那些年的一个缩影。

但当苏联解体，叶利钦取代戈尔巴乔夫进入克里姆林宫的时候，一切就都变了。叶利钦那位忠诚的酒友/保镖亚历山大·科尔扎科夫——

他曾经和叶利钦一起站在那辆坦克上——成了叶利钦最亲密的心腹。作为叶利钦核心圈子这个重要政治决策地的守门人，科尔扎科夫凭借自身的努力成了一个有权有势的政治角色。同样重要的是，科尔扎科夫也成为叶利钦醉酒行为的主要控制者。他是促使叶利钦酗酒的人——他确保总统的豪华轿车后备厢里总是装满了叶利钦最爱的伏特加酒、掺有法国白兰地酒的香槟酒、小酒杯和开胃菜。然而，据克里姆林宫的消息人士称，科尔扎科夫是唯一一个"可以用手捂住鲍里斯·尼古拉耶维奇的酒杯并说'够了'"的人。但是几乎没有什么证据证明他经常这么做。他们两人形影不离——无论是在网球场上，桑拿房里，还是深夜的别墅里，科尔扎科夫和叶利钦几乎总是在一起喝酒。叶利钦的妻子奈纳（Naina）和女儿反复地试图进行干预，却徒劳无功。她们公开讽刺科尔扎科夫，说他给叶利钦灌酒只是为了保住自己的政治地位。而与此同时，叶利钦的饮酒量在 1990 年代前期飙升。[21]

总统在这个时候酗酒无疑是最糟糕的：他正在引导着俄罗斯从苏联时期的行政指令驱动体制转变为一个有效的市场驱动经济体，俄罗斯需要他的坚定领导。1992 年 1 月 2 日，叶利钦宣布了一项用以稳定宏观经济的"休克疗法"（shock therapy）方案；该方案包括立即放开对价格、货币和贸易的管控。当时人们认为，就像撕掉一张创口贴一样，这一朝向市场化的巨大飞跃所带来的痛苦将会是短暂的。事实却并非如此。价格管控的结束意味着囤积的商品很快就会重新出现在商店货架上——但是这些商品的价格反映了市场的需求，因此价格也高到很多人都无法承受。信贷紧缩使得历史久远、没有竞争力的苏联公司无法维持经营，进而导致了失业率的猛增。恶性通货膨胀彻底耗尽了人们一生的储蓄，使得数以千万计的人陷入一贫如洗的状态，同时也使俄罗斯陷入了一次长达 10 年的经济衰退。这一场经济浩劫也反映在了社会和人口数据上：酗酒现象肆虐，而自杀人数也激增。男性的人均预期寿命——在 1987 年，反酗酒运动达到高峰时，这一数据曾上涨到人均 65 岁——在 1992 年跌落到人均 62 岁。两年后，这个数据已经跌至人均 58 岁以下了：这些数据预示着一场和平时期的人类历史上绝无仅有的人口灾难。俄罗斯的衰退正是如此剧烈。[22]

针对叶利钦所实行的这些令人痛苦的经济改革措施，发出最犀利反对声音的人中就包括几个月前叶利钦最亲密的同盟伙伴：他那位民族主义的竞选伙伴、副总统亚历山大·鲁茨科伊（Aleksandr Rutskoi）；他公然抨击这些改革措施是"经济层面上的种族灭绝"。[23]俄罗斯立法机关主席鲁斯兰·哈斯布拉托夫——他曾经与叶利钦一起反抗政变——现在也呼吁弹劾叶利钦。根据宪法，鲁斯兰·哈斯布拉托夫领导下的立法机关——国家杜马——拥有比总统更大的权力。但考虑到总统需要在危机时刻更快做出决策，立法机关成员已经允许总统可以暂时通过颁布总统法令来统治国家。而现在，国家杜马成员则想从叶利钦手里收回他们自己的权力，因为他们发现叶利钦愈加地沉醉于权力……还有伏特加酒之中。

1993 年 3 月，在国家杜马，叶利钦在捍卫自己的政策时讲话含混且语无伦次，这给立法委员"造成一种奇怪的印象"。他的反对者公然斥责总统是一个酒鬼。而当叶利钦离开会议厅的时候，《库兰蒂报》（Kuranty）的一位记者直截了当地问他是否一直在喝酒。叶利钦停下了脚步。

"你闻闻我的口气！"叶利钦说。

"而说出这句话之后，"大卫·雷姆尼克（David Remnick）这样描述着，"这位地球上面积最大的国家的领导人朝着第四阶级的新闻记者脸上呼了一口气。"

"然后呢？"

这位记者承认他并没有闻到酒精的气味。[24]

到 1990 年代早期，叶利钦醉酒的癖好已经成为一种传说。虽然所有的传说都是借由夸张说法而得以流传，但传说的存在和传播也依赖于观众是否愿意相信这些传说。当然，叶利钦很少采取行动来消除这一印象，而他的饮酒习惯和身为领导人所承担的巨大负担也对他的身体健康造成了明显的负面影响。他在国家杜马内的反对者不放过任何可以让叶利钦成为政治笑柄的机会，强调他就像旧时勃列日涅夫时期老人政府里的那些酗酒的落伍者。哈斯布拉托夫本人"经常告诉记者，总统只不过是一个反复无常的酒鬼，我们不能将核武器的开关托付给他"。[25]

因为与总统闹矛盾，所以国家杜马就让人民来决定：1993 年 4 月举行的一场全民公投就向人民抛出这样一个问题：这些大失所望的选民是否仍对叶利钦和他的政策抱有信心。就在这次关键投票举行的前 3 天，叶利钦与著名人权倡导者艾琳娜·邦纳一同出现在一场在圣瓦西里大教堂（St. Basil's Cathedral）后面举行的大规模集会上；邦纳是严厉的禁酒主义者和苏联异见分子安德烈·萨哈罗夫的遗孀。邦纳震惊于叶利钦酩酊大醉的状态，她夺走了这位俄罗斯总统手中的话筒。[26]叶利钦在这场公投中侥幸取胜，只有 53% 的民众支持他的改革。

随着双方对政治权力的争夺和经济改革陷入停顿，各种指控、声明和法律调查疯狂地四处传播。几个月前还是叶利钦盟友的哈斯布拉托夫，现在嘲笑着叶利钦的每一次行动，声称"在叶利钦喝过几杯"酒之后，他就什么都会同意。[27]

1993 年 9 月 21 日，叶利钦通过电视转播大刀阔斧地解决了问题。虽然国家杜马的权力来自宪法的授权，但是叶利钦认为自己在全民公投中的险胜进一步巩固了他的合法地位。他将违背宪法赋予他的权力并解散国家杜马——实际上他也将推翻自己的政府。摄像机记录下了这一切而叶利钦的话也传遍了俄罗斯以及全世界；镜头之外，叶利钦引人注目地伸手到他的右边，并镇定地啜饮着一个白色杯子里的茶。这一信号既响亮又明确：不，叶利钦没有喝醉。他是非常认真的。[28]

讽刺的是，哈斯布拉托夫、副总统鲁茨科伊以及他们的支持者接下来所做的事情正是两年前叶利钦才做过的事情：占领白宫，布置路障，并谴责在克里姆林宫发生的政变。尽管白宫的供电、热水和电话线都被切断了，但是国家杜马仍旧投票决定弹劾叶利钦，并选出鲁茨科伊来替代他。因为有两个人都宣称自己是俄罗斯总统，一场内战的威胁正在逼近。当被问到叶利钦是否敢猛攻白宫的时候，鲁茨科伊只是半开玩笑地说："这取决于这位总统喝了多少酒。"[29]

在经过了几天的紧张对峙后——包括白宫的准军事部队成员对位于奥斯坦金诺电视塔（Ostankino TV tower）的全国媒体中心发动的一次致命袭击——10月4日，叶利钦做了两年前国家紧急状态委员会无法做到的事情：他下令朝自己的国家杜马开火。在他的酒友和时任国防部部长帕维尔·格拉乔夫的勉强支持下，叶利钦命令坦克炮轰白宫较高的楼层，使之陷入一片火光中；与此同时，白宫外爆发了一场激烈的交火，还有平民被卷入战斗中。

鲁茨科伊那次嘲弄的暗讽成了正确的预言：叶利钦领导下的克里姆林宫高层官员后来谈到格拉乔夫领导下的国防部是如何做出攻击决定的，而参与决策过程的叶利钦"已经丧失工作能力了"。据这些消息人士透露，"他那些喝醉了的随行人员……扶着叶利钦靠在国防部某间休息室的墙上，并且不让任何人靠近他"。当他手下的高层官员策划攻击行动时，叶利钦则一个人待着，只有科尔扎科夫负责传递消息。[30]

最后，科尔扎科夫和国防部部长格拉乔夫匆匆拼凑齐了所必需的装备，勉强召集了一群士兵，以攻占白宫、囚禁国家杜马领导人并避免俄罗斯陷入内战。科尔扎科夫回忆道，在逮捕白宫里的谋反者时，"没有一个议员带有酒精的臭味，而且在我看来，他们的外表很整洁〔akkuratnyi〕"。但叶利钦就不是这样了：刚结束自己历史使命的科尔扎科夫就发现叶利钦正在宴会大厅里饮酒。"我很震惊地发现，早在我们取得胜利前，人们就已经在庆祝胜利了。"而当后来抵达的人将某种程度上可称为"战利品"的一个物品——叛逆者哈斯布拉托夫的私人烟斗——赠送给总统的时候，喝醉了的叶利钦在房间的一个角落里将其砸得粉碎并笑了起来。人们接着又喝了更多轮的酒。[31]

数百名莫斯科市民在这次所谓的十月事件（October Events）中失去生命。白宫——新近的俄罗斯独立愿望象征——现在布满了炮击留下的坑洞和失火留下的焦痕。虽然叶利钦领导下的克里姆林宫很快就修缮并重新粉刷了这座建筑物，但俄罗斯这一极深的政治裂痕无法被如此简单地修复。国家杜马被解散了，叶利钦继续通过颁布总统法令来统治国家，直到一场全民公投创建了一个全新的、更听话的立法机关，以及一部将大多数政治权力授予总统的新宪法——一个饮酒越来越不受控制的总统。

酗酒行为走向国际

到了 1994 年，叶利钦的酗酒问题已经从一个公开的秘密发展成为一个国家级的尴尬。8 月，叶利钦作为德国总理赫尔穆特·科尔（Helmut Kohl）的嘉宾，参加了纪念最后一批苏联军队撤出东德的仪式。俄罗斯代表团乘坐的飞机于日落的时候降落在柏林。那天晚上，叶利钦受到了间发性失眠的困扰。深夜，叶利钦召唤了科尔扎科夫和国防部部长格拉乔夫。据说，格拉乔夫认为"他与叶利钦喝的每一杯伏特加酒都是自己将军肩章上的又一颗五角星"。[32]

很明显，格拉乔夫那天晚上赢得了很多颗五角星，因为他们一整夜都在喝酒，直到叶利钦第二天公开露面。在整个上午的庆祝活动过程中，总理科尔都不得不反复搀扶着这位摇晃的俄罗斯总统。而到了午宴的时候，他更加站不稳了：叶利钦点了一杯咖啡想要让自己清醒一下，但他却很快就把咖啡洒在了自己的衬衫上。幸运的是，他的随行人员总是带着一件备用衣服。与此同时，在当地市政厅外的广场上，一支由警察组成的铜管乐队聚集在一起，为即将离开的军队演奏小夜曲。当着一整群惊呆的领导人、外交官和记者的面，喝醉了的叶利钦夺走了乐队指挥的指挥棒，并且"在乐队演奏的时候，稀里糊涂地拿着指挥棒冲着空气乱挥了好几分钟"。[33] 接着，他抢过了话筒，自己含混不清地唱起了俄罗斯民歌《雪球花》（*Kalinka*），然后又向正在窃笑的目击者抛飞吻。

媒体很快就将叶利钦的丑态传播到世界各地。这在娱乐西方观众的同时，也羞辱着俄罗斯人。俄罗斯仍沉浸在失去了超级大国地位的痛楚之中；对于这个骄傲的国家而言，这是一场公共关系灾难。俄罗斯才遭受了无尽的苦难：半个世纪前，苏联红军是如此英勇地一路冲进柏林以推翻阿道夫·希特勒的统治……难道他们就这样离开了吗？

总统的高级顾问们考虑过全体辞职，但他们最终试图对叶利钦进行干预。接下来的一个月，在前往度假城市索契（Sochi）的飞机上，科尔扎科夫亲手递给叶利钦一封信，这封信随后被媒体称为"助手们给他们的苏丹所写的一封信"。这或许是俄罗斯历史上最令人震惊的一封信；这份文件公正地列举了即将来临的 1996 年选举和叶利钦在柏林表现出的缺陷所带来的巨大挑战。

> 最重要的一点是您对自己健康的疏忽——您的身体健康已经成为俄罗斯著名恶习的牺牲品了。这种恶习在某种程度上加剧了您的自满和自负，而这两种态度又导致您妄自尊大、党同伐异，听不进不好的消息，以及喜怒无常，偶尔还会辱骂别人。
>
> 我们之所以严厉且公开地讨论这些，不仅是因为我们相信您是一个强大的人，也是因为您的个人命运、您的典范作用与俄罗斯转型的命运紧密相连。一个堕落的总统也会极大程度地使俄罗斯这个国家本身堕落。我们无法允许这种事情发生。[34]

明显已经喝醉的俄罗斯总统鲍里斯·叶利钦（左边）在苏联军队正式撤出德国的仪式上接受马特维·布尔拉科夫上将的拥抱，而德国总理赫尔穆特·科尔正在一旁看着

来源：考比斯图片（Corbis Images）/沃尔夫冈·库姆（Wolfgang Kumm）

任何外交语言都无法软化对叶利钦如此直言不讳的剖析。然而，他们所给出的实践性建议则更加令人恼火。第一项建议是"针对您对待自身健康和有害习惯的态度果断地进行重新评估"。为此，他们督促叶利钦停止"出乎意料地消失然后又进行康复治疗"；做好一个公开和民主的总统，树立更好的形象；摒弃奢靡做派、孤僻风格及其他的"沙皇式嗜好"；以及找到更加文雅，而不是最终让自己去到宴会桌旁的方式来放松自己。

"所以呢？"克里姆林宫的助手们询问着那些与叶利钦一同坐在飞机上的人，"他的反应如何？"

"他咆哮了起来。"

在读完这封信后，叶利钦怒斥着他的那些顾问，甚至还有科尔扎科夫："你们怎么能允许这种事情发生？！"虽然后来他承认这封信给自己敲响了警钟，但很明显叶利钦花了一些时间才充分理解了这封信传达的信息。在长达 6 个月的时间里，这位不安的总统拒绝与他的顾问们握手，在一些场合甚至拒绝与他们交流。[35] 为了表明自己的立场，叶利钦将这些胆敢冒犯他的助手从接下来一个月里前往北美洲和欧洲的高层访问人员名单中排除——这次出行将以更为尴尬的场面收场。

比尔和鲍里斯

你不能责怪理查德·尼克松为人冷漠。1993 年 1 月，这位共和党前总统不仅庆祝了他的 80 岁生日，还见证了比尔·克林顿——一个民主党人——的总统就职仪式，他战胜了尼克松的密友，乔治·H.W. 布什。而现在，仅仅几天后，尼克松就已经在就如何与俄罗斯人打交道向克林顿领导下的政府提供建议了。他对叶利钦的对手们弃置不提，他鼓励新政府支持叶利钦。"他或许是个酒鬼，但他也很可能是那个乱七八糟的国家里我们所能找到的最好人选。"[36]

尼克松曾在 1950 年代那场所谓的厨房辩论（Kitchen Debate）中对决过夸夸其谈的尼基塔·赫鲁晓夫，也曾在 1970 年代与列昂尼德·勃列日涅夫打过交道，经历了他的那场饮酒竞赛。尼克松在分析俄罗斯领导人和他们的怪癖方面，占据着独特的地位。

"他是在游说已经改变信仰的人，"听完尼克松的建议之后，克林顿笑道，"实际上，他是在游说那些说客！"就在几天前，克林顿还给叶利钦打过电话，表示牢固的美俄关系是美国外交政策的首要重点。叶利钦几乎没怎么听，他的回答也是含混不清且语无伦次的。"这是我了解过的人里，唯一一个需要严厉的爱的人。"后来面对他的顾问斯特罗布·塔尔博特（Strobe Talbott），克林顿一边低声轻笑，一边这样说道。仅是为了安全起见，接下来的八年中这两位总统之间的 50 通电话都由克林顿的助手们全部安排在莫斯科正餐时间到来之前。[37]

几个月后，这两位总统就在温哥华的一系列高层峰会的首场会议中碰面，并一见如故。据克林顿的助手乔治·斯特凡诺普洛斯（George Stephanopoulos）回忆，看到俄罗斯总统敢于饮下的酒量，美国人感到震惊：叶利钦在坐船的时候喝了三杯苏格兰威士忌酒，然后午餐的时候又只喝酒而已——他无视食物，而是直接饮用着一轮又一轮的酒。虽然有些人觉得记录叶利钦的饮酒量是不符合外交惯例的，但很少有人知道这只是一项有着数百年历史传统的一部分：从赫伯斯坦（von Herberstein）到里宾特洛甫（Ribbentrop）和戴高乐，甚至还有尼克松和基辛格，这些外国使节都曾计算过俄罗斯领导人的饮酒量，而他们也全都对此感到十分惊讶。[38]

尼克松于 1994 年去世；在逝世前的最后一篇文章中，他客观地驳斥了克林顿的对俄政策："最重要的是，当美国与俄罗斯发生意见冲突时，美国应该与俄罗斯坦诚相待。我们都是世界大国，而我们的利益难免会发生冲突。但我们所能犯的最大错误就是试图在一些

'令人愉悦'的首脑会议上通过饮用香槟酒和伏特加酒来忘记我们之间的利益冲突。"[39] 然而，这样的警告却被美国和欧洲国家完全忽视了。

许多欧洲领导人也和克林顿一样唱起了赞美诗："相比于其他可以替代叶利钦的清醒的领导人，叶利钦这个酒鬼要好得多。"如果说这意味着叶利钦将宿醉未醒地出现在首脑会议上，那就这样吧。他炮击自己的议会（国家杜马）的时候呢？"我想我们只需要鼓起勇气，再次支持老鲍里斯了。"那车臣的分裂分子呢？克林顿把他们比作美国内战中的南方联盟，由此可推论他把叶利钦视作了当代的亚伯拉罕·林肯。

"我是如此希望这个家伙赢，以致这种期望带来了伤害。"克林顿说道。[40] 事实证明确实如此。

/ 301

在这样的环境下，克林顿主动忽视叶利钦的各种轻率行为，甚至包括 1994 年 9 月叶利钦访问华盛顿时所发生的那个可怕事故。第一天晚上，克林顿被各项关于黎明前在布莱尔宫（Blair House）发生的重大安全漏洞事件的报告吵醒——布莱尔宫是一个接待外国元首下榻的酒店。美国特勤局的特工们发现喝醉了的叶利钦只穿着内衣，独自一人走在宾夕法尼亚大道上。很明显他是想要拦下一辆出租车去买些比萨。隔天晚上，保安逮捕了一个喝醉了的入侵者，他正试图溜进布莱尔宫的地下室；随后，俄罗斯特工和美国特工之间发生了一番紧张的对峙。特工们核查完每个人的证件后，才发现那个入侵者正是叶利钦，又是他。当克林顿被问到他是否认为应该跟叶利钦谈谈酗酒问题时，他表现出了犹豫——他不确定自己的地位是否合适，也不确定会造成什么样的政治后果。[41]

幸好，这些事情发生的时候没有记者或摄像机在场……这一次没有。然而，回程就不是这样了。叶利钦回程中途在香农（Shannon）附近著名的德罗莫兰城堡（Dromoland Castle）停留了一下，以与爱尔兰总理阿尔伯特·雷诺兹（Albert Reynolds）签署经济协定。在秋天一个下着蒙蒙细雨的寒冷下午，大约 12 时 30 分的时候，俄罗斯先遣人员乘坐的航班抵达了香农机场。但是，半小时后，叶利钦乘坐的飞机仍然未从低空的云层中降落。

俄罗斯驻爱尔兰第一任大使尼古拉·科济列夫（Nikolai Kozyrev）理所当然对此感到忧心忡忡。他匆忙找到俄罗斯航空公司（Aeroflot）的高层人员，而这名工作人员则解释说"搭载着俄罗斯总统的一号飞机早就已经进入视野了，但是出于某种原因，这架飞机一直不着陆，只是在机场上方盘旋"；这个工作人员给出的解释是一种拖延策略，这令人无法理解。而一小时之后，飞机终于穿过了低空的云层，安全着陆。

当主办国铺好了红地毯，隆重迎接俄罗斯总统的时候，大使科济列夫便冲过了护旗队、国际记者团以及一群挥着国旗的围观人员，登上飞机并邀请叶利钦会见早已等候多时的爱尔兰代表团。不料，总统舱外的科尔扎科夫，这个守卫着叶利钦的魁梧保镖将科济列夫拦了下来。"你不能进去，总统很累。"科尔扎科夫坚持不让他进去。副总理奥列格·索斯科维茨（Oleg Soskovets）——此时正衣冠不整，苦恼不已，在机舱后部匆忙地准备着——将代替总统进行谈判。[42]

"尝试进一步沟通是毫无意义的，"被反复驳斥的科济列夫这样想道，"我能做的只是在记者们的闪光灯中走下舷梯——他们一直在等待着叶利钦露面——然后向爱尔兰总理解释所有的情况。而且，在我一个人走下舷梯的时候（当然，科尔扎科夫没有就他的做法给出任何解释），我还必须想出一些道歉的托词，除去总统因为推测中的高血压而身体不适这样的解释版本外。"

科济列夫朝失望的爱尔兰总理示意式地眨了眨眼。"现在好了，如果他生病了，那也是我们没办法控制的事情，"看上去很失望的雷诺兹这样总结道，"但是，叶利钦先生作为我的客人，现在是在爱尔兰的土地上。那么我就应该抓住机会，花五分钟登上飞机，与他握握手，并亲自祝愿他早日康复。"然而，这也是不可能做到的事情。所有人都不能见俄罗斯总统。

因此，在爱尔兰的首脑会议还没开始就已经以失败结束了；这场会议带来的是敌意和愤怒，而不是信任与合作。"我们爱尔兰人，就像你们俄罗斯人一样，也喜欢喝酒，而且在这里，什么事都发生过，"一位爱尔兰高级官员后来透露道，"因此，如果你们的总统走出来与我们会面，我们是不会将注意力放在他的邋遢相上的，而且我们也可以谅解他；但是他拒绝走下飞机这一行为深深地羞辱了我们的灵魂，他的这一行为表明，在他眼里像爱尔兰这样的一个小国是不值得他考虑的。"[43]

当叶利钦终于露面——在莫斯科伏努科沃机场——他就迎来了连珠炮似的问题。他的回复只能算是很朴实："好吧，听我说，我睡着了，而且没人叫醒我。他们是逃脱不了惩罚的。而且，我身体很好，谁说我病了？"叶利钦后来亲自向雷诺兹道歉，他再一次声称自己是睡过头了。

在香农到底发生了什么，真相至今依然是一个谜。俄罗斯航空公司代表回忆，他曾经见过西装革履的叶利钦走出隔舱，急着赶去参加会谈。而且他也对随行人员"因为担心他现在的身体状态"而不允许他去参加会谈感到很生气。科尔扎科夫的自传收集并揭发着各种丑闻；在这本自传中，科尔扎科夫称叶利钦当时胸痛发作。叶利钦的女儿——她同时也是叶利钦的顾问——塔季扬娜·尤马舍娃（Tatyana Yumasheva）后来透露道，叶利钦当时只是犯了轻微的心脏病。然而，这些相互矛盾的记录至少在一点上达成一致：叶利钦的酒宴虽然是在华盛顿开始的，但在这趟横跨大西洋的航班上，酒宴仍然持续着。[44]

无论他到底是喝醉了、睡着了还是生病了，叶利钦在香农机场故意怠慢对方的行为给他的反对者提供了更多的弹药，他们把叶利钦描述为一个不适合领导俄罗斯的领导人。媒体对此大做文章，新闻标题一个比一个苛刻。在一幅登上了报纸头版的政治漫画中，等待的爱尔兰代表团看着一个空的伏特加酒瓶沿着飞机的舷梯滚落下来，酒瓶上写着"来自叶利钦的问候"。而回到俄罗斯国内，由前副总统转变为政府批评者的亚历山大·鲁茨科伊开玩笑般地说，叶利钦"一直处于出访爱尔兰的状态"。[45]

尽管这样引人注目的外交失态行为玷污了叶利钦曾经英雄般的形象，但是，其他酒精造成的意外事件则造成了更为具体、直观的——也更为悲剧性的——后果。

车臣

在 1991 年 8 月那场以失败告终的政变发生的时候，鲍里斯·叶利钦鼓励苏联的各个共和国"尽可能地抢夺更多的主权"，以削弱米哈伊尔·戈尔巴乔夫的权力。苏联空军将领焦哈尔·杜达耶夫（Dzhokhar Dudayev）——新俄罗斯北部崎岖的高加索山区的小国车臣新近当选的总统——就是这么做的。1991 年 11 月 1 日，杜达耶夫将克里姆林宫派来的特工人员从以伊斯兰教为主要信仰的车臣地区驱逐出去，并宣布该地区将从戈尔巴乔夫领导下的苏联和叶利钦领导下的俄罗斯共和国中独立出来；名义上，车臣原为苏联和俄罗斯共和国的从属国。甚至在俄罗斯联邦独立后，这个小小的分离共和国仍保有实际上的主权。直到 1994 年 11 月发生一系列公共汽车被劫持事件后，反复无常的叶利钦才果断采取行动恢复克里姆林宫对该地区的控制。[46]

11 月，在叶利钦别墅举行的一次会议上，众人情绪高涨；参加会议的人中，叶利钦的酒友甚至多过政府官员（包括那些像国防部部长帕维尔·格拉乔夫这种很适宜地同时拥有两种身份的人）。叶利钦突然下令："重新夺回车臣的控制权！"毫不意外的是，据那些在场的人说，叶利钦当时是处于"喝醉了"且"不受控制"的状态。而长年积弊的俄罗斯军队既没有准备好的作战计划，也没有随时就位的军队来执行如此轻率的命令。不过，几天内，由一群乌合之众组成且武器装备不良的军队就冲进了车臣地区，但他们很快就被对方猛烈的火箭榴弹和狙击枪击退。[47]

俄罗斯先遣部队的进攻重点是车臣首府格罗兹尼（Grozny）。处于动荡之中的格罗兹尼有 44 万人口，是一个比内布拉斯加州的奥马哈（Omaha，Nebraska）还大的多民族城市。包围这座城市的命令——这是第二次世界大战后，第一次对一个欧洲城市的肆意空袭——的决策过程是如此仓促，以至于整个行动甚至都没有设定一个官方的代号。《消息报》报道，在新年前夜发动进攻的决定——这个决定使得数以万计毫无戒备的无辜俄罗斯民众和车臣民众成为军事进攻的目标——是由国防部部长格拉乔夫和其他高层官员在一场伏特加宴会期间做出的。"前线的部队收到命令——占领［车臣］总统宫殿的人将会被授予 3 枚俄罗斯英雄奖章（Hero of Russia award）。"[48]

我们可以很轻易地把在车臣的第一次战争简单地描述为一系列糟糕的战略决策加上灾难性的战术执行。但是，这种说法却忽略了这场战争所导致的悲剧性后果，包括从 1994 年到 1996 年在车臣丧生的约 3 万人，或许还包括在 1999 年敌对状态恢复后丧生的 7 万人——更不用说数以十万计的难民，对无辜平民的肆意袭击，一连串的严刑拷打、强制失踪、恐怖袭击以及交战各方所犯下的人权暴行。[49]而且就像俄罗斯悠久历史上那些更具史诗色彩的军事活动一样（第十一章），这场战争也到处充满酒精的影子。内政部的将军们和哥萨克志愿军正是因为他们的残暴作风和公然的酗酒行为而臭名昭著。车臣的民众也害怕薪酬过低的俄罗斯步兵，他们都"极度野蛮——歇斯底里、惊恐万分、嗜酒成性——他们杀人可能都不需要任何理由"。[50]目击者讲述了暴戾的俄罗斯士兵是如何恐吓平民百姓，以获取粮食、现金、伏特加酒，或者他们会用武器来交换这些东西。

"那时候，因为到处都是喧闹、尸体、血液和虱子，所以我们绝对都失去理智了。"一位俄罗斯军队的指挥官解释道。

> 巷战就是地狱。我们都喝醉了，情绪高涨。不然的话我们也无法忍受这些东西。我们没有别的办法。但是，当我说话的时候，有时我会笑一笑，因为在那个时候这件事在我们看来似乎很有趣。满屋的平民被深水炸弹击中是多么有趣，就是那种你们用来打击潜水艇的深水炸弹。它会击穿九层楼，然后过了一会儿，它就爆炸了。当漫天的烟尘消散后，唯一剩下的只有房子的外部框架，还有四堵墙。[51]

车臣战争是后苏联时代欧亚大陆上发生的最惨痛的人道主义悲剧之一；对于克里姆林宫而言，这也是一项巨大的政治挑战。对于有些人而言，将部分过错归咎于伏特加酒这种做法是在为政治家、指挥官和军队开脱责任。我不是这个意思。正相反，车臣事件突出了俄罗斯伏特加政治传统的持久性。虽然在苏联解体之后叶利钦领导下的几年里——这几年可以被认为是俄罗斯最民主的时期——俄罗斯充斥着各种关于自由和民主的夸夸其谈，但政治决策仍然是很保守的。在一个运转良好、反应迅速的政府里，像开战与和谈这种重大决策，人们是很少轻易开始讨论的：这种决策通常都是经过政府内部的大量协调配合，以及与社会大众的对话后做出的，而不是在几轮饮酒后临时起意。确实，我们不需要通过关注叶利钦的饮酒问题来发现政治传统在他身上的延续，叶利钦正是在这一传统中成长起来的；我们只需要知道，叶利钦和他的亲信们让成千上万同胞的生命白白葬送在车臣战争和酗酒所带来的灾难中，而这些同胞还在大选中投票支持他们。

政治生涯的结束和崛起

说叶利钦与俄罗斯选民之间发生了纠纷是一种轻描淡写的说法。车臣事件只不过是他政治生涯的又一次失败而已，除此之外，还有俄罗斯的经济崩溃以及他那些引人注目的酒后失态行为。更糟糕的是，1995年7~12月，叶利钦豪饮的习惯带来了3次危及性命的心脏病发作。在1995年国家杜马立法选举的准备阶段，叶利钦突然消失，这进一步强化了人们认为叶利钦身体不适，无法领导俄罗斯的看法。最旗帜鲜明反对叶利钦的人借助民粹主义主张和反叶利钦的立场取得了显著的收获。讽刺的是，极端民族主义者弗拉基米尔·日里诺夫斯基（Vladimir Zhirinovsky）——随后因为他那言过其实的说辞和在国家杜马会议厅地板上与别人互殴而被更多人认识——通过要求更低的伏特加酒价格而在每天的《伊凡的街头采访》（*Ivan-in-the-street*）中获得越来越多的支持。当他推出以自己肖像作为标签的自创伏特加酒品牌时，许多人都在暗自笑他。但是，当日里诺夫斯基所领导的俄罗斯自由民主党（Liberal Democratic Party of Russia）和久加诺夫所领导的俄罗斯联邦共产党（Communist Party of the Russian Federation）成为立法机关里两个席位最多的党派时，就没有人笑得出来了。[52] 确实，理查德·尼克松的警告在这时候听起来像是一个预言了。

真正的战利品是总统之位；对总统之位的竞争应该是在1996年夏天进行的。共产主义者和民族主义者的支持率遥遥领先，而叶利钦的支持率则只有个位数——在有些情况下支持率甚至低于民意调查的误差界限。很多人都私下议论，为拯救"民主"，使其不会葬于民主选举之手，也许有必要取消这次选举。叶利钦的主要对手，共产党领导人根纳季·久加诺夫承诺将恢复过去苏联那样稳定的经济；对于挣扎在过渡阶段苦难中的俄罗斯人民而言，久加诺夫的这一承诺听上去非常诱人。领先地位似乎无法被超越的久加诺夫还突出强调叶利钦个人生活和政治领导上的缺点。"我不是反对惬意地小酌一杯葡萄酒或者伏特加酒，"久加诺夫提醒投票者们，"但是我喝酒的时候很谨慎。超过 3 杯伏特加酒后我就喝不下了。在今天的政治家当中，总得有人保持清醒。"53

在医院的病床上，叶利钦收到了克里姆林宫医生们给出的最后警告：要么停止饮酒，要么失去生命——一个清楚而简单的警告。从那时开始，叶利钦就发誓要振作起来，参加竞选。然而，面对自己的死亡或许比面对敌视他的选民要轻松得多。当民意调查人员询问选民哪个形容词最适合用来形容叶利钦时，"酩酊大醉""身体有恙""脱离大众"挤进了得票最多的前五个形容词的名单。重新投入工作的叶利钦试图重新树立一个充满活力的领导人形象。叶利钦去到全国各地，在竞选集会上引人注目地跳起舞来。重新振作起来的叶利钦减掉了20 磅并且开始戒酒。在第一轮投票开始的几天前，他甚至开除了亚历山大·科尔扎科夫，这个长期以来一直促使自己酗酒的人 / 自己核心集团的守门人。在一次竞选游说中，有人直截了当地问他是不是一个酒鬼时，他是这样回答的：

> 如果我说"是的"，那我就是在说谎；但如果我说"不是"，那又不能让你们信服。在这一点上，人们不会轻易相信我的说法，除非他们可以亲自证实。他们甚至会说"要是你不喝酒的话，你算什么俄罗斯人？"因此，我只能说我会喝酒，但是我并不会酗酒！54

虽然许多人对他是否已经洗心革面这一点仍然持怀疑态度，但是踢开酒瓶只是配方的一部分；这个配方不仅将叶利钦从死亡边缘——不仅是政治层面，还有身体层面——带回来，还帮助他在决选投票中，最终以 54% 的支持率战胜了共产党候选人久加诺夫。在竞选中，叶利钦将这场选举重新宣传为一次针对久加诺夫所代表的过往共产主义的全民公投。[55] 然而，如果没有人听到叶利钦的这一信息，那么这一信息也不会产生反响。为了给他的竞选活动提供资金，叶利钦转而求助于一群"商业寡头"；这些人是在俄罗斯新的资本主义游戏中取胜的超级富豪。如果共产党重回执政地位的话，这些人将失去一切。在接下来发生的"贷款换股权丑闻"（loans-for-shares scandal）中，这些商业寡头不仅为叶利钦的竞选活动提供了资金，而且让他们控股的媒体大规模报道叶利钦的正面新闻——以换取一些过去苏联经济中遗留下来的有待私有化的珠宝般珍贵的资源。当政府如预料般无法偿还贷款时，这些寡头便轻易获得了俄罗斯经济的制高点，而他们为此所付出的代价与这些珍贵资源的真正价值相比不过九牛一毛。

从第二个任期的第一天开始，叶利钦就被认为是一个不中用的总统。假如叶利钦没有在胜利获选不久后又消失无踪，那他重新清醒过来或许是一个大新闻——这一次，5 个心脏搭桥使得叶利钦在医院待了数月——他的突然消失再一次使人们将其与勃列日涅夫时期的老人政治家们相提并论。在重回总统之位后，叶利钦似乎在政治上欠着商业寡头们的人情；与此同时，俄罗斯的经济则在一个又一个危机中蹒跚前行，最终在 1998 年的金融危机中出现政府债务违约和经济崩溃。

1999 年 12 月 31 日——当世界上的其他地方都在为千年虫病毒（Y2K bug）是否会摧毁全球的计算机网络而焦急时——叶利钦出现在俄罗斯电视上做每年的新年演讲。他泪眼汪汪地恳求人民原谅自己未能实现承诺，随后又宣布即刻辞职。新任总理弗拉基米尔·普京（Vladimir Putin）将在新的大选举行前暂任临时总统。

当叶利钦离任时，民意调查中他的支持率大约是 3%，误差幅度是增减 4%。他没有多少朋友了——或许比尔·克林顿这个曾在政治上经受叶利钦羞辱的人除外。虽然叶利钦已经从公众视野中淡出了，但据那些私下见过他的人说，叶利钦持续戒酒的做法对其健康产生了奇迹般的影响。叶利钦的朋友声称，他看起来年轻了 10 岁，而且心态平和，享受着家人、阅读和网球所带来的乐趣。不过，2007 年 4 月 23 日，鲍里斯·叶利钦最终还是死于充血性心脏衰竭。[56]

三年后，一向隐居的叶利钦的女儿、他的前顾问塔季扬娜·尤马舍娃尝试着消释人们对叶利钦的误解。"在西方很多人心中叶利钦的形象都被漫画式地滑稽处理了。在他们看来，叶利钦是一个传奇人物，饮酒对于他而言是一种生活方式，"她这样说道，"那绝对是错的。"虽然她承认叶利钦常常饮酒过度，但他那样做只是为了应对他所面临的巨大政治挑战。在那本翔实、引人入胜的叶利钦传记中，哈佛大学政治学者蒂莫西·科尔顿（Timothy Colton）称，鲍里斯·叶利钦之所以被如此多的人视为笑柄，并不是因为他比苏联领导人喝得多，而是因为他在公开场合展示了他的这一烦恼。这都要归功于传媒技术，当时这一技术的自由度和生动性在此前的俄罗斯历史上都是绝无仅有的。尤马舍娃也会认同这一观点："媒体之所以会报道，只是因为这是一个有卖点的旧故事。"[57] 这是千真万确的。叶利钦几乎算不上俄罗斯历史上酗酒问题最严重的领导人。即使是在之前的 50 年里，他甚至也不算酗酒问题最严重的领导人，可以认为他喝的酒要比勃列日涅夫、契尔年科，甚至还有斯大林喝的都要少。不过，上述这些领导人喝酒时都远离公众的注视。

然而，在一定程度上，酗酒问题是叶利钦故事的一部分；他豪饮之后的遗产已经与现代俄罗斯自身的命运紧密相连。讽刺的是，俄罗斯独立后首位总统或许是苏联伏特加政治最纯正的产物。苏联伏特加政治不仅培育了不断削弱叶利钦身体的习惯，也滋养了民主虚饰下叶利钦独裁决策的封闭体系。叶利钦在公众场合表现出的喜怒无常给俄罗斯人树立了糟糕的例子，也激化了愈加尖锐的冷嘲热讽，不仅针对叶利钦本人，也针对带来长达十年苦痛和绝望的经济和社会改革。

从一开始，俄罗斯的改革者就身处一个未知的水域而且快速深陷其中，无法脱身。自卡尔·马克思起，人们就普遍认为，在历史潮流中所面临的巨大挑战是从资本主义过渡到共产主义，而不是相反。直到柏林墙倒塌的时候，没有多少人想过苏联可能会倒退回资本主义阶段，更不用说会以什么方式倒退回去。共产主义大本营苏联和周边东欧国家的改革家认为他们知道倒退回资本主义时代将会带来什么样的困难与挑战——失业、社会混乱和经济萎缩。但对于这种痛苦将会达到多深的程度，将持续多久，他们能给出的也只有猜测。

为了拨乱反正，鲍里斯·叶利钦力图争取激进的改革。他声称："是时候抛开犹豫态度，并采取果断坚定的行动了。"他领导下的高级专家们起草了一个"500 天"计划用于推进土地和房产私有化，放开价格，废除对低效企业的补助，并执行紧缩的财政货币改革。"谨慎慢行的时代已经结束了。"[1] 然而他也不确定这样做将带来多少苦难。

"我必须坦率地告诉你：身处今天这样一个有史以来最严重的危机之中，我们不可能轻而易举地进行改革。我们走的第一步将会是非常困难的。我们的生活水平将会出现一定程度的下降。"叶利钦如此表示。这个国家正在为叶利钦口中休克疗法式的快速自由化做好准备，"对于每个人来说，会有大概半年的时间是不好过的。然后，物价就会下降，消费者市场就会重新充满商品。而到了 1992 年的秋天……经济将会稳定下来，生活水平将会得到逐步改善"。[2]

但情况并没有得到改善。进入 1993 年，俄罗斯仍然深陷失控的恶性通货膨胀中，而这耗光了大多数俄罗斯人一辈子的储蓄。随着生活消费品价格每年上涨超过 200%，卢布变得一文不值；这不断侵蚀着工薪阶层的收入，而且使得数百万人陷入一贫如洗的状态中。1990年代俄罗斯教师的人均月收入仅为 34 美元，这远低于同期泰国的平均水平，而且还常常低于政府所给的官方"最低生活水平"（贫困线）。即便在新千年将至，这个国家的经济情况已经稳定下来时，一份研究的结论仍表明，在诺夫哥罗德地区，人们的最低月收入只能勉强养活五只猫。[3]

经济指数也同样令人担忧：1990 年俄罗斯生产了 24 万辆拖拉机。到了 1994 年，这个数据低于 2.9 万辆——产量减少了 80%。1994 年的食品生产量仅为戈尔巴乔夫时期的一半，而且还将继续减少。到了 1990 年代末，俄罗斯年均谷物收成低于第一次世界大战前沙皇统治时期的数据。红十字会甚至调动了食物援助以避免一场潜在饥荒的发生。[4]

经济危机带来了俄罗斯酗酒史上前所未见的饮酒浪潮。俄罗斯酒徒们正以惊人的速度死亡，各种与饮酒相关的死亡案例急剧增加，包括酒精中毒、肝脏和心血管疾病、酒后杀人和自杀等。俄罗斯男性的预期寿命从 64 岁掉到了 58 岁——这甚至比斯大林执政时期更糟。[5]

从很多方面来看，俄罗斯不仅是在经济危机中挣扎，而且不知为何，还在时间的潮流中倒退着——而这使得苏联时期以大量人力牺牲所换取的经济和社会进步付诸东流。从最边远地区到国家的首都，俄罗斯上下都经历着"文明状态的稳步倒退"：人民被迫使用现代化之前的生存策略，而他们只能看着苏联时代的工业、商业、医疗和执法体系逐渐腐化、衰退乃至崩塌。[6]

在新千年来临之际，荒远的俄罗斯堪察加半岛（Kamchatka Peninsula）上的一个少年吐露，"当你还在借着烛光看书的时候，我们很难讨论 21 世纪的事情"。"21 世纪对我们而言是无关紧要的，我们这里还处在 19 世纪的状态。"[7] 这并不是一次普通的经济衰退。

从"过渡阶段"到逆现代化进程

浏览关于 1990 年代俄罗斯"失去的十年"的经济研究文献，会让你迷失在一堆带"化"字眼的技术官僚术语中：停滞化、过渡化、衰退化、萧条化、萎缩化、自由化、通胀化、稳定化、宽松化、非国有化、私有化、商业化。借助这些带"化"字眼的高层次宏观经济词语，我们得以方便地——或许是仔细地——衡量发展成果，但这也使我们无法看到人们在这场长达十年的骚乱中所付出的真正代价。有些人预计这使得俄罗斯经济产出减少了超过一半的份额——这种衰退远糟于美国大萧条时期。[8] 即便是经济学家对国民生产总值——甚至是人均国民生产总值——缩减的估计值，也只能说明问题的一个方面而已。

在 1998 年俄罗斯出现债务违约危机后，纽约大学教授斯蒂芬·F. 科恩（Stephen F. Cohen）以事实为依据，对现实情况的可怕程度进行了描述："生产领域、技术领域、科学领域、交通领域，供暖排污的基础设施都出现了崩溃的情况；上千万人领不到工资，75% 的人生活水平低于或勉强高过最低标准，而他们当中数以百万计的人实际上正在忍饥挨饿；男性的预期寿命暴跌至 58 岁，营养不良成为学生的普遍病症，曾被消灭的疾病再一次蔓延开来，而基础福利体系则正在慢慢消失；就连接受过高等教育的教授们也不得不为了生存，自己种庄稼，而这个国家超过一半的经济交易都是以实物交易的方式进行——这所有的一切，以及更多的其他情况，都毫无争议地证明了这个国家正在悲剧性地'过渡到'一个人类实现现代化之前的状态。"科恩的结论是："俄罗斯的经济危机和因此产生的社会剧变是如此之巨，以至于我们现在必须讨论另一种前所未有的情况——字面意义上来说，即一个 20 世纪国家所发生的逆现代化发展。"[9]

虽然无论是科恩还是其他学者都从未对"逆现代化"这个概念进行详尽阐述，但毫无疑问，科恩所想要表达的隐含意思是非常真实的：如果在解读经济指标的基础上结合对社会指标的分析，我们将会发现俄罗斯那"失去的十年"不仅在严重程度上甚于日本的"失去的十年"和美国的大萧条，而且其本质也不同于日本和美国所经历的危机——俄罗斯在这一过程中遭受了世界历史上前所未见的经济社会衰败和产业空洞化。[10]

　　或许解释这种区别最好的方式就是将解读社会指标与传统的经济指标比较结合起来。最近，有吞剑技能的瑞典统计学家汉斯·罗斯林（Hans Rosling）和他的盖普曼德基金会（Gapminder Foundation）就研究出了这种方法。盖普曼德基金会开发利用那些人们难以理解的社会科学数据，并将其用于服务更广泛的公众利益；它是一个便于使用的数据交流中心，里面汇聚着全球各地的国家级和跨国机构所汇编的公众健康、经济和社会等领域的官方数据，而这使得跨国和跨时间的数据对比变得更为容易和便利。例如，罗斯林将200个国家超过200年的数据绘制成一个图表，横坐标为繁荣指数（人均收入），纵坐标为社会幸福指数（平均预期寿命）。通过这个图表，罗斯林展示了这200个国家是如何借助工业化和现代化进程，逐渐朝图表的右上角即他所谓的"健康富裕角"移动的。所有的现代国家都努力往那里靠近。[11]

　　沿着罗斯林的思路，下图展示了一组20年的数据：1980~2000年的俄罗斯和日本，以及1920~1940年的美国。结果是很明显的：日本的"失去的十年"是一段延长的经济衰退时期：经济增长或许减慢了，但日本仍然朝着健康富裕角发展。相比之下，美国在大萧条时期则是朝着左上角分区移动：虽然经济发生萎缩，但实际上人口的整体健康状况却得到了改善。

　　从根本上来说，这些情况不同于俄罗斯所忍受的一切——这种差别不仅表现在严重程度上，还表现在性质上：俄罗斯在1990年代急剧地往健康富裕角的反方向发展。另一些如此戏剧性的逆向运动案例大多发生在饱受战火蹂躏的国家：经历第一次世界大战和1918年全

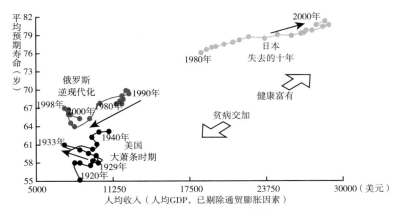

主要经济危机区间的健康和富裕指数

来源：预期寿命数据来自人类死亡率数据库（Human Mortality Database），www.mortality.org。关于盖普曼德就人均 GDP 的数据收集和数据标准化标记，参见 http://www.gapminder.org/documentation/documentation/gapdoc001_v9.pdf。关于日本和俄罗斯的人均收入，参见 Angus Maddison, "Historical Statistics for the World Economy: 1–2006 AD" (2008), www.ggdc.net/maddison/。关于美国的人均收入，参见 Robert J. Barro and José F. Ursúa, *Macroeconomic Crises since 1870*, NBER Working Paper No. 13940 (Cambridge, Mass.: NBER, April 2008)。数据来自 http://rbarro.com/data-sets/

球性流感的国家，经历了第二次世界大战的德国，以及经历了 1990 年代南斯拉夫战争的波斯尼亚地区。一个国家在和平时期发生如此显著的经济社会倒退则是闻所未闻的。

发生了什么？

这里我的观点很直接、很简单：经济危机和伏特加政治的遗产导致俄罗斯发生逆现代化进程，而这使得俄罗斯很难在未来很长一段时间里实现任何经济增长和完成民主化变革。

伏特加政治的终结？

自第一任沙皇起，伏特加政治一直都是俄罗斯国家机构的中心支柱。然而，这个国家与过去的苏联之间的决裂是如此彻底，以至于国家对伏特加酒的大规模垄断模式也开始接受自由化、市场化和民主化改造。

1992年1月，苏联时期的伏特加酒垄断制度被废除了。一度固定的酒的价格改由市场供应和需求来决定，此外还要加上80%的消费税。通过垄断蒸馏过程所必需的原材料乙醇，国家仍旧保有一定程度的控制。人们如果想要合法购买乙醇，只能去162家国家经营的精馏工厂，而购买价格则还要加上国家征收的附加税。[12] 人们重组和私有化了旧苏联时代的酒类生产和进口业务，与此同时，私营蒸馏厂和非法售卖私酒业务也繁荣了起来。为了避开政府的征税和监管，大多数酒类生产商都避开账面上的交易而转向黑市交易。未缴税的进口商品从西方涌入俄罗斯，非法的货物经由白俄罗斯和乌克兰的列车入境。到处都是伏特加酒。花上1美元就可以买到半升一瓶的伏特加酒，虽然其产地和制作原料有待考证。来自伏特加酒的收入曾占到苏联国家预算的近三分之一，但到了1996年，这一比例已经暴跌至3%——原本应该进入国库的钱最后都落到了黑市生产商和走私者的手上。[13]

"喝酒醉倒在桌子底下的传统，"语带讥讽的反对派米哈伊尔·巴尔塔尔斯基（Mikhail Baitalsky）曾经这样评价道，"是民间传统中对国家而言最有利可图的一种。"[14] 然而，虽然国家已经不再像过去那样从中盈利，但这并不意味着俄罗斯人立刻就可以从酗酒恶习中清醒过来。政府的政策变化可以很快，但文化的变化却像冰川融化那样缓慢。因此，虽然之前的政体和垄断机制突然消失了，但它们留下的是俄罗斯人对伏特加酒世世代代的依赖，他们将其当作"俄罗斯人的上帝"——无论是在顺境还是逆境中，伏特加酒都是无所不能且无处不在的。[15]

而情况正在变得越来越糟。

俄罗斯人的毕生储蓄都化为乌有了，他们的工作也都凭空消失了，他们还要面临经济灾难带来的不安感，以及一个不稳定的国家领导层。事实上，伏特加酒是唯一一种比苏联时期更加便宜和更容易获得的产品。因此，越来越多的俄罗斯人开始转向饮用伏特加酒也就不足为奇了。[16] 到了 1996 年叶利钦竞选连任的时候，每年人均酒饮用量已经接近 14 升纯伏特加酒的程度——恢复到勃列日涅夫时期天文数字般的水平，戈尔巴乔夫时代用心良苦发起的反酗酒计划仅存的成果也被抹去。[17]

戈尔巴乔夫的反酗酒运动清楚地提醒我们：对合法伏特加酒的严厉打击只会滋生日益繁荣的地下私酒酿造和走私业务；从事这些业务的人通过贿赂和腐败绕开了政府的监管。危险的酿私酒的蔓延和腐败的迅速滋生大大削弱了戈尔巴乔夫运动的效力，就像其削弱之前每一项引人注目的反酗酒措施一样，包括第一次世界大战期间那次失败的禁酒令。那么，经济规律告诉我们，一旦贸易限制解除，酒类市场迎来自由化，酒类黑市就会从黑暗的地下走出来，成为俄罗斯的新资本主义经济体的一个合法组成部分。事实证明——由于伏特加酒在俄罗斯文化中扮演着一个复杂的角色——接下来发生的事情与经济规律所给出的预兆截然不同。

当时局艰辛之际，伏特加酒一直都在——它不仅是可以灌醉自己、逃避悲伤的商品，而且还是可以用于交易的通货。确实，经历逆现代化进程的不仅仅是俄罗斯的经济，还有它的货币体系。随着卢布在通货膨胀中变得一文不值，越来越多的交易是通过伏特加酒这样的原始商品货币进行的，而不是借助现代的纸质货币。[18]

回到沙皇统治时期，东正教神父将伏特加酒作为村民们为教区工作的酬报（第八章）。为鲍利斯·帕斯捷尔纳克（Boris Pasternak）赢得诺贝尔奖的《日瓦戈医生》（*Doctor Zhivago*）是一部以布尔什维克革命和内战为背景的小说；在小说里，伏特加酒是"最受欢迎的黑市货币"。[19] 伏特加酒甚至使得现代行政指挥下的经济活动得以顺利地开展：大多数苏联企业都雇用了供需员，或者说 tolkachi，即人脉广泛的黑市贩子——只要给这些人几箱伏特加酒，他们就可以为企业找到完成生产指标所必需的稀有资源。外贸部甚至通过红牌伏特加酒的易货交易从美国换来了百事可乐。[20]

当人们难以取得现金或者无法信赖现金的时候，伏特加酒就在那里。"一瓶酒帮一个忙（Butylka za uslugu）"是人们做事的方式：不管是修复一个漏水的水龙头还是加快官僚主义的文书工作，伏特加酒都能完成既定目标。[21] 但像农村地区领养老金的人，他们买不起伏特加酒，他们该怎么办呢？很多人都转而在家里酿酒，他们这么做是出于对伏特加酒的必然需求，而不是因为他们渴望饮酒。"我们必须收获土豆，收割草料和躺在柴草上，"1984 年的一次苏联调查中一位老奶奶这样解释道，"而集体农场的工人每帮你一个忙，你就得给他们两到三瓶伏特加酒。但我们没钱这么做，因此我们只能自己酿酒。"在从乡村地区收集到这么多的抱怨之后，这位苏联记者只得悲叹，"这就好像使用钱币对人们来说太麻烦一样"。[22] 更糟的是，那些酿私酒的老人家还常常因为违反了私酒酿造法而被罚款 40 卢布——这一惩罚起源于戈尔巴乔夫的反酗酒运动。[23]

理解伏特加酒作为易货交易的媒介和酿造私酒作为一种应对个人经济困难的方式，有助于我们解释为什么——当后苏联时代的变革使卢布一文不值，数以百万计的人深陷贫困状态当中的时候——在俄罗斯越来越多拿着固定工资的人会投身酿造私酒的业务：不仅仅是领养老金的人，还有教师、护士、工程师、科学家和士兵。[24] 因此，虽然旧时代国家的垄断体制已经消失了，但非法的伏特加酒贸易却没有消亡——反而更加迅猛地发展起来了。

然而，相比从国外涌入俄罗斯的非法伏特加酒，私人蒸馏坊所生产的伏特加酒不过是冰山一角。到了 1994 年初——令人难以想象的是——在俄罗斯销售的伏特加酒中 60% 是进口产品。[25] 不像放在酒柜顶层的纯牌伏特加酒（Absolut）和芬兰伏特加酒（Finlandia）等欧洲酒，这些进口伏特加酒仿制品是从其他后苏联时代的共和国地区私运进来的，价格便宜但常常会引起中毒。很多情况下，只要机敏地贿赂缺钱的边境守卫或巡视员就足以偷偷让一整批货物通过俄罗斯那漏洞百出的边境，而这使得俄罗斯境内合法生产、需要接受监管缴税的烈酒价格下降 50%。[26]

在西方国家，那些为俄罗斯的边境安全感到担忧的人通常是害怕俄罗斯那些"看管不严的核弹"会悄无声息地落到国际恐怖分子的手上。在俄罗斯，更大的挑战则是防止那些不受法律监管的非法毒酒以货车甚至是列车为单位进入这个国家，特别是进入动荡的高加索地区。俄罗斯人所消费的伏特加酒中 40% 是产自——大多数是以非法的方式——北奥塞梯这个小地方，这里整整三分之一的成年人服务于伏特加酒的生产工作。人们除了将农业部提供的大量配额的乙醇用于蒸馏外，还从乌克兰进口便宜的原生烈酒；他们在伪造的文书上将俄罗斯登记为中转国，借此避免缴纳俄罗斯的进口关税。[27]

当政府补贴的乙醇供给因为市场改革而枯竭，而严格的海关规章终结了从乌克兰到俄罗斯的"伟大的伏特加酒之路"（Great Vodka Route），北奥塞梯生产商就转而偷运便宜的外国烈酒。这些酒在格鲁吉亚的波季港被装上卡车，翻过高山并通过罗基隧道（the Roki Tunnel）偷运进俄罗斯境内。1997 年 7 月，在总统叶利钦的支持下，俄罗斯联邦边防部队的安德烈·尼古拉耶夫将军（General Andrei Nikolayev）禁止没有缴纳进口关税的格鲁吉亚运酒卡车通过俄罗斯边境。

双方的紧张对峙迅速转变成一场小规模的"伏特加酒战争"。起因是一个运载超过 3000 吨纯乙醇的车队被禁止进入俄罗斯，这个车队的目的地是北奥塞梯地区。当边境守卫拒绝了超过 100 万美元的贿赂金时，全副武装的酒类走私贩就开火了，并试图在援兵将他们赶回去前突破围堵进入俄罗斯。在交火中，一位格鲁吉亚卡车司机被杀。面对来自格鲁吉亚外交部和总统爱德华·谢瓦尔德纳泽的压力，叶利钦终于让步了：尼古拉耶夫被撤职，而酒精的流通得以恢复。[28]

武力对峙已表明，对于那些可以避开政府监管和满足人们对低价酒需求的人来说，这么做的风险——和回报——有多高。腐败的公司设立空壳公司以进口一批货，然后再销声匿迹，这样就不用缴纳关税了。其他公司则负责伪造外国文件，以使俄罗斯的产品可以躲开政府对国内生产的监管。

令人震惊的是，1993 年，总统叶利钦颁布了法令，规定了特定几个获得他支持的慈善组织可以免缴纳进口关税，包括阿富汗战争老兵联盟、俄罗斯曲棍球联盟、国家体育基金会和俄罗斯东正教会莫斯科教区。因此，这些慈善组织突然发现自己深陷国际伏特加酒贸易的腐败泥潭当中。俄罗斯东正教会的对外关系部门成了伏特加酒和香烟的主要进口商。国家体育基金会——名义上负责推广健康的生活方式——在一次交易中就进口了装载在 31 辆火车上的 97.5 万瓶伏特加酒，却从未缴纳总额达 435 亿卢布的进口关税。曲棍球联盟和老兵联盟的负责人都在账目结算过程中被雇佣杀手血腥地杀害了。1990 年代末这一进口漏洞终于被堵上后，政府估计这些慈善组织使得本就负债累累的叶利钦政府额外损失了 37 万亿卢布或大约 90 亿美元。[29]

想要确认来自国外的黑市伏特加酒到底有多少是不可能的。但是，俄罗斯执法部门估计，1990 年代，俄罗斯黑市的市场份额中国内私酿酒仅占 2%。另外的 98% 要么是非法进口商品，要么是普通蒸馏厂未记账的产品。[30] 理由很简单：政府对酒类消费征收 80% 的消费税；相比缴纳重税，更划算的做法是行贿。腐败问题就像酒问题一样深深植根于俄罗斯的历史中（而且，正如我们所见，腐败问题实际上是酒问题的衍生物），而且在苏联时期，人们很少缴税。很明显，这

数以百计的货车装载着非法进口酒被扣留在俄罗斯—格鲁吉亚边境，1997年7月19日

来源：美国联合通讯社 / 沙赫·艾瓦佐夫（Associated Press/Shakh Aivazov）

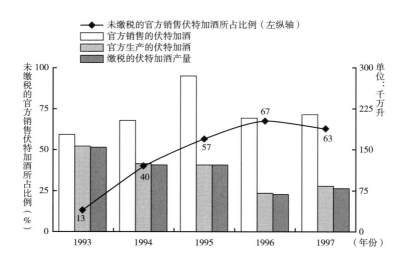

图例（从上到下）:
- 未缴税的官方销售伏特加酒所占比例（左纵轴）
- 官方销售的伏特加酒
- 官方生产的伏特加酒
- 缴税的伏特加酒产量

俄罗斯销售的缴税和未缴税伏特加酒，1993~1997 年

来　源：Goskomstat Rossii, Russia in Numbers: *Concise Statistical Handbook* (Moscow: Goskomstat, 1999), 197, 272. Taxed production statistics are from T. Kosmarskaya, "Problemy gosudarstvennogo regulirovaniya rynka alkogol'noi produktsii," *Voprosi ekonomiki* (1998): 141. See also "Shadow of a Doubt," *Business in Russia/Deolvye lyudi* no. 82 (1997): 34

就是为什么地下交易一直占据着伏特加酒市场如此多的份额。[31]

　　这就像是一部好莱坞禁酒电影里的情节，精明的俄罗斯走私贩借助创造性的记账方式指导着复杂的企业生产：一套账本记录着蒸馏厂的官方生产量，这也是走私贩要纳税的产品数量，这本账本的记载与这个工厂的实际产量截然不同。因为税率过高而价格低廉的酒类市场的竞争过于激烈，合法伏特加酒的利润率不过是微薄的4%~5%。[32] 将产量从账面上隐去所产生的利润要丰厚得多——工厂常常在下班后将它们的设备租借给第三方。这种"夜班"生产伏特加酒的做法是如此盛行，以至于据说1990年代的许多蒸馏厂——

特别是在北高加索地区——只是以它们已知产能的 5% 在经营运转着。

税务警察总监维克多·科夫洛斯蒂扬（Viktor Khvorostyan）表示，"人们很难相信一个思维谨慎的企业家会想让他的企业只以 4%~5% 的实际产能运转"。"这意味着大部分的生产工作都是在夜间进行的，这个时间段本不应该有人在工作。你能想象这带来的潜在非法伏特加酒产能有多大吗？"[33]

伏特加酒黑市的庞大规模是无法掩饰的。俄罗斯的官方统计数据揭示了伏特加酒销售量和那些征税的生产量之间的巨大差额——而且这一差额还在不断增加。到了 1996 年，多达三分之二的已售出的伏特加酒是没有缴税的产品，这意味着国家财政单单在这五年里就损失了 80 亿美元的税收收入——这还不包括叶利钦时期"慈善组织"被豁免的 90 亿美元的税收。

这种有潜在危险的黑市伏特加酒到处都是。到了 1997 年，俄罗斯贸易部的数据显示，所有在俄罗斯销售的伏特加酒里，46% 的质量都是"令人难以接受的"。[34] 当这一日益降低的质量结合了天文数字般的伏特加酒饮用量的时候，就会带来可怕的后果。在美国——其人口是俄罗斯的两倍——每年大概有 300 人死于酒精中毒。1994 年，在俄罗斯，这一数据达 5.5 万人，这使得俄罗斯最著名的酒类研究员亚历山大·涅姆佐夫博士断言"历史赠予了我们自由这个礼物，但一定程度上我们在伏特加酒商店以购买死亡的方式为此付出了代价"。[35]

在经济困难和酗酒普遍的背景下，人们很难忽略如此可怕的数据——正如人们很难抵制让国家来控制酒类贸易并使之再次成为俄罗斯国家机构的中心环节这样的传统诱惑一样。在 1997 年 9 月一次特殊广播讲话中，叶利钦宣称，"政府应该竭尽所能防止民众毒害自己"。"但如果人们想要花钱购买伏特加酒，那么他们的钱应该进入国家预算中，而不是掉到各种骗子的口袋里。这样我们就可以为老人提供养老金，给技术工人、医生和教师支付工资，并让我们的经济实现复苏"。[36] 然而，从持续的经济畸形中获利的是那些在朝资本家转变的寡头"赢家"，而且他们还利用政治影响力来阻挠会威胁到他们财富的任何后续市场改革。[37]

受到伏特加酒贸易利润诱惑的不仅仅是克里姆林宫里的人——俄罗斯境内为资源短缺所困的州长们也同样盯上了这棵摇钱树，因为他们必须与联邦政府和酒类原产地政府平分法律规定下的酒类消费税。[38] 考虑一下普斯科夫地区（the Pskov region）——这个地方与爱沙尼亚、拉脱维亚和白俄罗斯接壤。在那里，州长叶甫格尼·米哈伊洛夫（Evgeny Mikhailov）颁布了区域性的伏特加酒流通垄断机制以控制零售市场——他得以控制酒精价格和消费税，并且阻止非法的外国产品进入当地。虽然这样的保护措施使合法的创业公司蓬勃发展起来，但这些措施本就不是长久之计。州长挥舞着自己的政治肌肉（俄罗斯人称为"行政资源"）占有了一个负债无望的食品加工厂并将其改造成为一个蒸馏厂。地方政府为其崭新的伏特加酒工厂提供原材料补助，这降低了它的生产成本，使它能够以低于市场价格的售价出售产品。因为无力与之竞争，其他所有的合法伏特加酒生产商都倒闭了，因此政府就得以名副其实地垄断生产环节，这甚至带来了更多的收入。到了1990年代末，超过30个俄罗斯地方政府都通过这种方式在当地建立了自己对伏特加酒贸易的垄断机制。[39]

离任后，州长米哈伊洛夫解释道："在有着理性统治者的区域，当局都努力捍卫着当地的生产商，特别是当这些生产商是当地纳税大户的时候。"[40] 接替他出任州长的是普斯科夫地区的一个商人，他主张更大规模的市场自由化——但当他上任后，他不得不面对令人不快的现实，米哈伊洛夫的伏特加酒体系是当地政府预算的最大来源，而且没有任何东西可以代替这个体系。经济学家称这种结果为"收入陷阱"（revenue trap），但实际上，这只是俄罗斯传统的伏特加政治在地区层面的重建：政治家依赖着伏特加酒带来的收入，而伏特加酒生产商依赖着他们的政治守护者来维持对市场的控制。与过去一样（也正如在后苏联时代俄罗斯经济中其他盈利的行业一样），人们几乎没有任何理由来打破这一"陷阱"；这一"陷阱"在使政府和人脉广泛的生产商们不断获益的同时，也牺牲了市场竞争和社会福利：虽然1990年代普斯科夫地区经历了一场经济危机，但当地的酒类生产量却出现飙升，这给饮酒者们的身体健康带来了明显的危害。[41]

在俄罗斯横跨 11 个时区的疆域上反复上演的情节，也是"正在俄罗斯联邦的每一个行政区上演的情节，可以被有效地描述为区域伏特加酒垄断机制"。经济学家和亲市场化政治家格里戈里·叶林斯基（Grigory Yavlinsky）这样评论道。"在很多情况下，这些垄断机制的既得利益者是地方政府，而保护这些既得利益的是非官方的执行机构，包括犯罪团伙。"在这样的情况下，叶利钦领导下的克里姆林宫领导层"无力打破这样的垄断机制，而结果往往是：虽然临近地区提供着质量更高、价格更低的伏特加酒，但高价格和低效率的垄断机制仍然在许多行政区持续存在着"。[42]

各区州长和腐败的寡头执政者从联邦政府手中截获了税收收入，即来自伏特加酒贸易或其他地方的收入。这是导致俄罗斯经济日益羸弱的主要原因：巨额赤字使得政府在 1998 年宣告破产。令人感到讽刺的是，在经济交易中从使用一文不值的卢布转向使用"流动性更高的"替代品伏特加酒（既可做账，也可饮用）的不仅是俄罗斯公民，俄罗斯的生产商们也是这样做的。[43]

据经济学家所说，理论上，自由市场的竞争将会促使旧苏联体系里低效过时的"臃肿企业"破产倒闭，它们的员工会在街上闲逛。与此相反，如此抽象的经济学预测（再一次）在应用到俄罗斯身上的时候却遭遇了惨痛的失败：许多毫无竞争力而且不断亏损的企业继续生产着劣质的产品——但这些产品并不是用于现金买卖，而是用于在巨大的易货交易网络中交换其他货物，构成俄罗斯所谓的虚拟经济。

　　如果没有案例佐证的话，这样说可能是比较难以想象和理解的。位于莫斯科东北面、谢尔盖耶夫镇的 NIIRP 橡胶制品生产工厂可以作为一个案例。NIIRP 的所在地靠近俄罗斯东正教会的精神信仰中心，其一半的控制权归属国家，而且这个工厂还维持着一个规模庞大的工作人员团队。它生产的橡胶传动皮带质量很好，但因为索价太高，所以没几家俄罗斯企业愿意花钱购买。但即便销量遇阻，NIIRP 还得继续缴纳税款和支付员工工资，这使得它没有多少钱可以支付给供应商。身处这样一个进退两难的困境中，公司经营者下令采购部门购买原材料时不要使用现金，而是用他们所生产的传动皮带与那些供应商进行易货交易。这是一个难以完成的任务，即使是对人脉最广的供需员来说也一样……但这种局面在这家企业找到新办法之后便改变了："这个工厂新增设了一个伏特加酒部门，这个部门生产 Roma（Gypsy）牌伏特加酒。为了从科米区（Komi province）得到生产橡胶所需要的工业煤烟子，这个工厂需要同时用伏特加酒和传动皮带来代替偿还货款。"[44] 需要公司用伏特加酒疏通的不仅是原材料供应商，还有政府官员。为了缓和与政府高层官员的关系，很多公司雇用了"政府公关"专家，这些专家成了人们熟知的"pechenochniki"——字面意思是"肝病患者"——因为他们得喝下大量的伏特加酒以确保能和政府官僚们维系良好的关系。[45]

　　如果这些公关专家工作进展顺利，他们甚至可以说服政府官员接受他们用伏特加酒支付公司的税款。俄罗斯农业部甚至使用他们收到的实物税款伏特加酒作为支付给贝加尔湖东岸布里亚特共和国（Burytia）集体农庄的补贴。一开始，农民们很喜欢他们这么做——直到不受监管的有害混合酒开始出现，这个实验才被终结。[46]1998年，山地地区阿尔泰共和国（Altai Republic）的教师收到了 15 瓶伏特加酒作为他们的薪水。因为他们已经半年时间没有收到工资了，所以"教师们认为能收到伏特加酒也不错——伏特加酒可以在当地市场出售——好过一无所有"。一份英国广播公司（BBC）的报告显示，"政府试图用卫生纸和葬礼装饰品作为支付给农民的工资，却引发了农民的愤怒"。[47]

得益于人们对酒产品永无止境的需求，酒类生产商成了易货交易这个庞大网络的核心——他们也因此成为俄罗斯虚拟经济中的关键一环。如果一个服装制造商需要毛线，他们就会直接去找一个愿意用伏特加酒交换大衣的酿酒商或批发商，然后用交换来的伏特加酒与毛线供应商做交易。[48]传统上，国有农场的场长负责组织主持宴席、婚礼、守灵和其他人生经历的重大仪式——现在农场场长也要用谷物来交换庆祝用的伏特加酒，用以强化工人阶层和管理阶层之间的团结。[49]米哈伊尔·霍多尔科夫斯基（Mikhail Khodorkovsky）是叶利钦时期的一个亿万富翁，他原先是寡头政治的受益者，后来转变成政治异见人士；他在职业生涯初期从事着日益兴旺的电脑进口业务，其间他也使用酒来简化烦琐的易货交易程序。在1990年代那个完全自由的时代，霍多尔科夫斯基扩大了自己的业务规模，开始进口砂洗牛仔裤、仿冒的拿破仑牌白兰地酒和在波兰装瓶的冒牌瑞士牌伏特加酒。"好吧，"霍多尔科夫斯基的一个合伙人后来承认道，"我们筹措资金去经营法国白兰地酒业务。但至少没有人最后被这些酒毒死。"[50]

在这一奇特的虚拟经济中，曾是沙皇帝国和苏联命脉的伏特加酒通过这些方式成了野蛮社会式的易货交易网络中的主要润滑剂。分布如此之广的易货交易进一步削弱了联邦政府的实力，并同时强化了地方公司和政府的势力。经济学家对这一体系中明显违背常理的特质感到困惑，他们常常关注在俄罗斯较有影响力的石油和天然气公司的巨大易货交易网络链及其分支。[51]然而，如果他们真的想要了解后苏联时代俄罗斯的逆现代化进程，他们反而应该研究一下伏特加酒。

1996 年，政府委任彼得·A. 卡尔波夫（Pytor A. Karpov）去检查俄罗斯主要公司的账本以查出为什么它们不用现金缴纳税款。卡尔波夫发现所有企业在俄罗斯所赚取的收入里只有 27% 是现金。奇怪的是，唯独有着充裕现金的几家公司是酒类生产商，它们的交易里有 63%的比例是以现金交易方式进行的。[52] 而这只能进一步证明，酒在后苏联时代俄罗斯的逆现代化进程中所扮演的独特角色。一方面，各地的伏特加酒垄断企业依靠当地行政长官的政治保护，扩大产出，为自己赢得了"杰出纳税者"的奖赏。[53] 另一方面，酒行业——无论是合法的还是非法的——扶持着这个正处于改革中的经济体，让其一路跌跌撞撞地前进，直到最终在 1998 年崩溃。但就连那次崩溃也不过是这个奇特体系在让克里姆林宫陷入税收困境后的结果之一；此外，叶利钦政府还不得不承担巨额债务以让腐败的商人和获得支持的"慈善组织"可以钻漏洞，继续他们那些获益颇丰的酒类进口业务。那些始终在润滑如鲁布·戈德堡机械（Rube Goldberg machine）① 一般复杂的俄罗斯经济的伏特加酒彻底毁了俄罗斯人，也让一个曾经的超级大国陷入完全的逆现代困境中。

世世代代以来，伏特加政治助长着这个社会的酗酒风气，以维持国库财政的充盈和人民内部的动荡。然而，虽然俄罗斯现在名义上是一个民主国家，但只要人民继续使用伏特加酒作为一种交易媒介，酗酒的传统就会得以延续，并阻碍着经济的"改革"。确实，正是伏特加政治的这一遗产将一场艰苦难熬的经济衰退转变成一次大规模的社会逆现代化进程。

从一个瑞典人到另一个

如果说在后苏联时代的改革中有一个杰出的权威专家的话，那

/ 321

---

① 一种被设计得过度复杂的机械组合，它们以迂回曲折的方法去完成一些其实非常简单的工作。——编者注

么这个专家就是瑞典经济学家安德斯·阿斯伦德（AndersAslund）。1980年代末，阿斯伦德就点出了经济改革中的矛盾；1990年代，作为俄罗斯政府的顾问，他提倡快速的"休克疗法"。即使是在今天，他也是一个对苏联时期所取得的发展有着独到见解的评论员。他的作品有一个大致的主题：俄罗斯向资本主义的过渡并没有像许多记载（可能包括这本书）所描述的那样糟糕——并不是说俄罗斯没有经历过困难艰苦的阶段，但更准确地说，那些记载了改革从什么时候开始偏离方向的数据存在很大的夸张成分，基于这些数据得出的"苏联崩溃"的结果并没有看上去那么令人吃惊。[54]

据阿斯伦德所说，社会崩溃所带来的后果也同样被夸大了。当然，"贫困人口在过渡阶段初期以令人吃惊的速度猛增"，但所幸的是，"这种贫困程度相对来说是比较浅的，其中许多人的生活水平只是稍低于贫困线"。医疗体系或许变得更加糟糕了，但随着GDP不断缩水，医疗支出实际上却增加了。[55]虽然阿斯伦德对此持乐观态度，但他仍然得面对男性预期寿命出现"令人震惊的"下降这样的现象。这种现象在俄罗斯、乌克兰、白俄罗斯、摩尔多瓦和波罗的海诸共和国尤为明显："1989年到1994年，俄罗斯的男性人均预期寿命经历了最大的降幅——7岁，降到了可悲的最低点，57.6岁，这比俄罗斯女性的人均预期寿命要少14岁，而这一差距也是世界上最大的。令人不安的是，男性人均预期寿命这一数据一直以来都维持着非常低的数值，大约在59岁左右。"[56]

阿斯伦德费力地浏览着后苏联时代的国家的宏观经济和宏观社会的各项指标数据，从捷克共和国（the Czech Republic）到吉尔吉斯斯坦（Kyrgyzstan），他所感受到的挫败感是显而易见的。他显然无法解释为什么一些国家的经济危机伴随着社会的逆现代化进程，而另外一些则没有："在欧洲中部，男性预期寿命从1989年到2004年上升了3.6岁，而在欧洲东南部则上升了1岁。奇怪的是，饱受战火蹂蹒的高加索地区国家并没有遭遇男性预期寿命下降的困境，一贫如洗的中亚地区国家也没有。"这个问题不可能只与贫穷状态相关：前苏联加盟国中最穷的国家——像吉尔吉斯斯坦和亚美尼亚——人民健康状况并没有出现倒退的情况。在俄罗斯最贫困的地区，像印古什共和国（Ingushetia）和达吉斯坦共和国（Dagestan），也没有发生类似的情况。毫无办法来解释这一现象的阿斯伦德被迫得出这样的结论："这些相关的国家并没有表现出任何清晰的经济模式。"[57]

/ 322

因为没有清晰的经济模式，所以也就没有经济层面的理由可以解释健康状况的恶化，阿斯伦德将原本立足于经济困境的解释换成了立足于文化层面的含糊解释。"问题不在于饥荒或赤贫的生活，也不在于糟糕的医疗体系，"他这样解释道，"正相反的是，这一困境的产生源于东斯拉夫民族和波罗的海地区的男性是忠于集体胜于私人利益的公司人，他们难以适应过渡阶段。反而陷入了酗酒的诱惑陷阱中，这导致他们当中很多人过早死去。"[58]

然而，如果是从伏特加政治的角度来观察，逆现代化进程的模式就再清晰不过了。重新看阿斯伦德的瑞典同胞汉斯·罗斯林所构建的健康状况与富裕程度相关关系的二维图表，我们可以迅速认出 1980~2000 年的后苏联过渡阶段的明显模式。波兰和捷克共和国代表了主要饮用啤酒和葡萄酒的东欧维舍格勒四国（Visegrad countries），这些国家在过渡阶段经历了短暂停顿后就继续往健康富裕角发展。从饱受战争蹂躏的高加索地区到经济隔绝和未经历改革

/ 323

的中亚国家都遭受了经济危机，但这些国家的人民健康水平却很少出现相应的恶化情况——这在一定程度上归因于这些国家缺少强势的伏特加酒饮用文化。仅有的几个朝左下角移动，表现出类似的"逆现代化"轨迹的国家是俄罗斯和乌克兰，还有摩尔多瓦、白俄罗斯和波罗的海国家。

该如何解释这一逆现代化现象呢？第一，这些国家都有着根深蒂

固的伏特加酒饮用文化，整个社会在多年的压抑状态下培育了这种文化，不仅是苏联时期，还有在此之前的俄罗斯帝国时期——这两个时期鼓励人们饮用伏特加酒的做法被认为是治国的基石。[59] 第二，除去波罗的海国家外，这些"处于逆现代化进程"的国家的经济改革都是杂乱无章和断断续续的。因此，当研究人员调查1990年代的易货交易和俄罗斯式"虚拟经济"时，他们发现从摩尔多瓦和乌克兰，再到俄罗斯、白俄罗斯和波罗的海三国都有着同样的做法（波罗的海三国没有其他国家那么明显）。[60] 波罗的海国家为了进入欧盟，更加明确地与它们过去的经济和政治体制决裂；而且，与它们那些位于南部和东部的有着同样酗酒习惯的邻国相比，波罗的海国家所经历的逆

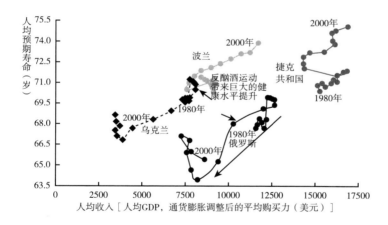

后苏联时代"过渡阶段"对比，1980~2000年

来源：预期寿命数据来自人类死亡率数据库（Human Mortality Database），mortality.org。关于盖普曼德就人均 GDP 的数据收集和数据标准化标记，参见 http://www.gapminder.org/documentation/documentation/gapdoc001_v9.pdf。关于波兰、俄罗斯联邦和乌克兰的人均收入，参见 Angus Maddison, "Historical Statistics for the World Economy: 1–2006 AD"（2008），www.ggdc.net/maddison/。关于捷克共和国的人均收入，参见 Maddison (2008) supplemented by UNSTAT II (2008 adjusted), http://unstats.un.org/unsd/snaama/dnllist.asp

现代化进程持续时间明显短得多。

　　阿斯伦德就社会逆现代化进程的解释是基于无形的民族特质：
"东斯拉夫民族和波罗的海地区的男性是忠于集体胜于私人利益的公
司人，他们难以适应过渡阶段，反而陷入了酗酒的诱惑陷阱中，这导
致他们当中很多人过早死去。"[61] 这一说法没有抓住要害——在这里
发挥作用的并不是民族特质或者基因特质，而是一个复杂且延续了几
个世纪之久的伏特加政治的历史遗产，而这一历史遗产已经深深嵌入
了这些国家的文化和经济模式之中。

　　苏联在 1991 年解体的时候，留下了 2500 万名俄罗斯族裔——
他们当中很多人一生都住在像敖德萨（Odessa）、巴库（Baku）和
阿拉木图（Almaty）这样的国际大都市里——定居在所谓的"准外
国"。这些城市都位于获得独立的后苏联时代共和国。有些人选择
"回到"他们从未踏足过的俄罗斯家乡，常常对他们所发现的一切感
到震惊。"他们喝着酒，好像这是一种生活常态，"一位来自吉尔吉斯
斯坦、刚迁居到奥廖尔地区（Oryol region）的俄罗斯族裔的人对此
感到十分惊奇，"用一瓶酒你就可以买到任何东西，这些人并不认可
其他任何价格……在这里，女性自力更生，当她们请求男性帮忙照料
牛或者分配什么东西的时候，她们必须先找到一瓶酒，没有人愿意接
受现金报偿……所以你就学会了如何酿造私酒。"[62]

　　像这样不适应的体验——即使是在同一民族内部成员之间也一样——
表明了民族特质并不是导致社会逆现代化进程的原因，伏特加酒才是罪魁祸
首：这个问题不仅涉及有多少喝酒的人，还涉及这种饮酒的做法是如何渗入
人们广泛接受的日常应变策略和渗透进这个国家自身的经济生活当中的。

　　简言之，经济危机加上伏特加政治等于逆现代化进程。

逆现代化的道德准则

　　伏特加酒所激起的逆现代化进程也冲击着俄罗斯的政治前景。正

如汉斯·罗斯林绘制了过去 200 年以来国家朝着健康富裕角发展的轨迹，政治社会学家也记录了有助于民族发展和有效治理国家的文化特质发展轨迹。对于这些社会学家来说，"现代化"代表着理性主义替代了守旧传统，世俗主义替代了宗教信仰，宽容接纳替代了仇外主义，性别平等替代了父权制度，以及人们对自由幸福、满足感、个体主义和自我表达的追求替代了他们原本仅局限于基本生存需要的追求。经证明，经济现代化进程与有助于民主发展的文化变革之间有着很坚固的联系，因为鼓舞着人民追求自由和有效治理模式的并不是精英阶层的振臂一呼，而是人民自发的努力和决心。"真正的民主机制并不只是一台启动后就会自己有效运转的机器，"密歇根大学政治学家罗纳德·英格哈特（Ronald Inglehart）这样总结道，"它的运转取决于这个国家的人民。"[63]

然而，英格哈特唯一的研究成果却预示着 1990 年代的俄罗斯会经历一段困难时期；该研究成果描绘了这样的道德准则在全球范围内的发展轨迹。根据详尽的《世界价值观调查》（*World Values Survey*）——该调查是由超过 80 个国家的社会学家组织定期开展的——英格哈特给每个国家打分，打分的标准是每个国家里简单的生存道德准则与现代的自我表达的道德准则的对比，以及传统道德准则与现代的世俗 / 理性道德准则的对比。令人感到欣喜的是，从 1980 年代到 1990 年代，每一个接受调查的国家都至少在其中一个方面获得了提升，而大多数国家在两个方面都得到了提升……只有两个国家例外。俄罗斯和白俄罗斯往后退步了：这两个国家，不仅没有在道德准则的世俗化和现代化方面得到发展，反而变得愈加宗教化和守旧化。俄罗斯人越来越多疑，鼓励狭隘、互不信任和自怨自艾：受调查的俄罗斯人中有超过一半的人回答他们感到"不怎么幸福"或者"完全不幸福"，他们对公共机构的信任度是世界上排名最低的。该调查表明，"过渡阶段"的经济和健康危机还伴随着文化上的逆现代化进程。[64]

对于研究人类发展的社会学家而言，结论是很明显的。英格哈特认为"在俄罗斯，民主发展得到的支持相对来说很薄弱——确实，这一支持几乎比其他所有国家都薄弱"。在某种程度上这是可以理解的，因为在经历了混乱的 1990 年代后，很多人开始将民主制度与酗酒、骚乱和经济风险联系起来。[65] 对于想要通过重大政治改革追求更有效的治理模式的改革家而言，有利于民主发展的道德准则在社会层面的弱化不过是另一种阻碍而已。

因此，逆现代化进程是一个涉及政治、经济、社会和文化层面的复杂现象——看起来，伏特加酒是理解这一切的关键。后苏联时代的过渡时期在与伏特加政治的遗产混合之后，这一全球性的超级大国开始经历一场前所未见、全面彻底的逆现代化进程。相应的，这一逆现代化进程所产生的经济、政治和文化影响也使俄罗斯的民主化进程遭遇着更多的困难。

毫无疑问，这绝不是一场简单的经济衰退。

对于一代又一代的美国人而言，新闻杂志节目《60分钟》一直都是他们每周必看的节目。自1968年起，这个节目就以深入的新闻调查为招牌，成为电视节目历史上播出时间最长、评分最高以及最成功的一个电视节目。

1996年初——正当叶利钦开始他那奇迹般的政治重生之旅的时候——《60分钟》一次非常引人注目的新闻调查将后苏联时代"过渡阶段"的真实损耗和人民所遭受的苦难展示给了原本对此毫不关心的美国社会大众。这次调查描绘了一幅令人惊恐的画面：虽然叶利钦努力抗争以避免共产党人重新掌权，但正如这次调查所揭示的，"俄罗斯正面对着一场规模庞大的人道主义悲剧"。

切换镜头，CBS广播公司记者汤姆·芬顿（Tom Fenton）正漫步在莫斯科一个覆盖着皑皑白雪的院子里。他正在与一个有着布鲁克林地区口音、面孔严肃的男人就俄罗斯向资本主义和民主制度过渡的艰难过程这个话题闲聊。虽然许多俄罗斯观察员都过于关注逆现代化进程经济层面的发展——有多少人失去了工作或者生产规模收缩了多少——但真正令这个男人感到震惊的是俄罗斯人民日益恶化的健康状况数据。该数据显示，一场大规模的社会灾难正伴随着俄罗斯的经济崩溃而来。没有人比这个男人更适合就此发出警报：芬顿所采访的这个人正是穆雷·费什巴赫——他是美国的一位人口统计学家，数十年来一直在发布着令人担忧的健康状况数据。正如我们在第十六章所看到的，正是费什巴赫参与写作的关于1970年代婴儿死亡率的报告指出，苏联这个超级大国的人口健康状况正处于一种危险的脆弱状态。而且正如我在第十八章所指出的那样，记者、学者和政治决策者等向费什巴赫所咨询的内容正是他对导致俄罗斯人健康状况恶化原因的渊博知识——酗酒则是诸多原因中最主要的一个。如果说冷战时期的他就人口健康状况发出了严峻的警示，那么接下来他在新报告中所写的关于俄罗斯人糟糕的健康状况、飙升的死亡率、暴跌的生育率和不断收缩的人口规模以及人民体弱多病的身体状态等则预示着彻底的末日。[1]

"在其他地方出现过任何类似的现象吗？"芬顿问道。

"不，在任何发达国家都没出现过这种现象。"

与《神曲》（the Divine Comedy）中罗马诗人维吉尔（Virgil）陪伴着阿利基耶里·但丁（Dante Alighieri）游历九层地狱一样，费什巴赫引导着这位美国记者去了解后苏联时代社会：他们游历在破旧的医疗设施、缺乏资金的孤儿院、受污染的游泳水塘、大雾笼罩的城市、毒品窝点，以及伏特加酒小卖部和香烟商店，直到最后抵达俄罗斯人以空前速度抵达的地方：墓地。过了一会儿，费什巴赫就开始滔滔不绝地说出惊人的数据，并用他的黑色幽默（就他们讨论话题的压抑程度而言，无疑这种黑色幽默是一种必要的防御措施）解释着人口健康恶化这一明显不迷人的问题是如何迅速成了一个巨大的政治挑战。"如果所有人都死了，这将会使俄罗斯的经济和政治改革处于一个危险的境地。当然，不是所有人都死了，但他们的身体状况却不是很好。"费什巴赫解释道。[2]

怀疑论者质疑着如此悲惨的评价：事情是否真的这么糟糕？这个国家的健康状况怎么能影响到未来俄罗斯的政治事务？伏特加酒在其中又扮演着什么样的角色？[3]

2006年，学者安德雷·科罗塔耶夫（Andrei Korotayev）和达利亚·哈尔图瑞娜（Daria Khaltourina）解释称，这一人口危机是由"俄罗斯的十字"（Russian Cross）所导致的。他们所指的并不是俄罗斯东正教会，而是1990年代当俄罗斯的死亡率显著飙升时，出生率却出现暴跌，这两个数据在绘制图表的时候会形成一个十字交叉的形状。自苏联解体开始，俄罗斯的死亡人数远多于出生的人数，俄罗斯人口的规模出现了明显的收缩，而且很可能会继续收缩下去。[4]

有些人认为，其他国家也出现过死亡率高于出生率的情况，而且这些国家不只是那些处于后苏联时代逆现代化进程中的俄罗斯邻国。西欧的"老龄化"同样带来了死亡人口多于出生人口的情况，以及人口数量的逐渐减少。但正如下页图所展示的，与饮用葡萄酒的意大利人或狂饮啤酒并经历着后社会主义时代的捷克人相比，俄罗斯人口数量变化的突然性和所损失的绝对人口数量使得"俄罗斯十字"绝对不像人们所见过的任何其他现象。根据俄罗斯国家统计机构的数据，1992～2012 年这 20 年间，俄罗斯死亡人数超过出生人数大概1250 万人。[5]除了可怕的全面战争，唯一可以导致人口规模出现这种程度缩减的只有 1918 年的全球性流感和撒哈拉以南非洲暴发的艾滋病。[6]然而，因为这一巨大灾难貌似是俄罗斯人自食其果，所以俄罗斯人一直是以相对平静的状态忍受着他们所遭遇的苦难。

酩酊大醉

是什么让事情发展到了如此可怕的境地？事实证明，哈尔图瑞娜和科罗塔耶夫所给出的病根清单几乎和 10 年前穆雷·费什巴赫向《60 分钟》节目所做的解释一模一样，排在第一个的就是医疗保健领域出现的灾难。在俄罗斯身处危机最深的 1990 年代中期，费什巴赫引导着美国观众走进一家典型的俄罗斯医院，这家医院正为了可以继续营业努力挣扎着，因为越来越多的政府资源都被转移走以支付在车臣的战争费用。费什巴赫的脚步继续行进在碎裂的地板上；随着镜头穿过了一条灯光昏暗的过道，观众们看到了这样的景象：废弃的塑料水瓶被重新当作点滴容器使用，橡胶薄板被重新当作床垫使用，新生儿病房里只有一个呼吸口罩，生死攸关的药物供给是如此短缺以至于病人们被告知得自己购买。

"我们无法相信我们的国家已经成为这个样子了。这比战争还要

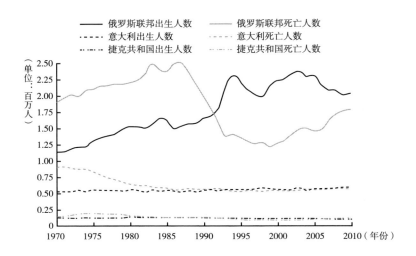

俄罗斯的十字：1970~2010年俄罗斯联邦，意大利和捷克共和国每年的出生人口和死亡人口

来　源：Goskomstat Rossii, http://www.gks.ru/dbscripts/Cbsd/DBInet.cgi?pl=2403012; Istat, http://demo.istat.it/index_e.html; Czech Statistical Office, http://www.czso.cz/eng/redakce.nsf/i/population/

糟糕。"医院病房里一个强忍着眼泪的年老女性这样说着。在过去的八个月里，她已经将她所有的养老金都花在买药上；在苏联原有的全民医疗体系里，她本可以报销这些费用的。"在共产党人统治时期，我们至少还有活下去的机会，但在目前这种民主制度下，我们已经是在垂死挣扎了。"她所暗示的是逆现代化进程对政治道德准则所造成的损害。

《60分钟》节目的解说员解释道，"超过75%的俄罗斯病人不得不使用贿赂的手段"。

芬顿带着讽刺语气向主持人说明道，"而他们称之为'免费的公共卫生服务'"。

"好吧，如果你想这么称呼它，随便你，"费什巴赫回击道，"我可不想这么做。"[7]

仅仅医疗体系缺乏资源这一原因还无法解释数据上的暴跌现象。事实上，当与巴西、印度和中国（与俄罗斯同为金砖四国的国家，经济发展水平与俄罗斯相似）相比的时候，俄罗斯不仅有着更高的人均医疗卫生费用支出，而且也有着更多的医疗专家。在世界各地，更多的医生和更多的经费都会带来更好的医疗卫生服务——但俄罗斯除外；俄罗斯人的预期寿命数据比人们基于其医疗健康的服务供给和费用支出数据所给出的预计水平还要少十年。俄罗斯这一纠缠不休的病痛问题无法简单得到"解决"，至少从流行病理学的角度来看是这样的。[8]

实际上，除去酗酒的苦难外，俄罗斯还饱受许多其他疾病的困扰。1990 年代，艾滋病进入苏联阵营国家，其主要传播者是共用脏乱针头的吸毒人员。虽然过时的艾滋病初筛机制使政府得以低调处理这一疾病的流行程度，但国际组织仍警告，在这平静表面之下可能暗藏着一场艾滋病危机。除了艾滋病外，俄罗斯还面临各种疾病的暴发，而这些疾病在西方国家差不多都已经被消灭了，这些疾病包括小儿麻痹症、麻疹、风疹和每年新增的 15 万个肺结核病例——其中一半的病例都源于在俄罗斯过于拥挤的监狱中突变的结核菌株，而且这种突变的肺结核菌株可以顽固地抵御所有已知的治疗手段。[9]此外还有经由污染水源传播的细菌性痢疾、疟疾和白喉病。

他们继续漫步在下着小雪的莫斯科街道上。芬顿指出，"这带来了各种各样的恐惧情绪"。

"我很抱歉，"费什巴赫停下脚步，仿佛是为了强调他的观点，"这就是为什么人们认为我是在夸大其词。也就是说他们认为我说的这一切不可能是对的。但可惜的是，我觉得我说的都是对的。"

但是，让事情发展到如此悲惨境地的唯一最大原因正是伏特加酒。苏联医疗专家过去常常称酒精是"疾病 #3"（Disease #3），意思是导致死亡的第三个主要原因，仅次于癌症和心血管疾病。到了1990年代，伏特加酒已经超越这两者，正式成为"俄罗斯人的主要杀手"。在俄罗斯，酒精相关的死亡率是全世界最高的。[10]

事情是怎么发展到这个地步的呢？在节目展示的画面上，无家可归的酒徒在街上蹒跚前行，伏特加酒小卖部到处都是，喝醉了的叶利钦在柏林做出尴尬举动。芬顿叙述道："为了浇灭他们的悲伤情绪，平均下来，俄罗斯男性现在每天可以惊人地狂饮下半瓶伏特加酒。而且记住，这只是平均值。"这算起来大概是每年喝下180瓶伏特加酒。[11]请暂停一分钟——牢记这一点。

随着非法的私酿酒和"夜班"生产的伏特加酒渗透进整个市场，计算出酒精饮用量变成一份复杂的工作。人们所能给出的最好估计是，1990年代俄罗斯人人均每年可以豪饮下15~16升纯酒精——这是世界卫生组织认为安全的8升饮酒量的两倍。在考虑到还有不饮酒的人（儿童和戒酒者），男性与女性之间饮酒的相对差别，以及他们各自的饮酒癖好，并对此做出相应调整后，我们可以得出结论：这些抽象数字意味着平均下来，饮酒的俄罗斯男性人均每周可以饮下13瓶啤酒和超过2瓶伏特加酒——而这样的情况持续了一周又一周。[12]

毫不意外，要么俄罗斯已经占据全世界任何一份酗酒国家名单的榜首，要么正在接近成为这样一个国家，伴其左右的是乌克兰、摩尔多瓦、波罗的海国家、匈牙利和捷克共和国。然而，虽然所有这些国家都经历了后苏联的过渡阶段，但或许只有乌克兰才出现了和俄罗斯类似的民众健康指数暴跌现象（参见第二十章）。我们该如何解释这一点呢？

答案是，酒的破坏性不仅取决于人们的饮用量，还取决于人们饮酒的种类和方式。例如，捷克人有饮用啤酒的文化，捷克人人均每周只喝下三分之二瓶烈酒，外加16瓶啤酒和1瓶葡萄酒。在有着饮用葡萄酒文化的匈牙利，匈牙利人人均每周喝下同样的三分之二瓶蒸馏酒，还有 11 瓶啤酒和 2.5 瓶葡萄酒。虽然每一个国家都有酗酒的现象，但俄罗斯人偏爱强劲的蒸馏酒而不是温和的啤酒或葡萄酒这一现象所反映出来的伏特加政治遗产，才是我们区分一个普通的社会健康问题和一场全面人口危机的关键。[13]

想一下酒精中毒。400 克乙醇就足以杀死一个人了。如果你习惯于饮用啤酒，想要让那么多纯酒精进入你的血管里，你得一次喝下差不多一整桶的量才行。在美国，每年都会出现这样的少数悲剧案例——通常都是大学学生，他们通过这样的方式死去，但如果是饮用啤酒的话，往往在接近致命的剂量前，喝酒的人就已经扶着抽水马桶昏倒了。这样的情况也适用于饮用葡萄酒的人，在一次性喝下致命的 5.5 瓶葡萄酒之前，他们很可能就已经睡着了。昏倒是身体自发的保护机制——在你彻底毒死自己之前身体先停止运转。因为伏特加酒有着很高的酒精浓度，所以只需要饮下 2 瓶半升装的伏特加酒就足以达到致命的剂量：相比啤酒和葡萄酒，人们可以在身体自动停止运转前更快达到致命的饮用量。[14]

"虽然人们的酒精饮用量很大，但问题不仅局限于此，"费什巴赫这样解释俄罗斯独特的饮酒文化，"问题还在于他们饮酒的方式。从早上办公室的茶歇期间开始直到夜里，俄罗斯人一直在咕嘟咕嘟地狂饮着伏特加酒。"[15] 直到最近，俄罗斯的伏特加酒酒瓶开始配备可以扯掉的瓶盖，以替代旋转扭开的瓶盖，这样的瓶口一经开启就再也无法封上了。为什么你会想要重新盖上瓶盖呢？一个"真正的男人"会喝完一整瓶酒而不是任其浪费掉。而且，不同于过去帝国时期的公共饮酒文化，俄罗斯现代的个体饮酒文化意味着今天的俄罗斯人常常是一个人饮酒（而且缺乏适当的下酒菜），而这只会加重他们的健康问题。[16] 正如我们在第七章所看到的，更加复杂的问题在于豪饮期这样一种独特的情况：在豪饮期间，人们会脱离社交生活——豪饮期有时可以长达数天——投入一场充斥着各种酒的狂欢宴。如此的狂饮导致心血管肌肉受到急性压迫，增加心脏衰竭发生的概率。[17]

更不用说还有伏特加酒的质量问题。随着私自酿造的酒和走私酒，以及不受监管的"夜班"生产的酒精占据了超过一半的市场份额，1990年代俄罗斯的伏特加酒几乎没有受到多少质量监控。为了降低成本，一些利欲熏心的烈酒生产商甚至用有毒的医用酒精和工业酒精来稀释伏特加酒以节省几个卢布。[18]然后就是酒精替代物的问题：从抗凝剂和制动液到古龙水和洗涤剂。近期的实地考察研究表明，12个俄罗斯人里面就有1个人——加起来大概是100万人，总人数超过了匈牙利的人口总数——定期饮用可能有毒的医用或工业酒精。[19]毫不意外，那些被迫转向这种替代品的人往往是来自社会底层的贫穷大众。同样毫无意外的是，那些定期饮用抗凝剂和其他有毒替代品的人的死亡概率是临床诊断的酒精中毒者死亡概率的6倍，而且是那些完全不喝酒的人的死亡概率的整整30倍。[20]

总而言之，俄罗斯这种独自一人狂饮烈酒的文化——这些烈酒往往质量很差或者是有毒的——导致了俄罗斯酒精中毒的水平比美国的水平高出了200倍，这使得伏特加酒成为俄罗斯出现空前健康危机的首要原因。当费什巴赫博士略冷淡地向《60分钟》的观众们解释为什么每年有超过4.5万名俄罗斯人死于酒精中毒时，这就是他给出的答案。[21]

酒精也通过其他方式带走人们的生命。值得注意的是，肝硬化和慢性肝脏疾病所造成的死亡案例在苏联解体后也保持稳定增长，整个1990年代平均每10万人里死于与酒精相关疾病的人就多了16人。伏特加酒也带来了冠心病和中风，这样的伤害会长期、逐渐累积。[22]确实，超过一半的男性新增死亡案例可归因于心血管疾病，而酒精和烟草在这些疾病的形成发展过程中扮演了致命的角色。结果是，1995年在俄罗斯，每10万人中就有1310人死于心血管疾病；相比之下，在西班牙，每10万人中只有268人死于同样的病症。人口统计学家尼古拉斯·埃伯施塔特（Nicholas Eberstadt）残酷地解释了这些数字："在今天的俄罗斯，心血管疾病如此猖獗，这在世界历史上从未发生过。"[23]

但正如埃伯施塔特所解释的那样，心脏相关疾病的死亡率还因为其他致命事故而进一步恶化，"没有人像俄罗斯男性"这样如此深受这些事故的蹂躏。[24] 对那些在盛年时期猝死的男性而言尤其如此。在一次对城市太平间的调查中，人们发现有55%的尸体血液里酒精含量水平明显较高。大多数谋杀案受害人和一半的自杀案死者在死去的时候都处于醉酒状态。从数据上来说，绝大多数的盗窃活动、入室抢劫、入室盗窃、汽车盗窃和流氓行为，以及交通事故、溺水淹死、自杀行为、家庭暴力和强奸谋杀都有酒精的因素。[25] 镜头回到莫斯科，医院的外科主任实事求是地告诉CBS记者汤姆·芬顿，这家医院所接治的受伤病例里有99%的案例都是由酒精造成的；可以理解的是，芬顿对此感到大吃一惊。

"99%的病例？！"芬顿大声问道——他吃惊地弯下了腰，就好像他刚刚被人痛打了一顿。

这个医生身旁围着各种用最原始止血带包扎着的病人；他冷淡地回答道："是的，99%的病例。"

不言而喻的是，所有这些问题都因为公共卫生基础设施的崩溃而进一步恶化。例如，想一下有16%适龄工作的俄罗斯男性都是有酗酒问题的，或者有5%健全的俄罗斯人被临床诊断为酒鬼。伏特加政治的绝大多数不知情受害者都没有接受过治疗。1990年代的逆现代化进程摧毁了专科医院和门诊诊所，而正是这些医院、诊所在应对着俄罗斯社会蔓延的酗酒问题。[26]

总计起来——直接致死加上间接致死——伏特加酒每年带走了超过42.5万名俄罗斯人的生命；伏特加酒也是后苏联时代人民预期寿命数据惨淡的一个主要原因，特别是男性预期寿命。[27]

想想这点：在有着不饮酒文化的伊斯兰世界，女性平均寿命只比男性高出 4~5 岁。在主要饮用啤酒的国家——像欧洲西部国家——男性平均死亡年龄比女性早了大概 6 年。在饮用葡萄酒的地区，这一差距扩大到 8 年。但在欧洲东部狂饮烈酒的国家，通常男性的死亡时间要比女性早整整 10 年。在这一数据上，俄罗斯再次"独占鳌头"，俄罗斯男性的平均死亡时间要比俄罗斯女性早整整 14 年，这一数据打破了世界纪录。[28] 预期寿命数据上的性别差异比其他任何数据都更能令人感受到伏特加政治遗产的存在。

生育率低下

　　人们在死亡率方面得出的令人不安的结果仅仅是"俄罗斯十字"的一半。另一半则是出现明显下降的出生率。在经济逆现代化发展的危机中，俄罗斯女性的生育水平也出现了暴跌。

　　像费什巴赫这样的人口统计学家在谈论这种事情的时候，会用到诸如一个国家的"总生育率"（total fertility rate）这样的数据，或者说一个普通女性在一生中会分娩多少次。为了保持人口数量的稳定，总生育率必须维持在每个女性分娩 2.15 次这样一个合理的人口置换率：一个孩子替代掉母亲，一个孩子替代掉父亲，还有额外的 0.15 个孩子替换掉那些没有生育的人（这些人或是自愿选择不生育，或是不孕不育，或是过早死亡）。在苏联时代，俄罗斯的总生育率维持在每个女性分娩 2.00 次的水平，而之后在戈尔巴乔夫时代，经过自由化进程和反酗酒运动，总生育率出现过短暂的激增。1987 年，俄罗斯的总生育率为每个母亲分娩 2.23 次。在之后的 11 年里这个数字已经惊人地掉落到了 1.23 次的水平——这个数字远低于达到合理的人口置换率所要求的水平。正如费什巴赫在《60 分钟》节目中所解释的，这使得这个国家有着全世界最低的生育率；因此，在 1990 年代后期，俄罗斯每年的死亡人数比出生人数多出 100 万人以上。[29]

为了找出俄罗斯生育率低下的原因，芬顿和费什巴赫拜访了斯坦利·J. 蒂林哈斯特（Stanley J. Tillinghast）。蒂林哈斯特是一位美国心脏病医生，同时是俄罗斯一个医疗改革项目的负责人。蒂林哈斯特解释道："俄罗斯人对未来感到很悲观，这也是俄罗斯生育率如此之低的部分原因。"他转向镜头，向人们解释说，他的俄罗斯同事们的孩子年纪都很相近：这些孩子都是在戈尔巴乔夫改革早期这段时间出生的。"这些孩子都是带着希望出生的：他们是在改革早期出生的，那时候人们对未来还非常乐观。"

　　"在那之后，她就没生过孩子了？"芬顿的这句话更像是总结而不是提问。

　　"是的，在那之后她就没生过孩子了。"[30]

　　俄罗斯破旧的医疗健康体系也影响着这个国家的生育率和死亡率：据世界卫生组织统计，2005 年的数据显示，俄罗斯女性分娩死亡的风险是德国和瑞士女性的 6 倍多。

　　渐渐的，那些想要孩子的夫妇就再也无法生育了：15%~20% 的俄罗斯家庭面临着不孕不育的问题，这往往是源自梅毒或者其他没有得到医治的性传染病。受困于疾病和酗酒习惯，俄罗斯男性出现性无能的比例以惊人的速度增长着。[31]

　　女性出现不孕的问题也可能是因为不当的堕胎手术或者堕胎次数过多。回到 1980 年代，由于缺乏可靠的避孕措施，出现了"堕胎文化"，这种"文化"令美国总统罗纳德·里根感到震惊。苏联时期的生育控制药物中激素含量高到常常令服用的人出现心脏骤停的病症。因此，苏联女性转向堕胎手术，将其作为一种控制生育的方式，即使是在苏联鼎盛时期，国内所进行的常规堕胎手术的次数也超过了生育手术的次数。阿奇尔·孔马苏里德兹博士（Dr. Archil Khomassuridze）是负责将苏联的生育和堕胎数据上报给位于日内瓦的世界卫生组织的医生。1980 年代晚期，世界卫生组织的电脑主机一直拒绝他录入的报告，因为给主机编程的人不相信女人可以在一生里承受超过 20 次的堕胎手术。

在孔马苏里德兹的家乡格鲁吉亚，情况跟俄罗斯一样，堕胎次数增多这一趋势在后苏联时代愈加严重；所有怀孕的妇女里有大概三分之二的人最后是以堕胎结束妊娠的。然而正如他对普利策奖获得者劳里·加勒特所讲的那样，相比嘲讽这些女性，孔马苏里德兹只有对这些女性的悲惨处境的同情。她们在生活中不仅要面临经济危机的困境，还要面对"虐待成性、常常酗酒的男人。她们常常要被迫接受同房行为"。她们告诉孔马苏里德兹，"而且即便是在双方自愿的基础上，同房行为对她们而言也算不上一件愉快的事情"。[32]

回到苏联在第二次世界大战期间针对法西斯主义的那场史诗般抗争，超过 2000 万年轻的俄罗斯男性在泪水中告别了他们的挚爱，奔赴前线，却再也没回来。因此，正当从前线回归的美国士兵在 1940 年代促成了战后的"婴儿潮"时，战后的苏联却经历了一场"婴儿荒"：适龄生育的男性少之又少，而且在数量上远少于大量孤苦伶仃的寡妇。半个世纪后，这一导致生育率低下的动态机制又恢复了，虽然相比从前，这次受波及的规模较小。酒精导致大量的死亡案例，这使得适龄工作、养儿育女的俄罗斯男人成了一个"濒危的物种"。俄罗斯女性甚至还抱怨说："简直就没有几个男人！"[33] 因此，举行婚礼的次数也减少了。俄罗斯人的研究得出了一个明显的结论：缺乏一个恩爱的伴侣是最具说服力的因素，让人们做出了不生孩子的决定。[34]

俄罗斯女性缺乏一个合适的丈夫，更不用说很可能某种（常常与酗酒相关）悲剧会在他们可以生育前就让其中一人或双方都失去生命。除了这些理由，还有离婚这一因素阻拦着更多的女人去生孩子。在俄罗斯，每 100 桩婚姻里就有 58 桩是以离婚收场。而夫妻离异的最常见原因是由酗酒引发的家庭暴力。[35]

家庭暴力案例的数量也同样达到了天文数字般的水平：在叶利钦

掌权的那些年里，每年有大概 1.2 万～1.6 万名俄罗斯女性死于配偶之手，另外 5 万名女性承受着严重的身体伤害——这一数据比美国高出 10 倍。在俄罗斯横跨 11 个时区的领土上，只有 6 个家庭暴力庇护所。"如果俄罗斯有一个运行良好的受虐妇女庇护所网络，"朱迪丝·特威格教授写道，"那里将会挤满家庭暴力的受害者；她们常常受到酗酒的男朋友和丈夫的伤害。然而伏特加酒继续保持比牛奶还便宜的价格，而背后支持伏特加酒贸易的这个国家，严重依赖伏特加酒贸易带来的每年接近 5 亿美元的税收。"[36]

跟随这趟悲剧性的历史之旅，人们接着走进了一个典型的俄罗斯孤儿院，《60 分钟》的美国观众们了解到俄罗斯家庭的悲剧并没有伴随着离婚而结束。在那里，他们见到了数目不断增长的孤儿，他们的父母要么成为前面提及的酒精相关死亡案例的受害者，要么就是认为养育孩子的负担太重所以抛弃了他们。自 1996 年起，每年有超过 10 万个孩子被遗弃。每 38 个孩子里就有 1 个孩子未与父母生活在一起，而每 70 个孩子里就有 1 个孩子被送进俄罗斯的孤儿院，在那里，孩子们与当地社区隔绝开来，而且——作为另一项苏联时代的遗产——沾染上不良风气，成为又一代令人讨厌、微不足道的人。如果国家认为一个成年人不适合为人父母并且将孩子送进孤儿院照顾，酗酒就会成为政府最常用的理由。[37] 自 1990 年代以来，孤儿院人数的明显增长和学龄儿童人数的减少带来了一种可悲的潮流，俄罗斯将许多小学重新改造为孤儿院。我和妻子在莫斯科南边的波多利斯克的城市孤儿院工作（工作地距离伏特加酒历史学家威廉·波赫列布金被残忍杀害的公寓只有几个街区）；我们在工作时了解到，这一翻新改造潮流包括在窗户上钉铁条，建起高高的水泥墙以将孤儿院里的世界与外界隔离开来，这种社会烙印是俄罗斯那些数量不断增长的孤儿们必须忍受的。根据政府的预测，30% 长期生活在孤儿院里的孤儿最终成了酒鬼，而 40% 的人最终被囚于监狱。这些人的受教育程度有限，工作机会也很少，在从国家监护室中"毕业"后——通常是在 16 岁或 17 岁的年纪——他们当中的大多数人都无法独立生活，并且最终露宿街头，成为俄罗斯 400 万名无家可归的孩子中的一员。[38]

在写作畅销报告《违背信任：全球公共卫生体系的崩溃》（*Betrayal of Trust: The Collapse of Global Public Health*）的过程中，劳里·加勒特采访了苏联时期各处孤儿院和庇护所里的俄罗斯"迷失的一代"。他们的故事中凸显了一个清晰的模式：家长酗酒导致孩子被虐待和遗弃。她描述了 11 岁的万尼亚的故事；她在莫斯科的一个流浪儿童庇护所里找到了这个冷漠的孩子。万尼亚 9 岁的时候，他父亲喝醉酒后经常抽打他和他的妈妈。万尼亚的母亲"通过饮用从当地的小卖部买来的私酿酒来借酒浇愁。这些有损健康的酒精使她发疯，进而加剧了家暴程度"。在经历了许多个晚上的血腥家庭暴力之后，万尼亚和他的母亲收拾了行囊，离开家，前往贝洛卢斯基火车站（the Belorussky Station）。正当火车慢慢驶离站台的时候，万尼亚的母亲松开了她儿子的手，跳上了火车，再也没有回头看过。

"我在火车站和她走丢了。"万尼亚忧郁地回忆着。接下来的一整年里——他生命中的第十年——他都在街头游荡，乞讨食物，睡在电话亭里，直到他最终进入一家依靠慈善捐献经营的小型儿童庇护所。萨帕·库里亚诺夫（Sapar Kulyanov）是这个庇护所的负责人；他讲述了自苏联解体以来，被遗弃和虐待的儿童就像"雪崩"一样大量拥进庇护所，其中高达 90% 的儿童来自因滥用酒精和毒品而破裂的家庭。[39]

如果这还不足以说明孩子们命运的悲惨，那么想一下那些生来就有身体或精神残疾的孩子，对他们来说，前景是更加凄惨的。这些俄罗斯最脆弱的公民不仅被父母抛弃，还要忍受这个国家体系的排斥、忽视和虐待。一位为残障人士争取权利的俄罗斯维权主义者声称，在一场"未公开的战争"（undeclared war）中，那些精神或身体残障的人甚至不被允许享有最基础的社会福利、教育和医疗服务。[40] 在这里，由伏特加政治而引发的酗酒问题在社会中的蔓延，也使得事态进一步恶化：近期对摩尔曼斯克地区孤儿的健康状况进行的一场流行病学调查诊断出，58% 的婴儿的大脑和中枢神经系统都受到过与胎儿酒精综合征相关的损伤。[41] 总而言之，俄罗斯新生婴儿里只有四分之一出生时是健康的。一位俄罗斯的儿科医生亚历山大·巴拉诺夫（Aleksandr Baranov）预计，或许只有 5%~10% 的俄罗斯儿童有一份无病的健康证明书。与此同时，1990 年代 70% 的青少年——人们原本期望后苏联一代人可以将俄罗斯转变为一个充满生机和繁荣向上的经济体——则在忍受着慢性疾病的折磨。[42]

与此同时，在这场实况播出的孤儿院之行中，导游穆雷·费什巴赫继续向这些临时的参观者滔滔不绝地念出一个又一个令人不安的数字。例如，在工业污染最严重的地区，高达 40% 的婴儿生来就有智力上的缺陷。

"这太可怕了！"目瞪口呆的芬顿惊呼道，"这是一个不小的数字。"

"这很糟糕，"费什巴赫承认道，"这比我知道的还要糟糕得多。而且我必须说我已经准备好接受许多可怕得多的事情了……但我没有准备好接受那样一个数据。"[43]

人们对出生于 1980 年代末和 1990 年代的俄罗斯人寄托了巨大的期望：在新千年里，他们要担负将俄罗斯变为一个充满生机的市场经济体，同时恢复其过去的政治和军事荣耀的责任。然而这一代人不仅在数量上比前几代人少得多（仅有其一半），而且身体也病殃殃的。俄罗斯的武装部队是建立在一个 18 岁开始强制征兵的体系之上。所以，2002 年的时候，为了了解未来的新兵，克里姆林宫下令对 0~17 岁的孩子开展详细的健康调查——每个人都是在 1985 年戈尔巴乔夫当权后才出生的。这场儿童健康普查的结果——结果原本只有总统弗拉基米尔·普京和他的内阁成员才能看到，但（你猜对了）穆雷·费什巴赫却想办法拿到了——描绘了一幅令人震惊的画面。这份报告向人们展示了俄罗斯青少年在逆现代化进程中所付出的代价。相比另一场距离这次调查仅10年的儿童健康调查，有智力缺陷的儿童的比例翻倍了；骨骼疾病和脑瘫的病例数量翻了3倍；而患有癌症和肺结核的儿童比例翻了4倍。当涉及伏特加酒的时候，俄罗斯儿童中酗酒儿童的比重——这里说的不是偶尔或定期饮酒的孩子，而是临床诊定的具有酗酒倾向的问题儿童——每年增加33%。确实，在一定程度上，伏特加酒是俄罗斯逆现代化噩梦发生的一个主要原因；更为近期的数据则揭示了俄罗斯男孩成为酒鬼的平均年龄已经从16岁跌落到13岁。而有规律饮酒的10~14岁"青少年"的数量现在已经超过1000万人了。[44]

　　在某个阶段，这样的数据已经变得让人无法理解了。一个超级大国真的堕落到如此地步？况且是在如此短的时间内？说实话，我们必须从多个方面来考虑这场死亡率飙升和生育率骤降所导致的危机：这场巨大的灾难包含了疾病、萧条和社会性的自毁行动，这使得本就被"过渡阶段"的艰苦境况撕扯得四分五裂的社会保障体系承担了更多的压力。从酒类小卖部到医院再到孤儿院——芬顿和费什巴赫在《60分钟》节目中去过的每个地方——每个人都能清楚地感受到这些地方正处于酒精和伏特加政治的阴影之下。最后，当他们筋疲力尽地抵达了这趟旅程的终点的时候，他们想到了但丁和维吉尔在经受了地狱的九层考验后上升到炼狱；这位美国记者和他的同伴随即放慢了脚步，花一些时间来反省他们的所见所闻。

　　"这是一个正在死亡的国家吗？"芬顿问道。

　　"是的。"

　　"这看上去就好像在自杀一样。"

　　"好吧，我想这是理解这些数据的一种方式。"费什巴赫仅仅停顿了一小会儿，"我不想这么理解，但答案几乎是'确实如此。'我在写书以及与我的俄罗斯同事共事期间，我都提醒着人们，问题已经发生了，你们最好做些什么。"

"如果他们什么都不做呢？"

"好吧，"费什巴赫眨了眨眼，"那么他们就会死去。越来越多的人会死去——而且他们会在越来越小的年纪就死去。就这样。"

/ 第二十二章　普京的龙头企业的崛起和衰落

萨摩卡特娜雅街（Samokatnaya ulitsa）直译为自行车街（Bicycle Street），位于莫斯科东部；这条街既不是这座城市街道中最宽敞的一条，也不是最著名的一条。相对于首都那些充斥着噪声的繁忙街道，这里相对来说比较安静。沿着脚边蜿蜒的亚乌扎河（Yauza River）迅速地往山上骑行可以让你穿越时空，倒退到100年前的时候。山顶上有一片蔓延的红砖建筑物，那是建于帝国时期的工业园区。与其形成对比的是建在其周围的一片苏联时期的冰冷建筑物。这就是克里斯塔尔酒厂——俄罗斯最大也是最著名的伏特加酒厂。这里有许多用铁皮做屋顶的建筑物，这些建筑物都是相通的；在这群建筑物当中高耸着两个大烟囱，使人联想到1971年吉恩·怀尔德（Gene Wilder）电影里威利·旺卡那个神秘的巧克力工厂。

作为沙皇尼古拉二世的伏特加酒垄断体制的一部分，这座"莫斯科国营1号酒库"建于1901年。没有其他什么地方比这里更适合建厂了：这里曾经是酒馆和妓院林立的德国区，在这里，年轻的彼得大帝锻炼了他那难以想象的酒量。彼得为他的情妇安娜·蒙斯和酒友弗朗茨·莱福特所建造的宏伟宫殿就位于河的对面（第四章）。

克里斯塔尔酒厂自身就有着一段独特的历史。虽然在第一次世界大战期间，尼古拉颁布了灾难性的禁酒令，但克里斯塔尔酒厂仍旧生产着酒，供应外国使节和出口给远方的法国盟友（参见第十三章）；在那之后，斯大林恢复了国家对伏特加酒的垄断机制，这里也恢复了其最高的生产能力。第二次世界大战期间，这里为前线供应着伏特加酒和莫洛托夫鸡尾酒燃烧瓶（Molotov cocktails），因此也成了纳粹轰炸机的主要目标。就像俄罗斯的许多地方一样，这里在1941年的时候也遭受了严重破坏，但仍旧坚持运营着（第十五章）。1953年——斯大林逝世的那一年——这座工厂开始生产苏联红牌伏特加酒，这种酒后来就像最具代表性的俄罗斯伏特加酒一样闻名世界。这座工厂直到 1987 年苏联实行政治经济改革时才被改名为克里斯塔尔酒厂。在苏联解体后，这个地方很快就被私有化改造了，并卷入了一场极具争议的法律诉讼中；而这场法律诉讼正是关于苏联红牌伏特加酒商标所属权益的。[1] 但所有这一切都无法与 2000 年夏天——弗拉基米尔·普京当政的第一年——在这里所发生的事件相比。

2000 年 8 月 4 日，俄罗斯联邦税务警察局的人来这里没收酒厂偷税漏税的证据。

偷税漏税？怎么回事？

很多国际商业报告都对此只字不提，但克里斯塔尔酒厂里的这一戏剧性事件是克里姆林宫重新收回权力的斗争的一部分。遍布俄罗斯全境，各地都有垄断伏特加酒贸易的公司，莫斯科的克里斯塔尔酒厂就是其中之一。虽然克里姆林宫在克里斯塔尔酒厂私有化改造后仍保有其 51% 的控制股份，但叶利钦为了向当地市长卢日科夫示好，便允许市长办公室对其进行管理并从中受益。[2] 不过，这一机制即将终结。

回到关键问题上

在法国人对法国政坛感到愤怒的时候，法国总统夏尔·戴高乐曾说出这句名言："你该如何管理一个有着 246 种不同奶酪的国家？"他这句精准的总结使得后来的俄罗斯评论员感到苦恼；俄罗斯全境有 180 个伏特加酒生产商，而（根据推测）它们生产的伏特加酒大概有 5000 种，而每一种伏特加酒都成了"跟钻石和石油一样盈利颇丰的生意"。评论员们好奇新近当选的总统普京该如何管理这样一个国家。[3]

很明显，普京有自己的计划。

在新千年的前夕——1999 年 12 月 31 日——步履蹒跚的鲍里斯·叶利钦含泪宣告辞去俄罗斯第一任民选总统的职务，这令全世界感

莫斯科的克里斯塔尔伏特加酒工厂，一栋标志性的红砖建筑物

来源：俄通社—塔斯社／维塔利·贝洛索夫（Vitaly Belousov）

到惊讶。而叶利钦近期任命的总理弗拉基米尔·普京将接替他的职位直到 2000 年 3 月举行新大选。在那场选举中，普京以压倒性优势胜出。

2000 年 5 月 7 日，普京自信地迈进了克里姆林宫富丽堂皇的圣安德鲁大厅（Andreyevsky Hall）宣誓就职。"我们必须铭记一切，"普京在就职演讲中勇敢地宣称，"我们必须牢记我们的历史，牢记其真正的样子，从中吸取教训，并且永远牢记那些创建了俄罗斯这个国家的人，捍卫其尊严，将其建设成为一个杰出的国家，一个强大的国家和一个伟大的国家。"[4]

当然，伏特加政治推动创建了俄罗斯这个伟大的国家，但伏特加政治也是这个国家的阿喀琉斯之踵。现在，俄罗斯正身处经济困境当中，看样子普京期待伏特加酒可以让俄罗斯恢复其伟大的地位。在他就职的前一天，普京政府创建了"国有酒厂罗斯毕尔"（Rosspirtprom）（这是"俄罗斯酒类工业"的字母组合词），以集中控制许多联邦政府控股的伏特加酒厂。[5] 确实，罗斯毕尔酒厂将成为普京的第一个"国有龙头企业"（national champion company）。

正如韦斯利大学荣誉退休教授马歇尔·古德曼（Marshall Goldman）所解释的，"俄罗斯政府可能拥有这些国有龙头公司超过 50% 的股份"，而且"这些公司会把提升国家利益置于最大化企业利润之上"。[6] 正当像俄罗斯石油公司（Rosneft）和俄罗斯天然气工业股份公司（Gazprom）这样的工业巨头满足了克里姆林宫在石油和天然气工业领域的利益（国家指派的企业负责人也赚得钵满盆盈）的时候，罗斯毕尔酒厂则扮演了酒类行业先驱者的角色，巩固了国家对获利颇丰的伏特加酒市场的控制。"伏特加酒或许替代不了天然气或者石油，"俄罗斯周刊《专家》（Ekspert）后来解释道，"但它也是一种具有战略重要性的产品。它是如此重要以至于对于那些想要创造一个酒类行业的俄罗斯天然气工业股份公司的人而言，控制酒精的生产是一个必须达到的前提条件。"[7]

到了 2008 年，在普京第二任总统任期即将结束时，俄罗斯政府恢复了对俄罗斯经济中很多重要行业的控制，包括伏特加酒——或者至少将这些行业交给了行政体系里那些被认为更值得信任的、"有用的朋友"。[8]

弗拉基米尔·普京是谁？

有趣的巧合是，弗拉基米尔·普京的祖父曾经是在国家乡间别墅里为弗拉基米尔·列宁煮饭的厨师。在列宁死后，斯皮里顿·伊万诺维奇·普京（Spiridon Ivanovich Putin）继续为列宁的遗孀娜杰日达·克鲁普斯卡娅工作。1930 年代，他在莫斯科郊外的别墅为斯大林煮饭；尼基塔·赫鲁晓夫生动描述的那些关键的伏特加酒宴正是在那个别墅里举办的。而且，或许普京的"烤串协议"（shashlik agreement）也正是在那里制定的。[9]

斯皮里顿的儿子弗拉基米尔是一名退伍军人，他参加了那场纳粹对列宁格勒长达 900 天的血腥围城战役。战争期间和之后的时间里，一直陪伴在弗拉基米尔身旁的是他的妻子玛丽亚；1952 年，玛丽亚给他生了一个儿子，弗拉基米尔·弗拉基米罗维奇·普京（Vladimir Vladimirovich Putin）。这对夫妇以严格的纪律培养他们的儿子。普京有时会在学校里惹是生非，除此之外，年轻的他不过是一个对运动感兴趣的普通男孩——他一开始感兴趣的是拳击（在鼻子受伤之后他放弃了拳击），然后是柔道。在 2000 年出版的自传《第一人》（*First Person*）中，普京解释道，柔道将运动和哲学结合成一个整体的特质使他没有走上犯罪的道路："如果我没有参与到运动中，我不知道我的人生会变成什么样子。"[10]

1975 年，普京从列宁格勒国立大学毕业并获得了国际法专业的学位，在那之后他加入了克格勃。1983 年，他与柳德米拉结婚；

1985~1990 年，普京被派驻东德的德累斯顿，在那里，这对夫妇生下了两个女儿。在《第一人》所记录一个采访中，这个家庭被问到一个关于普京性情的问题。柳德米拉回答普京不是一个嗜酒的人。"饮酒对他而言可有可无，真的，"她说，"在德国，他很喜欢喝啤酒。但通常他也会喝点伏特加酒或法国白兰地酒。" [11]

在德国统一后，普京回到俄罗斯为他之前的大学教授安纳托里·索布恰克（Anatoly Sobchak）工作；索布恰克当上了圣彼得堡市市长。自信、负责、可靠的普京在市长办公室里步步高升。1996年，当索布恰克在连任选举中失败的时候，普京被召往莫斯科。在克里姆林宫，普京的光芒继续闪烁：从叶利钦的总统事务管理局副局长，到 1998 年，他晋升成为俄罗斯联邦安全局（FSB，克格勃的继承组织）的负责人，然后在 1999 年 8 月 9 日成为俄罗斯总理。在叶利钦举办的传统官方会议和国家宴会上，很多人都开怀畅饮，普京则慎重地将他杯中的饮料倒在了装饰用的花盆里。[12] 表面上看，普京不过是叶利钦那不断调整的行政机构中的又一张牌而已，但在回忆录中，叶利钦声称他一直都希望普京来继承他的政治遗产。"毕竟，我给予他的可不是普通的职位提升，"叶利钦写道，"我想要交给他的是莫诺马赫王冠。"莫诺马赫王冠是传统的毛皮衬里、宝石装饰的王冠，曾经属于莫斯科公国的大公们。[13]

在普京升职成为总理的几天前，车臣武装分子包围了俄罗斯的达吉斯坦共和国。到 9 月的时候，莫斯科一系列可疑的（而且至今尚未结案）公寓爆炸案夺走了超过 300 人的生命，使得整个国家都处于一种紧张不安的状态。人们自然而然地将其归咎于车臣的恐怖分子。[14] 普京的回复是，他将会"把这些暴徒逼到厕所里然后干掉他们"。这样的回复展示了他果断和清醒的领导力。[15] 团结在他们的三色旗下，俄罗斯人民热情地支持重新对车臣开战，并将其当作一场反恐行动。

普京的光芒也在经济领域闪烁。卢布的贬值和 1998 年 8 月的债务违期当即使得俄罗斯产品在国际市场变得更加具有竞争力。俄罗斯的石油和天然气出口量在随后的 10 年里一直持续不断地增加，支撑着这个国家的经济发展。在 1990 年代的逆现代化进程后，俄罗斯终于重新恢复发展的势头。生活水平正在一点点得到改善。毫无意外，在叶利钦任命普京为临时总统 4 个月后，普京在 2000 年 3 月以全国性投票 53% 的支持率彻底赢得了这个职位。[16]

我们该如何理解在普京的前两个总统任期（2000~2008 年）中显露出来的体系呢？这是一个市场经济国家，还是倒退回了某种国有社会主义甚至是封建主义的状态？支持者为之欢呼，称之为"普京政治经济学"；批判者则称之为"普京主义"。[17]不管你怎么称呼它，其特征就是社会稳定、政治集权和经济稳步增长。

众所周知，10 年前，还处于苏联保护伞之下的时候，俄罗斯共和国总统鲍里斯·叶利钦就鼓舞地区领导人"尽他们所能地抢夺地区主权"以削弱苏联总统米哈伊尔·戈尔巴乔夫的权力。[18]不幸的是，对于叶利钦来说，这一莫斯科分权到地区的局面将由他来继承和面对；各地的行政长官各自创建自己的封地——正如在普斯科夫一样，而且常常是由伏特加酒提供金钱支持——而代价则是中央政府的愈加薄弱。

在叶利钦时期的宪法框架下——该宪法诞生于 1993 年炮击国家杜马期间——俄罗斯 89 个地区的每一个地区都将派出 2 名代表参加联邦委员会这个软弱的上议院。2000 年的夏天，在针对克里斯塔尔酒厂开展突击检查的同时，普京将所有的地区整合成七个"联邦辖区"，以强化对整个国家的联邦机构的监督管理。

2004 年在别斯兰第一中学发生的人质危机令人心痛——车臣恐怖分子试图通过武力来营救 1000 名俘虏，结果导致 334 名人质的悲剧性丧生，大部分死者还是孩子——该事件在进一步集权化管理地区的进程中发挥了关键作用。克里姆林宫将这一悲剧归咎于粗心大意且各自独立的地区当局，并将此作为取消地方长官直接选举制度的正当理由。从此之后，地方长官将由总统任命并按照他的命令行事。[19]

这与伏特加政治有什么关系呢？首先，至少在理论上这会让一个仍饱受假酒和"夜班"生产的伏特加酒所困的产业接受政府的监督，配合政府的工作。

其次，集权化进程使得各种各样的地区成为路易斯·布兰代斯（Louis Brandeis）著名箴言中的"社会实验室"。[20]集权化会加强地区政府的统治和保护它们在酒类贸易上的权益。

随着酒饮用量在2007~2008年达到了令人恐慌的高度，伦敦卫生及热带医学学院的研究员试图查出为什么人们没有采取任何措施。难道地区层面没有公众对此表示关注吗？如果有，为什么这些关注没有转化为行动呢？基于对各种与那些酒精管制利益相关的人的采访，伦敦的研究员们发现，人们对酗酒问题的普遍关注受到了阻挠，人们基本上无法影响关于税收、教育、酒后驾车、最低饮酒年龄和其他限制的政策决策。医疗机构、医生、精神病学家、药剂师、教育家、教会组织、工会、雇员，甚至还有地方政府的卫生部门都谴责烈酒所导致的道德问题、健康问题和经济问题，但所有人也都叹息他们没有办法影响政策决策。

/ 347

地区政府深陷于它们的伏特加酒收入陷阱当中，就连它们也无力开展有意义的改革。国家和地方政府"为矛盾所困，因为酒类产业为各地区的税款收入做出了重大贡献"。考虑到酒类收入对于地方政府的重要性，地区政府的代表"很少抓住机会来影响联邦政府的酒类政策，而且也很少尽到自己的责任，例如限制酒类商品销售的时间段"。[21]

那么，谁可以站起来对抗烈酒的潮流呢？谁控制着地方政策的决策流程呢？毫无意外，伦敦的研究员们发现这场政治游戏里只有两个关键玩家：克里姆林宫和地方的酒类生产商。在他们开展案例研究的地区，当地的蒸馏厂每年缴纳的税收收入超过 7000 万美元。蒸馏厂 64% 的产品都在本地区销售，因此它们强烈反对当地实行任何酒类限制。

总而言之，这个国家又回归到了俄罗斯伏特加政治的动态机制中——只不过现在这一机制停留在地区的层面，机制主体数量增加了上百个。

驯服反对派

从各地区收回权力只是普京恢复集权化统治的一部分。

即使是在 1990 年代初以胜利者的姿态站在了一辆坦克之上的时候，鲍里斯·叶利钦也始终认为自己可以凌驾于党派政治之上。他决定成为一个没有所属党派的总统是一个重大的错误。由于后苏联时代逆现代化进程中人们经历苦难时期，来自不同政治党派的、公众选举出的立法者可以自由地猛烈抨击一个总统，而很少有人会站起来为总统辩护。

人们曾想要临时创建一个"政权党"（party of power）以支持叶利钦的政府和培养潜在的继承人。不幸的是，当总统醉酒后躺在地板上的时候，他的政治威信并不是特别具有说服力。1995 年，叶利钦支持温和派"我们的家园——俄罗斯"（Our Home is Russia）党，以支持那时候的总理（天然气特大企业俄罗斯天然气工业股份公司的创始人）维克托·切尔诺梅尔金（Viktor Chernomyrdin）。这个党派在 1995 年的国家杜马选举中只获得了 10% 的选票，在那之后就逐渐被淡忘了。切尔诺梅尔金和约吉·贝拉（Yogi Berra）一样像是被诅咒了似的，说话一向口不择言，这令人喜忧参半，而且对他的选举没有什么帮助。"我们需要饮酒来保持健康，而我们需要保持健康以便我们可以继续饮酒！"当有人问他关于酒精和俄罗斯人健康的问题时，他打趣地说，"这比伏特加酒好，没有什么比伏特加酒更糟糕的东西了。"[22]

为了使行政部门保有极大的权力，1993年，叶利钦下令炮击了他自己的议会。但即便如此，他在杜马里的反对者一直都在给他制造麻烦。亲西方的自由派谴责着腐败问题和在车臣的残酷战争。民族主义者和共产主义者严厉批评叶利钦背叛了苏联的伟大传统并且经常阻碍着他的内阁任命。

即使是在他第二个总统任期快要结束的时候，叶利钦在杜马的反对者还想着把他毒打一顿然后扔出去。1999年，就在比尔·克林顿因不当两性关系而被国会弹劾之后不久，俄罗斯国家杜马就试着弹劾克林顿的好友鲍里斯·叶利钦。然而，针对叶利钦的指控要严重得多。杜马指控叶利钦犯有非法解散苏联的叛国罪和谋杀罪，炮击杜马的罪行，在车臣发动的血腥战争，以及出卖俄罗斯的军事力量。最终的指控也是最十恶不赦的：种族屠杀。1999年5月，弹劾委员会主席瓦季姆·费洛莫诺夫（Vadim Filomonov）强调在叶利钦任总统期间，有420万人失去了生命。"叶利钦有意识地容忍俄罗斯人民的生活水平不断恶化，从而导致俄罗斯人口的死亡率不可避免地出现上升，出生率出现下降。他一直拒绝接受任何关于政治改革的建议。"费洛莫诺夫以夸张式的宣言总结着对叶利钦的控告："那些因为他而死去、伤残的人民的鲜血，那些因为他而垂死、堕落、被袭人民的泪水，震撼着我们的心！"[23]

在弹劾过程中，医生维克托·贝内迪克托夫（Dr. Viktor Benediktov）解释道："在俄罗斯人口中所有年龄段的人健康状况都出现恶化的背景下，人口缩减这一进程仍然延续着。""我们有充分的理由相信这个国家的人口在21世纪将减少到一个非常低的水平，甚至无法维持人口数量的稳定和实现人口的繁衍。"在弹劾过程中有人声称投票反对弹劾就可以获得7万美元的贿赂费——而这如果被证实将会迫使叶利钦下台——无论如何，最终的弹劾动议因为缺少17票而失败了。[24]

3个月后，弗拉基米尔·普京成为总理，后来又成了总统。2001年，他开始提高政治党派的注册要求。到了2004年，所有的党派都要求至少有5万名成员，而且这些成员需要均匀地分布在俄罗斯各区域。想要成立新的党派必须得到克里姆林宫的首肯。对政府的过度指责会被认为是"极端主义行为"——这样的行为可以被当作取消一个人选举人资格的合理理由。[25]

2007年杜马选举前，选举规则从混合制变成了直接的比例代表制度，最低要求被提高到了要获得7%的投票。这样做的目的是巩固主要政党的地位。与此同时，杜马选区的取消也意味着任何人，无论他是魅力非凡还是极具影响力（例如叶利钦），如果没有经由已成立的党派推荐是无法参与国家的政治生活的。因此，2007年的选举仅仅授权给了4个政党：久加诺夫领导的共产党，日里诺夫斯基领导的自由民主党（这个党派并不主张自由，也不是特别主张民主），一个叫公正俄罗斯党（A Just Russia）的小型左翼联盟，以及普京领导的统一俄罗斯党（United Russia party）。统一俄罗斯党赢得了杜马70%的席位。[26]这样的绝对多数席位使得统一俄罗斯党可以很容易通过克里姆林宫提交的立法申请，它甚至可以修改宪法本身。

从1990年代威胁弹劾总统和阻挠立法进程，到2008年实际成为立法流程的旁观者，在短短几年内，反对党党组织就被边缘化了。[27]

在弗拉基米尔·普京的第二个总统任期结束时，统一俄罗斯党削弱了反对派。普京在2007年被《时代》（Time）杂志授予"年度人物"称号。《时代》解释道，他不是一个天真单纯的政治家，也不是一个民主主义者，但在以自由国家所重视的原则和理念为代价做出重大牺牲的前提下，他取得了卓越的领导成就，在一个对稳定这个词几乎没有任何概念的国家实现了社会的稳定，带领俄罗斯重归世界强国的队伍。[28]

俄罗斯总统弗拉基米尔·普京庆祝著名学府莫斯科国立大学成立 250 周年

图为普京和学生们品尝传统的格瓦斯酒和蜂蜜酒。
来源：美联社，俄塔社

随着普京恢复集权化进程的逐步深入，他有效地重建了俄罗斯传统的政体。人们越来越频繁地通过数量不断增加的私下关系网和凌驾于宪法之上的官僚主义机构来行使政治权力，而不是通过体制上的制约与平衡制度。这些超越宪法的机构包括：总统办公厅，就社会议题提出"建议"的国家杜马，以及负责军事事宜的安全委员会。[29]

西方世界散布恐惧的人已经匆忙地谴责普京主义是"苏联2.0版"。这种说法暴露了他们短浅的目光。普京既没有兴趣开展全球性的对外扩张，也没有持有任何相关的思想观念——更不用说反资本主义的想法。[30]普京的主要目标是维持国内稳定和权力体系——这是俄罗斯传统政体的另一个持久特质。[31]无论如何，在旧日的苏联共产党垮台的时候，俄罗斯联邦已经填补了因此而空缺的强权政治功能。就像其苏联时期的前任，统一俄罗斯党"引导和指挥"着俄罗斯政坛，而其权力由一群核心的忠诚信徒所掌握。

回归正常？

人们对1990年代俄罗斯的逆现代化噩梦的普遍看法是，因为这一进程是由经济衰退导致的，那么当经济状况好转之后，俄罗斯的状况也会有所好转，特别是经济学家们对此深信不疑。合乎逻辑的推论是，如果阻挡着夫妇们生育孩子的原因是不明朗的经济状况，那么国家恢复稳定之后他们就会生育更多的孩子。如果裁员、免职和贫穷驱使着俄罗斯男性在伏特加酒瓶中寻求慰藉和庇护，那么财富的增加和工作机会的增多应该可以引导他们走出酗酒状态。[32]特别是在普京实施了精简的单一税制改革之后，生产力的提升将意味着更多的政府收入，而缺乏资金的医疗体系将得到更多的资金。简言之，俄罗斯的人口衰减危机将迎刃而解。

人们的普遍看法再一次被证明是大错特错的：在普京的领导下，经济不断好转，但俄罗斯的状况却没有很快恢复到危机前的"正常"

状态。借助高涨的石油市场，俄罗斯的国家经济产值终于在 2004 年超越了苏联解体前的经济水平。到 2008 年，普京第一次离开总统宝座的时候，俄罗斯的 GDP 已经是普京刚当上总统时的 3 倍了。然而俄罗斯人的健康水平的发展却没有跟上这一速度。预期寿命增长缓慢，从 2000 年的人均 65.3 岁升高到 2008 年的 67.9 岁。自杀、谋杀和外伤案例都开始减少。2008 年的时候，只有 2.4 万名俄罗斯人死于酒精中毒——这是 2003 年数据的一半，但仍然高出西方国家同期数据 50 倍。生育率的缓慢增长（从每个女性生育 1.2 个孩子上升到 1.5 个孩子）远不够阻止俄罗斯人口数量的萎缩。[33]

问题不仅在于俄罗斯人口的不断减少，还在于活着的人变得愈加体弱多病——这很大程度上根源于迅速增长的伏特加酒饮用量。在普京的第二个总统任期结束的时候，来自俄罗斯医学院的亚历山大·巴拉诺夫医生报告说，事实上比起叶利钦的噩梦时期，俄罗斯人变得更疲弱和矮小了。随着人类社会的现代化，人们一般会变得更加高大，这使得人口的身高值成为一个重要的健康指标。巴拉诺夫声称，"俄罗斯正在成为人口平均身高最矮的国家之一"。俄罗斯人的身高比 1990 年代要矮半英寸。这与宏观经济进步的报告相悖。相比叶利钦时期，俄罗斯男孩身体的肌肉比重已经下降了 18%，女生则下降了 21%。人均肺活量下降了 20%，每 5 个孩子里就有 1 个体重低于标准水平。艾滋病、结核病、癌症、乙型肝炎和丙型肝炎等各种各样的身体和精神疾病——特别是青少年的酗酒问题——继续摧残着俄罗斯的年轻人。俄罗斯国防部已经提出警告，被征入伍士兵数量和质量的下降将削弱军队组建和维系一支健康的常规军队的能力。这使得 2006 年建设公共卫生体系成为五个国家重点项目之一，主导这些项目的是当时的第一副总理德米特里·梅德韦杰夫。[34]

在克里姆林宫华丽的大理石厅里，普京发表国情咨文时戏剧性地宣布了这些项目。

现在我们来讨论一下最重要的事情。对于我们国家而言最重要的是什么？国防部［！］知道最重要的是什么。的确，我想说的是爱、女性、孩子。我想说的是家庭，我们国家当前面临着的最严峻的问题——人口问题。我们国家今日面对的经济和社会发展议题与一个简单的问题紧密联系着：我们所做的这一切为了谁？你们知道我们国家的人口正在减少，每年减少的人口接近70万人。我们在很多场合都提起过这个问题，但在大多数情况下我们却很少采取行动来解决这个问题。[35]

在详细解释吸引母亲们生育第二胎、第三胎孩子的经济奖励措施之前，普京轻描淡写地指出："我们将采取措施杜绝私酿酒的进口和生产。"[36]

虽然俄罗斯在普京主义下取得了各种进步，但它仍旧忍受着流行病般的酗酒问题。米科·斯维奥内（Mikko Vieonen）是世界卫生组织派驻莫斯科的代表，他认为，"如果一瓶伏特加酒和一公斤苹果价格差不多，牛奶比啤酒还贵，而且一盒香烟比口香糖还便宜，如果全世界都是这样的情况，那么人们就不需要担心人口缩减的危机了，因为在这样的情况下，所有的国家都会有人口危机"。[37]

俄罗斯的酒专家恳求克里姆林宫采取行动：提高合法饮酒年龄，限制烈酒销售的时间段，加强对那些卖酒给孩子的人的处罚，严厉打击酒后驾车、酿造私酒和"夜班"生产伏特加酒的行为，增加重症监护室、门诊部门和酒精康复项目，增加教育项目，限制酒类广告……任何行动都可以。然而，"人们没有采取上述任何一项措施"。[38]

与此同时，回到萨摩卡特娜雅街

在普京的第一个总统任期快结束时，正如其任期开始时，普京的伏特加政治的商业性在克里斯塔尔酒厂的红砖厂区表现得最为明显。这个有名的工厂将成为罗斯毕尔皇冠上的宝石——罗斯毕尔是在普京就职前夕创建的国营龙头企业。普京选择了两个人来控制这个世界上最赚钱的伏特加酒市场：谢尔盖·哲文科（Sergei Zivenko）和阿卡迪·罗登伯格（Arkady Rotenberg）。

到普京第一个总统任期结束的时候，罗斯毕尔酒厂集团控制着合法伏特加酒市场超过 45% 的份额，每年的产值超过 20 亿美元。哲文科试图让俄罗斯人抛弃私酿酒和"夜班"生产的伏特加酒，并让他们重新饮用国家认可的酒；这让他在动荡的伏特加酒地下市场树敌不少。这些仇敌悬赏 600 万美元要他的命。即使在自己的办公室里，他也安排了武装安保人员保护自己。[39] 然而，正如他在 2002 年向维克多·叶罗菲耶夫透露的那样，他是那些希望酒市场保持混乱的人的眼中钉。

/ 355

2003 年，克里斯塔尔酒厂的生产线开始推出一个新的伏特加酒品牌：普京牌（Putinka）。就像伏特加酒一词是俄罗斯语"很少的水"的别称，普京牌则是俄罗斯人表达瓶子里的"小普京"的别称。崇拜普京的俄罗斯人很喜欢饮用这种酒，使之很快成为俄罗斯第二流行的品牌。即使是在俄罗斯这样一个品牌忠诚度低到令人吃惊的国家，在接下来的 10 年里，普京牌伏特加酒保持着自己的市场优势——克里斯塔尔酒厂每个月生产超过 800 万瓶普京牌伏特加酒，这一品牌每年可以带来 5 亿美元的收入。[40]

/ 356

人们甚至还期望通过一系列关于酒类生产的法律而巩固提升罗斯毕尔酒厂的地位，这些法律的目标是抑制"猖獗的腐败、违法的活动和极高的酒精中毒比例"。在 2005 年，普京签署了这些法律。[41] 根据从 2006 年 1 月 1 日开始生效的法律规定，只有盖有政府消费税印章的酒精饮料才可以在市场上销售。法律要求所有的生产工厂都必须配备新的监督和会计设备，而且只有按时缴付税款才可以获得生产经营许可。但负责执行这一法规的腐败官僚机构却搞砸了，结果适得其反——它们不仅打击了数以千万计的俄罗斯消费者，最终还给罗斯毕尔酒厂带来了致命的一击。

"这些法律和决定最终带来的结果就是一场闹剧，"亚历山大·涅姆佐夫博士表示。[42] 人们甚至没能及时印制新的消费税印章。等到这些印章终于被运送到包括罗斯毕尔酒厂的生产商手里的时候，他们的工厂已民经停产闲置长达数周，甚至是数月了。政府竭力想要延迟最后的期限，但整个市场已经陷入一片混乱。随着酒精商店突然断货，饥渴的俄罗斯人便转向了克里姆林宫希望扼杀的非法酒精生产商，并进而严重削弱了政府想要支持的公司。

2006 年的春夏之际，俄罗斯爆发了全国性的酒精中毒事故。在很多国家，政府会因为大规模的社会骚乱或严重的自然灾害而宣布国家进入紧急状态；在俄罗斯，有 4 个地区（包括四面楚歌的普斯科夫州）都因为质量糟糕的伏特加酒而宣布进入紧急状态。[43]

这一尴尬的失败重创了罗斯毕尔酒厂。联邦审计法院的一名审计员得出这样的结论：罗斯毕尔酒厂"2007 年的财政状况可以说是处于危机中，这个公司已经处于彻底破产的边缘"。[44]

瓦西里·阿尼西莫夫（Vasily Anisimov）在 1990 年代充斥黑手党式资本主义的"狂野东部"身经商场百战。他幕后操纵公司以政府补贴的低价购买有色金属，然后将这些有色金属卖到国际市场上，获取巨额利润。到 1994 年，他已经是俄罗斯信贷银行（Rossiisky Kredit Bank）的副总经理了；在这个职位上，阿尼西莫夫收购利润丰厚的金属公司，然后在马克·里奇（Marc Rich）的帮助下经营铝的出口业务——里奇是比利时人，是一名逃亡中的期货交易商，臭名昭著的他曾获得美国总统比尔·克林顿的特赦。[45]2004 年，普京第一个总统任期即将结束之际，《福布斯》杂志预计阿尼西莫夫的个人资产达到了 3.5 亿美元。到了普京第二个总统任期末，阿尼西莫夫的个人资产已经超过了 40 亿美元。[46]

2009 年，瓦西里以 50 亿卢布从俄罗斯外贸银行（VTB）手中买下了为破产所困的罗斯毕尔酒厂的资产，包括克里斯塔尔酒厂 51% 的控股权。2010 年，他将对克里斯塔尔酒厂的控股权提升到 86%，这使得他成为伏特加酒市场的"最大玩家"，和他并肩的是普京的柔道伙伴，阿卡迪·罗登伯格。[47]

对于许多工厂而言这意味着重组。但不同的命运等待着萨摩卡特娜雅街上标志性的克里斯塔尔酒厂，这座工厂已经融入数世纪的俄罗斯的伏特加政治中。2012 年，阿尼西莫夫宣布了一项计划，他将拆除这个工厂并将其生产设备转移到莫斯科郊外一块价格更为便宜的地皮上。有了在美国市场多年的地产投资经验的阿尼西莫夫明显下定了决心：亚乌扎河岸上这座传奇工厂所占据的这 8.6 公顷的土地价值太大了，不应该被如此浪费。

这就是俄罗斯伏特加酒历史上最负盛名的地标建筑被改造为高端公寓的缘由。[48]

/ 第二十三章　对抗历史进程的梅德韦杰夫

我们必须永远铭记，对于第二次世界大战期间所有的俄罗斯英雄而言，我们今天所处的世界就是他们所为之奋战的未来，他们为我们所有人赢得了自由。这让我们想到，在那时可以击溃如此残酷无情的纳粹军队的民族也应该——不，肯定必须——可以战胜腐败问题和摆脱落后困境，建立一个现代化的宜居国家。

梅德韦杰夫在 2009 年的《俄罗斯，前进！》（*Russia, Forward!*）讲话中所展现的民族主义激情提及了俄罗斯先辈所做出的光荣牺牲，以鼓舞人们迎接现在和未来的政治挑战。"我的儿子，以及我们所有人的子孙所继承的俄罗斯会是什么样的？这个国家届时的国际地位会是如何？我们该如何让俄罗斯变得更加富有和自由？我可以来回答这些问题，"演讲人暂停了一会，"但在我给出答案之前，我想先评价一下俄罗斯目前的状况。"

这就是反建制派真正开始抨击的地方。演讲者以苏联时期异见人士的精神开始，之后讲述普京时期国内的稳定状态。很明显俄罗斯在全球金融危机中所遭受的重创远大于其他任何一个 G20 成员，而这一危机也促使一些清醒的政治思想家开始探寻思索。讲话提及了俄罗斯目前的状况并没有达到人们的期望：经济落后且严重依赖于石油、天然气和矿产品的出口，而不是以制造和创新产业为基础，以及腐败问题。这些问题的根基在于人们的"传统恶习，包括贿赂和偷盗，懒散和酗酒，而我们应该下定决心根除这些恶习"。

民主管理的机构已经稳定下来，但这些机构还远远谈不上是理想的状态。民主社会的基础非常薄弱；草根运动和自我管理机构非常少。更严重的问题在于：每一年我们的人口数量都在减少。

酗酒、吸烟、车祸，人们无法获得先进的医学治疗，环境污染缩短了数以百万计的人的寿命。而出生率却无法阻止人口数量减少的颓势。[1]

哪个德米特里？

如果说伏特加酒并不是俄罗斯的典型象征，那么这一象征无疑应该是熊。从早期沙皇释放受过训练的熊去攻击毫无准备的国民和不饮酒的人（第三章和第四章），到可爱的米沙（Misha），1980年莫斯科奥运会的熊形吉祥物，熊已经成为俄罗斯人的力量象征。在政治领域，普京所属的"地区间政治运动'统一党'"的首字母缩略词就是MeDvEd，这个词在俄罗斯语里是"熊"的意思。[2]（他们将其更名为"统一俄罗斯党"的时候，甚至还保留了熊这一标志。）2008年，在弗拉基米尔·普京的总统任期结束而他必须指定一名继任者的时候，他就选择了德米特里·梅德韦杰夫。但梅德韦杰夫是谁？

就像普京一样，德米特里·梅德韦杰夫几乎算不上注定要坐上这个俄罗斯最高领导位置的人——正如政治学家丹尼尔·特瑞斯曼（Daniel Treisman）所说，在很大程度上，他是"掉到了最高层的位置"。[3]梅德韦杰夫的父母都是大学教授，作为家里唯一的孩子，勤奋好学的德米特里在列宁格勒国立大学获得了法学专业的学位，之后的他留校教书直到1999年。梅德韦杰夫承认年轻的时候他曾吸烟饮酒，但"没有到上瘾的程度。我尝试了一下——就像我尝试做其他事情一样，但仅此而已"。在一次竞选采访中，梅德韦杰夫解释了"他的父母是如何明智负责地饮用伏特加酒"，而这培养了他自己适度饮酒的习惯。[4]在圣彼得堡安纳托里·索布恰克领导下的市政府里，梅德韦杰夫第一次遇到了弗拉基米尔·普京。1999年，普京晋升进入克里姆林宫的行政部门的时候，梅德韦杰夫和少数其他人跟他一起到了克里姆林宫。

2000 年，在普京当上总统后，梅德韦杰夫成为俄罗斯天然气工业股份公司董事会的主席，这是天然气领域一家利润丰厚的"国有龙头公司"。在梅德韦杰夫领导下，俄罗斯天然气工业股份公司进行了多项收购交易，被收购的公司中就包括叶利钦时期的商业寡头弗拉基米尔·古辛斯基（Vladimir Gusinsky）所拥有的独立电视频道 NTV。[5] 还在俄罗斯天然气工业股份公司任职的时候，梅德韦杰夫就进入了普京的总统办公厅工作；在那之后的 2005 年，他被任命为第一副总理。同一年，普京让梅德韦杰夫负责俄罗斯的四项国家重点项目：这些引人注目的政府项目旨在改善公众的健康状况、教育水平、住房状况和推动农业发展。当普京在 2006 年的国情咨文中公开谴责俄罗斯"严峻的"人口问题时，应对人口危机当即成了梅德韦杰夫领导下的国家项目委员会的第五个工作项目。

人们将这些国家重点项目宣传为"俄罗斯的新政"。梅德韦杰夫的职位使他得以亲身体验这一不断削弱俄罗斯的社会问题，以及亲自参与政府努力解决这些问题的过程。梅德韦杰夫确保了包括提升教师和医生工资在内的受欢迎的政府项目得以实施，这使得他在媒体上树立了压倒性的积极形象。但除去政府给民众发放 130 亿美元所带来的公关成果外，这些国家重点项目变成了与普通的政府项目同时进行（但并不总是相协调）的官僚运作。[6]

除了教育领域，这些项目的结果都是令人失望的。项目带来了成队的新校车和救护车，还有许多电脑和医疗设备，但这些仍不过是杯水车薪。到 2008 年，在列瓦达中心（Levada Center）所发起的一次民意调查中，一半的受访者表示这些钱都被浪费了，没有带来什么实际效果。维基解密（WikiLeaks）所公布的一条美国政府机密电报总结道，"在实施近 3 年后，虽然梅德韦杰夫亲自参与了这些项目的实施，但大多数专家还是认为这些项目覆盖的范围太小了，以至于无法完成对这样一个亟待深刻结构变革的社会体系的改革"。[7]

随着国际金融危机的阴影不断逼近，普京的第二个总统任期也面临着不确定的结局，对于后苏联时代的俄罗斯而言，2008 年是关键的一年。有着统一俄罗斯党在立法院占据绝大多数席位的支持，普京本可以轻易地修改宪法，让自己可以第三次连任总统——但他并没有这么做。正相反，2007 年底，普京选择了梅德韦杰夫——他所信任的密友，俄罗斯天然气工业股份公司和国家重点项目的领导人——来接任这个国家的最高职位。梅德韦杰夫当即宣布，只要普京愿意担任他的第二指挥官，即政府总理，他就将竞选总统。俄罗斯国内有三分之二的选民愿意投票支持普京选择的继任者，这使梅德韦杰夫轻松地以 71.2% 的票数赢得 2008 年的总统选举。[8]

改变的希望？

在 2008 年德米特里·梅德韦杰夫的就职典礼上，人们有着一种似曾相识的错觉。正如 8 年前普京走过克里姆林宫豪华的安德鲁大厅那同一条长长的走廊时一样，俄罗斯的这位新领导人也是鲜为人知的。[9]

普京和梅德韦杰夫两个人在就任总统之前都是鲜为人知的，而且他们来自同一个地方，有着相近的世界观和价值观，对彼此有不可动摇的信任；但他们之间的差别是显而易见的。普京是前克格勃成员，接受过国家安全局的培养；而梅德韦杰夫之前是法学教授，他的思想更加自由化、西方化。普京看上去更多的是凭直觉和感情行事，而梅德韦杰夫则更为冷静——他身上展现着理智、理性和深思熟虑的特点。[10]此外，梅德韦杰夫的就职演讲表明他很愿意承认民间社会和法律制度所存在的缺陷，以及在这之后出于对公众利益负责来面对和处理腐败问题和酗酒问题。

或许这两位总统之间最大的区别在于他们所面对的国际经济和政治环境的不同。普京继任总统的时候，地缘政治环境没有任何威胁性而国际经济状况也比较稳定。梅德韦杰夫就没有这么幸运了。在"俄罗斯熊"梅德韦杰夫赢得选举胜利两周后，投资银行贝尔斯登（Bear Stearns）就宣告破产了。美国房地产行业泡沫的破灭重创了证券市场和国际金融机构（包括俄罗斯的金融机构），这标志着经济大衰退的开始。随着需求骤降，俄罗斯主要出口产品——石油和金属——价格从原来的天价突然跌到谷底，随着价格一起遭受重创的还有俄罗斯的国内稳定。2008 年 7 月 11 日，国家石油价格创下了每桶 147 美元的历史新高——到了年底，价格下跌至每桶 34 美元。[11]

当梅德韦杰夫正在度假，而普京正在北京参加夏季奥运会时，俄罗斯与其南部的邻国格鲁吉亚之间的矛盾演变为一场全面战争的爆发。[12]

确实，俄罗斯军队击溃了格鲁吉亚军队，并开进了阿布哈兹、南奥塞梯等地。但战争吓坏了外国投资人，他们大批大批地撤出俄罗斯市场。俄罗斯股票市场暂停了交易以避免价格出现全面暴跌。大银行和大企业宣告破产。俄罗斯经济总量收缩了 8%；股票指数相比巅峰时期下降了 80%；失业率蹿升，而俄罗斯的现金储备也遭受了重创。然而，虽然俄罗斯出现了动荡，却没有被击倒：国家谨慎地往市场注入的流动资金和刺激资金避免了银行系统的彻底崩溃，也在没有将主要企业重新收归国有的前提下支持着它们的经营。克里姆林宫应对这场风暴危机的措施比分析员们所预测的要好得多，但这一危机减弱了人们对持续繁荣的期望，也突出了腐败问题的普遍存在和对石油天然气出口的依赖在经济层面所带来的危险后果。[13]

梅德韦杰夫总统任期的标志是善意地尝试提升政府工作的透明度，并处理俄罗斯的"法律虚无主义"问题。所有的政府招标工作都公布在网上，以揭露官僚主义的密室交易——但没有人去跟进这些工作的开展。所有的高层官员，从总统开始，都被要求每年公开他们的收入和财产状况。但官员们都可以轻易地回避这些规定，从而激发了很多人的不满。[14] 但至少这也算改变的开始。

政府的反腐败工作占据着报纸头条，而社会项目——包括梅德韦杰夫负责的国家重点项目——则在国际经济危机中破产了。2008年底，俄罗斯科学院经济研究所的负责人鲁斯兰·格林贝格（Ruslan Grinberg）评论道："国家重点项目的发展正在变得令人失望。""项目的资金少得可怜，都不足以满足启动要求。破烂的基础设施就像茫茫大海，而相比之下，为之提供的资金支持只不过是海上的小岛，无法覆盖所有的水面。"[15]

2010年，在与他的国家项目委员会就社会问题进行讨论后，一向头脑冷静的梅德韦杰夫也发起了脾气，他在推特上批评政府官员们只会提交厚厚的报告却无法提出切实的行动计划或解决方案。总统还公开呼唤请求财政部部长、普京的长期助手阿列克谢·库德林"看在这个国家未来的份上"增加这些项目的资金支持。[16] 这不是梅德韦杰夫和库德林两个人最后一次发生冲突。

想要扭转公众医疗领域长达数十年受忽视的局面是一项特别艰巨的工作。俄罗斯依旧有着从苏联时期继承而来的全民医疗体系（至少名义上是这样），但自叶利钦统治时期以来这一体系并未得到多大的改善和进步。改革措施只能使问题不断恶化，加重原有的烦琐程序：新的规定要求公民自己购买医疗保险，而这与强制参加的全民医疗体系相冲突；与此同时，旧的体系只将特定居住区的医生与病人捆绑起来，让很多人无法得到令人满意的治疗。

今天，超过一半的俄罗斯人躲避着看病就诊——这意味着，在前两章所列举的疾病或许更加普遍，因为许多人都更愿意默不作声地忍着病痛而不是寻求医治。民意调查员玛丽娜·克拉西尼克娃（Marina Krassilnikova）说："更令人沮丧的是，三分之二的人确信，即便需要医治，他们也无法得到优质的医疗待遇。"[17]

据草根组织病人保护者联盟（Patients' Rights Protection League）的负责人亚历山大·萨维尔斯基（Aleksandr Saversky）

所说，虽然救护车等设备设施都获得了显著的升级改进，但"人们仍然表示没有看到任何改善"。特别是当涉及腐败问题的时候——正如大概 15 年前穆雷·费什巴赫在《60 分钟》节目中所解释的——获得公平的医疗待遇的最好办法仍旧是贿赂提供这些服务的人，虽然法律规定他们应该免费提供服务。[18]

如果俄罗斯希望改变人口状况的黯淡未来，那么它必须先处理好机能失调的医疗体系。想要改善公民的健康状况和精神状况，意味着要尽力解决侵蚀着这个国家体系的腐败问题。

然后……出人意料的……问题发生了

任职总统期间，普京偶尔会公开反对酗酒，但与帝国时期、苏联时期和后苏联时期那些政府警告类似，他的这些话很少会带来能真正威胁到国家财政利益的行动。

俄罗斯酒类研究专家亚历山大·涅姆佐夫博士在他详尽的研究作品《俄罗斯酒当代史》（*Contemporary History of Alcohol in Russia*）中解释道："你只需要记住这三个数字：58.5、13.5 和 16.5。"58.5 岁，俄罗斯男性人均预期寿命已经掉落到这个数字了；13.5 年，俄罗斯男性比女性更早进入坟墓的时间——这一差距是世界最大的——而这在很大程度上要归因于巨大的伏特加酒饮用量；16.5 年，俄罗斯男性比其他欧洲男性更早进入坟墓的时间。"仅靠着这三个数字，你就很容易推断出俄罗斯人饮酒所导致的问题有多么严重。我们被迫面对着这样的事实，这个国家的酒精状况已让它面临着巨大灾难。"[19]

虽然遭遇挫败，但看到俄罗斯医疗体系步履维艰地度过了全球金融危机，总统梅德韦杰夫似乎很满意。而在应对俄罗斯 2009 年夏天爆发的伏特加酒问题的时候，梅德韦杰夫果断地采取了更为激进的措施。在他那位于索契郊外的海边寓所里，梅德韦杰夫宣称"我惊讶地发现我们现在的饮酒量比1990年代的饮酒量还高，虽然那个年代是俄罗斯人所经历的异常艰难的一个时期"。[20]

梅德韦杰夫宣称，自米哈伊尔·戈尔巴乔夫那场以悲惨收场的反酗酒运动以来，政府首次齐心协力地尝试处理伏特加政治问题。他宣称："我们国家的酗酒问题已经变成了一场全国性的灾难了。"总统梅德韦杰夫认为伏特加酒已经对国家安全形成了威胁，他引用着一系列生动的数据，一开始就是每年人均18升（可能数据有所夸大）纯酒精的饮用量——这是世界卫生组织认为可接受水平的两倍多。"如果你将这一数字转化成为伏特加酒瓶，简直难以想象，"梅德韦杰夫表示，"这大约是人均50瓶伏特加酒，而参加统计的人则是这个国家的每一个居民，包括婴儿，这些数字是很可怕的。"政府下属的公众委员会（Public Chamber）称，在这个国家80%的谋杀案和40%的自杀案中都有酒精的影响，而且酗酒每年直接或间接地导致了50万名俄罗斯人失去生命。此外，同一年夏天在著名的英国医学期刊《柳叶刀》（The Lancet）上发表的一份研究更加令人瞠目结舌：工作年龄的俄罗斯人（15~53岁）的死因中有超过一半是与酒精相关的，这使得酒精成为俄罗斯发生死亡率危机的最大诱因。[21]

不像普京那样开玩笑说不想成为"另一个利加乔夫"，梅德韦杰夫事实上赞扬戈尔巴乔夫时期发起的反酗酒运动。他告诉为他提供咨询的国家杜马："在那个时代我们国家出现了史无前例的人口增长，这是一个事实而不是猜测。""我们必须探讨体系性措施，包括限制性的措施"——虽然他也正当地提醒人们"不要犯下愚蠢的禁令错误，因为这将激起人民对立法体系的愤怒"。[22]

/ **368**

戈尔巴乔夫本人很赞成梅德韦杰夫这一姗姗来迟的政府项目。这位苏联总统称，"我们正在摧毁着我们自己，然后我们将会寻找那些毁掉我们国家的人，那些让我们饮酒的人"。"这样的情况决定了我们必须取得控制权。"[23]然而，虽然民意调查显示65%的俄罗斯民众认可政府重新启动反酗酒项目，但很多人都将其当作堂·吉诃德式的闹剧。一位饮酒者向《洛杉矶时报》表示，"这是不可能完成的任务，他不可能取得成功的"。就像在戈尔巴乔夫运动期间，"俄罗斯人始终在饮酒，俄罗斯人从不屈从"。[24]

虽然梅德韦杰夫小心翼翼地避免重蹈覆辙，他的政治提案中还是有很多目标和策略与戈尔巴乔夫那场运动惊人地相似。与1985年一样，卫生部门和国有电视台发动了反对酗酒的宣传运动，推广"俄罗斯公民的健康生活方式"。也和1985年一样，克里姆林宫对卖酒给未成年人的零售商实施了严厉的惩罚，限制了酒类销售时间，还提高了每瓶伏特加酒的最低售价——一开始提高到3美元，并在此基础上不断递增。还是跟1985年一样，梅德韦杰夫的提案带着极大的野心，长期目标是：在10年内使酒饮用量减半，并在2025年前将人均预期寿命提高到75岁。[25]

然而，这并不同于父辈一代的反酗酒运动。在精心制作的公益广告上，明星名人们讲述着饮酒的危害，而不是仅仅通过派发小册子和海报来宣传这一危害。俄罗斯发展迅速的网络社区充斥着卫生部制作的幽默宣传短片，它们像病毒一样传播，很快就在 YouTube 上面获得了上百万的播放量。其中最出名的一则短片用电脑绘制了一只肮脏的松鼠（belka）——在俄罗斯俚语里这个词也有"急性戒酒综合征"的意思。在动画短片里，这只酗酒、偏执的松鼠爬上了墙，唱起了歌，讲述着它开枪射击它所幻想的东西；它还描述了它的朋友是如何在醉酒的恍惚中把他的妻子当作魔鬼并杀害了她。"今晚喝酒吗？"松鼠问道，这个问题必须得到回答，"那好吧，我或许会去拜访你"。

[令人震惊的是，一个刚刚创业的伏特加酒制造商很快就利用了这一网络热点来赚钱；他创建了一个新的具有反讽意味的伏特加酒品牌，名字叫"松鼠：我来了！"（Belochka: Ya prishla！）"松鼠牌真实展现了俄罗斯人民自我嘲讽的精神，这种精神帮助人们在笑声中

2009 年 8 月 12 日，在索契总统官邸，俄罗斯总统德米特里·梅德韦杰夫（右边）主持召开关于酒精滥用和反酗酒措施的第一次会议

来源：美联社，俄新社／德米特里·阿斯塔霍夫（Dmitry Astakhov）

克服困难，"该产品的网站这样写道，"如果你没有丝毫的幽默感，那么这种产品就不适合你。"] 26

其他的政策就没有这么有趣了：规定驾驶者只要血液酒精含量超过0就是醉酒驾车；鼓舞人们饮用有利健康、烈度适中的葡萄酒，而不是更为强劲和破坏性更大的伏特加酒；扩大对小卖部和其他零售商店的销售控制；限制罐装鸡尾酒的尺寸，要求酒精饮料上必须附有健康警告；而且——是的——正如脱口秀主持人塞斯·梅耶斯（Seth Meyers）在《周六夜现场》（*Saturday Night Live*）上开玩笑所说的，俄罗斯政府甚至"将法定允许饮酒年龄从0岁开始往上提升"。27 然而，到目前为止，与过去的反酗酒运动最重要的差别在于，每一项措施都是逐步被付诸实践，这使得政策可以得到调整和评估。梅德韦杰夫领导下的克里姆林宫官员更值得赞扬的是：他们规避了臃肿的官僚主义流程和认为公众习惯可以按照政府意愿轻易改变的"突击部队"心理。不像第一次世界大战期间规模浩大的禁酒令，也不像戈尔巴乔夫时代匆忙执行的限制令，很明显梅德韦杰夫知道要想改变公众的习惯，唯一的办法就是循序渐进，而不是急于求成。这样一小步一小步地采取行动毫无疑问是一个好的开始，但由于这次行动缺乏将酗酒当作一种疾病对待的认识——如果把酗酒当作疾病，就要求给这个国家破旧不堪的医疗基础设施提供巨额投资和严肃对待康复治疗项目，人们不得不质疑克里姆林宫是否抱定决心要减少人们的酒饮用量，特别是在知道酒饮用量减少对国家收入和根深蒂固的伏特加酒利益网来说意味着什么的前提下。

然而，等到2012年，梅德韦杰夫将总统宝座交还给普京的时候，这场反酗酒运动已经悄悄地给俄罗斯人民的健康状况带来了明显的改善。各种酒类的人均饮用量从18升降到了15升。自杀、他杀和——最明显的——酒精中毒致死发生的频率有所下降。2011年，"只有"1.17万名俄罗斯人死于酒精中毒，相比2000~2008年平均每年 3.6 万人死于酒精中毒的数据，减少的幅度已经不小了，但仍然比欧洲和北美洲的数据高出大约 50 倍。到了 2011 年，男性和女性的总体预期寿命已经超过了 70 岁（男性为 64.3 岁，女性为 76.1 岁），这是自 1986 年戈尔巴乔夫反酗酒运动以来的首次。[28]

人口状况出现显著改善同样也是戈尔巴乔夫那场运动的重要标志——至少在狡猾的走私犯和酿私酒者侵蚀这一成就前是这样。同样的，狡猾的商人想办法绕过了梅德韦杰夫的反酗酒法规。即使法律禁止夜间售酒，仍然会有公司将酒送到你门口，就连深更半夜也是如此——买酒的顾客会借钱给送酒的人，然后收下他们送来的酒作为抵押品，而不是直接买下那些伏特加酒。正如一位新西伯利亚地区的送酒员向《商业日报》（*Vedomosti*）记者所解释的，人们可以退回抵押品然后把钱要回来，"但他从未听说过任何人真的这么做"。

这种诡计出现在俄罗斯各地。在莫斯科，你可以花一笔固定的费用加入当地的"社会团体"，然后收到一瓶免费的酒作为欢迎礼物。其他公司则会向你销售（以过高价格）装饰品和纪念品，附带一瓶"免费"的伏特加酒。然后，其他网上商店则通过让顾客签署一份简单的"租借"酒的合同来规避销售限制。这份合同在第二天早上 8 点就会到期失效。[29]

到了 2011 年底，卫生部警告，虽然国家取得了重大的进展，但人们"常常没有遵守"新的法规，而这很可能给人们的健康状况带来消极的影响。虽然酒精中毒的出现频率降低了，但预期寿命的性别差距——有害的烈酒饮用方式的最明显的指标——仍然是世界上最高的，俄罗斯男性平均比女性要早 12 年走进坟墓。孩子们开始饮酒的年纪变得越来越小，77% 未成年的青少年（15~17 岁）有饮用伏特加酒的习惯——在农村地区这一比例高达 90%。即使在反酗酒运动进行得如火如荼的 2010 年，也有 250 万名俄罗斯人申请戒酒治疗。还有另外的 2800 万人声称他们是"滥用酒精"或"酒精成瘾"。[30]

换句话说，俄罗斯的酒鬼比例比得克萨斯州的本地人比例还要高。

更令人担忧的是，近期的指标显示反酗酒运动或许正在失去前进的动力。最能表明这点的是关于酒精中毒死亡的数据，这一数据从2009年到2010年减少了足足32%，这是自限酒令实施以来第一个完整年度的数据反馈。2011年这一数据又减少了18.8%。相比之下，2013年的初步统计数字则显示，这一年酒精中毒死亡数量只减少了1.4%。同样的，各种与酒相关的死亡率出现的缓慢改善显示了公众健康状况因为这一戒酒提案而获得的增益正在逐渐减少。[31]

此外，自2013年1月1日开始，俄罗斯所征收的伏特加酒消费税率额外上涨了33%，市场观察者也为此敲响了警钟。增加税负给国家财政带来了更多的卢布，但也重创了合法的伏特加酒生产商，他们的产量与前一年相比减少了超过三分之一。虽然合法的伏特加酒产量在经历了几年的下降后出现暴跌，但人均伏特加酒饮用量实际上重新恢复上涨的势头。酿私酒者、走私犯和黑市商人贿赂了腐败的监管者，让他们睁一只眼闭一只眼，与此同时，他们那些便宜的产品和危险的酒精替代品充斥着整个市场——而所有的这一切不出所料都将危及民众的健康。[32]

总的来说，这些都是令人烦恼的信号，因为一直以来都是同样的模式——过于强硬的酒精限制措施与制度化的腐败相结合，导致不受监管的黑市伏特加酒和致命的酒精替代品迅速增长，而这侵蚀着公众健康因为控酒而获得的改善。这同一种模式让每一场尝试控制伏特加酒饮用量的运动都最终难逃失败的命运。只有时间才能证明，克里姆林宫是会继续以灵活和专注的方法改善公众健康状况，还是屈从于阴魂不散的伏特加酒历史的影响。

问题的另一面

俄罗斯历史上只有两种类型的反酗酒运动。最普遍的一种是半心半意的充满民粹主义的提案，旨在提升健康状况和经济生产力；而这种提案毫无例外都因为政府最大化伏特加酒利润的无尽欲望而遭受破坏。另一种——正如我们在尼古拉二世和戈尔巴乔夫的例子中所看到的——是为了社会健康而积极地牺牲掉国家财政的利益，而这种做法最终只会让国家财政预算蒙受巨大损失并进而加速政权更迭。[33] 在上述两种类型中，结果都是一样的：失败（虽然后者的失败在各方面看都更加触目惊心）。所以当俄罗斯领导人谈及要将人民的利益置于酒瓶带来的利益之上的时候，即便这样说没有引发人民全面的恐慌，他们也将面对各种质疑。梅德韦杰夫的努力会带来好一点的结果吗？

人们有理由持乐观态度去相信，目前的这次尝试不会导致又一场损失惨重的灾难。不像尼古拉实施禁酒令时沙俄正被卷入一场空耗国力的战争，也不像戈尔巴乔夫时期苏联正经历着全球石油价格的暴跌，梅德韦杰夫治下的俄罗斯国库充盈——得益于全球石油和天然气价格的高涨。从这些产品的出口所获得的巨额收益——以及普京时期推行了促进商业经营的统一低税率——意味着今天的俄罗斯联邦几乎已经不再依靠酒的收入来维持国家的运转。不像在沙皇时期和苏联时期占据了全部政府收入的四分之一到三分之一，现在伏特加酒收入对联邦预算的贡献率只有 2%~4%（除去对地区政府预算的贡献率外）。[34] 执行者规避着威权主义的突击式方法而采用逐步增加酒类限令的做法，也很好地预示着可以避免最坏的情况再次出现。

如果政权破产的情况不大可能发生，那么剩下的就只是半心半意的暂时妥协。正如上文所提及的，已经出现的令人担忧的迹象表明这种结果很可能发生。但如果这些迹象最后证明只是改革道路上的些许颠簸，那么梅德韦杰夫能否开创俄罗斯历史上第一次真正意义上的成功的戒酒运动，并最终终结伏特加政治的悠久传统呢？

不久前，人们确实对此抱有希望。从赞美戈尔巴乔夫的反酗酒运动，到在他的《俄罗斯，前进！》宣言中瞄准了俄罗斯"贿赂和偷盗，懒散和酗酒这样的传统恶习"，毫无疑问，梅德韦杰夫"说得头头是道"。从实施渐进式的烈酒限令，到破除自伊凡雷帝至叶利钦时期俄罗斯政治标志性的高层阴谋和传统的伏特加酒宴，梅德韦杰夫似乎可以"说到做到"。[35]

然而，俄罗斯伏特加政治的核心机制确实是根深蒂固的。虽然伏特加酒收入在国家财政中的相对重要性已经日渐衰微，但向俄罗斯人销售酒仍然是一项能够轻松赚钱的生意，这使得伏特加酒贸易成了体制性腐败问题滋生的沃土。确实，似乎数以万亿卢布计的酒的销售收入对于克里姆林宫和政府支持的企业家而言还是一个强烈的诱惑——特别是当全球经济危机使得俄罗斯原本预算盈余的财政状况转为了背负着相当于约7%国内生产总值的债务的时候。2009年，在评价新的反酗酒运动的时候，复兴资本公司（Renaissance Capital）的分析家娜塔莉娅·扎格沃兹迪娜（Natalia Zagvozdina）称"现在我们还不清楚目标是什么，是减少酒饮用量还是提高国家财政收入"。[36]

那个夏天，梅德韦杰夫在鼓舞人们支持政府与酗酒决战的时候，人们注意到总理普京和他的内阁成员都对此默不作声。"我们（俄罗斯人）应该少喝点酒"是普京对这一问题最积极的评论。[37]

/ 373

因为伏特加政治一直都是关于酒在俄罗斯国家财政的中心地位，所以伏特加政治的首要捍卫者就是财政长官。从帝国时代的谢尔盖·维特和弗拉基米尔·科科夫佐夫，到苏联时期的瓦西里·戈尔布佐夫，这些财政长官都一丝不苟地捍卫着国家财政不受任何妨碍和破坏。得益于总统梅德韦杰夫在反酗酒运动期间所征收的酒税的稳定增加，到2012年，国家财政每年从酒税中获得了超过2500亿卢布的收入（80亿美元），这是2007年酒税收入的2倍多。[38]

/ 376

2010年初——俄罗斯仍旧遭受着全球金融危机的猛烈冲击——总理普京宣布将划拨160亿美元作为新的医疗经费。库德林对此明显感到"失望"，他表达着对医疗计划的反对。他表示，"我觉得我们应该就此展开严肃的讨论"；他希望政府能重新考虑这个计划。而当克里姆林宫拒绝他的建议时，他只能希望用烟税和酒税的收入来弥补这一开支。[39]

随之而来的或许是有史以来人们为了维护伏特加政治所采取的最为大胆的做法了。2010 年，库德林宣称，为了国家财政的利益，俄罗斯人"应该多吸烟和多喝酒"，而这彻底动摇了梅德韦杰夫的反酗酒运动。"人们应该知道：那些饮酒的人和吸烟的人所做的事情更能帮助到这个国家。"库德林声称，那些人通过"做出更多的贡献来帮助解决社会问题，例如增加人口，发展其他社会服务和维持出生率"。[40]

对这一说法目瞪口呆的反对派很快向财政部部长指出，政府预算并不是按那种方式运作的：医疗和社会项目的开支和烟草酒类的消费税收入并不是如此关联起来的。反对阵营的共产主义报纸《真理报》继续指出，"虽然如此，库德林部长仍传达出了一条清晰的消息：这个国家将会通过利用吸烟和饮酒的人来获益"。[41]惊呆了的博客作家们都开玩笑说库德林至少应该获得诺贝尔诚实奖。正相反的是，奉行紧缩政策的库德林——他帮助俄罗斯熬过了大萧条时期——获封《欧洲货币》（*Euromoney*）杂志 2010 年的年度财政部部长。[42]

随着 2011 年国家杜马选举和 2012 年 3 月关键的总统选举日益临近，这一紧张局势在随后的一年里只会进一步恶化。库德林甚至建议将伏特加酒税率提升到原来税率的四倍，这一建议令人吃惊。随之而来的是公众对此的强烈抗议，认为如此高压的措施将会导致这次反酗酒运动注定跟戈尔巴乔夫和尼古拉二世的尝试一样失败——也就是说将会推动危险的黑市伏特加经济的发展，而这一经济网络主要由危险的酒精替代品和仿冒品所组成。库德林受到了普京本人的严厉批评。普京表示，"你们知道我对酗酒现象的态度：当然，我们必须与之斗争。但这个问题没有简单直接的解决办法"。因此，库德林的计划只得撤销。[43]

然而，最大的冲突尚未到来。2011 年 9 月——一周前，梅德韦杰夫这位将卸任的俄罗斯总统发出了自己的挑战书。包括财政部在内的政府各阶层都因为根深蒂固的伏特加酒利益而反对他，库德林公开反对梅德韦杰夫总统的社会开支政策并质疑梅德韦杰夫的能力，而梅德韦杰夫则斥责他的这些做法。

在部长级会议上，面对一堆电视新闻摄像头，面无表情的梅德韦杰夫公开宣称库德林的"反抗行为"是"不合时宜且难以原谅的"。他继续说道：

> 库德林先生：如果你不认可总统的政策——政府应该执行总统的政策——那么你只有一个选择，而且你也知道那个选择是什么：你应该提交你的辞呈。所以我会在这里直接问你：如果你觉得你对经济议程的看法和总统的有所不同，欢迎你写一份辞职书。当然，我期望你现在能在这里就给出答案。你会辞职吗？[44]

伏特加政治有史以来最为大胆的捍卫者、意欲加税的 2010 年年度财政部部长，在当天就辞职不干了。

/ 第二十四章 伏特加政治的终结？

历史的复仇

在但丁的《神曲》中，撒旦所处的最深层地狱是留给叛徒的。而仅一步之外的第八层地狱则属于犯下欺诈之罪的人：骗子、盗贼和腐败的政治家被困在他们自己黑暗秘密的深坑中，在那里经受蒸煮的折磨。在他们旁边的是预言家和假冒的先知，他们的头被往后扭，一直看着他们那些错误的预测。因此，虽然我们在做出大胆的政治预言时或许应该谨言慎行，但至少我们可以理解俄罗斯过往的人口状况给克里姆林宫所施加的束缚和压力。

2010 年，联合国发布了新的长期人口状况预测。虽然在梅德韦杰夫和普京统治时期，俄罗斯的生育率有所上升且死亡率有所下降，但这一改善没有改变联合国的预测结果；到 2050 年，俄罗斯人口很可能从 1.43 亿收缩到 1.25 亿。这将使俄罗斯从世界人口总数排名第七位掉落到第十一位——略微超过越南的人口总数。[1]

联合国是如何对如此遥远的未来做出预测的呢？为什么这些预测又是值得信赖的呢？好吧，人口统计学家考虑了包括所有年龄层的生育率和死亡率数据、人口迁移的数据，并计算设想出乐观情况、悲观情况和其他可能发生的所有情况。事实证明，这些预测在 90% 的情况下都是正确的。[2] 而当这些预测被证明是错误的时候，往往是由于出现了令人大吃一惊的情况：第二次世界大战后出乎意料的"婴儿潮"使得早期对美国人口的预测看上去低得荒谬。艾滋病蔓延的严峻现实使得对非洲人口的预测看上去过于乐观了。1980 年代的人口统计学家也无法预见到那场重创了俄罗斯与邻近有大量饮酒传统的后苏联时代邻国的逆现代化进程。

然而，不像非洲的艾滋病蔓延狂潮，俄罗斯的人口危机是自己造成的：这是伏特加政治下数世纪政府无能统治所带来的结果。2009

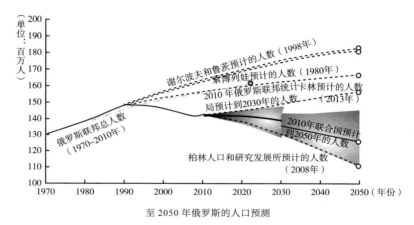

至 2050 年俄罗斯的人口预测

来 源: Iris Hoßmann et al., *Europe's Demographic Future* (Berlin: Berlin Institute for Population and Development, 2008), 3; United Nations, "World Population Prospects, the 2010 Revision," http://esa.un.org/unpd/wpp/countryprofiles/ country-profiles_1.htm (accessed March 17, 2012); Rosstat, "Izmemenie chislennosti naseleniya po variantam prognoza," http://www.gks.ru/free_doc/ new_site/population/demo/progn1.htm (accessed March 17, 2012); Sergei Scherbov and Wolfgang Lutz, *Future Regional Population Patterns in the Soviet Union: Scenarios to the Year 2050*, IIASA Working Paper No. WP-88-104 (Laxenburg, Austria: IIASA, 1988), 14–15; Svetlana Soboleva, *Migration and Settlement: Soviet Union*, IIASA Working Paper No. WP-80-45 (Laxenburg, Austria: IIASA, 1980), 130; Anatoly Karlin, personal correspondence, March 19, 2013

年《柳叶刀》上那份详尽的研究最后总结道，如果没有伏特加酒，俄罗斯的死亡率数据会更接近那些西欧国家，而不是接近撒哈拉南部饱受战争之苦的地区。[3]如果没有伏特加酒，在忍受1990年代的痛苦过渡阶段时，俄罗斯人的健康状况可以稍微有所改善——更接近饮用葡萄酒的匈牙利人和饮用啤酒的捷克人——而不是深陷于人口缩减的泥潭中。

考虑一下波兰：这个邻近的斯拉夫民族国家同样有着鼓励酗酒的文化，以及独特的饮用伏特加酒的传统。波兰同样遭受了过渡阶段的痛苦折磨。然而，正当叶利钦和普京无视1990年代至2000年第一个十年国内爆发的伏特加酒酗酒狂潮时，波兰则始终如一地增加着对更强劲的伏特加酒所征收的消费税；这个国家努力让其国民转向饮用更安全的发酵酒，诸如葡萄酒和啤酒。一定程度上也正因如此，波兰才没有遭受降临到俄罗斯身上的人口灾难。即使是经受着过渡阶段的"压力"，波兰男性的预期寿命还是猛增了整整4年。而在同一个时间段里，爱沙尼亚人饮用的酒中伏特加酒的比重从72%跌到了33%；男性预期寿命增加了1.5年。与此同时，由于缺乏一个真正意义上的控酒政策，俄罗斯人的酒饮用量中伏特加酒的比重从66%上升到了71%，男性预期寿命则暴减了5年。今天，波兰人和爱沙尼亚人仍然有大量饮酒的习惯，但伏特加酒这样的蒸馏酒所占的比重越来越小。因此，波兰人和爱沙尼亚人男性预期寿命都是70岁以上，比那些狂饮着伏特加酒的俄罗斯邻居要高出整整10年。[4]

与此同时，克里姆林宫似乎满足于使用应急的解决方案；对于伏特加政治所导致的病态社会而言，这些方案治标不治本。虽然这个国家用心良苦地实施着一个又一个反酗酒的政府项目，但它却借助行业内部人士的帮助虚伪地提升着伏特加酒的产量。其间，财政部还呼吁人民为了国家可以获得更多荣誉而屈从酒的奴役。

这种疯狂必须在某一时刻被停止。

　　即便我们将目光仅仅局限在自苏联解体以来的这 20 年里，我们也可以清楚看到，俄罗斯想要成为一个正常、健康和富有的国家所面临的单一最大障碍就是这个国家的伏特加政治遗产。虽然在梅德韦杰夫治下，俄罗斯取得了一定进步，但每年仍有大约 1.5 万名俄罗斯人死于酒精中毒——这个数字甚至高于苏联在阿富汗战争的整整 10 年（1979~1989 年）期间所牺牲士兵的总数。自苏联解体以来，大概有 60 万名俄罗斯人的死因与伏特加酒有着直接的关联：这个数字超过了沙俄在 18 世纪所经历的 9 场战争中所牺牲士兵的总数。

　　或者我们也可以看看如果没有 1990 年代那场伏特加酒参与其中的逆现代化进程，人们设想中的俄罗斯本将如何发展。1998 年，谢尔盖·谢尔波夫和沃尔夫冈·鲁茨设想俄罗斯共和国的人口——那时候还是苏联的加盟共和国——将会在 2050 年的时候达到约 1.8 亿人。[5] 如果我们从 1.8 亿人口中减去联合国给出的中等范围的合理预计数字 1.25 亿人口，差距为 5500 万人。这个数字是俄罗斯历史上所有战争中牺牲的士兵总数的三倍多。换句话说，到 2050 年，俄罗斯的人口将只会达到其本该达到数量的三分之二，而这都归咎于过去 20 年里的酗酒化和逆现代化——都是伏特加政治的遗留后果。

　　那么，这就是俄罗斯本该成为的样子，或者说这就是经济学家口中饮用伏特加酒的"机会成本"。除了自苏联解体以来失去的这 5500 万人外，我们还可以算上另外数以亿计的人；自沙皇时期统治者开始重视利润更多、伤害更大的蒸馏酒多过俄罗斯本土的酒精浓度较低的啤酒、麦芽酒、蜂蜜酒和葡萄酒以来，500 多年的漫长时光中，数以亿计的人死于饮酒。

　　我们可以考虑一下，如果统治者没有一直鼓励人民饮用这样的烈性酒以让国家从中受益，那么俄罗斯本来可以成为一个什么样子的国家——俄罗斯本来可以成为多么伟大的一个国家。考虑一下这 5500 万人能做出的经济贡献有多大——特别是如果他们其中三分之一的人可以在工作的时候不喝酒。[6]考虑一下这健康的5500万人可以给贸易、科学和艺术带来的潜在贡献。俄罗斯本可以增加人口、国家财富、征税基数以及发展其创新和现代化的能力。俄罗斯本可以轻易地组建一支军队，不用依赖移民来提振自己人口状况的前景。但这一切都化为泡影了——俄罗斯的发展潜能和雄心壮志都被淹没在酒精中，而罪魁祸首正是糊里糊涂的政府。

然而，根据俄罗斯政府的数据预计，即便从其他前苏联加盟共和国涌入大量移民，到2030年，俄罗斯15~65岁的人口总数也会从1.022亿人缩减到0.91亿人。因为可以充当生产力的适龄工人越来越少，所以俄罗斯的经济增长势头也将被削弱。我们知道年轻的工人对于实现技术创新而言是特别重要的，但随着年轻工人数量减少，俄罗斯的经济甚至会被过去那种破旧过时、腐败的劳工模式所拖累，这将使俄罗斯在与其他国家的竞争中处于更加不利的地位。在正常情况下，政府对这种境况做出的回应政策将会是投资国家的现代化建设和促进生产资本总额的增加，但俄罗斯的腐败问题妨碍着这些政策选项的实施，而这些腐败问题也正是伏特加政治的遗产（第八章）。鼓励技术研发会是另一种选择，但根据俄罗斯科学家所说，这个国家的基础科学的状况是"灾难性的"——仍然与国际科研趋势隔绝。[7]更糟糕的情况是：因为缺乏深刻的变革，俄罗斯经济的活力和效益将逐渐减少，进一步强化这个国家对矿石、石油和天然气收入的依赖；而有权有势的商业寡头则从中获益颇丰，并将利润转投到海外更能赚钱的产业和公司。如果说目前为止我们有学到什么，那就是：如果赚着大钱的资源生产部门出现了另外一场危机，那么克里姆林宫就会逐渐转向伏特加酒收入，使情况变得更糟。

正如我们所看到的，俄罗斯人并不是一直饮用伏特加酒：当基辅大公弗拉基米尔说出那句名言——"喝酒，是罗斯人的乐趣，不喝酒我们活不下去"[8]，他所指的并不是伏特加酒。俄罗斯人的传统饮料是自然发酵的啤酒、麦芽酒、蜂蜜酒和格瓦斯酒。而直到现代的威权国家出现，烈度更高的人造蒸馏酒才得到推广；这个国家利用伏特加酒来剥削社会的财富以充盈其国库，使得伏特加酒成为威权政体的关键支柱。自那时起，伏特加酒、威权政治和俄罗斯的腐败问题就一直不可分割地缠绕在一起。

即使是在伏特加酒的影响下，俄罗斯这个国家也实现了众多伟大成就；而伏特加酒无疑没有推动俄罗斯取得这些成就。如果俄罗斯真的想要重新夺回其世界强国的地位，它将面临有史以来最大的挑战：根深蒂固的伏特加政治本身。如果没有这一政治祸根不断地削弱着这个国家，俄罗斯将会是怎样的呢？

最后的一个历史教训

历史考证最大的一个优点就是借助历史来帮助现代的政治家看清未来。但历史的组成不仅仅包括历史事件和历史人物，还包括过去的思想和创新理念，但我们过于傲慢地沉浸于现代智慧中而遗忘了这些思想和理念。或许是时候温习一下历史教训了，特别是在与酒的问题作斗争这方面的教训。如果你愿意的话，请思考一下以下这段来自1904年的记载：

这些法令规定烈性酒精的蒸馏和销售是一项国家垄断的业务，以及公共收入的一项主要来源。为了增加国家财政的收入，当权者用尽所有方式来鼓励人们饮用烈性酒。公职人员则想方设法地引诱人们饮酒，知道这样或许会得到统治者的认可和宠信。为了避免不利的竞争，统治者还禁止人们饮用茶和咖啡；啤酒成为一种很少人知道的饮料，葡萄酒则成为一种少见的饮料；而政府则不断成为酒类行业的至高权威。正如那个时代的作家们所写的，"价格低廉的烈酒在这个国家各个地方泛滥，人们或被引诱或被强制饮用烈酒，使得瑞典人都变成酒鬼，而酗酒问题则变成这个国家的一个伤口"。[9]

等一下……这份记录里说的是瑞典人？

是的！虽然今天的瑞典是全世界健康状况最好、腐败程度最低的一个国家——处于后工业时代的这个金发碧眼人种的国家奉行实用主义，很多人都开着沃尔沃车——但仅在 150 年前，这个国家还被认为是一个落后的国家，到处都是酗酒的金发碧眼的农民，他们绝望地深陷于有国家在背后支持的蒸馏生产的伏特加酒中。如果说历史上发生过与今天俄罗斯天文数字般的伏特加酒饮用量的类似情况，毫无疑问那就是过去的瑞典。当时的瑞典人每年人均纯酒精饮用量超过了 12 升，瑞典"凄惨地成为欧洲国家中酗酒程度最严重的国家"。[10]

除去大范围的酗酒现象在社会层面和经济层面所导致的损失，一个腐败的王权专制制度也妨碍着瑞典的现代化进程。虽然人们普遍意识到酒类问题的存在，但任何社会基层对这一问题所采取的回应行动都遭到政府和酒类生产商的阻挠，它们联合起来保护着各自从酗酒现象中获取的经济利益。这听上去是不是很耳熟？

然而，到了 18 世纪初期，瑞典经济已经实现稳步的增长，民权组织也更加活跃。瑞典的医疗保障设施发展很快，其死亡率"可能是世界上最低的，或者是欧洲历史上最低的"。外国评论家们都将瑞典大幅减少其国民饮酒量称赞为"这个国家克服自身缺陷的最伟大胜利之一"。[11]

这个国家发生了什么？

一方面，社会大众广泛关注着酗酒现象的泛化。从诸如匿名戒酒互助社（Alcoholics Anonymous）这样简陋起步的互助群体开始，瑞典禁酒协会（Swedish Temperance Society）开始游说政府出台更为严格的酒类管控措施，并最终促成政府于 1855 年出台酒类销售许可证法案。[12]

可以说，在同一年，瑞典人又采取了一项甚至更为重要的创新控酒措施：哥森堡，瑞典第二大城市，引进了酒局这样一个市政系统。这个系统很快就因为对社会酗酒现象的有效治理而闻名全球。这个所谓的哥森堡系统的精妙之处在于，它并不是针对酗酒者本人，甚至也不是针对他们所造成的破坏。正相反，它关注的是售酒的巨额利润所带来的无处不在的诱惑；而正是这种诱惑鼓励这个国家、酒类生产商和酒馆老板允许人们不断饮用对自身有害的酒精。

以下是这个系统的运行方式：城市村庄的管理者会授权给一个私有公司——通常领导这个公司的是这个地方最受尊重的人，这个公司将以社区利益为导向来管理当地的酒类贸易。这个公司的股东每年会收到他们投资总额的 5% 作为回报，这极其有限；而大部分利润则会上缴给负责改善社区福利的当地农业和慈善组织。这个系统不仅允许重视戒酒的公民对社区的戒酒做出实实在在的贡献，还让社会组织得到更多的资源，进而促进了当地草根市民运动的蓬勃发展。[13]

这个系统是一个巨大的成功。得益于酒类销售许可证法案，当地人民可以按照自己意愿制定对酒类的销售限制——有些乡村地区的管理者甚至投票实行彻底的禁酒，拒绝发放任何酒类销售许可证。为了保持当地人民有节制地饮酒的状态，酒的价格逐步升高而酒的供应也逐步得到限制，这使得酒饮用量和之前出现过的那些病态问题稳步减少。酒类收入促进人民健康状况的改善、福利制度的完善、农业经济的发展和社区服务的提升，而所有这一切都使得饮酒者和不饮酒者从中获益，并且鼓励市民更多地参与到社区生活中。

到了 1870 年代，斯堪的纳维亚半岛上的城镇和乡村都引进了"公正无私的"市民酒局体系，希望可以复制哥森堡的成功经验。瑞典各地区的酗酒、犯罪和私酒酿造问题都出现了减少的趋势，经济得到了复兴，人们的道德素质也得到提升；这样的消息传遍了欧洲和北美洲，越来越多的城市和国家引进了这一体系。最早在 1859 年，俄国的革命民主主义者尼古拉·车尔尼雪夫斯基甚至就呼吁国家放弃滋生酗酒问题和腐败问题的伏特加酒税务外包体系，以类似瑞典那样的地方政府控酒体系取而代之。[14] 而在大西洋的另一边，自1851年颁布《禁酒法》（Maine Law）以来，美国各州已经尝试了彻底的禁酒措施——但非法的酿私酒现象猖獗，腐败问题滋生，法律得不到尊重，这些问题困扰着大多数州，常常导致州政府不得不撤销禁酒令。在见证了禁酒令的明显失败后，美国人幡然醒悟，提倡禁酒的人转而考虑哥森堡体系，认为这是促使社会戒酒的一种可行计划。[为什么后来美国增加投入去实施一项众所周知的失败政策，在全国范围内实施禁酒令？在我之前的著作《错误政治理念的影响》（*The Political Power of Bad Ideas*）中，这个问题是我所提及的一个难解的潜在问题。[15]]

　　或许你可以理解我这么说的目的。毫无疑问，总统德米特里·梅德韦杰夫所领导的反酗酒运动有着善意的出发点（正如之前大多数失败的反酗酒措施一样）。我们不得不赞赏俄罗斯人不断努力提高酒的价格，限制销售时间，控制宣传广告，以及通过现代的公关活动来提高人们对酗酒问题的认识。但即使是除去国家的财政利益需求和根深蒂固的裙带利益网所带来的障碍，这类改革的有效性从根本上来说还是有限的；事实上，这样的改革只能对普遍的酗酒问题进行症状上的修修补补，而无法解决俄罗斯伏特加政治这一病因。俄罗斯的酗酒问题是一个中央集权国家的产物，这个国家在其历史上一直不断诱使国民陷入堕落颓废之中，慢慢地剥夺他们行动的力量。如果克里姆林宫的主人真的想要战胜伏特加政治的消极影响——以及伏特加政治所导致的人口衰减和社会衰败，这些问题一直不断阻挠着俄罗斯实现其雄心壮志——他们必须理解伏特加政治的运行机制，然后采取有意义的措施改变这一机制。

　　自鲍里斯·叶利钦于1992年废除了苏联的伏特加酒垄断机制以来，几乎每一次关于俄罗斯酒类政策的讨论都是围绕着为了国家财政的利益而恢复这一垄断机制——而且这种说法总是假借保护民众健康的名义。1997 年，叶利钦主张"如果人们花钱购买伏特加酒，那么他们的钱应该进入国家的预算中，而不是掉到各种骗子的口袋里"。紧接着，他那位野心勃勃的外交部部长叶夫根尼·普里马科夫就提议建立伏特加酒垄断机制。在随后的一年，期盼入主克里姆林宫的莫斯科市市长尤里·卢日科夫也将恢复伏特加酒贸易的国有化管理纳入了他的政治计划当中。[16] 而当 2000 年，弗拉基米尔·普京战胜卢日科夫坐上总统之位后，他创建了罗斯毕尔酒厂以建立对伏特加酒市场的垄断控制，虽然后来他巩固其市场地位的尝试取得了完全意想不到的反效果（第二十二章）。然而，伏特加酒的诱惑仍旧不断地吸引着俄罗斯人：当 2006 年酒精中毒现象达到高峰时，统一俄罗斯党的部分领导人却呼吁国家垄断酒类贸易。当梅德韦杰夫发起反酗酒运动的时候，他的最高卫生官员根纳季·奥尼先科（Gennady Onishchenko）却游说要建立伏特加酒垄断机制；目光短浅的他主张"国家财政将从这样的垄断机制中受益，而假酒将不复存在。在拥有伏特加酒垄断机制的地方，我们可以更为严厉和有效地进行管理"。[17] 即使是在极具争议的 2012 年选举中，普京那些保守的反对派——民族主义者弗拉基米尔·日里诺夫斯基和共产主义者根纳季·久加诺夫——都认为想要恢复俄罗斯昔日辉煌，伏特加酒垄断机制是必不可少的。[18]

在民粹主义言论的帮助下，传统的伏特加酒垄断机制不断地将国家的财政利益置于人民的福祉之上。一直如此。16 世纪，伊凡雷帝通过他的沙皇酒馆首次建立了国家对酒类销售的垄断机制时，他这样做的目的就是满足国家的财政收入。1894 年，谢尔盖·维特重建了俄罗斯帝国对伏特加酒贸易的垄断机制时，他是以遏制伏特加酒饮用量失控现象的名义进行的。然而，一旦政府财政享受到伏特加酒收入带来的更多好处之后，政府就开始鼓励伏特加酒饮用量的飙升，从人均 8 升的水平暴升到第一次世界大战前夕的人均 14 升的水平。在尼古拉二世实施禁酒令并带来灾难性后果之后——这一禁酒令在亚历山大·克伦斯基和弗拉基米尔·列宁时期继续延续——约瑟夫·斯大林再一次在1924年恢复了伏特加酒垄断机制，表面上宣称是为了保护人民的身体健康不受危险的伏特加私酿酒伤害。结果是什么呢？苏联社会出现了更为普遍的酗酒现象，酒饮用量几乎连续60年畅通无阻地飙升，而伏特加酒收入再一次占据了国家全部收入的四分之一到三分之一。[19] 而现在，令人担忧的迹象显示，就连目前俄罗斯的反酗酒运动也可能成为这一相同模式的牺牲品（第二十三章）。

因此，即便政治家口头上说得很好听，但为什么我们总是期待在今天恢复传统的伏特加酒垄断机制带来的结果将会不同于过去那种难以打破的伏特加政治机制所导致的后果呢？恢复垄断机制不会带来不同结果的。如果说在应对所谓的酒精问题上，我们有比逐步增加销售限制和其他权宜之计之外更好的办法，那么这种办法也不会是实行垄断机制，而是类似瑞典经验，实施自治制——这一想法已经开始在俄罗斯的公共卫生领域引起越来越多的关注。[20]

如果俄罗斯采取哥森堡体系那样无私的酒类管理体制，这对于俄罗斯各地区而言都是一个福音，这样做将会促进当地的公民行动主义。关心禁酒的公民将有权监督当地酒类限制措施的实行。地方政府将有权采取合适的酒类限制措施，而不是等待看似遥遥无期的克里姆林宫的命令。[21] 而且，伏特加酒收入这笔横财可以推动当地公民组织的发展，例如那些旨在促进保护环境、推广健康的生活方式、推广农业和教育等，以及关爱老人、残疾人和孤儿的组织。这些钱也可以用于资助长期缺乏资金的医疗保障基础设施、康复中心和孤儿院体系。讽刺的是，财政部部长阿列克谢·库德林建议大量饮酒的人应该多喝点酒以帮助政府为社会服务提供资金，库德林的反对者嘲讽他的虚伪，因为伏特加酒和社会支出之间是没有丝毫关联的。而事实上，在一个无私的酒类管理体制里，这两者是有关联的；这样的关联使得当地的民意代表可以满足社区的需求。这样的地方自治制度将会帮助俄罗斯联邦成为一个真正的联邦国家，政策决定的权力将分配给各级管理当局，从国家到地区再到当地；而克里姆林宫将从各种琐事中解放出来。

当然，有些人会提出反对意见。我已经可以听到他们的反对声音了：这个体系或许适用于瑞典和加拿大，但它永远不适用于俄罗斯。俄罗斯还没做好准备：这个国家没有充分的基层活动组织。文化差异太大了。这个体系并不实用。而且由于俄罗斯存在着体系性的腐败问题，我们不可能找得到可以抵御追逐个人财富诱惑的清廉管理者。

事实证明，俄罗斯政府早就以这样的说法来否决掉这个主意了。俄罗斯财政部对哥森堡体系进行了详尽的研究，由政府官员、医生、经济学家和政策专家组成的半官方的"酗酒问题委员会"就这一体系展开了持久的讨论；在这之后，财政部公开承认，虽然"理论上这个体系比我们的现行体系要好"，但因为"社会没有做好文化上的准备"以及政府无法找到可靠的管理者，所以我们无法期望在俄罗斯实现类似的结果。[22] 说这些话的人是伊凡·明茨洛夫（Ivan Mintslov）——沙俄财政部伏特加酒经济的常驻专家。他说这些话的时间是 1898 年。在 1914 年第一次世界大战爆发，沙皇尼古拉实行那带来灾难性后果的禁酒令的数十年前，沙俄的酒类专家就一致认为这一市政体系是"打击酗酒问题最好的立法武器"。但俄罗斯人民从文化上、教育程度上和行政管理上都没做好准备迎接这一体系的实施推广。[23]

自沙皇的酗酒问题委员会抨击着市政酒局体系而支持传统的垄断机制到现在的 100 多年里，在其他所有的工业化国家，"酗酒问题"作为一个高层政治议题已经得到了有效解决。与此同时，在俄罗斯，帝国时期和苏联时期的垄断机制不仅没有解决酗酒问题，而且使之进一步恶化了。但因为垄断化管理仍然是俄罗斯人所知道的唯一选择，政策制定者和批评者都天真地将其当作解决办法而不是问题所在。

垄断化管理得以实施是依赖着统治者的推断，认为人民并不知道怎样做才是最符合自己利益的。虽然这样的想法或许适用于19世纪没有接受过教育的农民，但今天的俄罗斯可是自诩为全球高等教育普及程度最高的国家之一。而且，普京和梅德韦杰夫领导时期的经济增长和国内稳定催生了中产阶层的出现；这个中产阶层正变得更加富裕、联系日益密切，认为恢复对伏特加酒的垄断控制不仅是大错特错的，而且是对俄罗斯人民的一种侮辱。

俄罗斯人自己知道酗酒是一个问题，不需要其他人来提醒。多年来，民意调查一直都将酒精滥用问题列为俄罗斯的重要政治挑战之一，甚至高于恐怖主义、经济危机和人权问题。[24] 然而，国家根深蒂固的经济利益、有政治影响力的商人、体系性的腐败问题、阻挠着基层公民活动和地方自治的政治制度，以及这个国家的戒酒文化，所有这些因素都推动制造了一个巨大的阴谋，阻止着俄罗斯人民解决他们最持久的政治问题。

今天的克里姆林宫面对着一扇独特的机会之窗，使之可以超越仅仅满足于权宜之计，直接解决伏特加政治的问题，以及应对附属的社会福利和国家经济利益的议题。

首先，虽然伏特加酒收入仍然是一笔巨额的收益，但今天伏特加酒收入所占的比重已经不像过去那样至关重要了。政府更加依赖于石油、天然气和矿物出口——以及普京时期推动的一系列有效税制改革——带来的好处之一就是伏特加酒收入在联邦预算中的相对贡献率已经减少到大约 2%~4%，而不是沙皇时期和苏联时期的 20%~40%。放弃伏特加酒收入对于国家而言仍旧是一件困难的任务，却不像过去那样会带来致命的伤害。仅这一点就表明，对于克里姆林宫而言，时机已经成熟，是时候痛下决心戒除坏习惯，决定性地与伏特加政治的遗毒一刀两断了。

其次，并不是说之前的那些收入仿佛就这样消失了——正相反，这些收入将会用于资助缺乏资金的社会团体和医疗机构，这些组织长期以来都被政府忽略。不同于偶尔（而且常常是大肆宣传的）到处注入几十亿卢布的资金，一个无私管理的体系将为各地提供一个稳定可靠的资金流，而这笔资金将最终推动医疗等社会服务蓬勃发展。[25] 而且就算这笔资金逐渐减少，那也主要是因为酒饮用量也出现减少，而这将意味着人民健康状况的改善和医疗体系本身所承受的压力也减少了。

再次，俄罗斯已经发起了另一场反酗酒运动——以保护人民健康的名义。还有什么比俄罗斯政府宣布将彻底与伏特加政治一刀两断更能清楚表示克里姆林宫是认真地想要将人民的利益置于政府和高层亲信们的利益之上呢？俄罗斯与酗酒相关的死亡率高得离谱。如果可以将这个数字降低到与其他欧洲国家相近的水平，将会帮助避免俄罗斯可怕的人口状况预测变成现实。

最后，通过推动当地公民团体和活动的发展，哥森堡选项或许还可以帮助俄罗斯实现真正的民主化。虽然公众普遍关注着社会的酗酒现象，那些准备好就酒精问题采取行动的基层组织网络和关心社会的个人却一直都没有机会采取行动。[26] "如果我们想要解决社会的问题，国家和地方政府一起分担社会责任是至关重要的，"莉莉娅·舍夫佐娃（Lilia Shevtsova）表示，"地方政府必须被授权提供人们和他们的家庭所需要的基础社会服务：学校教育、医疗保障、公共服务和文化活动。想要实现这一点，克里姆林宫需要放弃努力将地方政府牢牢嵌入国家机构中；克里姆林宫必须发展地方自治政府机制并且允许地方当局自己增加收入。"[27] 在 2012 年重新当选总统后的第一次国情咨文中，弗拉基米尔·普京鼓励俄罗斯的地方政府起草和实施自己的健康和人口政策，作为对联邦政策的补充。[28] 在这里，哥森堡选项同样是一个合适的对总统号召的回应。

此外，要实施哥森堡体系依赖于 2011~2012 年抗议活动表露出来的普遍反腐情绪。考虑到正是伏特加酒在一开始滋生了大范围的腐败问题，难道还有比从伏特加酒更适合开始打击体系性腐败问题的地方吗？[29]

在最近的一场俄罗斯和全球健康专家的研讨会上，著名健康专家安德烈·德明（Andrei Demin）总结道："在目前的条件下，只有通过让民间团体来对酒类市场实施体系性的控制，我们才有可能保护公众健康的利益，解决黑市问题以及其他地方性问题。"[30]换句话说：俄罗斯想要终结伏特加酒问题，只有采取其他工业化国家都采用的方式：哥森堡式公正无私的市政酒局体系。克里姆林宫有没有可能尝试采取如此大胆的措施呢？从根本上看，政府应该优先选择提升社会的利益而不是政府的利益，提升人民的健康状况而不是增加他们的痛苦，促进人民戒酒而不是酗酒，促使政府更清廉而不是腐败问题丛生。俄罗斯的未来将如何发展还是个未知数。

最后的思考……

在 1920 年代美国的禁酒活动达到高潮的时候，好莱坞演员、杂耍表演者、幽默大师和"牛仔哲学家"（cowboy philosopher）威尔·罗杰斯（Will Rogers）作为美国的非官方亲善大使，开始了一场环球演讲之旅。在被苏联禁止入境后，罗杰斯去了巴黎，在那里他受到了富裕的俄国流亡者的欢迎，这些人因为国内革命而流亡到了法国。在一间装修豪华的餐厅里，这位美国名人第一次了解了伏特加酒这种异国饮料。

"这是我所见过的看上去最无害的东西，"罗杰斯后来向从未听说过伏特加酒的美国观众们解释道（以他那种平易近人的口吻），"他们都说一大口将其喝下就好；没有人可以小口小口地喝下伏特加酒。好吧，我不知道那是什么，但有那么一会儿，我觉得有人给我灌下了滚烫的蜂蜜酒，然后我就大喊着要水喝。"罗杰斯以为桌面上杯子里的那些纯净的液体是水，所以很快将其一饮而尽，却发现那也是伏特加酒！

招待他的俄罗斯人无疑被他那一小会儿的恐慌逗乐了，这位来自俄克拉荷马州的牛仔慢慢恢复了冷静。"他们是如何在一杯饮料里集中实现如此多的麻木感的？这简直就是化学制药意义上的一个奇迹，"罗杰斯描述道，"一小口伏特加酒给大脑和身体所带来的伤害，等同于美国人喝上好几个小时酒才能达到的程度。"[31]

在那之后，美国人就开始熟悉这种俄罗斯最著名的文化出口产品所带来的浓缩麻木感，这种产品已经成了世界上最畅销的酒。虽然一小群有洞察力的品酒行家表示他们可以鉴别不同顶级品牌伏特加酒之间的细微差别，但大多数饮酒者对伏特加酒给大脑所带来的震撼影响更感兴趣。然而，即使全世界的饮酒者都为伏特加酒的存在举杯庆祝，我们还是应该铭记伏特加酒的黑暗过往：一代又一代俄罗斯人不仅在酒瓶里找到了慰藉，随之而来的还有悲伤、疾病和死亡。我们必须铭记，如此难以想象的人类牺牲，曾经不仅归咎于酒鬼自身的错误，还有一个伏特加政治体系，这一政体从一代代人的痛苦中收获了难以想象的利润。

在了解相关的历史情况后，那位牛仔哲学家酒后的思考听上去甚至更加符合实际情况。"现在，这就是关于伏特加酒的所有故事了，"罗杰斯猜测，"世界上没有人知道伏特加酒是由什么制成的，而我这么跟你说的原因是伏特加酒的故事也是俄罗斯的故事。没有人知道俄罗斯是怎样形成的，或者说没有人知道是什么引导其人民采取下一步的行动。"[32]

伏特加酒的故事确实就是俄罗斯的故事：不仅仅是在文化和社会层面，还在历史和国家机构层面。俄罗斯能否最终打破伏特加政治的桎梏，或许是俄罗斯未来所面对的最根本的政治问题。

/ 注 释

序 言

1 *Chto-to pro medvedei i balalaiki zabyli.* "'N'yu lork Taims'ne unimaetsya", http:// politics.d3.ru/ comments/469696（2013 年 8 月 28 日访问）。该文回应的是我为俄罗斯同性恋抵制伏特加运动撰写的专栏文章，详见 Mark Lawrence Schrad, "Boycotting Vodka Won't Help Russia's Gays", *New York Times*，2013 年 8 月 21 日，A19 版。

2 Valerii Melekhin, "Nuzhno vybirat'trezvost'", *Soratnik*, 2010 年 1 月，第 2 页，http://video.sbnt. ru/vl/Newspapers/Soratnik/Soratnik_167.pdf; "Obshchestvennoe mnenie", Radio svoboda, 2002 年 11 月 17 日，http://archive.svoboda.org/programs/vp/2002/vp.111702. asp（2011 年 8 月 1 日访问网站）; Aleksandr Nemtsov, *Alkogol'naya istoriya Rossii: Noveishii period*（Moscow: URSS, 2009），第 6 页。关于俄罗斯酗酒问题的总体情况，参见 Irina R. Takala, "Russkoe p'yanstvo kak fenomen kul'tury" in *Alkogol'v Rossii: Materialy pervoi mezhdunarodnoi nauchno-prakticheskoi konferentsii*（Ivanovo, 29-30 oktyabrya 2010）, 由 Mikhail V. Teplyanskii 编 辑（Ivanovo: Filial RGGU v g. Ivanovo, 2010），第 12~21 页。

3 这也不是说对经济的担忧并不重要，"通胀"、"生活水平"和"就业问题"始终占到 40%~50%。受访者可以从列表的 26 个选项当中最多选择 7 个。VTsIOM, "What Russians Are Afraid Of: Press Release No. 1299", *Russian Public Opinion Research Center* 1299（2010）和 "August Problem Background: Press Release No. 1383", *Russian Public Opinion Research Center* 1383（2011）, 详 见 http:// wciom.com/index.php?id=61&uid=411（2012 年 2 月 2 日访问）。

4 AFP, "Kremlin-Bound Putin Tells Russians to Have More Children", *AhramOnline*，2012 年 4 月 11 日，http://english.ahram.org.eg/NewsContent/2/9/39030/World/International/ Kremlinbound-Putin-tells-Russians-to-have-more-chi.aspx（2012 年 4 月 12 日访问）。还可参见弗拉基米尔·普京 "Annual Address to the Federal Assembly", 2006 年 4 月 10 日。http://archive.kremlin.ru/eng/ speeches/2006/05/10/1823_type70029type82912_105566.shtml（2010 年 11 月 1 日访问）。

5 Nicholas Eberstadt, *Russia's Peacetime Demographic Crisis: Dimensions, Causes, Implications*（Seattle, Wash: National Bureau of Asian Research 2010），第 89 页。世界卫生组织 2009 年寿命调查表项目组："世卫组织成员国的寿命调查表", http://www.who.int/ healthinfo/statistics/mortality_ life_tables/en/（2013 年 1 月 22 日访问网站）。

6 Mark Lawrence Schrad: "Moscow's Drinking Problem", *New York Times*，2011 年 4 月 17 日，以及 "A Lesson in Drinking", *Moscow Times*，2011 年 3 月 4 日。

7 Charles van Onselen, "Randlords and Rotgut 1886-1903: An Essay on the Role of Alcohol in the Development of Europecn Imperialisism and Southern African Capitalism, with Special Reference to Black Wineworkers in the Transvaal Republic", *History Workshop*, 1976 年 第 2 期, 第 84 页; Frederick Douglass, *Narrative of the Life of Frederick Douglass: An American Slave [1845]*（New York: Cambridge University Press, 2011），第 74~76 页。特别感谢 Emmanuel Akyeampong 提供这条参考文献。关于俄罗斯，参见 David Christian, "Traditional and Modern Drinking Cultures in Russia on the Eve of Emancipation", *Australian Slavonic and East European Studies*，1987 年第 1 期，第 61~84 页。

8 例如 Nicholas Ermochkine, Peter Iglikowski, *40 Degrees East: An Anatomy of Vodka*（Hauppauge,

N.Y.: Nova, 2003）; Patricia Herlihy, *Vodka: A Global History*（London: Reaktion Books, 2012）; Vladimir Nikolaev, *Vodka v sud'be Rossii*（Moscow: Parad, 2004）; Gennadii M. Karagodin, *Kniga o vodke i vinodelii*（Chelyabinsk: Ural, 2000）。

9　David Christian, *Living Water: Vodka and Russian Society on the Eve of Emancipation*（Oxford: Clarendon, 1990）; Patricia Herlihy, *The Alcoholic Empire: Vodka and Politics in Late Imperial Russia*（New York: Oxford University Press, 2002）; Kate Transchel, *Under the Influence: Working-Class Drinking, Temperance, and Cultural Revolution in Russia, 1895-1932*（Pittsburgh, Pa.: University of Pittsburgh Press, 2006）; Vladimir G. Treml, *Alcohol in the USSR: A Statistical Study*, *Duke Press Policy Studies*（Durham, N.C.: Duke University Press, 1982）; Stephen White, *Russia Goes Dry: Alcohol, State and Society*（New York: Cambridge University Press, 1996）; Aleksandr Nemtsov, *A Contemporary History of Alcohol in Russia*，由 Howard M. Goldfinger 和 Andrew Stickley 翻译（Stockholm: S ockholmicklgskola, 2011）。同样值得提到的是 Boris Segal 和 Irina Takala 的研究著作。Boris Segal, *Russian Drinking: Use and Abuse of Alcohol in Pre-Revolutionary Russia*（New Brunswick, N.J.: Rutgers Center of Alcohol Studies, 1987），以 及 *The Drunken Society: Alcohol Use and Abuse in the Soviet Union*（New York: Hippocrene Books, 1990）; Irina R. Takala, *Veselie Rusi: Istoriia alkogol'noi problemy v Rossii*（St. Petersburg: Zhurnal Neva, 2002）。

10　W. J. Rorabaugh, *The Alcoholic Republic: An American Tradition*（New York: Oxford University Press, 1979），第 5、30、49 页; Cedric Larson, "The Drinkers Dictionary", *American Speech*，第 12 卷第 2 期（1937），第 87-92 页。

第一章

1　Andrei Bitov, "The Baldest and the Boldest" in *Memoirs of Nikita Khrushchev*, vol. 1: *Commissar, 1918-1945*, 由 Sergei Khrushchev 编 辑（University Park: Pennsylvania State University Press, 2004），第 xxxiv 页。

2　由 Sergei Khrushchev 编 辑, *Memoirs of Nikita Khrushchev*, vol. 1: *Commissar, 1918-1945*（University Park: Pennsylvania State University Press, 2004），第 xxiii 页; Jerrold L. Schecter, "Introduction" in *Khrushchev Remembers: The Last Testament*，由 Strobe Talbott 编 辑（Boston, Mass.: Little, Brown, 1974），第 xi 页。

3　Khrushchev, *Memoirs of Nikita Khrushchev*, 第 1 卷, 第 79 页。另参见 Seweryn Bialer, *Stalin's Successors: Leadership, Stability, and Change in the Soviet Union*（New York: Cambridge University Press, 1980），第 33 页。

4　Khrushchev, *Memoirs of Nikita Khrushchev*, 第 1 卷, 第 79、287 页。

5　Anastas Mikoyan, *Tak bylo: razmyshleniia o minuvshem*（Moscow: Vagrius, 1999），第 353 页。娜杰日达·塞戈维娜·阿利卢耶娃于 1931 年 11 月 9 日去世。关于她的死亡详见 Roman Brackman, *The Secret File of Joseph Stalin: A Hidden Life*（London: Routledge, 2000），第 231 页; Miklós Kun, *Stalin: An Unknown Portrait*（Budapest: Central European University Press, 2003）, 第 207 页; Donald Rayfield, *Stalin and His Hangmen: The Tyrant and Those Who Killed for Him*（New York: Random House, 2005）, 第 240 页; Khrushchev, *Memoirs of Nikita Khrushchev*, 第 1 卷, 第 290 页。关于战争的爆发详见 Peter Kenez, *A History of the Soviet Union from the Beginning to the End*, 第 2 版（New York: Cambridge University Press, 2006），第 139 页。关于斯大林那酗酒的父亲和酒精在他成长过程中扮演的角色详见 Aleksandr Nikishin, *Vodka i Stalin*（Moscow: Dom Russkoi Vodki, 2006），第 119~121 页。

6　Khrushchev，*Memoirs of Nikita Khrushchev*，第 1 卷，第 385 页。斯大林的女儿，斯维特兰娜·阿利卢耶娃在此书中也证实了这一描述，*Only One Year*，由 Paul Chavchavadze 翻译（New York：Harper & Row，1969），第 385 页。

7　由 Sergei Khrushchev 编辑，*Memoirs of Nikita Khrushchev*，vol. 2：*Reformer*，*1945-1964*（University Park：Pennsylvania State University Press，2006），第 43 页。另 参 见 Khrushchev，*Memoirs of Nikita Khrushchev*，第 1 卷，第 288 页；Kun，*Stalin*，第 335 页。

8　Milovan Djilas，*Conversations with Stalin*，由 Michael B. Petrovich 翻译（New York：Harcourt，Brace，1962），第 76~78 页；Simon Sebag Montefiore，*Stalin：The Court of the Red Tsar*（New York：Alfred A. Knopf，2004），第 521 页。另 参 见 Yoram Gorlizki，"Stalin's Cabinet：The Politburo and Decision Making in the Post-War Years"，*Europe-Asia Studies*，第 53 卷第 2 期（2001），第 295~298 页。

9　Khrushchev，*Memoirs of Nikita Khrushchev*，第 2 卷，第 43 页。

10　Laurence Rees，*World War II Behind Closed Doors：Stalin, the Nazis and the West*（New York：Random House，2009），第 32 页；I. Joseph Vizulis，*The Molotov-Ribbentrop Pact of 1939：The Baltic Case*（Ann Arbor：University of Michigan Press，1990），第 15 页。

11　Anthony Read and David Fisher，*The Deadly Embrace：Hitler, Stalin and the Nazi-Soviet Pact*，*1939-1941*（New York：W. W. Norton，1988），第 354 页；William L. Shirer，*The Rise and Fall of the Third Reich：A History of Nazi Germany*（New York：Simon & Schuster，1960），第 540 页。

12　Read and Fisher，*Deadly Embrace*，第 354 页。在条约签署仪式上，斯大林和其他纳粹代表团成员分享了这个秘密。Piers Brendon，*The Dark Valley：A Panorama of the 1930s*（New York：Random House，2000），第 682~683 页。

13　Gustav Hilger and Alfred Mayer，*Incompatible Allies：A Memoir-History of German-Soviet Relations*，*1918-1941*（New York：Macmillan，1953），第 301 页，第 313~314 页。

14　Winston Churchill，*The Second World War*，第 6 卷，*Triumph and Tragedy*（New York：Houghton Mifflin，1953），第 348~349 页。

15　来 自 National Archives（U.K.） 的 文 献 资 料， 目 录 编 码 fo/1093/247；http://filestore. nationalarchives.gov.uk/documents/fo-1093-247.pdf。Tommy Norton 引 用 了 这 段 材 料，"温 斯顿……正在埋怨轻微的头痛"，National Archives（U.K.）2013 年 5 月 22 日的博客；http://blog. nationalarchives.gov.uk/blog/Winston-was-complaining-of-a-slight-headache/（2013 年 5 月 22 日访问）。这些文献也暗示了为富兰克林·D. 罗斯福的无任所大使温德尔·威尔基准备的一场类似的酒宴。另见 Wendell Lewis Willkie，*One World*（New York：Simon & Schuster，1943），第 58~62 页，第 92~93 页。

16　Montefiore，*Stalin*，第 477 页；Charles de Gaulle，*The Complete War Memoirs of Charles de Gaulle*，由 Richard Howard 翻译，共 3 卷（New York：Da Capo，1964），第 3 卷，第 752 页。关于赫鲁廖夫妻子被逮捕一事参见 Harrison E. Salisbury，*The 900 Days：The Siege of Leningrad*（New York：Harper & Row，1969），第 487n1 页。

17　Montefiore，*Stalin*，第 477 页。关 于 诺 维 科 夫 的 下 场 参 见 Michael Parrish，*Sacrifice of the Generals：Soviet Senior Officer Losses*，*1939-1953*（Lanham，Md.：Scarecrow，2004），第 270 页；Brian D. Taylor，*Politics and the Russian Army：Civil-Military Relations*，*1689-2003*（New York：Cambridge University Press，2003），第 177 页。

18　Montefiore，*Stalin*，第 314 页。

19　同上，第 477 页。关于卡冈诺维奇与恐怖饥荒参见 Robert Conquest，*The Harvest of Sorrow：Soviet Collectivization and the Terror-Famine*（New York：Oxford University Press，1986）， 第 328 页；Robert Gellately，*Lenin, Stalin, and Hitler：The Age of Social Catastrophe*（New York：Vintage Books，2007），第 229 页。关于对米哈伊尔·卡冈诺维奇的审问参见 Brackman，*Secret File of Joseph Stalin*， 第 349~350 页；Roy A. Medvedev，*Let History Judge：The Origins and Consequences of Stalinism*（New York：Alfred A. Knopf，1971），第 310 页。另 参 见 David

Remnick, *Lenin's Tomb: The Last Days of the Soviet Empire* (New York: Random House, 1993), 第 34 页。

20　Montefiore, *Stalin*, 第 477~478 页。

21　Brackman, *Secret File of Joseph Stalin*, 第 411 页; William Taubman, *Khrushchev: The Man and His Era* (New York: W. W. Norton, 2003), 第 211 页, 第 214~215 页; Montefiore, *Stalin*, 第 521 页; Adam B. Ulam, *Stalin: The Man and His Era* (New York: Viking, 1973), 第 436 页; Allilueva, *Only One Year*, 第 385 页; James Graham, *Vessels of Rage, Engines of Power: The Secret History of Alcoholism* (Lexington, Va.: Aculeus, Inc., 1993), 第 188 页。

22　Khrushchev, *Memoirs of Nikita Khrushchev*, 第 1 卷, 第 289 页。赫鲁晓夫在这一点上继续讲道:"人们或许会问我:'你在说什么? 斯大林是个酒鬼?' 我可以这样回答, 他既是又不是。换句话说, 在某种意义上他是酒鬼。在他晚年的时候, 他必须得不断喝酒喝酒喝酒才能度日。另一方面, 他又不能像给他的客人灌酒那样给自己灌酒; 他只会给自己倒一小杯酒, 甚至还会兑些水。但其他人都不被允许这么做。很快他就会因为背叛传统和试图欺骗大众而被'罚款'。这当然是句玩笑话, 但作为代价, 你得喝下很多酒。"同上, 第 1 卷, 第 291 页。

23　Mikoyan, *Tak bylo*, 第 353 页。

24　Montefiore, *Stalin*, 第 520 页。关于赫鲁晓夫的粗野蛮横, 可参见其他材料, 比如 Gellately, *Lenin, Stalin, and Hitler*, 第 388 页。

25　Khrushchev, *Memoirs of Nikita Khrushchev*, 第 1 卷, 第 289 页。另 参 见 Aleksei Adzhubei, *Kruzhenie illiuzii* (Moscow: Interbuk, 1991), 第 166~168 页; Montefiore, *Stalin*, 第 521 页。

26　Khrushchev, *Memoirs of Nikita Khrushchev*, 第 1 卷, 第 291 页。另参见 Nikishin, *Vodka i Stalin*, 第 167 页。

27　Montefiore, *Stalin*, 第 521 页。

28　Khrushchev, *Memoirs of Nikita Khrushchev*, 第 2 卷, 第 42 页。

29　同上, 第 2 卷, 第 43 页。

30　Khrushchev, *Memoirs of Nikita Khrushchev*, 第 1 卷, 第 80 页。另参见 Kees Boterbloem, *The Life and Times of Andrei Zhdanov, 1896-1948* (Montreal: McGill-Queens University Press, 2004), 第 259 页。

31　Montefiore, *Stalin*, 第 326 页。在 1942 年被降级和开除出苏共中央委员会后, 传闻库利克开始批评斯大林, 而这决定了他的命运。显然他在 1947 年被逮捕, 经过 3 年的审判和折磨后, 于 1950 年被处决。Kun, *Stalin*, 第 430 页。

32　Allilueva, *Only One Year*, 第 386 页; Montefiore, *Stalin*, 第 521~522 页; Gorlizki, "Stalin's Cabinet"。波斯克列贝舍夫常常被迫举着点燃的"新年蜡烛", 这些"蜡烛"是用卷起来的纸做的, 斯大林很喜欢看当燃烧的纸烧到波斯克列贝舍夫的手时他的痛苦表情。Graham, *Vessels of Rage*, 第 189 页。波斯克列贝舍夫在 1940 年代的时候安排了很多作秀性质的审判。后来在 1952 年所谓的医生案件中, 他在贝利亚的施压下被免职, 但在那之前, 他已经把自己的妻子判处监禁于古拉格劳改营。Helen Rappaport, *Joseph Stalin: A Biographical Companion* (Santa Barbara, Calif.: ABC-CLIO, 1999), 第 210 页。

33　Maureen Perrie, *The Cult of Ivan the Terrible in Stalin's Russia* (New York: Palgrave, 2001), 第 172 页。关于历代沙皇的家长式统治参见 Georg Brandes, *Impressions of Russia*, 由 Samuel C. Eastman 翻译 (Boston: C. J. Peters & Son, 1889), 第 38 页。

34　Khrushchev, *Memoirs of Nikita Khrushchev*, 第 1 卷, 第 80 页。

35　Bialer, *Stalin's Successors*, 第 34~35 页; Gorlizki, "Stalin's Cabinet", 第 295~298 页; Robert Service, *Stalin: A Biography* (Cambridge, Mass.: Harvard University Press, 2004), 第 575 页; Vladislav B. Aksenov, *Veselie Rusi, XX vek: gradus noveishei rossiiskoi istorii ot "p'yanogo byudzheta" do "sukhogo zakona"* (Moscow: Probel-2000, 2007), 第 24~25 页。关于社会原子化参见 Hannah Arendt, *The Origins of Totalitariansim, pt. 3: Totalitarianism* (New York: Harvest/HBJ, 1968), 第 9~20 页。

关于酒精的部分参见 Therese Reitan，"The Operation Failed，but the Patient Survived. Varying Assessments of the Soviet Union's Last Anti-Alcohol Campaign"，*Communist and Post-Communist Studies*，第 34 期第 2 卷（2001），第 255~256 页。

36 参见第十章。另参见 Friedrich Engels，*The Condition of the Working Class in England in 1844*（London：Swan Sonnenschein & Co.，1892），第 127~129 页；Mark D. Steinberg，*Voices of Revolution，1917*（New Haven，Conn.：Yale University Press，2001），第 24~25 页；Vladimir I. Lenin，Polnoe Sobranie Sochinenii，vol. 43（Moscow：Political Literature Publishers，1967），第 326 页。更多概况参见 Charles van Onselen，"Randlords and Rotgut 1886-1903：An Essay on the Role of Alcohol in the Development of European Imperialism and Southern African Capitalism，with Special Reference to Black Mineworkers in the Transvaal Republic"，*History Workshop*，第 1 卷第 2 期（1976）。

37 A. Krasikov，"Commodity Number One（Part 2）" in *The Samizdat Register*，vol. 2，由 Roy A. Medvedev 编辑（New York：W. W. Norton，1981），第 163 页。

38 Walter G. Moss，*A History of Russia：To 1917*（London：Anthem，2005），第 259、302 页。

39 Mikhail Gorbachev，"O zadachakh partii po korennoi perestroike upravleniya ekonomikoi：doklad na Plenume TsK KPSS 25 iyunya 1987 goda" in *Izbrannye rechi i stat'i*，vol. 5（Moscow：Izdatel'stvopoliticheskoi literatury，1988），第 158 页。关于欧洲的部分参见 Stephen Smith，"Economic Issues in Alcohol Taxation" in *Theory and Practice of Excise Taxation：Smoking，Drinking，Gambling，Polluting and Driving*，由 Sijbren Cnossen 编辑（New York：Oxford University Press，2005），第 57~60 页。

40 Krasikov，"Commodity Number One（Part 2）"，第 169 页。

41 Viktor Erofeev，*Russkii apokalipsis：opyt khudozhestvennoi eskhatologii*（Moscow：Zebra E，2008），第 19~20 页；英文版重印为 Victor Erofeyev，"The Russian God"，*New Yorker*，2002 年 12 月 16 日。关于叶罗菲耶夫与弗拉基米尔·叶罗菲耶夫——斯大林的译员的关系，参见 "Stalin's Translator Dead at 90"，*Moscow Times*，2011 年 7 月 20 日，http://www.themoscowtimes.com/news/article/stalins-translator-dead-at-90/440793.html#axzz1SaU9kXl7（2011 年 7 月 20 日访问）。

42 Erofeev，*Russkii apokalipsis*，第 20~21 页。

第二章

1 Alexander Nemtsov，"Alcohol-Related Human Losses in Russia in the 1980s and 1990s"，*Addiction*，第 97 卷（2002），第 1413 页；Judyth Twigg，"What Has Happened to Russian Society ？" in *Russia after the Fall*，由 Andrew Kuchins 编辑（Washington，D.C.：Carnegie Endowment，2002），第 172 页。

2 Aleksandr Nemtsov，*Alkogol'nyi uron regionov Rossii*（Moscow：Nalex，2003）；转引自 Daria A. Khaltourina and Andrey V. Korotayev，"Potential for Alcohol Policy to Decrease the Mortality Crisis in Russia"，*Evaluation & the Health Professions*，第 31 卷第 3 期（2008），第 273 页。

3 Melvin Goodman，*Gorbachev's Retreat：The Third World*（New York：Praeger，1991），第 100 页。

4 Jay Bhattacharya，Christina Gathmann，and Grant Miller，*The Gorbachev Anti-Alcohol Campaign and Russia's Mortality Crisis*. NBER Working Paper Series，编号 18589（Cambridge，Mass.：National Bureau of Economic Research，2012），第 2 页；"Vladimir Putin on Raising Russia's Birth Rate"，*Population and Development Review*，第 32 卷第 2 期（Documents）（2006），第 386 页；Aleksandr Nemtsov，"Tendentsii potrebleniya alkogolya i obuslovlennye alkogolem poteri zdorov'ya I zhizni v Rossii v 1946-1996 gg." in *Alkogol' i zdorov'e naseleniya Rossii：1900-2000*，由 Andrei K. Demin 编辑（Moscow：Rossiiskaya assotsiatsiya obshchestvennogo zdorov'ya，1998），第 105

页；David Zaridze et al., "Alcohol and Cause-Specific Mortality in Russia：A Retrospective Case-Control Study of 48,557 Adult Deaths"，*The Lancet*，第 373 期（2009）：第 2201~2214 页。

5　Pravitel'stvo Rossiiskoi Federatsii（俄罗斯联邦政府），"Kontseptsiia realizatsii gosudarstvennoi politiki po snizheniiu masshtabov zloupotrebleniia alkogol'noi produktsiei i profilaktike alkogolisma sredi naseleniia Rossiiskoi Federatsii na period do 2020 goda"（关于 2020 年前减少俄罗斯人口酗酒规模和预防酒精中毒的国家政策和执行设想），俄罗斯政府令第 2128-r 号，2009 年 12 月 30 日。

6　Murray Feshbach，"Potential Social Disarray in Russia Due to Health Factors"，*Problems of Post-Communism*，第 52 卷第 4 期（2005），第 22 页，以及 "The Health Crisis in Russia's Ranks"，*Current History*，2008 年 10 月，第 336 页；Dar'ya A. Khalturina and Andrei V. Korotaev，"Vvedeniye：alkogol'naya katastrofa；kak ostanovit' vymiranie Rossii" in *Alkogol'naya katastrofa i vozmozhnosti gosudarstvennoi politiki v preodolenii alkogol'noi sverkosmertnosti v Rossii*，由 Dar'ya A. Khalturina 和 Andrei V. Korotaev 编辑（Moscow：Lenand，2010）。

7　Mark Lawrence Schrad，"Moscow's Drinking Problem"，*New York Times*，2011 年 4 月 17 日。

8　Pravitel'stvo Rossiiskoi Federatsii，"Kontseptsiia realizatsii gosudarstvennoi politiki"。

9　James C. Scott，*Seeing Like a State：How Certain Schemes to Improve the Human Condition Have Failed*（New Haven，Conn.：Yale University Press，1998），第 194~195 页。Orwell 的《1984》一书的创作是基于一本写于 1921 年的反乌托邦式俄罗斯小说 *We*，其作者是 Evgeny Zamyatin。

10　Maria Lipman，"Stalin Lives"，*Foreign Policy*，2013 年 3 月 1 日，http://www.foreignpolicy.com/articles/2013/03/01/stalin_lives（2013 年 3 月 3 日访问）。

11　Scott，*Seeing Like a State*，第 2 页。另参见 *Charles Tilly's four functions of states：war making, state making, protection, and extraction*。两种说法都强调了对社会资源的开采、对暴力武装的独占和对国家安全的防御。Charles Tilly，"Warmaking and Statemaking as Organized Crime" in *Bringing the State Back In*，由 Peter Evans，Dietrich Rueschmeyer 和 Theda Skocpol 编辑（New York：Cambridge University Press，1985），第 181 页。另参见 Francis Fukuyama，*The Origins of Political Order：From Prehuman Times to the French Revolution*（New York：Farrar，Straus and Giroux，2011），第 389 页。

12　Sheila Fitzpatrick，*The Russian Revolution, 1917-1932*（New York：Oxford University Press，1982），第 119 页；Stephen Kotkin，*Magnetic Mountain：Stalinism as a Civilization*（Berkeley：University of California Press，1995）。

13　Vladimir I. Lenin，"X vserossiiskaya konferentsiya RKP（b）"，*Sochineniya, tom 32：dekabr' 1920-avgust 1921*（Moscow：Gosudarstvennoe izdatel'stvo politicheskoi literatury，1951），第 403 页。

14　每年的损失约为 3000 万普特粮食，相当于 4.91 亿千克或 10.8 亿磅。参见 f. 374（Narodnyi komissariat rabochekrest'yanskoi inspektsii SSSR），op. 15，d. 1291，l.18-22，Gosudarstvennyi Arkhiv Rossiskoi Federatsii（俄罗斯联邦国家档案馆），Moscow。另参见 Gregory Sokolnikov et al.，*Soviet Policy in Public Finance：1917-1928*（London：Oxford University Press，1931），第 194 页；Anton M. Bol'shakov，*Derevnya, 1917-1927*（Moscow：Rabotnik prosveshcheniya，1927），第 339~341 页。关于党内出现的酗酒问题参见 T. H. Rigby，*Communist Party Membership in the U.S.S.R., 1917-1967*（Princeton，N.J.：Princeton University Press，1968），第 121~125 页。

15　亚历山大·汉密尔顿起草的 1789 年关税法案和 1791 年开始实行的联邦税收都在酒精方面规定了过多的税负。随后的威士忌酒暴乱说明这样做是极具争议性的。然而，人们还是常常举联邦政府无力提高联邦收入的例子来作为联邦条款失败的主要原因。Mark Lawrence Schrad，"The First Social Policy：Alcohol Control and Modernity in Policy Studies"，*Journal of Policy History*，第 19 卷第 4 期（2007），第 433~434 页。另参见 W. J. Rorabaugh，*The Alcoholic Republic：An American Tradition*（New York：Oxford University Press，1979），第 50~55 页；Charles van Onselen，"Randlords and Rotgut 1886-1903：An Essay on the Role of Alcohol in the Development of European Imperialism and Southern

African Capitalism, with Special Reference to Black Mineworkers in the Transvaal Republic",
History Workshop,第 1 卷第 2 期（1976）。

16　James C. Scott, *Domination and the Arts of Resistance: Hidden Transcripts* (New Haven, Conn.:
　　Yale University Press, 1990)，第 121 页。

17　David Christian, "The Black and the Gold Seals: Popular Protest against the Liquor Trade on the
　　Eve of Emancipation" in *Peasant Economy, Culture, and Politics of European Russia, 1800-*
　　1921,　由 Esther Kingston-Mann 和 Jeffrey Burds 编　辑 (Princeton, N.J.: Princeton University
　　Press, 1991)，第 273~277 页。

18　Carl Friedrich and Zbigniew Brzezinski, *Totalitarian Dictatorship and Autocracy* (New York:
　　Praeger, 1956)，第 33 页。

19　Scott, *Seeing Like a State*，第 5 页。关于俄罗斯历史部分参见 Allen C. Lynch, *How Russia Is Not*
　　Ruled: Reflections on Russian Political Development (New York: Cambridge University Press,
　　2005)，第 7~8 页，第 18~21 页；Tim McDaniel, *The Agony of the Russian Idea* (Princeton, N.J.:
　　Princeton University Press, 1996)，第 14 页。

20　Michel Foucault, *Discipline and Punish: The Birth of the Prison* (New York: Random House,
　　1975)。

21　Alexander Barmine, *One Who Survived: The Life Story of a Russian under the Soviets* (New
　　York: G. P. Putnam's Sons, 1945)，第 214 页。在第二次世界大战将结束的时候，斯大林没收了大
　　量的电影收藏品，这些收藏品曾属于希特勒的国民教育与宣传部部长 Joseph Goebbels。除了苏联国
　　产电影，斯大林还特别喜欢西部片、侦探片和黑帮片，以及所有 Charlie Chaplin 的电影。Svetlana
　　Allilueva, *Only One Year*,　由 Paul Chavchavadze 翻译 (New York: Harper & Row, 1969)，　第
　　389 页。

22　Richard Stites, *Russian Popular Culture: Entertainment and Society since 1900* (New York:
　　Cambridge University Press, 1992)，第 94~95 页；Neya Zorkaya, *The Illustrated History of Soviet*
　　Cinema (New York: Hippocrene Books, 1991)，第 109 页。

23　Richard Taylor, *Film Propaganda: Soviet Russia and Nazi Germany* (New York: I. B. Tauris,
　　1998)，第 64 页。

24　J. Hoberman and Jonathan Rosenbaum, *Midnight Movies* (New York: Da Capo, 1991)，第 231 页。

25　Peter Kenez, *Cinema and Soviet Society from the Revolution to the Death of Stalin* (London: I. B.
　　Tauris, 2001)，第 179 页。

26　Scott, *Domination and the Arts of Resistance*，第 18 页。

27　Joan Neuberger, *Ivan the Terrible: The Film Companion* (New York: I. B. Tauris, 2003)，第 22 页；
　　Maureen Perrie, *The Cult of Ivan the Terrible in Stalin's Russia* (New York: Palgrave, 2001)，
　　第 176 页。爱森斯坦获奖对所有人而言都是一个意外，因为斯大林奖委员会此前曾将爱森斯坦的电影排
　　除出考虑范围。因此，爱森斯坦获奖是出于斯大林个人的坚持。Leonid Kozlov, "The Artist and the
　　Shadow of Ivan" in *Stalinism and Soviet Cinema*,　由 Richard Taylor 和 D. W. Spring 编辑 (London:
　　Routledge, 1993)，　第 126 页；Orlando Figes, *Natasha's Dance: A Cultural History of Russia*
　　(New York: Macmillan, 2003)，第 497 页。关于爱森斯坦的预感参见 Richard Taylor, "Eisenstein,
　　Sergei", FilmReference.com, http://www.filmreference.com/Directors-Du-Fr/Eisenstein-Sergei.
　　html。

28　Herbert Marshall, *Masters of the Soviet Cinema: Crippled Creative Biographies* (London:
　　Routledge, 1983)，第 9 页；Kozlov, "The Artist and the Shadow of Ivan"，第 122 页。

29　Mikhail Romm, *Besedy o kino* (Moscow: Iskusstvo, 1964)，第 91 页。另参见 Marshall, *Masters*
　　of the Soviet Cinema，第 229 页。

30　Perrie, *The Cult of Ivan the Terrible in Stalin's Russia*，第 177 页。

31　Kozlov, "The Artist and the Shadow of Ivan"，第 123 页。

32　Leonid K. Kozlov, "Ten' Groznogo i khudozhnik", *Kinovedcheskie zapiski*, 第 15 期（1992），第 38 页；Figes, *Natasha's Dance*，第 497 页。

33　Kozlov, "The Artist and the Shadow of Ivan"，第 127 页。

34　Marshall, *Masters of the Soviet Cinema*，第 221 页；Donald Rayfield, *Stalin and His Hangmen: The Tyrant and Those Who Killed for Him*（New York: Random House, 2005），第 433 页；David Sillito, "Hamlet: The Play Stalin Hated"，BBC，2012 年 4 月 22 日，http://www.bbc.co.uk/news/magazine-17770170（2012 年 4 月 22 日访问）。

35　Romm, *Besedy o kino*，第 91 页。

36　Richard Taylor, "Sergei Eisenstein: The Life and Times of a Boy from Riga" in *The Montage Principle: Eisenstein in New Cultural and Critical Contexts*，由 Jean Antoine-Dunne 和 Paula Quigley 编辑（Amsterdam: Rodopi, 2004），第 40~41 页；Kenez, *Cinema and Soviet Society*，第 197 页；Grigorii Mar'yamov, *Kremlevskii tsenzor: Stalin smotrit kino*（Moscow: Konfederatsiya soyuzov kinomatografistov 'Kinotsentr', 1992），第 84~91 页；可以在以下网址找到英语版本：http://www.revolutionarydemocracy.org/rdv3n2/ivant.htm。关于爱森斯坦的评价参见 Kozlov, "The Artist and the Shadow of Ivan"，第 129 页。

37　关于爱森斯坦所做的笔记参见 Taylor, "Sergei Eisenstein: The Life and Times of a Boy from Riga"，第 40 页。关于爱森斯坦没有改动电影的内容参见 Kozlov, "The Artist and the Shadow of Ivan"，248 n91。

38　由 Rostislav N. Yurenev 编辑，*Eizenshtein v vospominaniyakh sovremennikov*（Moscow: Iskusstvo, 1974），第 283 页。

39　Kozlov, "The Artist and the Shadow of Ivan"，第 130 页。

40　Robert Conquest, *Stalin: Breaker of Nations*（New York: Penguin Books, 1991），第 312 页；Rayfield, *Stalin and His Hangmen*，第 466~467 页。

41　Albert J. LaValley and Barry P. Scherr, *Eisenstein at 100: A Reconsideration*（New Brunswick, N.J.: Rutgers University Press, 2001），第 117 页，第 142~143 页。

42　Paul R. Bennett, *Russian Negotiating Strategy: Analytic Case Studies from Salt and Start*（Commack, N.Y.: Nova, 1997），第 64~65 页；James Humes, *Nixon's Ten Commandments of Leadership and Negotiation*（New York: Touchstone, 1998），第 49 页。关于勃列日涅夫的酗酒习惯参见 Donald Trelford, "A Walk in the Woods with Gromyko"，*Observer*，1989 年 4 月 2 日；Richard Ned Lebow and Janice Gross Stein, *We All Lost the Cold War*（Princeton, N.J.: Princeton University Press, 1994），第 478 页。

43　Anatoly Dobrynin, *In Confidence: Moscow's Ambassador to America's Six Cold War Presidents（1962-1986）*（New York: Times Books, 1995），第 373 页。

44　同上，第 281~282 页。

45　Aleksandr Nemtsov, *Alkogol'naya istoriya Rossii: noveishii period*（Moscow: URSS, 2009），第 66 页。有关 *Kto kogo？* 参见 Christopher Read, *Lenin: A Revolutionary Life*（New York: Routledge, 2005），第 248 页。

第三章

1　Stephen Graham, *Ivan the Terrible: Life of Ivan IV of Russia*（New Haven, Conn.: Yale University Press, 1933），第 4 页。

2　Arthur Voyce, *The Moscow Kremlin: Its History, Architecture, and Art Treasures*（Berkeley: University of California Press, 1954），第 19 页；Graham, *Ivan the Terrible*，第 5 页。

3　Nathan Haskell Dole, *Young Folks' History of Russia*（New York：Saalfield Publishing Co.，1903），第 271 页。另 参 见 R. E. F. Smith and David Christian, *Bread and Salt: A Social and Economic History of Food and Drink in Russia*（New York：Cambridge University Press，1984）。

4　Dole, *Young Folks' History of Russia*，第 271 页。另 参 见 Freiherr Sigmundvon Herberstein, *Description of Moscow and Muscovy: 1557*（New York：Barnes & Noble，1969），第 65 页。

5　H. Sutherland Edwards, "Food and Drink" in *Russia as Seen and Described by Famous Writers*，由 Esther Singleton 编辑（New York：Dodd，Mead & Co.，1906），第 260~261 页；James Billington, *The Icon and the Axe: An Interpretive History of Russian Culture*（New York：Alfred A. Knopf，1966），第 86 页。

6　Dole, *Young Folks' History of Russia*，第 271 页。

7　M. P. Alekseev, "Zapadnoevropeiskie slovarnye materialy v drevnerusskikh azbukovnikakh XVI-XVII vekov" in *Akademiku Viktoru Vladimirovichu Vinogradovu k ego shestidesyatiletiyu: sbornik statei*，由 Akademiya nauk SSSR 编 辑（Moscow：Izdatel'svto akademii nauk SSSR，1956），第 41 页；转引自 Billington, *Icon and the Axe*，第 86 页。关于外国人视角下中世纪俄罗斯历史记载的重 要 性 参 见 Vasilii O. Klyuchevskii, *Skazanie inostrantsev o moskovskom gosudarstve*（Moscow：Universitetskoi Tipografiya Katkov i Ko.，1866）；August Ludwig von Schlœer, *Nestor: Ruskiia lietopisi na drevleslavenskom iazykie*，共 3 卷（St. Petersburg：Imperatorskaya Tipografiya，1816），第 2 卷，第 295~296 页。

8　对于后来来到莫斯科的外国宾客，俄罗斯领导人不仅接受人们的祝酒，他还会把自己杯中的酒也分给外国宾客。赫伯斯坦回忆着大公向神圣罗马帝国统治者马克西米利安的祝酒；大公提出"你应该把这杯也喝了，还有后面所有其他的酒，这标志着我们对我们的兄弟马克西米利安的深厚情感等。而且你应该告诉他你所看到的一切"。Von Herberstein, *Description of Moscow and Muscovy: 1557*，第 67 页。

9　同上，第 66~67 页。

10　Janet Martin, *Medieval Russia, 980-1584*，第 2 版（New York：Cambridge University Press，2007），第 364~369 页。

11　据说，活生生被野狗吞食的是贵族安德雷·舒伊斯基（Andrei Shuisky），而罪魁祸首则是 13 岁的王子伊凡本人。同上，第 370 页；Henri Troyat, *Ivan the Terrible*（New York：E. P. Dutton，1984），第 16 页。

12　这句话来自百章会议（Stoglav Council）开幕时伊凡的讲话。Troyat, *Ivan the Terrible*，第 16、27 页。另外参见 由 J. L. I. Fennell 编辑, *Prince A. M. Kurbsky's History of Ivan IV*（Cambridge：Cambridge University Press，1965），第 19 页。

13　Isabel de Madariaga, *Ivan the Terrible: First Tsar of Russia*（New Haven, Conn.：Yale University Press，2005），第 360 页；Troyat, *Ivan the Terrible*，第 106 页。

14　Troyat, *Ivan the Terrible*，第 16 页。关于伊凡年幼时的饮酒经历参见 James Graham, *Vessels of Rage, Engines of Power: The Secret History of Alcoholism*（Lexington, Va.：Aculeus，1993），第 165 页。

15　Kazemir Valishevskii, *Ivan Groznyi, 1530-1584*（Moscow：Obshchestvennaya pol'za，1912），第 142~143 页。关于沙皇（Tsar）一词的起源尚有很多争议。有些人认为这个词起源于鞑靼语而大多数人认为这个词与斯拉夫语有渊源，衍生于斯拉夫语里"恺撒"（Caesar）一词——这个词代表了国王的等级，还有深远的帝国主义传统。

16　Sergei F. Platonov, *Ivan the Terrible*，由 Joseph Wieczynski 翻译（Gulf Breeze, Fla.：Academic International，1974），第 104 页；de Madariaga, *Ivan the Terrible*，第 148、361 页。

17　Troyat, *Ivan the Terrible*，第 133 页。

18　Fennell, *Prince A. M. Kurbsky's History of Ivan IV and The Correspondence between Prince A. M. Kurbsky and Tsar Ivan IV of Russia, 1564-1579* (Cambridge: Cambridge University Press, 1963).

19　Fennell, *Prince A. M. Kurbsky's History of Ivan IV*，第 163~165 页。

20 同上，第 165 页。

21 Troyat, *Ivan the Terrible*, 第 193 页。

22 同上，第 134 页。

23 de Madariaga, *Ivan the Terrible*, 第 148 页。

24 Fennell, *Prince A. M. Kurbsky's History of Ivan IV*, 第 181 页。

25 同上，第 291 页。

26 Paul Bushkovitch, *Peter the Great: The Struggle for Power, 1671-1725* (New York: Cambridge University Press, 2001), 第 38 页。

27 George Backer, *The Deadly Parallel: Stalin and Ivan the Terrible* (New York: Random House, 1950)。特别注意 Alexander Yanov, *The Origins of Autocracy: Ivan the Terrible in Russian History*, 由 Stephen Dunn 翻译 (Berkeley: University of California Press, 1981), 第 59~60 页。

28 Giles Fletcher, *Of the Russe Commonwealth: 1591*, 摹本版 (Cambridge, Mass.: Harvard University Press, 1966), 第 43~44 页。另见本书第六章和第七章。

29 Troyat, *Ivan the Terrible*, 第 106 页。确实，库尔布斯基从远方发出的斥责更多指向伊凡的心腹而非沙皇本人，因为这些人对沙皇有着邪恶的影响。de Madariaga, *Ivan the Terrible*, 第 148 页。另可参见 Fennell, *Prince A. M. Kurbsky's History of Ivan IV*, 第 131、157、165 页。

30 Troyat, *Ivan the Terrible*, 第 169 页。

31 Graham, *Vessels of Rage*, 第 165 页；Platonov, *Ivan the Terrible*, 第 36、108 页；Troyat, *Ivan the Terrible*, 第 123~134 页，第 220 页；Richard Hellie, "In Search of Ivan the Terrible" in *S. F. Platonov's Ivan the Terrible*, 由 Joseph Wieczynski 编辑 (Gulf Breeze, Fla.: Academic International, 1974), 第 xx、xxvi~xxvii 页；de Madariaga, *Ivan the Terrible*, 第 178~183 页；Robert Nisbet Bain, *Slavonic Europe: A Political History of Poland and Russia from 1447 to 1796* (Cambridge: Cambridge University Press, 1908), 第 121 页。

32 Platonov, *Ivan the Terrible*, 第 128 页；Troyat, *Ivan the Terrible*, 第 222 页。

33 Graham, *Ivan the Terrible*, 第 296 页。

34 Caroline Brooke, *Moscow: A Cultural History* (New York: Oxford University Press, 2006), 第 15 页。

35 Martin, *Medieval Russia*, 第 980~1584 页，第 365~366 页。

36 Graham, *Ivan the Terrible*, 第 314 页。关于伊凡逝世时的实际情况，人们说法不一：最初的记载结局是人们呼喊着医生，而"与此同时，被勒死的伊凡已经僵硬地躺着了"。至今无法确定他是被人为勒死，还是噎死或者出于什么原因停止了呼吸。de Madariaga, *Ivan the Terrible*, 第 352~358 页。

37 Fennell, *Prince A. M. Kurbsky's History of Ivan IV*, 第 289 页。

第四章

1 Samuel Collins, *The Present State of Russia, in a Letter to a Friend at London; Written by an Eminent Person Residing at the Great Czars Court at Mosco for the Space of Nine Years* (London: John Winter, 1671), 第 63~64 页。关于 1648 年的酒馆暴乱参见第五章。

2 Lindsey Hughes, *Peter the Great: A Biography* (New Haven, Conn.: Yale University Press, 2004), 第 12 页；Robert K. Massie, *Peter the Great: His Life and World* (New York: Alfred A. Knopf, 1980), 第 118 页。

3 Joseph T. Fuhrmann, *Tsar Alexis, His Reign and His Russia* (Gulf Breeze, Fla.: Academic International, 1981), 第 195 页。

4 Eugene Schuyler, *Peter the Great, Emperor of Russia: A Study of Historical Biography* (New

York: Charles Scribner's Sons, 1890), 第 14 页。

5　Philip Longworth, *Alexis, Tsar of All the Russias* (London: Secker & Warburg, 1984), 第 219 页。

6　Hughes, *Peter the Great*, 第 11 页。

7　早期到俄罗斯的外国宾客常常将我们现在所知的伏特加酒称为白兰地酒——这是他们之前所熟悉的酒类中与蒸馏酒最相近的一种。Schuyler, *Peter the Great*, 第 57 页。

8　同上，第 59 页。

9　Lindsey Hughes, *Sophia: Regent of Russia, 1657-1704* (New Haven, Conn.: Yale University Press, 1990), 第 68~69 页。另参见同上，第 58 页。Schuyler, *Peter the Great*, 第 68 页；Lindsey Hughes, "Sophia Alekseyevna and the Moscow Rebellion of 1682", *Slavonic and East European Review*, 第 63 卷第 4 期 (1985), 第 536 页。

10　Hughes, *Sophia*, 第 231~237 页。

11　Schuyler, *Peter the Great*, 第 325~329 页。雅各布·冯·施特林 (Jakob von Steahlin) 在他的书中为我们讲述了关于酒精驱使下的射击军试图暗杀沙皇彼得的故事。*Original Anecdotes of Peter the Great: Collected from the Conversation of Several Persons of Distinction at Petersburgh and Moscow* (London: J. Murray, 1788), 第 31~32 页。

12　John Barrow, *The Life of Peter the Great* (Edinburgh: William P. Nimmo & Co., 1883), 第 96 页；Dmitrii N. Borodin, *Kabak i ego proshloe* (St. Petersburg: Vilenchik, 1910), 第 45 页，转引自 Boris Segal, *Russian Drinking: Use and Abuse of Alcohol in Pre-Revolutionary Russia* (New Brunswick, N.J.: Rutgers Center of Alcohol Studies, 1987), 第 72 页。

13　按字面意思翻译为"新的面貌"(new Transfiguration), 这个地方距离今天的莫斯科火车头队足球场并不远。Ernest A. Zitser, *The Transfigured Kingdom: Sacred Parody and Charismatic Authority at the Court of Peter the Great* (Ithaca, N.Y.: Cornell University Press, 2004), 第 4 页。

14　Philip John von Strahlenberg, *An Historico-Geographical Description of the North and Eastern Parts of Europe and Asia; but More Particularly of Russia, Siberia and Great Tatary* (London: J. Brotherton, J. Hazard, W. Meadows, T. Cox, T. Astley, S. Austen, L. Gilliver, and C. Corbet, 1738), 第 238 页；Paul Bushkovitch, *Peter the Great: The Struggle for Power, 1671- 1725* (New York: Cambridge University Press, 2001), 第 194 页。在俄罗斯语里，"nemetskii" 同时表示着"德国的"和"外国的"的意思，因此德国区并不单单只住着德国人，也有很多其他国家的人。

15　Robert Nisbet Bain, *Slavonic Europe: A Political History of Poland and Russia from 1447 to 1796* (Cambridge: Cambridge University Press, 1908), 第 324 页。

16　Borodin, *Kabak i ego proshloe*, 第 45 页，转引自 Segal, *Russian Drinking*, 第 72 页。Lindsey Hughes, *Russia in the Age of Peter the Great* (New Haven, Conn.: Yale University Press, 1998), 第 418~419 页。另参见 Derek Wilson, *Peter the Great* (New York: St. Martin's, 2010), 第 41 页。

17　Hughes, *Peter the Great*, 第 36 页；Wilson, *Peter the Great*, 第 40 页。

18　Massie, *Peter the Great*, 第 116~117 页；Yaroslav E. Vodarskii, "Peter I" in *The Emperors and Empresses of Russia: Rediscovering the Romanovs*, 由 Donald J. Raleigh 和 A. A. Iskenderov 编辑 (Armonk, N.Y.: M. E. Sharpe, 1996), 第 12 页。

19　关于莱福特"在沙皇的堕落上要负很大一部分责任"参见 von Strahlenberg, *Russia, Siberia and Great Tatary*, 第 238、243 页；James Cracraft, *The Revolution of Peter the Great* (Cambridge, Mass.: Harvard University Press, 2003), 第 5 页。莱布尼茨的引语来自 Massie, *Peter the Great*, 第 118 页。

20　"Peter the Great in England", *The Living Age*, 第 47 卷第 11 期 (1855), 第 468 页。关于广泛影响参见 Arthur MacGregor, "The Tsar in England: Peter the Great's Visit to London in 1698", *The Seventeenth Century*, 第 19 卷第 1 期 (2004); Anthony Cross, *Peter the Great through British Eyes: Perceptions and Representations of the Tsar since 1698* (New York: Cambridge University

Press，2000），第 20 页。

21　"Peter the Great in England"，第 471 页。另外参见 MacGregor，"Tsar in England"；Wilson，*Peter the Great*，第 55 页。关于猴子事件参见 Barrow，*Life of Peter the Great*，第 88 页；Leo Loewenson，"Some Details of Peter the Great's Stay in England in 1698：Neglected English Material"，*Slavonic and East European Review*，第 40 卷第 95 期（1962），第 434 页。

22　Zitser，*Transfigured Kingdom*，第 46 页；Massie，*Peter the Great*，第 118 页。

23　Massie，*Peter the Great*，第 118 页。

24　von Strahlenberg，*Russia，Siberia and Great Tatary*，第 249 页；Alfred Rambaud，*Russia*，共 2 卷（New York：P. F. Collier & Son，1902），第 2 卷，第 51~52 页。

25　von Staehlin，*Original Anecdotes of Peter the Great*，第 354 页；另参见 John Banks，*Life of Peter the Great*，共 2 卷（Boston：Houghton，Mifflin，1882），第 2 卷，第 220~221 页；Cross，*Peter the Great through British Eyes*，第 44 页。安东尼·克罗斯关于彼得大帝甚至强迫他最亲近的水手们跟他一起酗酒的故事起源于一封写于 1702 年 8 月 20 日的信。写信人是托马斯·黑尔（Thomas Hale），阿尔汉格尔斯克的一个英国商人。这封信是在大英图书馆找到的，Add. Mss. 33,573，Hale Papers，Correspondence，第 11 卷（1661-1814），f. 178。

26　Walter K. Kelly，*History of Russia，from the Earliest Period to the Present Time*，共 2 卷（London：Henry G. Bohn，1854），第 1 卷，第 260 页；Philippe-Paul（comte de）Ségur，*History of Russia and of Peter the Great*（London：Treuttel and Wrtz，Treuttel，Jun. and Richter，1829），第 270 页；Bushkovitch，*Peter*，第 233 页。

27　Friedrich Wilhelm von Bergholz，*Dnevnik kammer-iunkera Berkhgol'tsa，vedennyi im v Rossii v tsarstvovanie Petra Velikago，s 1721-1725 g.*，由 I. Ammon 翻译，第 2 版。（Moscow：Tipograpfiya Katkova i Ko.，1858），第 2 卷，第 349 页。另参见 Massie，*Peter the Great*，第 119 页。

28　von Strahlenberg，*Russia，Siberia and Great Tatary*，第 240 页；Vladislav B．Aksenov，*Veselie Rusi，XX vek：gradus noveishei rossiiskoi istorii ot"p'yanogo byudzheta"do"sukhogo zakona"*（Moscow：Probel-2000，2007），第 32，33 页。

29　Massie，*Peter the Great*，第 119~120 页。这样的场景使人想起那幅彼得·布吕赫尔（Pieter Bruegel）画于 1559 年、闻名世界（臭名昭著）的油画《狂欢节与四旬斋之战》（*The Fight between Carnival and Lent*）。

30　Kelly，*History of Russia*，第 338~339 页。关于佐托夫的圣经参见 James Cracraft，*The Church Reform of Peter the Great*（Palo Alto，Calif.：Stanford University Press，1971），第 11 页。

31　Just Juel，"Iz zapisok datskogo poslannika Iusta Iulia"，*Russkii arkhiv*，第 30 卷第 3 期（1892），第 41 页；Hughes，*Russia in the Age of Peter the Great*，第 258 页。就连伏尔泰所写的关于彼得的历史书也提及了伏特加酒，参见 M. de Voltaire，*The History of the Russian Empire under Peter the Great*，共 2 卷（Berwick，U.K.：R. Taylor，1760），第 1 卷第九章，"Travels of Peter the Great"。

32　Lindsey Hughes，"Playing Games：The Alternative History of Peter the Great"，*SSEES Occasional Papers*，第 41 卷（1998），第 13 页，以及 *Peter the Great*，第 90 页。

33　Wilson，*Peter the Great*，第 33 页；Hughes，*Peter the Great*，第 73 页。

34　Borodin，*Kabak I Ego Proshloe*，第 44 页；Hughes，*Peter the Great*，第 157 页；H. Sutherland Edwards，"Food and Drink" in *Russia as Seen and Described by Famous Writers*，由 Esther Singleton 编辑（New York：Dodd，Mead & Co.，1906），第 260~261 页。

35　von Strahlenberg，*Russia，Siberia and Great Tatary*，第 240~241 页；Segal，*Russian Drinking*，第 72 页。西格尔的记载是基于 Aleksei Tolstoi，*Pyotr Pervyi*（Moscow：Pravda，1971），第 335 页。另参见 Massie，*Peter the Great*，第 117 页。就连瑞典剧作家奥古斯特·斯特林堡（August Strindberg）都在他的作品中提及了彼得破坏房屋的事迹，*Historical Miniatures*（*1905*）（Middlesex，U.K.：Echo Library，2006），第 152 页。

36　Hughes，*Peter the Great*，第 147 页。

37 关于在彼得的成长历程中寻找成因参见 von Strahlenberg, *Russia, Siberia and Great Tatary*, 第 238 页。关于娱乐的需求参见 Rambaud, *Russia*, 第 27 页。关于逆文化浪潮的观点参见 Hughes, *Russia in the Age of Peter the Great*; Wilson, *Peter the Great*, 第 34 页。关于使用模仿来羞辱传统参见 Zitser, *Transfigured Kingdom*, 第 3~9 页。

38 von Strahlenberg, *Russia, Siberia and Great Tatary*, 第 240~241 页。

39 Kelly, *History of Russia*, 第 289 页。另参见 Orlando Williams Wight, *Life of Peter the Great*, 共 2 卷 (Boston: Houghton, Mifflin, 1882), 第 1 卷, 第 223~225 页。

40 彼得自己开船去迎接第一艘来到他新首都的商船。接着彼得引导着这艘满载盐和酒的丹麦商船靠岸卸货; 彼得支付给船长 500 卢卡金币, 下令这艘船以后免交通行费。Nathan Haskell Dole, *Young Folks' History of Russia* (New York: Saalfield Publishing Co., 1903), 第 391 页。

41 Massie, *Peter the Great*, 第 119 页。确实, 很多官方交易都是通过 "非官方" 渠道完成的。所有给沙皇的建议书和请愿书最终都到了罗莫达诺夫斯基手中。如果有人想向沙皇抱怨这样做的某一特定后果, 他就会推卸掉责任: "这不是我的错; 所有的决定都取决于在莫斯科的沙皇本人。" Romodanovsky. Kelly, *History of Russia*, 第 271~272 页。

42 Juel, "Iz zapisok datskogo poslannika Iusta Iuliia", 第 37 页。

43 Kelly, *History of Russia*, 第 298 页。另参见 Walter J. Gleason, *Empress Anna: Favorites, Policies, Campaigns* (Gulf Breeze, Fla.: Academic International, 1984), 第 194 页; Hughes, *Peter the Great*, 第 91 页, 以及 "Playing Games", 第 13 页。这种做法的消极影响也带来了悲剧, 俄罗斯大使们也常常养成酗酒的习惯。亚当·欧莱利乌斯回忆道, 1608 年前往觐见瑞典国王查尔斯九世的俄罗斯大使因为饮酒过度被发现死在自己的床上。由 Samuel H. Baron 编辑, *The Travels of Olearius in Seventeenth-Century Russia* (Palo Alto, Calif.: Stanford University Press, 1967), 第 144 页。另参见 Vladimir P. Nuzhnyi, *Vino v zhizni i zhizn' v vine* (Moscow: Sinteg, 2001), 第 24 页。

44 "Peter the Great as Peter the Little" in *Review of Reviews*, 第 5 卷, 1-6 月, 由 W. T. Stead 编辑 (London, Mowbray House: 1892), 第 172 页; Juel, "Iz zapisok datskogo poslannika Iusta Iuliia", 第 30 页, 第 32 页, 第 42~44 页。另参见 Hughes, *Russia in the Age of Peter the Great*, 第 266 页。

45 Hughes, *Russia in the Age of Peter the Great*, 第 266 页。引语摘自 Juel, "Iz zapisok datskogo poslannika Iusta Iuliia", 第 43~44 页。

46 Cracraft, *Church Reform of Peter the Great*, 第 13 页。另参见 Banks, *Life of Peter the Great*, 第 2 卷, 第 222~223 页。班克斯援引了伯奇医生的手稿, 该手稿现存于大英博物馆的斯隆文件区。

47 Bergholz, *Dnevnik kammer-iunkera Berkhgol'tsa*, 第 1 卷, 第 257 页。另参见同上, 第 1 卷, 第 237 页; Banks, *Life of Peter the Great*, 第 216 页。

48 Barrow, *Life of Peter the Great*, 第 116 页; Kelly, *History of Russia*, 第 254~255 页。

49 Ségur, *History of Russia and of Peter the Great*, 第 381 页; von Strahlenberg, *Russia, Siberia and Great Tatary*, 第 241~242 页。

50 Kelly, *History of Russia*, 第 254~255 页。关于罗莫达诺夫斯基的熊参见 Friederich Christian Weber, *The Present State of Russia* (London: W. Taylor, 1722), 第 137 页。另参见 Kelly, *History of Russia*, 第 271~272 页; Robert Coughlan, *Elizabeth and Catherine: Empresses of All the Russias* (New York: G. P. Putnam's Sons, 1974), 第 17 页。关于彼得酗酒后的残忍行为值得提及的记载是小说家阿列克谢·托尔斯泰的作品。在他那研究深入的作品《彼得一世》(*Peter the First*) 中, 托尔斯泰描写了彼得 "欢乐集会" 的人如何阉割旧贵族阶层的人: "别拉谢尔斯基亲王 (Prince Belosel'sky) 被扒光了衣服, 他的睾丸被人弄坏了, 屁股赤裸着……他们将一根蜡烛插进了沃尔康斯基的屁股里, 然后围着他唱歌, 直到他们笑得直不起身子。他们将沥青焦油涂抹到这些人身上, 然后让他们倒立着。他们甚至还用一个风箱往大臣伊凡·亚卡基维奇的屁股里打气, 这随后导致他很快就断气了。" Tolstoi, *Pyotr Pervyi*, 第 214 页; 英语译本取自 Segal, *Russian Drinking*, 第 72 页。

51 Rambaud, *Russia*, 第 27 页; von Strahlenberg, *Russia, Siberia and Great Tatary*, 第 248 页。

52 Ségur, *History of Russia and of Peter the Great*, 第 443 页。

53 布什科维奇接着写道, 在随后的饮酒环节中, "缅什科夫醉到弄丢了他那镶嵌着珠宝的骑士勋章, 那是普鲁士国王送给他的礼物。幸运的是, 第二天, 一个普通士兵找到并还给了他", Bushkovitch, *Peter the Great*, 第 344~346 页。关于矮人们参见 Hughes, *Russia in the Age of Peter the Great*, 第 259 页。当然, 人们也用饮酒庆祝阿列克谢的出生。Hughes, *Peter the Great*, 第 29 页。

54 Evgenii Viktorovich Anisimov, *The Reforms of Peter the Great: Progress through Coercion in Russia*, 由 John T. Alexander 翻译 (Armonk, N.Y.: M. E. Sharpe, 1993), 第 278~279 页。

55 关于继承法和叶卡捷琳娜的加冕参见 Anisimov, *Reforms of Peter the Great*, 第 279 页; Cracraft, *Revolution of Peter the Great*, 第 66~67 页。关于醉酒的教会会议和彼得之死参见 Kelly, *History of Russia*, 第 338~339 页。

第五章

1 Vasilii O. Klyuchevskii, *A Course in Russian History: The Time of Catherine the Great*, 第 2 卷, 由 Marshall Shatz 翻译 (Armonk, N.Y.: M. E. Sharpe, 1997), 第 15~16 页。

2 Robert Nisbet Bain, *The Daughter of Peter the Great: A History of Russian Diplomacy and of the Russian Court under the Empress Elizabeth Petrovna, 1741-1762* (London: Archibald Constable & Co., 1899), 第 106 页; Mark Cruse and Hilde Hoogenboom, "Preface: Catherine the Great and Her Several Memoirs" in *The Memoirs of Catherine the Great*, 由 Mark Cruse 和 Hilde Hoogenboom 编辑 (New York: ModernLibrary, 2005), 第 xv 页。

3 Catherine II, *The Memoirs of Catherine the Great*, 由 Mark Cruse 和 Hilde Hoogenboom 翻译 (New York: Modern Library, 2005), 第 4~5 页。

4 Klyuchevskii, *A Course in Russian History*, 第 17~18 页; Samuel Smucker, *Memoirs of the Court and Reign of Catherine the Second, Empress of Russia* (Philadelphia: Porter & Coates, 1855), 第 24 页; Catherine II, *Memoirs of Catherine the Great*, 第 74 页。

5 Catherine II, *Memoirs of Catherine the Great*, 第 120 页; Robert K. Massie, *Catherine the Great: Portrait of a Woman* (New York: Random House, 2011), 第 159 页; Henri Troyat, *Catherine the Great*, 由 Joan Pinkham 翻译 (New York: E. P. Dutton, 1980), 第 86 页, 第 99~100 页。

6 Catherine II, *Memoirs of Catherine the Great*, 第 82~84 页。

7 同上, 第 184 页。

8 Klyuchevskii, *Course in Russian History*, 第 16~17 页。

9 Samuel M. Smucker, *The Life and Reign of Nicholas the First, Emperor of Russia* (Philadelphia: J. W. Bradley, 1856), 第 25 页。

10 Charles Geneviève Louis Auguste André Timothée d'Eon de Beaumont, *Lettres, mémoires & négociations particulieres du Chevalier d'Éon, ministre plénipotentiaire de France aupres du roi de la Grande Bretagne; avec M. M. les ducs de Praslin, de Nivernois, de Sainte-Foy, & Regnier de Guerchy ambassadeur extraordinaire, &c.&c.&c.* (London: Jaques Dixwell, 1764); 英文本可参见 Troyat, *Catherine the Great*, 第 26~27 页。另参见 Jean-Henri Castéra, *The Life of Catharine II. Empress of Russia*, 第 3 版, 共 3 卷 (London: T. N. Longman & O. Rees, 1799), 第 1 卷, 第 124 页。Henri Troyat, *Terrible Tsarinas: Five Russian Women in Power*, 由 Andrea Lyn Secara 翻译 (New York: Algora, 2000), 第 153 页。关于平衡伊丽莎白和彼得关系的必要参见 Cruse and Hoogenboom, "Catherine the Great and Her Several Memoirs", 第 xvi 页。

11 C. C. J., "Russian Court Life in the Eighteenth Century", *Littell 's Living Age*, 第 23 卷第 1777 期 (1878), 第 762 页。

12　Troyat，*Catherine the Great*，第 133 页。

13　Smucker，*Catherine the Second*，第 38~39 页。

14　Troyat，*Catherine the Great*，第 133~134 页。

15　Klyuchevskii，*Course in Russian History*，第 17~18 页。

16　Harford Montgomery Hyde，*The Empress Catherine and Princess Dashkov*（London：Chapman & Hall，1935），第 29 页；Klyuchevskii，*A Coursein Russian History*，第 22~23 页；Troyat，*Catherine the Great*，第 136~137 页。

17　Klyuchevskii，*Course in Russian History*，第 22~23 页。

18　Valerie A. Kivelson，"The Devil Stole His Mind：The Tsar and the 1648 Moscow Uprising"，*American Historical Review*，第 98 卷第 3 期（1993），第 733 页；Dmitry Shlapentokh，"Drunkenness in the Context of Political Culture：The Case of Russian Revolutions"，*International Journal of Sociology and Social Policy*，第 14 卷第 8 期（1994），第 18 页；Paul Miliukov，Charles Seignobos，and Louis Eisenmann，*History of Russia*，第 1 卷：*From the Beginnings to the Empire of Peter the Great*（New York：Funk & Wagnalls，1968），第 151 页。亚当·欧莱利乌斯生动地描述了那些因酗酒而未能逃离大火的人的悲惨下场；参见由 Samuel H. Baron 编辑，*The Travels of Olearius in Seventeenth-Century Russia*（Palo Alto，Calif.：Stanford University Press，1967），第 208~213 页。

19　Robert Coughlan，*Elizabeth and Catherine：Empresses of All the Russias*（New York：G. P. Putnam's Sons，1974），第 32 页。关于叶卡捷琳娜一世和酒精参见 Sergei Romanov，*Istoriya russkoi vodki*（Moscow：Veche，1998），第 117~118 页。另参见 Troyat，*Terrible Tsarinas*，第 15~18 页。

20　Troyat，*Terrible Tsarinas*，第 69 页。

21　Troyat，*Terrible Tsarinas*，第 82~85 页；Evgenii Viktorovich Anisimov，"Empress Anna Ivanovna，1730-1740" in *The Emperors and Empresses of Russia：Rediscovering the Romanovs*，由 Donald J. Raleigh 和 A. A. Iskenderov 编辑（Armonk，N.Y.：M. E. Sharpe，1996），第 45~53 页。

22　Coughlan，*Elizabeth and Catherine*，第 37~38 页；Bain，*Daughter of Peter the Great*，第 92 页。

23　Klyuchevskii，*Course in Russian History*，第 23 页。

24　同上，第 22 页；Alfred Rambaud，*Russia*，共 2 卷（New York：P. F. Collier & Son，1902），第 2 卷，第 85 页。

25　Klyuchevskii，*Course in Russian History*，第 23~24 页，第 204 页；Walter K. Kelly，*History of Russia，from the Earliest Period to the Present Time*，共 2 卷（London：Henry G. Bohn，1854），第 1 卷，第 463 页。

26　Troyat，*Catherine the Great*，第 143~148 页。

27　同上，第 148~149 页。

28　同上，第 149 页。

29　Ekaterina Romanovna Dashkova，*The Memoirs of Princess Dashkova*，由 Kyril Fitzlyon 翻译（Durham，N.C.：Duke University Press，1995），第 82 页；Massie，*Catherine the Great*，第 268~269 页。关于传闻参见 Virginia Rounding，*Catherine the Great：Love，Sex，and Power*（New York：Macmillan，2006），第 147 页。

30　Klyuchevskii，*Course in Russian History*，第 26 页。庆祝期间总计索赔损失大约 10.5 万卢布。Rounding，*Catherine the Great*，第 147 页。沃尔特·凯利提出就连外国大使也参与到了庆祝活动中。Kelly，*History of Russia*，第 466 页。

31　Dashkova，*Memoirs of Princess Dashkova*，第 81 页。克罗契夫斯基提出彼得还请求过留下伊丽莎白·沃龙佐娃，但她反而被安排去到莫斯科，嫁给亚历山大·波连斯基。Klyuchevskii，*A Course in Russian History*，第 26 页。

32　Robert Nisbet Bain，*Peter III，Emperor of Russia：The Story of a Crisis and a Crime*（London：Archibald Constable & Co.，1902），第 182~184 页；Kelly，*History of Russia*，第 475 页。

33 Kelly，*History of Russia*，第 473 页。

34 J. M. Buckley，*The Midnight Sun, the Tsar and the Nihilist*（Boston：D. Lothrop & Co.，1886），第 168~171 页。

35 Smucker，*Catherine the Second*，第 268~269 页。

36 Edvard Radzinsky，*Alexander II: The Last Great Tsar*，由 Antonina W. Bouis 翻 译（New York：Free Press，2006），第 16~17 页。

37 Smucker，*Life and Reign of Nicholas the First*，第 69 页；Radzinsky，*Alexander II*，第 32~34 页。

38 可参见 Stephen Kotkin，*Armageddon Averted: The Soviet Collapse, 1970-2000*（New York：Oxford University Press，2008），第 99 页；Stephen White，*Russia's New Politics: The Management of a Postcommunist Society*（New York：Cambridge University Press，2000），第 29~30 页。

第六章

1 可参见 Linda Himelstein，*The King of Vodka: The Story of Pyotr Smirnov and the Upheaval of an Empire*（New York：HarperCollins，2009），第 287~338 页；K. V. Smirnova et al.，*Vodochnyi korol' Petr Arsen'evich Smirnov i ego potomki*（Moscow：Raduga，1999），第 85~118 页。关于国际社会就这种俄罗斯特色形象的争议参见 Boris S. Seglin，"Russkaya vodka v mezhdunarodnykh sudakh"，*Biznes-advokat*，第 1 卷（2005）；http//www.bestlawyers.ru/php/news/newsnew.phtml?id=370&idnew=14983&start=0（2013 年 2 月 8 日访问）。

2 *Vice Magazine* 撰稿人伊瓦尔·伯格林（Ivar Berglin）在他的纪录片《Vice 旅行指南》（*Vice Guide to Travel*）的 "Wodka Wars" 中继续对伏特加酒的起源进行类似的探索之旅，http://www.youtube.com/watch?v=SR_37f6hHTE（2013 年 7 月 21 日访问）。

3 关于威廉·波赫列布金的自传材料选自俄罗斯电视台 Russia-1 的纪录片 "Smert' kulinara: Vil'yam Pokhlebkin"，http://www.rutv.ru/video.html?vid=39680&cid=5079&d=0。

4 "Vodka" in *Bol'shaia sovetskaia entsiklopediia*（《苏联大百科全书》）（英译本），由 A. M. Prokhorov 编辑（New York：Macmillan，1974），第 545 页。

5 Daniel J. Malleck，"Whiskies" in *Alcohol and Temperance in Modern History: An International Encyclopedia*，由 Jack S. Blocker Jr.，David M. Fahey 和 Ian R. Tyrrell 编 辑（Oxford：ABC-CLIO，2003），第 2 卷，第 650 页；Birgit Speckle，*Streit ums Bier in Bayern: Wertvorstellungen um Reinheit, Gemeinschaft und Tradition*（Münster：Waxman Verlag，2001），第 80~81 页。

6 Artur Tabolov，*Oligarkh: Prestupleniya i raskayanie*（Moscow：EKSMO，2008）；转引自 Boris V. Rodionov，*Bol'shoi obman: Pravda i lozh' o russkoi vodke*（Grand Deception：Truth and Lies about Russian Vodka）（Moscow：Izdatel'stvo AST，2011），第 58~63 页。

7 Vilyam Vasilevich Pokhlebkin，*Istoriya vodk*（Moscow：Tsentpoligraf，2000），第 11~15 页。关于苏联红牌伏特加酒和百事的易货交易参见 Charles Levinson，*Vodka Col*（London：Gordon & Cremonesi，1978），第 94 页；Vladislav Kovalenko，"Vodka—vse ravno chto vechnyi dvigatel"，*Kompaniya*，第 197 卷第 1 期（2002），http://ko.ru/articles/3858（2013 年 2 月 10 日访问网站）；Igor Shumeiko，*10 mifov o russkoi vodke*（Moscow：Yauza，2009），第 30~35 页。

8 Shumeiko，*10 mifov o russkoi vodke*，第 35 页。

9 "Smert' kulinara: Vil'yam Pokhlebkin"，http://www.rutv.ru/video.html?vid=39680&d=0。

10 Yuliya Azman and Oleg Fochkin，"Za chto ubili pisatelya Pokhlebkina？" *Moskovskii Komsomolets*，2000 年 4 月 18 日；Aleksandr Evtushenko，" … A telo prolezhalo v kvartire tri nedeli"，*Komsomol'skaya pravda*，2000 年 4 月 21 日；"Ubit znamenityi geral'dist i kulinar"，*Moskovskii*

Komsomolets，2000 年 4 月 15 日；James Meek，"The Story of Borshch"，*The Guardian*，2008 年 3 月 15 日。

11　Azman and Fochkin，"Za chto ubili pisatelya Pokhlebkina"；"Smert' kulinara：Vil'yam Pokhlebkin"，http://www.rutv.ru/video.html?vid=39680&cid=5079&d=0；Evtushenko，" …A telo prolezhalo v kvartiretri nedeli"。

12　Viktor Erofeev，*Russkii apokalipsis：opyt khudozhestvennoi eskhatologii*（Moscow：Zebra E，2008），第 15 页；Victor Erofeyev，"The Russian God"，*New Yorker*，2002 年 12 月 16 日。

13　"Smert' kulinara：Vil'yam Pokhlebkin"，http://www.rutv.ru/video.html?vid=39680&cid=5079&d=0。其他一些重新讲述了波赫列布金故事的有：Shumeiko，*10 mifov o russkoi vodke*，第 34~35 页；Anatolii Sheipak，*Istoriya nauki i tekhniki：Materialy i tekhnologii*，第 2 版（Moscow：Izdatel'stvo MGIU，2009），第 1 卷，第 141 页；Mikhail Timofeev，*Rossiya：Nezavershennyi proekt*（Ivanovo：Ivanovskii Gos. Universitet，2000），第 34 页。

14　Aleksandra Verizhnikova，"Narodnyi kulinar Pokhlebkin"，*Vechernyaya Moskva*，2003 年 4 月 22 日。

15　可参见 Nicholas Ermochkine and Peter Iglikowski，*40 Degrees East：An Anatomy of Vodka*（Hauppauge，N.Y.：Nova，2003），第 42~43 页；YuriiIvanov，*Kniga o vodke*（Smolensk：Rusich，1997），第 44 页；V. Z. Grigor'eva，*Vodka izvestnaya i neizvestnaya：XIV-XX veka*（Moscow：Enneagon，2007），第 6~8 页；Sergei Romanov，*Istoriya russkoi vodki*（Moscow：Veche，1998），第 29 页；Vitalii Krichevskii，*Russian vodka：Pis'ma moemushveitsarskomu drugu*（St. Petersburg：Dean，2002），第 7~13 页；Vladimir Nikolaev，*Vodka v sud'be Rossii*（Moscow：Parad，2004），第 148~149 页；V. B. Aksenov，*Veselie Rusi，XX vek：Gradus noveishei rossiiskoi istorii ot 'p'yanogo byudzheta' do 'sukhogo zakona'*（Moscow：Probel-2000，2007）；Gennadii M. Karagodin，*Kniga o vodke i vinodelii*（Chelyabinsk：Ural，2000），第 44 页；Vadim V. Zolotaryov，*Pod znakom orla i lebedya*（Moscow：Krugozor-Nauka，2003），第 14~16 页。

16　David Christian，"Review：A History of Vodka by William Pokhlebkin"，*Slavic Review*，第 53 卷第 1 期（1994），第 245 页。

17　Pokhlebkin，*Istoriya vodki*，第 55 页，第 118~119 页；Rodionov，*Bol'shoi obman*，第 152 页。关于这点，波赫列布金所写的是 1429 年一个热那亚外交使团来到莫斯科"大公瓦西里三世"（Vasily III Temnyi）的宫廷里（英语版本里错译为 1426 年，第 57 页）。1420 年代，莫斯科公国是处于大公瓦西里二世（Vasily II Temnyi）的统治下，因此看上去"二世"和"三世"之间的差别是由于俄罗斯原文稿印刷错误导致的。然而，英语译本却忽视了这点，还提出"热那亚使团向瓦西里三世的宫廷呈现了生命之水的样本"（第 57 页）。其他的错误包括：（第 55 页）记录 1386 年有一次热那亚使团来访，引用的是 Gavriil Uspenskii，*Opyt povestvovaniya o drevnostyakh ruskikh*，共 2 卷（Kharkov：Tipografiya Imperatorskago Khar'kovskago Universiteta，1818），第 78 页。不幸的是，邬斯宾斯基并没有给出这样一个日期，只是提到 1389 年热那亚躲过了被侵袭的灾祸。或许因此波赫列布金就在他的时间表中（第 298 页）将热那亚使团到达的时间记为"1386~1398 年之间"。罗迪奥诺夫还列举了波赫列布金在描述蒸馏工艺的历史和化学成分上所犯的错误。参见 Rodionov，*Bol'shoi obman*，第 23~33 页。

18　Christian，"Review：A History of Vodka by William Pokhlebkin"，第 256 页。罗迪奥诺夫也说了类似的话，虽然看上去罗迪奥诺夫从未读过克里斯蒂安的这篇文章。Rodionov，*Bol'shoi obman*，第 80 页。

19　这部纪录片可在网上找到：http://www.rutv.ru/video.html?tvpreg_id=101763&cid=5079&d=0&mid=14。

20　查看常设仲裁法院案件记录登录 http://www.pcacpa.org/upload/files/Consolidated%20Annexes.pdf；查看国际审判法院案件记录登录 http://www.icj-cij.org/docket/index.php?p1=3&p2=2（2011 年 1 月 11 日访问网站）。

21　Peter Maggs，2010 年 11 月 13 日与作者的私人信件。

22　Howard A. Tyner，"Poles Say They Made Vodka First"，*Chicago Tribune*，1978 年 2 月 1 日，第 4 页；"Vodka Credit Goes to Poles"，*Hartford Courant*，1970 年 8 月 25 日，第 16 页。关于香槟

酒、法国白兰地酒等酒类的起源争议参见 Alfred Phillip Knoll，"Champagne"，*International and Comparative Law Quarterly*，第 19 卷第 2 期（1970）。

23　我们获得了国会图书馆（the Library of Congress）和国会法律图书馆（the Law Library of Congress）研究院的帮助，但他们找到的所有材料都是援引自波赫列布金那未经证实的主张。东方观察信息服务公司（EastView）提供了《真理报》（*Pravada*）和《消息报》（*Izvestiya*）的历史数据材料。

24　Rodionov，*Bol'shoi obman*，第 6 页，第 64~66 页。感谢阿德里安让我关注到了罗迪奥诺夫的作品。

25　Kovalenko，"Vodka"。

26　今天的莫斯科酒店（Hotel Moskva）位于莫斯科克里姆林宫对面的马涅日广场（Manezh Square），是建于 1930 年代的原先酒店的复制品，地址也一模一样。新的莫斯科酒店甚至还重现了原酒店对两种不同建筑风格的融合。从马涅日广场上看这座酒店，左边宏伟的建筑和突出的圆形窗户跟右边方正简洁的建筑形成鲜明对比。最普遍的解释认为这是建筑师阿列克谢·舒谢夫（Alexei Shchusev）的错，他向斯大林提交了两份可供选择的蓝图，并将它们沿着中线并排放以突出不同的风格。很明显斯大林没有意识到舒谢夫是让他选其中一种，他只是在建筑计划上签了字。因为担心猜测斯大林心思会带来的后果，这位建筑师和工人简单地按照斯大林的命令建造了这栋建筑物。据说苏联红牌伏特加酒上之所以会出现莫斯科酒店是因为拉夫连季·贝利亚本人的要求。Aleksandr Nikishin，*Vodka i Gorbachev*（Moscow：Vsya Rossiya，2007），第 51 页。

27　Peter Maggs，2010 年 11 月 13 日与作者的私人信件。另参见 Michael Blakeney，"Proposals for the International Regulation of Geographical Indications"，*Journal of World Intellectual Property*，第 4 卷第 5 期（2001）。请勿与近期的争议混淆（2006 年所谓的伏特加酒战争），该争议是欧盟内部就使用除传统的谷物和马铃薯外的其他材料制造的蒸馏酒可否被合法地认可为伏特加酒。参见 Dan Bilefsky，"A Spirited War：The Search for the Real Vodka"，*New York Times*，2006 年 11 月 23 日，http://www.nytimes.com/2006/11/23/world/europe/23iht-vodka.3648566.html（2010 年 10 月 18 日访问网站）而现在所谓的施内尔哈特协议（Schnellhardt Compromise）（以德国特派调查员的名字命名）指出，任何不是以传统的谷物和马铃薯制造的蒸馏产品必须清楚标明"用……制造的伏特加酒" European Parliament，"Vodka War May Soon Be at an End"（2007 年 6 月 26 日 ）。http://www.europarl.europa.eu/sides/getDoc.do?language=EN&type=IM-PRESS& reference=20070131STO02626（2010 年 10 月 24 日访问）。

28　Peter Maggs，2010 年 11 月 13 日与作者的私人信件。

29　关于伏特加酒的真相可参见 Black & White，http://www.vodkasobieski.com/2010/the_truth.php（2010 年 10 月 26 日访问）。关于波兰方面伏特加酒的历史参见 Hillel Levine，"Gentry，Jews，and Serfs：The Rise of Polish Vodka"，*Review（Fernand Braudel Center）*，第 4 卷第 2 期（1980），第 223 页。波兰烈酒行业协会（Polski Przemysl Spirytusowy）声称，vodka 这个词最早出现在 1405 年的一份法庭文件（Palatinate of Sandomierz registry）中；参见 http://www.pps.waw.pl/9,43,55_history_of_polish_vodka.html（2010 年 10 月 26 日访问）；另外参见 Exposition Universaelle des Vins et Spiritueu"About Vodka"，http://www.euvs.org/en/collection/spirits/vodka（2010 年 10 月 26 日访问）；"Vodka Credit Goes to Poles"；Tyner，"Poles Say They Made Vodka First"。

30　Richard Pipes，*Russia under the Old Regime*（New York：Charles Scribner's Sons，1974），第 157 页。关于罐装蒸馏技术参见 David Christian，*Living Water：Vodka and Russian Society on the Eve of Emancipation*（Oxford：Clarendon，1990），第 26 页。关于蒙古式蒸馏法参见 Joseph Needham，*Science and Civilisation in China*， 第 5 卷：*Chemistry and Chemical Technology*， 第 4 部 分：*Spagyrical Discovery and Invention：Apparatus，Theories and Gifts*（New York：Cambridge University Press，1980），第 48~62 页。关于文中提到的怀疑请参见 George Snow，"Vodka" in *Alcohol and Temperancein Modern History：An International Encyclopedia*，由 Jack S. Blocker Jr.，David M. Fahey 和 Ian R. Tyrrell 编辑（Oxford：ABC-CLIO，2003），第 2 卷，第 636 页。

31　参 见 Yu. I. Bobryshev et al.，*Istoriya vinokureniya，prodazhi pitei，aktsiznoi politiki Rusi i Rossii v arkheologicheskikh nakhodkakh idokumentakh XII-XIX vv.*（Moscow：Krugozor-nauka，

2004），第 37~41 页；Zolotaryov，*Pod znakom orla i lebedya*，第 34~35 页。

32　Jos Schaeken，Leiden University，the Netherlands，2010 年 10 月 24 日与作者的私人信件。关于现在的人认为 vodja 这个词与婚姻有关的细节参见 A. A. Zaliznyak，*Drevnenovgorodskii dialekt*，第 2 版（Moscow：Yazyki slavyanskoi kul'tury，2004）。关于桦树皮文件的语言学研究参见 Jos Schaeken，"Line-Final Word Division in Rusian Birchbark Documents"，*Russian Linguistics*，第 19 卷 第 1 期（1995）；Willem Vermeer，"Towards a Thousand Birchbark Letters"，*Russian Linguistics*，第 19 卷第 1 期（1995）。不幸的是，罗迪奥诺夫对巴布里谢夫等人的批评的尖锐程度远不如他对波赫利布金的批评。参见 Boris V. Rodionov，*Istoriya russkoi vodki ot polugara do nashikh dnei*（Moscow：Eksmo，2011），第 278~280 页，以及 *Bol'shoi obman*，第 77~80 页。

33　Brian Hayden，Neil Canuel，and Jennifer Shanse，"What Was Brewing in the Natufian ? An Archaeological Assessment of Brewing Technology in the Epipaleolithic"，*Journal of Archaeological Method and Theory*，第 20 卷第 1 期（2013），第 102~104 页；Maggie Fox，"At 6,000 Years Old，Wine Press Is Oldest yet Found"，*Reuters*，2011 年 1 月 11 日，http://www.reuters.com/article/idUSTRE70A0XS20110111（2011 年 1 月 11 日 访 问 网 站）；Patrick E. McGovern，*Ancient Wine：The Search for the Origins of Viniculture*（Princeton，N.J.：Princeton University Press，2003）。正如我在其他地方所指出的，赞美酒液的颂歌的诞生时间几乎是跟酒精出现的时间差不多。Mark Lawrence Schrad，"The First Social Policy：Alcohol Control and Modernity in Policy Studies"，*Journal of Policy History*，第 19 卷第 4 期（2007），第 438 页。

34　人们常常认为是 19 世纪俄罗斯的化学家、发明家和元素周期表的发现者德米特里·门捷列夫（Dmitry Mendeleyev）发明了 80 度的酒精标准度。叶罗菲耶夫，"俄罗斯人的上帝"。然而，罗迪奥诺夫认为就连这个也是一种对历史的错误解读，并且已经上升到了传奇的高度。Rodionov，*Bol'shoi obman*，第 12~13 页，第 348~370 页。

35　Bruce T. Moran，*Distilling Knowledge：Alchemy，Chemistry，and the Scientific Revolution*（Cambridge，Mass.：Harvard University Press，2005），第 12 页。

36　R. J. Forbes，*A Short History of the Art of Distillation：From the Beginnings up to the Death of Cellier*，第 2 版（Leiden：E. J. Brill，1970），第 57 页。

37　同上，第 60~61 页；Uspenskii，*Opyt povestvovaniya o drevnostyakh ruskikh*，第 1 卷，第 77 页；Hugh Johnson，*Vintage：The Story of Wine*（New York：Simon & Schuster，1989），第 2 卷，第 126 页。

38　Edward Gildemeister and Fr. Hoffman，*The Volatile Oils*，由 Edward Kremers 翻译，第 2 版（New York：John Wiley & Sons，1913），第 1 卷，第 30 页。另参见 Rodionov，*Istoriya russkoi vodki*，第 44 页。

39　Edward Gibbon Wakefield，*An Account of Ireland，Statistical and Political*，共 2 卷（London：Longman，Hurst，Rees，Orme & Brown，1812），第 1 卷，第 727~728 页；Forbes，*Short History of the Art of Distillation*，第 101 页。

40　Donald MacGillivray Nicol，*The Last Centuries of Byzantium，1261-1453*，第 2 版（New York：Cambridge University Press，1993）。

41　Charles King，*The Black Sea：A History*（New York：Oxford University Press，2004），第 86 页；H. Sutherland Edwards，"Food and Drink" in *Russia as Seen and Described by Famous Writers*，由 Esther Singleton 编辑（New York：Dodd，Mead & Co.，1906），第 261~262 页。

42　Edwards，"Food and Drink"，第 261 页；Pero Tafur，*Travels and Adventures，1435-1439*（London：RoutledgeCurzon，2005），第 134 页；Ivan Pryzhov，*Istoriya kabakov v Rossii*（Moscow：Molodiya sily，1914），第 44 页。

43　James Billington，*The Icon and the Axe：An Interpretive History of Russian Culture*（New York：Alfred A. Knopf，1966），第 86 页。另参见 N. A. Bogoyavlenskii，*Drevnerusskoe vrachevanie v XI-XVII vv.*（Moscow：Gosudarstvennoe izdatel'stvo meditsinskoi literatury medgiz，1960），第

81 页。

44　Pokhlebkin，*Istoriya vodki*，第 55 页，第 118~119 页。这进一步点出了波赫列布金描述中的事实错误：波赫列布金（第 55 页）将热那亚人来访的时间记为 1386 年，引用的是 Uspensky's *Opyt povestvovaniya*，第 78 页。不幸的是，邬斯宾斯基并没有给出这样一个日期，只是提到 1389 年热那亚人躲过了被侵袭的灾祸。或许因此波赫列布金就在他的时间表中（第 298 页）将热那亚使团到达的时间记为 "1386~1398 年之间"。此外，波赫列布金（第 119 页）还称 1429 年还有另一批热那亚人外交使团到访立陶宛，而波赫列布金的《伏特加酒的历史》的英语译本则错误地将该年份记为 1426 年。另参见本章第 17 条注释。

45　King，*Black Sea*，第 100 页；Pokhlebkin，*Istoriya vodki*，第 120 页。在这里波赫列布金的俄语版原著和英文译本的记录也有出入：前者记载卡法被侵占时间为 1395 年，而将其并入可汗格莱统治下的克里米亚汗国（Crimean Khanate of Girei）的日期记为 1465 年；后者则将被侵占和合并的日期合在一起，删掉了所有与 1465 年相关的记录。R. E. E. 史密斯（R. E. E. Smith）和大卫·克里斯蒂安（David Christian）怀疑随着接下来 1389 年鞑靼人改信伊斯兰教，这条路上是否还可能进行酒精饮料的贸易——但是，蒸馏技术通过这条路传播则是另一回事了。R. E. F. Smith and David Christian，*Bread and Salt: A Social and Economic History of Food and Drink in Russia*（New York：Cambridge University Press，1984），第 88 页。

46　Billington，*Icon and the Axe*，第 86 页。

47　Erofeyev，"The Russian God"；Erofeev，*Russkii apokalipsis*，第 15 页。在这里我们也发现了波赫列布金在传说研究上的信息错误：他提出伊西多（Isidore）是被瓦西里三世下令监禁的（俄语版第 163~164 页；英语版第 83~84 页），很明显他指的是瓦西里二世，因为瓦西里三世——再一次说明——直到 1503 年才上位（参见本章第 17 条注释）。最后，就连波赫列布金都放弃了传说的信息。波赫列布金：《伏特加酒的历史》，第 163~164 页。其他将传说当作事实的包括：Sergei I. Shubin，*Severnyi vektor politiki Rossii: Problemy i perspektivy*（Arkhangel'sk：Pomorskii universitet，2006），第 190 页；Krichevskii，*Russian vodka*，76；Anthony Dias Blue，*The Complete Book of Spirits: A Guide to Their History, Production, and Enjoyment*（New York：HarperCollins，2004），第 13 页；Bob Emmons，*The Book of Gins and Vodkas: A Complete Guide*（Peru, Ill.：Open Court Publishing，1999），第 101~102 页；Karagodin，*Kniga o vodke i vinodelii*，第 44 页。

48　Anna L. Khoroshkevich，*Torgovlya Velikogo Novgoroda s Pribaltikoi i zapadnoi Evropoi v XIV-XV vekakh*（Moscow：Izdatel'stvo akademii nauk SSSR，1963），第 323~332 页；Smith and Christian，*Bread and Salt*，第 88~89 页。

49　Rodionov，*Istoriya russkoi vodki*，第 266 页。

50　Grigor'eva，*Vodka izvestnaya i neizvestnaya: XIV-XX veka*，第 19 页。另一项持续至今的关于伏特加酒历史的纠纷是关于 vino 这一词的使用，虽然被翻译作葡萄酒，但常常被用于指代谷物制作的蒸馏酒——伏特加酒——而不是用来指代葡萄酒。Christian，*Living Water*，第 26 页。罗迪奥诺夫的核心观点是早期蒸馏生产的 "煮过的酒"（distilled "burnt wine"）和传统伏特加酒（polugar）与现代精馏生产的伏特加酒有着本质上的区别，而这一区别仅在 1895 年谢尔盖·维特（Sergei Witte）提出伏特加酒垄断经营后才出现。Rodionov，*Bol'shoi obman*，第 394~410 页；Rodionov，*Istoriya russkoi vodki*，第 13~33 页。

第七章

1　近期一个值得提及的例外是 Oliver Bullough，*The Last Man in Russia: The Struggle to Save a Dying Nation*（New York：Basic Books，2013），他看出了俄罗斯酗酒问题的根基在于 "二战" 后苏联的政治体系。

2 Charles de Secondat Montesquieu, *Esprit De Lois* (Paris: Libraire defirmin didot freres, 1856), 第 194 页。

3 William Hepworth Dixon, *Free Russia*, 共 2 卷 (Leipzig: Berhard Tauchnitz, 1872), 第 1 卷, 第 254 页。在小说家尼古拉·果戈理 (Nicolai Gogol) 的作品中也能找到同样的说法, 参见 Lady Frances Verney, "Rural Life in Russia" in *Russia as Seen and Described by Famous Writers*, 由 Esther Singleton 编辑 (New York: Dodd, Mead & Co., 1906), 第 247 页。另参见 D. MacKenzie Wallace, *Russia* (New York: Henry Holt & Co., 1877), 第 98 页。

4 Dar'ya A. Khalturina and Andrei V. Korotaev, "Vvedeniye: Alkogol'naya katastrofa: kak ostanovit' vymiranie Rossii" in *Alkogol'naya katastrofa ivozmozhnosti gosudarstvennoi politiki v preodolenii alkogol'noisverkosmertnosti v Rossii*, 由 Dar'ya A. Khalturina 和 Andrei V. Korotaev 编辑 (Moscow: Lenand, 2010), 第 24~25 页; Frank Jacobs, "442— Distilled Geography: Europe's Alcohol Belts," *Strange Maps* (博客), 2010 年 1 月 30 日, http://bigthink.com/ideas/21495 (2010 年 2 月 23 日访问)。"地理酒徒" (geoalcoholics) 这个词借用自 Alex De Jonge, *Stalin and the Shaping of the Soviet Union* (New York: Morrow, 1986), 第 19~20 页。

5 俄罗斯第一个葡萄园是于 1613 年建于里海旁的阿斯特拉罕, 国内随即开展了一定规模的酒精贸易。H. Sutherland Edwards, "Food and Drink" in *Russia as Seen and Described by Famous Writers*, 由 Esther Singleton 编辑 (New York: Dodd, Mead & Co., 1906), 第 260~261 页; Igor Smirennyi, Ivan Gorbunov, and Sergei Zaitsev, *Pivo Rossiiskoi Imperii* (Moscow: Ayaks, 1998), 第 9~14 页; Stanislav I. Smetanin and Mikhail V. Konotopov, *Razvitie promyshlennosti v krepostnoi Rossii* (Moscow: Akademicheskii proect, 2001), 第 169~171 页。

6 Nathan Haskell Dole, *Young Folks' History of Russia* (New York: Saalfield Publishing Co., 1903), 第 108 页。

7 9 世纪阿拉伯旅行家艾哈迈德·贝弗兰·伊本·阿巴斯·本阿桑·本哈默德 (Ahmad Beh-Fodhlan Ibn al Abbas Ben-Assam Ben-Hammad) 甚至描述了在俄罗斯异教信仰仪式里酒精的普遍存在和酗酒问题。Dole, *Young Folks' History of Russia*, 第 52 页。

8 Ivan Pryzhov, *Istoriya kabakov v Rossii* (Moscow: Molodiya sily, 1914), 第 10 页; Horace Lunt, "Food in the Rus'Primary Chronicle" in *Food in Russian History and Culture*, 由 Musya Glants 和 Joyce Toomre 编辑 (Bloomington: Indiana University Press, 1997), 第 24 页。

9 René J. Dubos, *Pasteur and Modern Science*, 由 Thomas D. Brock 编辑 (Washington, D.C.: American Society for Microbiology Press, 1998), 第 54~60 页。

10 可参见由 Ernest H. Cherrington 编辑, *Standard Encyclopedia of the Alcohol Problem*, 共 6 卷 (Westerville, Ohio: American Issue, 1926), 第 3 卷, 第 910~939 页。

11 "Flavored Vodka Fuels Vodka Volume and Sales", *Reuters*, 2012 年 10 月 11 日, http://www.reuters.com/article/2012/10/11/idUS149559+11-Oct-2012+PRN20121011 (2013 年 2 月 13 日访问)。

12 Victor Erofeyev, "The Russian God", *New Yorker*, 2002 年 12 月 16 日; Viktor Erofeev, *Russkii apokalipsis: Opyt khudozhestvennoi eskhatologii* (Moscow: Zebra E, 2008), 第 19~20 页。类似的可参见 Selina Bunbury, *Russia after the War*, 共 2 卷 (London: Hurst & Blackett, 1857), 第 2 卷, 第 156~157 页; Andrei Makarevich, *Zanimatel'naya narkologiya* (Moscow: Makhaon, 2005), 第 9~10 页。

13 Vladimir P. Nuzhnyi, *Vino v zhinzni i zhizn' v vine* (Moscow: Sinteg, 2001), 第 15~16 页。

14 David Christian, *Living Water: Vodka and Russian Society on the Eve of Emancipation* (Oxford: Clarendon, 1990), 第 25 页。

15 George Vernadsky, "Feudalism in Russia", *Speculum*, 第 14 卷第 3 期 (1939), 第 301 页; K. V. Bazilevich, *Gorodskie vosstaniia v Moskovskom gosudarstve XVII v.: Sbornik dokumentov* (Moscoe: Gosudarstvennoe sotsial'no-ekonomicheskoe izdatel'stvo, 1936), 第 39~40 页; Richard Hellie, "Early Modern Russian Law: The Ulozhenie of 1649", *Russian History*, 第 2 卷第 4 期 (1988)。关于历史

对于饮酒模式的重要性参见由 V. A. Terekhina 编辑的 *Profilaktika p'yanstva i alkogolizma*（Moscow：Yuridicheskaya literaturna，1983），第 28 页。

16　这一节很大部分是在参考他人作品的基础上写出的，Christian，*Living Water*，第 26~33 页；Pryzhov，*Istoriya kabakov v Rossii*，第 27~40 页。

17　罗迪奥诺夫提出这种早期的蒸馏出的传统伏特加酒在本质上与今天精馏出的伏特加酒不同，他认为这一差别产生的时间为 1895 年。Boris V. Rodionov，*Istoriya russkoi vodki ot polugara do nashikh dnei*（Moscow：Eksmo，2011），第 43~81 页。为了避免混淆，我将把这两种伏特加酒都称为伏特加酒。

18　Boris V. Rodionov，*Bol'shoi obman：Pravda i lozh' o russkoi vodke*（Moscow：Izdatel'stvo AST，2011），第 413 页；William Blackwell，*The Beginnings of Russian Industrialization：1800-1860*（Princeton，N.J.：Princeton University Press，1968），第 26 页。

19　Vilyam Pokhlebkin，*Istoriya vodki*（Moscow：Tsentpoligraf，2000），第 100 页。这成了波赫列布金确定伏特加酒诞生时间的论点之一，这个时期三田制的发展推动了伏特加酒的生产，反之亦然。引自同书，第 144 页，第 151~154 页。蒸馏业作为国家形成和经济繁荣之间的主要联系已经在历史比较中被证实。Charles van Onselen，"Randlords and Rotgut 1886-1903：An Essay on the Role of Alcohol in the Development of European Imperialism and Southern African Capitalism，with Special Reference to Black Mineworkers in the Transvaal Republic"，*History Workshop*，第 1 卷第 2 期（1976）。

20　Boris Segal，*Russian Drinking：Use and Abuse of Alcohol in Pre-Revolutionary Russia*（New Brunswick，N.J.：Rutgers Center of Alcohol Studies，1987），第 30 页；Paul Bushkovitch，"Taxation，Tax Farming and Merchants in Sixteenth-Century Russia"，*Slavic Review*，第 37 卷第 3 期（1978），第 391 页。

21　Giles Fletcher，*Of the Russe Commonwealth：1591*，摹本版（Cambridge，Mass.：Harvard University Press，1966），第 43~44 页。俄罗斯小说家阿列克谢·托尔斯泰（Alexei Tolstoi）在其小说中给出了极其相似的描述，*Petr Pervyi*（Kishinev：Kartya Moldovenyaske，1970），第 22 页。

22　关于早期俄罗斯帝国的酷刑参见 Jean Chappe d'Auteroche，*Voyage en Sibérie，fait par ordre du roi en 1761，contenant les Mœurs，les Usages des Russes，& l'État actuel de cette Puissance；&c.*（Amsterdam：Marc Michel Rey，1769），第 193~194 页；Edward Peters，*Torture*，修订扩充版（Philadelphia：University of Pennsylvania Press，1996），第 95~96 页。

23　由 Samuel H. Baron 编辑，*The Travels of Olearius in Seventeenth-Century Russia*（Palo Alto，Calif.：Stanford University Press，1967），第 198、42 页。

24　同上，第 144 页。

25　Christian，*Living Water*，第 30~31 页，第 39 页。另外参见 Mikhail E. Saltykov，*Tchinovnicks：Sketches of Provincial Life，from the Memoirs of the Retired Conseiller de Cour Stchedrin*（*Saltikow*），由 Frederic Aston 翻译（London：L. Booth，1861），第 99 页。关于间接统治和俄罗斯内部的自我殖民参见 Alexander Etkind，*Internal Colonization：Russia's Imperial Experience*（Malden，Mass.：Polity，2011），第 145 页。

26　这很大程度上跟埃特金德关于早期俄罗斯的"自我殖民"的主张一致。Etkind，*Internal Colonization*，第 65 页。另外参见 Mikhail Ya Volkov，*Ocerki istorii promyslov Rossii vtoraya polovina XVII-pervaya polovina XVIII v.*（Moscow：Nauka，1979），第 25~27 页；Richard Hellie，*Economy and Material Culture of Russia，1600-1725*（Chicago：University of Chicago Press，1999），第 106 页；Christian，*Living Water*，第 33、36、47 页。

27　麦基的话引用自 Richard Weitz，"Russia：Binge Drinking and Sudden Death"，Eurasianet.org，2010 年 12 月 15 日，http://www.eurasianet.org/node/62577（2010 年 12 月 17 日访问）。另参见 http://csis.org/event/new-insights-catastrophic-level-mortalityrussian-men。

28　Iosaphat Barbaro，"Viaggio alla Tana" in *Barbaro i kontarini o Rossii：K istorii italo-russkikh svyazei v XV v.*，由 Elizaveta Ch. Skrzhinskaya 编辑（Leningrad：Nauka，1971），第 133 页；V. Z.

Grigor'eva, *Vodka izvestnaya i neizvestnaya: XIV-XX veka* (Moscow: Enneagon, 2007), 第 16 页。

29 Ambrogio Contarini, "Viaggio in Persia" in *Barbaro i kontarini o Rossii: K istorii italo-russkikh svyazei v XV v.*, 由 Elizaveta Ch. Skrzhinskaya 编辑 (Leningrad: Nauka, 1971), 第 204~205 页。

30 Vladimir B. Bezgin, "Alkogol' v obydennoi zhizni russkogo sela (konets XIX-nachalo XX v.", *NB: Problemy obshchestva i politiki*, 第 3 期 (2013)。http://www.e-notabene.ru/pr/ article_549. html (2013 年 7 月 15 日访问网站)。David Christian, "Traditional and Modern Drinking Cultures in Russia on the Eve of Emancipation", *Australian Slavonic and East European Studies*, 第 1 卷 第 1 期 (1987), 第 66~67 页; R. E. F. Smith and David Christian, *Bread and Salt: A Social and Economic History of Food and Drink in Russia* (New York: Cambridge University Press, 1984), 第 84~85 页; Vera Efron, "Russia, Yesterday" in *Drinking and Intoxication: Selected Readings in Social Attitudes and Controls*, 由 Raymond G. McCarthy 编 辑 (New Haven, Conn.: Yale Center of Alcohol Studies, 1959), 第 131 页。

31 转 引 自 Paul Bushkovitch, "The Epiphany Ceremony of the Russian Court in the Sixteenth and Seventeenth Centuries", *Russian Review*, 第 49 卷第 1 期 (1990), 第 12~13 页。

32 Segal, *Russian Drinking*, 第 47~48 页。

33 Sergei M. Soloviev, *History of Russia*, 第 12 卷: *Russian Society under Ivan the Terrible*, 由 T. Allan Smith 翻译 (Gulf Breeze, Fla.: Academic International, 1996), 第 211 页。"国内秩序" (Domostroi) 也规定女性 "不可以饮用含有酒精的饮料" 以及只能引用不含酒精的啤酒和格瓦斯酒。引 自同书, 第 208~209 页。另参见 Grigor'eva, *Vodka izvestnaya ineizvestnaya: XIV-XX veka*, 第 18 页。

34 Carolyn Pouncy, *The "Domostroi": Rules for Russian Households in the Time of Ivan the Terrible* (Ithaca, N.Y.: Cornell University Press, 1994), 第 157 页。

35 Soloviev, *History of Russia*, 第 12 卷: *Russian Society under Ivan the Terrible*, 第 70 页。1630 年代, 亚当·欧莱乌斯在他访问俄罗斯期间也记录下了类似的做法。由 Baron 编辑, *Travels of Olearius in Seventeenth-Century Russia*, 第 270 页。

36 Samuel Collins, *The Present State of Russia, in a Letter to a Friend at London; Written by an Eminent Person Residing at the Great Czars Court at Mosco for the Space of Nine Years* (London: John Winter, 1671), 第 23~24 页。关 于 城 市 警察 局 (Zemskii Prikaz) 参见 John P. LeDonne, *Absolutism and Ruling Class: The Formation of the Russian Political Order, 1700-1825* (New York: Oxford University Press, 1991), 第 121~128 页。

37 转引自 Erofeev, *Russkii apokalipsis*, 第 21 页。关于揆一参见 Bushkovitch, "Epiphany Ceremony of the Russian Court"。

38 Wallace, *Russia*, 第 98 页。另参见 Selina Bunbury, *Russia after the War*, 共 2 卷 (London: Hurst & Blackett, 1857), 第 1 卷, 第 102~103 页; Eustace Clare Grenville Murray, *The Russians of To-Day* (London: Smith, Elder & Co., 1878), 第 16 页; Georg Brandes, *Impressions of Russia*, 由 Samuel C. Eastman 翻译 (Boston: C. J. Peters & Son, 1889), 第 39 页。著名剧作家安东·契诃夫 (Anton Chekhov) 在小说中描绘了类似的场面: Anton Chekhov, "Peasants" in *The Oxford Chekhov*, 由 Robert Hingley 编辑 (New York: Oxford University Press, 1965), 第 217~218 页。

39 Baron, *Travels of Olearius in Seventeenth-Century Russia*, 第 145 页。类 似 的 可 参见 Collins, *Present State of Russia*, 第 19 页。

40 由 Esther Singleton 编 辑, *Russia as Seen and Described by Famous Writers* (New York: Dodd, Mead & Co., 1906), 第 249~250 页。我将 Vodki 改为 vodka。

41 A. Preobrazhenskii, "Volost' Pokrovsko-Sitskaya Yaroslavskoi gubernii Molozhskago uezda" in *Etnograficheskii sbornik*, 由 Imperatorskoerusskoe geograficheskoe obshchestvo 编 辑 (St. Petersburg: Tipografiya Ministerstva vnutrennikh del, 1853-1864), 第 103~104 页; 转 引 自 Christian, *Living Water*, 第 77 页。关于伏特加酒的类似说法延续至苏联时期。Gordon B. Smith,

Reforming the Russian Legal System（New York：Cambridge University Press，1996），第 47 页。另见第十六章和第十七章。

42　Andrei P. Zablotskii-Desyatovskii，"O krepostnom sostoyanii" in *Graf P. D. Kiselev i ego vremya：Materialy dlya istorii Imperatorov Aleksandr Igo, Nikolaya I-go, i Aleksandra II*（St. Petersburg：Tipografiya M. M. Stasyulkvicha，1882），第 312 页。我可以发现这份参考文献要感谢大卫·克里斯蒂安的工作。

43　转引自 Christian，*Living Water*，第 76 页。

44　Grant Podelco，"Holiday Sobriety："There Is No Worse Enemy for a Russian Than Himself'"，*Radio Free Europe/Radio Liberty*，2012 年 12 月 28 日，http://www.rferl.org/content/russia-alcohol-vodka-holiday-smoking—drinking-abuse/24811093.html（2013 年 1 月 2 日访问）。另参见 Associated Press，"In Russia, New Year's Celebrations Last 10 Days"，National Public Radio，2011 年 1 月 7 日，http://www.npr.org/templates/story/story.php?storyId=132733640（2011 年 1 月 8 日访问）；Agence France-Presse，"Russians Advised to Celebrate Dry New Year Holiday"，*Inquirer.net*，2011 年 1 月 2 日，http://www.inquirer.net/mindandbody/health-beat/view.php db=1&article=20110102-312131（2011 年 1 月 3 日访问）。

45　Paul Goble，"Drunkenness a 'More Terrible' Threat to Russia Than Terrorism, Moscow Psychiatrist Says"，Window on Eurasia（博客），2009 年 12 月 19 日，http://windowoneurasia.blogspot.com/2009/12/window-oneurasia-drunkenness-more.html；Artem Serikov，"Pochemu P'yanstvo Strashnee Terrora？" WIN.ru（博客），2009 年 12 月 18 日，http://www.win.ru/topic/3053.phtml（均是 2009 年 12 月 20 日访问）。也可以加上 "pominki"，一种在所爱之人去世 40 天后的一种纪念活动，而这种活动也一样伴随着 "规模宏大的酗酒活动"。J. M. Buckley，*The Midnight Sun, the Tsar and the Nihilist*（Boston：D. Lothrop & Co.，1886），第 302 页。

46　Baron August Freiherr Haxthausen，*The Russian Empire：Its People, Institutions, and Resources*，由 Robert Faire 翻译，共 2 卷（London：Chapman & Hall，1856），第 2 卷，第 175 页。关于这种狂欢参见 David A. Leon，Vladimir M. Shkolnikov，and Martin McKee，"Alcohol and Russian Mortality：A Continuing Crisis"，*Addiction*，第 104 卷第 10 期（2009）第 1631~1634 页；David A. Leon et al.，"Hazardous Alcohol Drinking and Premature Mortality in Russia：A Population Based Case-Control Study"，*The Lancet*，2007 年 6 月 16 日，第 2002~2004 页；Nikolai G. Chernyshevskii，"Otkupnaya sistema（Sovremennik，1858）" in *Izbrannye ekonomicheskie proizvedeniya*，tom 1（Moscow：Gosudarstvennoe izdatel'stvo politicheskoi literatury，1948），第 678 页。

47　E. Protas'ev，"O poroke, svoistvennom krest'yanam i prepyatstvuyushchem uluchsheniyu ikh byta"，*Zhurnal zemlevladel'tsa*，第 9 卷第 6 期（1858），第 7 页；翻译版本参见 Christian，"Traditional and Modern Drinking Cultures in Russia on the Eve of Emancipation"，第 76 页；另外参见同上，第 62~63 页。

48　Murray，*Russians of To-Day*，第 34~35 页。

49　Luigi Villari，*Russia under the Great Shadow*（New York：James Pott & Co.，1905），第 231 页；Christian，*Living Water*，第 95~96 页。

50　Pokhlebkin，*Istoriya vodki*，第 104 页。

51　Christian，*Living Water*，第 36 页；Etkind，*Internal Colonization*，第 145~146 页。

52　Nikolai I. Pavlenko，"K voprosu Ob evolyutsii dvorianstva v XVII-XVIIIvv" in *Voprosy genezisa kapitalizma v Rossii*，由 Vladimir V. Mavrodin 编辑（Leningrad：Leningrad Universitet，1960），第 61~65 页。

53　Christian，*Living Water*，第 37 页；van Onselen，"Randlords and Rotgut"。

54　Christian，*Living Water*，第 47 页。

第八章

1　Julia Ioffe, "The End of Putin: Alexey Navalny on Why the Russian Protest Movement Will Win", *Foreign Policy*, 2011 年 12 月 28 日, http://www.foreignpolicy.com/articles/2011/ 12/28/the_end_of_putin（2012 年 1 月 1 日访问）。

2　Carol J. Williams, "Russia Set to Make Olympic History—for Spending, Controversy", *Los Angeles Times*, 2013 年 2 月 9 日, http://www.latimes.com/news/world/worldnow/ lafg-wn-russia-olympicscosts-controversy-20130208,0,2858111.story（2013 年 2 月 13 日访问）。Julia Ioffe, "Net Impact: One Man's Cyber-Crusade against Russian Corruption", *New Yorker*, 2011 年 4 月 4 日, http://www.newyorker.com/reporting/ 2011/04/04/110404fa_fact_ioffe#ix zz1hrtTCJaa（2012 年 1 月 1 日 访问）; Transparency International, "Corruption Perceptions Index, 2012", http:// cpi.transparency.org/ cpi2012/results（2013 年 2 月 13 日 访 问）; Friedrich Schneider, Andreas Buehn, and Claudio E. Montenegro, *Shadow Economies All over the World: New Estimates for 162 Countries from 1999 to 2007*, World Bank Policy Research Working Paper No. 5356（Washington, D.C.: World Bank: 2010）: 第 29 页。

3　Alena V. Ledeneva, *Can Russia Modernise? Sistema, Power Networks and Informal Governance*（New York: Cambridge University Press, 2013）, 第 19-25 页; "57% Rossiian schitaiut narkomaniiu pervostepennoi' problemoi'", *Rossiiskaya gazeta*, 2010 年 11 月 8 日, 第 13 页; Gregory Feifer, "Corruption in Russia, Part 2: Law Enforcers Often the Worst Offenders", *Radio Free Europe/ Radio Liberty*, 2009 年 11 月 28 日, http://www.rferl.org/articleprintview/1890104.html（2010 年 10 月 22 日）; Will Englund, "Russian Corruption Takes on a Life of Its Own", *Washington Post*, 2010 年 10 月 26 日, http://www.washingtonpostcom/wp-dyn/content/article/2010/10/26/ AR2010102601429_pf.html。

4　参见 Mark Levin and Georgy Satarov, "Corruption and Institutions in Russia", *European Journal of Political Economy*, 第 16 卷第 1 期（2000）, 第 116 页; Andrei Shleifer and Robert W. Vishny, "Corruption", *Quarterly Journal of Economics*, 第 108 卷第 3 期（1993）, 第 615 页。

5　Leonid I. Brezhnev, "Otchetnyi dokad Tsentral'nago Komiteta KPSS, XXIV s'ezdu Kommunisticheskoi Partii Sovetskogo Soyuza。Doklad General'nogo sekretarya TsK tovarishcha L. I. Brezhneva, 30 marta 1971 goda", *Pravda*, 1971 年 3 月 31 日; Nikita Khrushchev, "Razvitie ekonomiki SSSR i partiinoe rukovodstvo narodnym khozyaistvom: Doklad tovarishcha N. S. Khrushcheva na plenume TsK KPSS 19 noyabrya 1962 goda", *Pravda*, 1962 年 11 月 20 日。

6　Steven Staats, "Corruption in the Soviet System", *Problems of Communism*, 第 21 卷（1972 年 1~2 月）, 第 47 页。麦粥是一种传统的俄罗斯麦片或粥, 通常是用荞麦制成的。另参见 Hedrick Smith, *The Russians*（New York: Quadrangle/New York Times Book Co., 1976）, 第 120 页。

7　Samuel M. Smucker, *The Life and Reign of Nicholas the First, Emperor of Russia*（Philadelphia: J. W. Bradley, 1856）; Petr A. Zaionchkovskii, *Pravitel'stvennyi apparat samoderzhavnoi Rossii v XIX v.*（Moscow: Mysl', 1978）, 第 156 页。

8　这段来自总统德米特里·梅德韦杰夫的引语特别关注俄罗斯的"内部腐败问题"。Timothy Frye, "Corruption and Rule of Law" in *Russia after the Global Economic Crisis*, 由 Anders åslund, Sergei Guriev 和 Andrew Kuchins 编辑（Washington, D.C.: Peterson Institute for International Economics, 2010）, 第 92 页。

9　Edward Crankshaw, *Russia without Stalin: The Emerging Pattern*（London: Viking, 1956）, 第 74~75 页; Alena Ledeneva, Stephen Lovell, and Andrei Rogachevskii, "Introduction" in *Bribery and Blat in Russia: Negotiating Reciprocity from the Middle Ages to the 1990s*, 由 Stephen Lovell, Alena

Ledeneva 和 Andrei Rogachevskii 编辑（New York：St. Martin's，2000），第 5~9 页。

10 Leslie Palmier，"Bureaucratic Corruption and Its Remedies" in *Corruption：Causes，Consequences and Control*，由 Michael Clarke 编辑（New York：St. Martin's，1983），第 207 页。其他被广为接受的对腐败的定义出现在 Joseph S. Nye，"Corruption and Political Development：A Cost-Benefit Analysis"，*American Political Science Review*，第 61 卷第 2 期（1967），第 421 页；Shleifer and Vishny，"Corruption"，第 599 页。

11 Samuel Collins，*The Present State of Russia，in a Letter to a Friend at London；Written by an Eminent Person Residing at the Great Czars Court at Mosco for the Space of Nine Years*（London：John Winter，1671），第 60 页。40 多年前欧莱利乌斯也给出了类似的数字。由 Samuel H. Baron 编辑，*The Travels of Olearius in Seventeenth-Century Russia*（Palo Alto，Calif.：Stanford University Press，1967），第 198~199 页。

12 David Christian，*Living Water：Vodka and Russian Society on the Eve of Emancipation*（Oxford：Clarendon，1990），第 200 页。另参见 George Tennyson Matthews，*The Royal General Farms in Eighteenth-Century France*（New York：Columbia University Press，1958），第 11 页。

13 Linda T. Darling，*Revenue-Raising and Legitimacy*（Leiden：E. J. Brill，1996），第 119~120 页；Christian，*Living Water*，第 31、195 页。这一部分取自 *Living Water* 一书以及 David Christian，"Vodka and Corruption in Russia on the Eve of Emancipation"，*Slavic Review*，第 46 卷第 3/4 期（1987）。

14 Paul Bushkovitch，"Taxation，Tax Farming and Merchants in Sixteenth-Century Russia"，*Slavic Review*，第 37 卷第 3 期（1978），第 390~391 页；Richard Pipes，*Russia under the Old Regime*（New York：Charles Scribner's Sons，1974），第 61 页；Christian，*Living Water*，第 33 页。

15 Sergei M. Troitskii，*Finansovaia politika russkago absoliutizma v XVIII veke*（Moscow：Nauka，1966），第 214 页；Aleksandr P. Pogrebinskii，"Finansovaya reforma nachala 60-kh godov XIX veka v Rossii"，*Voprosi istorii*，第 10 期（1951），第 74~75 页，以及 *Ocherki istorii finanasov dorevolyutsion*noi Rossii（XIV-XX vv.）（Moscow：Gosfinizdat，1954），第 99 页。

16 Mikhail E. Saltykov，*Tchinovnicks：Sketches of Provincial Life，from the Memoirs of the Retired Conseiller De Cour Stchedrin*（Saltikow），由 Frederic Aston 翻译（London：L. Booth，1861），第 97~98 页；Gordon B. Smith，*Reforming the Russian Legal System*（New York：Cambridge University Press，1996），第 12 页。关于彼得大帝统治时期伏特加酒的收入参见 Friedrich Wilhelm von Bergholz，*Dnevnik kammer-iunkera Berkhgol'tsa，vedennyi im v Rossii v tsarstvovanie Petra Velikago，s 1721-1725-y god*，由 I. Ammon 翻译，第 2 版（Moscow：Tipograpfiya Katkova i Ko.，1858），第 2 卷，第 239 页。

17 蒸馏业在很长一段时间内为贵族所独享，贵族们将他们的伏特加酒卖给国家的批发商。Eustace Clare Grenville Murray，*The Russians of To-Day*（London：Smith，Elder & Co.，1878），第 33 页。

18 "Koe chto ob otkupakh，Kolokol list 10，1 marta 1858 g." in *Kolokol：Gazeta A. I. Gertsena i N. P. Ogareva*（Moscow：Izdatel'stvo Akademii nauk SSSR，1962），第 79 页。

19 Vasilii A. Kokorev，"Ob otkupakh na prodazhu vina"，*Russkii vestnik*，book 2，Sovremennaya letopis'（1858）：第 42 页；转引自 Christian，"Vodka and Corruption"，第 481 页。

20 Christian，*Living Water*，第 136 页。

21 *Ekonomicheskii ukazatel' 41*（Oct. 1858）；转引自 Christian，"Vodka and Corruption"，第 473 页。另参见 Saltykov，*Tchinovnicks*，第 98 页。

22 Zaionchkovskii，*Pravitel'stvennyi apparat*，第 158 页；转引自 Christian，"Vodka and Corruption"，第 474、476 页。

23 Christian，*Living Water*，第 150 页。

24 Gregory Feifer，"Corruption in Russia，Part 1：A Normal Part of Everyday Life"，Radio Free Europe/Radio Liberty，2009 年 11 月 27 日，http://www.rferl.org/articleprintview/1889394.html（2010

年10月22日访问）。

25 Russkii dnevnik，第51期（March 7，1859）；转引自 Christian，"Vodka and Corruption"，第482~483页。

26 转引自 Geoffrey Hosking，*Russia：People and Empire，1552-1917*（Cambridge，Mass.：Harvard University Press，1997），第104~105页。关于袭击路边旅馆参见 *Svedeniia*，第3卷，第282页；转引自 Christian，"Vodka and Corruption"，第483页。关于勒索农民 Murray，*Russians of To-Day*，第31页。

27 R. E. F. Smith and David Christian，*Bread and Salt：A Social and Economic History of Food and Drink in Russia*（New York：Cambridge University Press，1984），第145页。

28 "Koe chto ob otkupakh, Kolokol list 10, 1 marta 1858 g."，第79页。

29 同上，第80页。Natal'ya E. Goryushkina，"'Imeyu chest' dolozhit', chot vzyatki polucheny': K voprosu ob otkupnom vzyatochnichestve v Rossii" in *Alkogol' v Rossii：Materialy tret'ei mezhdunarodnoi nauchnoprakticheskoi konferentsii*（Ivanovo，26-27 oktyabrya 2012），由 Mikhail V. Teplyanskii 编辑（Ivanovo：Filial RGGU v g. Ivanovo，2012），第127页。

30 N. Herséwanoff，*Des Fermes d'eaux-de-vie en Russie*（The Eaux-de-Vie Farms in Russia）（Paris，Bonaventure：1858），第22~23页；转引自 Christian，*Living Water*，第148页。

31 这是萨尔蒂科夫最喜欢的委婉修辞手法之一。Saltykov，*Tchinovnicks*，第95、100页。

32 *Svedeniya*，第3卷，第248页；转引自 Christian，*Living Water*，第136页。关于当代人所做的同样的事情参见 Ledeneva，*Can Russia Modernise？* 第161页。

33 *Svedeniya*，第1卷，第35页，in *Polnoe sobranie zakonov*，第二部，第12444页；转引自 Christian，*Living Water*，第106页。

34 "Koe chto ob otkupakh, Kolokol list 10, 1 marta 1858 g."，第80页。

35 Zaionchkovskii，*Pravitel'stvennyi apparat*，第155页；转引自 Christian，*Living Water*，第148~149页。

36 引自 "Koe chto ob otkupakh, *Kolokol* list 10, 1 marta 1858 g."，第80页。关于尼古拉一世的调查参见 Christian，*Living Water*，第154页。

37 Alena Ledeneva，*How Russia Really Works：The Informal Practices That Shaped Post-Soviet Politics and Business*（Ithaca，N.Y.：Cornell University Press，2006），第192页。

38 V. Fedorovskii，"Podolsko-Vitebskii otkup"，*Sovremennik*（1859），Mar. "Sovremennoe obozrenie"，第1页；转引自 Christian，*Living Water*，第110页。在同一本书第113页里也可以找到1841年对酒馆老板的管理制度。另参见 Ivan Pryzhov，*Istoriya kabakov v Rossii*（Moscow：Molodiya sily，1914），第59~74页。

39 V. K——ov，"Vopros o prodazhe vina"，*Russkii mir*，第19期（May 15，1859）；转引自 Christian，*Living Water*，第136页。关于"优化版"伏特加酒参见 *Vestnik promyshlennosti*，第4期（Oct. 1858），第18页；转引自 Christian，"Vodka and Corruption"，第481页。

40 Hosking，*Russia*，第105页。

41 Christian，*Living Water*，第62~63页。

42 A. Korsak，"Nalogoi i vinnyi otkup"，*Russkayagazeta*，第9期（1858）；转引自 Christian，"Vodka and Corruption"，第481~482页。

43 Nikolai I. Turgenev，*Rossiya i russkie*（Moscow：Knigoizdatel'stvo K. F. Nekrasova，1915），第212页；Christian，*Living Water*，第114页。

44 Baron August Freiherr Haxthausen，*The Russian Empire：Its People, Institutions, and Resources*，由 Robert Faire 翻译，共2卷（London：Chapman & Hall，1856），第2卷，第408页。另参见 H. Sutherland Edwards，"Russian Tea and Tea-Houses" in *Russia as Seen and Described by Famous Writers*，由 Esther Singleton 编辑（New York：Dodd，Mead & Co.，1906），第277页。确实，正如亚当·欧莱乌斯在17世纪中叶所指出的，"普通老百姓所拥有的最好用的药就是伏特加酒和

大蒜"。Baron，*Travels of Olearius in Seventeenth-Century Russia*，第 162 页。

45　Luigi Villari，*Russia under the Great Shadow*（New York：James Pott & Co.，1905），第 169 页。另参见 Sergei Stepniak，*Russia under the Tzars*（New York：Charles Scribner's Sons，1885），第 20-21 页；Lady Frances Verney，"Rural Life in Russia" in *Russia as Seen and Described by Famous Writers*，由 Esther Singleton 编辑（New York：Dodd，Mead & Co.，1906），第 252 页。更普遍的情况参见 Alexander Etkind，*Internal Colonization：Russia's Imperial Experience*（Malden，Mass.：Polity，2011），第 145 页。

46　D. MacKenzie Wallace，*Russia*（New York：Henry Holt & Co.，1877），第 541~542 页。另参见 Hosking，*Russia*，第 209 页；Sir John Maynard，*The Russian Peasant and Other Studies*（New York：Collier Books，1942），第 66、75 页。

47　Murray，*Russians of To-Day*，第 24~26 页。

48　Stephen P. Frank，*Crime, Cultural Conflict, and Justice in Rural Russia, 1856-1914*（Berkeley：University of California Press，1999），第 213 页。关于灵魂背负罪恶参见 Wallace，*Russia*，第 541~542 页。另参见 Hosking，*Russia*，第 209 页。关于伏特加酒对当代俄罗斯法庭审判的明显影响与此的鲜明对照参见 Ellen Barry，"In Russia, Jury Is Something to Work Around"，*New York Times*，2010 年 11 月 16 日，A1 版。

49　V. Polivanov，"Zapiski zemskogo nachal'nika"，*Russkaya mysl' 9-10*（1917）：第 32 页；转引自 Frank，*Crime, Cultural Conflict, and Justice*，第 213 页。

50　参见 f. 586，op. 1，d. 117，1.41；以及 f. 586，op. 1，d. 120，1.62，Gosudarstvennyi Arkhiv Rossiskoi Federatsii（GARF）（俄罗斯联邦国家档案馆），Moscow；转引自 Frank，*Crime, Cultural Conflict, and Justice*，第 213 页。

51　Frank，*Crime, Cultural Conflict, and Justice*，第 221 页。

52　Sergei Stepniak，*The Russian Peasantry*（New York：Harper & Brothers，1888），第 202~205 页；类似的请参见第 176、188 页。

53　Frank，*Crime, Cultural Conflict, and Justice*，第 253~260 页；Stephen P. Frank，"Popular Justice, Community and Culture among the Russian Peasantry, 1870-1900"，*Russian Review*，第 46 卷第 3 期（1987），第 247~249 页。

54　Verney，"Rural Life in Russia"，第 246~247 页。

55　Murray，*Russians of To-Day*，第 16、34、231 页。另参见 Wallace，*Russia*，第 97~99 页。

56　Saltykov，*Tchinovnicks*，第 99~100 页。

57　司特普尼提出腐败的神职人员可以将他们在圣餐礼上的"垄断身份"作为以神圣名义进行的敲诈勒索工具。Stepniak，*Russian Peasantry*，第 230~231 页。

58　Ioann S. Belliustin，*Description of the Clergy in Rural Russia：The Memoir of a Nineteenth-Century Parish Priest*（Ithaca，N.Y.：Cornell University Press，1985），第 129~230 页。

59　同上，第 130~131 页。

60　同上，第 139~140 页；Wallace，*Russia*，第 97~98 页。欧莱利乌斯将 1630 年代相同的纪录与一些"直到灵魂在饮酒中堕落"的饮酒活动联系起来。Baron，*Travels of Olearius in Seventeenth-Century Russia*，第 143 页。另参见 William Richardson，*Anecdotes of the Russian Empire in a Series of Letters Written, a Few Years Ago, from St. Petersburg*（London：W. Strahan & T. Cadell，1784），第 61 页。

61　Baron，*Travels of Olearius in Seventeenth-Century Russia*，第 144~146 页。弗拉基米尔·列宁也讲述了 1860 年代乡村牧师的类似的故事，"The Agrarian Programme of Social-Democracy in the First Russian Revolution 1905-1907（1908）" in *Collected Works, vol. 13：June 1907- April 1908*（Moscow：Progress Publishers，1972），第 385 页。

62　Belliustin，*Description of the Clergy*，第 114 页。另参见 Smucker，*The Life and Reign of Nicholas the First, Emperor of Russia*，第 199 页；Stepniak，*Russia under the Tzars*，第 58 页。"除

了基督本人，凡人且为窃贼"这句谚语转引自 Georg Brandes，*Impressions of Russia*，由 Samuel C. Eastman 翻译（Boston：C. J. Peters & Son，1889），第 148 页。

63　Nathan Haskell Dole，*Young Folks' History of Russia*（New York：Saalfield Publishing Co.，1903），第 521 页。

64　"Koe chto ob otkupakh, Kolokol list 10, 1 marta 1858 g.,"　第 79 页；Haxthausen，*Russian Empire*，第 2 卷，第 174~175 页；Hosking，*Russia*，第 105~106 页。关于"高压统治"参见 Charles Tilly，Coercion，*Capital and European States，AD 990-1990*（Cambridge，Mass.：Blackwell Press，1990），第 87~91 页。关于这篇文章对议程设置的重要性参见 Christian，*Living Water*，第 264~265 页。

65　Levin and Satarov，"Corruption and Institutions in Russia"，第 113~114 页。关于俄罗斯这个国家和其统治阶级参见 Donald Ostrowski，"The Façade of Legitimacy：Exchange of Power and Authority in Early Modern Russia"，*Comparative Studies in Society and History*，第 44 卷第 3 期（2002），第 536~539 页；John P. LeDonne，*Absolutism and Ruling Class：The Formation of the Russian Political Order，1700-1825*（New York：Oxford University Press，1991），第 3~9 页。

66　参见 Ledeneva，*Can Russia Modernise ?* 第 50~84 页。

67　Feifer，"Corruption in Russia, Part 1: A Normal Part of Everyday Life" 以及 "Part 3: How Russia Is Ruled"，*Radio Free Europe/Radio Liberty*，2009 年 11 月 28 日，http://www.rferl.org/articleprintview/1890170.html（2010 年 10 月 22 日访问）；Vladimir Shlapentokh，"Russia's Acquiescence to Corruption Makes the State Machine Inept"，*Communist and Post-Communist Studies*，第 36 卷第 2 期（2003），第 158 页；Michael Bohm，"Thieves Should Go to Jail！" *Moscow Times*，2010 年 10 月 8 日，http://themoscowtimes.com/opinion/article/thieves-should-go-tojail/418993.html（2010 年 10 月 11 日访问）；Smith，*Reforming the Russian Legal System*，第 12 页；Dev Kar and Sarah Freitas，*Russia：Illicit Financial Flows and the Role of the Underground Economy*（Washington，D.C.：Global Financial Integrity，2013），第 22 页。

68　David M. Herszenhorn，"Text of Navalny's Closing Remarks in Russian Court"，*New York Times*，2013 年 7 月 5 日，http://www.nytimes.com/2013/07/06/world/europe/text-of- navalnysclosing-remarks-in-russian-court.html（2013 年 7 月 6 日访问）。

69　同上。

70　P. V. Berezin，*Na sluzhbe zlomu delu*（Moscow：I. N. Kyshnerev i Ko.，1900）；Mikhail Fridman，*Vinnaya monopoliya, tom 2：Vinnaya monopoliya v Rossii*，共 2 卷（Petrograd：Pravda，1916），第 2 卷，第 70~74 页。关于亚历山大三世治下的贿赂和腐败问题的顽固性，参见 Dole，*History of Russia*，第 521 页。

71　Hermann von Samson-Himmelstjerna，*Russia under Alexander III. And in the Preceding Period*，由 J. Morrison 翻译，Felix Volkhovsky 编辑（New York：Macmillan，1893），第 xxii~xxiii 页。

72　同上，第 xxiii 页。

73　Frye，"Corruption and Rule of Law"，第 94 页。

74　转引自 Alena Ledeneva，*Russia's Economy of Favours：Blat，Networking and Informal Exchange*（New York：Cambridge University Press，1998），第 11 页。

75　Ledeneva，*How Russia Really Works*，第 193 页。

76　Feifer，"Corruption in Russia"，第一部。

77　Levin and Satarov，"Corruption and Institutions in Russia"，第 130 页。

78　Ledeneva，*Can Russia Modernise ?* 第 252~255 页。关于普京这一场进行中的反腐败运动的不同看法参见 "Is Russia's Anti-Corruption Drive the Real Thing ?" Voice of Russia Weekly Experts' Panel-13，2013 年 2 月 12 日，http://english.ruvr.ru/experts13（2013 年 2 月 15 日访问）。

第九章

1 可参见 Charles Tilly，*Coercion，Capital and European States，AD 990-1990*（Cambridge，Mass.：Blackwell，1990），第 65-95 页。

2 Geoffrey Hosking，*Russia：People and Empire，1552-1917*（Cambridge，Mass.：Harvard University Press，1997），第 103 页；Arcadius Kahan，*The Plow，the Hammer and the Knout*（Chicago：University of Chicago Press，1985），第 316 页；David Christian，*Living Water：Vodka and Russian Society on the Eve of Emancipation*（Oxford：Clarendon，1990），第 186 页。

3 Janet Hartley，"Provincial and Local Government" in *Cambridge History of Russia：Imperial Russia，1689-1917*，由 Dominic Lieven 编辑（New York：Cambridge University Press，2006），第 473 页；Sergei M. Troitskii，*Finansovaia politika russkago absoliutizma v XVIII veke*（Moscow：Nauka，1966），第 53 页。

4 Kahan，*Plow，the Hammer and the Knout*，第 319~320 页；John P. LeDonne，"Indirect Taxes in Catherine's Russia，I：The Salt Code of 1781"，*Jahrbücher für Geschichte Osteuropas* 第 23 卷（1975），第 162~163 页。

5 John P. LeDonne，"Indirect Taxes in Catherine's Russia，II：The Liquor Monopoly"，*Jahrbüher fü Geschichte Osteuropas*，第 24 卷第 2 期（1976），第 203 页。

6 同上；Troitskii，*Finansovaia politika*，第 214 页。

7 Sergei F. Platonov，*Ivan the Terrible*，由 Joseph Wieczynski 翻译（GulfBreeze，Fla.：Academic International，1974），第 118 页；Johann Danckaert，*Beschrijvinge van Moscovien ofte Rusland*（Amsterdam，1615），第 63 页；转引自 James Billington，*The Icon and the Axe：An Interpretive History of Russian Culture*（New York：Alfred A. Knopf，1966），第 86 页；Isabel de Madariaga，*Ivan the Terrible：First Tsar of Russia*（New Haven，Conn.：Yale University Press，2005），第 221 页。

8 由 Samuel H. Baron 编辑，*The Travels of Olearius in Seventeenth-Century Russia*（Palo Alto，Calif.：Stanford University Press，1967），第 143 页。

9 William Coxe，*Travels in Poland，Russia，Sweden and Denmark，Interspersed with Historical Relations and Political Inquiries*，共 3 卷（Dublin：S. Price，1784），第 3 卷，第 63~66 页。

10 Robert Ker Porter，"Excerpts from 'Travelling Sketches in Russia and Sweden'" in *Seven Britons in Imperial Russia：1698-1812*，由 Peter Putnam 编辑（Princeton，N.J.：Princeton University Press，1952），第 312~313 页。

11 Hannibal Evans Lloyd，*Alexander I：Emperor of Russia；or，a Sketch of His Life，and of the Most Important Events of His Reign*（London：Treuttel & Würtz，1826），第 118~119 页。

12 Frederick Douglass，*Narrative of the Life of Frederick Douglass：An American Slave [1845]*（New York：Cambridge University Press，2011），第 74~76 页。我要感谢伊曼纽尔·阿基安蓬，他让我注意到这条引用。

13 Astolphe Custine，marquis de，*Empire of the Czar：A Journey through Eternal Russia：1839*（New York：Doubleday，1989），第 437 页。

14 Baron August Freiherr Haxthausen，*The Russian Empire：Its People，Institutions，and Resources*，由 Robert Faire 翻译，共 2 卷（London：Chapman & Hall，1856），第 2 卷，第 174~175 页，第 408~409 页。另参见 Hosking，*Russia*，第 106 页。

15 Audroné Janužyte，"Historians as Nation State-Builders：The Formation of Lithuanian University，1904-1922"（academic diss.，University of Tampere，2005），第 22 页。同样的，请参见 Piotr S. Alekseev，*O p'yanstve spredisloviem gr. L. N. Tolstago*（Moscow：1891），第 93 页。

16 Alexis de Tocqueville，*Democracy in America*，由 Richard D. Heffner 编辑，删节版（New York：

Mentor Books，1956），第 201 页。关于跨国的禁酒运动参见 Mark Lawrence Schrad，*The Political Power of Bad Ideas：Networks，Institutions，and the Global Prohibition Wave*（New York：Oxford University Press，2010），第 31~61 页。

17　Henry M. Baird，*The Life of the Rev. Robert Baird，D. D.*（New York：A. D. F. Randolph，1866），第 195 页。另参见 Baird's correspondence from St. Petersburg to the American Sunday School Union，1840 年 10 月 20 日，the Presbyterian Historical Society，American Sunday School Union Papers，1817-1915，reel 45 series I，C：1840B，no. 200-202。关于"宗教部分"参见 Dawson Burns，*Temperance History：A Consecutive Narrative of the Rise，Development and Extension of the Temperance Reform*（London：National Temperance Publication Depot，1889），第 120、255 页；Eustace Clare Grenville Murray，*The Russians of To-Day*（London：Smith，Elder & Co.，1878），第 19 页。

18　Egidijus Aleksandravičius，*Lietuvių atgimimo istorijos studijos，tom 2：Blaivybė Lietuvoje XIX amziuje*（Vilnius：Sietynas，1991），第 61 页。关于莫特尤斯·瓦兰丘斯牧师和考纳斯省的禁酒运动参见 Januyte，"Historians as Nation State-Builders"，第 21 页。关于波兰和乌克兰西部的禁酒运动，参见 Boris Savchuk，*Korchma：alkogol'na politika i rukh tverezosti v Zakhidnii Ukraini u XIX - 30-kh rokakh XX st*（Ivano-Frankivs'k，Ukraine：Lileya-NV，2001），第 138~230 页。另参见 Barbara J. Falk，*The Dilemma of Dissidence in East-Central Europe*（Budapest：CEU Press，2003），第 18 页；Patrick Rogers，*Father Theobald Mathew：Apostle of Temperance*（Dublin：Browne & Nolan，1943）。

19　Aleksandravičius，*Blaivybe. Lietuvoje XIX amz iuje*，第 72 页；Christian，*Living Water*。

20　Christian，*Living Water*，第 295 页；David Christian，"A Neglected Great Reform：The Abolition of Tax Farming in Russia" in *Russia's Great Reforms*，1855-1881，Ben Eklof，John Bushnell，与 Larissa Zakharova 编辑（Bloomington：Indiana University Press，1994），第 105 页。

21　Christian，*Living Water*，第 325~326 页；摘取自此书的报告，*Svedeniya*，第 2 卷，第 235~237 页。

22　V. A. Fedorov，"Liquor Tax Rebellion（Trezvennoe dvizhenie）" in *Bol'shaia sovetskaia entsiklopediia*，由 A. M. Prokhorov 编辑（New York：Macmillan，1981），第 101 页。

23　Ivan Pryzhov，*Istoriya kabakov v Rossii*（Moscow：Molodiya sily，1914），第 50~51 页；John Stearns，*Temperance in All Nations：History of the Cause in All Countries of the Globe*（New York：National Temperance Society and Publication House，1893），第 329~333 页。

24　D. MacKenzie Wallace，*Russia*（New York：Henry Holt & Co.，1877），第 99 页。另外参见 R. E. F. Smith and David Christian. *Bread and Salt：A Social and Economic History of Food and Drink in Russia*（New York：Cambridge University Press，1984），第 93 页。

25　*Moskovskie vedomosti*，第 62 期，1859 年 3 月 13 日；翻译版参见 Christian，*Living Water*，第 314 页。

26　Murray，*Russians of To-Day*，第 29~30 页。同样的，参见 Fedorov，"Liquor Tax Rebellion（Trezvennoe dvizhenie）"，第 101 页。

27　转引自 Christian，*Living Water*，第 348 页。

28　Fedorov，"Liquor Tax Rebellion（Trezvennoe dvizhenie）"，第 101 页。

29　Christian，"A Neglected Great Reform"，第 107~109 页；Aleksandr P. Pogrebinskii，"Finansovaya reforma nachala 60-kh godov XIX veka v Rossii"，*Voprosi istorii*，第 10 期（1951），第 78~82 页；W. Bruce Lincoln，*The Great Reforms：Autocracy，Bureaucracy，and the Politics of Change in Imperial Russia*（Dekalb：Northern Illinois University Press，1990），第 62 页；Walter McKenzie Pinter，*Russian Economic Policy under Nicholas I*（Ithaca，N.Y.：Cornell University Press，1967），第 78 页。

30　翻译版参见 Christian，*Living Water*，第 357 页。另参见同上，第 349 页；Christian，"A Neglected Great Reform"，第 108 页。

31　转引自 Christian，*Living Water*，第 349 页。

32 同上，第 350 页。

33 同上，第 361~364 页；Irina R. Takala, *Veselie Rusi: Istoriia alkogol'noi problemy v Rossii*（St. Petersburg：Zhurnal Neva，2002），第 92~93 页。

34 Mikhail Fridman, *Vinnaya monopoliya, tom 2: Vinnaya monopoliya v Rossii*，共 2 卷（Petrograd：Pravda，1916），第 2 卷，第 70~75 页；P. V. Berezin, *Nasluzhbe zlomu delu*（Moscow：I. N. Kyshnerev i Ko.，1900）；Christian, *Living Water*，第 374~379 页；Pinter, *Russian Economic Policy under NicholasI*，第 78~80 页。

35 Fridman, *Vinnaya monopoliya*, tom 2，第 2 卷，第 65~66 页。或许对饮酒量最详细的调查来自 V. K. Dmitriev, *Kriticheskie issledovaniya o potreblenii alkogolya v Rossii*（Moscow：V. P. Ryabushinskii，1911）。另参见 Stanislav I. Smetanin and Mikhail V. Konotopov, *Razvitie promyshlennosti v krepostnoi Rossii*（Moscow：Akademicheskii proect，2001），第 184~190 页。

36 参见 Switzerland Bureau fédéral de statistique, *Question de l'alcoolisme. Exposécomparatif des lois et des expériences de Quelques états étrangers, par le Bureau fédéral de statistique*（Berne：Imprimerie K. J. Wyss，1884），特别是第 672 页。

37 Murray, *Russians of To-Day*，第 30~33 页。

38 Luigi Villari, *Russia under the Great Shadow*（New York：James Pott & Co.，1905），第 250 页。

39 Georg Brandes, *Impressions of Russia*，由 Samuel C. Eastman 翻译（Boston：C. J. Peters & Son，1889），第 144 页。

第十章

1 Karl Marx and Friedrich Engels, *The Communist Manifesto*（New York：International Publishers，1948），第 9 页。

2 关于政府参见同上，第 11 页。关于宗教参见 Karl Marx, *Critique of Hegel's 'Philosophy of Right'*（New York：Cambridge University Press，1970），第 131 页。

3 另外参见 Joseph R. Gusfield, "Social Structure and Moral Reform：A Study of the Woman's Christian Temperance Union"，*American Journal of Sociology*，第 61 卷第 3 期（1955），第 225 页。我并没有发现任何证据可以证明这段话出自卡尔·马克思本人。Frank Harris, *Oscar Wilde: His Life and Confessions, vol. 1*（New York：Brentano's Publishers，1916），第 166 页。

4 Karl Marx, *Capital, vol. 3: The Process of Capitalist Production as a Whole*（New York：Penguin Classics，1991），第 927 页。

5 Friedrich Engels, *The Condition of the Working Class in England in 1844*（London：Swan Sonnenschein & Co.，1892），第 127~129 页。

6 David Christian, "Accumulation and Accumulators：The Metaphor Marx Muffled"，*Science and Society*，第 54 卷第 2 期（1990），以及，*Living Water: Vodka and Russian Society on the Eve of Emancipation*（Oxford：Clarendon，1990），第 37 页。

7 Orlando Figes, *A People's Tragedy: The Russian Revolution, 1891-1924*（New York：Viking，1996），第 129 页；Franz Mehring, *Karl Marx: The Story of His Life*（London：Routledge，2003），第 407 页；M. Grigoryan, "N. G. Chernyshevsky's World Outlook" in *N. G. Chernyshevsky: Selected Philosophical Essays*（Moscow：Foreign Languages Publishing House，1953），第 9 页。

8 Figes, *A People's Tragedy*，第 135 页。

9 "Koe chto ob otkupakh, *Kolokol* list 10, 1 marta 1858 g." in *Kolokol: Gazeta A. I. Gertsena i N.P.*

Ogareva（Moscow：Izdatel'stvo Akademii nauk SSSR，1962），第 79 页。

10　同 上；Baron August Freiherr Haxthausen，*The Russian Empire：Its People，Institutions，and Resources*，由 Robert Faire 翻译，共 2 卷（London：Chapman & Hall，1856），第 2 卷，第 174~175 页；Geoffrey Hosking，*Russia：People and Empire，1552-1917*（Cambridge，Mass.：Harvard University Press，1997），第 105~106 页。关于"强制式高压统治"的治国政策参见 Charles Tilly，*Coercion，Capital and European States，AD 990-1990*（Cambridge，Mass.：Blackwell，1990），第 87~91 页。

11　或许聪明的读者会同意这种说法。Joseph Frank，*Through the Russian Prism：Essays on Literature and Culture*（Princeton，N.J.：Princeton University Press，1990），第 187 页。另参见 Andrew M. Drozd，*Chernyshevskii's"What Is to Be Done？"：A Reevaluation*（Evanston，Ill.：Northwestern University Press，2001），第 13 页。

12　Figes，*A People's Tragedy*，第 129 页。

13　Marshall Berman，*All That Is Solid Melts into Air：The Experience of Modernity*（New York：Verso，1983），第 215~216 页。

14　Robert H. Stacy，*Russian Literary Criticism：A Short History*（Syracuse，N.Y.：Syracuse University Press，1974），第 55 页。

15　Drozd，*Chernyshevskii's"What Is to Be Done？"：A Reevaluation*，第 13 页。

16　Joseph Frank，*Dostoevsky：The Stir of Liberation，1860-1865*（Princeton，N.J.：Princeton University Press，1986），第 285 页；Frank，*Through the Russian Prism*，第 188~189 页。

17　Georgii V. Plekhanov，*Izbrannye filosofskie proizvedeniia*，共 5 卷（Moscow：Gosudarstvennoe izdatel'stvo politicheskoi literatury，1958），第 4 卷，第 159~160 页；Marx，*Capital*，第 19 页；William F. Woehrlin，*Chernyshevskii：The Man and the Journalist*（Cambridge，Mass.：Harvard University Press，1971），第 216 页。

18　"Sombre Monsters— or，How to Blow up a Country"，Nicky's What（Russian history blog），2010 年 5 月 10 日，http://nickyswhat.wordpress.com/2010/05/10/sombre-monsters-or-how-to-blow-up-a-country（2011 年 3 月 17 日访问）。

19　Nikolai G. Chernyshevskii，*A Vital Question；or，What Is to Be Done？* 由 Nathan Haskell Dole 与 S. S. Skidelsky 翻译（New York：Thomas Y. Crowell & Co.，1886），第 2~3 页，第 139 页。在接下来的部分，我交替援引着来自不同世纪的译本，以给出我觉得对当代的读者而言是最精确和最容易理解的一种解释。

20　Nikolai G. Chernyshevskii，*What Is to Be Done？* 由 Michael R. Katz 翻译（Ithaca，N.Y.：Cornell University Press，1989），第 52、64 页。

21　Chernyshevskii，*What Is to Be Done？* 12 页，第 115~116 页，第 118 页（1886 年版）。

22　Chernyshevskii，*What Is to Be Done？* 第 93 页（1993 年版）。

23　Chernyshevskii，*What Is to Be Done？* 第 116 页（1886 年版）。

24　Nikolai G. Chernyshevskii，"Otkupnaya sistema（Sovremennik，1858）"in *Izbrannye ekonomichesie proizvedeniya*，*tom 1*（Moscow：Gosudarstvennoe izdatel'stvo politicheskoi literatury，1948），第 668 页；最初版本是假名 L. 潘克拉特夫（L. Pankrat'ev）署名的，"Otkupnaya sistema"，*Sovremennik*，第 10 期（1858）。另参见 Marc Lee Schulkin，"The Politics of Temperance：Nicholas II's Campaign against Alcohol Abuse"（Ph.D. diss.，Harvard University，1985），第 28 页。关于潘克拉特夫参见 T. I. Pecherskaya，"Avtor v strukture syuzhetnogo povestvovaniya（"Povesti v povesti"N. G. Chernyshevskogo）"，Raznochintsy shestidesyatykh godov XIX veka. Fenomen samosoznaniya v aspekte filologicheskoi germenevtiki，2004 年 1 月 28 日，http://rassvet.websib.ru/text. htm?no=15&id=11（2011 年 5 月 11 日访问）。

25　Chernyshevskii，"Otkupnaya sistema"，第 682 页。

26　同上，第 670、679 页。

27 同上，第 671~672 页。

28 同上，第 678 页。另参见第 7 章，第 46 条注释。

29 同上，第 685~687 页。

30 Chernyshevskii, *What Is to Be Done?* 第 212 页（1886 年版）。

31 Nikolai G. Chernyshevskii, *Chto delat'? Iz rasskazov o novykh lyudyakh*（Moscow: Molodaya gvardiya, 1948），第 242 页。车尔尼雪夫斯基对 "grud'" 一词的引用提供了更多的线索——可以译为 "胸部" 或 "肺部"。在小说中，车尔尼雪夫斯基至少有六次写道，酒鬼（或者改造后的酒鬼）都有（或者曾经有过）胸肺部的不良疾病。然而，车尔尼雪夫斯基并没有像在他 *Sovremennik* 关于税务外包制度的揭露文章的第一句那样提到肺结核病——这一 19 世纪欧洲文学作品中女主角常见的疾病，他反而重复地提及胸肺部的结核病和溃疡病，并提出 "实际上，我们的胸肺部都有着非常严重的溃疡病"。Chernyshevskii, "Otkupnaya Sistema"，第 667 页。

32 参见第七章，第 8 条注释。

33 Edvard Radzinsky, *Alexander II: The Last Great Tsar*，由 Antonina W. Bouis 翻译（New York: Simon & Schuster, 2005），第 161~162 页；Berman, *All That Is Solid Melts into Air*，第 216 页；Michael Burleigh, *Earthly Powers: The Clash of Religion and Politics in Europe, from the French Revolution to the Great War*（New York: HarperCollins, 2007），第 280~281 页。

34 Radzinsky, *Alexander II*，第 162 页。

35 Kenneth Lantz, *The Dostoyevsky Encyclopedia*（Westport, Conn.: Greenwood, 2004），第 58 页；Peter Sekirin, "Literary Journals and 'Innocent'Novels: The Period of Transition" in *The Dostoyevsky Archive: Firsthand Accounts of the Novelist from Contemporaries' Memoirs and Rare Periodicals*，由 Peter Sekirin 编辑（Jefferson, N. C.: McFarland & Co., 1997），第 145 页；Frank, *Dostoevsky*，第 155 页；Walter G. Moss, *Russia in the Age of Alexander II, Tolstoy and Dostoevsky*（London: Anthem, 2002），第 80 页。

36 Lantz, *Dostoyevsky Encyclopedia*，第 58 页。

37 确实，这本书一开始的几十页展现了一篇对于酗酒问题的真实结论文章；在这篇文章里，当铺老板、酒馆老板和他们的酗酒顾客都明显地互相关联着。Fyodor Dostoevsky, *Crime and Punishment*，由 Jessie Coulson 翻译，George Gibian 编辑，第 3 版（New York: W. W. Norton, 1989），第 6~23 页。

38 Donald Fanger, *Dostoevsky and Romantic Realism: A Study of Dostoevsky in Relation to Balzac, Dickens, and Gogol*（Evanston, Ill.: Northwestern University Press, 1998），第 184~185 页；Robin Feuer Miller, *Dostoevsky's Unfinished Journey*（New Haven, Conn.: Yale University Press, 2007），第 55~56 页。

39 唐纳德·范格尔清楚地指出了关于酒精问题的讨论对陀思妥耶夫斯基这部杰作有着重要影响，*Dostoevsky and Romantic Realism*，第 184~185 页。另参见 Leonid P. Grossman, "Gorod i lyudi Prestupleniya i nakazaniya" in *Prestupleniya i nakazaniya*，由 Fyodor Dostoevsky 编辑（Moscow: Goslitizdat, 1935），第 23 页。

40 1865 年 6 月 8 日陀思妥耶夫斯基的信件作为附录被重印在《罪与罚》，第 476 页。

41 Miller, *Dostoevsky's Unfinished Journey*，第 55 页。

42 转引自 Patricia Herlihy, *The Alcoholic Empire: Vodka and Politics in Late Imperial Russia*（New York: Oxford University Press, 2002），第 7~8 页。

43 重印在 Dostoevsky, *Crime and Punishment*，第 487~488 页。另外参见 Miller, *Dostoevsky's Unfinished Journey*，第 57 页。

44 参见 Herlihy, *Alcoholic Empire*，第 113~114 页。

45 公平地说，托尔斯泰的《怎么办?》（tak chto zhe nam delat'?）和车尔尼雪夫斯基的《怎么办?》并不是完全一样的。关于托尔斯泰与车尔尼雪夫斯基的比较参见 Hugh McLean, *In Quest of Tolstoy*（Brighton, Mass.: Academic Studies, 2008），第 110 页；Andrew Baruch Wachtel, *Plays of Expectations: Intertextual Relations in Russian Twentieth-Century Drama*（Seattle:

University of Washington Press，2006），第 25 页，第 10 条注释。关于托尔斯泰的现实主义写作参见 Győgy Lukács，"Tolstoy and the Development of Realism" in *Studies in European Realism: A Sociological Survey of the Writings of Balzac, Stendhal, Zola, Tolstoy, Gorki, and Others*（London：Merlin，1972），第 126~205 页。关于托尔斯泰和俄罗斯政府参见 Fedor Stepun，"The Religious Tragedy of Tolstoy"，*Russian Review*，第 19 卷第 2 期（1960），第 157~158 页。讽刺的是，车尔尼雪夫斯基常常捍卫着托尔斯泰的早期作品，反驳着那些说托尔斯泰对紧急的社会问题轻描淡写的指控。Adam B. Ulam，*The Bolsheviks*（New York：Macmillan，1965），第 58 页。

46 Leo Tolstoy，*What Is to Be Done? and "Life"*（New York：Thomas Y. Crowell & Co.，1899），第 60 页（接着延续到第 64 页）。

47 托尔斯泰争论着政府和资产阶级是如何密谋发明"鱼雷和各种设备，以用于垄断酒精贸易和私人目的"；他抱怨道，"但我们的纺车，农妇们的织布机，村里的犁，短柄斧，链枷，耙子，轭具和水桶仍和留里克王朝统治时期一样"，那还是 9 世纪的时候。Leo Tolstoy，*What Then Must We Do?* 由 Aylmer Maude 翻译（London：Oxford University Press，1925），第 295~296 页。

48 Henri Troyat，*Tolstoy*（New York：Doubleday，1967），第 378 页。另外参见 Stepun，"Religious Tragedy of Tolstoy"，第 152 页。

49 Stepun，"Religious Tragedy of Tolstoy"，第 164 页；Anna A. Tavis，"Authority and Its Discontents in Tolstoy and Joyce" in *Leo Tolstoy*，由 Harold Bloom 编辑（Broomall, Pa.：Chelsea House，2003），第 67 页。

50 Tavis，"Authority and Its Discontents in Tolstoy and Joyce"，第 66 页。

51 转引自 Herlihy，*Alcoholic Empire*，第 111-112 页。

52 Leo Tolstoy，"Letter to A. M. Kuzminskii，November 13-15，1896" in *Polnoe sobranie sochenenii*（Moscow：Gosudarstvennoe izdatel'stvo khudozhestvennoi literatury，1954），第 69 卷，第 205~206 页；转引自 Herlihy，*Alcoholic Empire*，第 15 页。

53 Troyat，*Tolstoy*，第 567 页。

54 William Nickell，*The Death of Tolstoy: Russia on the Eve，Astapovo Station，1910*（Ithaca，N.Y.：Cornell University Press，2010），第 75 页。

55 Jan Kucharzewski，*The Origins of Modern Russia*（New York：Polish Institute of Arts and Sciences in America，1948），第 162 页；Julio Alvarez del Vayo，*The March of Socialism*（London：Cape，1974），第 114 页。

56 Ivan S. Turgenev，*Virgin Soil*，由 T. S. Perry 翻译（New York：Henry Holt & Co.，1877），第 70~71 页。更新版本参见 New York Review of Books Classics 版本（由 Constance Garnett 翻译），2000 年，第 84 页。有些人将其翻译为"白兰地酒"，其他人则翻译为"饮料"。

57 Turgenev，*Virgin Soil*，第 240 页。

58 在这里，我再次引用 1877 年译本（同上，第 232~233 页），用"伏特加酒"替换"白兰地酒"，因为这样的翻译是与后来的译本一致的，参见 Turgenev，*Virgin Soil*，第 266 页（2000 年版）。

59 Turgenev，*Virgin Soil*，第 252 页。

60 同上，第 254~255 页。

61 同上。

62 Figes，*A People's Tragedy*，第 130 页。

63 Sue Mahan and Pamala L. Griset，*Terrorism in Perspective*，第 2 版。（Thousand Oaks，Calif.：Sage，2009），第 40~41 页。

64 Philip Pomer，*Lenin's Brother: The Origins of the October Revolution*（New York：W. W. Norton，2010），第 127~128 页。另外值得注意的是革命者在被流放到西伯利亚后使用走私的伏特加酒来贿赂和灌醉监狱看守这一现象的蔓延范围。Helen Rappaport，*Conspirator: Lenin in Exile*（New York：Basic Books，2010），第 195 页，第 75~76 页。

65 参见 Pomer，*Lenin's Brother*；Adam B. Ulam，*Prophets and Conspirator in Prerevolutionary*

Russia（New Brunswick, N.J.: Transaction, 1998），第 392~393 页；Peter Julicher, *Renegades, Rebels and Rogues under the Tsars*（Jefferson, N.C.: MacFarland & Co., 2003），第 222~223 页。

66　Burleigh, *Earthly Powers*，第 280 页；Michael R. Katz and William G. Wagner, "Introduction: Chernyshevsky, What Is to Be Done? and the Russian Intelligentsia" in *What Is to Be Done?* 由 Nikolai G. Chernyshevskii 编辑（Ithaca, N.Y.: Cornell University Press, 1989），第 32 页；转引自 N. Valentinov, "Chernyshevskii i Lenin", *Novyi zhurnal*，第 27 期（1951），第 193~194 页。

67　Vladimir I. Lenin, "What Is to Be Done?" in *Essential Works of Lenin*（New York: Bantam Books, 1966）。另参见 Lars T. Lih, *Lenin Rediscovered: What Is to Be Done? In Context*（Leiden: E. J. Brill, 2006）。关于列宁与车尔尼雪夫斯基可以参见 Vladimir I. Lenin, "'The Peasant Reform' and the Proletarian-Peasant Revolution" in *Collected Works, vol.17: December 1910-April 1912*（Moscow: Progress Publishers, 1963），第 122~124 页；Valentinov, "Chernyshevskii i Lenin"。

68　拉赫梅托夫甚至竟然曾众所周知地睡在钉床上，以更好地忍受政府施加的折磨。Drozd, *Chernyshevskii's "What Is to Be Done?"": A Reevaluation*，第 113~140 页。

69　Vladimir I. Lenin, "*Socialism and Religion*" in *Collected Works, vol.10: November 1905-June 1906*（Moscow: Progress Publishers, 1962），第 83~84 页。这篇文章最初刊登在 *Novoya Zhizn'* 第 28 期，1905 年 12 月 3 日。关于列宁个人的饮酒习惯参见 Rappaport, *Conspirator*，第 195 页，第 75~76 页；Robert Hatch McNeal, *Bride of the Revolution: Krupskaya and Lenin*（Ann Arbor: University of Michigan Press, 1972），第 76 页。另参见 James D. Young, *Socialism since 1889: A Biographical History*（London: Pinter, 1988），第 102 页。关于列宁和克鲁普斯卡娅两人以有节制的饮酒习惯接待更有节制的斯大林参见 Robert Service, *Stalin: A Biography*（Cambridge, Mass.: Harvard University Press, 2004），第 88~89 页。

70　Stephen Colbert, "The Red Lending Menace", *The Colbert Report*，2008 年 10 月 7 日，http//www.colbertnation.com/the-colbert-reportvideos/187342/october-07-2008/the-red-lending-menace（2012 年 3 月 2 日访问）。

71　Nadezhda Krupskaya, *Reminiscences of Lenin*，由 Bernard Isaacs 翻译（New York: International Publishers, 1970），第 40 页。

72　Vladimir I. Lenin, "The Development of Capitalism in Russia" in *Collected Works, vol. 3: The Development of Capitalism in Russia*（Moscow Progress Publishers, 1960），第 290~291 页。这篇文章最初出现在 Vladimir I. Lenin, *Razvitie kapitalizma v Rossii*（St. Petersburg: Tipolitografiya A. Leiferta, 1899）。关于列宁在酒精问题和家庭暴力上的看法参见 Christopher Read, *Lenin: A Revolutionary Life*（New York: Routledge, 2005），第 38 页。

73　"Liquor Monopoly" in *Bol'shaia sovetskaia entsiklopediia*，由 A. M. Prokhorov 编辑（New York: MacMillan, Inc., 1974），第 248 页；引自 Vladimir I. Lenin, "Duma i utverzhdenie byudzheta" in *Polnoe sobranie sochinenii, tom 15: Fevral'-iyun' 1907*（Moscow: Gosudarstvennoe izdatel'stvo politicheskoi literatury, 1961）；最初版本参见 *Nashe ekho*，第 2 期，1907 年 3 月 27 日。

74　Vladimir I. Lenin, "To the Rural Poor" in *Collected Works, vol. 6: January 1902-August 1903*（Moscow: Progress Publishers, 1961），第 400~401 页；最初版本见 Vladimir I. Lenin, *K derevenskoi bednote: Ob'yasnenie dlya krest'yan, chego khotyat sotsial'demokraty*（Geneva: Tipografiya ligi russkoi revolyutsionnoi sotsial'demokratii, 1903）。

75　Vladimir I. Lenin, "The Serf-Owners at Work" in *Collected Works, vol. 5: May 1901-February 1902*（London: Lawrence & Wishart, 1961），第 95 页；最初版本出现在 *Iskra*，第 8 期，1901 年 9 月 10 日。

76　Vladimir I. Lenin, "Casual Notes" in *Collected Works, vol. 4: 1898-April 1901*（Moscow: Progress Publishers, 1972），第 407~408 页；最初版本出现在 *Zarya*，第 1 期，1901 年 4 月 1 日。

77 *Pravda*，1913 年 3 月 15 日；Vladimir I. Lenin，"Spare Cash" in *Collected Works, vol. 18: April 1912-March 1913*（Moscow：Gosudarstvennoe izdatel'stvo politicheskoi literatury，1963），第 601~602 页。

78 Vladimir I. Lenin，"Lessons of the Moscow Uprising" in *Collected Works, vol. 11: June 1906-January 1907*（Moscow：Progress Publishers，1962），第 174 页；最 初 的 版 本 出 现 在 *Proletary*，第 2 期，1906 年 8 月 29 日。

79 Vladimir I. Lenin，"Beat—But Not to Death！" in *Collected Works, vol. 4: 1898-April 1901*（Moscow：Progress Publishers，1960）；最初版本的 "Bei, no ne do smerti"，出版于 *Zarya*，创刊号，1901 年 4 月。另外参见 Lih，*Lenin Rediscovered*，第 206 页。

80 Ivan V. Strel'chuk，*Alkogolizm i bor'ba s nim*（Moscow：Molodaya gvardiya，1954），第 13 页。另参见 Clara Zetkin，"My Recollections of Lenin" in *On the Emancipation of Women*，由 Vladimir I.Lenin 编辑（London：Pluto，2003），第 102~103 页。

第十一章

1 Nikolai G. Chernyshevskii，"Otkupnaya sistema（Sovremennik，1858）" in *Izbrannye ekonomichesie proizvedeniya*，tom 1（Moscow：Gosudarstvennoe izdatel'stvo politicheskoi literatury，1948），第 670~672 页。关于国家制度和欧洲战争的发动参见 Francis Fukuyama，*The Origins of Political Order: From Prehuman Times to the French Revolution*（New York：Farrar，Straus & Giroux，2011），第 389 页；Charles Tilly，*Coercion, Capital and European States, AD 990-1990*（Cambridge，Mass.：Blackwell，1990），第 74 页。另参见 Aleksandr E.Levintov，"Voina i vodka v Rossii" in *Alkogol' v Rossii: Materialy tret'ei mezhdunarodnoi nauchno-prakticheskoi konferentsii*（Ivanovo，26-27 oktyabrya 2012），由 Mikhail V. Teplyanskii 编 辑（Ivanovo：Filial RGGU v g. Ivanovo，2012），第 12~19 页。

2 Nathan Haskell Dole，*Young Folks' History of Russia*（New York：Saalfield Publishing Co.，1903），第 256 页。

3 Sergei M. Soloviev，*History of Russia, vol. 9: The Age of Vasily III*（GulfBreeze，Fla.：Academic International，1976），第 55 页；Dole，*Young Folks' History of Russia*，第 250 页。16 世纪的纳罗部队——皇帝陛下的士兵们在这里饱饮着啤酒和蜂蜜酒——也同样被提及了。参见 Freiherr Sigmund von Herberstein，*Description of Moscow and Muscovy: 1557*（New York：Barnes & Noble，1969），第 20 页。

4 这一说法源自 Bruno S. Frey and Heinz Buhofer，"Prisoners and Property Rights"，*Journal of Law and Economics*，第 31 卷第 1 期（1988）。

5 Margaret Levi，*Consent, Dissent, and Patriotism*（New York：Cambridge University Press，1997），第 42 页。

6 Georg Brandes，*Impressions of Russia*，由 Samuel C. Eastman 翻译（Boston：C. J. Peters & Son，1889），第 210~211 页。很少有人会对雇佣兵当中高比例的擅离职守现象感到惊讶。William C. Fuller Jr.，"The Imperial Army" in *The Cambridge History of Russia, vol. 2: Imperial Russia, 1689-1917*，由 Dominic Lieven 编辑（New York：Cambridge University Press，2006），第 532~533 页。

7 Isser Woloch，"Napoleonic Conscription: State Power and Civil Society"，*Past & Present* 111（1986）。

8 Fuller，"Imperial Army"，第 537 页。

9 同上，第 533 页；George Snow，"Alcoholism in the Russian Military: The Public Sphere and the Temperance Discourse，1883-1917"，*Jahrbüher fn Geschichte Osteuropas*，第 45 卷第 3 期（1997），

第 419~421 页。

10　Richard A. Gabriel, *The New Red Legions: An Attitudinal Portrait of the Soviet Soldier* (Westport, Conn.: Greenwood, 1980), 第 153 页。

11　Hannibal Evans Lloyd, *Alexander I: Emperor of Russia; or, a Sketch of His Life, and of the Most Important Events of His Reign* (London: Treuttel & Würtz, 1826), 第 91、95 页。

12　P. S. White and H. R. Pleasants, *The War of Four Thousand Years* (Philadelphia: Griffith & Simon, 1846), 第 183 页。

13　Aleksandr Nikishin and Petr Nechitailov, *Vodka i Napoleon* (Moscow: Dom russkoi vodki, 2008); Owen Connelly, *Blundering to Glory: Napoleon's Military Campaigns* (Lanham, Md.: Rowman & Littlefield, 2006), 第 172 页。

14　想一想托尔斯泰在《战争与和平》中的描述: *War and Peace*, 由 Nathan Haskell Dole 翻译, 共 4 卷 (New York: Thomas Y. Crowell & Co., 1889), 第 3 卷, 第 382 页。

15　Adam Zamoyski, *Moscow 1812: Napoleon's Fatal March* (New York: HarperCollins, 2005), 第 300 页; Mary Platt Parmele, *A Short History of Russia* (Flint, Mich: Bay View Reading Circle, 1899), 第 182 页; Alfred Rambaud, *Russia*, 共 2 卷 (New York: P. F. Collier & Son, 1902), 第 2 卷, 第 186 页; Walter K. Kelly, *History of Russia, from the Earliest Period to the Present Time*, 共 2 卷 (London: Henry G. Bohn, 1854), 第 1 卷, 第 185~186 页。

16　August Fournier, *Napoleon I: A Biography*, 共 2 卷 (New York: Henry Holt & Co., 1911), 第 207~208 页。彼得罗夫斯基宫位于今天的列宁格勒, 靠近迪纳摩球场和霍登卡广场。

17　Napoleon Bonaparte, *Memoirs of the History of France during the Reign of Napoleon: Historical Miscellanies, vol. 2* (London: Henry Colburn & Co., 1823), 第 101 页。

18　Tolstoy, *War and Peace*, 第 383 页。托尔斯泰一直对纵火的阴谋论持怀疑态度, 因为考虑到当时的处境, 很有可能发生偶然情况下起火的情况。

19　Fournier, *Napoleon I: A Biography*, 第 207~208 页。另外参见 Zamoyski, *Moscow 1812*, 第 302 页。另参见 *Letter of the Abbe Surrugues, curate of the parish of St. Louis in Moscow, quoted in Gaspard (?) Gourgaud, Napoleon and the Grand Army in Russia; or a Critical Examination of Count Philip DeSegur's Work* (Philadelphia: Anthony Finley, 1825), 第 169 页。

20　转引自 Zamoyski, *Moscow 1812*, 第 302 页。同样的, 请参见 C. Joyneville, *Life and Times of Alexander I: Emperor of All the Russias*, 共 3 卷 (London: Tinsley Brothers), 第 2 卷, 第 199 页。

21　Eugène Labaume, *Relation complète de la campagne de Russie, en 1812*, 第 5 版 (Paris: Rey et Gravier, 1816), 第 226~227 页; Louis Florimond Fantin des Odoards, *Journal du général Fantin des Odoards* (Paris: E. Plon, Nourritet Cie, 1895), 第 337 页。

22　Labaume, *Relation complète de la campagne de Russie, en 1812*, 第 240~242 页; Gourgaud, *Napoleon and the Grand Army in Russia*, 第 273 页, 第 313~314 页, 第 329 页; "The French Retreat from Moscow", *The Living Age*, 第 95 卷第 7 期 (1867), 第 475 页。

23　Gourgaud, *Napoleon and the Grand Army in Russia*, 第 160~161 页。

24　Fournier, *Napoleon I: A Biography*, 第 209 页。

25　Stephan Talty, *The Illustrious Dead: The Terrifying Story of How Typhus Killed Napoleon's Greatest Army* (New York: Three Rivers, 2009), 第 67~69 页。

26　Joyneville, *Life and Times of Alexander I*, 第 233~234 页。

27　J. M. Buckley, *The Midnight Sun, the Tsar and the Nihilist* (Boston: D. Lothrop & Co., 1886), 第 215~216 页。

28　Leo Tolstoy, *A Confession and Other Religious Writings* (New York: Penguin Classics, 1987), 第 23 页; 转引自 Patricia Herlihy, *The Alcoholic Empire: Vodka and Politics in Late Imperial Russia* (New York: Oxford University Press, 2002), 第 61 页。

29　A. N. Wilson, *Tolstoy* (New York: W. W. Norton, 1988), 第 117 页。

30 Robert A. Hodasevich, *A Voice from within the Walls of Sebastopol: A Narrative of the Campaign in the Crimea, and of the Events of the Siege* (London: John Murray, 1856), 第 57 页。关 于 缅什科夫和他的那些贵妇们的故事参见 Orlando Figes, *The Crimean War: A History* (New York: Macmillan, 2011), 第 206 页。

31 Hodasevich, *Voice from within the Walls of Sebastopol*, 第 57 页; Robert B. Edgerton, *Death or Glory: The Legacy of the Crimean War* (Boulder, Colo.: Westview, 1999), 第 60 页。按照官 方算法, 1 查卡 (charka) 等于 1/100 桶或者大约 3.3 盎司。另参见 Dominic Lieven, *Russia against Napoleon: The True Story of the Campaigns of War and Peace* (New York: Penguin, 2010), 第 11 条注释。

32 Hodasevich, *Voice from within the Walls of Sebastopol*, 第 57 页。

33 同上, 第 86、90 页。

34 Edgerton, *Death or Glory*, 第 84~85 页; Figes, *Crimean War*, 第 210、216 页。

35 Figes, *Crimean War*, 第 218 页。

36 Edgerton, *Death or Glory*, 第 86 页。

37 William Simpson, "Within Sebastopol during the Siege", *The English Illustrated Magazine*, vol. 17(1897 年 4 月 -9 月), 第 302 页; Hodasevich, *Voice from within the Walls of Sebastopol*, 第 2 页。 关于沙皇军队里蔓延的伏特加酒问题和腐败问题参见 John Shelton Curtiss, *The Russian Army under Nicholas I: 1825-1855* (Durham, N.C.: Duke University Press, 1965), 第 194 页, 第 212~227 页。

38 Hodasevich, *Voice from within the Walls of Sebastopol*, 第 98~99 页; Figes, *Crimean War*, 第 234 页。

39 Hodasevich, *Voice from within the Walls of Sebastopol*, 第 99 页。

40 同上, 第 239、122、184 页; Figes, *Crimean War*, 第 255 页; Edgerton, *Death or Glory*, 第 236 页; Leo Tolstoy, *Sebastopol*, 由 Frank D. Millet 翻译 (New York: Harper & Brothers, 1887), 第 58~66 页, 第 191~197 页。关于外国人的看法参见 Lady Frances Verney, "Rural Life in Russia" in *Russia as Seen and Described by Famous Writers*, 由 Esther Singleton 编辑 (New York: Dodd, Mead & Co., 1906), 第 247 页。

41 Robert H. G. Thomas, *The Russian Army of the Crimean War, 1854-56* (Oxford: Osprey, 1991), 第 3 页。

42 Henry Tyrrell, *The History of the War with Russia: Giving Full Details of the Operations of the Allied Armies*, 共 2 卷 (London: London Printing & Publishing Co., 1855), 第 2 卷, 第 197~198 页。关于法国人和英国人的饮酒问题另参见 Figes, *Crimean War*, 第 181、396 页; Edgerton, *Death or Glory*, 第 227~228 页, 第 236~277 页。

43 Tyrrell, *History of the War with Russia*, 第 198 页。

44 Herlihy, *Alcoholic Empire*, 第 57 页。另参见 William Steveni, *The Russian Army from Within* (New York: Hodder & Stoughton, 1914), 第 44~45 页。

45 Snow, "Alcoholism in the Russian Military", 第 424~425 页。更多关于 "Was he drunk ? " 参见 Frederick McCormick, *Tragedy of Russia in Pacific Asia*, 共 2 卷 (New York: Outing Publishing Co., 1907), 第 2 卷, 第 281 页。

46 Frederic William Unger, *Russia and Japan, and a Complete History of the War in the Far East* (Wilmington, Del.: Scholarly Resources, 1905), 第 231~240 页。

47 Vinkentii V. Veresaev, *In the War: Memoirs of V. Veresaev*, 由 Leo Winter 翻译 (New York: Mitchell Kennerley, 1917), 第 7~8 页; 关于自杀参见第 19~21 页。

48 Joshua A. Sanborn, *Drafting the Russian Nation: Military Conscription, Total War, and Mass Politics, 1905-1925* (DeKalb: Northern IllinoisUniversity Press, 2003), 第 13 页; Veresaev, *In the War*, 第 23 页。

49 Veresaev, *In the War*, 第 25 页。

50 关于麦考密克的第一印象参见 *Tragedy of Russia in Pacific Asia*，第 1 卷，第 27 页。另参见同上，第 2 卷，第 278~282 页；Ernest Barron Gordon，*Russian Prohibition*（Westerville，Ohio：American Issue，1916），第 8 页。

51 Eugene S. Politovsky，*From Libau to Tsushima: A Narrative of the Voyage of Admiral Rojdestvensky's Fleet to Eastern Seas, Including a Detailed Account of the Dogger Bank Incident*，由 F. R. Godfrey 翻译（New York：E. P. Dutton，1908），第 11 页。

52 McCormick，*Tragedy of Russia in Pacific Asia*，第 1 卷，第 143 页。关于军官集体里高发的酗酒现象参见 V. E. Bagdasaryan，"Vinnaya monopoliya i politicheskaya istoriya" in *Veselie Rusi, XX vek: Gradusnoveishei rossiiskoi istorii ot "p'yanogo byudzheta" do "sukhogozakona"*，由 Vladislav B. Aksenov 编辑（Moscow：Probel-2000，2007），第 101~103 页。

53 McCormick，*Tragedy of Russia in Pacific Asia*，第 1 卷，第 180~181 页。

54 同上，第 2 卷，第 279 页。

55 同上，第 2 卷，第 281 页。

56 Richard Linthicum，*War between Japan and Russia*（Chicago：W. R. Vansant，1904），第 213 页。

57 Petr A. Zaionchkovskii，*The Russian Autocracy under Alexander III*，由 David R. Jones 翻译（Gulf Breeze，Fla.：Academic International，1976），第 22 页。

58 Kevin Lee，"Dogger Bank: Voyage of the Damned"，Hullwebs History of Hull（Kingston upon Hull city history website）（2004），http://www.hullwebs.co.uk/content/l-20c/disaster/doggebank/voyage-of-dammed.htm#（2009 年 3 月 21 日访问）；Sydney Tyler，*The Japan Russia War*（Philadelphia：P. W. Ziegler Co.，1905），第 357 页。

59 Lee，"Dogger Bank: Voyage of the Damned"。

60 Richard Michael Connaughton，*The War of the Rising Sun and Tumbling Bear: A Military History of the Russo-Japanese War, 1904-5*（New York：Routledge，1991），第 246 页。

61 Norman E. Saul，*Sailors in Revolt: The Russian Baltic Fleet in 1917*（Lawrence：Regents Press of Kansas，1978），第 64~66 页。

62 Connaughton，*War of Rising Sun and Tumbling Bear*，第 246 页；Lee，"Dogger Bank: Voyage of the Damned"；Constantine Pleshakov，*The Tsar's Last Armada: The Epic Voyage to the Battle of Tsushima*（New York：Basic Books，2003），第 98 页。

63 Pleshakov，*Tsar's Last Armada*，第 98~99 页；Tyler，*Japan-Russia War*，第 364 页。

64 Gordon，*Russian Prohibition*，第 9 页；Michael Graham Fry，Erik Goldstein，and Richard Langhorne，*Guide to International Relations and Diplomacy*（London：Continuum，2002），第 162 页。

65 J. Martin Miller，*Thrilling Stories of the Russian-Japanese War*（n.p.，1904），第 449 页。

66 Veresaev，*In the War*，第 259~260 页。

67 同上，第 275 页。

68 同上，第 259~260 页。

69 *Vil'no voenno-listok* 中对此有报道；转引自 Snow，"Alcoholism in the Russian Military"，第 427 页。

70 McCormick，*Tragedy of Russia in Pacific Asia*，第 2 卷，第 280 页。

71 Pleshakov，*Tsar's Last Armada*，第 192~193 页。

72 同上，第 283、286 页。

73 McCormick，*Tragedy of Russia in Pacific Asia*，第 2 卷，第 280 页。另参见 Pleshakov，*Tsar's Last Armada*，第 324~325 页。

74 McCormick，*Tragedy of Russia in Pacific Asia*，第 2 卷，第 281 页。

75 W. Bruce Lincoln，*In War's Dark Shadow: The Russians before the Great War*（New York：Dial，1983），第 243、259 页。

76 W. Bruce Lincoln, *In War's Dark Shadow: The Russians before the Great War* (New York: Dial, 1983), 第 243、259 页。

第十二章

1 Viktor P. Obninskii, *Poslednii samoderzhets, ocherk zhizni i tsarstvovaniia imperatora Rossii Nikolaia II-go* (Moscow: Respublika, 1992), 第 21~22 页。

2 Mark D. Steinberg and Vladimir M. Khrustalëv, *The Fall of the Romanovs: Political Dreams and Personal Struggles in a Time of Revolution* (New Haven, Conn.: Yale University Press, 1995), 第 5 页。

3 Robert K. Massie, *Nicholas and Alexandra* (New York: Atheneum, 1967), 第 19~20 页。

4 参 见 Orlando Figes, *A People's Tragedy: The Russian Revolution, 1891-1924* (New York: Viking, 1996), 第 16 页; Valentina G. Chernukha, "Emperor Alexander III, 1881-1894" in *The Emperors and Empresses of Russia: Rediscovering the Romanovs*, 由 Donald J. Raleigh 和 Akhmed A. Iskenderov 编 辑 (Armonk, N.Y.: M. E. Sharpe, 1996), 第 359 页; Charles Lowe, *Alexander III of Russia* (New York: Macmillan, 1895), 第 277~289 页; Hermann von Samson-Himmelstjerna, *Russia under Alexander III. And in the Preceding Period*, 由 Felix Volkhovsky 编辑, J. Morrison 翻译 (New York: MacMillan and Co., 1893), 第 xxi~xxii 页。

5 Petr A. Zaionchkovskii, *Rossiiskoe samoderzhavie v kontse XIX stoletiya* (Moscow: Mysl', 1970), 第 47~48 页。

6 James P. Duffy and Vincent L. Ricci, *Czars: Russia's Rulers for over One Thousand Years* (New York: Barnes & Noble Books, 1995), 第 331~332 页; Catherine Radziwill, *Nicholas II: The Last of the Tsars* (London: Cassell & Co., 1931), 第 100 页。

7 Zaionchkovskii, *Rossiiskoe samoderzhavie*, 第 51~52 页。

8 Mohammed Essad-Bey [Lev Nussimbaum], *Nicholas II: Prisoner of the Purple*, 由 Paul Maerker-Branden 和 Elsa Branden 翻 译 (New York: Funk & Wagnalls Co., 1936), 第 153 页。另外 参见 George Alexander Lensen, *Russia's Eastward Expansion* (New York: Prentice-Hall, 1964), 第 95 页; David Chavchavadze, *The Grand Dukes* (New York: Atlantic International, 1990), 第 224 页。

9 Mark D. Steinberg, "Russia's Fin De Siècle, 1900-1914" in *Cambridge History of Russia* 由 Ronald G. Suny 编辑 (New York: Cambridge University Press, 2006), 第 72 页。这并不是众人的盛宴第一次出现如此可怕的事故。就在 40 年前, 亚历山大二世的加冕典礼后, 一场为 25 万宾客准备的免费宴席被雨天所阻碍, 并且受到人群的破坏。而且, 庆祝活动甚至在新沙皇到达之前就意外开始了。而一旦这些宾客们喝下了 1252 桶葡萄酒、3120 桶啤酒和不计其数的伏特加酒之后, 就再也没有人可以阻止他们了。Henry Tyrrell, *The History of the War with Russia: Giving Full Details of the Operations of the Allied Armies*, 共 2 卷 (London: London Printing & Publishing Co., 1855), 第 2 卷, 第 334~335 页。

10 Duffy and Ricci, *Czars*, 第 331 页; Massie, *Nicholas and Alexandra*, 第 58~59 页; W. Bruce Lincoln, *The Romanovs: Autocrats of All the Russias* (New York: Dial, 1981), 第 627 页。关于这对夫妇的慈善工作参见 Christopher Warwick, *Ella: Princess, Saint and Martyr* (London: John Wiley & Sons, 2006), 第 167 页。

11 Alexander Mikhailovich Romanov, *Once a Grand Duke* (New York: Farrar & Rinehart, 1932), 第 139 页; Zaionchkovskii, *Rossiiskoe samoderzhavie*, 第 52 页, 第 136~137 页; Patricia Herlihy, *The Alcoholic Empire: Vodka and Politics in Late Imperial Russia* (New York: Oxford University Press, 2002), 第 24~28 页, 第 209n1 页。

12　Constantine Pleshakov, *The Tsar's Last Armada: The Epic Voyage to the Battle of Tsushima*（New York：Basic Books, 2003），第 21~22 页。另外参见 Zaionchkovskii, *Rossiiskoe samoderzhavie*, 第 51 页。

13　Mike Martin, *From Crockett to Custer*（Victoria, B.C.：Trafford, 2004），第 172~173 页。

14　Dee Brown, *Wondrous Times on the Frontier*（Little Rock, Ark.：August House, 1991），第 46~52 页。

15　Marc Ferro, *Nicholas II: Last of the Tsars*（New York：Oxford University Press, 1993），第 49 页；Julia P. Gelardi, *From Splendor to Revolution: The Romanov Women, 1847-1928*（New York：Macmillan, 2011），n.p.。

16　Pleshakov, *Tsar's Last Armada*, 第 21、58、98、152 页。

17　大公夫人后来退隐到一间修道院居住, 她的余生都奉献给了帮助穷人和倡导戒酒的事业。Edith Martha Almedingen, *An Unbroken Unity: A Memoir of Grand-Duchess Serge of Russia, 1864-1918*（London：Bodley Head, 1964），第 52 页；Lincoln, *Russia*, 第 651 页。

18　关于他的酗酒问题参见 Obninskii, *Poslednii samoderzhets*, 第 21 页。关于作为替罪羊, 参见 Ferro, *Nicholas II*, 第 47 页。

19　Alexander Polunov, *Russia in the Nineteenth Century: Autocracy, Reform and Social Change, 1814-1914*, 由 Marshall Shatz 翻译（Armonk, N.Y.：M. E. Sharpe, 2005），第 219~221 页。关于伏特加酒推动下的骚乱和屠杀参见 Kate Transchel, *Under the Influence: Working-Class Drinking, Temperance, and Cultural Revolution in Russia, 1895-1932*（Pittsburgh, Pa.：University of Pittsburgh Press, 2006），第 36 页；V. E. Bagdasaryan, "Vinnaya monopoliya i politicheskaya istoriya" *in Veselie Rusi, XX vek: Gradus noveishei rossiiskoi istorii ot "p'yanogo byudzheta" do "sukhogo zakona"*, 由 Vladislav B. Aksenov 编辑（Moscow：Probel-2000, 2007），第 108~111 页。

20　V. Blagoveshchenskii, "Vred p'yanstva dlya obshchestva i gosudarstva" in *Pit' do dna—ne vidat' dobra. Sbornik statei protiv p'yanstva*（St. Petersburg：Tipografiya Aleksandro-Nevskago obshchestva trezvosti, 1911）；N. N. Shipov, *Alkogolizm i revolyutsiya*（St. Petersburg：Grad., 1908），第 35~42 页；W. Arthur McKee, "Sobering up the Soul of the People：The Politics of Popular Temperance in Late Imperial Russia", *Russian Review*, 第 58 卷 2 期（1999），第 214 页；Herlihy, *Alcoholic Empire*, 第 61~62 页, 第 66~68 页。关于抵制购买伏特加酒的浪潮参见 Transchel, *Under the Influence*, 第 36 页。

21　Marr Murray, *Drink and the War from the Patriotic Point of View*（London：Chapman & Hall, 1915），引语；Vladimir P. Nuzhnyi, *Vino v zhinzni i zhizn' v vine*（Moscow：Sinteg, 2001），第 234 页；A. W. Harris, "A Compensation of the War", *Union Signal*, 1916 年 6 月 8 日, 第 5 页。

22　Mark Lawrence Schrad, *The Political Power of Bad Ideas: Networks, Institutions, and the Global Prohibition Wave*（New York：Oxford University Press, 2010），第 141 页, 第 173~174 页。关于德国皇帝的宣言参见 "Kaiser Wilhelm Seeks to Curb Drink Evil", *Union Signal*, 1913 年 9 月 25 日；James S. Roberts, *Drink, Temperance, and the Working Class in Nineteenth-Century Germany*（Boston：George Allen & Unwin, 1984），第 68~69 页。

23　Aleksandr M. Korovin, "Vysochaishii manifest 17 oktabrya i bor'ba s p'yanstvom", *Vestnik trezvosti*, 第 130 期（1905），翻译版转引自 Herlihy, *Alcoholic Empire*, 第 129 页。确实, 美国研究俄罗斯的专家乔治·凯南向戒酒提倡者弗朗西斯·威拉德解释道, "农民当中的酗酒问题是他们的贫穷和悲惨导致的结果——他们试图短暂逃避压迫和糟糕的政府给他们的意识带来的毫无希望的痛苦感"。George Kennan 致 Frances Willard, 1888 年 8 月 29 日, 第 2 页, 第 47 号文件—Correspondence, 1888：July-September（reel 15），Women's Christian Temperance Union Series, Temperance and Prohibition Papers, Evanston, 第 Ⅲ 页。

24　转引自 Transchel, *Under the Influence*, 第 31 页。另外参见 Irina R. Takala, *Veselie Rusi: Istoriia alkogol'noi problemy v Rossii*（St. Petersburg：Zhurnal Neva, 2002），第 100~103 页。Evgenii V.

Pashkov, "Kazennaya vinnaya monopoliya v Rossii kontsa XIX-nachala XX v." in *Alkogol' v Rossii: Materialy vtoroi mezhdunarodnoi nauchno-prakticheskoi konferentsii*（Ivanovo，28-29 oktyabrya 2011），由 Nikolai V. Dem'yanenko 编辑（Ivanovo：Filial RGGU v g. Ivanovo，2011），第 72~79 页。

25　Sergei Witte，*The Memoirs of Count Witte*（Garden City，N.Y.：Doubleday，1921），第 54~57 页；Mikhail Fridman，*Vinnaya monopoliya，tom 2：Vinnaya monopoliya v Rossii*（Petrograd：Pravda，1916），第 120~131 页；Nikolai Osipov，*Vinnaya monopoliya：Ee osnovniya nachala，organizatsiya，i nekotoriya posledstviya*（St. Petersburg：P. P. Soikin，1899），第 9、14 页。Alexis Raffalovich，"The State Monopoly of Spirits in Russia, and Its Influence on the Prosperity of the Population"，*Journal of the Royal Statistics Society*，第 64 卷第 1 期（1901）。Robert Hercod，*La prohibition de l'alcool en Russie*（Westerville，Ohio：American Issue，1919），第 4 页；Vladimir I. Lenin，"Casual Notes" in *Collected Works，vol. 4：1898-April 1901*（Moscow：Progress Publishers，1972），第 407~408 页。同时参见 Vladimir I. Lenin，"Spare Cash" in *Collected Works，vol. 18：April 1912-March 1913*（Moscow：Progress Publishers，1963），第 601~602 页。

26　D. G. Bulgakovskii，*Ocherk deyatel'nosti popechitel'stv o narodnoi trezvosti za vse vremya ikh sushchestvovaniya，1895-1909 G.*，共 2 卷（St. Petersburg：Otechestvennaya tipografiya，1910）；V. A. Hagen，*Bor'ba s narodnym p'yanstvom：Popechitel'stva o narodnoi trezvosti，ikh sovremennoe polozhenie i nedostatki*（St. Petersburg：Gosudarstvennaya Tipgrafiya，1907）；David Lewin，"Das Branntweinmonopol in Russland"，*Zeitschrift für die gesamte Staatswissenschaft*，第 25 卷（1908）。

27　参见 I. Mordvinov，*Obshchestvo trezvosti，zhizn' i rabota v nem*（St. Petersburg：Tipografiya Aleksandro-Nevskago obshchestva trezvosti，1911）；John F. Hutchinson，"Medicine，Morality，and Social Policy in Imperial Russia：The Early Years of the Alcohol Commission"，*Histoire sociale/Social History*，第 7 卷（1974），第 204 页；George Kennan，"Results of the Russian Liquor Reform"，*The Outlook*，1902 年 1 月 11 日；最初的原稿被储存在纽约公共图书馆。

28　Quoted in Herlihy，*Alcoholic Empire*，第 15 页。

29　Vladimir I. Gurko，*Features and Figures of the Past：Government and Opinion in the Reign of Nicholas II*，由 Laura Matveev 翻译（Palo Alto，Calif.：Stanford University Press，1939），第 530 页；Marc Lee Schulkin，"*The Politics of Temperance：Nicholas II's Campaign against Alcohol Abuse*"（Ph.D. diss.，Harvard University，1985），第 151~195 页。另外参见 f. 115（Soyuz 17-ogo Oktyabrya），op. 1，d. 111，l.3；f. 115，op. 1，d. 19，l.1-317；f. 115，op. 2，d. 16，l.1；f. 115，op. 2，d. 18，l.1-63；f. 1779（Kantselyariya vremennogo pravitel'stva，1917），op. 1，d. 709，l.1 Gosudarstvennyi Arkhiv Rossiskoi Federatsii（GARF）（俄罗斯联邦国家档案馆），Moscow。关于戒酒运动的发展和立法机关参见 Aleksandr L. Afanas'ev，"Trezvennoe dvizhenie 1907-1914 godov v Rossii：Etapy，kharakter，znachenie" in *Alkogol' v Rossii：Materialy pervoi mezhdunarodnoi nauchno-prakticheskoi konferentsii*（Ivanovo，29-30 oktyabrya 2010），由 Mikhail V. Teplyanskii 编辑（Ivanovo：Filial RGGU v g. Ivanovo，2010），第 114~119 页。

30　GARF，f. 102（Departament Politsii（4-oe deloproizvodstvo）），op. 209，d. 194（Vserossiiskii s" ezd' po bor'be s p'yanstvom），l.3-64；N. A. Lyubimov，*Dnevnik uchastnika pervago vserossiiskago s'ezda po bor'be s narodnym p'yanstvom. Sankt Peterburg，28 dekabrya 1909 g.-6 yanvarya 1910 g.*（Moscow：Pechatnya A. I. Snegirevoi，1911）；Laura Phillips，*Bolsheviks and the Bottle：Drink and Worker Culture in St. Petersburg，1900-1929*（DeKalb：Northern Illinois University Press，2000），第 12~17 页；Herlihy，*Alcoholic Empire*，第 130~132 页；Transchel，*Under the Influence*，第 55~65 页。关于政治上的反对党派和戒酒运动参见 Mikhail V. Teplyanskii，"Politicheskii aspekt trezvennogo dvizheniya v dorevolyutsionnoi Rossii" *in Alkogol' v Rossii：Materialy tret'ei mezhdunarodnoi nauchno-prakticheskoi konferentsii*（Ivanovo，26-27 oktyabrya

2012），由 Mikhail V. Teplyanskii 编辑（Ivanovo: Filial RGGU vg. Ivanovo, 2012），第 181 页。

31　Edvard Radzinsky, *The Last Tsar: The Life and Death of Nicholas II*, 由 Marian Schwartz 翻译（New York: Doubleday, 1992），第 102~110 页；Sir John Maynard, *Russia in Flux*（New York: Macmillan, 1949），第 171 页。

32　转引自 Vladimir N. Kokovtsov, *Out of My Past: The Memoirs of Count Kokovtsov*，由 Laura Matveev 翻译（Palo Alto, Calif.: Stanford University Press, 1935），第 444 页。另外参见 Vladislav B. Aksenov, *Veselie Rusi, XX vek: Gradus noveishei rossiiskoi istorii ot"p'yanogo byudzheta"do"sukhogo zakona"*（Moscow: Probel-2000, 2007），第 152~154 页。

33　Alexander M. Michelson, "Revenue and Expenditure" in *Russian Public Finance during the War*, 由 Alexander M. Michelson, Paul Apostol 和 Michael Bernatzky 编辑（New Haven, Conn.: Yale University Press, 1928），第 82 页。关于酒精饮用和转变为戒酒分子参见 Boris V. Ananich and Rafail S. Ganelin, "Emperor Nicholas II, 1894-1917", 由 Donald J. Raleigh 和 Akhmed A. Iskenderov 编辑（Armonk, N.Y.: M. E. Sharpe, 1996），第 390 页；W. Arthur McKee, "Taming the Green Serpent: Alcoholism, Autocracy, and Russian Society, 1881-1914"（Ph.D. diss., University of California, Berkeley, 1997），第 522 页。

34　William Johnson, *The Liquor Problem in Russia*（Westerville, Ohio: American Issue, 1915），第 191 页；Peter L. Bark, "Memoirs", Sir Peter Bark Papers, Leeds Russian Archive, Special Collections, Leeds University Library, n/d。另外参见 Bernard Pares, "Sir Peter Bark", *Slavonic and East European Review*, 第 16 卷第 46 期（1937），第 191 页；Takala, *Veselie Rusi*, 第 167 页。

35　陆军大臣弗拉基米尔·苏霍姆利诺夫同样推动了禁酒措施的实施。George Snow, "Alcoholism in the Russian Military: The Public Sphere and the Temperance Discourse, 1883-1917", *Jahrbücher fü Geschichte Osteuropas*, 第 45 卷第 3 期（1997），第 428~429 页；Arthur Toombes, *Russia and Its Liquor Reforms: National Experiments in License, State Monopoly and Prohibition*（Brisbane: Queensland Prohibition League, 1920），第 2 页。

36　Steinberg and Khrustalёv, *Fall of the Romanovs*, 第 6~8 页；Anna Viroubova, *Memories of the Russian Court*（London: Macmillan, 1923），第 127 页。

37　GARF, f. 601（Imperator Nikolai II），op. 1, d. 991, l.1-2。另外参见 Johnson, *Liquor Problem in Russia*, 第 194 页；Stephen P. Frank, Crime, Cultural Conflict, and Justice in Rural Russia, *1856-1914*（Berkeley: University of California Press, 1999），第 296 页。另外参见 A. S. Rappoport, *Home Life in Russia*（New York: Macmillan, 1913），第 94 页；Ernest Barron Gordon, *Russian Prohibition*（Westerville, Ohio: American Issue, 1916），第 41、56 页；George Thomas Marye, *Nearing the End in Imperial Russia*（Philadelphia: Dorrance & Co., 1929），第 38 页。

38　Denis Garstin, *Friendly Russia*（London: T. Fisher Unwin, 1915），第 215~216 页。

39　GARF, f. 671（v. kn. Nikolai Nikolaevich Romanov—mladschii），op. 1, d. 47, l.1 关于贵族在酒精上的利益对政策的影响参见 Walter G. Moss, *A History of Russia, vol. 1: To 1917*（Boston: McGraw Hill, 1997），第 300~302 页。关于错综复杂的财政利益阻碍了激进的变革参见 Dmitrii N. Borodin, "Vinnaya monopoliya", *Trudy kommissii po voprosu ob alkogolizm: Zhurnaly zasedanii i doklady III*（1899），第 173 页；Mikhail N. Nizhegorodtsev, "Alkogolizm i bor'ba s nim", *Zhurnal russkago obshchestva okhraneniya narodnago zdraviya*, 第 8 期（1909）；Bernard Pares, *Russia and Reform*（London: Archibald Constable & Co., 1907），第 146~148 页，第 420~423 页；M. Bogolepoff, "Public Finance" in *Russia: Its Trade and Commerce*, 由 Arthur Raffalovich 编辑（London: P. S. King & Son, 1918），第 27 页；Alexis Raffalovich, "Some Effects of the War on the Economic Life of Russia", *Economic Journal*, 第 27 卷第 105 期（1917），第 105 页。关于在豪华餐厅的饮酒参见 Rowland Smith, "Despatch from His Majesty's Ambassador at Petrograd, Enclosing a Memorandum on the Subject of the Temperance Measures Adopted in Russia since the Outbreak of the European War" in *House of Commons: Accounts and Papers, 1914-1916*（London: Harrison

& Sons，1915），第 154~155 页。

40　Bark，"Memoirs"，第 10 章，第 29~30 页。

41　Murray，*Drink and the War from the Patriotic Point of View*，第 16~17 页。另外参见 Michelson，"Revenue and Expenditure"，第 146~152 页；John Newton，*Alcohol and the War: The Example of Russia*（London：Richard J. James，1915），第 10~11 页。

42　Russkoe slovo（Moscow），1914 年 10 月 7 日；重印版参见 Johnson，*Liquor Problem in Russia*，第 200 页。在第二天沙皇的部长会议的报告里也可以找到同样的话，September 13（旧版）/September 29，1914（ 新 版 ）："No. 137. Osobyi zhurnal soveta ministrov. 13 sentyabrya 1914 goda: Ob usloviyakh svedeniya gosudarstvennoi rospisi dokhodov i raskhodov na 1915 god" in *Osobye zhurnaly Soveta Ministrov Rossiiskoi Imperii. 1909-1917 gg./1914 god*（Moscow：ROSSPEN，2006），第 364 页。另外参见 W. Arthur McKee，"Sukhoi zakon v gody pervoi mirovoi voiny: Prichiny，kontseptsiya i posledstviya vvedeniya sukhogo zakona v Rossii：1914-1917 gg." in *Rossiya I pervaya mirovaya voina*（Materialy mezhdunarodnogo nauchnogo kollokviuma）（St. Petersburg：Izdatel'stvo 'Dmitrii Bulanin'，1999），第 152~153 页。

43　Zaionchkovskii，*Rossiiskoe samoderzhavie*，第 52 页。

44　在一封写于 1883 年 11 月 20 日、用英文写的信中，沙皇王子尼古拉将康斯坦丁称为 "最亲爱的叔叔"；其他时候尼古拉则将在信件中称呼他为 "康斯坦丁"。GARF，f. 660（V. Kn. Konstantin Konstantinovich Romanov），op. 2，d. 195，l.1.

45　参见康斯坦丁代表全俄罗斯基督教禁酒主义者工人联盟给沙皇（皇帝尼古拉二世）所写的信：GARF，f. 601（Imperator Nikolai II），op. 1，d. 1268，l.179-180，第 184 页。另外参见 GARF，f. 579（Pavel N. Milyukov），op. 1，d. 2571，l.1-4；Herlihy，*Alcoholic Empire*，第 120 页。

46　Johnson，*Liquor Problem in Russia*，第 166~167 页。

47　Charlotte Zeepvat，*The Camera and the Tsars: The Romanov Family in Photographs*(Stroud，U.K.：Sutton，2004)；GARF，f. 660，op. 1，d. 65.

48　John Curtis Perry and Konstantin Pleshakov，*The Flight of the Romanovs: A Family Saga*（New York：Basic Books，2001），第 124 页。

49　Nicholas II Romanov，*Dnevniki imperatora Nikolaya II*（Moscow：Orbita，1991），第 489 页；Letter from Konstantin Konstantinovich to Tsar Nicholas II：GARF，f. 601（Imperator Nikolai II），op. 1，d. 1268，l.182-183。

50　GARF，f. 601，op. 1，d. 262，l.22-26。另外参见 Almedingen，*Unbroken Unity*，第 87 页。

51　Richard Pipes，*The Russian Revolution*（New York：Vintage Books，1990），第 779~780 页。考虑到距离、时间和处决方法的相似度，人们普遍认为这两场谋杀案件中的凶手是同样的人。参见 Great Britain Foreign Office，*A Collection of Reports on Bolshevism in Russia*（London：H. M. Stationery Office，1919），第 26 页。

第十三章

1　基于档案馆材料：f. 6996（Ministerstvo Finansov Vremennogo Pravitel'stva），op. 1，d. 345，l.28，Gosudarstvennyi Arkhiv Rossiskoi Federatsii（GARF）（俄罗斯联邦国家档案馆），Moscow。

2　关于巴克的权威记述的重印版参见 Ernest Barron Gordon，*Russian Prohibition*（Westerville，Ohio：American Issue，1916），第 11 页；William Johnson，*The Liquor Problem in Russia*（Westerville，Ohio：American Issue，1915），第 213 页，这一记述在英美的戒酒杂志上也随处可见。

3　John Newton，*Alcohol and the War: The Example of Russia*（London：Richard J. James，1915），第 5 页。

4　Alfred Knox, *With the Russian Army, 1914-1917*，共 2 卷（London：Hutchinson & Co., 1921），第 1 卷，第 39 页。

5　Peter L. Bark, "Memoirs"，Sir Peter Bark Papers, Leeds Russian Archive, Special Collections, Leeds University Library（n/d），第九章，第 21 页。

6　Letter from General Alexei Andreevich Polivanov to William E. Johnson, 1915 年 9 月 26 日，William E. "Pussyfoot" Johnson papers, Special Collections #180, New York State Historical Association, Cooperstown。

7　GARF, f. 102,（Departament politsii, 4-oe deloproizvodstvo），op. 1914, d. 138, "Obezporyadkakh zapisnykh nishnikh chinov prizvannykh na voinu", 1.24-120。类似的参见 V. L. Telitsyn, "Pervaya mirovaya i pervach" in *Veselie Rusi, XX vek: Gradus noveishei rossiiskoi istorii ot"p'yanogo byudzheta"do"sukhogo zakona"*，由 Vladislav B. Aksenov 编辑（Moscow：Probel-2000, 2007），第 122~127 页。

8　GARF, f. 102, op. 1914, d. 138, 1.35-38.

9　GARF, f. 102, op. 1914, d. 138, 1.100-105。约书亚·桑博恩在俄罗斯国家历史档案馆, f. 1292, op. 1, d. 1729 文件里也找到了类似的报道；转引自 Joshua A. Sanborn, *Drafting the Russian Nation: Military Conscription, Total War, and Mass Politics, 1905-1925*（DeKalb：Northern Illinois University Press, 2003），第 31 页。

10　Joshua A. Sanborn, "The Mobilization of 1914 and the Question of the Russian Nation: A Reexamination", *Slavic Review*，第 59 卷第 2 期（2000），第 277 页。

11　GARF, f. 102, op. 1914, d. 138, 1.116.

12　转引自 Marc Ferro, *Nicholas II: Last of the Tsars*（New York：Oxford University Press, 1993），第 71 页。

13　Sanborn, *Drafting the Russian Nation*，第 30~32 页，第 214 页；Vladimir I. Gurko, *Features and Figures of the Past: Government and Opinion in the Reign of Nicholas II*，由 Laura Matveev 翻译（Palo Alto, Calif.：Stanford University Press, 1939），第 537 页。

14　Francis B. Reeves, *Russia Then and Now: 1892-1917*（New York：G. P. Putnam's Sons, 1917），第 110 页。

15　GARF, f. 579, op. 1, d. 2598, 1.1；GARF, f. 579, op. 1, d. 2549, 1.1-2。另外参见 Stephen P. Frank, *Crime, Cultural Conflict, and Justice in Rural Russia, 1856-1914*（Berkeley：University of California Press, 1999），第 296 页；A. S. Rappoport, *Home Life in Russia*（New York：Macmillan, 1913），第 94 页。

16　Bark, "Memoirs"，第十章，第 1~2 页，第 8~16 页；Sergei G. Belyaev, *P. L. Bark I finansovaya politika Rossii, 1914-1917 gg.*（St. Petersburg：Izdatel'stvo S.-Peterburgskogo universiteta, 2002），第 162~164 页。另外参见 Alexander M. Michelson, "Revenue and Expenditure" in *Russian Public Finance during the War*，由 Alexander M. Michelson, Paul Apostol 和 Michael Bernatzky 编辑（New Haven, Conn.：Yale University Press, 1928），第 146~152 页。

17　Bark, "Memoirs"，第十章，第 16 页，第 21~22 页。

18　可参见 the report of A. Shingarev of the Finance Ministry on "War, Temperance and Finances" in GARF, f. 579, op. 1, d. 2547, 1.1。

19　Mikhail P. Ironshnikov, Lyudmila A. Protsai, and Yuri B. Shelayev, *The Sunset of the Romanov Dynasty*（Moscow：Terra, 1992），第 192 页；Bernard Pares, *The Fall of the Russian Monarchy*（New York：Alfred A. Knopf, 1939），第 459~471 页；Tsuyoshi Hasegawa, *The February Revolution: Petrograd, 1917*（Seattle：University of Washington Press, 1981），第 503~507 页。

20　关于革命的大量理论文献参见 Jack Goldstone, "Toward a Fourth Generation of Revolutionary Theory", *Annual Review of Political Science*，第 4 卷（2001）；Eric Selbin, "Revolution in the Real World: Bringing Agency Back In" in *Theorizing Revolutions*，由 John Foran 编辑（London：

Routledge, 1997）; Theda Skocpol, *Social Revolutions in the Modern World*（New York: Cambridge University Press, 1994）以及 *States and Social Revolutions: A Comparative Analysis of France, Russia and China*（New York: Cambridge University Press, 1979）。

21 可参见 Arthur Mendel, "On Interpreting the Fate of Imperial Russia" in *Russia under the Last Tsar*, 由 Theofanis George Stavrou 编辑（Minneapolis: University of Minnesota Press, 1969）; Mark von Hagen, "The Russian Empire" in *After Empire: Multiethnic Societies and Nation-Building*, 由 Karen Barkey 和 Mark von Hagen 编辑（Boulder, Colo.: Westview, 1997）。

22 Kate Transchel, *Under the Influence: Working-Class Drinking, Temperance, and Cultural Revolution in Russia, 1895-1932*（Pittsburgh, Pa.: University of Pittsburgh Press, 2006）, 第 70 页。

23 GARF, f. 601,（Imperator Nikolai II）, op. 1, d. 991, 1.1-2. 关于媒体对禁酒令的大量支持参见 Gordon, *Russian Prohibition*, 第 41 页; Robert Hercod, *La prohibition de l'alcool en Russie*（Westerville, Ohio: American Issue, 1919）, 第 5 页。

24 D. N. Voronov, *O samogone*（Moscow, 1929）, 第 6 页; 转引自 Transchel, *Under the Influence*, 第 70 页。关于私酿酒、酒精替代物和酒精中毒参见 GARF, f. 1779, op. 1, d. 716, l. 1b, 41; Andrei M. Anfimov, *Rossiiskaia derevnia v gody pervoi mirovoi voiny: 1914-fevral' 1917 G.*（Moscow: Izdatel'stvo sotsial'no-ekonomicheskoi literatury, 1962）, 第 243 页; V. Bekhterev, "Russia without Vodka" in *The Soul of Russia*, 由 Winifred Stephens 编辑（London: Macmillan, 1916）, 第 273 页; Ol'ga A. Chagadaeva, "'Sukhoi zakon' v rossiiskoi imperii v gody pervoid mirovoi voiny（po materialam Moskvy i Petrograda）" in *Alkogol' v Rossii: Materialy vtoroi mezhdunarodnoi nauchno-prakticheskoi konferentsii（Ivanovo, 28-29 oktyabrya 2011）*, 由 Nikolai V. Dem'yanenko 编辑（Ivanovo: Filial RGGU vg. Ivanovo, 2011）, 第 83~84 页; David Christian, "Prohibition in Russia 1914-1925", *Australian Slavonic and East European Studies*, 第 9 卷第 2 期（1995）, 第 102 页; Mikhail Friedman, "The Drink Question in Russia" in *Russia: Its Trade and Commerce*, 由 Arthur Raffalovich 编辑（London: P. S. King & Son, 1918）, 第 439 页, 第 47 页; Hasegawa, *February Revolution*, 第 201 页。

25 Doreen Stanford, *Siberian Odyssey*（New York: E. P. Dutton, 1964）, 第 31 页。

26 J. Y. Simpson, *The Self-Discovery of Russia*（London: Constable & Co., 1916）, 第 84 页。

27 Dmitry Shlapentokh, "Drunkenness in the Context of Political Culture: The Case of Russian Revolutions", *International Journal of Sociology and Social Policy*, 第 14 卷第 8 期（1994）, 第 38 页。另外参见 Dmitry Shlapentokh, "Drunkenness and Anarchy in Russia: A Case of Political Culture", *Russian History/Histoire Russe*, 第 18 卷第 4 期（1991）, 第 477 页。

28 Shlapentokh, "Drunkenness and Anarchy in Russia", 第 483 页。讽刺的是，1758 年，在与普鲁士人的战争中，据说俄罗斯军队在饮用了大量酒后输掉了一场战斗，这导致大约 2 万名士兵被抓。Boris Segal, *Russian Drinking: Use and Abuse of Alcohol in Pre-Revolutionary Russia*（New Brunswick, N.J.: Rutgers Center of Alcohol Studies, 1987）, 第 75 页。

29 Dmitri P. Os'kin, *Zapiski soldata*（Moscow: Federatsiya, 1929）, 第 274~276 页。另外参见 Karen Petrone, *The Great War in Russian Memory*（Bloomington: Indiana University Press, 2011）, 第 101 页。更多可参见 "Soldatskie pis'ma v gody mirovoi voiny, s predisloviem O. Chaadaevoi", *Krasnyi arkhiv*, 第 4~5 卷, 第 65~66 期（1934）, 第 118~163 页。

30 Emile Vandervelde, *Three Aspects of the Russian Revolution*（London: George Allen & Unwin, 1918）, 第 131~132 页。

31 GARF, f. 1779, op. 1, d. 705, 1. 5; GARF, f. 1779, op. 2, d. 299, 1.1-7; GARF, f. 6996 (Ministerstvo Finansov Vremennogo Pravitelistva, 1917), op. 1, d. 293, 1.5, 6, 17, 28, 33-38; GARF, f. 6996, op. 1, d. 296, 1.17; GARF, f. 6996, op. 1, d. 299, 1.5; GARF, f. 6996, op. 1, d. 300, 1.1-244.

32 Shlapentokh, "Drunkenness and Anarchy in Russia", 第 482 页。

33 *The Russian Diary of an Englishman: Petrograd, 1915-1917*（New York: Robert M. McBride &

Co., 1919），第 15 页。

34　W. Arthur McKee, "Taming the Green Serpent: Alcoholism, Autocracy, and Russian Society, 1881-1914"（Ph.D. diss., University of California, Berkeley, 1997），第 534 页。

35　Allan Wildman, "The February Revolution in the Russian Army", *Soviet Studies*，第 22 卷第 1 期（1970）。

36　GARF, f. 579（Milyukov, Pavel Nikolaevich），op. 1, d. 2547（Tezisy k dokladu A. I. Shingareva "Voina, trezvost' i finansy"），l.1；英语译本参见 Michael T. Florinsky, *The End of the Russian Empire*（New York: Collier Books, 1961），第 44 页。

37　W. Arthur McKee, "Sukhoi zakon v gody pervoi mirovoi voiny: Prichiny, kontseptsiya i posled-stviya vvedeniya sukhogo zakona v Rossii: 1914- 1917 gg." in *Rossiya i pervaya mirovaya voina*（Materialy mezhdunarodnogo nauchnogo kollokviuma）（St. Petersburg: Izdatel'stvo 'Dmitrii Bulanin', 1999），第 149 页；M. Bogolepoff, "Public Finance" in *Russia: Its Trade and Commerce*，由 Arthur Raffalovich 编辑（London: P. S. King & Son, 1918），第 346 页；Olga Crisp, *Studies in the Russian Economy before 1914*（New York: Barnes & Noble, 1976），第 27 页；Alexis Raffalovich, "Some Effects of the War on the Economic Life of Russia", *Economic Journal*，第 27 卷第 105 期（1917）。关于收入的减少参见 Alexander M. Michelson, "Revenue and Expenditure" in *Russian Public Finance during the War*，由 Alexander M. Michelson, Paul Apostol 和 Michael Bernatzky 编辑（New Haven, Conn.: Yale University Press, 1928），第 45 页；R. W. Davies, *Development of the Soviet Budgetary System*（New York: Cambridge University Press, 1958），第 65 页。

38　Transchel, *Under the Influence*，第 72 页。关于当时的警告参见 Sergei N. Prokopovich, *Voina i narodnoe khozyaistvo*，第 2 版（Moscow: Tipografiya N. A. Sazonovoi, 1918），第 115 页。

39　GARF, f. 579（Milyukov, Pavel Nikolaevich），op. 1, d. 2547（Tezisy k dokladu A. I. Shingareva "Voina, trezvost' i finansy"），l.1.

40　可参见 Boris Bakhmeteff, "War and Finance in Russia", *Annals of the American Academy of Political and Social Science*，第 75 期（1918），第 192~198 页。关于巴克（和维特）公开宣称轻视禁酒令对财政的影响，参见 Marr Murray, *Drink and the War from the Patriotic Point of View*（London: Chapman & Hall, 1915），第 16~17 页；Newton, *Alcohol and the War*，第 10~11 页；Arthur Sherwell, *The Russian Vodka Monopoly*（London: S. King & Son, 1915），第 7 页。关于在所有证据相左的前提下仍然继续相信帝国财政的偿付能力，参见 Peter L. Bark, "Doklad P. L. Barka Nikolayu II o rospisi dokhodov i raskhodov na 1917 god, s predisloviem B. A. Romanova", *Krasnyi arkhiv*，第 26 卷第 4 期（1926）；Bogolepoff, "Public Finance"，第 348 页；Friedman, "The Drink Question in Russia"，第 449 页；Stephen Graham, *Russia in 1916*（New York: Macmillan, 1917），第 120~125 页；D. N. Voronov, *Zhizn' derevni v dni trezvosti*（St. Petersburg: Gosudarstvennaya tipografiya, 1916）。有些人提及了所谓的核算效应是财政问题的根源；在这一效应下，战争开支的记录是独立于正常的运营预算的。"Finansovoe polozhenie Rossii pered oktyabr'skoi revolutsiei, s predisloviem B. A. Romanova", *Krasnyi arkhiv*，第 25 卷第 6 期（1927），第 4~5 页。

41　转引自 Vladimir N. Kokovtsov, *Out of My Past: The Memoirs of Count Kokovtsov*，由 Laura Matveev 翻译（Palo Alto, Calif.: Stanford University Press, 1935），第 473 页。

42　Bark, "Memoirs"，第十章，第 29~30 页。

43　Aleksandr P. Pogrebinskii, *Ocherki istorii finanasov dorevolyutsionnoi Rossii*（XIX-XX vv.）（Moscow: Gosfinizdat, 1954），第 126~128 页。

44　Michelson, "Revenue and Expenditure"，第 35 页。

45　可参见 GARF, f. 1779, op. 1, d. 705, l.5.

46　关于布霍夫的案子请参见 GARF, f. 6996, op. 1, d. 345, l.8, 28。关于来自沃罗涅日、叶卡捷琳诺斯拉夫市、托木斯克和其他省的案子参见 GARF, f. 6996, op. 1, d. 345, l.9-21 and 39-46。

47 Anton M. Bol'shakov, *Derevnya, 1917-1927* (Moscow: Rabotnik prosveshcheniya, 1927), 第 338 页。

48 GARF, f. 6996, op. 1, d. 346, 1.5-397, 特别是 51-52; Christian, "Prohibition in Russia 1914-1925", 第 107 页。

49 GARF, f. 1779, op. 1, d. 705, 1.5; GARF, f. 1779, op. 2, d. 299, 1.1-7; GARF, f. 6996 (Ministerstvo Finansov Vremennogo Pravitelistva, 1917), op. 1, d. 293, 1.5, 6, 17, 28, 33-38; GARF, f. 6996, op. 1, d. 296, 1.17; GARF, f. 6996, op. 1, d. 299, 1.2-376; GARF, f. 6996, op. 1, d. 300, 1.1- 245; GARF f. 6996, op. 1, d. 340, 1.1-4; GARF, f. 6996, op. 1, d. 342, 1.1-8.

50 Orlando Figes, *A People's Tragedy: The Russian Revolution, 1891-1924* (New York: Viking, 1996), 第 307 页; Patricia Herlihy, *The Alcoholic Empire: Vodka and Politics in Late Imperial Russia* (New York: Oxford University Press, 2002), 第 142~144 页; Kimitaka Matsuzato, "Interregional Conflicts and the Collapse of Tsarism: The Real Reason for the Food Crisis in Russia after the Autumn of 1916" in *Emerging Democracy in Late Imperial Russia*, 由 Mary Schaeffer Conroy 编辑 (Niwot: University Press of Colorado, 1998), 第 244 页。

51 "The Distressed Condition of the Russian Alcohol Industry", *Pure Products*, 第 11 卷 第 6 期 (1915), 第 279 页。

52 GARF, f. 1779, op. 1, d. 706, 1.1-16; GARF, f. 6996, op. 1, d. 343, 1.14, 27, 46; GARF, f. 6996, op. 1, d. 344, 1.1-8.

53 Graham, *Russia in 1916*, 第 130 页。

54 "The Distressed Condition of the Russian Alcohol Industry", 第 279 页。人们是否实现了这些计划令人怀疑，因为 1915 年夏天，俄罗斯人被赶出了加利西亚。但这证明了贵族蒸馏商们计划在禁酒令期间销售酒精，而政府也愿意协助他们。

55 GARF, f. 6996, op. 1, d. 343, 1.50, 69-71, 87.

56 Arkadii L. Sidorov, *Ekonomicheskoe polozhenie Rossii nakanune velikoi oktyabr'skoi sotsial-isticheskoi revolutsii: Dokumenty i materialy*, 共 3 卷 (Moscow: Izdatel'stvo akademii nauk SSSR, 1967), 第 3 卷, 第 131 页。关于持续的私人蒸馏活动参见 Alexis Antsiferov et al., *Russian Agriculture during the War* (New Haven, Conn.: Yale University Press, 1930), 第 164 页。关于农民与蒸馏商之间的传统贸易参见 Francis Palmer, *Russian Life in Town and Country* (New York: G. P. Putnam's Sons, 1901), 第 86~88 页。

57 Christian, "Prohibition in Russia 1914-1925", 第 113 页。

58 Sergei S. Ol'denburg, *Tsarstvovanie imperatora Nikolaya II*, 共 2 卷 (Munich: Izdanie obshchestva rasprostraneniya russkoi natsional'noi i patrioticheskoi literaturoi, 1949), 第 2 卷, 第 154~155 页。同样，可参见 *Comptroller Kharitonov's declarations in Johnson, Liquor Problem in Russia*, 第 211 页。

59 Rappoport, *Home Life in Russia*, 第 94 页。

60 John Hodgson, *With Denikin's Armies* (London: Temple Bar Publishing Co., 1932), 第 79 页; 转引自 Herlihy, *Alcoholic Empire*, 第 152 页。

第十四章

1 演说的重印版参见 Rabochaya gazeta, 1926 年 1 月 13 日; 转引自 Kate Transchel, *Under the Influence: Working-Class Drinking, Temperance, and Cultural Revolution in Russia, 1895-1932* (Pittsburgh, Pa.: University of Pittsburgh Press, 2006), 第 75 页。

2 基于 f. 1779 (Kantselyariya vremennogo pravitel'stva), op. 2, d. 206, 1.1-5, Gosudarstvennyi

Arkhiv Rossiskoi Federatsii（GARF）（俄罗斯联邦国家档案馆），Moscow。另外可参见 Joseph Barnes，"Liquor Regulation in Russia"，*Annals of the American Academy of Political and Social Science*，第 163 卷（1932），第 228 页。

3　Ian F. W. Beckett，*The Great War: 1914-1918*，第 2 版（New York：Pearson-Longman，2007），第 521~525 页。

4　Richard Pipes，*The Russian Revolution*（New York：Vintage Books，1990），第 307~317 页。

5　Orlando Figes，*A People's Tragedy: The Russian Revolution, 1891-1924*（New York：Viking，1996），第 316~321 页。

6　Edward T. Heald，*Witness to Revolution: Letters from Russia, 1916-1919*，由 James B. Glidney 编辑（Kent, Ohio：Kent State University Press，1972），第 59 页。另外可参见 Orlando Figes and Boris Kolonitskii，*Interpreting the Russian Revolution: The Language and Symbols of 1917*（New Haven, Conn.：Yale University Press，1999），第 34 页；James L. Houghteling Jr.，*A Diary of the Russian Revolution*（New York：Dodd, Mead & Co.，1918），第 146 页；R. H. Bruce Lockhart，*The Two Revolutions: An Eye-Witness Study of Russia, 1917*（Chester Springs, Pa.：Dufour Editions，1967），第 51 页；Emile Vandervelde，*Three Aspects of the Russian Revolution*（London：George Allen & Unwin，1918），第 29~30 页。

7　GARF, f. 1779, op. 2, d. 206, l.1-5。另外可参见 由 Arkadii L. Sidorov 编辑，*Ekonomicheskoe polozhenie Rossii nakanune velikoi oktyabr'skoi sotsialisticheskoi revolutsii: Dokumenty i materialy*，共 3 卷（Moscow：Izdatel'stvo akademii nauk SSSR，1957），第 2 卷，第 432 页；Barnes，"Liquor Regulation in Russia"，第 228 页。确实，就连地区政府提出关于改进政府财政的最激进的计划都不包括重新引用酒精的存在。由 Robert Paul Browder 和 Alexander F. Kerensky 编辑，*The Russian Provisional Government, 1917: Documents*，共 3 卷。（Palo Alto, Calif.：Stanford University Press，1961），第 2 卷，第 492~522 页。关于机构的瘫痪参见 Vladimir D. Nabokov，*The Provisional Government*（New York：John Wiley & Sons，1970），第 30~31 页。

8　参见 Mark D. Steinberg，*Voices of Revolution, 1917*（New Haven, Conn.：Yale University Press，2001），第 100~101 页，第 230 页，第 288~289 页。另外参见 Dmitry Shlapentokh，"Drunkenness and Anarchy in Russia: A Case of Political Culture"，*Russian History/Histoire Russe*，第 18 卷第 4 期（1991），第 477~479 页。

9　就像温斯顿·丘吉尔那广为人知的描述，"就像从瑞士传到俄罗斯的一波鼠疫杆菌病毒潮一样"。Winston Churchill，*The World Crisis, vol. 5: The Aftermath*（New York：Charles Scribner's Sons，1957），第 63 页。

10　Peter Kenez，*A History of the Soviet Union from the Beginning to the End*，第 2 版（New York：Cambridge University Press，2006），第 28 页。

11　Vladimir D. Bonch-Bruevich，*Na boevykh postakh fevral'skoi I oktyabr'skoi revolyutsii*，第 2 版（Moscow：Federatsiya，1931），第 183 页。

12　Bessie Beatty，*The Red Heart of Russia*（New York：The Century Co.，1918），第 333~334 页。

13　John Reed，*Ten Days That Shook the World*（New York：Random House，1935），第 321 页。另参见 John H. L. Keep，*The Russian Revolution: A Study in Mass Mobilization*（London：Weidenfeld & Nicholson，1976），第 332 页；Beatty，*Red Heart of Russia*，第 330~331 页。斯特朗采访了托洛茨基，他更希望将酒精卖往国外。Anna Louise Strong，*The First Time in History: Two Years of Russia's New Life（August 1921 to December 1923）*（New York：Boni & Liveright，1924），第 156 页；Igor' V. Narskii，"Alkogol' v russkoi revolyutsii（1917-1922 gg.）" in *Alkogol' v Rossii: Materialy pervoi mezhdunarodnoi nauchno-prakticheskoi konferentsii*（Ivanovo，29-30 oktyabrya 2010），由 Mikhail V. Teplyanskii 编辑（Ivanovo：Filial RGGU v g. Ivanovo，2010），第 28~31 页。

14　Meriel Buchanan，*Petrograd, the City of Trouble: 1914-1918*（London：W. Collins Sons & Co.，1919），第 231~232 页。

15　另参见 Boris Segal，*The Drunken Society: Alcohol Use and Abuse in the Soviet Union*（New York：Hippocrene Books，1990），第 30 页。关于高尔基对沙皇的酒精垄断制度的批判参见他的书，*Bystander*（New York：Jonathan Cape & Harrison Smith，1930），第 538 页。

16　Buchanan，*Petrograd*，第 233~234 页。俄罗斯联邦共和国教育人民委员部负责教育和出版审查。

17　Yuri S. Tokarev，"Dokumenty narodnykh sudov（1917-1922）" in *Voprosy istoriografii i istochnikovedeniia istorii SSSR: Sbornik statei*，由 Sigismund N. Valk 编辑（Leningrad：Izdatel'stvo Akademii nauk SSSR，1963），第 153 页。

18　由 Dmitrii A. Chugaev 编辑，*Petrogradskii voenno-revoliutsionnyi komitet; Dokumenty i materialy*，共 3 卷（Moscow：Nauka，1967），第 3 卷，第 276~278 页；Buchanan，*Petrograd*，第 231 页；Reed，*Ten Days That Shook the World*，第 321 页；Steinberg，*Voices of Revolution，1917*，第 24~25 页。关于捷尔任斯基、伏特加酒和契卡参见 Neil Weissman，"Prohibition and Alcohol Control in the USSR: The 1920s Campaign against Illegal Spirits"，*Soviet Studies*，第 38 卷第 3 期（1986），第 350 页；Bonch-Bruevich，*Na boevykh postakh fevral'skoi I oktyabr'skoi revolyutsii*，第 183~184 页。Value conversion from 1917 dollars to 2013 dollars，courtesy of the US Inflation Calculator，http://www.usinflationcalculator.com（2013 年 8 月 20 日访问）。

19　Strong，*First Time in History*，第 157 页。

20　Reed，*Ten Days That Shook the World*，第 309 页。另参见 Anatolii I. Razgon，*VTsIK Sovetov v pervye mesyatsy diktatury proletariata*（Moscow：Nauka，1977），第 215~238 页。

21　Helena Stone，"The Soviet Government and Moonshine，1917-1929"，*Cahiers du Monde Russe et Soviétique*，第 27 卷第 3~4 期（1986），第 359 页。

22　Vladimir A. Antonov-Ovseyenko，*Zapiski o grazhdanskoi voine*，共 4 卷（Moscow：Gosudarstvennoe izdatel'stvo，Otdel voennoi literatury，1924），第 1 卷，第 19~20 页；转引自 Stephen White，*Russia Goes Dry: Alcohol，State and Society*（New York：Cambridge University Press，1996），第 18 页。

23　Rex A. Wade，*Red Guards and Workers' Militias in the Russian Revolution*（Palo Alto，Calif.：Stanford University Press，1984），第 316 页；Christopher Williams，"Old Habits Die Hard：Alcoholism under N. E. P. and Some Lessons for the Gorbachev Administration"，*Irish Slavonic Studies*，第 12 期（1991），第 74~75 页；Stone，"Soviet Government and Moonshine"，第 359 页；Robert Gellately，*Lenin，Stalin，and Hitler：The Age of Social Catastrophe*（New York：Vintage Books，2007），第 53 页。

24　Vladimir I. Lenin，"Our Tasks and the Soviet of Workers' Deputies" in *Collected Works，vol. 10: November 1905-June 1906*（Moscow：Progress Publishers，1962），第 26~27 页。另参见 Vladimir I. Lenin，"Lessons of the Moscow Uprising" in *Collected Works，vol. 11: June 1906-January 1907*（Moscow：Progress Publishers，1962），第 174 页；第一次发表于 *Proletary*，第 2 期，1906 年 8 月 29 日。

25　Vladimir I. Lenin，"Casual Notes" in *Collected Works，vol. 4: 1898-April 1901*（Moscow：Progress Publishers，1972），第 406 页；第一次发表于 *Zarya*，第 1 期，1901 年 4 月。参见第十章。另参见 George Snow，"Socialism，Alcoholism，and the Russian Working Classes before 1917" in *Drinking: Behavior and Belief in Modern History*，由 Susanna Barrows 和 Robin Room 编辑（Berkeley：University of California Press，1991），第 244、250 页。

26　Lenin，"Casual Notes"，第 404~405 页。

27　Weissman，"Prohibition and Alcohol Control in the USSR"，第 350 页；David Christian，"Prohibition in Russia 1914-1925"，*Australian Slavonic and East European Studies*，第 9 卷第 2 期（1995），第 95~96 页。另参见 f. 733（Tsentral'noe upravlenie i ob"edinenie spirtovoi promyshlennosti，Gosspirt），op. 1，d. 4433，Rossiiskii Gosudarstvenni Arkhiv Ekonomiki（RGAE）（俄罗斯国家经济档案馆），Moscow。

28　A. G. Parkhomenko，"Gosudarstvenno-pravovye meropriyatiya v bor'be s p'yanstvom v pervye gody sovetskoi vlasti"，*Sovetskoe gosudarstvo I pravo*，第 4 卷（1984），第 114 页；Grigory G. Zaigraev，*Obshchestvo i alkogol'*（Moscow：Ministry of Internal Affairs，1992），第 32~33 页；W.

Bruce Lincoln, *Red Victory: A History of the Russian Civil War* (New York: Simon & Schuster, 1989), 第 59~60 页; Bertrand M. Patenaude, *The Big Show in Bololand: The American Relief Expedition to Soviet Russia in the Famine of 1921* (Palo Alto, Calif.: Stanford University Press, 2002), 第 430 页。

29 Evan Mawdsley, *The Russian Civil War* (New York: Pegasus Books, 2007), 第 285~288 页。另参见 Kenez, *History of the Soviet Union*, 第 41~48 页; Laura Phillips, *Bolsheviks and the Bottle: Drink and Worker Culture in St. Petersburg, 1900-1929* (DeKalb: Northern Illinois University Press, 2000), 第 28~29 页。

30 转引自 Benjamin M. Weissman, *Herbert Hoover and Famine Relief to Soviet Russia, 1921-1923* (Stanford, Calif.: Hoover Institution, 1974), 第 2~3 页。

31 Patenaude, *Big Show in Bololand*, 第 1~3 页。

32 I. Gofshtetter, "Vodka ili khleb？" *Russkoe bogatstvo* (1891), 第 180~184 页; Hermann von Samson-Himmelstjerna, *Russia under Alexander III. And in the Preceding Period*, 由 Felix Volkhovsky 编辑, J. Morrison 翻译 (New York: Macmillan, 1893), 第 xxi~xxii 页; George S. Queen, "American Relief in the Russian Famine of 1891-1892", *Russian Review*, 第 14 卷 第 2 期 (1955), 第 140 页; Figes, *People's Tragedy*, 第 158~162 页。

33 转引自 Richard G. Robbins Jr., *Famine in Russia, 1891-1892* (New York: Columbia University Press, 1975), 第 131 页。另参见 Stephen Dunn and Ethel Dunn, *The Peasants of Central Russia* (New York: Holt, Rinehart & Winston, 1967), 第 29 页。

34 Patenaude, *Big Show in Bololand*, 第 429 页。

35 Amartya Sen, *Development as Freedom* (New York: Random House, 1999), n.p.

36 Tovah Yedlin, *Maxim Gorky: A Political Biography* (Westport, Conn.: Praeger, 1999), 第 134~136 页。

37 Michael Barnett, *Empire of Humanity: A History of Humanitarianism* (Ithaca, N.Y.: Cornell University Press, 2011), 第 87 页。

38 Patenaude, *Big Show in Bololand*, 第 433 页, 以及 第 440、443、450 页。帕特诺德的记录已经被 PBS 电视台制作成一部优秀的纪录片 *The Great Empire*: http://video.pbs.org/video/1853678422/。

39 Patenaude, *Big Show in Bololand*, 第 440~441 页。

40 同上, 第 441 页。

41 Daniel Yergin and Joseph Stanislaw, *The Commanding Heights: The Battle between Government and the Marketplace that Is Remaking the Modern World* (New York: Simon & Schuster, 1998), 第 12 页。作为对喀琅施塔得起义的回应, 第十次党代表大会第 12 项决议宣布党内的异议分子是违法分子, 并借此消灭了党内剩下的所有反对布尔什维克主义的声音。

42 Vladimir I. Lenin, "X vserossiiskaya konferentsiya RKP (b)" in *Sochineniya, tom 32: dekabr' 1920-avgust 1921* (Moscow: Gosudarstvennoe izdatel'stvo politicheskoi literatury, 1951), 第 403 页; T. P. Korzhikhina, "Bor'ba s alkogolizmom v 20-kh—nachale 30-kh godov", *Voprosi istorii* 第 9 期 (1985), 第 22 页。

43 Anton M. Bol'shakov, *Derevnya, 1917-1927* (Moscow: Rabotnik prosveshcheniya, 1927), 第 337~348 页; V. M. Lavrov, *Sibir' v 1923-24 godu* (Novonikolaevsk: Sibrevkom, 1925), 第 210~215 页。韦斯曼在《真理报》上的报告, "Prohibition and Alcohol Control in the USSR", 第 351 页; Strong, *First Time in History*, 第 159 页。特兰斯切尔简短描述了莫斯科的情况, *Under the Influence*, 第 78 页。另参见 S. A. Pavlyuchenkov, "Veselie Rusi: Revolyutsiya i samogon" in *Veselie Rusi, XX vek: Gradus noveishei rossiiskoi istorii ot "p'yanogo byudzheta" do "sukhogo zakona"*, 由 Vladislav B. Aksenov 编辑 (Moscow: Probel-2000, 2007)。

44 转引自 S. A. Smith, *Red Petrograd: Revolution in the Factories, 1917-1918* (New York: Cambridge University Press, 1983), 第 93 页。

45 Dmitri P. Os'kin, *Zapiski soldata* (Moscow: Federatsiya, 1929), 第 318~319 页; 转引自 Christian,

"Prohibition in Russia 1914-1925", 第 104 页。

46 Keep, *Russian Revolution*, 第 256 页; Strong, *First Time in History*, 第 160 页。

47 Patenaude, *Big Show in Bololand*, 第 432 页。

48 Ian D. Thatcher, "Trotsky and Bor'ba", *Historical Journal*, 第 37 卷第 1 期（1994），第 116~117
页; 最初发表于 Anon, 'Gosudarstvo i narodnoe khozyaistvo', Bor'ba, 第 2 期, 第 3~8 页; 重印
版参见 Leon Trotsky, *Sochineniya, tom 4: Politicheskaya khronika*（Moscow: Gosudarstvennoe
izdatel'stvo, 1926）, 第 525~533 页。

49 Leon Trotsky, "Vodka, tserkov', i kinematograf", *Pravda*, 1923 年 7 月 12 日。

50 Walter Connor, "Alcohol and Soviet Society", *Slavic Review*, 第 30 卷第 3 期（1971）, 第
580 页。

51 Trotsky, "Vodka, tserkov', i kinematograf".

52 A. M. Aronovich, "Samogonshchiki" in *Prestupnyi mir Moskvy*, 由 M. N. Gernet 编 辑（Moscow:
MKhO "Liukon", 1924）, 第 174 页; Konstantin Litvak, "Samogonovarenie i potreblenie alkogolya
v rossiiskoi derevne 1920-kh godov", *Otechestvennaya istoriya*, 第 4 期（1992）, 第 76 页; Lars T.
Lih, *Bread and Authority in Russia, 1914-1921*（Berkeley: University of California Press, 1990）,
第 238 页。

53 British Trade Union Delegation to Russia and Caucasia, *Russia Today: The Official Report of the
British Trade Union Delegation*（New York: International Publishers, 1925）, 第 69 页。

54 Weissman, "Prohibition and Alcohol Control in the USSR", 第 351 页; Stone, "Soviet Government
and Moonshine", 第 367 页。

55 Bol'shakov, *Derevnya, 1917-1927*, 第 339~341 页; Litvak, "Samogonovarenie I potreblenie alkogolya
v rossiiskoi derevne 1920-kh godov", 第 76 页; Barnes, "Liquor Regulation in Russia", 第
229 页。

56 Yakov A. Yakovlev, *Derevnya kak ona est': Ocherki Nikol'skoi volosti*, 第 四 版（Moscow:
Gosudarstvennoe izdatel'stvo, 1925）, 第 106 页; 转引自 Transchel, *Under the Influence*, 第
76 页。

57 Yakovlev, *Derevnya kak ona est'*, 第 109~110 页; 转引自 Transchel, *Under the Influence*, 第
76 页。

58 Vladimir I. Lenin, "XI s'ezd RKP（b）: 21 marta-2 aprelya 1922 g." in *Sochineniya, tom 33:
avgust 1921-mart 1923*（Moscow: Gosudarstvennoe izdatel'stvo politicheskoi literatury, 1955）,
第 279 页。

59 由 E. Shirvindt, F. Traskovich 和 M. Gernet 编辑, *Problemy prestupnosti: Sbornik*, 第 4 卷（Moscow:
Izdatel'stvo narodnogo komissariata vnutrennikh del RSFSR, 1929）, 第 116 页。NKVD statistics
taken from *Vlast' sovetov*, 第 31 期（1925）, 第 26~27 页; 均被应用在 Weissman, "Prohibition
and Alcohol Control in the USSR", 第 350 页, 第 352~353 页。

第十五章

1 Will Rogers, *There's Not a Bathing Suit in Russia & Other Bare Facts*（New York: Albert &
Charles Boni, 1927）, 第 110~111 页。

2 Yu. Chanin, "Po staroi, po nikolaevskoi", *Pravda*, 1922 年 9 月 13 日, 第 5 页。 另 参 见 A.
L'vov, "Eto ne proidet", *Pravda*, 1922 年 9 月 7 日, 第 1 页 和 "Nuzhno li sokhranit' vinokurennuyu
promyshlennost'?" *Pravda*, 1922 年 9 月 8 日, 第 1 页; "*Samogonshikov von iz rabochikh
domov!*" *Pravda*, 1922 年 9 月 13 日, 第 5 页。

3　Vladimir I. Lenin，"Letter to the Congress（December 23-31，1922）[Lenin's 'Testament']" in *The Structure of Soviet History: Essays and Documents*，由 Ronald Grigor Suny 编辑（New York：Oxford University Press，2003），第 119~120 页。

4　Leon Trotsky，"Vodka, tserkov', i kinematograf"，*Pravda*，1923 年 7 月 12 日，第 1 页。关于 1923 年中央委员会会议可以参见 Aleksandr Nemtsov，*Alkogol'naya istoriya Rossii: Noveishii period*（Moscow：URSS，2009），第 61 页。

5　Anna Louise Strong，*The First Time in History: Two Years of Russia's New Life（August 1921 to December 1923）*（New York：Boni & Liveright，1924），第 158~159 页。

6　L'vov，"Eto ne proidet"，第 1 页；英语版参见 Strong，*First Time in History*，第 162~163 页。

7　Strong，*First Time in History*，第 164~165 页；另外参见第 161 页。

8　Joseph Stalin，"Pis'mo Shinkevichu（20 marta 1927 g.）" in *Sochineniya, tom 9: dekabr' 1926-iyul' 1927*（Moscow：Gosudarstvennoe izdatel'stvo politicheskoi literatury，1948），第 191 页。

9　Helena Stone，"The Soviet Government and Moonshine, 1917-1929"，*Cahiers du Monde Russe et Soviétique*，第 27 卷第 3~4 期（1986），第 372 页。另参见 Marie-Rose Rialand，*L'alcool et les Russes*（Paris：Institut d'études slaves，1989），第 108 页；Gregory Sokolnikov et al.，*Soviet Policy in Public Finance: 1917-1928*（London：Oxford University Press，1931），第 195~196 页。

10　William Henry Chamberlin，*Russia's Iron Age*（New York：Little，Brown，1934），第 351~352 页。

11　Strong，*First Time in History*，第 158 页。

12　Stalin，"Pis'mo Shinkevichu（20 marta 1927 g.）"，第 191~192 页。另参见 Joseph Stalin，"Beseda s inostrannymi rabochimi delegatsiyami: 5 noyabrya 1927 g." in *Sochineniya, tom 10: 1927 avgust-dekabr'*（Moscow：Gosudarstvennoe izdatel'stvo politicheskoi literatury，1952），第 232 页。

13　翻译版参见 Strong，*First Time in History*，第 168 页。

14　Stalin，"Pis'mo Shinkevichu（20 marta 1927 g.）"，第 192 页。

15　Stalin，"Beseda s inostrannymi rabochimi delegatsiyami"，第 232~233 页。

16　同上，第 233~234 页。

17　Peter Kenez，*A History of the Soviet Union from the Beginning to the End*，第 2 版（New York：Cambridge University Press，2006），第 84 页。

18　关于伏特加酒的经济需求，参见 f. 733（Tsentral'noe upravlenie I ob"edinenie spirtovoi promyshlennosti, Gosspirt），op. 1，1.107-108；f. 733，op. 1，d. 1，1.1-56，Rossiiskii Gosudarstvennyi Arkhiv Ekonomiki（RGAE）（Russian State Archive of the Economy），Moscow。关于增加伏特加酒产量的五年计划，参见 RGAE，f. 733，op. 1，d. 143a，1.1-156；RGAE，f. 733，op. 1，d. 144，1.1-216；Ivan Viktorov，Spirtovaya promyshlennost' SSSR（Moscow：Snabtekhizdat，1934），第 15 页。

19　Stalin，"Beseda s inostrannymi rabochimi delegatsiyami"，第 232~233 页。另参见 R. W. Davies，*Development of the Soviet Budgetary System*（New York：Cambridge University Press，1958），第 121~124 页。

20　Emmanuil I. Deichman，*Alkogolizm i bor'ba s nim*（Moscow：Moskovskii rabochii，1929），第 143 页。

21　RGAE，f. 733，op. 1，d. 144，1.1；翻译版参见 Kate Transchel，*Under the Influence: Working-Class Drinking, Temperance, and Cultural Revolution in Russia, 1895-1932*（Pittsburgh，Pa.：University of Pittsburgh Press，2006），第 93 页。

22　Kenez，*History of the Soviet Union*，第 93 页。另参见 S. A. Smith，*Red Petrograd: Revolution in the Factories, 1917-1918*（New York：Cambridge University Press，1983），

第 93~94 页。

23　参见 f. 5515（Narodnyi komissariat truda），op. 20，d. 7，l.29，32，43，46，48，50，52-53，117，Gosudarstvennyi Arkhiv Rossiskoi Federatsii（GARF）（俄罗斯联邦国家档案馆），Moscow。另参见 GARF，f. 5467（TsK Profsoyuza derevoobdeloinikov），op. 11，d. 179，l.1-14；GARF，f. 5467，op. 14，d. 108，l.17-20。关于酗酒的数据，参见 RGAE，f. 1562（TsSU pri Sovete Ministrov SSSR），op. 1，d. 490，l.9-10。

24　Transchel，*Under the Influence*，第 112 页；T. H. Rigby，*Communist Party Membership in the USSR，1917-1967*（Princeton，N.J.：Princeton University Press，1968），第 120~125 页。

25　创始成员的地位之高显示着着政府和政党的支持。Neil Weissman，"Prohibition and Alcohol Control in the USSR: The 1920s Campaign against Illegal Spirits"，*Soviet Studies*，第 38 卷第 3 期（1986），第 360~361 页。

26　参见 E. I. 德茨曼的总结演讲，"Vsesoyuznyi sovet protivoalkogol'nykh obshchestv v SSSR" in *Bor'ba s alkogoloizmom v SSSR*（Moscow：Gosudarstvennoe meditsinskoe izdatel'stvo，1929），第 87~88 页；另参见 Deichman，*Alkogolizm i bor'ba s nim*，第 164~200 页。另参见 Leo M. Glassman，"Russia's Campaign to Keep Ivan Sober"，*New York Times Magazine*，1933 年 3 月 5 日，第 6~7 页；*Association against the Prohibition Amendment Papers*，Library of Congress Manuscripts Division，第 4 盒，Glassman File。

27　Irina R. Takala，*Veselie Rusi: Istoriia alkogol'noi problemy v Rossii*（St. Petersburg：Zhurnal Neva，2002），第 209~216 页；Transchel，*Under the Influence*，第 90 页。"抗酒精协会"的相关档案不多，其档案在第二次世界大战的莫斯科围城中被毁：那些档案通过莫斯科上疏散的船只运送，船只遭轰炸沉没。

28　Transchel，*Under the Influence*，第 146~147 页。K. V. Beregela，"Obshchestvo bor'by s alkogolizmom: poslednii etap syshchestvovaniya（1929-1932 gg.）" in *Alkogol' v Rossii: Materialy tret'ei mezhdunarodnoi nauchnoprakticheskoi konferentsii*（Ivanovo，26-27 oktyabrya 2012），由 Mikhail V. Teplyanskii 编辑（Ivanovo：Filial RGGU v g. Ivanovo，2012），第 182~184 页。

29　Letter 62：Sept. 1，1930；参见 Joseph Stalin，*Pis'ma I.V. Stalina V.M Molotovu，1925-1936 gg.: Sbornik dokumentov*（Moscow：Rossiya molodaya，1995），第 209~210 页；英文译本参见由 Lars T. Lih，Oleg V. Naumov 和 Oleg V. Khlevniuk 编 辑，*Stalin's Letters to Molotov*（New Haven，Conn.：Yale University Press，1995），第 208~209 页。关于彻底废除垄断制度可参见 Stalin，"Beseda s inostrannymi rabochimi delegatsiyami"，第 233 页。

30　Lih，Naumov，and Khlevniuk，*Stalin's Letters to Molotov*，第 xiv，209 页。

31　Stone，"Soviet Government and Moonshine"，第 374 页。另参见 Izvestiya，1923 年 3 月 9 日，第 1 页；转引自 Weissman，"Prohibition and Alcohol Control in the USSR" 第 362 页。关于"剪刀差危机"参见 Robert Service，*Trotsky: A Biography*（Cambridge，Mass.：Harvard University Press，2009），第 304 页。

32　Chamberlin，*Russia's Iron Age*，第 352 页。

33　*Alkogolizm—put'k prestupleniyu*，由 A. Gertsenzon 编辑（Moscow：Yuridicheskaya literatura，1966），第 21~23 页；转引自 Walter Connor，"Alcohol and Soviet Society"，*Slavic Review*，第 30 卷第 3 期（1971），第 572 页。另参见 Davies，*Development of the Soviet Budgetary System*，第 91~92 页。

34　Rogers，*There's Not a Bathing Suit in Russia*，第 111 页。

35　GARF，f. 374（Narodnyi komissariat raboche-krest'yanskoi inspektsii SSSR），op. 15，d. 1291，l.18-22。另参见 Sokolnikov et al.，*Soviet Policy in Public Finance: 1917-1928*，第 194 页。

36　Stone，"Soviet Government and Moonshine"，第 374 页。关于斯大林在波茨坦的言论参见 Helen Rappaport，*Joseph Stalin: A Biographical Companion*（Santa Barbara，Calif.：ABC-CLIO，1999），第 53 页。尽管缺乏准确数据，但学界开始达成共识，认为集体化运动、反富农运动、饥荒及其疾病总共造成约 1000 万到 1200 万人死亡。参见 Alec Nove，"Victims of Stalinism: How Many?" in

Stalinist Terror: New Perspectives，由 J. Arch Getty 和 Roberta T. Manning 编 辑（New York：Cambridge University Press，1993），第 268 页。

37　Kenez，*History of the Soviet Union*，第 86 页；Rappaport，*Joseph Stalin*，第 43 页。这种富农被当作投机者或酿酒者的联系分类其实早在帝国主义时期就存在了。参见 Olga Semyonova Tian-Shanskaia，*Village Life in Late Tsarist Russia*，由 David L. Ransel 翻译（Bloomington：Indiana University Press，1993），第 154 页。

38　V.Ts.I.K. 第 35 号法令，第 468 条。参见 Boris Segal，*The Drunken Society: Alcohol Use and Abuse in the Soviet Union*（New York：Hippocrene Books，1990），第 45 页。

39　Yakov M. Sverdlov，"O zadachakh sovetov v derevne: Doklad na zasedanii VTsIK 4-go sozyva 20 maya 1918 goda" in *Izbrannye proizvedeniya，tom 2*（Moscow：Gosudarstvennoe izdatel'stvo politicheskoi literatury，1959），第 216 页。

40　转 引 自 Peter Kenez，*Cinema and Soviet Society from the Revolution to the Death of Stalin*（London：I. B. Tauris，2001），第 82 页。更 多 可 参 见 Seema Rynin Allan，*Comrades and Citizens*（London：Victor Gollancz，1938），第 117 页；Lewis Siegelbaum and Andrei Sokolov，*Stalinism as a Way of Life*，删 减 版（New Haven，Conn.：Yale University Press，2004），第 39 页。

41　Mariya Degtyareva，"Sobor novomuchenikov, v butovo postradavshikh"，Pravmir.ru，2010 年 5 月 21 日,http://www.pravmir.ru/sobornovomuchenikov-v-butovo-postradavshix-2（2012 年 5 月 12 日访问）；Segal，*Drunken Society*，第 40 页；Orlando Figes，*The Whisperers: Private Life in Stalin's Russia*（New York：Metropolitan Books，2007），第 84 页；David Satter，*It Was a Long Time Ago，and It Never Happened Anyway: Russia and the Communist Past*（New Haven，Conn.：Yale University Press，2011），第 59 页。被流放的富农已经受到人们以公共酒宴的方式来送送。Sheila Fitzpatrick，*Stalin's Peasants: Resistance and Survival in the Russian Village after Collectivization*（New York：Oxford University Press，1994），第 58 页。

42　Lynne Viola，"The Second Coming: Class Enemies in the Soviet Countryside，1927-1935" in *Stalinist Terror: New Perspectives*，由 J. Arch Getty 和 Roberta T. Manning 编 辑（New York：Cambridge University Press，1993），第 65 页。著名的批判作家索尔仁尼琴也描述过类似的情况：*Aleksandr Solzhenitsyn，The Gulag Archipelago，1918-1956*，共 3 卷（New York：Harper & Row，1976），第 3 卷，第 359 页。

43　Alec Nove，*An Economic History of the U.S.S.R.*（Baltimore：Penguin，1969），第 168 页。另 参 见 Piers Brendon，*The Dark Valley: A Panorama of the 1930s*（New York：Random House，2000），第 136 页。

44　*Report to Kolkhoz Center on collectivization in Belorussia*，1930 年 9 月 26 日，f. 7486s，op. 1，d. 102，ll.226-25 ob，Rossiiskii Gosudarstvennyi Arkhiv Ekonomiki（RGAE）（俄罗斯国家经济档案馆），Moscow；转引自 *Siegelbaum and Sokolov，Stalinism as a Way of Life*，第 49 页。这也是重复了战时共产主义政策的做法。Robert Conquest，*The Harvest of Sorrow: Soviet Collectivization and the Terror-Famine*（New York：Oxford University Press，1986），第 46 页。

45　Rappaport，*Joseph Stalin*，第 48 页。关于牲畜的情况参见 Jerry F. Hough and Merle Fainsod，*How the Soviet Union Is Governed*（Cambridge，Mass.：Harvard University Press，1979），第 151 页。

46　Geoffrey Hosking，*The First Socialist Society: A History of the Soviet Union from Within*，第 2 版（Cambridge，Mass.：Harvard University Press，1993），第 161 页。

47　Joseph Stalin，"Golovokruzhenie ot uspekhov. K voprosam kolkhoznogo dvizheniya（2 marta 1930 g.）" in *Sochineniya，tom 12: aprel' 1929-iyun' 1930*（Moscow：Gosudarstvennoe izdatel'stvo politicheskoi literatury，1952），第 199 页。

48　Kenez，*History of the Soviet Union*，第 117 页；Transchel，*Under the Influence*，第 152 页。

49　Tom Brokaw，*The Greatest Generation*（New York：Random House，1998），第 xxxviii 页。

50　Vadim Erlikhman, *Poteri narodonaseleniya v XX veke* (Moscow : Russkaya panorama, 2004),
第 20~21 页; Anne Leland and Mari-Jana Oboroceanu, "American War and Military Operations
Casualties : Lists and Statistics" (Washington D.C. : Congressional Research Service, 2010), 第
2 页, http://www.fas.org/sgp/crs/natsec/RL32492.pdf (2011 年 7 月 28 日访问)。

51　Lilian T. Mowrer, *Rip Tide of Aggression* (New York : William Morrow & Co., 1942), 第 165 页;
Aleksandr Nikishin, *Vodka i Stalin* (Moscow : Dom Russkoi Vodki, 2006), 第 170~171 页。

52　转引自 Gabriel Gorodetsky, *Grand Delusion : Stalin and the German Invasion of Russia* (New
Haven, Conn. : Yale University Press, 1999), 第 198 页。

53　同转引自上书。

54　Robert Gellately, *Lenin, Stalin, and Hitler : The Age of Social Catastrophe* (New York : Vintage
Books, 2007), 第 429 页。

55　Charles W. Sutherland, *Disciples of Destruction* (Buffalo, N.Y. : Prometheus Books, 1987), 第
354 页; Bob Carroll, *The Battle of Stalingrad* (San Diego, Calif. : Lucent Books, 1997), 第 42 页。

56　Segal, *Drunken Society*, 第 73 页。

57　Constantine Pleshakov, *Stalin's Folly : The Tragic First Ten Days of World War II on the Eastern
Front* (Boston : Houghton Mifflin, 2005), 第 11 页。

58　关于战时伏特加酒产量的数据, 参见 Nikishin, *Vodka i Stalin*, 第 226 页; Segal, *Drunken Society*,
第 71 页; Dmitri Volkogonov, *Autopsy for an Empire : The Seven Leaders Who Built the Soviet
Regime* (New York : Simon & Schuster, 1999), 第 119 页; Takala, *Veselie Rusi*, 第 245-249 页。
另参见第二十二章。

59　转引自 Laurence Rees, *War of the Century : When Hitler Fought Stalin* (New York : New Press,
1999), 第 86 页。

60　Bradley Lightbody, *The Second World War : Ambitions to Nemesis* (London : Routledge, 2004),
第 109 页。

61　Segal, *Drunken Society*, 第 73 页。

62　"British Open 'Second-Best Front'in Hot Libyan Desert as Nazis Smash at Moscow in Winter
Gales", *Life*, 1941 年 12 月 1 日, 第 30 页。

63　Anthony Eden, *The Reckoning, vol. 2 of the Memoirs of Anthony Eden* (Boston : Houghton
Mifflin, 1965), 第 350~351 页。关于伏罗希洛夫参见 Hugh Dalton, *The Second World War Diary
of Hugh Dalton, 1940-45*, 由 Ben Pimlott 编辑 (London : Cape, 1986), 第 341 页。

64　Geoffrey Roberts, *Stalin's Wars : From World War to Cold War, 1939-1953* (New Haven, Conn. :
Yale University Press, 2006), 第 131 页。

65　*Personal communication reported in Segal*, Drunken Society, 第 74 页。

66　Yitzhak Arad, *In the Shadow of the Red Banner : Soviet Jews in the War against Nazi Germany*
(Jerusalem : Gefen, 2010), 第 180 页。

67　Segal, *Drunken Society*, 第 75 页。

68　Erlikhman, *Poteri narodonaseleniya v XX veke; Robert Conquest, The Great Terror : A
Reassessment, 40th Anniversary Edition* (New York : Oxford University Press, 2008), 第 xvi 页。

69　Joseph Stalin, "Vystuplenie tovarishcha I. V. Stalina na priyome v kremle v chest'
komanduyushchikh voiskami Krasnoi Armii (24 maya 1945)" in *O Velikoi Otechestvennoi voine
Sovetskogo Soyuza* (Moscow : Gosudarstvennoe izdatel'stvo politicheskoi literatury, 1946), 第
173~174 页。另参见 Robert Service, *Comrades! A History of World Communism* (Cambridge,
Mass. : Harvard University Press, 2007), 第 224 页。

第十六章

1　Peter Kenez, *A History of the Soviet Union from the Beginning to the End*，第 2 版（New York：Cambridge University Press，2006），第 166~171 页。

2　由 Max Hayward 和 Edward L. Crowley 编辑，*Soviet Literature in the Sixties：An International Symposium*（New York：Praeger，1964），第 191 页。

3　David Burg and George Feifer, *Solzhenitsyn*（New York：Stein & Day，1972），第 49 页。另参见 Michael Scammell, *Solzhenitsyn：A Biography*（New York：W. W. Norton，1984），第 431、604 页。

4　Aleksandr Solzhenitsyn, "Matryona's House（1959）" in *Stories and Prose Poems*（New York：Farrar, Straus & Giroux，1970），第 35~40 页。

5　Aleksandr Solzhenitsyn, *The Cancer Ward*，由 Rebecca Frank 翻译（New York：Dial，1968），第 267~268 页。

6　同上，第 209 页。

7　Alexander Elder, *Rubles to Dollars：Making Money on Russia's Exploding Financial Frontier*（New York：New York Institute of Finance，1999），第 70~71 页。

8　Donald Trelford, "A Walk in the Woods with Gromyko", *Observer*，1989 年 4 月 2 日，第 23 页。另参见 Anatoly Dobrynin, *In Confidence：Moscow's Ambassador to America's Six Cold War Presidents（1962-1986）*（New York：Times Books，1995），第 281 页。

9　Anatoly S. Chernyaev, "The Unknown Brezhnev", *Russian Politics and Law*，第 42 卷第 3 期（2004），第 47 页。

10　David Aikman, *Great Souls：Six Who Changed the Century*（Boston：Lexington Books，2003），第 177 页。另参见 Aleksandr Solzhenitsyn, *Invisible Allies*（Washington, D.C.：Counterpoint，1995）。

11　Aleksandr Solzhenitsyn, *Letter to the Soviet Leaders*（New York：Harper & Row，1974），第 34~35 页。

12　Andrei Sakharov, *Memoirs*，由 Richard Lourie 翻译（New York：Alfred A. Knopf，1990），第 650 页。另参见 Jay Bergman, *Meeting the Demands of Reason：The Life and Thought of Andrei Sakharov*（Ithaca, N.Y.：Cornell University Press，2009），第 183 页。

13　Andrei Sakharov, *Sakharov Speaks*（New York：Alfred A. Knopf，1974），第 42~43 页，第 148 页。另参见 Andrei Sakharov, *My Country and the World*，由 Guy V. Daniels 翻译（New York：Alfred A. Knopf，1976），第 23、44 页。

14　Sakharov, *Memoirs*，第 54 页。

15　同上，第 274 页；另参见第 109、362、480、506 页。

16　同上，第 506 页。这与他在 1970 年给勃列日涅夫的请求中所表达的反酒精思想相互响应。Denny Vågerö, "Alexandr Nemtsov's Pioneering Work on Alcohol in Modern Soviet and Russian History" in *A Contemporary History of Alcohol in Russia*，由 Aleksandr Nemtsov 编辑（Stockholm：Södertörns högskola，2011），第 18 页。

17　Andrei Sakharov, "Sakharov's Reply to Solzhenitsyn", *War/Peace Report*，第 13 卷第 2 期（1974），第 3 页。据奥利弗·布劳（Oliver Bullough）对于异见分子牧师德米特里·杜德科（Dmitri Dudko）神父的调查显示，持同样意见的不止他们；杜德科神父也同样抨击着酒精制度。Oliver Bullough, *The Last Man in Russia：The Struggle to Save a Dying Nation*（New York：Basic Books，2013），第 83~88 页。

18　Alexander Nazaryan, "Susan Orlean, David Rembick, Ethan Hawke, and Others Pick Their Favorite Obscure Books", *Village Voice*，2008 年 12 月 3 日，http://www.villagevoice.com/2008-12-03/books/

susan-orlean-davidremnick-ethan-hawke-and-others-pick-their-favorite obscure-books（2011 年 8 月 8 日访问）。显然，韦内迪克特·瓦西里耶维奇和在这本书中被提及的另外两位叶罗菲耶夫——维克多和弗拉基米尔——没有任何关系：*Viktor and Vladimir*，第 20 页。Venedikt Erofeyev，*Moscowto the End of the Line*（New York：Taplinger Publishing，1980），第 24 页。

19 Venedikt Erofeyev，*Moscow to the End of the Line*（New York：Taplinger Publishing，1980），第 24 页。

20 同上，第 35~36 页。

21 I. I. Lukomskii，"Alcoholism" in *Bol'shaia sovetskaia entsiklopediia*，由 A. M. Prokhorov 编辑（New York：MacMillan，1973），第 218 页。另参见 Walter Connor，"Alcohol and Soviet Society"，*Slavic Review*，第 30 卷第 3 期（1971），第 571 页。

22 A. Krasikov，"Commodity Number One（Part 1）" in *The Samizdat Register*，由 Roy A. Medvedev 编辑（New York：W. W. Norton，1977），第 102 页。

23 Cullen Murphy，"Watching the Russians"，*Atlantic Monthly*，1983 年 2 月，第 48~49 页。

24 选 自 *Poiski*，第 3 期（1978）；转 引 自 Mikhail Baitalsky，*Notebooks for the Grandchildren: Recollections of a Trotskyist Who Survived the Stalin Terror*，由 Marilyn Vogt-Downey 翻 译（Atlantic Highlands，N.J.：Humanities Press，1995），第 431 页。其他自传里的细节也引自同书，第 xii~xiii 页。

25 Tat'yana Prot'ko，*V bor'be za trezvost': Stranitsy istorii*（Minsk：Nauka I tekhnika，1988），第 130 页。贝塔尔斯基严禁人们在他家中饮酒：*Notebooks for the Grandchildren*，第 105 页。

26 Krasikov，"Commodity Number One（Part 1）"，第 94~95 页。关于消失的苏联婴幼儿死亡数据，参见 Christopher Davis and Murray Feshbach，"Rising Infant Mortality in the USSR in the 1970s" in *United States Bureau of the Census*，P-95 系列，第 74 号（Washington，D.C.：US Bureau of the Census，September 1980），第 4 页。

27 另参见 Krasikov，"Commodity Number One（Part 1）"，第 101 页。

28 A. Krasikov，"Tovar nomer odin（II）" in *Dvadtsatyi vek: Obshchestvenno-politicheskii i literaturnyi al'manakh*，由 Roy A. Medvedev 编 辑（London：TCD Publications，1977），第 118~119 页；A. Krasikov，"Commodity Number One（Part 2）" in *The Samizdat Register*，由 Roy A. Medvedev 编 辑（New York：W. W. Norton，1981），第 175~176 页。关于私酒酿造，参见 Arkadii T. Filatov，*Alkogolizm vyzvannyi upotrebleniem samogona*（Kiev：Zdorovya，1979）。

29 Krasikov，"Commodity Number One（Part 1）"，第 101 页；Baitalsky，*Notebooks for the Grandchildren*，第 113 页；Krasikov，"Tovar nomer odin（II）"，第 128 页。关于类似的经济评估，参见 R. W. Davies，*Development of the Soviet Budgetary System*（New York：Cambridge University Press，1958），第 286~288 页。

30 Krasikov，"Commodity Number One（Part 1）"，第 105~106 页。

31 同上，第 109 页。在一篇后续文章中，贝塔尔斯基将这些估计值提高到每年酒精支出为 260 亿卢布，其中 192 亿卢布进入了政府财库，或者说所有苏联政府运营预算的大约 11%。Krasikov，"Commodity Number One（Part 2）"，第 171 页；Krasikov，"Tovar nomer odin（II）"。

32 V. A. Bykov，"*Videt' problemu vovsei eeslozhnosti: Sotsial'nye fakory p'yanstva i alkogolizma*"，EKO，第 9 期（1985），第 26 页；转引自 Daniel Tarschys，"The Success of a Failure: Gorbachev's Alcohol Policy，1985-88"，*Europe-Asia Studies*，第 45 卷第 1 期（1993），第 9 页。

33 参见 Krasikov，"Tovar nomer odin（II）"，第 138~139 页。

34 Krasikov，"Commodity Number One（Part 1）"，第 114 页。

35 Krasikov，"Commodity Number One（Part 2）"，第 188 页。同样的，请参见 Robert G. Kaiser，*Russia: The People and the Power*（New York：Atheneum，1976），第 82 页。

36 Krasikov，"Tovar nomer odin（II）"，第 147~148 页。另 参 见 Baitalsky，*Notebooks for the Grandchildren*，第 396 页。

37　Baitalsky，*Notebooks for the Grandchildren*，第 238~239 页。同样的，请参见 Krasikov，"Tovar nomer odin（II）"，第 150 页。

38　关于红场主席台上的座位安排，参见 Stephen Kotkin，"The State—Is It Us？Memoirs，Archives，and Kremlinologists"，*Russian Review*，第 61 卷第 1 期（2002），第 49 页。

39　Murphy，"Watching the Russians"，第 34 页。

40　同上，第 42 页。另参见 "Murray Feshbach Discusses Quality of Life in the Soviet Union"，C-Span. org，1985 年 2 月 11 日，http://www.cspanvideo.org/program/PoliticalDiscussion254（2011 年 8 月 23 日访问）。

41　参见 "Murray Feshbach Discusses Quality of Life in the Soviet Union"，以及 Laurie Garrett，*Betrayal of Trust: The Collapse of Global Public Health*（New York：Hyperion，2000），第 128~137 页。

42　Murphy，"Watching the Russians"，第 35 页。

43　例如，可参见 "Murray Feshbach Discusses Quality of Life in the Soviet Union"。

44　Davis and Feshbach，"Rising Infant Mortality in the USSR in the 1970s"，第 6、11 页。另参见 Murray Feshbach，"The Soviet Union: Population Trends and Dilemmas"，*Population Bulletin*，第 37 卷第 3 期（1982）。这些估计值后来在政策开放时期的苏联被重印出版：B. M. Guzikov and A. A. Meiroyan，*Alkogolizm u zhenshchin*（Leningrad：Meditsina，1988）；Vladimir V. Dunaevskii and Vladimir D. Styazhkin，*Narkomanii I toksikomanii*（Leningrad：Meditsina，1988），第 66~72 页。

45　Murphy，"Watching the Russians"，第 38 页；"Murray Feshbach Discusses Quality of Life in the Soviet Union"。更多请参见 John Dutton Jr.，"Causes of Soviet Adult Mortality Increases"，*Soviet Studies*，第 33 卷第 4 期（1981），第 548~552 页。

46　Murphy，"Watching the Russians"，第 38 页。

47　关于估计值和确证，参见 Vladimir Treml，*Alcohol in the U.S.S.R.: A Statistical Study*，Duke Press Policy Studies（Durham，N.C.：Duke University Press，1982），第 47~60 页；Prot'ko，*V bor'be za trezvost'*，第 135 页；Stanislav Strumilin and Mikhail Sonin，"Alkogolnie poteri i bor'ba s nimi"，*EKO*，第 4 期（1974），第 37 页。另参见 Vladimir Treml，"Alcohol in the Soviet Underground Economy"，Berkeley-Duke Occasional Papers on the Second Economy in the USSR No. 5，December（Berkeley：University of California Press，1985），第 4 页。

48　Murphy，"Watching the Russians"，第 38 页。在苏联，每 10 万人里因酒精中毒死亡的人口就达到大约 19.05 人；相比之下，美国的这一数据则为 0.17 人。另参见 Anatolii Kapustin，*Alkogol'—vrag zdorov'ya*（Moscow：Meditsina，1976），第 38~42 页。

49　Aleksandr Nemtsov，*Alkogol'naya istoriya Rossii: Noveishii period*（Moscow：URSS，2009），第 205 页。

50　参见 Letter from Vladimir Treml to Murray Feshbach，1981 年 10 月 23 日，第 2 页，Murray Feshbach alcoholism archive（作者的私人收藏）。

51　Vladimir Treml，"Alcohol in the U.S.S.R.: A Fiscal Dilemma"，*Soviet Studies*，第 27 卷 第 2 期（1975），第 166 页。另参见 Connor，"Alcohol and Soviet Society"，第 586 页；*Tsentral'noe statisticheskoe upravlenie SSSR，Narodnoe khozyaistvo SSSR v 1959 g.*（Moscow：Finansy i statistika，1959），第 646 页；*Tsentral'noe statisticheskoe upravlenie SSSR，Narodnoe khozyaistvo SSSR v 1962 g.*（Moscow：Finansy i statistika，1962），第 520 页；Prot'ko，*V bor'be za trezvost': Stranitsy istorii*，第 130 页。另参见 Raymond Hutchings，*The Soviet Budget*（Albany：SUNY Press，1983），第 36 页；Hedrick Smith，*The Russians*（New York：Quadrangle/New York Times Book Co.，1976），第 121~122 页。

52　例如，可参见 "Murray Feshbach Discusses Quality of Life in the Soviet Union"。

53　Nemtsov，*Alkogol'naya istoriya Rossii*，第 66 页。另参见 David Powell，"Soviet Union: Social Trends and Social Problems"，*Bulletin of the Atomic Scientists*，第 38 卷第 9 期（1982），第 24 页。

54　Nikita Khrushchev, *Khrushchev Remembers: The Last Testament*, 由 Strobe Talbott 翻译（Boston：Little，Brown，1974），第 145 页。另参见 Eduard Babayan，"Ne ostupis'…" *Izvestiya*,1982 年 10 月 16 日,第 3 页; Igor Birman,*Secret Incomes of the Soviet State Budget*（Boston：Martinus Nijhoff，1981），第 158 页。

55　*Pravda*，1970 年 4 月 14 日; 转引自 "Alcoholism in the Soviet Union"，*Radio Liberty Dispatch*，1970 年 7 月 1 日，第 1 页，Murray Feshbach alcoholism archive。

56　Kathryn Hendley，"Moscow's Conduct of the Anti-Alcohol Campaign: A Comparative Analysis，1972-1986"（M.A. thesis，Georgetown University，1987），第 30~68 页; Krasikov，"Tovar nomer odin（II）"。

57　Leonid I. Brezhnev，"Rech' na XVIII s'ezde Vsesoyuznogo Leninskogo Kommunisticheskogo Soyuza Molodezhi，25 aprelya 1978 goda" in *Izbrannye proizvedeniya, tom 3: 1976—Mart 1981*（Moscow：Izdatel'stvo politicheskoi literatury，1981），第 302 页。更多可参见 Pavel V. Romanov，*Zastol'naya istoriya gosudarstva rossiiskogo*（St. Petersburg：Kristall，2000），第 41 页。

58　参见 Trelford，"A Walk in the Woods with Gromyko"，第 23 页; Viktor Erofeev，*Russkii apokalipsis: Opyt khudozhestvennoi eskhatologii*（Moscow：Zebra E，2008），第 12 页; Aleksandr Nikishin，*Vodka i Gorbachev*（Moscow Vsya Rossiya，2007），第 244 页。就连戈尔巴乔夫也在其回忆录中讲述过这一故事（New York：Doubleday，1995），第 220~221 页。

59　参加第七章注释 8。

第十七章

1　Rolf H. W. Theen，"Party and Bureaucracy" in *The Soviet Polity in the Modern Era*，由 Erik P. Hoffman 和 Robbin F. Laird 编辑（Hawthorne，N.Y.：Aldine de Gruyter，1984），第 147 页。

2　Edwin Bacon，"Reconsidering Brezhnev" in *Brezhnev Reconsidered*，由 Edwin Bacon 和 Mark Sandle 编辑（New York：Palgrave Macmillan，2002），第 9~11 页; Ben Fowkes，"The National Question in the Soviet Union under Leonid Brezhnev: Policy and Response" in *Brezhnev Reconsidered*，由 Edwin Bacon 和 Mark Sandle 编辑（New York：Palgrave Macmillan，2002），第 70 页。

3　Christopher Andrew and Vasili Mitrokhin，*The Sword and the Shield: The Mitrokhin Archive and the Secret History of the KGB*（New York：Basic Books，1999），第 5~7 页，第 251 页。

4　Martin Ebon，*The Andropov File*（New York：McGraw-Hill，1983），第 30 页; Vladimir Solov'ev and Elena Klepikova，*Yuri Andropov: A Secret Passage into the Kremlin*（New York：Macmillan，1983），第 250 页。

5　"Vopros o tom，kto budet sleduyushchim gensekom，reshalsya nad telom umershego Brezhneva"，*Loyd*，2007 年 11 月 9 日，http://loyd.com.ua/articles/item-1973.html（2012 年 5 月 5 日访问）; Larissa Vasilieva，*Kremlin Wives*（New York：Arcade Publishing，1994），第 209~211 页; Peter Reddaway and Dmitri Glinski，*The Tragedy of Russia's Reforms: Market Bolshevism against Democracy*（Washington，D.C.：United States Institute of Peace Press，2001），第 115 页; Robert Service，*A History of Twentieth-Century Russia*（Cambridge，Mass.：Harvard University Press，1998），第 384 页，第 426~428 页。

6　Yuri V. Andropov，"Vstrecha s moskovskimi stankostroitelyami，31 yanvarya 1983 goda" in *Izbrannye rechi i stat'i*（Moscow：Izdatel'stvo politicheskoi literatury，1983），第 221-230 页; Nicholas Daniloff，"Kremlin's New Battle against Drunks and Slackers"，*U.S. News and World Report*,1983 年 1 月 31 日，第 32 页。

7　Kathryn Hendley，"Moscow's Conduct of the Anti-Alcohol Campaign: A Comparative Analysis，

1972-1986" (M.A. thesis, Georgetown University, 1987), 第 73~79 页。

8 Vladimir Treml, "Price of Vodka Reduced for Economic and Health Reasons", Radio Liberty Research, RL 450/83, 1983 年 11 月 30 日, 第 2 页; Aleksandr Nikishin, *Vodka i Gorbachev* (Moscow Vsya Rossiya, 2007), 第 87 页; Archie Brown, *The Gorbachev Factor* (New York: Oxford University Press, 1996), 第 4 页。

9 Archie Brown, *Gorbachev Factor*, 第 66 页。

10 Konstantin U. Chernenko, "Vysokii grazhdanskii dolg narodnogo kontrolera: Rech' na Vsesoyuznom soveshchanii narodnykh kontrolerov 5 oktyabrya 1984 goda" in *Po puti sovershenstvovaniya razvitogo sotsializma* (Moscow: Izdatel'stvo politicheskoi literatury, 1985), 第 264 页。

11 Vladimir Solov'ev and Elena Klepikova, *Behind the High Kremlin Walls* (New York: Dodd, Mead & Co., 1986), 第 42 页; Ilya Zemtsov, *Chernenko: The Last Bolshevik* (New Brunswick, N.J.: Transaction, 1989), 第 172 页; Archie Brown, *Seven Years That Changed the World: Perestroika in Perspective* (New York: Oxford University Press, 2007), 第 55 页。

12 Lawrence K. Altman, "Succession in Moscow: A Private Life, and a Medical Case; Autopsy Discloses Several Diseases", *New York Times*, 1985 年 3 月 12 日。

13 Ronald Reagan, *An American Life* (New York: Simon & Schuster, 1990), 第 611 页。

14 Mikhail Gorbachev, *Memoirs* (New York: Doubleday, 1995), 第 37 页。另参见 Nikishin, *Vodka i Gorbachev*, 第 82~83 页。

15 参 见 Mikhail Gorbachev, "Sel'skii trudovoi kollektiv: Puti sotsial'nogo razvitiya (iz stat'i opublikovannoi v zhurnale 'Kommunist' No. 2 Za 1976 God)" in *Izbrannye rechi i stat'i, tom 1* (Moscow: Izdatel'stvo politicheskoi literatury, 1987), 第 131~132 页; 以及 "Sovershenstvovat' rabotu s pis'mani trudyashchikhsya: Iz doklada na Stavropol'skogo kraikoma KPSS 4 aprelya 1978 goda" in *Izbrannye rechi i stat'i, tom 1* (Moscow: Izdatel'stvo politicheskoi literatury, 1987), 第 168 页。关于库拉科夫参见 Valerii I. Boldin, *Krushenie p'edestala: Shtrikhi k portretu M. S. Gorbacheva* (Moscow: Respublika, 1995), 第 228 页。

16 Mikhail Gorbachev, "Zhivoe tvorchestvo naroda: Doklad na Vsesoyuznoi nauchno-prakticheskoi konferentsii 'Sovershenstvovanie razvitogo sotsializma i ideologicheskaya rabota partii v svete reshenii iyun'skogo (1983 g.) Plenuma TsK KPSS,' 10 dekabrya 1984 goda" in *Izbrannye rechi i stat'i, tom 2* (Moscow: Izdatel'stvo politicheskoi literatury, 1987), 特别是 第 71~82 页; Brown, *Gorbachev Factor*, 第 78~81 页; Eduard Shevardnadze, *The Future Belongs to Freedom*, 由 Catherine A. Fitzpatrick 翻译 (New York: Free Press, 1991), 第 37 页。

17 Jerry F. Hough, *Democratization and Revolution in the USSR: 1985-1991* (Washington, D.C.: Brookings Institution, 1997), 第 69 页。关于撒切尔夫人参见 Margaret Thatcher, *The Downing Street Years* (New York: HarperCollins, 2009), 第 453 页。

18 Thatcher, *Downing Street Years*, 第 453 页; Rupert Cornwell, "Obituary— Grigory Romanov: Gorbachev's Chief Rival for Power", *The Independent*, 2008 年 6 月 9 日, http://www.independent.co.uk/news/obituaries/grigory-romanov-gorbachevs-chief-rival-for-power-842814.html (2011 年 9 月 11 日访问)。

19 Gorbachev, *Memoirs*, 第 145 页。

20 Angus Roxburgh, *The Second Russian Revolution: The Struggle for Power in the Kremlin* (New York: Pharos Books, 1992), 第 29 页。

21 Yegor Ligachev, *Inside Gorbachev's Kremlin* (New York: Pantheon, 1993), 第 56 页。

22 Roxburgh, *Second Russian Revolution*, 第 29 页。另 参 见 Dusko Doder and Louise Branson, *Gorbachev: Heretic in the Kremlin* (New York: Viking Penguin, 1990), 第 100 页。另参见 前美国外交官迪克·康布 (Dick Comb) 的描述: "在喝了许多酒" 之后, 在敬酒过程中因为一些误解, "罗曼诺夫是如何暴露自己的本性": *The Cold War's End and the Soviet Unions Fall Reappraised*

（University Park：Pennsylvania State University Press，2008），第 77 页。

23 Brown，*Gorbachev Factor*，第 141 页。

24 Donald Trelford，"A Walk in the Woods with Gromyko"，*Observer*，1989 年 8 月 2 日，第 23 页。Andrei Gromyko，*Memoirs*，由 Harold Shukman 翻译（New York：Doubleday，1989），第 6 页；Ligachev，*Inside Gorbachev's Kremlin*，第 76 页。

25 Gromyko，*Memoirs*，第 342 页；Brown，*Gorbachev Factor*，第 87 页。

26 David Christian，*Imperial and Soviet Russia：Power，Privilege，and the Challenge of Modernity*（New York：St. Martin's，1997），第 405~406 页。另参见 Moshe Lewin，*The Gorbachev Phenomenon*（Berkeley：University of California Press，1988）。

27 Stephen F. Cohen，"Introduction：Gorbachev and the Soviet Reformation" in *Voices of Glasnost：Interviews with Gorbachev's Reformers*，由 Stephen F. Cohen 和 Katrina vanden Heuvel 编辑（New York：W. W. Norton，1989），第 22 页；Ilya Zemtsov and John Farrar，*Gorbachev：The Man and the System*（New Brunswick，N.J.：Transaction，1989），第 xiii 页。

28 "O merakh po preodoleniyu p'yanstva i alkogolizma"，*Pravda*，1985 年 5 月 17 日，第 1 页。

29 Nicholas Daniloff，"Gorbachev's 100 Days—New Vigor in the Kremlin"，*U.S. News & World Report*，1985 年 6 月 24 日，第 27 页。另参见 Celestine Bohlen，"Drunkenness Crackdown Gets Off to Early Start"，*Washington Post*，1985 年 6 月 1 日，A17 版。

30 "Utverzhdat' trezvyi obraz zhizni"，*Pravda*，1985 年 9 月 26 日，第 3 页；Hendley，"Moscow's Conduct of the Anti-Alcohol Campaign"，第 98 页；Celestine Bohlen，"Anti-Alcohol Drive"，*Washington Post*，1986 年 8 月 2 日，A12 版；Stephen White，*Russia Goes Dry：Alcohol，State and Society*（New York：Cambridge University Press，1996），第 76~78 页。

31 Anders åslund，*Gorbachev's Struggle for Economic Reform，1985-88*（Ithaca，N.Y.：Cornell University Press，1989），第 75 页。关于策略的延续性参见 Daniel Tarschys，"The Success of a Failure：Gorbachev's Alcohol Policy，1985-88"，*Europe-Asia Studies*，第 45 卷第 1 期（1993），第 18~19 页。

32 Tarschys，"The Success of a Failure"，第 19 页。

33 White，*Russia Goes Dry*，第 74~75 页，第 88 页。

34 "Vospitanie lichnosti"，*Pravda*，1985 年 8 月 25 日，第 3 页；英语译本参见 Hendley，"Moscow's Conduct of the Anti-Alcohol Campaign"，第 92~93 页。

35 可参见 "O merakh po preodoleniyu p'yanstva i alkogolizma"，第 1 页；"O ser'eznykh nedostatkakh v organizatsii vypolneniya v gorode Permi postanovlenii partii i pravitel'stva o preodolenii p'yanstva i alkogolizma"，*Pravda*，1985 年 8 月 6 日，第 2 页；Nikolai Ryzhkov，"Ob osnovnykh napreavleniyakh ekonomicheskogo i sotsial'nogo razvitiya SSSR na 1986- 1990 gody i na period do 2000 goda"，*Pravda*，1986 年 3 月 4 日，第 2 页。

36 Gorbachev，*Memoirs*，第 181 页。关于罗曼诺夫在匈牙利的事情参见 Roy A. Medvedev，"The Kremlin and the Bottle"，*Russian Life*，第 41 卷第 4 期（1998），第 20 页；Roxburgh，*Second Russian Revolution*，第 29 页。

37 Peter Kenez，*A History of the Soviet Union from the Beginning to the End*，第 2 版（New York：Cambridge University Press，2006），第 254 页。

38 关于计划的进展参见 "Novyi krupnyi shag v razvitii ekonomiki：Ob itogakh vypolneniya gosudarstvennogo plana ekonomicheskogo I sotsial'nogo razvitiya SSSR v 1985 gody"，*Pravda*，1986 年 1 月 26 日，第 2 页。关于对 2000 的预测，参见 Ryzhkov，"Ob osnovnykh napravleniyakh"，第 2~5 页。

39 White，*Russia Goes Dry*，第 38 页。

40 同上。Tat'yana Prot'ko，*V bor'be za trezvost'：Stranitsy istorii*（Minsk：Nauka i tekhnika，1988），第 132 页。

41　David Powell, "Soviet Union: Social Trends and Social Problems", *Bulletin of the Atomic Scientists*, 第 38 卷 第 9 期（1982）, 第 24 页; Aleksandr Nemtsov, "Tendentsii potrebleniya alkogolya i obuslovlennye alkogolem poteri zdorov' ya i zhizni v Rossii v 1946-1996 gg." in *Alkogol' I zdorov'e naseleniya Rossii: 1900-2000*, 由 Andrei K. Demin 编辑（Moscow: Rossiiskaya assotsiatsiya obshchestvennogo zdorov'ya, 1998）, 第 98~99 页。

42　Marshall I. Goldman, "Gorbachev's Risk in Reforming the Soviet Economy", *Technology Review*（1986）, 第 19 页。另参见 Basile Kerblay, *Gorbachev's Russia*（New York: Pantheon, 1989）, 第 13 页; David Joel Fishbein, "Do Dna: Alcoholism & the Soviet Union", *Journal of the American Medical Association*, 第 266 卷第 9 期（1991 年 9 月 4 日）, 第 1211 页; Igor' Urakov, *Alkogol': Lichnost'i zdorov'e*（Moscow: Meditsina, 1986）, 第 18~21 页; Padma Desai, *Perestroika in Perspective: The Design and Dilemmas of Soviet Reform*（Princeton, N.J.: Princeton University Press, 1989）, 第 28 页。

43　Mikhail Gorbachev, "O zadachakh partii po korennoi perestroika upravleniya ekonomikoi: Doklad na Plenume TsK KPSS 25 iyunya 1987 goda" in *Izbrannye rechi i stat'i, tom 5*（Moscow: Izdatel'stvo politicheskoi literatury, 1988）, 第 158 页; Tarschys, "Success of a Failure", 第 10 页。

44　Roxburgh, *Second Russian Revolution*, 第 33 页。关于他被俄罗斯驱逐出境以及数月后重返俄罗斯的事情参见 Angus Roxburgh, "From the Archive: Exiled by the KGB Just as Russia Dares to Be Free（1989 年 6 月 4 日）", *Sunday Times*, 2009 年 8 月 30 日, http://www.timesonline.co.uk/tol/news/world/europe/article6815093.ece（2011 年 9 月 10 日访问网站）。或许最为讽刺的是, 罗克斯伯勒后来在弗拉基米尔·普京执政时期作为克里姆林宫的公共关系顾问重返俄罗斯。Angus Roxburgh, *Strongman: Vladimir Putin and the Struggle for Russia*（New York: Palgrave Macmillan, 2012）, 第 xi~xii 页。

45　可参见, Archie Brown, "Gorbachev: New Man in the Kremlin", *Problems of Communism*, 第 34 卷第 3 期（1985）, 第 1~23 页; Marshall I. Goldman, "What to Expect from Gorbachev", *Bulletin of the Atomic Scientists*, 第 41 卷第 4 期（1985）, 第 8~9 页; Serge Schmemann, "The Emergence of Gorbachev", *New York Times Magazine*, 1985 年 3 月 3 日, 第 40~46 页。

46　参见 Raisa Gorbacheva, *Ya nadeyus*（Moscow: Kniga, 1991）, 第 38 页; Nikishin, *Vodka i Gorbachev*, 第 402 页。关于斯塔夫罗波尔事件的影响参见 Viktor Erofeev, *Russkii apokalipsis: Opyt khudozhestvennoi eskhatologii*（Moscow: Zebra E, 2008）, 第 14 页。关于其他围绕戈尔巴乔夫的猜测, 参见 Nikishin, *Vodka i Gorbachev*, 第 199 页。

47　"Tak dal'she zhit' nel'zya"; 转引自 Gorbacheva, *Ya nadeyus'*, 第 13 页。

48　Erofeev, *Russkii apokalipsis*, 第 12~13 页; 英文版参见 Victor Erofeyev, "The Russian God", *New Yorker*, 2002 年 12 月 16 日。另参见 Aleksandr Nemtsov, *Alkogol'naya istoriya Rossii: Noveishii period*（Moscow: URSS, 2009）, 第 73 页; Gorbachev, *Memoirs*, 第 220 页; Lev Ovrutsky, "Impasses of Sobering Up" in *Gorbachev & Glasnost': Viewpoints from the Soviet Press*, 由 Isaac J. Tarasulo 编辑（Wilmington, Del.: Scholarly Resources, 1989）, 第 195 页; 第一次发表于 Sovetskaya kultura, 1988 年 7 月 16 日。

49　Nikolai Ryzhkov, *Perestroika: Istoriya predatel'stv*（Moscow: Novosti, 1992）, 第 361 页。

50　Gorbachev, *Memoirs*, 第 220 页。

51　Mikhail S. Solomentsev, "O praktike raboty i zadachakh organov partiinogo kontrolya: Doklad na soveshchanii predsedatelei Partiinykh Komissii pri TsK kompartii soyuznykh respublik, kraikomakh i obkomakh KPSS 19 noyabrya 1984 goda" in *Vremya reshenii i deistvii: Izbrannye rechi i stat'i*（Moscow: Izdatel'stvo politicheskoi literatury, 1985）, 第 533~534 页。关于早期的政策提议参见 Mikhail S. Solomentsev, "Sotsial'no-ekonomicheskoe razvitie Rossiiskoi Federatsii na sovremennom etape: Iz stat'i opublikovannoi v zhurnale 'Istoriya SSSR' No. 6, 1981 God" in *Vremya reshenii i deistvii: Izbrannye rechi i stat'I*（Moscow: Izdatel'stvo politicheskoi literatury,

1985），第 370~371 页。关于 "白兰地酒" 资金参见 Konstantin Simis, *USSR: The Corrupt Society: The Secret World of Soviet Capitalism*（New York：Simon & Schuster，1982），第 130 页。

52 Gromyko, *Memoirs*，第 343 页。

53 "V politbyuro TsK KPSS"，*Pravda*，1985 年 4 月 5 日，第 1 页。

54 Anatoly S. Chernyaev, *Shest' let s Gorbachevym*（Moscow：Kul'tura，1993），第 39 页。关于索洛缅采夫和委员会的工作参见 Anatoly S. Chernyaev, *My Six Years with Gorbachev*，由 Robert D. English 和 Elizabeth Tucker 翻译（University Park：Pennsylvania State University Press，2000），第 17 页；Roxburgh, *Second Russian Revolution*，第 28 页；White, *Russia Goes Dry*，第 68 页第 210 条注释，第 66 页；Ligachev, *Inside Gorbachev's Kremlin*，第 336 页。

55 Gorbachev, *Memoirs*，第 220 页。另参见 Trelford, "Walk in the Woods with Gromyko"，第 23 页。

56 Chernyaev, *Shest' let s Gorbachevym*，第 39 页。

57 Ligachev, *Inside Gorbachev's Kremlin*，第 336 页。关于关闭托木斯克的酒精商店参见 Roxburgh, *Second Russian Revolution*，第 28 页；White, *Russia Goes Dry*，第 67~68 页。

58 Yegor Ligachev, "Aprel'skii Plenum TsK KPSS——Glavnoe soderzhanie vsei nashei raboty: Doklad na partiinom sobranii otdela organizatsionnopartiinoi raboty TsK KPSS 5 maya 1985 goda" in *Izbrannye rechi i stat'I*（Moscow：Izdatel'stvo politicheskoi literatury，1989），第 86 页。

59 Ligachev, *Inside Gorbachev's Kremlin*，第 335~336 页；Gorbachev, *Memoirs*，第 221 页；Chernyaev, *Shest' let s Gorbachevym*，第 39 页。

60 Ryzhkov, *Perestroika*，第 94~95 页。另参见 Leon Aron, "Everything You Think You Know about the Collapse of the Soviet Union Is Wrong"，*Foreign Policy*，2011 年 7/8 月，第 66~67 页。

61 Roxburgh, *Second Russian Revolution*，第 28 页。

62 Ryzhkov, *Perestroika*，第 95 页；Chernyaev, *Shest' lets Gorbachevym*，第 39 页。关于雷日科夫的支持者，我们可以加上弗拉基米尔·多尔吉赫、维塔利·沃罗特尼科夫、海达尔·阿利耶夫、伊凡·卡皮托诺夫、维克多·尼可诺夫、瓦西里·戈尔布佐夫，以及格里戈里·罗曼诺夫，Nemtsov, *Alkogol'naya istoriya Rossii*，第 73 页。

63 Chernyaev, *Shest' let s Gorbachevym*，第 39 页。

64 White, *Russia Goes Dry*，第 68 页；Medvedev, "Kremlin and the Bottle"，第 20 页。据报道，戈尔布佐夫在被免职后不久便于 1985 年去世。Brown, *Gorbachev Factor*，第 141 页。

65 Shevardnadze, *Future Belongs to Freedom*，第 3 页。

66 Steve LeVine, *The Oil and the Glory: The Pursuit of Empire and Fortune on the Caspian Sea*（New York：Random House，2007），第 177~178 页；Arkady Vaksberg, *The Soviet Mafia*（New York：St. Martin's，1991），第 178、182 页；Nikishin, *Vodka i Gorbachev*，第 75 页。

67 Roxburgh, *Second Russian Revolution*，第 28~29 页。另参见 White, *Russia Goes Dry*，第 68 页。Nikishin, *Vodka i Gorbachev*，第 214 页。

68 LeVine, *Oil and the Glory*，第 178 页。关于戈尔巴乔夫的立场，参见 Gorbachev, *Memoirs*，第 144 页。

第十八章

1 Ben Lewis, *Hammer and Tickle*（New York：Pegasus Books，2009），第 260 页。

2 Garry Wills, *Reagan's America: Innocents at Home*（New York：Penguin，2000），第 xv 页。

3 参见里根纪录片 *In the Face of Evil: Reagan's War in Word and Deed*，http://www.inthefaceofevil.com/inthefaceofevil/story.html（2011 年 8 月 8 日访问）。关于道德决心和国防开支参见 Jeffrey W. Knopf, "Did Reagan Win the Cold War?" *Strategic Insights*，第 3 卷第 8 期（2004），http://www.nps.edu/Academics/centers/ccc/publications/OnlineJournal/2 004/aug/knopfAUG04.html（2011 年 8

月 17 日访问）。

4 这已成为 "如何不去做" 历史研究的标准范例了。Martha Howell and Walter Prevenier，*From Reliable Sources: An Introduction to Historical Methods*（Ithaca，N.Y.：Cornell University Press，2001），第 79 页。

5 Stephen White，*Russia Goes Dry: Alcohol, State and Society*（New York：Cambridge University Press，1996），第 43 页。关于 "逆现代化" 参见 Victor Zaslavsky，"The Soviet Union" in *After Empire: Multiethnic Societies and Nation-Building*，由 Karen Barkey 和 Mark von Hagen 编辑（Boulder，Colo.：Westview，1997），第 73 页。

6 Aleksandr Nemtsov，"Mnogo pit', vse-taki vredno"，*EKO*，第 281 期（1997），第 179~181 页。我也进行了类似的分析，参见 "A Lesson in Drinking"，*Moscow Times*，2011 年 3 月 5 日。

7 Igor' Lanovenko，Aleksandr Svetlov，and Vasilii Skibitskii，*P'yanstvo I prestupnost': Istoriya, problemy*（Kiev：Naukova dumka，1989），第 6~7 页；White，*Russia Goes Dry*，第 44 页。

8 "80 millionov alkogolikov k 2000 godu?" *Russkaya mysl'*，1984 年 12 月 27 日。另参见第十六章；Vladimir V. Dunaevskii and Vladimir D. Styazhkin，*Narkomanii i toksikomanii*（Leningrad：Meditsina，1988），第 24 页；White，*Russia Goes Dry*，第 40~45 页。

9 Barimbek S. Beisenov，*Alkogolizm: Ugolovno-pravovye i kriminologicheskie problemy*（Moscow：Yuridicheskaya literatura，1981），第 36 页；与数据一起转引自 White，*Russia Goes Dry*，第 45~48 页。

10 White，*Russia Goes Dry*，第 50~52 页；Boris Segal，*The Drunken Society: Alcohol Use and Abuse in the Soviet Union*（New York：Hippocrene Books，1990），第 368~369 页。

11 这大致响应了列昂·阿伦的观点，他认为苏联的解体是源自试图改变其 "道德堕落" 的努力。Leon Aron，"Everything You Think You Know about the Collapse of the Soviet Union Is Wrong"，*Foreign Policy*，2011 年 7 月 / 8 月，第 66 页。

12 Aleksandr Nemtsov，*Alkogol'naya istoriya Rossii: Noveishii period*（Moscow：URSS，2009），第 80~81 页；White，*Russia Goes Dry*，第 102 页。

13 Nemtsov，"Mnogo pit', vse-taki vredno"，第 179 页；Thomas H. Naylor，*The Gorbachev Strategy*（Lexington，Mass.：Lexington Books，1988），第 194 页。

14 Alain Blum，"Mortality Patterns in the USSR and Causes of Death: Political Unity and Regional Differentials" in *Social Change and Social Issues in the Former USSR*，由 Walter Joyce 编辑（New York：St. Martin's，1992），第 92 页；Vladimir Treml，"Drinking and Alcohol Abuse in the U.S.S.R. in the 1980s" in *Soviet Social Problems*，由 Anthony Jones 编辑（Boulder，Colo.：Westview，1991），第 124 页；White，*Russia Goes Dry*，第 103~104 页。

15 Aleksandr Nemtsov，"Tendentsii potrebleniya alkogolya i obuslovlennye alkogolem poteri zdorov'ya i zhizni v Rossii v 1946-1996 gg." in *Alkogol' i zdorov'e naseleniya Rossii: 1900-2000*，由 Andrei K. Demin 编辑（Moscow：Rossiiskaya assotsiatsiya obshchestvennogo zdorov'ya，1998），第 102 页，以及 "Smertnost' naseleniya i potreblemiye alkogolya v Rossii"，*Zdravookhranenie Rossiiskoi Federatsii*（1997），第 33 页。其他人预计在 1980 年代，大致的死亡率下降了 24%，或者说死亡人数减少了大约 161 万人。Jay Bhattacharya，Christina Gathmann，and Grant Miller，*The Gorbachev Anti-Alcohol Campaign and Russia's Mortality Crisis*，NBER Working Paper No. 18589（Cambridge，Mass.：National Bureau of Economic Research，2012），第 23 页。

16 Mikhail Gorbachev，*Memoirs*（New York：Doubleday，1995），第 222 页。

17 Viktor Erofeev，*Russkii apokalipsis: Opyt khudozhestvennoi eskhatologii*（Moscow：Zebra E，2008），第 14 页。另参见 "Hammer and Tickle"（视频）；Joy Neumeyer，"Exhibits Grapple with Gorbachev，Yeltsin's Legacies"，*Moscow Times*，2011 年 1 月 28 日。

18 Leonid Ionin，"Chetyre bedy Rossii"，*Novoe vremya*，第 23 期（1995），第 16~17 页；英语译本参

见 Leon Aron，Yeltsin: *A Revolutionary Life*（New York：St. Martin's，2000），第 180~181 页。

19　Angus Roxburgh，*The Second Russian Revolution: The Struggle for Power in the Kremlin*（New York：Pharos Books，1992），第 28 页；"Veni，Vidi，Vodka"，*Economist*，1989 年 12 月 23 日，第 52 页；Fred Coleman，*The Decline and Fall of the Soviet Empire*（New York：St. Martin's，1996），第 234 页。

20　在主要节假日后都会出现许多大意如此的文章。参见 E. Sorokin，"8 marta bez shampanskogo?" *Pravda*，1990 年 3 月 5 日，第 2 页；Yu. Petrov，"Bezalkogolnyi pososhok"，*Trud*，1990 年 11 月 8 日，第 2 页。关于排队参见 White，*Russia Goes Dry*，第 140 页。

21　Celestine Bohlen，"Drunkenness Crackdown Gets Off to Early Start"，*Washington Post*，1985 年 6 月 1 日，A17 版。

22　Gorbachev，*Memoirs*，第 221~222 页；Aron，*Yeltsin*，第 180 页。

23　Gorbachev，*Memoirs*，第 221 页。我对此问题进行了更充分的探索，参见 *The Political Power of Bad Ideas: Networks, Institutions, and the Global Prohibition Wave*（New York：Oxford University Press，2010），第 135~143 页。另参见 White，*Russia Goes Dry*，第 100~104 页，更多参见 Karl W. Ryavec，*Russian Bureaucracy: Power and Pathology*（New York：Rowman & Littlefield，2003）。

24　White，*Russia Goes Dry*，第 107 页。

25　Vitalii Vorotnikov 采访转录，1990 年 5 月 26 日；同上。另参见 Gorbachev，*Memoirs*，第 221 页。

26　Gorbachev，*Memoirs*，第 221~222 页。

27　Yegor Ligachev，*Inside Gorbachev's Kremlin*（New York：Pantheon，1993），第 337 页。

28　Dale Pesmen，*Russia and Soul: An Exploration*（Ithaca，N.Y.：Cornell University Press，2000），第 182 页。

29　参见 Gorbachev，*Memoirs*，第 221 页；Ligachev，*Inside Gorbachev's Kremlin*，第 336~338 页。

30　Vladislav M. Zubok，*A Failed Empire: The Soviet Union in the Cold War from Stalin to Gorbachev*（Chapel Hill：University of North Carolina Press，2008），第 268 页。

31　Mikhail Korchemkin，"Russia's Oil and Gas Exports to the Former Soviet Union" in *Economic Transition in Russia and the New States of Eurasia*，由 Bartłomiej Kamiński 编辑（Armonk，N.Y.：M. E. Sharpe，1996），第 123 页；Anders åslund，*How Capitalism Was Built: The Transformation of Central and Eastern Europe, Russia, and Central Asia*（New York：Cambridge University Press，2007），第 20 页；Paul Klebnikov，*Godfather of the Kremlin*（New York：Harcourt，2000），第 48~50 页。

32　Treml，"Drinking and Alcohol Abuse in the U.S.S.R. in the 1980s"，第 131 页；Gus Ofer，"Budget Deficit and Market Disequilibrium" in *Milestones in Glasnost and Perestroyka, vol. 1: The Economy*，由 Ed A. Hewett 和 Victor H. Winston 编辑（Washington，D.C.：Brookings Institution，1991），第 292 页；Stephen White，*Gorbachev and After*（New York：Cambridge University Press，1992），第 132 页。

33　Ed A. Hewett，"Perestroyka and the Congress of People's Deputies" in *Milestones in Glasnost and Perestroyka, vol. 1: The Economy*，由 Ed A. Hewett 和 Victor H. Winston 编辑（Washington，D.C.：Brookings Institution，1991），第 318 页。

34　Daniel Tarschys，"The Success of a Failure: Gorbachev's Alcohol Policy，1985-88"，*Europe-Asia Studies*，第 45 卷第 1 期（1993），第 10 页。关于预算预测数字，参见 Treml，"Drinking and Alcohol Abuse in the U.S.S.R. in the 1980s"，第 131 页；Ofer，"Budget Deficit and Market Disequilibrium"，第 280、286、306 页；Basile Kerblay，*Gorbachev's Russia*（New York：Pantheon，1989），第 107 页。

35　Gorbachev，*Memoirs*，第 221 页。

36　Krokodil 第 15 期（1988）；转载参见 White，*Russia Goes Dry*，第 123 页；Nikolai Ryzhkov，*Perestroika:*

Istoriya predatel'stv（Moscow：Novosti，1992），第 95 页。关于私酒酿造的蔓延参见 Marshall I. Goldman，*What Went Wrong with Perestroika?*（New York：W. W. Norton，1992），第 138 页；James H. Noren，"The Economic Crisis：Another Perspective" in *Milestones in Glasnost and Perestroyka，vol. 1：The Economy*，由 Ed A. Hewett 和 Victor H. Winston 编辑（Washington，D.C.：Brookings Institution，1991），第 379 页；Gertrude E. Schroeder，"'Crisis' in the Consumer Sector：A Comment" in *Milestones in Glasnost and Perestroyka，vol. 1：The Economy*，由 Ed A. Hewett 和 Victor H. Winston 编辑（Washington，D.C.：Brookings Institution，1991），第 410 页。

37 转引自 Vladimir Treml，"Alcohol in the Soviet Underground Economy"，*Berkeley-Duke Occasional Papers on the Second Economy in the USSR*，第 5 期（1985），第 12 页。

38 Abel Aganbegyan，"Economic Reforms" in *Perestroika 1989*，由 Abel Aganbegyan 编辑（New York：Charles Scribner's Sons，1988），第 102 页。同样的，可参见 Lev Ovrutsky，"Impasses of Sobering Up" in *Gorbachev & Glasnost': Viewpoints from the Soviet Press*，由 Isaac J. Tarasulo 编辑（Wilmington，Del.：Scholarly Resources，1989），第 201 页。

39 转引自 Arnold Beichman and Mikhail S. Bernstam，*Andropov: New Challenge to the West*（New York：Stein & Day，1983），第 3 页。

40 Igor' Urakov，*Alkogol': Lichnost' i zdorov'e*（Moscow：Medistina，1986），第 7 页；Igor' Bestuzhev-Lada，"Piteinye traditsii i 'alkgol'nye tsivilizatsii'" in *Bezdna: P'yanstvo，narkomaniya，SPID*，由 Sergei Artyukhov 编辑（Moscow：Molodaya gvardiya，1988），第 25 页；"Veni，Vidi，Vodka"，第 52 页；Dunaevskii and Styazhkin，*Narkomanii i toksikomanii*，第 99~103 页。

41 John Barron，*Mig Pilot*（New York：McGraw Hill，1980），第 97 页；Nomi Morris，"War on Soviet Alcoholism"，*MacLean's*，1987 年 1 月 19 日，第 48 页；Erofeev，*Russkii apokalipsis*，第 13~14 页。关于药品的使用参见 A. Mostovoi，"Kogda zatsvetaet mak…"，*Komsomol'skaya pravda*，1986 年 6 月 8 日，第 2 页；E. Borodina，"Vovremya ostanovit'sya"，*Moskovskaya pravda*，1986 年 6 月 12 日。另参见 John M. Kramer，"Drug Abuse in the USSR" in *Social Change and Social Issues in the Former USSR*，由 Walter Joyce 编辑（New York：St. Martin's Press，1992），第 61 页。

42 Erofeev，*Russkii apokalipsis*，第 14 页。另参见 Gorbachev，*Memoirs*，第 222 页。

43 Ministerstvo vnutrennikh del SSSR，*Prestupnost' i pravonarusheniya 1990: Statisticheskii sbornik*（Moscow：Finansy i statistika，1991），第 15 页。另参见 Vladimir Volkov，"Mnogolikoe chudovishche" in *Bezdna: P'yanstvo，narkomaniya，SPID*，由 Sergei Artyukhov 编辑（Moscow：Molodaya gvardiya，1988），第 62 页。

44 Nikolai Shmelev，"Novye trevogi"，*Novyi mir*，第 4 卷（1988），第 162~163 页；英文译本参见 Tarschys，"Success of a Failure"，第 21 页；关于阿甘别吉扬的估计数据，参见 Aganbegyan，"Economic Reforms"，第 102 页。另参见 György Dalos，*Lebt wohl，Genossen！Der Untergang des sowjetischen Imperiums*（Munich：Verlag C. H. Beck，2011），第 58~59 页。

45 Ruslan Khasbulatov，*The Struggle for Russia: Power and Change in the Democratic Revolution*（London：Routledge，1993），第 116 页。

46 Segal，*Drunken Society*，第 xxi 页。

47 Erofeev，*Russkii apokalipsis*，第 15 页；Jane I. Dawson，*Eco-Nationalism: AntiNuclear Activis and National Identity in Russia，Lithuania，and Ukraine*（Durham，N.C.：Duke University Press，1996），第 3~8 页；Zaslavsky，"Soviet Union"，第 84~91 页；Aleksandr Nikishin，*Vodka i Gorbachev*（Moscow Vsya Rossiya，2007），第 213~214 页。

48 转引自 Thomas de Waal，*Black Garden: Armenia and Azerbaijan through Peace and War*（New York：NYU Press，2004），第 17 页。

49 Erofeev，*Russkii Apokalipsis*，第 13 页；Aleksandr Konobov，"Vnosyatsya korrektivy"，*Trud*，1988 年 10 月 6 日，第 2 页。Jeffrey Lamont，"Perestroika，Monopoly，Monoposony，and the Marketing

of Moldovan Wine", *International Journal of Wine Making*, 第 5 卷第 2~3 期（1993），第 49 页。
另参见 V. Vasilets, "Tsekh menyaet profil'", *Pravda*, 1985 年 8 月 1 日，第 3 页；Aron, *Yeltsin*，第 179 页；Pavel Palazchenko, *My Years with Gorbachev and Shevardnadze: The Memoir of a Soviet Interpreter*（University Park: Pennsylvania State University Press, 1998），第 29 页。

50　Richard E. Ericson, "Soviet Economic Structure and the National Question" in *The Post-Soviet Nations: Perspectives on the Demise of the USSR*，由 Alexander J. Motyl 编辑（New York: Columbia University Press, 1992），第 260 页。

51　Gorbachev, *Memoirs*，第 221~222 页。同样的，参见 Yevgeny Yevtushenko, *Fatal Half-Measures: The Culture of Democracy in the Soviet Union*，由 Antonina W. Bouis 翻译（New York: Little, Brown, 1991），第 131~134 页。

52　Paul Kengor, "Predicting the Soviet Collapse", *National Review Online*，2011 年 7 月 14 日，http://www.nationalreview.com/articles/print/271828（2011 年 8 月 17 日访问）。

53　The original memo, "Why Is the World So Dangerous?" from Herbert E. Meyer to the director of central intelligence，1983 年 11 月 30 日，可访问 http://www.foia.cia.gov/docs/DOC_0000028820/DOC_0000028820.pdf（2011 年 8 月 30 日访问网站）。

54　同上。

55　个人信件，2011 年 8 月 19 日。

第十九章

1　Lilia Shevtsova, *Russia—Lost in Transition: The Yeltsin and Putin Legacies*（Washington, D.C.: Carnegie Endowment for International Peace, 2007），第 1、5 页；Peter Kenez, *A History of the Soviet Union from the Beginning to the End*，第 2 版。（New York: Cambridge University Press, 2006），第 284~285 页，第 293 页。

2　Mikhail Gorbachev, *Memoirs*（New York: Doubleday, 1995），第 632 页；Jonathan Steele, "Gennady Yanayev Obituary", *The Gaurdian*，2010 年 9 月 26 日，http://www.guardian.co.uk/world/2010/sep/26/gennady-yanayevobituary-communist-gorbachev（2011 年 10 月 11 日访问）；Jerrold M. Post and Robert S. Robins, *When Illness Strikes the Leader: The Dilemma of the Captive King*（New Haven, Conn.: Yale University Press, 1995），第 74 页；Dmitrii Yazov, "Interrogation of Defense Minister Dmitrii Yazov on August 22, 1991" in *Russia at the Barricades: Eyewitness Accounts of the August 1991 Coup*，由 Victoria E. Bonnell, Ann Cooper 和 Gregory Freidin 编辑（Armonk, N.Y.: M. E. Sharpe, 1994），第 58~59 页。

3　Yazov, "Interrogation of Defense Minister Dmitrii Yazov on August 22, 1991"，第 62 页；Gorbachev, *Memoirs*，第 632 页；Nikolai Vorontsov, "Between Russia and the Soviet Union—With Notes on the USSR Council of Ministers Meeting of August 19, 1991" in *Russia at the Barricades: Eyewitness Accounts of the August 1991 Coup*，由 Victoria E. Bonnell, Ann Cooper 和 Gregory Freidin 编辑（Armonk, N.Y.: M. E. Sharpe, 1994），第 194 页。关于帕夫洛夫的内容，参见 Valentin Pavlov, "Interrogation of Soviet Prime Minister Valentin Pavlov, August 30, 1991" in *Russia at the Barricades*，第 64~65 页。

4　Jonathan Aitken, *Nazarbayev and the Making of Kazakhstan*（New York: Continuum, 2009），第 94~95 页；Aleksandr Korzhakov, *Boris El'tsin: Ot rassveta do zakata*（Moscow: Interbuk, 1997），第 80~82 页。

5　Aitken, *Nazarbayev and the Making of Kazakhstan*，第 97~98 页。

6　Aleksandr Lebedd', *Zaderzhavuobidno...*（Krasnoyarsk: Chest' i Rodina, 2004），第 415 页。奇怪

的是，这一段在英文译本中被完全删除：Alexander Lebed, *My Life and My Country*(Washington, D.C.: Regnery，1997)，第 293 页。另参见 Conor O'Clery, *Moscow, December 25, 1991: The Last Day of the Soviet Union* (New York: PublicAffairs，2011)，第 144 页；Daniel Treisman, *The Return: Russia's Journey from Gorbachev to Medvedev* (New York: Simon & Schuster, 2011)，第 35~36 页。

7　William E. Odom, *The Collapse of the Soviet Military* (New Haven，Conn.: Yale University Press，2000)，第 358 页。

8　Donald J. Raleigh, "A View from Saratov" in *Russia at the Barricades: Eyewitness Accounts of the August 1991 Coup*，由 Victoria E. Bonnell，Ann Cooper 和 Gregory Freidin 编辑（Armonk, N.Y.: M. E. Sharpe，1994)，第 136~137 页。关于抵抗运动普遍出现的戒酒态度参见 Lauren G. Leighton, "Moscow: The Morning of August 21"，第 107 页，以及 Iain Elliot, "Three Days in August: On-the-Spot Impressions"，第 291 页，都选自 *Russia at the Barricades: Eyewitness Accounts of the August 1991 Coup*，由 Victoria E. Bonnell，Ann Cooper 和 Gregory Freidin 编辑（Armonk, N.Y.: M. E. Sharpe，1994)。关于记者会参见 "The Press Conference of the State Committee for the State of Emergency, August 19, 1991" in *Russia at the Barricades*，第 49~50 页。

9　Peter Vincent Pry, *War Scare: Russia and America on the Nuclear Brink* (Westport, Conn.: Greenwood，1999)，第 79~80 页；Post and Robins, *When Illness Strikes*，第 74 页。

10　Yazov, "Interrogation"，第 61 页。

11　David Remnick, *Resurrection: The Struggle for a New Russia* (New York: Random House，1997)，第 27 页。

12　同上，第 3~4 页。

13　Leon Aron, *Yeltsin: A Revolutionary Life* (New York: St. Martin's，2000)，第 7~8 页；Timothy J. Colton, *Yeltsin: A Life* (New York: Basic Books，2008)，第 35 页第 551 条注释，第 69 页。

14　Aron, *Yeltsin*，第 112~113 页。

15　Viktor Manyukhin, *Pryzhok nazad: O El'tsine i o drugikh*(Ekaterinburg: Pakrus, 2002)，第 177 页。

16　Colton, *Yeltsin*，第 88~89 页。

17　同上，第 117-118 页。

18　Dimitri K. Simes, *After the Collapse: Russia Seeks Its Place as a Great Power* (New York: Simon & Schuster，1999)，第 51 页。

19　同上，第 51~52 页。

20　Colton, *Yeltsin*，第 310 页。

21　同上，第 310~313 页。Yuri M. Baturin et al., *Epokha El'tsina: Ocherki politicheskoi istorii*(Moscow: Vagrius，2001)，第 515 页；Aleksandr Nikishin, *Vodka i Gorbachev* (Moscow Vsya Rossiya，2007)，第 235 页；Remnick, *Resurrection*，第 277、328 页。

22　参见第二十一章，Aleksandr Nemtsov, "Tendentsii potrebleniya alkogolya I obuslovlennye alkogolem poteri zdorov'ya i zhizni v Rossii v 1946-1996 gg." in *Alkogol' i zdorov'e naseleniya Rossii: 1900-2000*，由 Andrei K. Demin 编辑（Moscow: Rossiiskaya assotsiatsiya obshchestvennogo zdorov'ya，1998)，第 101~105 页。

23　Celestine Bohlen, "Yeltsin Deputy Calls Reforms 'Economic Genocide'"，*New York Times*，1992 年 2 月 9 日，http://www.nytimes.com/1992/02/09/world/yeltsin-deputy-calls- reformseconomic-genocide.html?pagewanted=all&src=pm（2011 年 10 月 21 日访问）。

24　Remnick, *Resurrection*，第 52~53 页。另参见 Stephen White, *Understanding Russian Politics* (New York: Cambridge University Press，2011)，第 107 页。

25　Remnick, *Resurrection*，第 49 页，第 58~59 页，以及第 244 页。

26　Colton, *Yeltsin*，第 311 页。

27　Remnick, *Resurrection*，第 58~59 页。

28　Donald Murray, *A Democracy of Despots* (Boulder, Colo.: Westview，1996)，第 177 页。这杯

茶是作为他没有喝醉的一个信号，这一点美国有线新闻网络和国际媒体都直接点明了。参见 http://www.youtube.com/watch?v=ioXt3RT5ueA（2009 年 2 月 17 日访问）。

29 Remnick, *Resurrection*，第 64 页。

30 Peter Reddaway and Dmitri Glinski, *The Tragedy of Russia's Reforms: Market Bolshevism against Democracy*（Washington, D.C.: United States Institute of Peace Press, 2001），第 426 页。

31 Korzhakov, *Boris El'tsin*，第 195~198 页。作为对比可以参见 Martha Howell and Walter Prevenier, *From Reliable Sources: An Introduction to Historical Methods*（Ithaca, N.Y.: Cornell University Press, 2001），第 76~77 页。

32 Baturin et al., *Epokha El'tsina*，第 515 页。

33 Colton, *Yeltsin*，第 311 页；Korzhakov, *Boris El'tsin*，第 217~218 页。

34 Baturin et al., *Epokha El'tsina*，第 521 页。

35 同上，第 522~524 页。

36 Strobe Talbott, *The Russia Hand: A Memoir of Presidential Diplomacy*（New York: Random House, 2002），第 46 页。

37 同上，第 45~47 页；Colton, *Yeltsin*，第 310 页。

38 George Stephanopoulos, *All Too Human: A Political Education*（Boston: Little, Brown, 2000），第 139~140 页；Colton, *Yeltsin*，第 310~311 页。

39 Simes, *After the Collapse*，第 104 页。

40 James M. Goldgeier and Michael McFaul, *Power and Purpose: U.S. Foreign Policy toward Russia after the Cold War*（Washington, D.C.: Brookings Institution），第 141 页；Talbott, *Russia Hand*，第 89、185 页。托马斯·弗里德曼在 1999 年 4 月 16 日版的《纽约时报》上进一步解释称，"即使是半死不活，醉得像石头的鲍里斯·叶利钦，对于美国来说也还是一份巨大的资产"。参见 Boris Kagarlitsky, *Russia under Yeltsin and Putin: Neo-Liberal Autocracy*（New York: Pluto, 2002），第 226 页。

41 Taylor Branch, *The Clinton Tapes: Wrestling History with the President*（New York: Simon & Schuster, 2009），第 198 页。布兰奇错误地把此次访问时间记为 1995 年，这个错误被俄罗斯媒体抓住不放并以此质疑整篇叙述的可靠性。"Bill Clinton and His Tapes: Lies, Lies, Lies", *Pravda*, 2009 年 10 月 2 日, http://english.pravda.ru/world/americas/02- 10-2009/109635-bill_clinton-0（2011 年 11 月 11 日访问）。克林顿顾问斯特罗布·塔尔博特对比萨事件所下的结论与此有些轻微不同，但是他将时间更精准地定为 1994 年 9 月 26 日到 27 日。Talbott, *Russia Hand*，第 135 页。

42 Nikolai Kozyrev, "*The President Failed to Show…*" *International Affairs*，第 53 卷第 4 期（2007），第 169 页。大使科济列夫与当时叶利钦的外交部部长安德烈·科济列夫并没有关系。

43 同上，第 170~171 页。

44 同上，第 169~171 页；Korzhakov, *Boris El'tsin: Ot rassveta do zakata*，第 204~205 页；Mark Franchetti, "The Sober Truth behind Boris Yeltsin's Drinking Problem", *Sunday Times*, 2010 年 3 月 7 日, http://www.timesonline.co.uk/tol/news/world/europe/article7052415.ece（2010 年 3 月 8 日访问）；Colton, *Yeltsin*，第 315 页第 552~553 条注释，第 93 页；Aron, *Yeltsin*，第 578 页。另参见 "Reynolds Tells of Yeltsin's Favours after Shannon Snub", Breakingnews.ie, 2007 年 4 月 23 日, http://www.breakingnews.ie/ireland/ reynolds-tells-of-yeltsins-favoursafter-shannon-snub-307635.html（2011 年 11 月 11 日访问）；Remnick, *Resurrection*，第 250 页，以及第 328 页，第 333~334 页。

45 *Lipetskaya gazeta*, 1995 年 3 月 2 日，第 2 页；转引自 White, *Understanding Russian Politics*，第 108 页。关于媒体所受待遇，参见 Kozyrev, "President Failed to Show…"，第 171 页。

46 Anatol Lieven, *Chechnya: Tombstone of Russian Power*（New Haven, Conn.: Yale University Press, 1998），第 86 页。

47 Georgie Anne Geyer, *Predicting the Unthinkable, Anticipating the Impossible: From the Fall of the Berlin Wall to America in the New Century*（New Brunswick, N.J.: Transaction, 2011），第 230~231 页。

48 Andrew Higgins, "Grozny Rebels Braced for Final Assault", *The Independent*, 1995 年 1 月 13 日; Charles King, *The Ghost of Freedom: A History of the Caucasus* (New York: Oxford University Press, 2008), 第 235 页; O'Clery, *Moscow*, 1991 年 12 月 25 日, 第 282~283 页。

49 Emma Gilligan, *Terror in Chechnya: Russia and the Tragedy of Civilians in War* (Princeton, N.J.: Princeton University Press, 2009), 特别是第 26~27 页。

50 Lieven, *Chechnya*, 第 50 页。

51 O. P. Orlov and Aleksandr Cherkasov, *Rossiya—Chechnya: Tsep' oshibok i prestuplenii* (Moscow: Zven'ia, 1998); 英译本名为 "Russia and Chechnya: A Chain of Errors and Crimes", *Russian Studies in History*, 第 41 卷第 2 期 (2002), 第 88~89 页。很明显战争指挥官犯了错误——并没有使用海军的深水炸弹; 正相反, 他使用了有同样效果、能穿透混凝土的高爆炸弹。另参见 Iu. Kazakov, "Voina zakonchilas', no mir re nastupil", *Nezavisimaya gazeta*, 1997 年 6 月 25 日。同样的, 关于第二次车臣战争参见 Amelia Gentleman, "82 Civilians Feared Dead in Chechen Massacre", *The Guardian*, 2000 年 2 月 22 日, http://www.guardian.co.uk/world/2000/feb/23/chechnya. ameliagentleman (2011 年 12 月 20 日访问)。关于酒精和物物交换, 参见 Pavel Baev, "Enforcing 'Military Solutions' in the North Caucasus: Accumulated Experiences in Conflict (Mis) Management" in *Russian Power Structures: Present and Future Roles in Russian Politics*, 由 Jan Leijonhielm 和 Fredrik Westerlund 编辑 (Stockholm: FOI, Swedish Defense Research Agency, 2007), 第 50 页。

52 Henry E. Hale, *Why Not Parties in Russia? Democracy, Federalism and the State* (New York: Cambridge University Press, 2006), 第 68 页; Vladimir Petrovich Kartsev and Todd Bludeau, *!Zhirinovsky! An Insider's Account of Yeltsin's Chief Rival & 'Bespredel'* (New York: Columbia University Press, 1995), 第 81 页; Kevin Fedarko, "A Farce to Be Reckoned With", *Time*, 1993 年 12 月 27 日。

53 Remnick, *Resurrection*, 第 305~306 页; Steven Levitsky and Lucan A. Way, *Competitive Authoritarianism: Hybrid Regimes after the Cold War* (New York: Cambridge University Press, 2010), 第 194 页; Colton, *Yeltsin*, 第 315 页。

54 Michael McFaul, *Russia's 1996 Presidential Election: The End of Polarized Politics* (Stanford, Calif.: Hoover Institution, 1997), 第 23~24 页。Remnick, *Resurrection*, 第 102、334 页。

55 McFaul, *Russia's 1996 Presidential Election*, 第 23 页。

56 Colton, *Yeltsin*, 第 438~439 页; Michael McFaul, "Evaluating Yeltsin and His Revolution" in *Russia after the Fall*, 由 Andrew C. Kuchins 编辑 (Washington, D.C.: Carnegie Endowment for International Peace, 2002), 第 22 页。

57 Colton, *Yeltsin*, 第 316 页; Franchetti, "The Sober Truth behind Boris Yeltsin's Drinking Problem"。

第二十章

1 Anders åslund, *How Russia Became a Market Economy* (Washington, D.C.: Brookings Institution, 1995), 第 64 页; Peter Reddaway and Dmitri Glinski, *The Tragedy of Russia's Reforms: Market Bolshevism against Democracy* (Washington, D.C.: United States Institute of Peace Press, 2001), 第 270~273 页。

2 åslund, *How Russia Became a Market Economy*, 第 69 页。

3 Harley Balzer, "Human Capital and Russian Security in the Twenty First Century" in *Russia after the Fall*, 由 Andrew C. Kuchins 编辑 (Washington, D.C.: Carnegie Endowment for International Peace, 2002), 第 175 页; Judyth Twigg, "What Has Happened to Russian Society?" in *Russia*

after the Fall，由 Andrew C. Kuchins 编辑（Washington，D.C.：Carnegie Endowment for International Peace，2002），第149页。

4　Reddaway and Glinski，*Tragedy of Russia's Reforms*，第249~251页。

5　Steven Rosefielde，"Premature Deaths: Russia's Radical Economic Transition in Soviet Perspective"，*Europe-Asia Studies*，第53卷第8期（2001），第1162页；Vladimir M. Shkolnikov，Martin McKee，and David A. Leon，"Changes in Life Expectancy in Russia in the Mid-1990s"，*The Lancet*，第357卷（2001）；Anatoly Karlin，"Demography II—Out of the Death Spiral"，Da Russophile（博客），2008年4月14日，http://darussophile.com/2008/04/14/out-of-the-death-spiral（2012年5月5日访问）。

6　Richard C. Paddock，"Patient Deaths Point to Depth of Russian Crisis"，*Los Angeles Times*，1999年3月13日，http://articles.latimes.com/1999/mar/13/news/mn-16823（2011年11月14日访问）。

7　Colin McMahon，"Shortages Leave Russia's East out in the Cold"，*Chicago Tribune*，1998年11月19日。另参见 Stephen F. Cohen，*Failed Crusade: America and the Tragedy of Post-Communist Russia*，最新版（New York：W. W. Norton，2001），第47页；Naomi Klein，*The Shock Doctrine: The Rise of Disaster Capitalism*（New York：Henry Holt & Co.，2007），第301页。

8　Cohen，*Failed Crusade*，第169页；Peter Kenez，*A History of the Soviet Union from the Beginning to the End*，第2版（New York：Cambridge University Press，2006），第288页。

9　Cohen，*Failed Crusade*，第169页。

10　Michael Specter，"The Devastation"，*New Yorker*，2004年10月11日，第59页。这并不是说"逆现代化"这个词从未被使用过。关于酒徒化参见 Andrei V. Podlazov，"Demograficheskaya demodernizatsiya i alkogolizatsiya Rossii" in *Alkogol'naya katastrofa i vozmozhnosti gosudarstvennoi politiki v preodolenii alkogol'noi sverkosmertnosti v Rossii*，由 Dar'ya A. Khalturina 和 Andrei V. Korotaev 编辑（Moscow：Lenand，2010），第133页。关于社会基层方面的含义参见 Oleg Yanitsky，*Russian Greens in a Risk Society: A Structural Analysis*（Helsinki：Kikimora，2000），第3、267页。关于农村资源方面的含义参见 Stephen K. Wegren，*Land Reform in Russia: Institutional Design and Behavioral Responses*（New Haven，Conn.：Yale University Press，2009），第162页。公民组织能力参见 Valerii Aleksandrovich Tishkov，*Chechnya: Life in a War-Torn Society*（Berkeley：University of California Press，2004），第14页。然而，这些书并不像我在这里提出的这样，提出经济、社会和政治的逆向发展的含义。

11　可参见 Hans Rosling's "200 Countries，200 Years，4 Minutes"，presentation on gapminder.org，http://www.gapminder.org/videos/200-years-that-changed-the-world-bbc（2011年11月25日访问）。

12　Irina Rozenberg，"Proizvoditeli podpol'noi vodki mogut pereiti na legal'noe polozhenie"，*Segodnya*，1996年11月6日，第6页。

13　Alexander Elder，*Rubles to Dollars: Making Money on Russia's Exploding Financial Frontier*（New York：New York Institute of Finance，1999），第40页；Stephen White，*Russia Goes Dry: Alcohol, State and Society*（New York：Cambridge University Press，1996），第168页。科斯马斯卡亚（Kosmarskaya）计算出1997年所有的消费税加起来仅占到国家收入的8.3%。T. Kosmarskaya，"Problemy gosudarstvennogo regulirovaniya rynka alkogol'noi produktsii"，*Voprosi ekonomiki*（1998），第140页；Irina R. Takala，*Veselie Rusi: Istoriia alkogol'noi problemy v Rossii*（St. Petersburg：Zhurnal Neva，2002），第272~274页。

14　A. Krasikov，"Commodity Number One（Part 2）" in *The Samizdat Register*，由 Roy A. Medvedev 编辑（New York：W. W. Norton，1981），第164页。

15　Victor Erofeyev，"The Russian God"，*New Yorker*，2002年12月16日。

16　Daniel Treisman，"Death and Prices: The Political Economy of Russia's Alcohol Crisis"，*Economics of Transition*，第18卷第2期（2010），第281~282页。1990年，苏联时期的人均月收入可以换来16升伏特加酒。到了1993年，人均月收入可以购买33升伏特加酒。相对于食品的价格，伏特

加酒的价格从 1990 年到 1994 年下降了超过 70%。Aleksandr Nemtsov, *Alkogol'naya istoriya Rossii: Noveishii period*（Moscow：URSS, 2009），第 99 页。

17　N. V. Molina, "Vino tochit'—chto zolotuyu monetu chekanit'", *EKO*, 第 298 期（1999），第 178 页；Sonni Efron, "Grim Prognosis", *Los Angeles Times*, 1995 年 11 月 12 日，第 1 页；Jay Bhattacharya, Christina Gathmann, and Grant Miller, *The Gorbachev Anti-Alcohol Campaign and Russia's Mortality Crisis*, NBER Working Paper No. 18589（Cambridge, Mass.：National Bureau of Economic Research, 2012）。

18　关于货币的角色参见 William Stanley Jevons, *Money and the Mechanism of Exchange*（New York：D. Appleton & Co., 1901），第 14~38 页。俄罗斯的伏特加酒充当了大部分这些角色（它并不是一个被广泛认可的价值尺度），使得它最多可以作为一个 "首选的交易媒介"。这个说法由保罗·艾因齐格（Paul Einzig）提出，*Primitive Money：In Its Ethnological, Historical and Economic Aspects*（London：Eyre & Spottiswoode, 1949），第 328 页。

19　Boris Pasternak, *Doctor Zhivago*（New York：Pantheon, 1958），第 175 页。另参见 Kenez, *History of the Soviet Union*, 第 58 页。

20　Stephen Handelman, *Comrade Criminal：Russia's New Mafiya*（New Haven, Conn.：Yale University Press, 1995），第 77 页；Konstantin Simis, *USSR：The Corrupt Society；The Secret World of Soviet Capitalism*（New York：Simon & Schuster, 1982），第 130、256 页。关于与百事可乐的易货交易参见 Charles Levinson, *Vodka Cola*（London：Gordon & Cremonesi, 1978）。另参见 Caroline Humphrey and Stephen Hugh-Jones, *Barter, Exchange and Value：An Anthropological Approach*（New York：Cambridge University Press, 1992），第 5 页。

21　"Of Aeroflot, Volgas and the Flu：Some Joys and Sorrows of the Soviet Way", *Time*, 1980 年 6 月 23 日，第 88 页。另参见 Nicholas Daniloff, "Kremlin's New Battle against Drunks and Slackers", *U.S. News & World Report*, 1983 年 1 月 31 日，第 32 页。更多参见 Kenez, *History of the Soviet Union*, 第 217 页。

22　I. Gerasyuk, "Butylka za uslugu", *Sovetskaya Belarussiya*, 1984 年 10 月 12 日，第 4 页；"(A Bottle for a Favor—Or Why Does Grandma Marya Make Home Brew?)" in *Current Digest of the Soviet Press*, 第 37 卷第 3 期，1985 年 2 月 13 日，第 11 页；这篇摘要也可参见 *USSR：Political and Sociological Affairs*, JPRS-UPS-84-098, 1984 年 11 月 13 日，第 27 页。

23　即使是在反酗酒运动期间，"且不说感激之情，一瓶酒都有着比钱币更大的影响力"，Ivan Yaskov, "Alcohol Is the Enemy of Society：Don't Step into the Abyss", *Selskaya zhizn'*, 1985 年 5 月 14 日，第 4 页；英文译本参见 *Current Digest of the Soviet Press*, 第 37 卷第 20 期（1985），第 7 页。

24　Michael Specter, "Russia Takes Aim at Vodka Bacchanalia：Bootlegger's Dream/A People Drowning in Drink", *International Herald Tribune*, 1997 年 1 月 22 日，A3 页；David Hoffman, "Yeltsin Cracks Down on Alcohol Industry", *Washington Post*, 1996 年 12 月 26 日，第 27 页；Caroline Humphrey, "How Is Barter Done? The Social Relations of Barter in Provincial Russia", 第 277 页，以及 Jayasri Dutta, "Some Lasting Thing：Barter and the Value of Money", 第 17 页，均可参见 *The Vanishing Rouble：Barter Networks and Non Monetary Transactions in Post-Soviet Societies*, 由 Paul Seabright 编辑（New York：Cambridge University Press, 2000）；Grigory G. Zaigraev, "The Russian Model of Noncommercial Alcohol Consumption" in *Moonshine Markets：Issues in Unrecorded Alcohol Beverage Production and Consumption*, 由 Alan Haworth 和 Ronald Simpson 编辑（New York：Brunner-Routledge, 2004），第 38 页。

25　White, *Russia Goes Dry*, 第 168 页；由 Andrei Demin 编辑, *Alkogol' i zdorov'e naseleniya Rossii：1900-2000*（Moscow：Rossiiskaya assotsiatsiya obshchestvennogo zdorov'ya, 1998），第 298 页。另参见 Rosalko chief Vladimir Yarmosh, "Russian Vodka Outpriced at Home", *Business in Russia/Deolvye lyudi*, 第 63 卷（1996），第 7 页。

26　Michael A. Hiltzik, "Russia Thirsts for Vodka Plants' Profits", *Los Angeles Times*, 1998 年 11 月

30 日，第 1 页；Sergei Gornov，"A Sobering Thought for Russia's Distillers"，*Business in Russia/ Deolvye lyudi*，第 69 卷（1996），第 88~89 页，以及 "Quotas: To Be or Not to Be？" *Business in Russia/Deolvye lyudi*，第 69 卷（1996），第 94 页。

27　Nemtsov，*Alkogol'naya istoriya Rossii*，第 104~106 页。另参见 Goskomstat Rossii，*Prodovol'stvennyi rynok Rossii: Statisticheskii sbornik*（Moscow：Goskomstat，2000），第 116~152 页。

28　Alla Alova，"Rossiiskie pogranichniki prishchemili khvost 'zelenomu zmiyu'"，*Obshchaya gazeta*，1997 年 7 月 31 ~8 月 6 日；Viktor Zubanyuk，"Ukraine's Rivers of Alcohol Hit the Shallows"，*Business in Russia/Deolvye lyudi*，第 74 卷（1997），第 72~73 页。另参见 Nikolai Styazhkin，"Attempt to Smuggle Alcohol from Georgia to Russia Thwarted"，ITAR-TASS News Agency，2000 年 1 月 15 日；Valerii Shanaev，"Russian Border Guards Continue to Thwart Alcohol Smugglers"，ITAR-TASS News Agency，1998 年 1 月 3 日；Anatolii Yurkin，"Azeri Train Carrying Alcohol Detained on Russian Border"，ITAR-TASS News Agency，1998 年 1 月 5 日，以及 "Border Chief Coordinates with Georgia on Alcohol Smuggling"，ITAR-TASS News Agency，1998 年 1 月 5 日；Nemtsov，*Alkogol'naya istoriya Rossii*，第 115~118 页。

29　Nemtsov，*Alkogol'naya istoriya Rossii*，第 102 页。关于 NFS（国际体育基金会）参见 El'mar Guseinov，"Poslednyaya afera NFS?"，*Izvestiya*，1996 年 6 月 22 日，第 2 页；Andrei Grekov，"Drinking and Sport Don't Mix"，*Business in Russia/Deolvye lyudi* 第 69 卷（1996），第 91~92 页。另参见 "Chernomyrdin Signs Resolution on Licensing Imported Alcohol"，ITAR-TASS News Agency，1997 年 1 月 31 日；Augusto López-Claros and Sergei V. Alexashenko，*Fiscal Policy Issues during the Transition in Russia*（Washington，D.C.：International Monetary Fund，1998），第 16~20 页。关于东正教会参见 Robert C. Blitt，"How to Entrench a De Facto State Church in Russia: A Guide to Progress"，*Brigham Young University Law Review*，第 3 期（2008），第 722 页；Maxim Shevchenko，"Smoking Is Not Harming the Soul"，*Nezavisimaya gazeta*，1997 年 2 月 18 日，http://www2.stetson.edu/~psteeves/relnews/tobacco1802eng.html（2012 年 1 月 13 日访问）。

30　Rozenberg，"Proizvoditeli podpol'noi vodki mogut pereiti na legal'noe polozhenie"，第 6 页。

31　关于税收和财政政策中的"交易"参见 Jorge Martinez Vazquez，Mark Rider，and Sally Wallace，*Tax Reform in Russia*（Northampton，Mass.：Edward Elgar，2008），第 144~145 页；Andrei Shleifer and Daniel Treisman，*Without a Map: Political Tactics and Economic Reform in Russia*（Cambridge，Mass.：MIT Press，2001），第 113~130 页。

32　Rozenberg，"Proizvoditeli podpol'noi vodki mogut pereiti na legal'noe polozhenie"，第 6 页。

33　Hiltzik，"Russia Thirsts for Vodka Plants' Profits"，第 1 页。

34　Goskomstat Rossii，*Russia in Numbers: Concise Statistical Handbook*（Moscow：Goskomstat，1999），第 275 页。

35　Nemtsov，*Alkogol'naya istoriya Rossii*，第 108 页；英语译本参见 Aleksandr Nemtsov，*A Contemporary History of Alcohol in Russia*，由 Howard M. Goldfinger 和 Andrew Stickley 翻译（Stockholm：Söderöms högskola，2011），第 138 页。

36　Boris Yeltsin，"Perekryt' kran spirtovoi kontrabande: Radioobrashchenie prezidenta Rossiiskoi Federatsii B. N. El'tsina"，*Rossiiskaya gazeta*，1997 年 9 月 13 日，第 1~2 页。另参见 "Return of the State Monopoly on Alcohol"，*Business in Russia/Deolvye lyudi* 第 64 卷（1996），第 94 页。

37　参见 Joel S. Hellman，"Winners Take All: The Politics of Partial Reform in Postcommunist Transitions"，*World Politics*，第 50 卷第 2 期（1998）。另参见 Nemtsov，*Alkogol'naya istoriya Rossii*，第 101~103 页。

38　Shleifer and Treisman，*Without a Map*，第 117 页。

39　Nemtsov，*Alkogol'naya istoriya Rossii*，第 131 页。另参见 Sergei Gornov，"Alcohol Producers Set

Their Sights on the Regions", *Business in Russia/Deolvye lyudi*, 第 67 卷（1996），第 66 页；Dar'ya A. Khalturina and Andrei V. Korotaev, "Vvedeniye：Alkogol'naya katastrofa：Kak ostanovit' vymiranie Rossii", in *Alkogol'naya katastrofa i vozmozhnosti gosudarstvennoi politiki v preodolenii alkogol'noi sverkosmertnosti v Rossii*, 由 Dar'ya A. Khalturina 和 Andrei V. Korotaev 编 辑（Moscow：Lenand, 2010）， 第 29 页；Tomila V. Lankina, *Governing the Locals：Local Self-Government and Ethnic Mobilization in Russia*（Lanham, Md.：Rowman & Littlefield, 2004），第 154 页。关于雅罗斯拉夫尔的情况参见 Beth Mitchneck, "The Changing Role of the Local Budget in Russian Cities：The Case of Yaroslavl" in *Local Power and Post-Soviet Politics*, 由 Theodore H. Friedgut 和 Jeffrey W. Hahn 编辑（Armonk, N.Y.：M. E. Sharpe, Inc., 1994），第 82~84 页。

40 Scott Gehlbach, *Representation through Taxation：Revenue, Politics, and Development in Postcommunist States*（New York：Cambridge University Press, 2008），第 9 页。

41 同上，第 3 页，第 7~16 页，第 131 页。

42 Seguey Braguinsky and Grigory Yavlinsky, *Incentives and Institutions：The Transition to a Market Economy in Russia*（Princeton, N.J.：Princeton University Press, 2000），第 234 页。

43 Anders åslund, *How Capitalism Was Built：The Transformaton of Central and Eastern Europe, Russia, and Central Asia*（New York：Cambridge University Press, 2007），第 136 页。

44 Humphrey, "How Is Barter Done？", 第 270 页；Alena Ledeneva, *How Russia Really Works：The Informal Practices That Shaped Post-Soviet Politics and Business*（Ithaca, N.Y.：Cornell University Press, 2006），第 177~181 页。

45 参 见 Khristina Narizhnaya, "As Business Becomes More Civil, So Do Its State Relations", *Moscow Times*, 2012 年 1 月 12 日，http://www.themoscowtimes.com/business/article/as-business-becomesmore-civil-so-do-its-state-relations/450927.html（2012 年 1 月 12 日访问）。

46 Humphrey, "How Is Barter Done？" 第 273 页。

47 Padma Desai and Todd Idson, *Work without Wages：Russia's Nonpayment Crisis*（Cambridge, Mass.：MIT Press, 2000），第 185 页。另可参见 Andrei Sinyavsky, *The Russian Intelligentsia*（New York：Columbia University Press, 1997），第 40~41 页。

48 Humphrey, "How Is Barter Done？" 第 279 页。

49 David G. Anderson, "Surrogate Currencies and the 'Wild Market' in Central Siberia" in *The Vanishing Rouble：Barter Networks and Non-Monetary Transactions in Post-Soviet Societies*, 由 Paul Seabright 编辑（New York：Cambridge University Press, 2000），第 339 页。

50 Leonid Nevzlin, 转引自 David Hoffman, *The Oligarchs：Wealth and Power in the New Russia*, 最新修订版（New York：PublicAffairs, 2011），第 118 页。

51 Clifford G. Gaddy and Barry W. Ickes, "Russia's Virtual Economy", *Foreign Affairs*, 第 77 卷第 5 期（1998）；Thane Gustafson, *Capitalism Russia Style*（New York：Cambridge University Press, 1999）， 第 203 页；Ledeneva, *How Russia Really Works*；Sergei Guriev and Barry W. Ickes, "Barter in Russia" in *The Vanishing Rouble：Barter Networks and Non-Monetary Transactions in Post-Soviet Societies*, 由 Paul Seabright 编 辑（New York：Cambridge University Press, 2000）。关于地方政府和公司得到强化参见 David Woodruff, *Money Unmade：Barter and the Fate of Russian Capitalism*（Ithaca, N.Y.：Cornell University Press, 1999），第 5 页。

52 Clifford G. Gaddy and Barry W. Ickes, *Russia's Virtual Economy*（Washington, D.C.：Brookings Institution, 2002），第 248 页。

53 莫斯科的克里斯塔尔蒸馏厂就是这样一个例子，参见第二十二章。根据俄罗斯国家统计委员会的数据，来自酒精行业的逾期拖欠税款只占到整个逾期拖欠款项的 1.2%，这进一步表明伏特加酒生产商是相当可 靠 的 纳 税 者。Goskomstat Rossii, *Rossiiskii statisticheskii ezhegodnik：Statisticheskii sbornik*（Moscow：Goskomstat, 1998），第 654 页。

54 可 参 见 Anders Åslund, "Ten Myths about the Russian Economy" in *Russia after the Fall*, 由

Andrew C. Kuchins 编辑（Washington，D.C.：Carnegie Institute for International Peace，2002），以 及 *Russia's Capitalist Revolution：Why Market Reform Succeeded and Democracy Failed*（Washington，D.C.：Peterson Institute for International Economics，2007）。

55 Åslund，*How Capitalism Was Built*，第 186~187 页，第 190~191 页。

56 同上，第 188 页。关于俄罗斯、波罗的海国家和独联体内位于西部的国家所出现的人口统计下降趋势，参见 Khalturina and Korotaev，"Alkogol'naya katastrofa"，第 7 页。

57 Åslund，*How Capitalism Was Built*，第 188 页。另 参 见 Åslund，"Ten Myths about the Russian Economy"，第 119 页。关于印古什共和国和达吉斯坦共和国的情况参见 Khalturina and Korotaev，"Alkogol'naya katastrofa"，第 8 页。关于更多详尽的人口统计对比参见 Dar'ya A. Khalturina and Andrei V. Korotaev，*Russkii krest：Faktory，mekhanizmy i puti preodoleniia demograficheskogo krizisa v Rossii*（Moscow：KomKniga，2006）。这也建立了经济因素（私有化进程）和死亡率增加之间的联系；参见 John S. Earle and Scott Gehlbach，"Did Post-Communist Privatization Increase Mortality？" *Comparative Economic Studies*，第 53 卷（2011）。

58 Åslund，*How Capitalism Was Built*，第 188 页；在第 205 页又重复出现。

59 在这里我承认自己忽略了波罗的海地区共和国在两次战争期间的独立状态。关于酒精饮用模式参见世界卫生组织的国家报告，*Global Status Report on Alcohol and Health*（Geneva：WHO，2011），http://www.who.int/substance_abuse/publications/ global_alcohol_report/en（2011 年 3 月 11 日访问网站）。同样的，可参见"死亡率分带" Elizabeth Brainerd and David M. Cutler，"Autopsy on an Empire：Understanding Mortality in Russia and the Former Soviet Union"，*Journal of Economic Perspectives*，第 19 卷第 1 期（2005），第 107 页。

60 Wendy Carlin et al.，"Barter and Non-Monetary Transactions in Transition Economies：Evidence from a Cross-Country Survey" in *The Vanishing Rouble：Barter Networks and Non-Monetary Transactions in Post Soviet Societies*，由 Paul Seabright 编辑（New York：Cambridge University Press，2000），第 240~241 页。关于乌克兰相似之处的标注参见 Viktor Zubanyuk，"Ukraine Takes the Strain"，*Business in Russia/Deolvye lyudi*，第 69 卷（1996），第 98~99 页。

61 Åslund，*How Capitalism Was Built*，第 205 页。哈尔图瑞娜和科罗塔耶夫并不认为简单的消极情绪是逆现代化危机的主要促成因素，参见 Khalturina and Korotaev，"Alkogol'naya katastrofa"，第 13 页。

62 Hilary Pilkington，*Migration，Displacement and Identity in Post-Soviet Russia*（New York：Routledge，1998），第 170 页。

63 Ronald Inglehart and Christian Welzel，*Modernization，Cultural Change，and Democracy：The Human Development Sequence*（New York：Cambridge University Press，2005），第 300 页；另参见 16~47 页。

64 Vladimir Shlapentokh，"Trust in Public Institutions in Russia：The Lowest in the World"，*Communist and Post-Communist Studies* 第 39 卷第 2 期（2006），第 154~155 页；Nicholas Eberstadt，*Russia's Peacetime Demographic Crisis：Dimensions，Causes，Implications*（Seattle，Wash.：National Bureau of Asian Research，2010），第 270 页；Ronald Inglehart and Wayne E. Baker，"Modernization，Cultural Change，and the Persistence of Traditional Values"，*American Sociological Review*，第 65 卷第 1 期（2000），第 40~41 页，第 46~48 页。关于世界价值观调查数据参见 http://www.wvsevsdb.com/wvs/WVSAnalizeStudy.jsp（2011 年 11 月 27 日访问）；Daniel Treisman，*The Return：Russia's Journey from Gorbachev to Medvedev*（New York：Simon & Schuster，2011），第 374、386 页。

65 Inglehart and Welzel，*Modernization，Cultural Change，and Democracy*，第 263 页。如果需要进一步的证实信息参见 European Bank for Reconstruction and Development（EBRD），*Life in Transition：After the Crisis*（London：EBRD Publications，2011），第 98 页。另 参 见 Richard Rose，William Mishler，and Neil Munro，*Russia Transformed：Developing Popular Support for a New Regime*（New York：Cambridge University Press，2006），第 128 页。

第二十一章

1 Michael Specter，"The Devastation"，*New Yorker*，2004 年 10 月 11 日，第 67~68 页。另 参 见 Cullen Murphy，"Watching the Russians"，*Atlantic Monthly*，1983 年 2 月；Murray Feshbach，"The Soviet Union: Population Trends and Dilemmas"，*Population Bulletin*，第 37 卷 第 3 期（1982）。另参见第十六章和第十八章。

2 "Fact of Life in Russia"，*60 Minutes*，CBS News，1996 年 5 月 19 日；Mark G. Field，"The Health and Demographic Crisis in Post-Soviet Russia: A Two-Phase Development" in *Russia's Torn Safety Nets: Health and Social Welfare during the Transition*，由 Mark G. Field 和 Judyth L. Twigg 编辑（New York：St. Martin's，2000），第 11 页。

3 在很大程度上，我认可博客作者阿纳托利·卡林的保留意见——并不是说 1990 年代俄罗斯的人口状况非常令人乐观，而是这种认为俄罗斯的人口死亡现象是末日灾变般的说法已经持续到了现在，使得那段时期取得的显著改善蒙上了阴影。参见 Anatoly Karlin，Da Russophile（博客），http://darussophile.com/category/demography（2012 年 5 月 5 日访问）。

4 Dar'ya A. Khalturina and Andrei V. Korotaev，*Russkii krest: Faktory, mekhanizmy i puti preo-doleniia demograficheskogo krizisa v Rossii*（Moscow：KomKniga，2006），第 5 页。关于"俄罗斯的交叉路口"（Russkii krest）这一词的出处参见 Anatolii G. Vishnevskii，"Russkii krest"，*Novye izvestiya*，1998 年 2 月 26 日。一个更为积极的评估参见 Anatoly Karlin，"Russia Demographic Update VOO"，Da Russophile（博客），2011 年 10 月 24 日，http://darussophile.com/2011/10/24/russia-demographic-update-7（2012 年 5 月 5 日访问）。

5 Dar'ya A. Khalturina and Andrei V. Korotaev，"Vvedeniye: Alkogol'naya katastrofa: Kak ostanovit' vymiranie Rossii" in *Alkogol'naya katastrofa i vozmozhnosti gosudarstvennoi politiki v preodolenii alkogol'noi sverkosmertnosti v Rossii*，Dar'ya A. Khalturina and Andrei V. Korotaev 编 辑（Moscow：Lenand，2010），第 23 页；Nicholas Eberstadt，"The Dying Bear"，*Foreign Affairs*，第 90 卷 第 6 期（2011），第 96 页。关于人口损失比例的比较参见 Daniel Treisman，*The Return: Russia's Journey from Gorbachev to Medvedev*（New York：Simon & Schuster，2011），第 368~369 页。

6 Khalturina and Korotaev，"Alkogol'naya katastrofa"，第 25 页；Eberstadt，"Dying Bear"，第 96 页。

7 "Fact of Life in Russia"，*60 Minutes*，CBS News，1996 年 5 月 19 日。同样的，可参见 Laurie Garrett，*Betrayal of Trust: The Collapse of Global Public Health*（New York：Hyperion，2000），第 127 页。

8 Nicholas Eberstadt，*Russia's Peacetime Demographic Crisis: Dimensions, Causes, Implications*（Seattle，Wash.：National Bureau of Asian Research，2010），第 135~138 页。

9 Nicholas Eberstadt，"Drunken Nation: Russia's Depopulation Bomb"，*World Affairs*，第 171 卷 第 4 期（2009），第 59 页；David E. Powell，"The Problem of AIDS" in *Russia's Torn Safety Nets: Health and Social Welfare during the Transition*，由 Mark G. Field 和 Judyth L. Twigg 编辑（New York：St. Martin's，2000），第 124~125 页；Alexander Winning，"Fight against TB Plagued by Shortfalls"，*Moscow Times*，2012 年 6 月 9 日，http://www.themoscowtimes.com/news/article/fight-against-tb-plaguedby-shortfalls/460119.html（2012 年 6 月 9 日访问）。

10 参 见 由 Andrei Demin 编 辑，*Alkogol' i zdorov'e naseleniya Rossii: 1900- 2000*（Moscow：Rossiiskaya assotsiatsiya obshchestvennogo zdorov'ya，1998）；Andrei Vroublevsky and Judith Harwin，"Russia" in *Alcohol and Emerging Markets: Patterns, Problems and Responses*，由 Marcus Grant 编辑（Ann Arbor，Mich.：Edwards Brothers，1998），第 213 页。关于"疾病 #3"参见

Vladimir Solovyov, "The Paradox of Russian Vodka", *Michigan Quarterly Review*, 第 21 卷 第 3 期（1982）, 第 407 页；David Powell, "Soviet Union: Social Trends and Social Problems", *Bulletin of the Atomic Scientists*, 第 38 卷第 9 期（1982）, 第 24 页。关于俄罗斯的酒精相关死亡率全世界最高参见 Andrew Stickley et al., "Alcohol Poisoning in Russia and the Countries in the European Part of the Former Soviet Union, 1970- 2002", *European Journal of Public Health*, 第 17 卷第 5 期（2007）, 第 447 页。

11 "Fact of Life in Russia", *60 Minutes*, CBS News, 1996 年 5 月 19 日；Daria A. Khaltourina and Andrey V. Korotayev, "Potential for Alcohol Policy to Decrease the Mortality Crisis in Russia", *Evaluation & the Health Professions*, 第 31 卷第 3 期（2008）, 第 273 页。

12 Stickley et al., "Alcohol Poisoning", 第 446~447 页；Mark Lawrence Schrad, "A Lesson in Drinking", *Moscow Times*, 2011 年 3 月 5 日。

13 这就是为什么著名的由医生转为酒精政策改革者的瑞典人伊凡·布拉特（Ivan Bratt）声称绝对的酒精饮用数据"彻底一文不值"。Marquis W. Childs, Sweden: *The Middle Way*（New Haven, Conn.: Yale University Press, 1936）, 第 112 页。在这部分里, 我所指的是标准的半瓶 80 标准酒精度的伏特加酒, 传统的 750 毫升一瓶、12% 酒精含量的葡萄酒, 以及国际标准的 0.35 升一瓶、5% 酒精含量的啤酒。Stickley et al., "Alcohol Poisoning", 第 446~447 页；Schrad, "Lesson in Drinking"。

14 Khalturina and Korotaev, "Alkogol'naya katastrofa", 第 21 页；Vladimir P. Nuzhnyi and Sergei A. Savchuk, "Nelegal'nyi alkogol ' v Rossii: Sravnitel'naya toksichnost ' i vliyanie na zdorov'e naseleniya" in *Alkogol'naya katastrofa i vozmozhnosti gosudarstvennoi politiki v preodolenii alkogol'noi sverkosmertnosti v Rossii*, 由 Dar'ya A. Khalturina 和 Andrei V. Korotaev 编辑（Moscow: Lenand, 2010）, 第 227 页。

15 Garrett, *Betrayal of Trust*, 第 137 页。

16 Aleksei Mitrofanov, "Prazdnik teper' vsegda s toboi", *Izvestiya*, 1999 年 2 月 17 日, 第 8 页；Murray Feshbach, "Russia's Population Meltdown", *Wilson Quarterly*, 第 25 卷第 1 期（2001）, 第 19 页；Hedrick Smith, *The Russians*（New York: Quadrangle/New York Times Book Co., 1976）, 第 121 页。关于俄罗斯传统饮酒文化参见第七章以及 Walter Connor, *Deviance in Soviet Society: Crime, Delinquency and Alcoholism*（New York: Columbia University Press, 1972）, 第 39~42 页。

17 Richard Weitz, "Russia: Binge Drinking and Sudden Death", Eurasianet.org, 2010 年 12 月 15 日, http://www.eurasianet.org/node/62577（2010 年 12 月 17 日访问）。俄罗斯男性群体中出现的更高死亡率的说法是基于马丁·麦基 2010 年的一次电子展示, 他是 *European Center on Health and Societies in Transition* 的联合导演；音频参见 http://csis.org/event/new-insights-catastrophic-level-mortalityrussian-men。

18 Aleksandr Nemtsov, *Alkogol'naya istoriya Rossii: Noveishii period*（Moscow: URSS, 2009）, 第 241 页；Francis C. Notzon et al., "Causes of Declining Life Expectancy in Russia", *Journal of the American Medical Association*, 第 279 卷第 10 期（1998）, 第 798 页。

19 Martin McKee, "Zdorov'e rossiyan: Chto nuzhno predprinyat', chtoby izmenit' situatsiyu k luchschemu" in *Alkogol'naya katastrofa i vozmozhnosti gosudarstvennoi politiki v preodolenii alkogol'noi sverkosmertnosti v Rossii*, 由 Dar'ya A. Khalturina 和 Andrei V. Korotaev 编辑（Moscow: Lenand, 2010）, 第 141 页；Martin McKee et al., "The Composition of Surrogate Alcohols Consumed in Russia", *Alcoholism: Clinical and Experimental Research*, 第 29 卷 第 10 期（2005）, 第 1887~1888 页；Vladimir M. Shkol'nikov, Evgenii M. Andreev, and Dmitrii A. Zhdanov, "Smertnost' trudosposobnogo naseleniya, alkogol ' i prodolzhitel'nost' zhizni v Rossii" in *Alkogol'naya katastrofa i vozmozhnosti gosudarstvennoi politiki v preodolenii alkogol'noi sverkosmertnosti v Rossii*, 由 Dar'ya A. Khalturina 和 Andrei V. Korotaev 编辑（Moscow: Lenand, 2010）, 第 98 页。

20 David A. Leon et al., "Nepit'evoi alkogol ' v Rossii: Potreblenie i vozdeistvie na zdorov'e. Chto nam izvestno?" in *Alkogol'naya katastrofa i vozmozhnosti gosudarstvennoi politiki v preodolenii alkogol'noi sverkosmertnosti v Rossii*, 由 Dar'ya A. Khalturina 和 Andrei V. Korotaev 编辑 (Moscow: Lenand, 2010), 第 156、159 页。

21 Garrett, *Betrayal of Trust*, 第 136 页; Eberstadt, "Drunken Nation", 第 61 页。1990 年代, 每 10 万个俄罗斯人里就有 31 人直接死于饮用酒精, 而每 10 万个男性里就有 54 个直接死于饮用酒精。Nuzhnyi and Savchuk, "Nelegal'nyi alkogol' v Rossii", 第 271 页; Aleksandr Nemtsov, "Mnogo pit', vse-taki vredno", *EKO*, 第 281 期 (1997), 第 187 页; Vroublevsky and Harwin, "Russia", 第 213 页。

22 由 A. M. Harkin 编辑, *Alcohol in Europe—A Health Perspective* (Copenhagen: W.H.O. Regional Office for Europe, 1995); Vladimir S. Moiseev, *Alkogol'naya bolezn': Porazheniya vnutrennikh organov pri alkogolizme* (Moscow: Izdatel'stvo Universiteta druzhby narodov, 1990), 第 18~20 页, 第 54~55 页。

23 Nicholas Eberstadt, "Russia: Too Sick to Matter?" *Policy Review*, 第 95 期 (1999), 第 9 页; Larry Husten, "Global Epidemic of Cardiovascular Disease Predicted", *The Lancet*, 1998 年 11 月 7 日, 第 352 页; Sonni Efron, "Grim Prognosis", *Los Angeles Times*, 1995 年 11 月 12 日, 第 1 页。

24 Eberstadt, "Russia: Too Sick to Matter?" 第 9 页。

25 Khalturina and Korotaev, "Alkogol'naya katastrofa", 第 17~19 页; William Alex Pridemore, "Vodka and Violence: Alcohol Consumption and Homicide Rates in Russia", *American Journal of Public Health*, 第 92 卷第 12 期 (2002), 第 1921 页; Eberstadt, "Drunken Nation", 第 60~61 页; "Fact of Life in Russia", *60 Minutes*, CBS News, 1996 年 5 月 19 日。

26 Shkol'nikov, Andreev, and Zhdanov, "Smertnost' trudosposobnogo naseleniya", 第 98 页; Goskomstat Rossii, *Sotsial'noe polozhenie i uroven' zhizni naseleniya Rossii: Statisticheskii sbornik* (Moscow: Goskomstat Rossii, 1998), 第 310 页。

27 俄罗斯男性的平均预期寿命在 1994 年降到最低点, 人均 57.6 岁。Aleksandr Nemtsov, "Tendentsii potrebleniya alkogolya i obuslovlennye alkogolem poteri zdorov'ya i zhizni v Rossii v 1946-1996 gg." in *Alkogol' i zdorov'e naseleniya Rossii: 1900-2000*, 由 Andrei K. Demin 编辑 (Moscow: Rossiiskaya assotsiatsiya obshchestvennogo zdorov'ya, 1998), 第 105 页; Anders Åslund and Andrew Kuchins, *The Russia Balance Sheet* (New York: Petersen Institute for International Economics, 2009), 第 86 页。

28 Khalturina and Korotaev, "Alkogol'naya katastrofa", 第 24~25 页。每年多喝额外的 1 升酒精可以减少男性预期寿命 10.5 个月, 但只减少女性预期寿命 4 个月。Andrei V. Podlazov, "Demograficheskaya demodernizatsiya i alkogolizatsii Rossii" in *Alkogol'naya katastrofa i vozmozhnosti gosudarstvennoi politiki v preodolenii alkogol'noi sverkosmertnosti v Rossii*, 由 Dar'ya A. Khalturina 和 Andrei V. Korotaev 编辑 (Moscow: Lenand, 2010), 第 116 页。苏联统治下的 1980 年到 1983 年间出现的最大性别差异是 10.2 岁。W. Ward Kingkade and Eduardo E. Arriaga, "Sex Differentials in Mortality in the Soviet Union" in *Social Change and Social Issues in the Former USSR*, 由 Walter Joyce 编辑 (New York: St. Martin's, 1992), 第 115 页。

29 Feshbach, "Russia's Population Meltdown", 第 16~17 页; Eberstadt, "Drunken Nation", 第 54 页。总生育率和其他人口统计数据参见俄罗斯国家统计委员会的网站: http://www.gks.ru/dbscripts/Cbsd/DBInet.cgi?pl=2403012 (2012 年 1 月 14 日访问)。

30 "Fact of Life in Russia", *60 Minutes*, CBS News, 1996 年 5 月 19 日。

31 Feshbach, "Russia's Population Meltdown", 第 16~17 页; Eberstadt, "Drunken Nation", 第 54 页。与此相关的, 参见 "90 Percent of Russian Men Suffer from Erectile Dysfunction", *Pravda*, 2012 年 1 月 11 日, http://english.pravda.ru/health/11-01-2012/120204-erectile_dysfunction-0 (2012 年 1 月 12 日访问)。

32 Garrett, *Betrayal of Trust*，第 135 页。另参见 Victoria I. Sakevich and Boris P. Denisov，"The Future of Abortions in Russia"，在欧洲人口会议（European Population Conference）上提交的文章，2008 年 7 月 9~12 日，in Barcelona, Spain，http://epc2008.princeton.edu/ download. aspx?submissionId=80419（2012 年 2 月 2 日访问）。

33 Nikita Mironov，"Rossiya vymiraet, potomu chto v strane ne ostalos' muzhchin"，*Komsomol'skaya pravda*，2009 年 6 月 24 日，http://www.kp.ru/daily/24316.3/508858（2010 年 11 月 5 日访问）；Paul Goble，"High Mortality among Men Undercuts Moscow's Pro-Birth Policies"，*Moscow Times*，2009 年 6 月 30 日；"Endangered Species" in Nemtsov，*Alkogol'naya istoriya Rossii*，第 294 页。2010 年人口普查数据参见 http://www.perepis- 2010.ru/results_of_the_census（2012 年 2 月 1 日访问）。穆雷·费什巴赫这句话转引自 Garrett，*Betrayal of Trust*，第 130 页。

34 Khalturina and Korotaev，"Alkogol'naya katastrofa"，第 19 页。

35 同上，第 18 页；Eberstadt，"Drunken Nation"，第 55 页；Nemtsov，*Alkogol'naya istoriya Rossii*，第 108 页。

36 Judyth Twigg，"What Has Happened to Russian Society?" in *Russia after the Fall*，由 Andrew C. Kuchins 编辑（Washington, D.C.: Carnegie Endowment for International Peace, 2002），第 152~153 页。

37 Khalturina and Korotaev，"Alkogol'naya katastrofa"，第 18 页；Jake Rudnitsky，"Bleak House"，*The eXile*，2003 年 1 月 22 日，http://exile.ru/articles/detail.php?ARTICLE_ID =6802&IBLOCK_ ID=35（2013 年 1 月 2 日访问）；Eberstadt，"Dying Bear"，第 100 页；Eric Rosenthal et al.，"Implementing the Right to Community Integration for Children with Disabilities in Russia"，*Health and Human Rights*，第 4 卷第 1 期（1999），第 83 页；Garrett，*Betrayal of Trust*，第 138 页。

38 Twigg，"What Has Happened to Russian Society？" 第 151 页。另参见 Fred Weir，"Russia's Shrinking Population Mars Putin's Superpower Ambitions"，*Global Post*，2011 年 11 月 3 日，http:// www.globalpost.com/dispatch/news/regions/europe/russia/111102/r ussia-population-superpower-health-soviet-union?page=0,2（2012 年 2 月 2 日访问）。这就是为什么我认为支持像俄罗斯孤儿机遇基金会这样的组织很重要，这些组织为孤儿们提供了接受教育和找到工作的机会，http, //www.roofnet.org/ mission。

39 Garrett，*Betrayal of Trust*，第 139~140 页。

40 Richard Galpin，"Russia's Disabled Suffer Neglect and Abuse"，BBC News，2009 年 10 月 12 日，http://news.bbc.co.uk/2/hi/8302633.stm（2011 年 6 月 26 日访问）；Rimma Avshalumova，"Finding Work Is Difficult for Disabled"，*Moscow Times*，2012 年 2 月 14 日 http://www.themoscowtimes. com/business/article/finding-work-isdifficult-for-disabled/ 453103. html（2012 年 2 月 14 日访问）；Rosenthal et al.，"Implementing the Right to Community Integration for Children with Disabilities in Russia"。据报告，9 个有残障儿童的家庭里就有 1 个家庭里有酒精参与的家庭冲突发生。Ethel Dunn，"The Disabled in Russia in the 1990s" in *Russia's Torn Safety Nets: Health and Social Welfare during the Transition*，由 Mark G. Field 和 Judyth L. Twigg 编辑（New York：St. Martin's，2000）。

41 Laurie C. Miller et al.，"Fetal Alcohol Spectrum Disorders in Children Residing in Russian Orphanages: A Phenotypic Survey"，*Alcoholism: Clinical and Experimental Research*，第 30 卷第 3 期（2006），第 531 页。另可参见 Khalturina and Korotaev，"Alkogol'naya katastrofa"，第 19 页；Tatiana Balachova et al.，"Women's Alcohol Consumption and Risk for Alcohol Exposed Pregnancies in Russia"，*Addiction*，第 107 卷第 1 期（2012），第 109 页。

42 Feshbach，"Russia's Population Meltdown"，第 15 页；Twigg，"What Has Happened to Russian Society？" 第 150 页；Garrett，*Betrayal of Trust*，第 130 页。另参见 "Teenagers' Health Worsens—Rf Chief Pediatrician"，ITAR-TASS Daily，2012 年 5 月 12 日。

43 "Fact of Life in Russia"，*60 Minutes*，CBS News，1996 年 5 月 19 日。

44 *Doklad o sostoyanii zdorov'ya detei v Rossiiskoi Federatsii*（*po itogam Vserossiiskoi dispanserizatsii 2002 goda*）（Moscow：2003），第 31~59 页；转引自 Murray Feshbach，"The Russian Military：Population and Health Constraints" in *Russian Power Structures：Present and Future Roles in Russian Politics*，由 Jan Leijonhielm 和 Fredrik Westerlund 编辑（Stockholm：FOI，Swedish Defense Research Agency，2007），第 138~142 页；与穆雷·费什巴赫的私人信件，2012 年 2 月 18 日。另参见 "Russia's Alcohol Consumption More Than 100% above Critical Level"，RIA Novosti，2009 年 9 月 24 日。http://en.rian.ru/russia/20090924/156238102.html（2009 年 9 月 28 日访问）。

第二十二章

1 Moscow Distillery Cristall webpage，http://www.kristall.ru/page.php? P=1(2010 年 11 月 8 日访问）。关于苏联红牌伏特加酒的历史参见 Vladimir Ul'yanov，"Vodka Stolichnaya：Kak vse nachinalos"，Popsop.ru，2008 年 5 月 27 日，http://popsop.ru/2155（2010 年 11 月 8 日访问）；Viktor Erofeev，*Russkii apokalipsis：Opyt khudozhestvennoi eskhatologii*（Moscow：Zebra E，2008），第 26 页。

2 Nikolai Pavlov，"Violent DTS at Kristall"，*Current Digest of the Russian Press*，第 33 卷第 52 期，（2000），第 13 页；最早发表于 *Rossiiskaya gazeta*，2000 年 8 月 15 日，第 2 页。

3 Nikolai Petrov，"Kak v kaple vodki：Politika，finansy，regionalizm" in *Regiony Rossii v. 1999 g.：Ezhegodnoe prilozheniye k politicheskomu almanakhu Russii*，由 Carnegie Center Moscow 编辑（Moscow：Gendal'f，2000），第 143 页；Sophie Lambroschini，"Stand-Off at Vodka Distillery Continues"，Radio Free Europe/Radio Liberty，2000 年 8 月 8 日，http://www.rferl.org/content/article/1094494.html（2010 年 11 月 5 日访问）。

4 "Putin's Inauguration Speech"，BBC News，2000 年 5 月 7 日，http://news.bbc.co.uk/2/hi/world/monitoring/media_reports/739432.stm（2010 年 11 月 5 日访问）。

5 Nikolai Chekhovskii，"Gosmonopoliya na zhidkuyu valyutu"，*Segodnya*，2000 年 9 月 9 日，第 2 页；AFI，"Aktsii 'Kristalla' perevedeny v federal'nuyu sobstvennost'"，*Segodnya*，2000 年 9 月 13 日，第 5 页。

6 Marshall I. Goldman，*Petrostate：Putin，Power，and the New Russia*（New York：Oxford University Press，2008），第 98~99 页。

7 "Natsional'nyi proekt 'Dostupnyu alkogol'"，*Ekspert Sibir'*，2007 年 2 月 19 日，http://expert.ru/siberia/2007/07/rynok_alkogolya_editorial/（2013 年 8 月 27 日访问）；英文译本参见 Anna Bailey，"Explaining Rosalkogol'regulirovaniye. Why Does Russia Have a New Federal Alcohol Regulator？" in *Alkogol' v Rossii：Materialy vtoroi mezhdunarodnoi nauchno-prakticheskoi konferentsii*（Ivanovo，28-29 oktyabrya 2011），由 Nikolai V. Dem'yanenko 编辑（Ivanovo：Filial RGGU v g. Ivanovo，2011），第 105 页。

8 Alena V. Ledeneva，*Can Russia Modernise？ Sistema，Power Networks and Informal Governance*（New York：Cambridge University Press，2013），第 96、113 页。

9 参见第一章；Richard Sakwa，*Putin：Russia's Choice*，第 2 版（New York：Routledge，2008），第 2 页。

10 Andrew Jack，*Inside Putin's Russia*（New York：Oxford University Press，2006），第 51 页；Vladimir Putin，*First Person：An Astonishingly Frank Self-Portrait by Russia's President*（New York：PublicAffairs，2000），第 19 页。

11 *Interview with Lyudmila Putina*，in *Putin，First Person*，第 150 页。

12 "Russian Politicians Learn to Say Goodbye to Vodka"，*Pravda*，2008 年 3 月 19 日，http://english.

pravda.ru/history/19-03-2008/104564- russian_vodka-0（2010 年 2 月 10 日访问）。

13　Boris El'tsin, *Prezidentskii marafon*（Moscow: Izdatel'stvo ACT, 2000），第 315 页。

14　有些人认为这些爆炸案实际上是俄罗斯联邦安全局为了让普京上台而制造的叛乱。普京的主要控告人，FSB 前告密者亚历山大·利特维年科 2006 年 11 月在伦敦被毒死，毒药是放射性元素钋 -210。Aleksandr Litvinenko and Yuri Felshtinsky, *Blowing up Russia: The Secret Plot to Bring Back KGB Terror*（New York: Encounter Books, 2007）。

15　Emma Gilligan, *Terror in Chechnya: Russia and the Tragedy of Civilians in War*（Princeton, N.J.: Princeton University Press, 2009），第 31~32 页。

16　Lilia Shevtsova, *Russia—Lost in Transition: The Yeltsin and Putin Legacies*（Washington, D.C.: Carnegie Endowment for International Peace, 2007），第 36~41 页。

17　其中的隐含意思明显取决于作者的立场。参见 Treisman, *Return*，第 232 页；Anders Åslund, "Putinomics"，*Peterson Institute for International Economics*，2007 年 12 月 3 日，http://www.iie.com/publications/opeds/oped.cfm?ResearchID=852（2012 年 2 月 14 日访问）。另参见 Sean Guillory, "A Genealogy of 'Putinism'"，Sean's Russia Blog，2007 年 12 月 23 日，http://seansrussiablog.org/2007/12/23/a-geneology-of-putinism（2010 年 12 月 12 日访问）。关于俄罗斯的"半封建主义社会"（semi-feudalism）参见 Vladimir Shlapentokh, "Russia's Acquiescence to Corruption Makes the State Machine Inept"，*Communist and Post-Communist Studies*，第 36 卷第 2 期（2003），第 158 页。

18　Mark R. Beissinger, *Nationalist Mobilization and Collapse of the Soviet State*（New York: Cambridge University Press, 2002），第 265 页。

19　Nikolai Petrov and Darrell Slider, "The Regions under Putin and After" in *After Putin's Russia: Past Imperfect, Future Uncertain*，由 Stephen K. Wegren 和 Dale R. Herspring 编辑（Lanham, Md.: Rowman & Littlefield, 2010），第 66~70 页。

20　New State Ice Co. v. Liebmann, 285 U.S. 262, 311 (1932) (Brandeis, J., dissenting).

21　Gil et al., "Alcohol Policy in a Russian Region"，第 3~4 页。

22　Michele A. Berdy, "Chernomyrdin's Linguistic Legacy"，*Moscow Times*，2010 年 11 月 12 日。

23　David Satter, *Darkness at Dawn: The Rise of the Russian Criminal State*（New Haven, Conn.: Yale University Press, 2003），第 60 页；Kaj Hobér, *The Impeachment of President Yeltsin*（Huntington, N.Y.: Juris, 2004），第 60~71 页。

24　Satter, *Darkness at Dawn*，第 61~63 页。

25　Kryshtanovskaya and White, "Sovietization of Russian Politics"，第 290~291 页；Shevtsova, *Russia—Lost in Transition*，第 48 页。

26　Mikhail Myagkov, Peter C. Ordeshook, and Dimitri Shakin, *The Forensics of Election Fraud: Russia and Ukraine*（New York: Cambridge University Press, 2009），第 71~137 页；M. Steven Fish, *Democracy Derailed in Russia: The Failure of Open Politics*（New York: Cambridge University Press, 2005），第 30~81 页；Shevtsova, *Russia—Lost in Transition*，第 299~300 页。

27　Shevtsova, *Russia—Lost in Transition*，第 25 页。

28　Richard Stengel, "Choosing Order before Freedom"，*Time*，2007 年 12 月 31 日，第 45 页。

29　Kathryn Hendley, "The Law in Post-Putin Russia" in *After Putin's Russia: Past Imperfect, Future Uncertain*，由 Stephen K. Wegren 和 Dale R. Herspring 编辑（Lanham, Md.: Rowman & Littlefield, 2010），第 87~93 页；Shevtsova, *Russia—Lost in Transition*，第 295 页。

30　Richard Sakwa, "Putin's Leadership" in *Putin's Russia*，由 Dale R. Herspring 编辑（Lanham, Md.: Rowman & Littlefield, 2007），第 24~29 页；Alexandr Dugin, "The World Needs to Understand Putin"，*Financial Times*，2013 年 3 月 12 日，http://www.ft.com/cms/ s/0/67fa00d2-874b-11e2-9dd7- 00144feabdc0.html（2013 年 3 月 12 日访问）。

31　Allen C. Lynch, *How Russia Is Not Ruled: Reflections on Russian Political Development*（New

York：Cambridge University Press，2005），第 7 页；Shevtsova，*Russia—Lost in Transition*，第 294 页。

32　可参见 Anders Åslund，*How Capitalism Was Built：The Transformation of Central and Eastern Europe，Russia，and Central Asia*（New York：Cambridge University Press，2007），第 189 页。

33　根据俄罗斯联邦国家统计署的数据，2008 年，每 10 万人里就有 16.9 人遭遇过酒精中毒：http://www.gks.ru/free_doc/new_site/population/demo/dem5_bd.htm/。

34　"Russians Lose a Centimeter"，*Moscow Times*，2007 年 5 页 23 日；Tom Parfitt，"Spin Doctors Reinvent the 'Nano-President'"，*The Observer*，2008 年 3 月 1 日；Murray Feshbach，"The Russian Military：Population and Health Constraints" in *Russian Power Structures：Present and Future Roles in Russian Politics*，由 Jan Leijonhielm 和 Fredrik Westerlund 编辑（Stockholm：FOI，Swedish Defense Research Agency，2007），第 138~147 页；"Teenagers' Health Worsens—RF Chief Pediatrician"，ITAR-TASS Daily，2012 年 5 月 12 日。

35　Vladimir Putin，"Annual Address to the Federal Assembly"，2006 年 5 月 10 日，http://archive.kremlin.ru/eng/speeches/2006/05/10/1823_type70029type8 2912_105566.shtml（2011 年 11 月 11 日访问）。

36　同　上；Fred Weir，"Russia's Shrinking Population Mars Putin's Superpower Ambitions"，*Global Post*，2011 年 11 月 3 日，http://www.globalpost.com/dispatch/news/ regions/europe/russia/111102/r ussia-population-superpower-health-soviet-union（2011 年 11 月 12 日访问）。

37　转引自 Graeme P. Herd，"Russia's Demographic Crisis and Federal Instability" in *Russian Regions and Regionalism：Strength through Weakness*，由 Graeme P. Herd 和 Anne Aldis 编辑（New York：RoutledgeCurzon，2003），第 46 页。另 参 见 Aleksandr Nemtsov，*Alkogol'naya istoriya Rossii：Noveishii period*（Moscow：URSS，2009），第 136 页。

38　同上，第 281~282 页。

39　Erofeev，*Russkii apokalipsis*，第 28 页。Petlyanova，"Soobrazili na svoikh"。

40　Andrew Osborn，"Will Russia's Putinka Outlast the President?" *Wall Street Journal*，2007 年 5 月 29 日，http://online.wsj.com/article/SB118039981514116698.html（2009 年 8 月 14 日访问）。另参见 "'Crystal' Has Suspended Production of 'Putinka'"，WineLiquorMart（博客），2011 年 4 月 19 日，http://wineliquormart.wordpress. com/2011/04/19/crystal-has-suspendedproduction-of-putinka/（2012 年 1 月 14 日访问）。关于品牌忠诚度参见 Petrov，"Kak v kaple vodki"，第 148 页。

41　Marya Levintova，"Russian Alcohol Policy in the Making"，*Alcohol and Alcoholism*，第 42 卷第 5 期（2007），第 502 页。

42　Nemtsov，*Alkogol'naya istoriya Rossii*，第 286 页。

43　Claire Bigg，"Russia：Alcohol Reform Blamed for Outbreak of Poisonings"，Radio Free Europe/Radio Liberty，2006 年 10 月 30 日，http://www.rferl.org/content/article/1072399.html（2008 年 12 月 8 日访问）；Levintova，"Russian Alcohol Policy in the Making"，第 502 页。

44　Valery P. Goreglyad，"Otchet o rezul'tatakh kontrol'nogo meropriyatiya 'proverka effektivnosti ispol'zovaniya federal'noi sobstvennosti，peredannoi federal'nomu gosudarstvennomu unitarnomu predpriyatiyu Rosspirtprom，za 2005-2006 gody'"，*Byletten' Schetnoi palaty Rossiiskoi Federatsii*，第 124 卷 第 4 期（2008），http://www.budgetrf.ru/ Publications/Schpalata/2008/ACH200805211952/word/ACH200805211952_000.zip/。

45　Andrew Scott Barnes，*Owning Russia：The Struggle over Factories，Farms，and Power*（Ithaca，N.Y.：Cornell University Press，2006），第 119 页。

46　Peter Rutland，"The Oligarchs and Economic Development" in *After Putin's Russia：Past Imperfect，Future Uncertain*，由 Stephen K. Wegren 和 Dale R. Herspring 编 辑（Lanham，Md.：Rowman & Littlefield，2010），第 172 页。

47　Elena Tokareva，"Gruzinskii skandal rossiiskogo oligarkha"，*Stringer*，2011 年 1 月 26 日，http://

www.stringer.ru/publication.mhtml? Part=48&PubID=15616（2012 年 1 月 12 日访问）；Petlyanova，"Soobrazili na svoikh"。

48　Oleg Trutnev，"'Kristall' ne nalivaet"，*Kommersant'*，2012 年 1 月 18 日，http://www.kommersant.ru/doc/1853092（2012 年 1 月 19 日访问）。

第二十三章

1　Dmitrii Medvedev，"Rossiya, vpered!" Kremlin.ru，2009 年 9 月 10 日，http://news.kremlin.ru/news/5413（2012 年 3 月 1 日访问）。参见 Richard Sakwa，*The Crisis of Russian Democracy：The Dual State, Factionalism and the Medvedev Succession*（New York：Cambridge University Press，2011），第 347~350 页。

2　Mezhduregionalnoye dvizhenie 'Edinstvo' or MeDv.

3　相应的，这句话引用 Sergei Witte, Daniel Treisman，*The Return：Russia's Journey from Gorbachev to Medvedev*（New York：Simon & Schuster，2011），第 123、419 页。

4　Andrei Vandenko，"Prostye istiny"，*Itogi*，2008 年 2 月 18 日，http://www.itogi.ru/russia/2008/8/3759.html(2012 年 3 月 7 日访问）。梅德韦杰夫开始喜欢西方世界的摇滚乐队，像平克·弗洛伊德（Pink Floyd）、齐柏林飞船（Led Zeppelin）、深紫乐队（Deep Purple）和黑色安息日（Black Sabbath）——虽然这在政治层面没有什么重要意义，但相比于普京喜欢瑞典的超级流行组合 ABBA 那种不健康的癖好而言，这绝对是一种提升。"'Money, Money, Money' for Putin"，*Moscow Times*，2009 年 2 月 6 日。另参见 http://www.youtube.com/watch?v=ahnZYdjd7Ww（2012 年 3 月 2 日访问）。

5　Treisman，*Return*，第 137 页；Sakwa，*Crisis of Russian Diplomacy*，第 98~101 页。

6　Leonid Abalkin，"Razmyshleniya o dolgosrochnoi strategii, nauke I demokratii"，*Voprosi ekonomiki*，第 12 卷（2006），第 15 页；转引自 Stephen White，*Understanding Russian Politics*（New York：Cambridge University Press，2011），第 148 页。另参见同上，第 105~106 页；Jason Bush，"Russia's New Deal"，*Bloomberg Businessweek*，2007 年 3 月 29 日，http://www.businessweek.com/globalbiz/content/mar2007/gb20070329_2 26664.htm?chan=search（2012 年 2 月 29 日访问）。

7　Cable 08MOSCOW558，"Medvedev and Russia's National Priority Projects—All Hat, No Cattle？" 2008 年 2 月 28 日，http://wikileaks.ch/cable/2008/02/08MOSCOW558.html；Cable 06MOSCOW12764，"Russians Still Cynical about National Priority Projects"，2006 年 12 月 4 日，http://wikileaks.ch/cable/2006/12/06MOSCOW12764.html（2012 年 3 月 3 日访问）。

8　Stephen K. Wegren and Dale R. Herspring，"Introduction" in *After Putin's Russia：Past Imperfect, Future Uncertain*，由 Stephen K. Wegren 和 Dale R. Herspring 编辑（Lanham，Md.：Rowman & Littlefield，2010），第 5 页。

9　Stephen Colbert，"Un-American News：Financial Edition"，*The Colbert Report*，2008 年 10 月 6 日，http://www.colbertnation.com/the-colbert-reportvideos/187306/october-06-2008/ un-american-news—financial-edition，以及 "Cold War Update：Russia"，*The Colbert Report*，2008 年 5 月 12 日，http://www.colbertnation.com/the-colbert- report-videos/168292/may-12-2008/cold-war-update—russia（2012 年 3 月 2 日访问）。

10　Wegren and Herspring，"Introduction"，第 6~7 页。关于忠诚和信任是统治体系里最重要的价值观 参见 Alena V. Ledeneva，*Can Russia Modernise？Sistema, Power Networks and Informal Governance*（New York：Cambridge University Press，2013），第 39 页。

11　Sergei Guriev and Aleh Tsyvinski，"Challenges Facing the Russian Economy after the Crisis" in *Russia after the Global Economic Crisis*，由 Anders Åslund，Sergei Guriev 和 Andrew Kuchins 编辑（Washington，D.C.：Peterson Institute for International Economics，2010），第 13~17 页。

12　Ronald D. Asmus, *A Little War That Shook the World: Georgia, Russia, and the Future of the West* (New York: Palgrave Macmillan, 2010), 第 49 页; 关于酒精在战争中所扮演的角色参见第 33、151 页。

13　Guriev and Tsyvinski, "Challenges Facing the Russian Economy", 第 16~30 页。

14　Il'ya Barabanov, "Luchshaya rol' vtorogo plana", *Novoe vremya/New Times*, 2009 年 5 月 11 日, http://newtimes.ru/articles/detail/3161 (2012 年 3 月 3 日访问网站); Treisman, *Return*, 第 140~141 页。另参见 *President of Russia*, official web portal, http://archive.kremlin.ru/eng/text/news/2009/04/214779.shtml。

15　Maria Levina, "National Projects under Crisis Watch", *Moscow Times*, 2008 年 11 月 14 日, http://www.themoscowtimes.com/news/article/nationalprojects-under-crisis-watch/372358.html (2012 年 3 月 2 日访问网站); Treisman, *Return*, 第 138 页。

16　"Medvedev Angered by Officials' Demagogy", RT.com, 2010 年 7 月 29 日, http://rt.com/news/sci-tech/medvedev-national-projects-council (2010 年 8 月 15 日访问)。另参见 Sakwa, *Crisis of Russian Diplomacy*, 第 312 页。

17　Tom Balmforth and Gregory Feifer, "Russian Health Care Provides No Real Safety Net", Radio Free Europe/Radio Liberty, 2011 年 8 月 14 日, http://www.rferl.org/content/russian_healt_car_provides_no_real_safety_net/24296527.html (2012 年 2 月 11 日访问); Reuters, "Russians Wrongly Think They're Healthy", *Moscow Times*, 2011 年 4 月 27 日, http://www.themoscowtimes.com/news/article/ russians-wrongly-thinktheyre-healthy/435851.html (2011 年 4 月 28 日访问)。

18　Balmforth and Feifer, "Russian Health Care Provides No Real Safety Net"。

19　Nemtsov, *Alkogol'naya istoriya Rossii*, 第 295 页 (作者的翻译); 英文版参见 Aleksandr Nemtsov, *A Contemporary History of Alcohol in Russia*, 由 Howard M. Goldfinger 和 Andrew Stickley 翻译 (Stockholm: Södertorns högskola, 2011), 第 320 页。关于不同性别的预期寿命差异参见第二十一章第 27 条注释。

20　"Medvedev Urges More Steps to Curb Alcohol Threat", *RIA Novosti*, 2009 年 8 月 12 日, http://en.rian.ru/russia/20090812/155791576.html (2009 年 11 月 5 日访问); Maria Ermakova, "Russia May Ban Beer Sales at Kiosks, Markets, Ministry Says", Bloomberg, 2009 年 9 月 29 日, http://www.bloomberg.com/apps/news? pid=newsarchive&sid=afmjcxsVo0Hc(均在 2009 年 11 月 5 日访问)。

21　Guy Faulconbridge, "Russia's President Calls Time on Vodka 'Disaster'", *Reuters*, 2009 年 8 月 12 日, http://www.reuters.com/article/2009/08/12/usrussia-vodka- idUSTRE57B4KC20090812; "Medvedev against Ban on Alcohol, Will Fight Problem Differently", RIA Novosti, 2009 年 7 月 4 日, http://en.rian.ru/russia/20090704/ 155431427.html (均在 2009 年 9 月 11 日访问); David Zaridze et al., "Alcohol and Cause-Specific Mortality in Russia: A Retrospective Case-Control Study of 48,557 Adult Deaths", *The Lancet*, 第 373 卷 (2009), 第 2201 页。另参见 N. F. Izmerov and G. I. Tikhonova, "Problemy zdorov'ya rabotayushchego naseleniya v Rossii", *Problemy prognozirovaniya*, 第 3 卷 (2011), 第 56 页。

22　Oleg Shchedrov, "Medvedev Praises Anti-Alcohol Drive", *Moscow Times*, 2009 年 7 月 20 日。

23　"Medvedev Urges More Steps to Curb Alcohol Threat"。

24　Megan K. Stack, "Foreign Exchange: Russian President Takes out after Alcohol", *Los Angeles Times*, 2009 年 9 月 3 日, http://articles.latimes.com/2009/sep/03/world/fg-russia-booze3; Maria Antonova and Anna Malpas, "Medvedev Puts Limits on Alcohol", *Moscow Times*, 2009 年 9 月 14 日, http://www.themoscowtimes.com/news/article/383100/index.html (2009 年 9 月 15 日访问)。

25　Richard Weitz, "Global Insights: Russia's Demographic Timebomb", *World Politics Review*, 2011 年 2 月 15 日, http://www.worldpoliticsreview.com/articles/7888/global-insightsrussias -demographic-timebomb (2011 年 2 月 17 日访问)。

26 Pavel Butorin, "'Squirrel from Hell' Takes on Russian Alcoholism", *Radio Free Europe/Radio Liberty*, 2010 年 12 月 22 日, http://www.rferl.org/content/squirrel_from_hell_takes_on_russian_alcoholism/2255880.html（2010 年 12 月 25 日访问）; 关于"来自地狱的松鼠"参见 "Adskaya belochka", http://www.youtube.com/watch?v=73cjNp7n75o（2010 年 11 月 25 日）; "Adskaya belochka 2: Tolyan-bratan", http://www.youtube.com/ watch?v=3JtdhvAjXtM（2011 年 12 月 19 日）; "Zolotaya Manufaktura" vodka company, http://rsg.org.ru/en/belochka。

27 Seth Meyers, "Weekend Update", *Saturday Night Live*, 2009 年 11 月 7 日, http://www.hulu.com/watch/107514/saturday-night-live-taylor-swift#sp12-so-i0（第 35 分 5 秒处播出; 2012 年 3 月 7 日访问）。另参见 Andrew Osborn, "Kremlin Encourages Russia to Drink More Wine", *Telegraph*, 2011 年 9 月 7 日, http://www.telegraph.co.uk/news/worldnews/europe/russia/8747419/Kremlin-encourages-Russia-to-drink-more-wine.html（2011 年 9 月 11 日访问）。

28 Ekaterina Shcherbakova, "Demograficheskie itogi 2011 goda（chast' II）", *Demoskop Weekly*, 2012 年 2 月 20 日 ~3 月 4 日, http://demoscope.ru/weekly/2012/0499/barom03.php（2012 年 3 月 8 日访问）。普京时代的人均数据是作者基于谢贝舍科娃的数据所做出的预计。Alexandra Koshkina, "Alcohol Consumption in Russian Cities Decreasing", *Gazeta. ru*, 2011 年 8 月 23 日, http://rbth.ru/articles/2011/08/23/alcohol_consumption_in_ russian_cities_decreasing_13282.html（2011 年 8 月 24 日访问）; "Booze Kills Seven Per Cent Fewer Muscovites", RT.com, 2012 年 3 月 9 日, http://rt.com/news/prime-time/ booze-mos-cow-statistcis-down-211（2012 年 3 月 10 日访问）。

29 Vedomosti, "Russian Ingenuity Conquers Alcohol Sale Restrictions", *Moscow Times*, 2012 年 2 月 8 日, http://www.themoscowtimes.com/business/article/alcohol- deliveredafterhours/452672.html（2012 年 2 月 10 日访问）。

30 Igor' V. Ponkin, "Monitoring i profilaktika potrebleniya alkogol'nykh napitkov v sisteme obrazovaniya" in *Alkogol'naya katastrofa I vozmozhnosti gosudarstvennoi politiki v preodolenii alkogol'noi sverkosmertnosti v Rossii*, 由 Dar'ya A. Khalturina 和 Andrei V. Korotaev 编辑（Moscow: Lenand, 2010）, 第 332~334 页; Natalya Krainova, "Report: Adults Drink Less, Teens More", *Moscow Times*, 2011 年 11 月 16 日, http://www.themoscowtimes.com/news/article/report-adults-drink-lessteens-more/447989.html（2011 年 11 月 18 日访问）。关于实地报告参见 Jeffrey Tayler, "Russian Hangover: A Moscow Apartment Block's Tenants Turn over, One Vodka Binge at a Time", *The Atlantic*, 2011 年 10 月 11 日, http://www.theatlantic.com/magazine/archive/2011/11/russianhangover/8665/（2011 年 10 月 11 日访问）。

31 2010 年 的 数据来自 Ekaterina Shcherbakova, "Demograficheskie itogi 2010 goda（chast' II）", *Demoskop Weekly*, 2011 年 3 月 7-20 日, http://demoscope.ru/weekly/2011/0457/ barom03.php（2013 年 8 月 29 日访问）。2011 年的数据来自 Ekaterina Shcherbakova, "Demograficheskie itogi 2011 goda（chast' II）", 2013 年上半年的数据来自 Rosstat, "Estestvennoe dvizhenie naseleniya v razreze sub'ektov Rossiiskoi Federatsii za yanvar'-iyul' 2013 goda", 2013 年 8 月 27 日, http://www.gks.ru/free_doc/2013/demo/edn07-13.htm（2013 年 8 月 28 日访问）。

32 Lyudmila Alexandrova, "Legal Output of Vodka Sliding in Russia but Russians Drinking as Much as Always", *ITAR-TASS*, 2013 年 7 月 19 日, http://www.itar-tass.com/en /c39/813821.html（2013 年 7 月 24 日访问）; Isabel Gorst, "Russia's Vodka Tax: Backfiring", *Financial Times*（beyondbrics 博客）, 2013 年 7 月 17 日, http://blogs.ft.com/beyondbrics/2013/07/17/russias-vodka-tax-backfiring/（2013 年 7 月 17 日访问）; "Legal Vodka Production Falls by One-Third in Russia", RT.com, 2013 年 6 月 24 日, http://rt.com/business/russia-vodka-production-falls-158/（2013 年 7 月 17 日访问）。

33 Walter Joyce, "The Battle Continues: Gorbachev's Anti-Alcohol Policies" in *Social Change and Social Issues in the Former USSR*, 由 Walter Joyce 编辑（New York: St. Martin's, 1992）, 第 99 页。

34 Arina Petrova, "Alkogol'naya sostavlyayushchaya reforma", *Kommersant'*, 2011 年 6 月 29 日,

http://www.kommersant.ru/doc/1665297（2013 年 8 月 27 日访问）。我可以找到这份参考文献需要感谢安娜·贝利。早期的数据预计伏特加酒对财政预算的贡献率为 7%~8%。Nemtsov, *Alkogol'naya istoriya Rossii*，第 288~290 页；Zaigraev, "Russian Model"，第 38 页。关于统一税率参见 Jorge Martinez-Vazquez, *Mark Rider, and Sally Wallace, Tax Reform in Russia*（Northampton, Mass.：Edward Elgar, 2008），第 38~52 页。

35　"Medvedev, Putin Toast Each Other with Milk"，AFP，2010 年 10 月 2 日，http://www.google.com/hostednews/afp/article/ALeqM5gpVfhA2SZ4Dh5fxvOo5-QQcXdrLQ? docId=CNG.4db59b76c2daef9f84b5eea831b965fa.441（2010 年 10 月 4 日访问）。

36　Antonova and Malpas, "Medvedev Puts Limits on Alcohol"。另参见 Polya Lesova, "Russia Targets Beer, Not Vodka, to Tackle Alcoholism"，*Wall Street Journal MarketWatch*，2009 年 10 月 9 日，http://www.marketwatch.com/story/russia-targets-beer-not-vodka- vsalcoholism-2009-10-09（2009 年 10 月 11 日访问）。

37　"Za zdorov'e: Putin posovetoval rossiyanam men'she pit'"，Kasparov.ru，2009 年 6 月 26 日，http://www.kasparov.ru/material.php? id=4A44AC95792B2（2009 年 7 月 3 日访问）；由 Vladimir Milov et al. 编辑，*Putin. Korruptsiya*（Moscow：Partiya narodnoi svobody, 2011），第 22~24 页，http://www.putin-itogi.ru/f/Putin-i-korruptsiya-doklad.pdf。

38　Alina Lobzina, "Alcohol Consumption Fills Russian Budget"，*Moscow News*，2012 年 11 月 29 日，http://themoscownews.com/business/20121129/190929807.html（2012 年 12 月 1 日访问）。

39　Anatoly Medetsky, "In a Populist Move, Putin Promises $16bln for Health Care"，*Moscow Times*，2010 年 4 月 21 日，http://www.themoscowtimes.com/news/article/in-a-populist-move-putinpromises-16bln-for-health-care/404405.html（2010 年 4 月 23 日访问）；Darya Korsunskaya, "Interview: More Government Spending Won't Help Russian Economy—Finance Minister"，*Reuters*，2010 年 6 月 26 日，http://af.reuters.com/article/energyOilNews/idAFLDE65F13020100616? sp=true（2010 年 7 月 11 日访问）。

40　"'People Should Smoke and Drink More,' Says Russian Finance Minister"，*Telegraph*，2010 年 9 月 1 日，http://www.telegraph.co.uk/news/worldnews/europe/russia/7975521/Peo ple-should-smoke-and-drink-more-says-Russian-finance-minister.html（2010 年 9 月 11 日访问）。

41　Anatoly Miranovsky, "Kuril'shchiki i p'yanitsy zaplatyat 'nalog' na vrednye privichki"，*Pravda*，2010 年 9 月 2 日，http://www.pravda.ru/economics/finance/02-09-2010/1047661-tax-0（2010 年 9 月 11 日访问）。

42　M. J. Akbar, "Wanted: A Nobel Prize for Honesty"，*Arab News*，2010 年 9 月 11 日，http://arabnews.com/opinion/columns/article134636.ece? comments=all（2010 年 9 月 11 日访问）；"Kudrin: Finance Minister of the Year"，RT.com，2010 年 10 月 11 日，http://rt.com/news/kudrineuromoneyaward-2010（2010 年 11 月 5 日访问）。

43　Anatoly Karlin, "The Uncertain Future of Cheap Russian Booze"，*Sublime Oblivion*，2011 年 4 月 28 日，http://www.sublimeoblivion.com/2011/04/28/future-of-russian-booze（2011 年 4 月 30 日访问）；Mark Lawrence Schrad, "Moscow's Drinking Problem"，*New York Times*，2011 年 4 月 16 日，W8 版，http://www.nytimes.com/2011/04/17/opinion/ 17Schrad.html?_r=1&hpw（2011 年 4 月 18 日访问）；"Vladimir Putin Speaks out against Sharp Rises in Prices on Alcohol in Russia"，BCM News Portal，2011 年 4 月 1 日，http://www.newsbcm.com/doc/725（2011 年 4 月 2 日访问）。

44　Michael Schwirtz, "Russian President Ousts Finance Minister, a Putin Ally, for Insubordination"，*New York Times*，2011 年 9 月 27 日，A4 版；关于 RT.com 视频的覆盖率参见 http://www.youtube.com/watch?v=gpCVLv- 1mpA/。

第二十四章

1　Iris Hoßmann et al., *Europe's Demographic Future: Growing Imbalances*（Berlin: Berlin Institute for Population and Development, 2008）, 第 3 页; United Nations, Department of Economic and Social Affairs, Population Division, Population Estimates and Projections Section, "World Population Prospects, the 2010 Revision", http://esa.un.org/unpd/wpp/ country-profiles/country-profiles_1.htm（2012 年 3 月 17 日访问）。另参见 Howard Amos, "Russia's Ghost Towns", *Global Post*, 2011 年 7 月 26 日, http://www.globalpost.com/dispatch/news/regions/europe/russia/110720/russia-rural-population-demographics（2011 年 7 月 28 日访问）。

2　由 John Bongaarts 和 Rodolfo A. Bulatao 编辑, *Beyond Six Billion: Forecasting the World's Population*（Washington, D.C.: National Academy Press, 2000）, 第 278 页; Jeremy Singer-Vine, "Crowded, with a Chance of Overcrowded", *Slate*, 2011 年 1 月 27 日, http://www.slate.com/articles/news_and_politics/explainer/2011/01/crowded_with_a_chance_of_overcrowded.html（2012 年 1 月 28 日访问）。

3　David Zaridze et al., "Alcohol and Cause-Specific Mortality in Russia: A Retrospective Case-Control Study of 48,557 Adult Deaths", *The Lancet*, 第 373 卷（2009）, 第 2213 页。

4　白俄罗斯的发展趋势在很大程度上符合俄罗斯的经验。Anatolii G. Vishnevskii, "Rossiya pered demograficheskim vyborom", 第 74-75 页; Dar'ya A. Khalturina and Andrei V. Korotaev, "Vvedeniye: Alkogol'naya katastrofa: Kak ostanovit' vymiranie Rossii", 第 43 页, 均引自 *Alkogol'naya katastrofa i vozmozhnosti gosudarstvennoi politiki v preodolenii alkogol'noi sverkosmertnosti v Rossii*, 由 Dar'ya A. Khalturina 和 Andrei V. Korotaev 编辑（Moscow: Lenand, 2010）。

5　Sergei Scherbov and Wolfgang Lutz, *Future Regional Population Patterns in the Soviet Union: Scenarios to the Year 2050*, IIASA Working Paper No. WP-88-104（Laxenburg, Austria: IIASA, 1988）, 第 14~15 页。另参见 Svetlana Soboleva, *Migration and Settlement: Soviet Union*, IIASA Working Paper No. WP-80-45（Laxenburg, Austria: IIASA, 1980）, 第 130 页。

6　Elena Arakelyan, "Kazhdyi tretii rossiyanin vypivaet na rabote", *Komsomol'skaya pravda*, 2012 年 3 月 22 日, http://amur.kp.ru/daily/25855.4/2823658/（2012 年 3 月 23 日访问）。

7　Philip Hanson, "The Russian Economy and Its Prospects" in *Putin Again: Implications for Russia and the West*（London: Chatham House, 2012）, 第 22~29 页。

8　参见第七章第 8 条注释的附加文本。关于伏特加政治和啤酒参见 David M. Herszenhorn, "New Beer Law Draws Cautious Support, with Notes of Pessimism", *New York Times*, 2013 年 1 月 7 日, A8 版, http://www.nytimes.com/2013/01/07/world/europe/ russian-beer-lawdraws-support-and-some-pessimism.html（2013 年 1 月 7 日访问）。

9　O. G. von Heidenstam, *Swedish Life in Town and Country*（New York: G. P. Putnam's Sons, 1904）, 第 193~194 页。

10　同上, 第 193 页。关于瑞典人的饮酒量数据参见 Statens folkhälsoinstitut（瑞典国家公共卫生研究所）, *Försäljning av spritdrycker, vin och öl i Sverige under åren 1861-1999*（Stockholm: Statens folkhälsoinstitut）, 第 12~16 页; Switzerland Bureau fédéral de statistique, *Question de l'alcoolisme. Exposécomparatif des lois et des expériences de quelques états étrangers, par le bureau fédéral de statistique*（Berne: Imprimerie K. J. Wyss, 1884）, 第 672 页。

11　von Heidenstam, *Swedish Life in Town and Country*, 第 187、193 页。另参见 Victor Nilsson, *Sweden*（New York: Co-Operative Publication Society, 1899）, 第 387 页。

12　Johan Pontén, *Historia kring alkoholen: Från Syndafloden till dagens Sverige*（Stockholm: Natur och kultur, 1967）, 第 72~88 页; Hanna Hodacs, "Det civiliserade, protestantiska och nyktra Europa: Om nykterhetstankens spridning i det tidiga 1800-talets Sverige", *Spiritus*, 第 4 期（2002），第 14~16 页；Nykterhetskommittén, *Betänkande VI, 1: Redogörelse för lagstiftningen I Sverige om rusdryckers försäljning, 1800-1911*（1914），9341 Arbetarrörelsens arkiv och bibliotek, Stockholm，第 14~22 页。禁酒协会成员数据来自 Carl-Goran Andræ and Sven Lundkvist, *Swedish Popular Movement Archive*（Folkrörelsearkivet），第 1881~1950 页；Swedish Social Science Data Service（Svensk Samhällsvetenskaplig Datatjänst），http://snd.gu.se（2012 年 2 月 29 日访问）。

13 John Bergvall, *Restriktionssystemet: Hur det kommit till, hur det arbetar, vad det uträttat*（Norrtelje: Nortelje Tidnings Boktryckeri AB，1929），第 9 页；Nykterhetskommittén, *Betänkande VI*，第 1 册，第 41~42 页；Olov Kinberg, "Temperance Legislation in Sweden"，*Annals of the American Academy of Political and Social Science*，第 163 卷（1932）；Per Fråberg, "Den svenska supen" in *Den svenska supen*，由 Kettil Bruun 和 Per Fråberg 编辑（Stockholm: Prisma，1985），第 34 页。

14 L. Pankrat'ev, "Vinnyi aktsiz" in *Sovremennik: Zhurnal literaturnyi i politicheskii*（s 1859 goda），由 Ivan Panaev 和 Nikolai Nekrasov 编辑（St. Petersburg: Tipografiya Karla Vul'fa，1859），第 106 页。

15 Mark Lawrence Schrad, *The Political Power of Bad Ideas: Networks, Institutions, and the Global Prohibition Wave*（New York: Oxford University Press，2010），第 151~155 页。

16 Boris Yeltsin, "Enough of Our Drinking Vodka Made Who Knows Where"，*Current Digest of the Russian Press*，第 49 卷第 37 期（1997），第 11~12 页；Paul Klebnikov, "Who Will Be the Next Ruler of Russia ?" *Forbes.com*，1998 年 11 月 16 日，http://www.forbes.com/forbes/1998/1116/6211152a.html（2010 年 11 月 5 日访问）。

17 Interfax News Agency, "State Monopoly Necessary to Tackle Alcoholism in Russia—Public Health Chief"，Johnson's Russia List（JRL）No. 2009-171，2009 年 9 月 14 日，http://www.russialist.org/2009-171-19.php（2013 年 8 月 8 日访问）。

18 Margarita Bogdanova, "Russian Presidential Campaign Nears Final Stage"，Press TV，2012 年 2 月 26 日，http://www.presstv.ir/detail/228813.html（2012 年 2 月 27 日访问）。另参见 Gleb Bryanski, "Russian Communists Flirt with Medvedev"，*Reuters*，2009 年 11 月 7 日，http://www.reuters.com/article/2009/11/07/us-russia-communistsmedvedev- idUSTRE5A60VO20091107（2012 年 2 月 27 日访问）；Mark Lawrence Schrad, "Kicking the Vodka Habit"，*Moscow Times*，2006 年 11 月 3 日。

19 Schrad, "Kicking the Vodka Habit"。

20 Sturla Nordlund, "Alkogol'naya politika skandinavskikh stran: Nauchnye osnovaniya, empiricheskie issledovaniya i perspektivy"，第 297 页；Esa Osterberg, "Kakie mekhanizmy bor'by s alkogolem yavlyayutsya effektivnymi i ekonomicheski tselesoobraznymi"，第 271 页；以及 Øyvind Horverak, "Chto nuzhno dlya uspekha alkogol'noi politiki: Opyt Norvegii"，均节选自 *Alkogol'naya katastrofa i vozmozhnosti gosudarstvennoi politiki v preodolenii alkogol'noi sverkosmertnosti v Rossii*，由 Dar'ya A. Khalturina 和 Andrei V. Korotaev 编辑（Moscow: Lenand，2010）；Ol'ga Kostenko and Syuzanna Gadzhieva, "Kak ne propit' Rossiyu"，*Argumenty i fakty*，2012 年 5 月 10 日，http://www.aif.ru/society/article/51901（2012 年 5 月 12 日访问）。

21 Artyom Gil et al., "Alcohol Policy in a Russian Region: A Stakeholder Analysis"，*European Journal of Public Health*（2010），第 6 页。

22 Ivan R. Mintslov, "Monopoliya torgovli spirtnymi napitkami v nekotorykh inostrannykh gosudarstvakh i v Rossii"，*Trudy Kommissii po Voprosu ob Alkogolizm: Zhurnaly zasedanii i doklady*，第 1 卷（1898）：第 73 页；Vladislav D. Shidlovskii, "Obzor deyatel'nosti, napravlennoi na bor'bu s p'yanstvom v Severnoi Amerike i Zapadnoi Evrope"，*Trudy Kommissii po Voprosu ob*

Alkogolizm: Zhurnaly zasedanii i doklady，第 3 卷（1899），第 86 页；Irina R. Takala，*Veselie Rusi: Istoriia alkogol'noi problemy v Rossii*（St. Petersburg: Zhurnal Neva，2002），第 146~153 页。关于俄罗斯人对哥森堡体系的看法更详细的内容参见 I. A. Krasnov，"Luchshe men'she ne luchshe。'Gottenburgskaya sistema' i polemika o piteinoi kul'ture v Rossii na rubezhe XIX-XX veka" in *Alkogol' v Rossii: Materialy pervoi mezhdunarodnoi nauchno-prakticheskoi konferentsii（Ivanovo，29-30 oktyabrya 2010）*，由 Mikhail V. Teplyanskii 编辑（Ivanovo: Filial RGGU v g. Ivanovo，2010），第 22~26 页。

23 Mikhail Fridman，*Vinnaya monopoliya, tom 1: Vinnaya monopoliya v inostrannykh gosudarstvakh*（St. Petersburg: Pravda，1914），第 548 页。另参见 John F. Hutchinson，"Science，Politics and the Alcohol Problem in Post-1905 Russia"，*Slavonic and East European Review*，第 58 卷第 2 期（1980），第 241~242 页。关于俄罗斯人对哥森堡体系的兴趣参见 f. 586（Plevhe，Vyacheslav K.），op. 1，d. 275（Stat'ya iz gazety "Morning Post" o prodazhe spirtnykh napitkov v Anglii），l.1，Gosudarstvennyi Arkhiv Rossiiskoi Federatsii（GARF）（俄罗斯联邦国家档案馆），Moscow；Alexis Raffalovich，"The State Monopoly of Spirits in Russia，and Its Influence on the Prosperity of the Population"，*Journal of the Royal Statistics Society*，第 64 卷第 1 期（1901），第 24~28 页；Dmitrii N. Borodin，"Vinnaya monopoliya"，*Trudy Kommissii po Voprosu ob Alkogolizm: Zhurnaly zasedanii i doklady*，第 3 卷（1899）；L. K. Dymsha，"Kazennaya vinnaya monopoliya i eya znachenie dlya bor'by s p'yanstvom"，*Trudy Kommissii po Voprosu ob Alkogolizm: zhurnaly zasedanii i doklady*，第 4 卷（1900）。

24 VTsIOM，"What Russians Are Afraid Of: Press Release No. 1299"，*Russian Public Opinion Research Center*，第 1299 卷（2010），以及 "August Problem Background: Press Release No. 1383"，*Russian Public Opinion Research Center*，第 1383 卷（2011），http://wciom.com/index.php?id=61&uid=411（2012 年 2 月 2 日访问）。Anna Bailey，"Russian Public Opinion on Alcohol: What the Opinion Polls Tell Us，and What They Don't" in *Alkogol' v Rossii: Materialy tret'ei mezhdunarodnoi nauchno-prakticheskoi konferentsii（Ivanovo，26-27 oktyabrya 2012）*，由 Mikhail V. Teplyanskii 编辑（Ivanovo: Filial RGGU v g. Ivanovo，2012），第 121 页。另外参见序言的第 3 条注释。

25 Irina Filatova，"'Millionaire'Doctors Part of Solution to Demographic Problem"，*Moscow Times*，2013 年 1 月 27 日，http://www.themoscowtimes.com/business/article/millionaire -doctorspart-of-solution-to-demographic-problem/474606.html（2013 年 1 月 28 日访问）。

26 Gil et al.，"Alcohol Policy in a Russian Region"，第 6 页；Richard Sakwa，*The Crisis of Russian Democracy: The Dual State, Factionalism and the Medvedev Succession*（New York: Cambridge University Press，2011），第 361 页。

27 Lilia Shevtsova，*Russia—Lost in Transition: The Yeltsin and Putin Legacies*（Washington，D.C.: Carnegie Endowment for International Peace，2007），第 158 页。

28 Vladimir Putin，"Poslaniye Prezidenta Federal'nomu Sobraniyu"，Kremlin.ru，2012 年 12 月 12 日，http://news.kremlin.ru/transcripts/17118（2012 年 12 月 12 日访问）。

29 Martha Wexler，"Young Russian Politician Fights from the Bottom Up"，NPR，2012 年 3 月 19 日，http://www.npr.org/2012/03/19/148924951/youngrussian-politician-fights- from-the-bottom-up（2012 年 3 月 19 日访问）。

30 Andrei K. Demin and Irina A. Demina，"Opyt grazhdanskogo obshchestva v reshenii problem zloupotrebleniya alkogolem v Rossiiskoi Federatsii: Deyatel'nost' Rossiiskoi Assotsiatsii Obshchestvennogo Zdorov'ya" in *Alkogol'naya katastrofa i vozmozhnosti gosudarstvennoi politiki v preodolenii alkogol'noi sverkosmertnosti v Rossii*，由 Dar'ya A. Khalturina 和 Andrei V. Korotaev 编辑（Moscow: Lenand，2010），第 368 页。

31 Will Rogers，*There's Not a Bathing Suit in Russia & Other Bare Facts*（New York: Albert &

Charles Boni, 1927），第 25~31 页。类似的情况参见 Hedrick Smith，*The Russians*（New York：
Quadrangle/New York Times Book Co., 1976），第 120 页。

32　Rogers，*There's Not a Bathing Suit in Russia*，第 31 页。

drug abuse, xii, 138, 282, 327, 329, 335
Drunkards, 136
drunkenness. *See* alcoholism
drunken driving, 11, 276, 282, 346, 353, 366, 369
dry laws. *See* prohibition
Dr. Zhivago, 63, 313
dual power, 199–200
Dudayev, Dzhokhar, 303
Duke University, 213, 251, 252
Duma (parliament)
  imperial, 175, 177, 180, 189, 192, 198–199
  post-Soviet, xii, 304, 348–350, 374–376,
    379–380
Dunlop, John, 118
dysentery, 206, 329
Dzerzhinsky, Felix, 202–203
Dzugashvili, Joseph Vissarionovich (Stalin). *See*
  Stalin, Joseph

Easter, 85, 104, 106, 147, 214
East Indies, 163
eau-de-cologne, 190, 211, 243, 282, 331
Eberstadt, Nicholas, xvi, 331, 352
Eden, Anthony, 233
education, 15, 93, 193, 241, 281, 319, 361–362,
  390
Egypt, 70
Eisenstein, Sergei, 20–26, 30, 32, 200, 232
Ekaterinburg, 184, 269, 295, 358
Ekaterinoslav, 187
Ekspert (magazine), 341
Elbe River, 236
Elizabeth I, English queen, 81
Elizabeth Petrovna, Tsarina, 50–52, 55, 58, 291
  drinking habits of, 52
Emancipation Proclamation, 122–123
embezzlement, 92, 107, 146, 247, 342–343,
  373–374
  See also corruption
Emelianenko, Fedor, 378–379
Engels, Friedrich, 9, 127–129, 143, 223
England, 40, 78, 114–115, 118, 128–129, 157–
  158, 164, 186, 191, 201
Enlightenment, 49, 58, 117
Epiphany, 84
Eraserhead (film), 20
Erofeyev, Venedikt, 242–243, 254, 276
Erofeyev, Viktor, 11, 78, 267, 282, 355
Esquire (magazine), 92
Estonia, 30, 76, 119, 205, 317, 382
Ethiopia, xii, 92
Euromoney (magazine), 376
European Court of Human Rights, 343
European Union, 323, 408n27

famine, xii, 2, 5, 15–16, 24, 102, 195, 199,
  206–209, 214, 222, 225, 229–230, 234,
  236, 309

Father Mathew, 118, 134
Fatherland, 349–350
  See also United Russia
Fear and Loathing in Las Vegas, 242
February Revolution (1917), 189, 191, 193,
  198–200, 279
federalism, 283–285, 302–303, 320, 345–346,
  388
Federation Council, 345
Fenton, Tom, 326–329, 332–333, 336–337
Feodosia, 72
Ferdinand, Franz, 178
fermentation, 67, 70–82, 330, 373, 383–384
fertility. *See* birth rate
Feshbach, Murray, xvi, 249–253, 265, 275, 286,
  326–337, 365
Fetal Alcohol Syndrome, 275–276, 336
Figes, Orlando, 143
Finland, 68, 119, 205, 261
Finland Guard Regiment, 203
Finland Station, 200
Finlandia, 314
First Circle, 245
First Person, 344
First Time in History, 217
Five-Year Plans. *See* Soviet Union, administrative
  command economy
Fleming, Harold, 211
Fletcher, Giles, 32, 81
Forbes (magazine), 355–356, 358
Fort Wallace, 173
Foucault, Michel, 17–18
France, 46, 53, 78, 116, 118, 121, 128, 150–160,
  164, 172, 179, 195, 233, 244, 338, 391
Frank, Joseph, 130
Franklin, Benjamin, xv
Frederick II (the Great), Prussian king, 53, 58
Freedom of Information Act, 285
Fridman, Mikhail, 124
Fuller, William C., Jr., 150
fuel oils, 67
Fyodor I, Tsar, 32, 34–35
Fyodor III, Tsar, 37

gabelle. See salt tax
GAI. *See* State Automobile Inspectorate
Galicia, 195–196
Gandhi, Mahatma, 139
Gapminder Foundation, 310–311, 322
Garbuzov, Vasily, 272–273, 280, 375, 447n64
Garrett, Laurie, 333–335
Gazprom, 340–342, 348, 355–357, 361–364
Gdansk, 61
Geneva, 333
Genoa, 71–73
Genoa Conference (1922), 220
genocide, 2, 295, 348
geoalcoholics, 75–78, 410n4

hooliganism, 11, 88, 223–224, 254, 276–277, 332, 378
Hoover, Herbert, 208–209
Hotel Moskva, 66, 407n26
human rights, xi, 237, 241–242, 296, 303, 343, 389
Hundred Chapters, 84
Hungary, 56, 99, 155, 256–257, 264, 269, 330–331, 381
Hussars, 156, 169, 175
hyperinflation, 189, 193, 213, 280–283, 288, 295, 308, 313

Iberian Peninsula, 163
ice palace, 54–55
Icon and the Axe, 72
Igor Konstantinovich, Prince, 183–184
Igumensky district, 187
Illarionov, Andrei, 354–355
imperial Russia, 10–11, 17, 26, 39, 83–89, 106, 108, 111, 140, 285, 309, 351, 382
    armed forces of, 39–40, 54–59, 83, 95, 108–112, 121, 149–179, 382
    censorship in, 119–121, 125, 129, 131, 135, 138, 176
    Commission on the Question of Alcoholism in, 388–389
    corruption in, 93–110, 121, 135, 146, 388–389
    Duma in, 175, 177, 180, 189, 192, 198–199
    feudalism in, 10, 79–83, 90–93, 104–108, 111, 121, 127, 135, 139, 145, 247
    financial reliance on vodka, 10–14, 26, 49, 81–83, 95–100, 108–117, 122–127, 139–140, 211, 247, 285, 371–372
    Ministry of Finance, 95, 99–100, 109, 112–113, 118–119, 139, 146, 176–180, 185–188, 192–194, 388
    Ministry of internal affairs, 119, 187
    opposition to temperance by, 106–107, 118–121, 124–126, 139–140, 176, 210
        See also Liquor Tax Rebellion
    secret police in, 129–130, 140, 143–144
    serfdom in, 79–85, 90–91, 104, 108, 111–112, 116–121, 138, 150
    State Council of, 121
    taxes in, 47, 83, 84, 85, 94–111, 119–121, 185, 192
    village commune in, 102–104, 138, 150
    Witte's vodka monopoly in, 176–178, 185, 192–195, 204, 207, 211, 338, 387–389
Independent Order of Rechabites, 118
India, 163, 329
Indian Ocean, 163
industrialization, 2, 15, 216, 221–225, 235, 264, 281, 310
Industrial Revolution, 117, 128, 150

infant mortality, 245, 250–251, 265, 275, 326, 442n27
infertility, 333, 336
inflation, 185, 189, 192–195, 213, 275, 280–283, 288, 295, 308–309, 313
Inglehart, Ronald, 324
Ingushetia, 321
inns, 97, 157, 187
International Court of Justice (ICJ), 65
international law, 65–67, 244
International Women's Day, 199
Ionin, Leonid, 277
Ipatiev House, 184, 293
Ireland, 118, 134, 301–302
iron, 202, 222–223
Isidore, 73
Iskra, 146
Islam, 71, 77, 272, 284, 304, 332
Istoriya vodka (History of Vodka), 61–64
    See also Pokhlebkin, Vilyam
Italy, 71, 73, 191, 327–328, 378
Ivan IV Grozny (the Terrible), Tsar, xiv, 18–21, 26, 29–30, 34–35, 41, 48, 64, 80, 84, 125, 153, 228, 232, 372, 387, 401n36
    drinking habits of, 21, 23, 29–30, 33
    establishment of tsar's taverns by, 32, 64, 81, 94, 113, 387
    forcing colleagues to drink, 21, 23, 30–32, 35, 293
    fornication by, 29–30, 33
    murder and torture by, 29–32, 35, 46
    murder of son, Ivan Ivanovich, 33–34
    parallels with Joseph Stalin, 21, 23, 30–31, 46, 228
    paranoia of, 30–31, 33
Ivan Ivanovich, Tsarevich, 33–35
Ivan Konstantinovich, Prince, 183–184
Ivan the Terrible (film), 20–22, 26, 30, 232
    See also Ivan IV Grozny (the Terrible)
Ivan the Terrible II: The Boyars' Plot (film), 21–24, 32–33
Ivan the Terrible III (film), 23
Ivan V, Tsar, 27–28, 45
Ivan VI, Tsar, 55
Izmailovsky Park, 60, 67, 74
Izvestiya, 66, 223, 244, 303

James I, English king, 78
Japan, 111, 160–168, 174, 196, 231, 233, 310
    See also Russo-Japanese War
Jesus, 106, 131
Johnnie Walker, 257
Johnson, William E. "Pussyfoot," 186
Judaism, 71, 77, 234
judo, 344, 354–355, 358, 372–373, 378–379
Juel, Just, 45–46
Julian calendar, 47
Just Russia, 349

New York University, 310
New Yorker (magazine), 242, 352
Nezhdanov, Alexei, 142
Nicholas I, Tsar, 58–59, 93, 99, 118, 121, 155–
    156, 158
Nicholas II, Tsar, 16, 18, 139, 140, 147, 163,
    169–184, 196, 199, 279, 293, 338
    drinking habits of, 169–171
    military service of, 169–171
    and prohibition, 16, 170, 178–179, 186–190,
        193, 196–198, 232, 338, 369–371, 376,
        387–388
    and Russo-Japanese War, 163, 167–170, 174,
        179
    and temperance, 176–179, 188, 196
    and World War I, 178–179, 186–190, 193, 196
Nieman River, 151
Nightingale, Florence, 104, 155
nihilism, 129, 136, 147
Nikolai Nikolaevich, Grand Duke, 175–176,
    179–180, 186, 199
Nikolasha. *See* Nikolai Nikolaevich, Grand Duke
Nikolayev, Andrei, 314–315
Ni shagu nazad, 233
Nixon, Richard, 24–25, 299–300, 305
Nizhny Novgorod, 76–77, 147, 204, 264
NKVD. *See* People's Commissariat for Internal
    Affairs (NKVD)
nobility, 47
Nobel Prize, 207, 240, 313, 376
North Ossetia, 314, 465n81
North Pole, 141
North Sea, 163–164
Notebooks for the Children, 248
Notes of a Soldier, 191
Novaya zhizn (magazine), 202
Nove, Alec, 228
Novgorod birchbark documents, 68–70
Novgorod Veliky, 67–68, 73, 82, 309
Novikov, Aleksandr, 5
Novodevichy Convent, 38
Novo-Preobrazhenskoye, 39
Novosibirsk, 250, 276, 284, 370
NTV, 342–343, 361
Nurgaliyev, Rashid, 366

Obama, Barack, 275
obshchina. See imperial Russia, village commune
    in
"October Events" (1993), 296–297, 300, 345,
    348
October (film), 20, 26, 200
October Manifesto, 175–176
Odessa, 175, 323
Of the Russe Common Wealth, 81
oil, 107, 152, 211, 222, 233, 272, 280–281, 320,
    339–345, 350–354, 360, 363–364, 371,
    374–376, 383, 389

Oklahoma, 216, 391
okhrana. See imperial Russia, secret police in
Old Believers, 106, 125
Oldenberg, Sergei, 196
Olearius, Adam, 81–82, 86–87, 106, 113–114
Oleg Konstantinovich, Prince, 182–184, 188
oligarchs, 306, 317–318, 320, 342–343, 357, 361,
    363, 383
Olympic games, 92, 361, 363
Olympic Stadium, 378
Omaha, 303
One Day in the Life of Ivan Denisovich, 237
Operation Barbarossa, 231
Operation Trawl, 257–258
oprichniki, 21, 33, 228
    See also boyars
Oranienbaum, 51, 55–56
Orel (warship), 164
Orlov, Alexei, 55–58
Orlov, Grigory, 55–57
orphans, 206, 327, 334–336
Orthodoxy. *See* Russian Orthodox Church
Orwell, George, 15, 397n9
Oryol, 104, 191, 323
Osborne, Peregrine, Admiral, 41
Osipov, Nikolai, 124
Oskin, Dmitry, 191
Oslyaba, 163
Ostankino, 296–297
otkupshchik. See tax farmer
Ottoman Empire, 111, 121, 151, 155–160
Our Home is Russia, 348

Pacific Ocean, 111, 163–165, 196, 236
Palace of Congresses, 73
Panchulidze, A. A., 96
Pankratev, L., 133
    See also Chernyshevsky, Nikolai
Paris, 154, 159, 174, 391
Paris Convention for the Protection of Industrial
    Property, 66–67
partisans, 234
Passek, Peter, 55–56
Pasternak, Boris, 63, 313
Pasteur, Louis, 78
pasteurization, 78
Patenaude, Bertrand, 208–209
Patients' Rights Protection League, 365–366
Paul I, Tsar, 58
Pavlov, Valentin, 59, 288–289, 291
Pavlovna, Vera, 130–132, 134
Pavlovsk, 182
Pavlovsky Regiment, 204
Peace Palace, 65
peasantry, 16, 79–91, 100–108, 111–112,
    117–120, 124–126, 130, 138–150, 172,
    185, 196, 204–210, 213–218, 223–230,
    239–240, 389

Sen, Amartya, 207
Senegal, 92
Serbia, 178
serfdom. *See* imperial Russia, serfdom in
Sergei Aleksandrovich, Grand Duke, 171–177
Sergeyev Posad, 38, 319
Sevastopol, 155–159, 162, 175
Sevastopol Sketches, 157–158
Seven Years' War, 53
Shannon, 301–302
Shcherbakov, Aleksandr, 7
Sheridan, Philip, 173
Sherman, William Tecumseh, 173
Shevardnadze, Eduard, 260, 272, 314
Shevtsova, Lilia, 354, 390
Shingarev, Andrei, 192–193
Shinkevich, 220
Shlapentokh, Dmitry, 191
Shmelev, Nikolai, 283
"shock therapy," 295, 308, 321
shoe polish, 190, 211, 282
Shrovetide, 43–44
Shushkevich, Stanislau, 292
Siam, 163
Siberia, 120, 135, 140, 143–145, 204, 228, 237, 258, 293
Sierra Leone, 92
Simpson, J. Y., 124
Sioux tribe, 173
sistema, 93, 99, 107–108, 343, 356, 373, 375
Skuratov, Malyuta, 21, 32–33, 46
Slavic Review, 64
Slavkov u Brna, 151
Slavs, 27, 68, 72, 77, 322–323, 382
Smirnoff vodka, 66
Smirnov, A. P., 68–70
Smith, Hedrick, 249
Smith, Michael David, 379
smoking. *See* tobacco
Smolensk, 103, 149, 154, 210
Sobchak, Anatoly, 290, 344, 361
Sobornoye Ulozhenie, 79, 113
Sochi, 92, 299, 367–368, 378
socialism, 10, 62, 117, 127–129, 135, 140–141, 175, 199–202, 236, 240, 260, 283, 308
   revolution in, 128–129, 135, 140, 143–148, 199–202, 221
   See also Marxism
Socialist Revolutionary Party, 174
social revolution, 129, 189, 221
Society for the Struggle against Alcoholism (OBSA), 223–225, 263, 438n28
Solidarity movement, 61, 66
Solomentsev, Mikhail, 268–272, 279
Solzhenitsyn, Aleksandr, 237–242, 245, 257, 268
Somalia, xii
Sophia Alekseyevna, Regent, 38–39, 44, 54, 58

Sophia Augusta Frederica. *See* Catherine II (the Great), Tsarina
Soskovets, Oleg, 301
soul tax. *See* poll tax
South Ossetia, 363
Sovetsky ekran (magazine), 228
Soviet-Polish "vodka war," 61–62, 65–67, 74, 408n27
Soviet Union, 15–16, 62, 65, 113, 213–215, 236, 241, 249, 252–253, 262, 286, 29–294, 309, 323, 326, 351, 382, 391
   Academy of Sciences of, 61, 250–251, 276, 284
   administrative command economy, 15, 93, 222–230, 236, 254–256, 260–262, 265–266, 275–276, 284–285, 292, 295, 306, 313
   anti-alcohol campaign in, 262–285, 312–313, 333, 354, 367–372, 376
   armed forces of, 59, 61, 150, 230–236, 252, 260, 289, 302–303
   censorship in, 20, 61, 202, 237, 240, 248, 262, 265, 275, 288
   dissidents in, 61, 236–249, 253, 257, 264–265, 268, 360
   financial reliance on petrochemicals, 280–281
   financial reliance on vodka, 11–16, 66, 213, 219–223, 242, 252–254, 265–266, 270–273, 280–285, 312, 371–372
   gigantism in, 16, 227
   Gosplan of, 222–223, 247, 251, 271–272
   Higher Scientific Research Institute of the Fermentation Products Division of the Central Department of Distilling of the Ministry of the Food Industry of, 62
   Ministry of Finance, 247, 272, 280–281
   Ministry of Health, 251
   Ministry of Trade, 247, 313
   nationalist tensions in, 275, 283–285, 287
   and Red Army, 16, 61, 198, 203–205, 217, 228, 232–234, 237, 240, 298
   secret police in, 2, 4, 7, 21, 202, 205, 228–230
   stagnation in, 239–243, 254–256, 259–262, 265–266, 275–276, 291, 300, 306–307, 312
   temperance in, 211–212, 242, 263–273
   Union of Writers in, 240
   vodka monopoly in, 16, 32, 212, 216–223, 245, 252–254, 265–266, 312, 387–389
   worker discipline in, 201, 222–224, 230–234, 254, 257–260, 263, 267, 271, 276, 280
   wet/dry leadership divisions, 25, 242, 256–262, 266–273
Sovnarkom. *See* Council of People's Commissars (*Sovnarkom*)
Sovremennik (magazine), 130–133, 136
Soyuzplodoimport, 62, 66, 342

Volkov, Yakim, 43, 45
Voltaire, 49, 58
Volvo, 385
Vorkuta, 244
Voroshilov, Kliment, 233
Vorotnikov, 277, 279, 447n62
Vortigern, 78
Vorontsova, Elizabeth, Countess, 51, 53, 56
Vozdukhov, Timofei, 147
Vremya (magazine), 136
Vyazma, 152

Wallace, D. Mackenzie, 86, 119
Wallachia, 155
Wall, Tim, 374
War and Peace, 137, 153–155
War Communism, 205–206, 210–212, 228,
    440n45
war correspondents, 155, 161
war-making, 111, 139, 149–151, 192
war mobilization, 160, 163, 175, 178–179, 182,
    186–189, 194
Warsaw Pact, 62
Washington DC, 239, 249–251, 300–302
Washington, George, xv
Wellesley College, 340
What Is to Be Done? (Chernyshevsky), 130–136,
    140, 144–147, 420n19
What Is to Be Done? (Lenin), 144–145
What Is to Be Done? (Tolstoy), 138
whisky, 25, 70, 78, 116, 134, 257, 300
white forces, 201, 205
"White House" (Russian parliament), 290,
    296–297
White Sea, 195, 223
White Ship, 78
White, Stephen, xiv, 265, 279
white terror, 205
"Why Do Men Stupefy Themselves?" 137–138
Wilde, Oscar, 128
WikiLeaks, 362
Wilder, Gene, 338
Wilhelm II, German Kaiser, 176, 179
William III, English king, 41
Wills, Garry, 274
Willy Wonka and the Chocolate Factory (film), 338
wine, xiii, 3–5, 27, 29, 39–46, 56–57, 70–73, 76–
    78, 84, 90, 114, 118, 133–134, 145, 153,
    158, 166–169, 185, 191, 200–203, 208,
    217–218, 233, 242, 247, 254, 266–267,
    272, 278, 281, 284, 322–323, 330, 348,
    374, 378, 381–383, 384
wine-drinking regions. *See* geoalcoholics, wine-
    drinking regions
Winter Palace, 11, 53, 55, 174, 200–203
    storming of, 164, 200–201
Witte, Sergei, 139–140, 146, 176–177, 180, 188,
    375, 387

World Health Organization, xii, 14, 275, 329,
    333, 353, 367
World Intellectual Property Organization
    (WIPO), 66
World Trade Organization, 67
World War I, 16, 113, 170, 178–208, 309, 311,
    313, 338
    deserters from, 189, 191, 198–199
World War II, 2–5, 8, 15, 20–22, 61, 230–236,
    241, 244, 275, 303, 311, 334, 338, 360,
    380, 388

Yabloko, 349
Yaguzhinsky, Paul, 39
Yalu River, Battle of, 163
Yanayev, Gennady, 59, 288–291
Yaroslavl, 87
Yaroslavsky station, 231
Yasnaya Polyana, 140
Yauza River, 338, 359
Yavlinsky, Grigory, 318, 350
Yawara-Neva judo club, 354–355, 373
Yazov, Dmitry, 289–291
Yeltsin, Boris, 18, 93, 287–308, 318–320, 326,
    339, 343–345, 348–350, 372, 382, 387
    drinking habits of, 289–290, 292–307
Yeltsina, Naina, 294
Yermilov, Yury, 341
Yosuke Matsuoka, 231
YouTube, 369
Yudenich, Nikolai, 205
Yugoslavia, 3, 178, 310
Yukos, 343
Yumasheva, Tatyana, 294, 302, 306–307
yurt, 289
Yury II, Grand Prince of Vladimir-Suzdal, 77
Y2K, 306

Zablotsky-Desyatovsky, Andrei, 87
Zagvozdina, Natalya, 372
Zaionchkovsky, Pyotr, 181
zapoi. See binge drinking
Zarya (magazine), 146
zastoi. See Soviet Union, stagnation in
Zavidovo, 254
Zhao Enlai, 24
Zhdanov, Andrei, 7, 23
Zhirinovsky, Vladimir, 305, 349–350, 387
Zhizhin, Yuri, 66
Zhuravskaya, Ekaterina, 346
Zinoviev, Grigory, 220–221, 224
Zivenko, Sergei, 354–355
Zotov, Nikita, 39, 42–43, 46
Zubkov, Viktor, 373
Zvagelsky, Viktor, 374–375
Zyuganov, Gennady, 305–306, 349–350, 387
Zvezda (magazine), 146
60 Minutes, 251, 326–328, 331–334, 337, 365

图书在版编目（CIP）数据

伏特加政治：酒精、专制和俄罗斯国家秘史 /（美）
马克·劳伦斯·希拉德（Mark Lawrence Schrad）著；
王进，余杜烽译. -- 北京：社会科学文献出版社，
2021.10
书名原文：Vodka Politics: Alcohol, Autocracy,
and the Secret History of the Russian State
ISBN 978-7-5201-6785-7

Ⅰ.①伏… Ⅱ.①马… ②王… ③余… Ⅲ.①伏特加
－关系－政治制度史－研究－俄罗斯 Ⅳ.①D751.29

中国版本图书馆CIP数据核字（2020）第109182号

伏特加政治：酒精、专制和俄罗斯国家秘史

著　　者 / 〔美〕马克·劳伦斯·希拉德（Mark Lawrence Schrad）
译　　者 / 王　进　余杜烽

出 版 人 / 王利民
组稿编辑 / 段其刚
责任编辑 / 周方茹
责任印制 / 王京美

出　　版 / 社会科学文献出版社·联合出版中心（010）59367151
　　　　　 地址：北京市北三环中路甲29号院华龙大厦　邮编：100029
　　　　　 网址：www.ssap.com.cn
发　　行 / 市场营销中心（010）59367081　59367083
印　　装 / 北京盛通印刷股份有限公司

规　　格 / 开　本：787mm×1092mm　1/16
　　　　　 印　张：41.25　字　数：551千字
版　　次 / 2021年10月第1版　2021年10月第1次印刷
书　　号 / ISBN 978-7-5201-6785-7
著作权合同
登 记 号 / 图字01-2016-8266号
定　　价 / 158.00元